国家社科基金
后期资助项目

金璋的甲骨收藏與研究

Lionel Charles Hopkins: British Pioneer of Oracle Bone Collection and Research

郅曉娜 著

上海古籍出版社

2017年度國家社科基金後期資助項目（17FZS009）

金璋舊照（The Scripts 1954年版書前所附）

金璋論文掠影

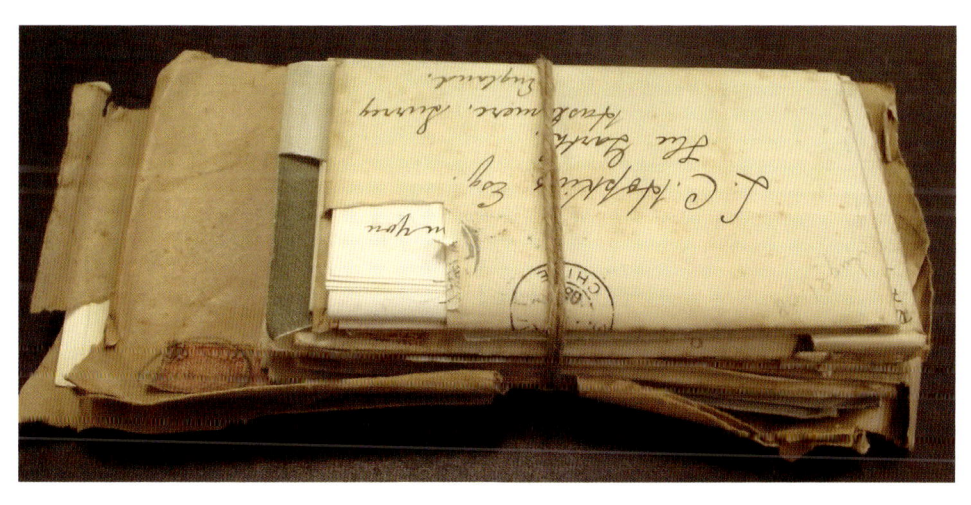

金璋檔案掠影（2011年6月筆者攝於劍橋大學圖書館手稿室）

金璋手稿掠影（2011年6月筆者攝於劍橋大學圖書館手稿室）

方法斂致金璋書信掠影（2011年6月筆者攝於劍橋大學圖書館手稿室）

方法斂致金璋書信掠影（2011年6月筆者攝於劍橋大學圖書館手稿室）

Oak Hill
Hampstead N.W.
December 14th 1881

My Lord,
 I have the honor to address Your Lordship under the following circumstances.
 It will be my duty to leave England in January next in order to reach China by the end of February, at which date my leave of absence for twelve months expires.
 Although hitherto my health has been good, I may state that I have served continuously for

The Lord Tenterden, K.C.B.
Her Majesty's Under Secretary of State
for Foreign Affairs.

seven years in China, five of which have been passed in the trying climates of the southern ports of Canton, Shanghai, and Amoy; and during the whole of this period I have never had more than a fortnight's holiday at one time, while my absences from my work do not in the aggregate exceed two months in the seven years.
 In consequence of the requirements of the service I was unable to obtain leave of absence when I applied at the end of five years, and when, later on, I

had received it, and had booked my passage to England, Her Majesty's Minister at Peking was obliged to cancel for the time being his permission to me to return home, owing to the urgent need of assistance at Amoy.
 I therefore venture to apply to Your Lordship for six months extension of leave, trusting that, in view of the above facts, Your Lordship will not find my request unreasonable.
 I have the honor to be,
 With the highest respect,
  My Lord,
  Your Lordship's most obedient humble servant
  L. C. Hopkins.

The Garth, Haslemere,
21st October 1899

Sir,
 I have the honour to report my arrival in England on fifteen months leave of absence from my post at Chefoo granted by Her Majesty's Chargé d'Affaires at Peking.
 I have the honour to be with the highest respect,
  Sir,
  Your most obedient humble servant
  L. C. Hopkins
   Consul.

The Under Secretary of State for Foreign Affairs,
 etc., etc., etc.,
Foreign Office,
 London S.W.

金璋致外交部書信掠影（英國國家檔案館所藏檔案FO-17）

國家社科基金後期資助項目
出版説明

　　後期資助項目是國家社科基金設立的一類重要項目,旨在鼓勵廣大社科研究者潛心治學,支持基礎研究多出優秀成果。它是經過嚴格評審,從接近完成的科研成果中遴選立項的。爲擴大後期資助項目的影響,更好地推動學術發展,促進成果轉化,全國哲學社會科學工作辦公室按照"統一設計、統一標識、統一版式、形成系列"的總體要求,組織出版國家社科基金後期資助項目成果。

全國哲學社會科學工作辦公室

序　　一

　　郅曉娜博士2007年從北京第二外國語學院考到中國社會科學院研究生院，跟着我攻讀碩士學位，開始學習甲骨文與殷商史。2010年碩士畢業後又考上了我的博士研究生，繼續在我指導下研習甲骨文與殷商史，2013年獲得歷史學博士學位，之後留到古代史研究所（當時稱歷史研究所）工作，一直跟隨我左右，至今已有16年。

　　郅曉娜的本科專業是漢語言文學，她在常耀華指導下學習過一些簡單的甲骨學知識，但歷史學基礎和文獻學基礎都很薄弱。不過她英語基礎好，本科就考得了英語專業八級證書。那時候歷史系一年只有5個碩士招生指標，當年有6個學生通過初試進入復試階段，她是其中一位。復試分專業筆試、專業面試和英語口試三個環節。在面試環節考官問她是否接受專業調劑，她表示堅決不接受，自己本來備考的是其他學校文學專業，後來聽説宋老師招碩士才轉而備考的社科院，如果不能學甲骨就不來了。這些事情是事後其他老師跟我講的，作爲導師，面試環節我是回避的。那年我名下已經有了一名北師大的保送生陳昂，所裏建議我不收她，但我看她初試和復試成績都還可以，英語基礎也好，學習甲骨決心大，就把她收下了。我把她招入門下，曾遭到有些老師的質疑和否定，但事實證明我是對的。

　　郅曉娜雖然史學起點比較低，但她頭腦靈活，聰穎好學，眼于筆三勤，自學能力強，善於發現問題，文思清晰，才氣充盈。她碩士入學後，我給她列了甲骨學專業的閱讀書單，設立了甲骨金文學概論、先秦歷史文獻、夏商周考古、甲骨文獻類目、殷商史專題等課程，通過自學和面授的形式上課，並請青年學者劉源博士帶她和陳昂一起研讀《卜辭通纂》。從她提交的期末課程作業來看，她還是很快入了門的。2008年我主持張世放甲骨的墨拓工作，請齊文心先生到研究室來教年輕人墨拓甲骨，作爲預習熱身，郅曉娜也參與了這項工作，學習了基本的甲骨墨拓技法。2008年底她通過一次學術會議認識了倫敦大學亞非學院的汪濤教授，就主動翻譯了汪濤的論文《商代祭牲：顏色及意義》，並寄給作者審閱，由此獲得了翻譯汪濤未刊博士論文《顏色與祭祀》的機會，2009年她就完成了書稿的翻譯工作，此書最終於2013年3月出版。2010年她完成了碩士論文《出組卜辭材料再整理》，此文雖然沒有達到我的預期效果，但仍展現出她搜集和整理甲骨材料的基本素質。郅曉娜在讀博期間就出版了譯著，發表了幾篇學術論文和譯文，我安排她為《重慶三峽博物館藏甲骨集》製作甲骨摹本，她也能如期完成。這些成果也為她順利留所工作打下了基礎。

　　2013年7月郅曉娜入職古代史研究所，開始從事甲骨文與殷商史、國際甲骨學交流史的研究。根據入所的慣例，她先後被派到所圖書館和院人事局進行了幾個月的鍛煉。其間我安排她翻譯了"俄藏甲骨釋文簡說"，並接待了愛米塔什博物館甲骨保管員瑪麗婭女士的北京之旅。当年，國家檔案局和文物局等部門委託我擔綱撰寫向聯合國教科文組織提交的"甲骨文申報世界記憶亞太地區名錄"與"甲骨文申報世界記憶國際名錄"兩種文本，郅曉娜參與了申報文本的英文翻譯。她專業性的翻譯水平獲得了文物局等相關部門的贊揚。甲骨文於2017年10月成功入選"世界記憶名錄"，郅曉娜也為此做出了實實在在的貢獻。

　　2014年她參與了我組織的山東博物館甲骨墨拓工作。2014年12月到2015年11月她被社科院派到甘肅敦煌掛職鍛煉一年，暫時離開了科研崗位，我囑咐她鍛煉期間不要忘了學術研究，並安排她以"德國柏林民族學博物館藏甲骨的整理與研究"為題申請2015年留德博士後項目，可惜未能入選。2016年我吸納她為"甲骨文合集三編"項目組成員，具體承擔了焦智勤所藏甲骨的校重和選片工作。2017郅曉娜加入了我主持的社科院創新工程項目"殷墟甲骨文的整理研究與著錄"，負責山東博物館藏甲骨照片的整理和編號，並參與了我組織的天津博物館甲骨墨拓工作。2018年底我安排她接手古文字與中華文明傳承發展工程項目"古代史所藏清華甲骨拓本的整理和研究"（項目編號：G1007）。經過十年的工作歷練，郅曉娜在甲骨實物的整理、墨拓、研究等方面都積累了豐富的經驗，在國際合作交流方面也形成了自己的優勢，成為甲骨文與甲骨學研究的後起之秀。今年她以"德國柏林民族學博物館藏甲骨的整理與研究"為題申報了2023年度國家留學基金委訪問學者項目以及2023年度國家社科基金一般項目,希望她能順利入選,爲甲骨文與甲骨學研究做出更大的貢獻。

郅曉娜對西方甲骨學者 L.C.Hopkins(金璋)的研究,可以追溯到 13 年前。2010 年 9 月郅曉娜博士研究生入學後,我開始考慮她的博士論文選題問題。正好年底的時候倫敦大學汪濤教授來訪,我邀請他到研究室作學術報告,報告結束後一起吃飯,談及這件事情。汪濤教授提出英國甲骨收藏家 L.C.Hopkins(金璋)的甲骨藏品和檔案資料都保存在劍橋大學圖書館,郅曉娜英語好,可以利用這個優勢去整理一下,他可以協助解決出國經費問題。於是我們初步商定把《金璋的甲骨收藏與研究》作爲她的博士論文選題。汪濤教授回英後就積極幫忙申請到了一筆經費,可以資助郅曉娜在英國生活三四個月。我又從課題經費中給她支付了往返英國的機票。就這樣,她從 2011 年 4 月到 7 月在英國待了三個半月,把金璋所有的論文資料、檔案資料等全都搜集了回來。回國後她利用一年時間對這些資料進行了細緻整理,完成了文獻分類、文字錄入、重點摘譯等工作,又利用一年時間撰寫了 20 萬字的博士論文《金璋的甲骨收藏與研究》,從金璋的生平和學術研究、金璋甲骨的收藏與著錄、金璋對商代歷史的研究、金璋與所謂家譜刻辭研究、金璋的甲骨文字考釋成就等五個方面,闡述了金璋在甲骨收藏和甲骨研究上所做的一系列貢獻。這篇博士論文後來還榮獲了中國社會科學院研究生院博士論文二等獎。

2017 年郅曉娜以博士論文爲基礎,申請到了國家社科基金後期資助項目《金璋的甲骨收藏與研究》,本書就是該項目的最終結項成果。經過多年的沉潛和修改,這篇 20 萬字的博士論文擴充到了 30 多萬字,內容更爲系統和豐富。原《緒論》部分進行了擴充,並增加了提綱挈領式的《略論金璋與西方早期甲骨學》一節。原第一章《金璋的生平和學術研究》擴充爲《金璋的生平事迹略考》和《金璋的學術研究概述》兩個章節,采用了不少新的檔案資料。原第五章《金璋的甲骨文字考釋成就》調整爲《金璋的甲骨文字考釋(上)》和《金璋的甲骨文字考釋(下)》兩個章節,並對文字考釋內容和評價部分進行了大量修訂,吸收了最新的文字考釋成果。新增《金璋對羅振玉甲骨學研究的吸收與譯介》《中西方學者致金璋書信選譯》和《金璋對西方早期甲骨學的貢獻》三個章節。尤其是《中西方學者致金璋書信選譯》,爲第一手檔案資料的首次翻譯,加強了本書的學術史價值。

金璋是清末時期的英國的駐華外交官,他於 1874 年來華,1908 年退休回英，最高官職是英國駐天津總領事。他在天津的最後兩年（1907—1908）開始關注和研究甲骨，並在美國駐山東濰縣傳教士方法斂的幫助下購買甲骨，退休回到英國之後仍然繼續甲骨的購藏和研究活動，專注甲骨研究40多年，成果豐碩。金璋的著述涉及甲骨學與殷商史研究的多個方面，包括甲骨刻辭的釋讀，甲骨文字的考釋，商王世系和高祖稱謂，商代的家譜刻辭，商代的天象、動物、占卜及占卜用語、干支和數字等。可以說金璋是這一時期英國最活躍、成果最多的甲骨學者，對於甲骨文發現初始階段甲骨文收藏與釋讀的早期探索，以及促成甲骨學成爲國際性"顯學"，起到了篳路藍縷、窮盡綿力的推進作用，他在西方早期甲骨學史上占有重要地位。《金璋的甲骨收藏與研究》這本書，從西方早期甲骨學史的獨特視角，對金璋的甲骨收藏和甲骨學研究成就進行詳細考訂，並通過他與其他甲骨學者，尤其是與中國早期甲骨學者的對比研究，闡述他在中國甲骨學國際化上所做的重要貢獻。

《金璋的甲骨收藏與研究》首次全面搜集和分析了金璋出版過的各種著述，首次整理和研究了英國劍橋大學圖書館收藏的金璋檔案資料，並利用了英國國家檔案局和英國皇家亞洲文會的相關檔案資料。在扎實的資料搜集基礎上，對金璋青少年時期、在華工作時期和退休回英時期的基本情況進行了考訂。對金璋"早年研究中國文化""天津期間初識甲骨""後半生獻給甲骨學"三個階段的學術研究進行了總結，並編訂了《金璋學術行年簡表》。對金璋的甲骨學論著、手稿、書信等原始資料進行了仔細閱讀和條分縷析，全面考證了金璋在甲骨收藏、甲骨文字考釋、商王世系、天象、動物、占卜、數字等商代歷史、甲骨文家譜刻辭等方面所做的具體工作，對其主要研究成果進行了總結陳述，分析其甲骨研究的閃光之處，指出其甲骨研究的失誤之處，並通過與同時期中國甲骨學者的對比，總結了金璋對中國早期甲骨學成果的廣泛引述和譯介情況。通過這本書我們可以了解到，金璋是英國早期甲骨學史上研究成果最多、影響最大的甲骨學者，也是西方早期甲骨學史上除明義士之外，研究成果最多、影響最大的甲骨學者。他在甲骨收藏與甲骨研究上都做出了重要成績，尤其對中西方甲骨學的國際交流做出了突出貢獻。本書構建了金璋甲骨學研究的全幅圖景，是西方早期甲骨學史研究領域的最新力作，填補了學術界對金璋這位西方早期甲骨學家研究的空白。

"看似尋常最奇崛，成如容易卻艱深"，《金璋的甲骨收藏與研究》這本書前後歷經十多年，精品打磨，出版在望，真是令人欣慰！通過此書，讀者可以追踪甲骨文與甲骨學發展史略的一個側面,對甲骨文物整理研究及其學術史價值將有所認識,對前賢學者的矻矻業績與殷殷操守有所申揚,亦足以助力甲骨學科的傳承與啓新。序以誌之。

宋鎮豪

於中國社會科學院古代史研究所

2023 年 5 月 11 日

序　二

　　給人做序是件不容易的事。除了對書的内容有深入研究，還要對作者本人有所了解。郅曉娜自2007年開始跟着宋鎮豪先生專攻甲骨學和殷商史，一直在中國社會科學院歷史研究所學習和工作。我們從2008年初次相識到現在也有15年之久，其間雖然見面機會不多，但對她的研究和生活也常有所聞，一直關心。現在看到她這部四百多頁專著的校樣，内心也頗有感觸。

　　我本人是1986年到英國留學的，進入倫敦大學亞非學院跟隨艾蘭教授讀研究生，最早是想研究古代神話學，那也是艾蘭的主攻，但恰值艾蘭跟李學勤、齊文心先生合作出版了《英國所藏甲骨集》，正寫一部用考古材料和甲骨卜辭討論商代宇宙觀的專著《龜之謎》，讓我翻譯成中文，引起我對甲骨文極大的興趣。剛好李學勤先生也常在倫敦訪問，就試着求教於李先生，開始自學甲骨文，没想到最後我的博士論文就以甲骨文中的顔色為題了。1993年春取得博士學位之後，我繼續留在亞非學院任教，研究方向和教授課程也以中國考古和古文字爲主。1998年5月，臺灣中研院史語所和臺師大國文系合作舉辦了甲骨文發現一百周年學術研討會，與會的二十餘位代表，除了史語所和臺灣各大學研究甲骨文的學者之外，還有中國大陸的古文字學家和考古學家，也有來自美國和歐洲的學者。我提交的論文《甲骨學在歐美：1900—1950》，就是想在世紀之父，系統梳理一下西方學界甲骨學研究的基本發展軌迹以及研究成果。那篇論文寫得頗費時力，所有的原文都得查閲，僅西文引用的著述就有55種之多。同一個題目，我後來又增加了1950—2000年的内容，用英文發表在游順釗先生1999年12月在巴黎法國國家科學研究中心組織的甲骨文發現百周年紀念國際會議上（論文集於2001年出版）。那篇論文的引用書目也達到115種。

　　在所有的歐美甲骨學者中，不論是從著述的數量還是時間跨度，金璋都是當之無愧的第一人。但是，因爲金璋的研究論文都用英文發表，國內學者幾無知曉。我當時寫的論文只是一個概述，沒有過多涉及具體內容。劍橋大學圖書館裏收藏有金璋舊藏甲骨和未公布的檔案，另外位於倫敦市區的皇家亞洲文會也收藏了一些金璋的資料，我感覺到很值得做一個個案研究，包括那些僞刻。幾年過去後，一次訪問中國社科院歷史所，宋鎮豪先生提到郅曉娜碩士畢業，正考慮博士論文選題，我們都覺得以曉娜的學術專長、個人興趣以及英文基礎，由她來研究金璋，可謂不二人選。次年，得到中英學者基金會贊助，曉娜來到倫敦，一頭便投入了金璋研究資料的收集和整理工作。記得她每天在亞非學院和皇家亞洲文會圖書館查閱資料，還搭乘火車往返於倫敦和劍橋之間；她省吃儉用，把經費都用於複印和照片費用。回國後，她利用這批資料順利完成了博士論文，還獲得了社科院研究生論文二等獎。

眼前這部書稿，就是曉娜在博士論文的基礎上，進一步深入和擴充，完成的一部洋洋灑灑超過三十萬字的厚重佳作。十年磨一劍，談何容易！也許有人會問，金璋研究甲骨文的時代已經過去一個世紀了，而且外國人研究中國古文字無非隔靴搔癢，還有必要如此深入研究和介紹嗎？其實，我們前進的每一步都是站在前人的肩膀上。金璋發表了近60篇論文，還有未刊的8篇，可謂高產。打開書稿，只要細心讀一下曉娜精心編製的"金璋甲骨文字考釋簡表"，一共321個甲骨字，或是獨立考釋，或是對其他學者的考釋加以補充，開創之功不可沒也！而且，金璋對甲骨文字的考釋並不是就字論字，而是聯繫起商代的歷史、王室譜系、占卜祭祀，甚至農牧業和天象；不少真知灼見，今天看來仍有啓迪之效。曉娜在書中對金璋的這些成果都做了簡要的歸納；更珍貴的是，曉娜充分利用了近十年來最新的研究來評價金璋的貢獻，讓人能夠很快瞭解當今學界對一些關鍵問題（例如"家譜刻辭"）的討論，以及仍待解決的問題。這就超越一般意義上的介紹了。另外，雖然金璋的甲骨收藏真品大部分早已公布，《金璋所藏甲骨卜辭》和《英國所藏甲骨集》爲學界所熟悉，但還有一些分散在其他一些出版物中。從史實還原的角度，曉娜通過方法斂、庫壽齡、葉慈等人與金璋的通信，追溯了金璋甲骨收藏的來源和公布情況。書裏還收錄翻譯了一批中外學者跟金璋的未刊通信，很有價值。例如，方法斂1907年6月1日、18日寫給金璋的信，明義士1933年2月13日、15日的信，難得地記錄了早期甲骨文研究的第一手資料。還有袁同禮1940年1月5日、7月24日、8月14日的信件，當時是十分艱難動盪的抗戰時期，身爲北平圖書館代理館長的袁同禮，仍然孜孜不倦地同外國學者交流學術成果，並寄贈了剛出版的《長沙古物聞見記》，他寫道："儘管政治混亂，中國仍然生産這種學術作品。"

今天的中外學術界，資料共享和成果交流都不再是難題了。更讓人欣慰的是，研究的深度前所未有。就拿曉娜的《金璋的甲骨收藏與研究》這部書爲例，可謂迄今爲止最全面、最深入的對一位英國漢學家的研究專著。英國學界自身也從未有堪以比肩的著作。這在過去是難以想象的。回顧歷史，我們深知當今這個積極的結果來之不易。還希望將來跨國度、跨文化的研究能給我們帶來更豐碩的成果。

謹與曉娜和其他年輕學人共勉之！

汪　濤
於芝加哥藝術博物館
2023 年 5 月 12 日

目　　錄

序一（宋鎮豪）……………………………………………………… 1
序二（汪　濤）……………………………………………………… 1

緒論………………………………………………………………… 1
　第一節　略論金璋與西方早期甲骨學……………………………… 1
　第二節　國内外研究金璋的成果綜述……………………………… 11
　第三節　本次研究的新材料和新發現……………………………… 24

第一章　金璋的生平事迹略考……………………………………… 28
　第一節　青少年時期(1854—1873)………………………………… 28
　第二節　在華工作時期(1874—1908)……………………………… 34
　第三節　退休回英時期(1908—1952)……………………………… 41

第二章　金璋的學術研究概述……………………………………… 47
　第一節　早年研究中國文化………………………………………… 47
　第二節　天津期間初識甲骨………………………………………… 60
　第三節　後半生獻給甲骨學………………………………………… 67
　第四節　金璋學術行年簡表………………………………………… 78

第三章　金璋所藏甲骨的收藏與著録……………………………… 89
　第一節　金璋所藏甲骨的收藏始末………………………………… 89
　第二節　金璋所藏甲骨的著録情况………………………………… 111

第四章　金璋的甲骨文字考釋(上)………………………………… 126
　第一節　《象形文字研究》中的甲骨文字考釋…………………… 127

第二節　金璋其他論文中的甲骨文字考釋 ············ 182

第五章　金璋的甲骨文字考釋（下） ············ 194
第一節　金璋未刊手稿中的甲骨文字考釋 ············ 194
第二節　金璋考釋甲骨文字的成果總結 ············ 242
第三節　金璋對中國文字發展的理論認識 ············ 249
第四節　金璋甲骨文字考釋簡表 ············ 255

第六章　金璋對商代歷史的研究 ············ 280
第一節　金璋對商代世系及先祖的研究 ············ 280
第二節　金璋對商代天象的研究 ············ 288
第三節　金璋對商代動物的研究 ············ 296
第四節　金璋對商代占卜的研究 ············ 302
第五節　金璋對商代數字的研究 ············ 308

第七章　金璋與甲骨文家譜刻辭研究 ············ 315
第一節　金璋和方法斂討論甲骨文家譜刻辭 ············ 315
第二節　金璋率先發文研究甲骨文家譜刻辭 ············ 321
第三節　金璋和勃漢第爭論庫 1506 的真偽 ············ 325
第四節　金璋對甲骨文家譜刻辭研究的價值 ············ 330

第八章　金璋對羅振玉甲骨學研究的吸收與譯介 ············ 350

第九章　中西方學者致金璋書信選譯 ············ 359
第一節　方法斂致金璋書信三則 ············ 360
第二節　葉慈致金璋書信二則 ············ 367
第三節　勞佛致金璋書信二則 ············ 369
第四節　庫壽齡致金璋書信三則 ············ 371
第五節　明義士致金璋書信二則 ············ 374
第六節　袁同禮致金璋書信三則 ············ 376
第七節　白瑞華致金璋書信三則 ············ 380
第八節　其他人致金璋書信三則 ············ 383

第十章　金璋對西方早期甲骨學的貢獻 …………………… 387

附錄一　金璋學術論著目錄 ……………………………… 395
附錄二　金璋引書目錄 …………………………………… 403
附錄三　金璋所藏甲骨整理表 …………………………… 406
後記 ………………………………………………………… 442

緒　　論

第一節　略論金璋與西方早期甲骨學

　　殷墟甲骨文自 1899 年發現以來，至今已有 120 多年歷史。甲骨文的不斷出土和整理著録，促進了甲骨學和殷商史研究的繁榮。1999 年，在甲骨文發現一百周年紀念之際，王宇信、楊升南主編的《甲骨學一百年》，參考胡厚宣《五十年甲骨文發現的總結》和《五十年甲骨學論著目》兩部著作，把中國甲骨學的發展大致劃分爲前五十年（1899—1949）和後五十年（1949—1999）兩個階段。① 近年，王宇信、具隆會合著的《甲骨學發展 120 年》，又把中國甲骨學的發展細分爲四個階段：（1）草創時期（1899—1928），從甲骨文的私人挖掘到殷墟科學發掘之前；（2）發展時期（1928—1949），從殷墟科學發掘到新中國成立；（3）深入發展時期（1949—1978），從新中國成立到改革開放之前；（4）全面深入發展時期（1978 年至今），自改革開放到 1999 年，以《甲骨文合集》的出版爲標誌。②

　　西方甲骨學與中國甲骨學大致經歷了相同的發展階段，但也表現出一些不同的特點。1999 年，汪濤發表《甲骨學在歐美——1900—1950》一文，對西方甲骨學前五十年的發展歷史進行了初步梳理。③ 後又發表英語

---

① 王宇信、楊升南主編：《甲骨學一百年》，社會科學文獻出版社，1999 年，第 335—338 頁。
② 王宇信、具隆會：《甲骨學發展 120 年》，中國社會科學出版社，2019 年，第 253—543 頁。按：關於甲骨學的發展時期，原書的標題爲"甲骨學研究的發展時期（1928—1937 年）"，然而實際上書中所論内容從 1928 年殷墟科學發掘開始到 1949 年新中國成立爲止，筆者據此將之改爲 1928—1949 年。
③ 汪濤：《甲骨學在歐美——1900—1950》，載於臺灣師範大學國文系、"中研院"歷史語言研究所主編：《甲骨文發現一百周年學術研討會論文集》，（臺北）文史哲出版社，1998 年，第 145—164 頁。

論文 Oracle Bones and Western Sinology(《甲骨文與西方漢學》),把研究範圍延長到 1990 年代,即對西方甲骨學一百年的發展歷史進行了初步梳理,大致按照 20 世紀 30 年代以前、20 世紀 30 至 40 年代、20 世紀 50 年代之後這幾個階段進行敘述。[①] 近年來,夏含夷(Edward L. Shaughnessy)先是發表《契於甲骨——西方漢學家商周甲骨文研究概要》一文,後又出版專著《西觀漢記——西方漢學出土文獻研究概要》,對西方甲骨學一百多年的歷史進行了系統研究,把西方甲骨學的發展過程大致分爲誕生時期(1899—1945)、沉寂時期(1946—1969)、黃金時期(1970—1999)和安靜時期(2000 年以來)四個階段。[②]

可以看出,夏含夷所講的西方甲骨學的誕生時期(1899—1945),與汪濤所講的西方甲骨學的前五十年,即他後來細分爲 20 世紀 30 年代以前和 20 世紀 30 至 40 年代的兩個階段,基本上是一致的,與王宇信所講的中國甲骨學的前五十年(1899—1949),即他後來細分爲草創時期(1899—1928)和發展時期(1928—1949)的兩個階段,基本上也是同步的。爲敘述方便,我們把 1899—1949 年這一時期,也即西方甲骨學的前五十年,稱爲西方早期甲骨學。

汪濤和夏含夷均已指出,在西方甲骨學的早期階段,專業漢學家如法國沙畹(Edouard Chavannes, 1865—1918)、伯希和(Paul Pelliot, 1878—1945)、葛蘭言(Marcel Granet, 1884—1940)、馬伯樂(Henri Maspero, 1882—1945)、瑞典高本漢(Bernhard Karlgren, 1889—1978)等,儘管對甲骨文有所注意,可是都沒有作深入研究,有的甚至持懷疑態度。相反,甲骨一經發現,駐華北地區的幾位西方傳教士及外交官員就開始收集和發表,諸如方法斂(Frank H. Chalfant, 1862—1914)、庫壽齡(Samuel Couling, 1859—1922)、明義士(James M. Menzies, 1885—1957)、金璋(Lionel Charles Hopkins, 1854—1952)、吉卜生(Harry E. Gibson, 又譯裘畢勝)等。這些業餘知識分子非常熱心,一直到二戰結束以後都是西方甲骨

---

① Wang Tao[汪濤]: Oracle Bones and Western Sinology, 載於游順釗、麥里筱主編:《蒼頡》首特輯《甲骨文發現百周年紀念國際會議論文集》,(巴黎)語彙叢刊,2001 年,第 91—116 頁。中文翻譯版,汪濤著、牛海茹譯:《甲骨文與西方漢學》,載於朱淵清主編:《考古學的考古》,中西書局,2019 年,第 1—21 頁。
② 夏含夷:《西觀漢記——西方漢學出土文獻研究概要》,上海古籍出版社,2018 年,第 85—86 頁。又見氏著:《契於甲骨——西方漢學家商周甲骨文研究概要》,《甲骨文與殷商史》新 4 輯,上海古籍出版社,2014 年,第 263—264 頁。英文版:Edward L. Shaughnessy, *Chinese Annals in The Western Observatory*, 香港浸會大學,2019 年。

學的主流。本書要研究的就是西方早期甲骨學史上的一位重要人物——金璋。

金璋是英國人萊昂内爾·查爾斯·霍普金斯（Lionel Charles Hopkins）的漢名，他是 19 世紀末 20 世紀初的英國駐華外交官，也是英國著名的甲骨收藏家和研究者。金璋 1874 年來華，1908 年退休回英，最高官職是英國駐天津總領事。金璋在任及退休期間不惜重金購買甲骨，退休之後又專注於甲骨刻辭的研究，耄耋之年仍筆耕不輟。1908—1913 年間共購買甲骨 1 013 片（含護身符等僞刻），其中真品 600 餘片。1908—1949 年間共發表論文 56 篇，書評 27 篇（見本書附録一《金璋學術論著目録》）。其中，涉及甲骨研究的論文 50 篇，涉及甲骨研究的書評 3 篇（分别評論了《殷虚卜辭》《庫方二氏藏甲骨卜辭》《甲骨卜辭七集》三種著録書）。除此之外，劍橋大學圖書館所藏金璋檔案中還有 10 餘萬字與甲骨研究有關的手稿資料。這些著述涉及甲骨學與殷商史研究的多個方面，包括甲骨刻辭的釋讀、甲骨文字的考釋、商代世系和高祖稱謂、商代的天象、動物、占卜及占卜用語、數字、家譜等，在西方早期甲骨學史上占有重要地位。

金璋在北京公使館學習漢語期間，接受了嚴格的語法訓練和翻譯訓練。經過幾年的漢語學習，金璋不僅熟練掌握了外交工作所需的北京官話，而且培養了對古文訓詁之學的濃厚興趣。1880 年他發表了第一篇學術文章《入聲與其他聲調之關係考》，與英國漢學家艾約瑟（Joseph Edkins，1823—1905）、莊延齡（Edward Harper Parker，1849—1926）等探討入聲的問題。[1] 1881 年他翻譯了南宋文學家戴侗所著《六書故》之《六書故目》和《六書通釋》兩部分，標題爲 The Six Scripts, or the Principles of Chinese Writing，並在譯文前面附有一篇總結西方漢學界對《六書故》和六書理論研究現狀的《譯者前言》。[2] 這是西方學者對戴侗著作的最早翻譯，是西方學者瞭解戴侗六書理論的重要資料。1954 年這部譯著得以再版，倫敦大學遠東史學家謨區查（C.R.Boxer，1904—2000）教授評價到："儘管戴侗的觀點在今天可能不會被廣泛接受，但金璋先生的譯本確實值得重印，因

---

[1] L. C. Hopkins："The Ju Sheng Considered in Its Relation to the Remaining Tones,"（《入聲與其他聲調之關係考》）*The China Review*, Vol.9, 1881, pp.226-228.

[2] *THE SIX SCRIPTS*, *A Translation by L. C. Hopkins of H. M. Consular Services*. Printed by A. A. Marcal, Amoy. 1881.

爲它給了我們一種關於漢字起源和發展的傳統中國觀點。"①1889 年金璋翻譯出版了日本近代駐華使館翻譯生吳啟太、鄭永邦所著漢語教材《官話指南》，標題爲官話指南 The Guide to Kuan Hua, a Translation of the "Kuan Hua Chin Nan": with an Essay on Tone and Accent in Pekinese and a Glossary of Phrases。除了翻譯《官話指南》正文四卷內容，金璋還增加了《論北京話的聲調和重音》和《詞匯表》兩個部分。② 這部譯著在當時很受歡迎，從 1889 年到 1921 年先後出版了五次。《論北京話的聲調和重音》闡述了漢語語音的特點，主要強調了漢語的聲調及重音問題，初步顯示了金璋在音韻學上的基礎。③ 除了對語言文字感興趣，金璋還非常關注帶有文字資料的古代文物。1895 年他發表《中國貨幣的起源和早期歷史》一文，對中國古代貨幣的起源和流變以及貨幣史上常見的術語進行了闡釋。④ 這篇論文被法國著名貨幣學家 Edmond Drouin(1837—1904)評價爲"對中國貨幣學研究來說是很專業的、有用的貢獻"。⑤

金璋在天津任總領事期間(1901—1908)，正是甲骨收藏與研究興起的最初階段。1899 年秋，山東古董商范維卿將有字甲骨攜至京師，拜謁在京爲官的山東同鄉王懿榮(1845—1900)，王氏審之爲殷商古物，遂即收下范所攜之甲骨，並囑其代爲蒐購。至 1900 年夏，王懿榮共得甲骨一千四五百片。與此同時，天津的王襄(1876—1965)與孟定生(1867—1939)也開始蒐購甲骨，兩氏最初所購大約有五六百片。⑥ 王懿榮殉國後，其所得甲骨大部分歸了劉鶚(1857—1909)，1903 年劉鶚出版了第一部甲骨著錄書《鐵雲藏龜》。1901 年來到天津的金璋忙於各種外交工作，並未關注甲

---

① C. R. Boxer, Review: THE SIX SCRIPTS, ON THE PRINCIPLES OF CHINESE WRITING. By TAI T'UNG. A Translation by L. C. Hopkins with a memoir of the translator by W. Perceval Yetts, pp.xxviii+84; illustrations. *JRAS*, No.1/2 (April, 1955), pp.75–76.

② L. C. Hopkins: *The guide to Kuan Hua: A Translation of the "Kuan Kua Chih Nan"*. With an essay on Tone and Accent in Pekinese and a Glossary of Phrases by L. C. Hopkins. Shanghai: Kelly & Walsh, first edition, 1889.

③ 參看黃忠敏：《日編〈官話指南〉及金璋英譯本研究》，上海師範大學對外漢語學院 2014 年碩士學位論文(指導教師：王澧華)。黃忠敏、王澧華：《金璋〈官話指南〉英譯本研究》，載於王澧華、吳穎主編：《近代來華外交官漢語教材研究》，廣西師範大學出版社，2016 年，第 161—181 頁。

④ L. C. Hopkins: "On the Origin and Earlier History of the Chinese Coinage,"(《論中國貨幣的起源及其早期歷史》) *JRAS*, Apr., 1895, pp.317–378。又單行本。

⑤ Reviewed by E. Drouin. in *Revue Numismatique*, 1895, pp.577–578.

⑥ 參看胡厚宣：《五十年甲骨文發現的總結》，商務印書館，1951 年，第 20—26 頁。又見氏著：《再論甲骨文發現問題》，《中國文化》第 15、16 期，1997 年。

骨這種新出材料。金璋對甲骨的科學認知，開始於他和方法斂的書信交流。1906年方法斂在美國出版了一部英文著作 Early Chinese Writing（《中國古代文字考》），專辟一章《新近出土的龜骨文字》來介紹甲骨這種新出古文字材料。① 金璋對甲骨產生興趣，正是因爲方法斂的這部書。1907年5月26日金璋致信方法斂，向他請教書中的一些問題，並表達了對甲骨的興趣。方法斂隨即回信，向金璋介紹了自己在甲骨收藏和研究上所做的各項工作。通過方法斂的介紹，金璋對甲骨的出土、流傳和研究現狀有了初步瞭解。

金璋最早接觸的甲骨實物，應該是天津新學書院華北博物院收藏的25片王懿榮舊藏甲骨。天津新學書院是1902年英國倫敦會傳教士赫立德（Dr. Samuel Lavington Hart, 1849—1919）博士創辦的一所學校，院址在法租界海大道（今天津市和平區大沽路第十七中學校址）。1904年，赫立德又創建了學院附屬博物館 Tientsin Anglo-Chinese Museum，中文名爲華北博物院，旨在使學生增長知識、開闊視野，展品包括儀器、模型、圖片、標本等。② 據《大公報》1904年2月28日《賀博物院志盛》載：1904年2月27日下午三點，華北博物院舉行了隆重的開院禮。身爲英國駐天津的總領事，金璋在開院禮上發表了祝賀演講。一月有餘，時爲賑撫局會辦的王懿榮次子王崇烈（字翰甫）將其舊存之古玩名作寄捐該院，後來又挑選部分展品贈予學校，其中就有其父舊藏的25片甲骨。③ 這批甲骨大約於1905年進入該博物院。④ 鑒於金璋的學術聲譽和政治身份，赫立德博士或許在剛剛獲贈這批甲骨時就請金璋看過。但是，金璋對這批材料的重視顯然是受了方法斂的影響。⑤ 1907年10月，金璋摹寫了這批甲骨並把

---

① Frank. H. CHALFANT, Early Chinese Writing, Memoirs of The Carnegie Museum, Vol. IV, No. 1. Published by The Authority of the Board of Trustees of the Carnegie Institute. Sep., 1906. 前輩學者多譯爲《中國原始文字考》，筆者認爲方法斂此書論述了中國文字從甲骨文、銅器銘文到《說文》的字形演變脈絡，譯爲"原始文字"似有不妥，因此改譯爲《中國古代文字考》。中文摘譯，參看方法斂著、任平生譯：《中國古代文字考》，《甲骨文與殷商史》新3輯，上海古籍出版社，2013年，第238—256頁。
② 參看郭輝：《傳播福音與科學考察的産物——西方傳教士在天津所辦的博物館》，《蘇州文博論叢》總第8輯，2017年。肖朗、傅政：《倫敦會與在華英國教會中等教育——以"英華書院"爲中心的考察》，《浙江大學學報（人文社會科學版）》2010年第6期。
③ 參看王勇則：《華北博物院始末》，收入陳卓主編：《守望文明　百年榮光：紀念天津博物館建館100周年文集》，天津古籍出版社，2018年，第9—19頁。
④ 白瑞華著、郅曉娜譯：《〈甲骨卜辭七集〉序言》，《殷都學刊》2019年第1期，第123頁。
⑤ 參看1907-10-14日方法斂致金璋的書信。

摹本寄給方法斂,二人就文字釋讀問題交換了意見。① 後來,應赫立德院長的邀請,金璋寫了一篇介紹新學書院藏甲骨的文章,發表在 1908 年 5 月的學院院刊 *College Echoes* 上。② 這是金璋發表的第一篇有關甲骨的文章。

金璋從 1908 年開始委託方法斂代爲購買甲骨。此年 2 月購買了第一批甲骨 130 片,3 月購買了兩批甲骨共 26 件,4 月購買了第四批甲骨 10 件。5 月金璋計劃返回英國,這些甲骨也隨即寄到了他英國的住所。回到英國後,金璋繼續委託方法斂購買甲骨,1909—1912 年先後購買甲骨 13 批次,1913 年又通過葉慈在北京購買 3 批甲骨,最終形成了一定規模的甲骨收藏。金璋總計購得甲骨 1013 片(含護身符等僞刻),其中真品六百餘片,其精華大都以摹本的形式著錄在《金璋所藏甲骨卜辭》(1939)中,以拓本的形式著錄在《英國所藏甲骨集》(1985)中,《歐美亞所見甲骨錄存》(1970)也以照片的形式著錄了部分金璋甲骨。除此之外,《海外甲骨錄遺》(1956)之《枏齋所藏甲骨》這部分,也著錄了一些金璋舊藏甲骨的照片和拓片,這些甲骨又以高清照片的形式著錄在《典雅勁健:香港中文大學藏甲骨集》(2017)中。《懷特氏等收藏甲骨文集》(1979)也以拓片的形式著錄了兩片金璋舊藏甲骨,標記爲"缺乏入館來源記録"的甲骨。金璋舊藏甲骨是如何流落到劍橋大學圖書館之外的,我們現在還無法解釋。

金璋在收藏甲骨的同時,也嘗試利用甲骨資料進行文字學和歷史學方面的研究。金璋一生發表論文 59 篇,其中 50 篇都與甲骨研究相關,涉及甲骨學與殷商史研究的多個方面。1910 年,金璋在皇家亞洲文會會議上宣讀論文《中國文字發展史》,首次嘗試利用甲骨資料研究中國文字的起源問題。1911 年他發表《最近發現之中國周朝文字》,再次闡述中國文字的發展歷史,並全方位介紹了河南新出的甲骨資料,他根據偽片把甲骨定爲周代遺物,但在 1917 年的《商代之帝王》一文中他糾正了自己的錯誤,采納了羅振玉的觀點。

金璋發表過一系列討論甲骨文家譜刻辭的文章,如《中國古代之皇室遺物》(1912)、《骨上所刻之哀文與家譜》(1912)、《圭璧上的家譜刻辭》

---

① 見於 1907-10-14 日方法斂致金璋的書信。
② 參看 W. Perceval Yetts: Memoir of the Translator, in *The Six Scripts, or, The Principles of Chinese Writing*, Cambridge University Press, 1954. p.xvi.

(1913)、《殷虚甲骨上所載王室譜系及商代之記載》(1923)等,並與德國學者勃漢第(Anna Bernhardi)展開論辯,開啓了甲骨文家譜刻辭研究的先河。庫1506的真僞一直是甲骨學界爭論激烈的疑難問題,時至今日仍有正反兩方面意見。倘若能夠證明庫1506確爲真品,或者實爲僞刻而有所本,金璋的貢獻將被重新認識。

金璋是較早對甲骨文中的數字進行系統研究的學者。他於1916年4月和10月發表《中國數字和計數體系》上下兩篇,對甲骨文中的數字進行了追根溯源式的考證。金璋列出的數字有一、二、三、四、五、六、七、八、九、十、廿、卅、卌、百、千、萬等,與《殷虚書契考釋》所列數字相同,但其貢獻不在認字,而在於廣泛搜集甲骨、金文、簡牘、貨幣、三體石經等古文字資料,對數字的字形來源及其演變過程進行分析,並把甲骨文的數字與後世的計數體系聯繫起來,拓展了甲骨文數字研究的意義範疇。

金璋發表過一系列討論商代世系的論文,如《商代之帝王》(1917)、《河南遺物的新研究及其成績》(1921)、《殷虚甲骨上所載王室譜系及商代之記載》(1923)等。金璋非常及時地吸收了羅振玉《殷虚書契考釋》和王國維《戩壽堂所藏殷虚文字考釋》的觀點,並進行了較多地翻譯介紹,同時也闡述了自己的新發現。比如,他指出卜辭中的 司、囧、匚是《史記》中的報丁、報丙、報乙,"武祖乙"是文獻中的"武乙","文武丁"是文獻中的"文丁","康祖丁"是文獻中的"康丁",這都是對羅振玉和王國維某些觀點所做的糾正。

金璋發表過一些有關商代天象詞彙研究的論文,如《風、鳳、朋考》(1917)、《虹尾在哪裏——地龍和天龍·引言》(1931)、《釋龍辰(上)——地龍·龍》(1931)、《釋龍辰(下)——天龍·辰》(1932)、《日光和月光》(1942)等。他把卜辭中的 釋爲虹,把 釋爲雲,都是首創之舉。他認爲龍的原型是鱷魚,楊鍾健《演化的實證與過程·龍》就有相同的觀點。他從天文學的角度考察辰的字形本源以及辰和龍的關係,認爲辰( )的字形來源於東宮蒼龍(即天蠍座)之心、尾二宿相連的圖案,此説法並非無稽之談,馮時在《中國天文考古學》中就指出東宮蒼龍的圖案是龍的字形來源。金璋對《菁》5這版著名刻辭進行釋讀,指出《鐵》185.1、《後下》9.1和《菁》5上的 應釋爲夕,進而否定了郭沫若早期提出的"月蝕"説。

金璋也發表過幾篇討論商代動物的文章,如《評論葉慈教授所著〈中國古代歷史上的馬〉》(1935)、《淺談中國古代無鬃毛的"馬"字》(1935)、

《中國咒之服用》(1939)、《商王獵鹿之記錄》(1939)等。前三篇討論了甲骨文中的"⿱"(咒),後一篇討論了甲骨文中的"⿱"(麋)。金璋把甲骨文中的⿱和⿱區分爲兩個字,指出⿱是馬,⿱是咒,這是值得肯定的。金璋認爲咒是犀牛,現代學者則多采用雷焕章的觀點,認爲咒是野水牛。金璋認爲"獲商戠咒"中的"商"是地名,"戠"表示棕色或褐色,這兩點意見值得參考。金璋利用《後上》15.7(《合集》37461)這片卜辭:⿱⿱⿱⿱⿱,指出麋和鹿是兩種不同的動物,並引用唐蘭的意見,指出⿱從眉得聲,下象鹿身,是一個形聲字,糾正了羅、王等將麋和鹿混而不分的錯誤。

金璋研究商代占卜的文章也值得重視,如《最近發現之周朝文字》(1911)、《占卜之方法》(1919)、《祖先的神示》(1938)和《一個神秘的兆辭之新解釋——"⿱⿱⿱"》(1947)。這些文章討論了卜骨的種類和整治之法,以及"占""⿱""⿱""⿱""⿱""⿱""⿱⿱⿱"等占卜術語。金璋對"⿱⿱⿱"的研究是非常有名的,他引用唐蘭的意見,把⿱釋爲"才",讀爲"再",但他不贊同唐蘭把⿱釋爲"黽",而是把它釋爲"蛛",讀爲"朱"。他指出甲骨上有塗朱、塗墨的現象,"不再蛛"就是"不再朱",即不再對甲骨進行塗朱。金璋的觀點並不過時。近些年來,陳光宇教授多次指出⿱即黽字,在"⿱⿱⿱"中表示硃砂之"朱"或朱色之"朱"。①

金璋在甲骨學上最重要的成就是甲骨文字考釋。汪濤曾指出:"金璋可以說是西方漢學界考釋甲骨文字造詣最深的學者。他於一九一七年至一九二七年間連續發表了《象形文字考探》長篇論文,共考釋了一百六十六個詞。他的方法是很傳統的訓詁學,主要是根據《說文》及古文字推比,同時也注意到古代音的問題。他討論的對象常常是中國和日本學者,例如羅振玉、王襄、高田忠周、郭沫若等;能夠在文字考釋上獨樹一幟,這在西方學者中是極少有的。"②這個評價是十分客觀的。《象形文字研究》是西方最早、最系統的甲骨文字考釋成果,張鳳的博士論文《甲骨刻字攷異補釋》對其就有引述。除了《象形文字研究》系列,金璋還發表過《中國古今文字考》(1925)、《中國古文字專題研究》(1937)、《中國古文字研究零

---

① 陳光宇:《從"朱砂"到"不絆黽"》,《古文字研究》第29輯,中華書局,2012年,第30—42頁。陳光宇、劉致慧、柯維盈、黃銘崇:《甲骨刻辭填色的拉曼光譜分析》,《甲骨文與殷商史》新10輯,上海古籍出版社,2020年,第458—474頁。
② 汪濤:《甲骨學在歐美——1900—1950》,《甲骨文發現一百周年學術研討會論文集:1898—1998》,臺灣師範大學國文系、中研院歷史語言研究所編,(臺北)文史哲出版社,1998年,第145—164頁。

拾》（1949）等考釋文章，並在手稿中留下了192條未刊文字考釋詞條。金璋進行文字考釋目的明確，就是備舉該字的甲骨、金文、簡牘、篆文等古文字字形，輔以音韻學和文獻學的論據，盡可能闡明其造字本義和字形演變過程。另外，金璋還致力於把新的形義解釋與傳統字書進行比較，進而突顯甲骨文字在漢字發展史上的重要價值。遺憾的是，金璋沒有特別關注甲骨文字在卜辭中的具體用法。

金璋在甲骨學上的學術活動從1907年開始，到1952年結束，前後持續了40餘年，貫穿了西方甲骨學史的前五十年。根據夏含夷《西方漢學甲骨文研究書目》一章所列，這40餘年（1907—1952）用西文發表的甲骨文研究論文有80篇，作者包括沙畹、金璋、勃漢第、庫壽齡、明義士、薩拉辛、J. M. Ingram、張鳳、馬伯樂、艾伯華、葉慈、吉卜生、白瑞華、顧立雅、布納科夫（勇義）、皮其萊、方法斂、魏復古、羅越、周傳儒、德效騫、董作賓等人。金璋一人就發表論文21篇，成果非常豐富。① 金璋的研究，促進了西方早期甲骨學的深入發展。

退休後的金璋雖然身處英國，遠離亞洲甲骨學研究的重鎮，但在傳教士和外交官朋友的幫助下，他總能以最快的速度獲得中國和日本境內新出版的甲骨學和金石學著述，並通過自己的文章把這些學術成果介紹到西方漢學界。據不完全統計，金璋引述的甲骨學和金石學著作有43種，其中引述較多的是吳大澂、羅振玉、王國維、王襄、徐中舒、郭沫若、唐蘭、（日）高田忠周等著名學者的研究成果。這種一邊吸收、一邊傳播的研究模式，爲西方甲骨學輸入了新的能量，客觀上促進了西方早期甲骨學的深入發展，也奠定了金璋在甲骨學國際化道路上的重要地位。可以説，金璋是中西方甲骨學溝通的橋梁和紐帶。

金璋與英國皇家亞洲文會關係極爲密切。他是英國皇家亞洲文會的資深會員，1912—1943年間一直擔任皇家亞洲文會理事會委員，並且擔任過理事會副主席、財務審計、財務和出版委員會委員、圖書館委員會委員、古物收藏委員會委員、會刊編輯部常務委員會委員等職，對皇家亞洲文會的各項工作都做出了重要貢獻。金璋是《皇家亞洲文會會刊》的忠實供稿人，他一生發表了59篇論文和27篇書評，只有3篇沒有發表在《皇家亞洲文會會刊》上。金璋與皇家亞洲文會另一位會員、倫敦大學葉慈教授關

---

① 夏含夷：《西觀漢記——西方漢學出土文獻研究概要》，上海古籍出版社，2018年，第135—146頁。

係頗爲親密，1913年葉慈在英國駐華公使館工作期間，曾爲金璋代購過甲骨。1929年，金璋爲葉慈的青銅器圖錄《尤摩弗帕勒斯藏品圖錄——中國、朝鮮的青銅器、雕塑、玉器、珠寶和雜項》寫過書評，1933年二人合寫過一篇論文《一件中國青銅祭器——父丁爵》，1935年金璋還爲葉慈的論文《馬——中國古代文明的因素》寫過評論。金璋晚年生病的時候，葉慈曾去家中探望，並幫他整理資料。金璋去世後，葉慈撰寫了簡短的訃告，1954年再版了金璋的譯著 *The Six Scripts*，並撰寫了篇幅較長的《譯者回憶錄》，這篇回憶錄是我們了解金璋的生平事迹和學術研究的重要資料。

　　金璋一生未婚，生活都由一名僕人照料。他於1952年3月11日去世，享年98歲。金璋去世後，根據其遺囑，他的甲骨藏品和手稿、書信、拓片、照片等檔案資料都贈給了英國劍橋大學，爲甲骨學學術史研究保存了第一手資料。金璋收藏的甲骨，現藏劍橋大學圖書館中文部。金璋的檔案資料，現藏劍橋大學圖書館手稿部，編號爲ADD7629。金璋的部分藏書，也由其遺產繼承人、姪孫Lionel Handley-Derry先生於1952年贈給了英國皇家亞洲文會圖書館。金璋對學術有無私奉獻之精神，這一點值得我們學習。

　　金璋是一位典型的西方早期甲骨學者，全面搜集與他相關的各種資料，對其甲骨收藏和研究成果進行系統梳理，對其研究得失和學術地位進行合理評價，闡釋其在中西方甲骨學交流史上的橋梁作用，是西方早期甲骨學史研究的重要内容。正如汪濤所指出："一般來説，中國學者對外國學者整理的甲骨材料是很注意的；幾本甲骨書目對外國學者著述也盡量收入。但除此之外，中國學術界對西方甲骨研究的具體情況和内容並不十分瞭解。其實，西方漢學界自身至今也缺乏對甲骨學與漢學研究總體發展關係的檢討。"① 隨着甲骨學的深入發展，西方學者已經開始展開對自身甲骨學與漢學研究總體發展的反思和評述，夏含夷的《西觀漢記——西方漢學出土文獻研究概要》就是一項重要成果。在這一思想的指導下，本書在對英國早期甲骨學者金璋進行研究時，也注意突出個人研究與整體學術背景之間的關係。希望此項研究既能爲中國甲骨學者提供一些新資料，也能對西方早期甲骨學史和中外甲骨學交流史的研究有所助益。

---

① 汪濤：《甲骨學在歐美——1900—1950》，《甲骨文發現一百周年學術研討會論文集：1898—1998》，臺灣師範大學國文系、中研院歷史語言研究所編，（臺北）文史哲出版社，1998年，第145—164頁。

第二節　國內外研究金璋的成果綜述

目前,國內外學術界對金璋的研究,主要集中在以下三個方面:(1)對金璋著述的介紹和輯錄,(2)對金璋甲骨的研究和利用,(3)對金璋生平及學術的評述。

金璋的甲骨研究,從一開始就受到了其他學者的關注。比如 20 世紀初期西文學者勃漢第、庫壽齡、明義士、張鳳等對其研究成果有過介紹和評價,郭沫若、明義士、胡小石、陳夢家、董作賓、容庚等知名學者評價過他的家譜刻辭研究,王師輻翻譯過他的一篇論文《中國古文字裏所見的人形》。對金璋甲骨學論著目的輯錄一直受到各位學者的重視,庫壽齡著《河南之卜骨》(1914)、明義士著《甲骨研究》(1933)、董作賓、胡厚宣著《甲骨年表》(1937)、胡厚宣著《甲骨學商史論叢二集》(1945)、胡厚宣著《五十年甲骨學論著目》(1952)、宋鎮豪師主編《百年甲骨學論著目》(1999)、夏含夷著《西觀漢記——西方漢學出土文獻研究概要》(2018)等,都對金璋的著作目錄進行了輯錄。

金璋的甲骨藏品,自 1914 年庫壽齡在《河南之卜骨》中有過介紹之後,就引起了甲骨學者的重視,明義士、董作賓、胡厚宣、郭沫若等在其著述中均提過這批藏品。但直到 1939 年《金璋所藏甲骨卜辭》出版,這批材料才開始被學者認識和利用,孫海波、陳夢家、董作賓、袁同禮等都對其有過很高評價,胡厚宣在研究中多次引用了這批材料。1970 年,饒宗頤在《歐美亞所見甲骨錄存》中著錄了部分金璋甲骨的照片。1985年《英國所藏甲骨集》出版,以拓片的形式基本上把這批材料的重要部分都收錄其中,再次引發學者對金璋甲骨藏品的研究熱情。李學勤、齊文心、艾蘭、愛爾納德等從不同的角度對這批材料進行了介紹和研究,曾毅公、李殿魁、雷煥章、羅琨、蔡哲茂、黃天樹、林宏明等對這批材料進行了綴合和利用。

早期學者對金璋的生平很少提及,有的說法甚至是錯誤的,比如陳夢家在《殷虛卜辭綜述》中把金璋誤為商人。1954 年葉慈撰寫的《譯者回憶錄》,是對金璋生平事迹和學術研究最全面的評述。但這篇英語文獻,中國學者讀過的並不多,1991 年肖琴摘譯了其中部分內容。1999年汪濤從西方甲骨學史的角度,對金璋的甲骨收藏和研究進行了整體評述。近年來夏含夷在《西觀漢記——西方漢學出土文獻研究概要》中，強調了金璋在中國文字學史和甲骨文字考釋兩方面的研究成果。下面，筆者就從以上三個方面，對國內外有關金璋的研究成果進行綜述。

一、對金璋著述的介紹和輯錄

金璋對甲骨的研究，從一開始就受到了學術界的關注。1912年金璋連續發表兩篇論甲骨文家譜刻辭的文章，即《中國古代之皇室遺物》和《骨上所刻之哀文與家譜》。前者對大英博物院所藏庫1989鹿角家譜刻辭進行了介紹和研究，認爲這是周代或商代的王室譜系，其上所刻人名都是王位繼承者。後者介紹了自己收藏的金566這片插骨針的牛肩胛骨家譜刻辭，並與庫1989所刻之人名和世系進行了對比研究。由於德國柏林民族學博物館也有類似的甲骨藏品，金璋的文章引起了德國學者勃漢第女士的重視。她在對德國柏林民族學博物館所藏甲骨進行初步整理和研究的基礎上，於1913年2月發表《中國古代之卜骨——柏林民族學博物館的威爾次藏品》一文，在實驗基礎上提出鑒別甲骨刻辭真僞的方法，並對所知幾片家譜刻辭進行了真僞之辯，認爲庫1506是仿刻庫1989。金璋很快就回應了勃漢第的看法，他於1913年10月發表《圭璧上的家譜刻辭》一文發表了不同的意見，認爲庫1506也是真品，同時他又公布了另一版家譜刻辭金760。金璋和勃漢第就庫1506真僞的討論，無疑是甲骨學史上的一件大事。金璋和勃漢第提出的其他幾片家譜刻辭已被定爲僞刻，而庫1506的真僞一直爭論了一百多年，至今學術界仍沒有達成一致。可以說，在甲骨學的初期，金璋引領了西方甲骨學的前沿研究。

1914年2月，英國傳教士庫壽齡在上海皇家亞洲文會北中國支會會議上宣讀了一篇文章 The Oracle-Bones from Honan（《河南之卜骨》），以甲骨購藏家的語氣，對河南甲骨的出土與購藏、綴合與辨僞、甲骨的占卜屬性、占卜之方法、刻辭內容與文字釋讀、目前的研究者及其觀點等進行了概述。庫氏在文中對金璋有關甲骨的研究進行了評述，並表達了不同的觀點。第一點，就卜辭上最常見的字形"冎"，方法斂和金璋都傾向於釋爲"問"，"但是方法斂和金璋最終都沒有發現另一個顯然與冎是同一個字的字形冎，這個字不是問（ask）而是貞（divine）就很顯明了"。第二點，針對甲骨上大量出現的異體字，庫氏和金璋的看法不同："金璋先生對同時代有這麼多異體字形表示了驚訝;但是我認爲,除了同一片甲骨上出現的異體字,其他異體字形的出現恰好可以作爲這些甲骨屬於不同時代的證據。"第三點,關於甲骨的時代問題,庫氏列舉了兩種意見。一種是沙畹、劉鐵雲和羅振玉的看法,認爲甲骨是商代遺物。另一種是金璋的看法,認爲甲骨是周代遺物。其理由,一方面金璋認爲甲骨上經常出現的祖乙、祖庚、祖丁等詞,第一個字"祖"意爲祖先,第二個字是干支字,不應作爲祖先的人名使用。這些詞應被理解爲祖先庚、祖先丁等,就如現代常説的祖先A、祖先B一樣。另一方面,金璋從甲骨上發現了一個屬於公元前5世紀的人名。而庫氏則認爲這兩種意見不是非此即彼,甲骨的時代可能從商延續到周。庫氏在文末所附研究文獻中,列舉了金璋的四篇文章:《最近發現之中國周朝文字》《骨上所刻之哀文與家譜》《中國古代之皇室遺物》《古代骨刻文中龍龜之研究》。這是有關金璋甲骨論著的最早輯録。①

1917年,明義士在《殷虚卜辭》英文序言中也提到了金璋的相關研究:"庚子年後,山東青州府的庫壽齡和山東濰縣的方法斂在濰縣獲得一些甲骨。正是通過這兩位先生的斡旋,大英博物院、蘇格蘭皇家博物院、菲爾德博物院和金璋個人得以形成甲骨收藏。金璋在《皇家亞洲文會會刊》上發表了不少相關論文。正是他們把甲骨介紹給了科學界。但那時他們還不清楚甲骨的出土地點。"②遺憾的是,在這篇序言中明義士没有對金璋的論文内容進行介紹,也没有列舉金璋的論文目録。

1917—1928年,金璋在《亞洲文會會刊》上連續發表9篇《象形文字研究》。金璋對甲骨文字的釋讀和對中國學者研究成果的引述,成爲西方學者了解甲骨學前沿成果的窗口。法國留學的張鳳博士在其博士論文《甲骨刻字玫異補釋》(1925)的甲骨文字考釋部分,就徵引了羅振玉《殷虚書契考釋》和金璋《象形文字研究》的内容。③ 在甲骨學研究的初期階段,文字釋讀無疑是最基礎的研究。金璋醉心於甲骨文字的釋讀,在西方漢學界一枝獨秀。《象形文字研究》系列對羅振玉《殷虚書契考釋》的大

---

① Samuel Couling: The Oracle-Bones from Honan. Read before the Society February 20, 1914. *Journal of the North-China Branch of the Royal Asiatic Society*, XLV, pp.65-75.
② 明義士:《殷虚卜辭》,上海: Kelly & Walsh,1917年,preface 第2—3頁。
③ 張鳳的這部著作筆者並未見到,其主要内容簡介,參看法國國家科學院戴明德(Michel Teboul):《談第一本甲骨學的博士論文——1925年張鳳的〈甲骨刻字玫異補釋〉》,《甲骨文與殷商史》新1輯,綫裝書局,2008年。

量引述和評價,更是直接促進了西方漢學界對甲骨文字的理解。張鳳對《象形文字研究》系列的引述,無疑證明了金璋的甲骨文字考釋在西方甲骨學界的重要地位。

1930年,郭沫若出版《中國古代社會研究》,在《卜辭出土之歷史》一節談到家譜刻辭,認爲金566是僞刻:"歐美人的甲骨蒐藏家中還有荷普金斯(L. C. Hopkins 漢名自稱金璋)、明義士子宜(James Mellon Menzies 自稱之漢名)。荷普金斯的蒐集大約多有庫林替他幫忙,我看到他著的一篇文章骨上所彫之一首葬歌與一家系圖("A Funeral Elegy and a Family Tree inscribed on Bones"——J.R.A.S.Oct.1932),那所根據的材料完全是僞刻。"①顯然,郭氏讀過金璋的這篇文章,他指出金璋此篇所引甲骨材料都是僞刻。

1930年,郭沫若的五哥郭開佐之夫人王師韞(麟彩)女士翻譯了金璋的一篇論文,題爲《中國古文字裏所見的人形》。這篇文章是"專門討論那代表側面,並且通常是向左的人形的許多古字",如人、亻、儿等,並將含有這些不同人形部件的甲骨字形分爲17種,加以分析。② 王師韞翻譯的原文是金璋1929年7月在JRAS上發表的The Human Figure in Archaic Chinese Writing: a Study in Attitude。這是中國學者對金璋論著的首次翻譯,並且是在原文發表不久就及時進行翻譯介紹,一定程度上擴大了金璋在中國學界的知名度。不過,這只是該文的第一部分,該文的第二部分The Human Figure in Archaic Chinese Writing. Part II,發表在1930年1月的JRAS上,繼續分析含有人形部件的第18—25種甲骨字形,並附有文章所論甲骨字形的圖版。遺憾的是,王師韞没有繼續翻譯第二部分。

1933年,明義士在齊魯大學講義《甲骨研究》中,對金璋所論家譜刻辭進行了判斷。明義士指出,庫1989器真,刻辭疑僞,而金566家譜刻辭皆是僞造。明氏還輯録了金璋著述14種:《最近發現之中國周朝文字》《中國古代王家遺物》《骨上所刻一弔喪文與一家譜》《古代骨刻文中龍龜

---

① 筆者按:郭氏提到的金璋這篇文章即《骨上所刻之哀文與家譜》,此文發表於1912年,郭氏誤爲1932年,或爲筆誤。參看郭沫若:《中國古代社會研究》,人民出版社,1954年,第169頁。《中國古代社會研究》最早出版於1930年2月,此後多次再版,不同版本的章節次序也有區別,有關版本信息,參看蔡震:《〈中國古代社會研究〉及版本的幾個問題》,《郭沫若學刊》2010年第2期,第39—43頁。
② L. C. Hopkins 著、王師韞譯:《中國古文字裏所見的人形》,《中山大學語言歷史學研究所周刊》第11集第125—128合期,1930年,第104—133頁。

之研究》《象形文字調查》《商朝的帝王》《風鳳朋貝考》《占卜的方法》《河南遺物：一新研究學者及其結果》《河南遺物之皇家帝系與商朝本紀》《象形轉體有形義敗壞——中國古今文字考》《中國古代文字人體姿勢考》（王師韞譯爲《中國古文字裏所見的人形》）、《虹之所止》《龍辰考》等，并對内容做了簡要介紹和評述。①

1937年，董作賓、胡厚宣合編《甲骨年表》，在董氏1930年發表的《甲骨年表》②基礎進行了大量擴充。書中提到西方學者10位，西文著述36種，其中金璋的論文就有19種，如《最近發現之中國周朝文字》《中國古代之皇室遺物》《骨上所刻之哀文與家譜》《古代骨刻文中龍龜之研究》《商代之帝王》《風鳳朋貝考》《象形文字研究》一到九、《占卜之方法》《河南遺物之研究及其結果》《殷虚甲骨上所載王室譜系及商代之記載》《中國古今文字考》等篇，③占到西文著述的一半以上，由此可見金璋在當時西方甲骨學界之活躍程度。與明義士《甲骨研究》相比，董、胡二君少列了以下3篇：《中國古代文字人體姿勢考》《虹之所止》《龍辰考》。

1945年，胡厚宣出版《甲骨學商史論叢二集》，其中《甲骨學類目》一文所列金璋之著述，與1937年的《甲骨年表》相比，增加了《中國古文字中之人形》（明義士譯爲《中國古代文字人體姿勢考》）、《中國古代文字專題研究》《釋龍辰》《蘇格蘭與中國古代之雛形耕作考》《中國咒之服用》《商王獵鹿之記録》等篇。④ 與明義士《甲骨研究》相比，增加了《中國古代文字專題研究》《蘇格蘭與中國古代之雛形耕作考》《中國咒之服用》《商王獵鹿之記録》諸篇，但仍缺少《虹之所止》這篇。

1952年，胡厚宣在《五十年甲骨學論著目》所列五十年中研究甲骨學而有論著的作家共289人，其中亞洲學者衆多，中國230人，日本40人，而歐美蘇學者僅18人。歐美蘇學者中，英國6人，美國5人，德國4人，法國2人，蘇聯1人，加拿大1人，金璋就是其中之一。《五十年甲骨學論著目》收録金璋論文共17種30篇，與1945年的《甲骨學類目》所收相同。

---

① 明義士：《甲骨研究》，1933齊魯大學講義石印本，又1996年齊魯書社影印本，第28—30、46—49、51、56—57頁。

② 董作賓：《甲骨年表：關於甲骨文字三十年來發現研究的總記》，《"中研院"史語所集刊》第2本第2分，1930年，第241—260頁。此文總結了1899—1930年這32年間甲骨發現與研究的大事紀和出版論著，但並未提及金璋。

③ 董作賓、胡厚宣合編：《甲骨年表》，商務印書館，1937年，第61頁。需要注意的是，董、胡二君對金璋論文題目的翻譯與明義士稍有不同。

④ 胡厚宣：《甲骨學商史論叢二集》，齊魯大學國學研究所，1945年，第534頁。

这些文章分散在"文字""帝王""經濟""考古""概論""考古"等六個大類下面。其中，列入"文字"的有 7 種:《中國古文字中之人形》(上、下,2篇),《象形文字研究》(九卷附引得,9 篇),《中國古今文字考》,《中國古代文字專題研究》(上、中、下,3 篇),《風鳳朋貝考》,《古代骨刻文中龍龜之研究》,《釋龍辰》(上、下,2 篇)。列入"帝王"的有 3 種:《骨上所刻之哀文與家譜》,《商代之帝王》,《殷虚甲骨上所載王室譜系及商代之記載》。列入"經濟"的有 3 種:《蘇格蘭與中國古代芻形耕作考》(上、下,2篇),《中國兕之服用》,《商王獵鹿之記載》。列入"考古"的有 1 種:《占卜之方法》。列入"概論"的有 3 種:《最近發現之周朝文字》,《中國古代之皇家遺物》,《河南遺物之新的研究及其結果》。①

1954 年,英國學者李約瑟(Joseph Needham)在其所著《中國科學技術史 第一卷 導論》中就收錄了金璋的論文目錄 37 篇,這是西方學者對金璋著述的較全輯錄。②

1999 年,宋鎮豪師主編的《百年甲骨學論著目》收錄了金璋論文 24種 38 篇,比《五十年甲骨學論著目》多收錄 7 種 8 篇,分別是:《占卜檔案記錄》(上、下,2 篇)、《虹尾在哪裏?》(明義士譯爲《虹之所止》)、《祖先的神示》《日光和月光》《薩滿或中國巫——性之舞及其多變字元》《一個神秘的兆辭之新解釋》《中國古代卜骨論》等。③

2018 年,夏含夷在《西觀漢記——西方漢學出土文獻研究概要》中收錄金璋著作 34 篇,包括:《六書:中國文字的原理》、《最近發現之周朝文字》、《中國古代之皇家遺物》《骨上所刻之哀文與家譜》《古代骨刻文中龍龜之研究》《商代之帝王》《風鳳朋貝考》《占卜之方法》《河南遺物之新的研究家及其結果》《殷虚甲骨上所載王室譜系及商代之記載》《中國古今文字考》《象形文字研究》(1—9 卷)等。④ 這是目前有關金璋著述的最新輯錄,但仍有漏收的篇目。

二、對金璋甲骨的研究和利用

最早對金璋所藏甲骨進行介紹的是庫壽齡。1914 年,庫壽齡在《河

---

① 胡厚宣:《五十年甲骨學論著目》,中華書局,1952 年,第 183 頁。
② Joseph Needham: *Science and Civilisation in China. Volume 1. Introductory Orientations.* Cambridge: University Press, 1954. 參看中譯本,李約瑟著、袁翰青等譯:《中國科學技術史 第一卷 導論》,科學出版社、上海古籍出版社,2018 年,第 292—293 頁。
③ 宋鎮豪主編:《百年甲骨學論著目》,北京:語文出版社,1999 年。
④ 夏含夷:《西觀漢記——西方漢學出土文獻研究概要》,上海古籍出版社,2018 年。

南之卜骨》文中提到，"我們（按：即庫方二氏）還幫助金璋購得了八百片很好的甲骨"，並公布了金181這片甲骨的照片（按：此片是僞刻）。① 這是有關金璋甲骨收藏的最早介紹，但十分簡略，也是後來其他學者廣泛徵引的材料來源。明義士在1917年《殷虛卜辭》英文序言和1933年《甲骨研究》講義中對金璋甲骨的介紹，就是本於庫氏的這篇文章。董作賓、胡厚宣在1937年《甲骨年表》中提到"英國赫布金（Mr. L. C. Hopkins）得八百版"，也是根據明義士《甲骨研究》講義所引庫氏《河南之卜骨》一文。②

　　金璋在1911—1934年間發表的論文中陸續公布了一些自藏甲骨的照片，比如本書第四章第二節所提到的金300、金301、金338反、金364、金385、金391、金433正反、金566、金568、金616、金639正反、金645、金646、金683反、金722、金744反、金757、金758、金759、金760反、金779、金780等。但實際上，金璋的文章在當時並未被很多中國學者讀到，並且金璋所舉材料有許多僞刻，因此當時的學術界對金璋的甲骨藏品並没有多少認識。

　　直到1939年由方法斂摹寫、白瑞華編輯的《金璋所藏甲骨卜辭》一書出版，才引起了學術界對金璋甲骨藏品的重視。該書序言指出，金璋的甲骨藏品主要是方法斂在濰縣所購得。方法斂在收購過程中對這些甲骨進行了整理、編號和摹寫，白瑞華教授在對這些摹本進行編輯時，曾請明義士對其進行辨僞，剔除了大部分僞片，最後只選録了484片甲骨，並在部分甲骨上標注了僞片、部分僞片或疑似僞片。《金璋所藏甲骨卜辭》的出版，是金璋甲骨藏品首次較爲完整的著録，基本上把金璋甲骨藏品的精華部分都公布了出來，在當時產生了很大影響。《金璋所藏甲骨卜辭》出版後的第二年，就有三位中國知名甲骨學家對其進行介紹和評價。

　　第一位是孫海波，1940年他對《金璋所藏甲骨卜辭》進行過評介，指出該書所收之材料："珍美不亞於羅氏諸書，倘能將原物印行，其於學人參考，尤爲便利。此區區之意，願以質諸白氏者焉。"③他還指出《金》一書著録七四三片甲骨，顯然有誤，董作賓先生指出此書缺號甚多，實際只著録477版，詳見下文。

---

① Samuel Couling: The Oracle-Bones from Honan. Read before the Society February 20, 1914. *Journal of the North-China Branch of the Royal Asiatic Society*, XLV, pp.65-75.
② 董作賓、胡厚宣合編：《甲骨年表》，商務印書館，1937年，第4頁。
③ 孫海波：《書林偶拾》，《中和月刊》第1卷第2期，1940年，第133—140頁。此文介紹了《鐵雲藏龜零拾》《殷契遺珠》和《金璋所藏甲骨卜辭》三種甲骨著録書。《金璋所藏甲骨卜辭》的介紹在第138—140頁。

第二位是陳夢家,1940年他發表《述方法斂所摹甲骨卜辭》,對《庫方二氏藏甲骨卜辭》《甲骨卜辭七集》《金璋所藏甲骨卜辭》三種著録書進行了介紹和評價。提到《金璋所藏甲骨卜辭》,他指出:"最近在美國紐約所出版的《七集》和《金》,其中僞刻已經明義士等的審查而加以批明,但還有不少遺漏的。據我所見到的《金》,僞刻本來就不多。"並表達了"希望把原物逐件的影拓,盡可能的綴合,然後影本拓片附方氏原摹本一同影印出來,或者有釋文和考訂,或者可以省去。如此庶幾乎方氏未竟之願。我們可以續成之"。① 在另一篇文章《商王名號考》中,陳夢家引用了金354(主甲,即上甲)、金611(貞作大邑于唐土)等材料。②

第三位是董作賓,1940年他在《方法斂博士對於甲骨文字之貢獻》一文中,也談到《金璋所藏甲骨卜辭》的相關情況。董先生指出,此書所收材料477片,其中贋品9片,真品468片,且贋品已經明義士注出,大體均無誤。此書缺號很多,原自1至743號,缺266號,實只著録477版,並列"《金璋所藏甲骨文字》空號缺片表"。董氏舉了四個例子來闡述方法斂甲骨摹本對其研究《殷曆譜》的重要價值,其中有三例都用到了金璋所藏甲骨。第一例"庚申月有食",利用庫1595、鐵185.1和金594這三版同文卜辭,推算出此庚申月有食所在的年月日,應爲公元前1311年11月23日,即殷武丁二十九年十二月十五日庚申之夜半。第二例"報乙報丙的彡祭",利用金260和金340這兩版可以相接的材料,指出"祖庚時一個十一月丙戌朔日,在彡祭報丙,而前一日乙酉彡祭報乙,是一個十月的晦日。這在曆譜上、祀典上是極重要的材料"。第四例"正人方的兩個月行程",利用庫1672、金544、金574這三版材料,"加上《前》、《後編》、《菁華》、《龜甲獸骨文字》共有十版,合成四塊牛胛骨,這四塊是左胛骨二塊,右胛骨兩塊。原來殷代占卜,一事在兩貞以上,則多刻卜辭於各別字版,地位、行款,是各各對稱的。如這四塊,兩塊右胛骨都是第一卜,都是王貞。兩塊左胛骨,都是第二(?)卜,史官所貞,拼湊起來,便可一望瞭然"。③ 金璋所藏甲骨的重要史料價值,可見一斑。

1940年北京國立圖書館館長袁同禮也對《金璋所藏甲骨卜辭》表示了讚賞和再版的興趣。在金璋檔案資料中有三封袁同禮致金璋的英文書信

---

① 陳夢家:《述方法斂所摹甲骨卜辭》,《圖書季刊》新2卷第1期,1940年,第45—49頁。
② 陳夢家:《商王名號考》,《燕京學報》第27期,1940年,第124、131頁。
③ 董作賓:《方法斂博士對於甲骨文字之貢獻》,《圖書季刊》新2卷第3期,1940年,第297—324頁。

（書信譯文參看本書第九章第六節），談到他對《金璋所藏甲骨卜辭》的贊賞，對方法斂和金璋學術貢獻的敬意，以及希望在中國出版金璋所藏甲骨照片的想法。這三封書信顯示，袁同禮館長很重視金璋收藏的這批甲骨材料，但摹本著錄書和英文版並不利於中國學者研究使用，因此，他和唐蘭、陳夢家等都希望以照片的形式在中國出版金璋甲骨。實際上，中國學者也曾經努力把國外的甲骨藏品借到中國拓影出版。陳夢家就提到："《庫方》出版時，我曾爲文以評之，當時主張能把原物設法借來加以拓影。後來聽說庫方原物曾由中央研究院向英方借到，已運至南京正在八一三的前一月，當時忙於遷移，此箱因恐損失，不曾趕緊拓影，原封退還了。這真是一件可惜的事。"①到了1940年代，戰爭已興，再把金璋甲骨借到中國來拓影顯然是不現實的。因此，袁同禮提出把金璋甲骨的照片借來出版。此事雖未能成功，但中國學者對金璋甲骨的重視，也充分地體現了出來。

1944年，胡厚宣在《甲骨學商史論叢初集》中提到："英國金璋由方法斂之助，亦購得甲骨文字八百片，後由方法斂摹寫發表爲《金璋所藏甲骨卜辭》一書。"②胡先生非常重視金璋甲骨的史料價值，在多篇文章中均引用了金璋的甲骨。比如，他在《殷非奴隷社會論》中討論殷代之軍事勞動者時，引用了金412、金508、金522、金526、金538、金539、金596、金601、金606、金666、金673等材料，在《殷代𡇒方考》中又引用了金507、金592、金600等材料。在《殷代年歲稱謂考》中論述"歲"時引用了金571，在《殷人疾病考》中論及患病之人物時引用了金611，在《殷人占夢考》中論及王的夢景時引用金741。在《武丁時五種記事刻辭考》中引用了金367、金521、金522、金535等骨臼刻辭。

20世紀50年代，李棪在倫敦大學任教期間，曾對這批甲骨進行過整理。饒宗頤也查看過這批甲骨。1970年，饒宗頤出版《歐美亞所見甲骨錄存》，《序》中提到："一九五七年在倫敦，於大英博物院及劍橋大學圖書館勘讀藏龜，撰有校記。"此書以照片的形式著錄了劍橋大學圖書館的部分甲骨，即書中第2—27號這26片。附錄一《各片重見略表》列出了本書編號與金璋編號的對照情況：歐美亞2＝金473，歐美亞3＝金367，歐美亞4＝金474，歐美亞6＝金677，歐美亞9＝金645，歐美亞10＝金638，歐美亞15＝金382，歐美亞16＝金124，歐美亞19＝金472，歐美亞20＝741，歐美

---

① 陳夢家：《述方法斂所摹甲骨卜辭》，《圖書季刊》新2卷第1期，1940年，第49頁。
② 胡厚宣：《甲骨文發現之歷史及其材料之統計》，載於《甲骨學商史論叢初集》，齊魯大學國學研究所出版，1944年，第737—738頁。

亞 23 = 金 679，歐美亞 24 = 金 458，歐美亞 25 = 金 453，歐美亞 26 = 金 334，歐美亞 27 = 金 452。

對金璋所藏甲骨最重要的著錄，當屬 1985 年李學勤、齊文心、艾蘭編著的《英國所藏甲骨集》（上編圖版）。胡厚宣先生在《序》中提到，1982 年李學勤先生到英國劍橋大學訪學，在英期間順便全面調查了英國所藏甲骨，並與倫敦大學亞非學院艾蘭博士一起製訂了重新整理英國所藏甲骨的合作計劃。1983 年齊文心先生前往英國，以七個月的時間，將英國所藏全部甲骨加以甄別，擇優墨拓。其中劍橋大學圖書館所藏甲骨，也在此次整理計劃中。《前言》對這批甲骨的來源和流傳情況進行了說明，並對金 43、金 84、金 88、金 123、金 382、金 385、金 525、金 538、金 544、金 554、金 699、金 728、金 739、金 742、金 709、金 1048 等片甲骨的内容進行了介紹，肯定了金璋甲骨的重要史料價值。①

《英國所藏甲骨集》出版後，其編纂者分別從不同的角度對這些甲骨藏品進行了討論。1986 年，齊文心發表《關於英藏甲骨整理中的幾個問題》，談到："劍橋大學圖書館保存了原屬於金璋（Lionel C. Hopkins）的一批甲骨 607 片，除去僞片及殘甚者，選用 595 片收入《英藏》，其中大部分在《金》中發表過摹本。《金》最後的編號是 743，但實收甲骨 479 片，該書僞片和原骨缺失的共 20 片，可代換爲拓片的有 459 片，未著錄過的有 136 片。劍橋大學圖書館對這批甲骨重新進行整理，做了新的編號。另外，該館又購進 14 片甲骨，都未曾發表過，除去一片字迹不清者，選用 13 片。"②此文還從新史料舉例、拼合補遺、辨僞、摹本校勘等角度，對其中一些甲骨的刻辭内容和摹本拓本的差異進行了説明。

1987 年，李學勤發表《海外訪古記（三）》，對劍橋大學圖書館的金璋舊藏甲骨的保存狀況進行了介紹："劍橋大學圖書館收藏的金璋氏舊藏甲骨，我有機會作長時間觀察，寫出詳細筆記。這批甲骨一九六〇年、一九七五年兩度經過整理，現共三十九盒。其第三十八盒全爲胛骨臼部，第三十九盒則爲器物形的字骨。"③李先生指出，第 39 盒都是僞品，第 38 盒尚可挑出有部分真字的，如《金》709 賓組左胛骨臼，163（無名組）左胛骨臼，157 歷組左胛骨臼，140 歷組左胛骨臼，149 歷組右胛骨臼，150 歷組左胛

---

① 李學勤、齊文心、艾蘭編著：《英國所藏甲骨集》上編上册，"前言"第 4 頁。中華書局，1985 年。
② 齊文心：《關於英藏甲骨整理中的幾個問題》，《史學月刊》1986 年第 3 期。
③ 李學勤：《海外訪古記（三）——英國》，《文博》1987 年第 2 期。

骨臼,156 歷組右胛骨臼,160 歷組左胛骨臼等,並對刻辭内容進行了説明。他同時指出,此類骨臼因僞字甚多,只選了個别片收進《英國所藏甲骨集》。

1991 年,李學勤發表《記英國收藏的殷墟甲骨》,再次提到這些僞刻的骨臼刻辭:"金璋舊藏 1048 號,是一胛骨的右邊部分,有'王牟貞'3字。我們知道'牟'字唐蘭先生讀爲'再','再貞'之例不多,看到這一片詫爲奇獲,及至仔細觀察,3 字均屬僞刻。由此所見,早期僞刻固多文理不通,但也有個别的照抄真辭,從摹本不易辨别。"①

1992 年,《英國所藏甲骨集》(下編)出版,也收録了整理者的相關研究論文。其中,齊文心的《伊尹、黄尹爲二人辨析》,利用《金》501 這片卜辭,論證卜辭中的伊尹、黄尹是兩個不同的人名。② 艾蘭博士的《論甲骨文的契刻》,用顯微照相技術,對《金》88、《金》554、《金》677、《金》702、《金》705、《金》725 等甲骨上的某些文字進行了顯微照相,總結文字契刻痕迹的特點,並以此來分辨真僞。③ E. N. 愛爾納德的《劍橋大學圖書館所藏一片卜甲的鑒定》,從生物學的角度對《金》554 這一片卜甲的材質進行了科學鑒定,認爲這片甲可能屬於棕褐巨龜,即分布於從緬甸到印尼的一種大龜。④

《英國所藏甲骨集》出版後,學者們相繼發文進行評述或利用其材料進行研究。如 1989 年吉德煒發表書評,從本集的性質、分類與分期、内容、綴合與僞刻、本集的價值等幾個角度出發,對《英國所藏甲骨集》進行了全方位的評價,其中就提到金 699、金 544、金 583、金 88、金 209 等重要材料。⑤ 1992 年李殿魁發表《〈英國所藏甲骨集〉中錯誤綴合的一片牛胛

---

① 李學勤:《記英國收藏的殷墟甲骨》,《甲骨文與殷商史》第 3 輯,1991 年。又見氏著:《四海尋珍》,清華大學出版社,1998 年,第 217—225 頁。
② 齊文心:《伊尹、黄尹爲二人辨析》,《英國所藏甲骨集》下編下册,中華書局,1992 年,第 177—184 頁。
③ 艾蘭:《論甲骨文的契刻》,《英國所藏甲骨集》下編下册,中華書局,1992 年,第 203—216 頁。
④ E. N. 愛爾納德:《劍橋大學圖書館所藏一片卜甲的鑒定》,《英國所藏甲骨集》下編下册,中華書局,1992 年,第 247 頁。
⑤ 英文原文 David N. Keightley: Oracle Bone Collections in Great Britain: A Review Article, in *Early China* 14(1989), pp.173 - 182。中譯本,吉德煒著,馬力威譯:《〈英國所藏甲骨集〉書評》,《中國史研究動態》1991 年第 7 期。收入宋鎮豪、段志洪主編:《甲骨文獻集成》第 40 册,四川大學出版社,2001 年,第 427—428 頁。又張富海譯,題爲《評〈英國所藏甲骨集〉》,收入夏含夷主編:《遠方的時習——〈古代中國〉精選集》,上海古籍出版社,2008 年,第 284—293 頁。

骨》，指出《英》593是金535和金477的誤綴。① 1995年法國學者雷焕章發表《爲英國所藏甲骨集前三表所做之改正》，對《英藏》和《庫方》《金》《合集》等著録號進行了校補。② 2004年羅琨發表《甲骨文"閔"字探析——兼説卜辭中的"鶉火"》，對甲骨文中作 ⿰門㔾 、⿰門㔾 、⿰門㔾 等形的閔字進行考釋，就引用了金189這版相間刻辭。③ 其他學者，比如曾毅公、蔡哲茂、黄天樹、林宏明、蔣玉斌、周忠兵、門藝、李愛輝、劉影、齊航福、王子楊、張宇衛等，都對金璋所藏甲骨有所綴合，他們的綴合成果詳見本書附録《金璋所藏甲骨整理表》。2013年趙霞的碩士學位論文《〈英國所藏甲骨集〉資料的蒐集和整理》，涉及金璋甲骨的綴合情況、僞片情況、摹本與拓本的比較等内容。④ 2016年趙紅雷的碩士學位論文《甲骨刻辭辨僞研究成果匯總及相關問題研究》，也涉及金璋甲骨的辨僞問題。⑤

三、對金璋生平及學術的評述

國内學者介紹金璋生平和學術研究的論述非常稀少。1956年，陳夢家在《殷虚卜辭綜述》中講到外國傳教士如方法斂、庫壽齡、明義士、懷履光等收購甲骨，並提到"此外英國商人金璋和哈同也買到不少"。⑥ 他把金璋誤爲商人，可見當時中國學者對金璋的生平事迹並不熟悉。

首次對金璋生平和學術研究進行全面評述的是倫敦大學考古學教授葉慈。葉慈和金璋都是英國皇家亞洲文會的資深會員，兩人有40多年的深厚友誼。金璋去世後的第二年，75歲高齡的葉慈懷着沉重的心情爲老友撰寫了簡短的訃告。⑦ 次年，他再版了金璋的譯著 *The Six Scripts*，並在

---

① 李殿魁：《〈英國所藏甲骨集〉中錯誤綴合的一片牛胛骨》，《中國文字》新16期，（臺北）藝文印書館，1992年。收入宋鎮豪、段志洪主編：《甲骨文獻集成》第18册，四川大學出版社，2001年，第455—456頁。
② 雷焕章：《爲〈英國所藏甲骨集〉前三表所做之改正》，《大陸雜誌》第91卷5期，1995年。收入宋鎮豪、段志洪主編：《甲骨文獻集成》第19册，四川大學出版社，2001年，第540—542頁。
③ 羅琨：《甲骨文"閔"字探析——兼説卜辭中的"鶉火"》，《古文字研究》第25輯，2004年，中華書局。
④ 趙霞：《〈英國所藏甲骨集〉資料的蒐集和整理》，首都師範大學2013年碩士學位論文（指導老師：黄天樹）。
⑤ 趙紅雷：《甲骨刻辭辨僞研究成果匯總及相關問題研究》，吉林大學2016年碩士學位論文（指導老師：何景成）。
⑥ 陳夢家：《殷虚卜辭綜述》，中華書局，2008年，第47頁。
⑦ W. Perceval Yetts: Obituary—Lionel Charles Hopkins I. S. O, *JRAS*, No.1/2 (April, 1953), pp.91–92.

正文前附了一篇信息量很大的《譯者回憶錄》。葉慈根據自己40多年來對金璋的了解，以及金璋親友提供的各種資料，尤其是金璋與家人和其他學者的幾百封往來書信，撰寫了這篇資料詳實的回憶錄，對金璋的家庭背景、來華生活、甲骨收藏、學術研究、性情文風等進行了詳細介紹和評述。① 1991年，中國學者肖琴摘譯過其中部分內容，題爲《金璋在中國收購甲骨的概況》，但此文翻譯有不當之處，比如把金璋前往北京的時間誤爲1871年（實爲1874年）。② 葉慈撰寫的回憶錄，是後人了解金璋生平事迹的重要信息來源，也是本書的重要參考資料。但由於這是一篇英語文獻，且沒有全文翻譯，國內學者對金璋的全面認識實際上是通過汪濤的《甲骨學在歐美——1900—1950》。此文總結了金璋在甲骨收藏與研究上的重要貢獻，指出了金璋研究中的不足之處，着重強調了金璋在甲骨文字考釋上的重要貢獻，認爲金璋是"西方考釋研究甲骨文字最早且成績卓著的學者之一"。③ 他在英文論文 Oracle Bones and Western Sinology 中也介紹了金璋的其他研究成果，稱之爲"西方學術界中國古文字研究的真正的'先鋒'"。④

2007年，王勇則《癡心敏求漢學情——英國駐天津總領事金璋的甲骨緣》一文，搜羅了國內可見的各種檔案資料，對1897年之後金璋的外交工作，尤其是他在天津任總領事期間參與的重大政治事件，進行了梳理。⑤ 近年來，對金璋進行過較多研究的是芝加哥大學教授夏含夷。他的專著《西觀漢記——西方漢學出土文獻研究概要》中有金璋小傳，並對金璋在中國文字起源研究和甲骨研究上的成績進行了總結評價。⑥

總而言之，國內外對金璋的研究，覆蓋了著述介紹和輯錄、購藏甲骨研究和利用、生平及學術評價等多個層次。但從著述數量上看，則以論文

---

① W. Perceval Yetts: Memoir of the Translator, *The Six Scripts, or, The Principles of Chinese Writing.* Cambridge: The University Press. 1954.
② 肖琴:《金璋在中國收購甲骨的概況》,《殷都學刊》1991年第2期。
③ 汪濤:《甲骨學在歐美——1900—1950》,載於臺灣師範大學國文學系、中研院歷史語言研究所編:《甲骨文發現一百周年學術研討會論文集》,(臺北)文史哲出版社,1998年,第145—164頁。
④ 汪濤著、牛海茹譯:《甲骨文與西方漢學》,載於朱淵清主編:《考古學的考古》,中西書局,2019年,第1—21頁。
⑤ 王勇則:《痴心敏求漢學情——英國駐華領事金璋的甲骨緣》,載於陳樂人主編:《北京檔案史料(2007年3月刊)》,新華出版社,2007年,第297—305頁。
⑥ 夏含夷:《西觀漢記——西方漢學出土文獻研究概要》,上海古籍出版社,2018年,第45—47頁。

目錄輯錄和甲骨藏品研究居多,總結其學術成就的只有葉慈、汪濤、夏含夷等人的簡短概述,缺乏具體而微的分析和研究。鑒於金璋在甲骨的收藏和研究上做出的重要貢獻,及其在西方早期甲骨學史上的重要地位,我們認爲目前國内外對金璋的研究是不充分的,是欠缺的。究其原因,大略有四。其一,金璋的研究文章主要發表在《亞洲文會會刊》《人類雜誌》《通報》等外國學術期刊上,中國學者難以接觸到這些資料。其二,金璋的研究成果都用英文或法文撰寫,由於語言障礙,中國學者對此瞭解不多。其三,在甲骨學發展初期,關注甲骨學的歐洲漢學家並不多見。金璋除了參加亞洲文會的常規例會和學術交流會以外,很少參加其他形式的學術研討會。因此,他的研究在歐洲境内也没有得到足够重視。其四,金璋早期發表的論文中引用了不少僞刻甲骨資料,常爲學者所詬病,這在一定程度上掩蓋了他的其他重要成就。金璋自稱是"業餘學者",但他在西方早期甲骨學史上的重要貢獻已經遠遠超過了"業餘"的程度。正如葉慈所説:"金璋的著作雖然散亂、不連貫,但合在一起就構成了一個巨大的文集,其價值超過了先驅的價值。對於西方漢學研究中不幸被遺忘的這一棘手學科,它們仍然是最令人愉快的入門指導。"①因此,我們認爲有必要全面搜集金璋的各種資料,對其學術成就進行全方位、深入的分析和評價。

第三節 本次研究的新材料和新發現

本書就是在國内外研究成果的基礎上,利用最新搜集到的金璋手稿、書信、論文、著作等第一手英語資料,對金璋的甲骨收藏與研究成就進行全面梳理和評價。旨在通過對其收藏甲骨之經歷和研究甲骨之成果的詳細考訂,總結其在甲骨學上所取得的成就,並將其置於西方早期甲骨學史的大背景中,分析他與其他甲骨學者,尤其是與中國早期甲骨學者的交流與融合,闡述其在甲骨學國際化道路上所做的重要貢獻,明確其在甲骨學史上的合理地位。

本書搜集了與金璋相關的各種材料,包括:(一)金璋出版的全部著述,有專著 2 種、論文 59 篇和書評 27 篇,詳見本書附錄一《金璋論著目錄》;(二)劍橋大學圖書館所藏金璋的手稿資料,詳見附錄一《金璋論著

---

① 參看 W. Perceval Yetts: Memoir of the Translator, p.xxvii。

目錄》;(三)劍橋大學圖書館所藏方法斂等學者與金璋的通信資料;(四)英國皇家亞洲文會圖書館所藏《皇家亞洲文會理事會會議紀要》;(五)英國外交部編印的《外交部名單和外交領事年鑒》(1874—1909)和英國國家檔案館保存的外交部檔案 FO17;(六)金璋所藏甲骨的相關著錄書,包括《金璋所藏甲骨卜辭》和《英國所藏甲骨集》等;(七)其他學者研究金璋的論文和著述;(八)金璋的長兄、英國著名詩人 Gerard Manley Hopkins(1844—1889)的相關檔案資料。除了第六和第七兩種是常見資料外,其餘基本都是新材料。

第一種資料是從 JSTOR 外文過刊網和其他網站下載的英文原文。這些論著,國內學者瞭解較少。《五十年甲骨學論著目》《百年甲骨學論著目》等目錄書中都有所收錄,但沒有內容提要。1949 年前王師韜曾翻譯過其中一篇《中國古文字裏所見的人形》,沒有引起很多關注。夏含夷的《西觀漢記——西方漢學出土文獻研究概要》收錄金璋著作 34 篇,但仍有缺遺。本書盡可能地收集了金璋的所有英文著述,通過翻譯、細讀、歸納等方法,綜述了他的學術研究歷程,總結了他在世系及先祖、天象、動物、占卜、數字等商史研究上的成果,並逐條展示了他在甲骨文字考釋上的成果。

第二和第三種資料是從劍橋大學圖書館手稿室珍藏的金璋檔案資料中整理出來的。2011 年,筆者到倫敦大學亞非學院訪學,經汪濤老師指導前往劍橋大學圖書館手稿室查閱金璋的檔案資料。經圖書館管理人員的許可,筆者自帶相機對這批資料進行了拍照保存,回國後又對其進行分類整理。這批檔案資料主要包括書信、明信片、手稿、打印稿、樣稿、雜誌複印件、文物的照片和拓本等,筆者從中整理出來大約 10 餘萬字的手稿資料和 15 萬字的書信資料。與本書研究相關的手稿有:《鹿角家譜刻辭上的紋飾和其他特徵》《中國古代象形文字》《十干(缺己)》《十二支(缺巳申)》《卜辭所見之 ★、★、★、★》(題目爲筆者代擬)、《甲骨文字考釋 192 則》(題目爲筆者代擬)等。與本書次研究相關的書信有:方法斂致金璋書信 140 封、葉慈致金璋書信 2 封、勞佛致金璋書信 2 封、庫壽齡致金璋書信 3 封、明義士致金璋書信 2 封、袁同禮致金璋書信 3 封、白瑞華致金璋書信 3 封、方法斂之妻致金璋書信 1 封、方法斂之子致金璋書信 1 封等。這些手稿和書信都是首次公布,對於瞭解金璋的甲骨學研究有重要價值。本書通過對金璋所留手稿資料的整理、翻譯、細讀和歸納,加深了對金璋甲骨文字考釋成就的認識,瞭解了金璋的中國古代文字發展理論,以及金璋對干支、高祖等的研究成就。本書通過對其他學者致金璋書信資料的整理、翻譯、細讀和歸納,總結出了金璋甲骨的收藏過程和家譜刻辭的來源情況,並展現了金璋與同時代其他學者的學術交流。

第四種資料是英國皇家亞洲文會圖書館珍藏的檔案資料——《皇家亞洲文會理事會會議紀要》(1912年10月—1952年12月)。筆者在倫敦大學訪學期間,經汪濤老師指導前往英國皇家亞洲文會尋找有關金璋的資料,並在汪濤老師的幫助下以較低的價格購買了《皇家亞洲文會理事會會議紀要》(1912年10月—1952年12月)的電子文檔。通過對這批會議紀要及相關材料的整理,我們發現金璋很早就加入了英國皇家亞洲文會,並在其會刊上發表論文。他在中國任外交官期間,參加過皇家亞洲文會北中國支會的學術講座。他退休回英後,長期參與皇家亞洲文會的各種行政事務。他從1912年開始擔任理事會委員,直到1943年10月退休,期間曾擔任1925—1926年度、1927—1928年度、1928—1929年度、1938—1939年度、1939—1940年度和1942年的理事會副主席。此外,他還擔任過理事會的財務審計、財務和出版委員會委員、圖書館委員會委員、古物收藏委員會委員、會刊編輯部常務委員會委員等職,對皇家亞洲文會的各項工作都做出了重要貢獻。在1912—1944年的《皇家亞洲文會理事會會議紀要》裏,金璋的名字頻繁出現。利用這些資料,本書梳理了金璋與皇家亞洲文會的密切關係。

第五種資料是從英國外交部網站下載的各種原始檔案資料。根據這些檔案資料,本書梳理了金璋在華期間的崗位變動和昇遷過程,糾正了國內學者的一些錯誤記載,對於釐清金璋的外交官職業生涯有重要價值。

第六、七兩種資料都是常見書籍和論文,茲不詳述。通過細讀金璋甲骨的相關著錄書,本書分析了金璋甲骨的著錄情況,概述了金璋甲骨的史料價值。通過細讀與金璋有關的各種論文和著作,本書總結了國內外有關金璋的研究成果,梳理了甲骨文家譜刻辭的百年研究史,豐富了甲骨文家譜刻辭研究的諸多細節,闡述了金璋對甲骨文家譜刻辭研究的價值。

第八種資料是研究金璋生平的輔助資料。金璋的長兄Gerard Manley Hopkins是英國著名的維多利亞風格詩人,他的手稿、書信、繪畫等檔案資料分散在世界多所大學圖書館,給他著書立傳的人也比較多。比如,美國貢薩加大學(Gonzaga University)保存的Gerard Manley Hopkins數字檔案中有金璋家人的照片、書信等資料。1997年John McDermott出版的A

Hopkins Chronology 一書有金璋的家譜圖。① 通過搜集 Gerard Manley Hopkins 的檔案資料，我們也從中獲得了一些金璋的信息。

　　通過對上述材料的精細閱讀、文本分析、翻譯概括和比較研究，我們細緻勾勒了金璋一生的活動軌迹，對其青少年時期（1854—1873）、在華工作時期（1874—1908）和退休回英時期（1908—1952）的基本情況進行了考訂。對金璋一生的學術活動進行概述，分爲"早年研究中國文化"，"天津期間初識甲骨"，"後半生獻給甲骨學"三個階段，編訂了《金璋學術行年簡表》《金璋學術論著目録》。詳細梳理了金璋購藏甲骨的經過，總結了金璋所藏甲骨的著録情況，編訂了《金璋所藏甲骨整理表》。全面總結了金璋在甲骨文字考釋上所做的成就，對金璋已發表論文中的 129 個文字考釋詞條和未發表手稿中的 192 個文字考釋詞條進行逐條分析和評價，概述了金璋考釋甲骨文字的理論和成果，並編製《金璋甲骨文字考釋簡表》，以便檢索。細緻辨析了金璋在商代世系及先祖、天象、動物、占卜、數字、家譜刻辭等方面的研究工作，對其主要成果進行總結陳述，分析其甲骨研究的閃光之處，指出其甲骨研究的失誤之處，並通過與羅振玉的比較研究，總結了金璋對中國早期甲骨學成果的廣泛引述和譯介。

　　研究表明，金璋在甲骨學上的學術活動從 1907 年開始，到 1952 年結束，前後持續了 40 餘年，貫穿了西方甲骨學史的前五十年。他是英國早期甲骨學史上研究成果最多的學者，也是西方早期甲骨學史上除明義士之外研究成果最多的學者。他在甲骨收藏與甲骨研究上都做出了重要成績，對中西方甲骨學的國際交流起到了重要的橋梁作用。金璋的研究是具有開拓性的，他的甲骨文字考釋引領了西方甲骨學研究的前沿。可以説，金璋是當時英國乃至歐洲境内成果最多、影響最大的甲骨學家。

---

① John McDermott：*A Hopkins Chronology*. First published in New York：ST. Martin's Press，1997.

第一章　金璋的生平事迹略考

第一節　青少年時期(1854—1873)

葉慈在《譯者回憶録》中對金璋的家庭背景和文化傳統進行了描述，是我們了解金璋青少年時期生活的主要資料。他寫到：

萊昂内爾·查爾斯·霍普金斯,1854 年 3 月 20 日出生於漢普斯特德郡的橡樹山①,1952 年 3 月 11 日在薩里郡黑塞米爾鎮的加思小屋②去世,在家中九個孩子中排行第六。他出生於一個顯赫的家庭。他的長兄 Gerard Manley 去世後作爲詩人而聲名遠播。另外兩位兄長 Arthur 和 Everard 是著名畫家和黑白插畫家,都爲 The Graphic, Punch 和其他雜誌提供插畫。他的一位姐姐是英國聖公會修女,由此凸顯了這個家庭對英國高教會的絶對忠誠。然而,這種忠誠因 Gerard Manley 前往羅馬並成爲耶穌會牧師而受到某種程度的玷污,全家人都爲此感到羞恥。儘管生活在濃厚的宗教氛圍中,金璋日後却成長爲不可知論者。他缺乏其他兄弟姐妹對繪畫和音樂的天分,但却和其他人一樣具有活潑的幽默感和對文字游戲的興趣。這後一個特點,在他成

---

① Oak Hill, Hampstead, London。Hampstead Village 是倫敦僅存的六個"純正英式村落"之一,它早於倫敦存在,在其後幾百年中才逐漸被納入倫敦的行政區劃。這裏是倫敦文學藝術的聚集區,文學家約翰·濟慈(1795—1821)、羅伯特·史蒂文生(1850—1894)、喬治·奥威爾(1903—1950)、心理學家佛洛依德(1856—1939)等名人都住這裏。
② The Garth,現名 Oak Garth and The Garth,位於漢普斯特德西南約 56 英里處,是英國建築師 John Penfold 設計建造的兩層花園洋房,1977 年 9 月這座房子因曾居住過一位諾貝爾獎獲得者弗雷德里克·高蘭德·霍普金斯爵士(Sir Frederick Gowland Hopkins O. M.,1861—1947)而被評爲英國文化遺產。

年後的生活環境中,促使他發展出對中國古文字的强烈嗜好,正如我們將在後面展示的那樣。①

根據葉慈的描述,金璋祖上三代都經營過一些與大海有關的工作。他的曾祖父開過一些漁場,他的祖父擁有一隻船隊。他的父親 Manley Hopkins(1818—1897)十五歲時就離開學校,遵循家族傳統,開始從事與大海有關的工作,1844 年作爲海損理算師創辦公司並一直穩定經營,1857—1873 年間出版了三種有關海上理賠標準協議的專著,進而成爲行業領袖。然而,金璋家族的視野並未局限在海洋上,而是擴大到了外交領域。他的叔叔是夏威夷政府新聞辦主任和立法議員,他的父親也於 1856 年出任夏威夷國駐倫敦總領事。② 這一年金璋剛滿 2 歲。盡管父親從未到過夏威夷,但總領事的職位爲他打開了一個比漢姆普斯特德和海損理算師更廣闊的視野。金璋沒有表現出藝術方面的天賦,因此在他中學畢業後,父親很自然就安排他去做外交方面的工作。

家庭環境不僅影響了金璋的職業選擇,還培養了他對語言文字的興趣。金璋的母親 Kate Catherine(1821—1920)閱讀廣泛,能夠直接欣賞法語和意大利語作品。她鼓勵和指導了孩子們在閱讀方面的興趣。金璋的父親 Manley Hopkins 喜歡藝術和寫作,是一位業餘畫家、詩人和小説家,出版過幾部詩集,其詩風深受英國著名幽默詩人 Thomas Hood(1799—1845)的影響。金璋的長兄 Gerard Manley Hopkins(1844—1889 年)是英國著名的維多利亞風格詩人,其遺著 *Poem*(《詩集》)以創新性地使用"跳韻"和"隱喻"對英國詩壇產生了重要影響。受家庭環境的熏陶,金璋也對藏頭詩、易位構詞等充滿游戲風格的文字游戲有濃厚興趣。

1868 年 1 月,14 歲的金璋來到温徹斯特公學讀書。温徹斯特公學成立於 1382 年,是英國第一所免費接收窮苦學生的大學預備學校,開創了英國公學教育的歷史。該校由温徹斯特主教威廉·威克姆出資創辦,1394 年開始招生。最初只有 70 名免費生,後來開始招收自費生,自費生多來自貴族家庭和富裕市民家庭。金璋就是一名自費生。自費生住在入學

---

① Yetts, Memoir of the Translator, p.vii.
② Edward Hertslet: *The Foreign Office List*, *Forming a Complete British Diplomatic and Consular Handbook*. Jan. 1865. p.241.

A Hopkins Family Tree

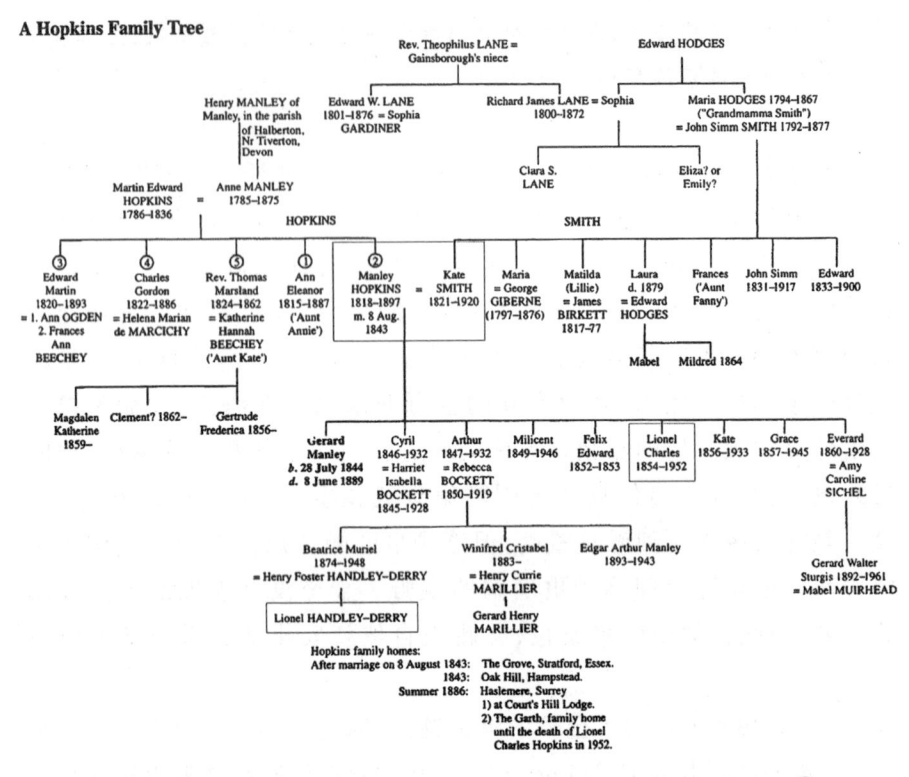

图 1.1　本图采自 John McDermott, *A Hopkins Chronology*, 1997①

父亲 Manley Hopkins(1818—1897)　　母亲 Kate Catherine(1821—1920)

图 1.2　照片采自 Gonzaga University Digital Archives, Gerard Manley Hopkins Research Collection

---

① John McDermott: *A Hopkins Chronology*. First published in New York: ST. Martin's Press, 1997. pp.xxii – xxiii.

圖 1.3　金璋童年的家 Oak Hill, Hampstead, London（2011 年由筆者拍攝）

時分配的"房子"裏，這裏是學生吃飯、住宿和學習的地方。每座"房子"都有一位"管家"，負責安排和指導學生的學習和生活。金璋住在由 Fearon 先生掌管的房子裏。

金璋的同級校友 E. G. Box 在 1900 年出版了一本小書，題爲"*Commoners in My Time 1868–1871 and Earlier*"，我們可以據此了解金璋在校期間的基本情況。E. G. Box 回憶到：

> 1868 年 1 月，我在 Common Time（按：即 Spring Term）開始的時候來到溫徹斯特，一個腼腆膽小的十二歲半男孩，我和其他六個年齡相仿的男孩住在 Kings-gate Street 22 號，即 Fearon's House，我們是編號爲"D"的學生中來得最早的七位。
>
> Fearon 剛從牛津大學過來，他在那裏有過精彩的學習和工作，正如他在溫徹斯特一樣。
>
> 他買下了 Kings-gate Street 22 號這所房子，作爲學校的一個 New House 使用。
>
> 七個男孩的名字是：E. S. Grover、E. J. K. Priestley、C. B. Cotton、L. C. Hopkins、A. W. Collings、F. H. Tonge 和我 E. G. Box。

Fearon' House 是一座小房子。房子的前門朝向大街。餐廳(Grubbing Hall)較小,餐廳窗戶朝向大街。學習廳(Mugging Hall)在房子裏層,由兩間小屋打通而成;剛剛布置了桌椅。樓上是兩三間小卧室,住着七個男孩。

學習廳有一個法式窗户,朝向一個狹長的公園,公園的盡頭就是 Lavender Meads(按:即操場)。

到了 Cloister Time(按:即 Summer Term),又來了第八個男孩,在接下來的復活節(1869),又來了六個男孩。……我們十四個人擠在這座小房子裏,直到 6 月。①

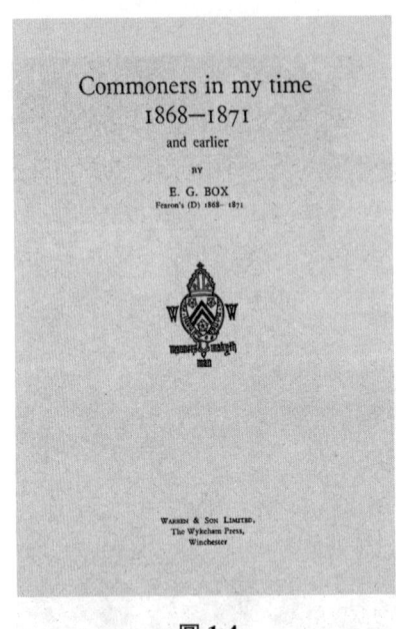

圖 1.4

温徹斯特公學的學校網站上有一幅現在的學校地圖,在這幅地圖上我們還可以清楚地看到金璋在校期間居住的 Fearon' House,以及周圍的教學樓、操場、公園、教堂等各種建築。

根據學校的檔案②記載,金璋 1868 年 1 月入校,1871 年 12 月離校。温徹斯特提供的是中學階段的教育,分爲 Fourth Book(Middle Part)、Fifth Book(Senior Part)和 Sixth Book 三個級别,每一級又分爲初級部(Junior Division)和高級部(Senior Division)。學校每年都會公布學生的名次,這樣的一份文件叫作"長卷"(Roll)。男孩們靠成績進步——他們必須通過努力學習和考試取得好成績,才能晋升到下一個班級。金璋在學校的成績是非常優秀的。他 1868 年 1 月入校,1868 年 2 月進入 Fourth Book 初級部,1868 年 9 月升入 Fourth Book 高級部。1869 年 1 月升入 Fifth Book 初級部,並在這裏度過了一年時間。結束了 Fifth Book 階段的課程後,金璋没有進入 Sixth Book,而是進入了 1869 年剛剛成立的 Modern School(分初級部和高級部)。金璋被安排在"現代學校"高級部,這意味着他

---

① E. G. Box: *Commoners in My Time 1868 - 1871 and earlier*. Winchester: The Wykeham Press, 1900.
② 關於金璋在温徹斯特的學習情況,筆者通過郵件咨詢了該校檔案管理員 Suzanne Foster 女士。Suzanne Foster 女士給我提供了各種資料,在此表示感謝。

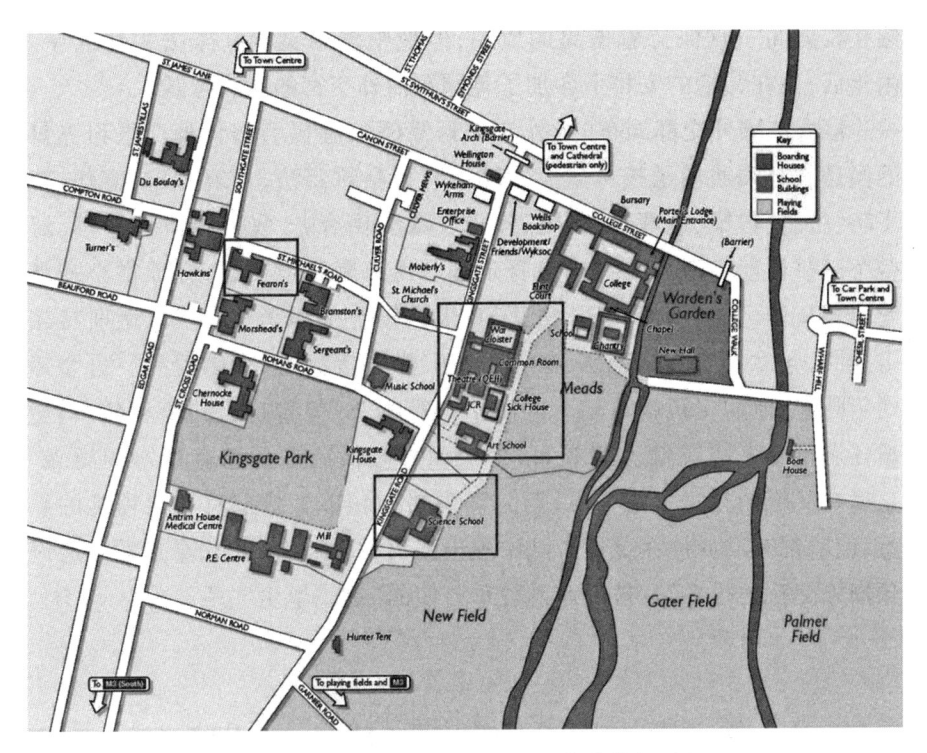

图 1.5　温彻斯特校园地图（采自学校网站）

学习数学和现代语言的时间要多于学习拉丁语和希腊语的时间。根据校园期刊 The Wykehamist（1870 年 5 月、1871 年 10 月、1872 年 3 月）的记载，金璋在 Modern School 高级部一直位居第一，直到 1871 年 12 月毕业离校。

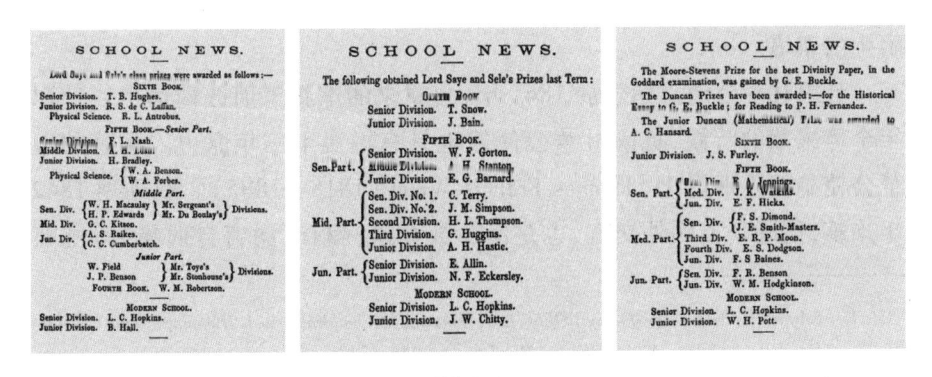

图 1.6

值得一提的是，威廉·威克姆在创办温彻斯特公学的同时也创建了牛津大学新学院，因此公学的毕业生很容易考入牛津大学。然而，金璋虽然在校期間一直保持着優異的成績,但他中學畢業後並未去牛津大學。兩年后,他在父親的安排下參加了英國預備外交官的選拔考試。

根據英國外交部頒布的《外交服務條例》,獲提名擔任外交事務專員的候選人必須通過選拔考試。考試內容包括拼字法、書寫、摘要寫作、拉丁語、法語、數學、地理學、英國憲法史、歐美政治史、政治經濟學等。① 這些考試科目對金璋來說如同量身定製。受家庭環境影響,金璋從小就熱愛語言文學,熟練掌握英語、法語、意大利語等多門語言。在温徹斯特讀書期間,金璋主修過拉丁語、法語、德語、數學等課程,成績優秀。自金璋幼年時起,他的父親就是知名的海損理算師,經營着自己的一家公司,還擔任過夏威夷國駐倫敦總領事,對國內外政治經濟形勢有豐富的認識。金璋在父親的教誨和指導下,對海洋事務和領事工作都有一定程度的熟悉,這些都有助於他在選拔考試中表現突出。1874 年 1 月,金璋順利通過預備外交官選拔考試,被任命爲駐華公使館"翻譯學生"。②

第二節　在華工作時期(1874—1908)

一、初到中國的漢語學習

1874 年 3 月 12 日,金璋與另外兩位翻譯學生一起從南安普敦乘坐輪船前往上海,開啓了他長達 34 年的駐華外交生涯。③ 1874 年 5 月,金璋來到北京,住進了位於東交民巷的英國駐華公使館,給母親寫信描述周邊陌生的環境。④

英國駐華公使館始建於 1861 年,由原來的淳親王府改建而成。1874 年金璋來華的時候,英國駐華公使館也只有短短十三年歷史。當時的駐華公使是威妥瑪爵士(Thomas Francis Wade, 1818—1895)。威妥瑪 1842 年來華,他既是英國外交官,也是漢語教育家,編有《語言自邇集》等經典

---

① Edward Hertslet, *The Foreign Office List*, *Forming a Complete British Diplomatic and Consular Hand Book*. July, 1874. London: Harrison. pp.226 – 228.
② Edward Hertslet, *The Foreign Office List*, *Forming a Complete British Diplomatic and Consular Hand Book*. July, 1874. London: Harrison. p.119.
③ The National Archives' catalogue, FO – 17 – 688(1874), p.147。金璋的哥哥 Gerard Manley Hopkins 在書信中也提到此事。參看 John McDermott: *A Hopkins Chronology*, p.48。
④ Yetts, Memori of the Translator, p.x.

教科書。威妥瑪一生都對漢語研究具有濃厚的熱情,對駐華外交人員學習漢語的重要性亦有清醒的認識。他在香港總督包令(J. Bowring)治下任中文秘書期間(1855—1857),就説服英國外交部,新録用的外交人員——"翻譯學生"的首要任務不是抄録文書,而是學習漢語。1859年香港總督羅便臣(H. Robinson)向英國外交部提出了"翻譯學生計劃",建議在英國國内通過考試競争選拔出翻譯學生,前往香港學習兩年漢語,然後分派到香港各職能部門任翻譯,三年後如果工作能力得到肯定,即可晋升爲高級官員。1861年英國外交部批准了羅便臣的提案。英國公使團正式進駐北京後,駐華使領館的翻譯學生培訓改在北京公使館進行,爲期兩年。培訓結束後再被分派往各領事館任職。① 正是在此大背景下,金璋通過了預備外交官選拔考試,來到北京,開始了爲期兩年的漢語學習。

　　金璋在北京公使館學習漢語期間,接受了嚴格的漢語語法訓練和翻譯訓練。當時,使館對翻譯學生的漢語教學采用一對一的教學方式,爲每一個學生安排一位中國老師,指導學生完成指定的學習内容。翻譯學生使用的教材主要是1867年威妥瑪出版的《語言自邇集》和1872年翟理斯出版的《漢言無師自明》。《語言自邇集》采用的是傳統的語法翻譯法教學,重視語法知識的傳授,通過大量的翻譯練習鞏固所學的語法知識,教學過程大致遵循着"讀音和書寫——語法知識和練習——經典原著閲讀"的順序。同時,爲了適應使館翻譯學生對於交際能力的特殊需求,《語言自邇集》也注意克服語法翻譯法重讀寫、輕聽説的缺陷,設有專章學習會話。與《語言自邇集》相比,《漢言無師自明》則更注重語言的實用性。全書大致根據語言交際的情景分爲幾個單元,每單元收録相關話題的常用句子;不解釋詞語,不講語法知識;用英語給漢語注音,不求精準,但求能讓學習者盡管掌握。② 金璋在給家人的書信中,毫不掩飾地表達了他對漢語學習的熱情。正如葉慈所説:"這些書信清楚地表明,他從一開始就没有被這個國家或人民所强烈地吸引。正是語言,尤其是文字,讓他在官場之外的所有閑暇時間裏着迷,後來又凌駕於其他一切事情。"③學習漢語,成爲他一生學術研究的基礎和起點。

---

① 參看江莉:《19—20世紀英國駐華使館翻譯學生的漢語學習》,《國際漢語教育》2010年第3期,第87頁。此文又以"代序"的形式載於王澧華、吴穎主編:《近代來華外交官漢語教材研究》,廣西師範大學出版社,2016年。
② 參看江莉:《19—20世紀英國駐華使館翻譯學生的漢語學習》,《國際漢語教育》2010年第3期,第90—91頁。
③ Yetts, Memoir of the Translator, p.xi.

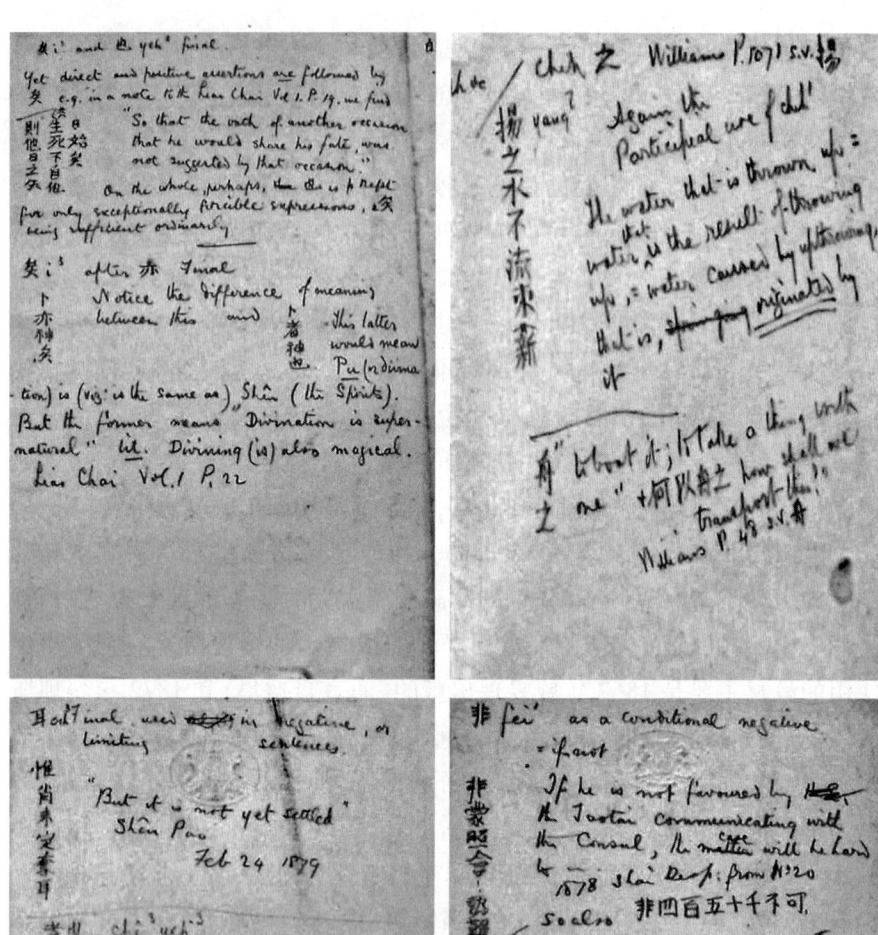

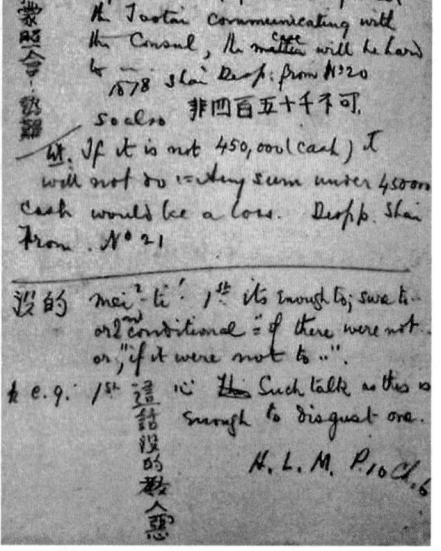

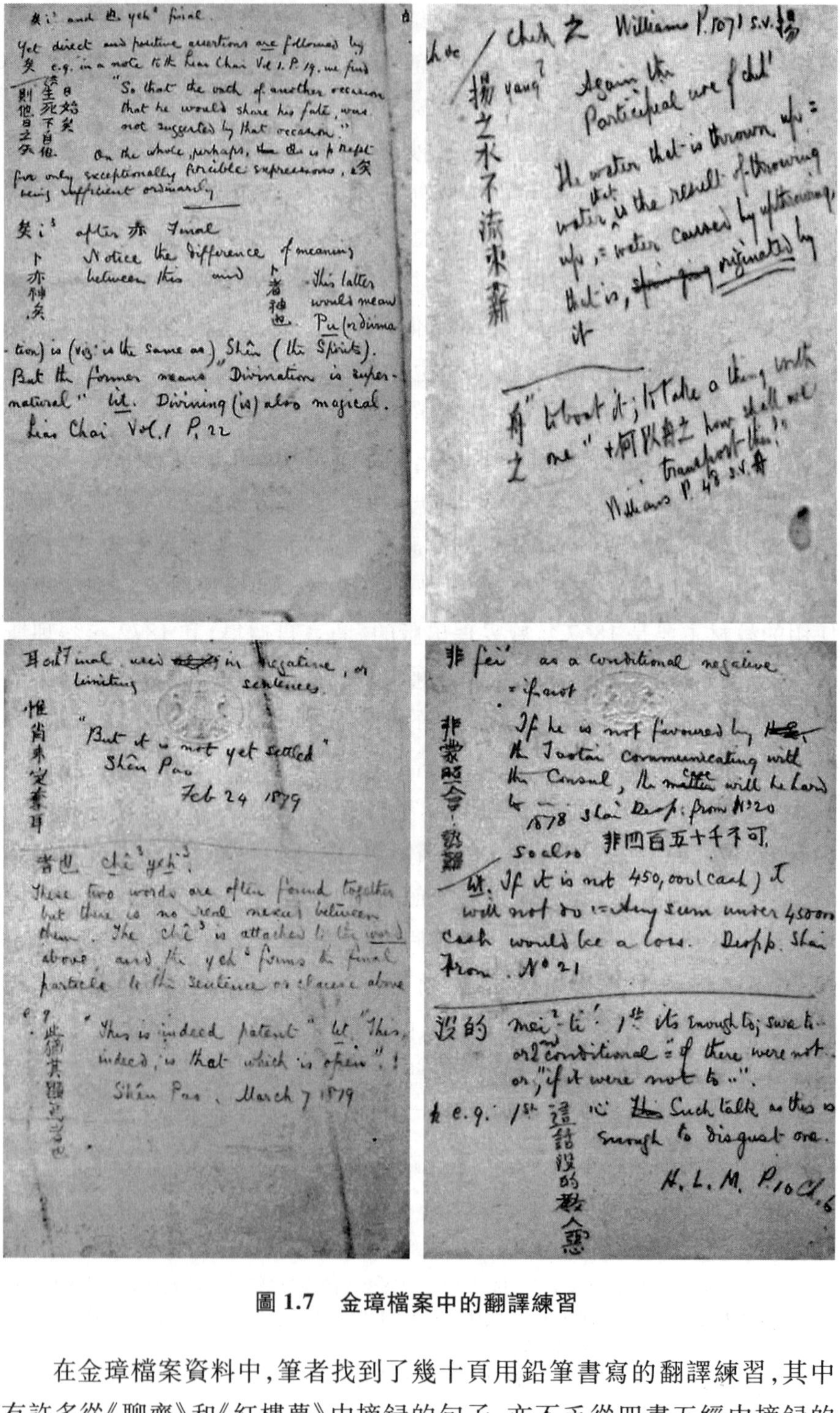

圖 1.7　金璋檔案中的翻譯練習

　　在金璋檔案資料中，筆者找到了幾十頁用鉛筆書寫的翻譯練習，其中有許多從《聊齋》和《紅樓夢》中摘錄的句子，亦不乏從四書五經中摘錄的名句,如"揚之水不流束薪"(語出《詩經·王風·揚之水》)、"亦將有以利吾國乎"(語出《孟子·梁惠王上》),還有從《申報》摘錄的一些句子,如上圖所示。我們不知道這些筆記寫於何時,但却能從中看出金璋學習漢語的認真和努力。

二、步步高升的職業生涯

1876 年 8 月,金璋通過漢語水平測試,從翻譯學生晋升爲署理三等助理。1877 年他被分配到廣東的領事館當差,後來轉到上海,1880 年 4 月晋升爲二等助理。① 1881 年他在廈門工作期間,出版了一部古文字學譯著 THE SIX SCRIPTS。② 1881 年 2 月,金璋得以第一次回國休假。1881 年 4 月 22 日他致信英國外交部,匯報自己已經抵達英國,開始了爲期 12 個月的假期。③ 1881 年 12 月 14 日他再次致信英國外交部,申請延長 6 个月假期,並申述了自己的合理理由:

> 我本應於明年 1 月離開英國,於 2 月底抵達中國,結束我 12 個月的假期。
>
> 雖然目前我的健康狀況尚且良好,但是我想説的是,我在中國連續工作了七年,其中五年都是在廣東、上海、廈門等南方地區的炎熱氣候中度過的。在此期間,我從未享受過一次超過兩星期的假期,並且在整個七年裏,我離開工作的時間總共也沒有超過兩個月。
>
> 由於工作需要,我在五年服務結束時申請回國休假但未被批准。後來我的申請獲得批准,我也預訂了回英的船票,但由於廈門急需援助,北京的外交大使被迫取消了我的申請。
>
> 因此,我冒昧地向閣下申請延長六個月的假期。相信鑒於上述事實,閣下不會覺得我的要求不合理。④

金璋延長休假的申請獲得了批准。1882 年 7 月金璋和 C. W. Everard 一

---

① Godfrey E. P. Hertslet, *The Foreign Office List and Diplomatic and Consular Year Book for 1907*. London: Harrison. p.261.
② *THE SIX SCRIPTS*, *A Translation by L. C. Hopkins of H. M. Consular Services*. Printed by A. A. Marcal, Amoy. 1881.
③ The National Archives, FO－17/867, pp.59－65.
④ The National Archives, FO－17/867, pp.67－68.

道乘坐郵輪經由美國返回中國,耗時兩月抵達中國。①

　　第二次來到中國後,金璋開始在不同的通商口岸之間頻繁調動,署理領事職。1882 年金璋被任命爲寧波署理領事,1883 年又被任命爲鎮江署理領事。1884 年 10 月,他向英皇遞交了《臺灣島調查報告書》。② 1886 年 5 月金璋被任命爲廈門署理領事。1886 年 12 月至 1888 年 3 月金璋任北海(Pakhoi)署理領事。1889 年 7 月至 1890 年 3 月金璋再次任鎮江署理領事。③ 剛到鎮江,他就出版了一部漢語教材譯著 The Guide to Kuan Hua, a Translation of the "Kuan Hua Chin Nan": with an Essay on Tone and Accent in Pekinese and a Glossary of Phrases, 初版本序言文末署有 "CHINKIANG, 13th July 1889" 字樣。④ 1890 和 1891 年金璋任九江署理領事,1891 年 4 月升爲一等助理。⑤

　　十年的頻繁調動和高負荷工作損害了金璋的身體,他不得不第二次回國休假。1892 年 5 月 9 日他在黑塞米爾的家中致信英國外交部,匯報自己因病返回英國休假,並申請一半旅費。⑥ 這是金璋第二次回國休假。金璋一直按照醫生的建議,積極進行治療和調理,但其健康並未如期恢復。1893 年 4 月 5 日他再次致信英國外交部,要求延長病假到 9 月底,並附上了醫生開具的生病証明。金璋的申請獲得批准。⑦ 本次休假期間,金璋仔細閱讀了法國東方學家拉克伯里(Terrien de Lacouperie, 1844—1894)的新著《中國貨幣便覽》(Catalogue of Chinese Coins),並撰寫了一篇長文《論中國貨幣的起源和早期歷史》,後刊登在 1894 年 4 月的《皇家亞洲文會會刊》上。

　　第二次休假結束後,金璋返回中國,開始了新的工作。1893 年 11 月至 1895 年 9 月金璋任淡水署理領事,兼署德國、奧匈帝國、西班牙駐淡水

---

① The National Archives, FO - 17/909, pp.55 - 65.
② *Report by Mr. L. C. Hopkins on the island of Formosa dated October 12, 1884*. Published 1885. Printed by Harrison and Sons in London.
③ Godfrey E. P. Hertslet, *The Foreign Office List and Diplomatic and Consular Year Book for 1907*. London: Harrison. p.261.
④ L. C. Hopkins: *The guide to Kuan Huà: A Translation of the "Kuan Kua Chih Nan"*. With an essay on Tone and Accent in Pekinese and a Glossary of Phrases by L. C. Hopkins. Shanghai: Kelly & Walsh, first edition, 1889.
⑤ Godfrey E. P. Hertslet, *The Foreign Office List and Diplomatic and Consular Year Book for 1907*. London: Harrison. p.261.
⑥ The National Archives, FO - 17 - 1141, pp.313 - 314.
⑦ The National Archives, FO - 17 - 1166, pp.129 - 132.

領事。1895 年 1 月 24 日升爲上海副領事,駐在上海,年薪 650 英鎊,另有 215 英鎊津貼。1895 年 11 月至 1896 年 3 月任芝罘署理領事,後轉到漢口、蕪湖等地任署理領事,1897 年再次任芝罘署理領事,1897 年 9 月升爲芝罘領事。① 1899 年 8 月金璋離開芝罘,開始了第三次回國休假。1899 年 10 月 21 日金璋致信英國外交部,匯報自己已經到達倫敦,開始了十五個月的假期。② 1900 年 6 月 10 日金璋再次致信英國外交部,要求延長三個月假期,獲得准許。1901 年 3 月,金璋返回中國。

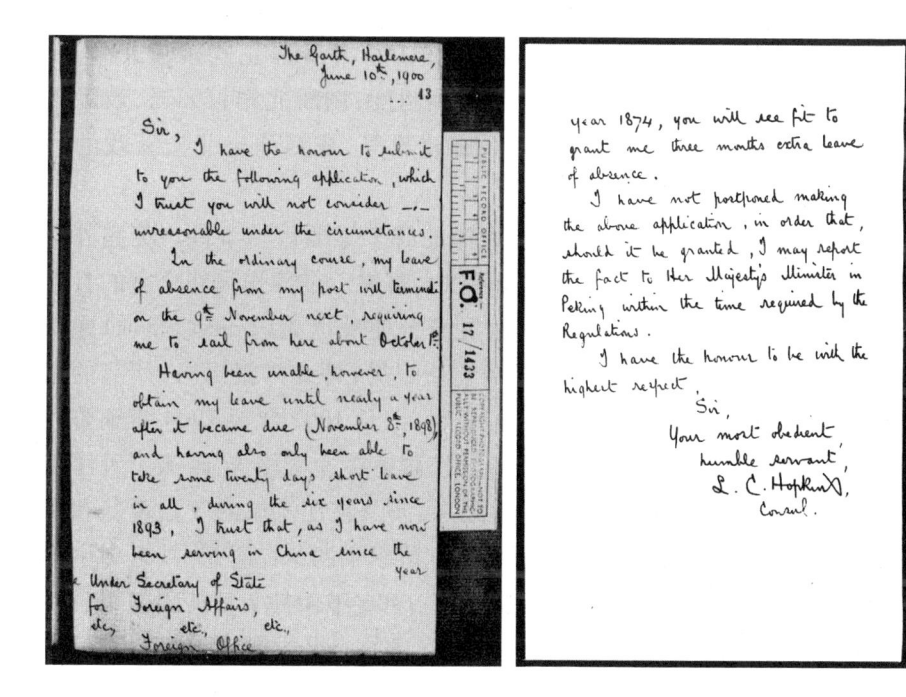

圖 1.8　1900 年 6 月 10 日金璋延長休假申請書(The National Archives FO 17 1433)

　　這次長達 18 個月的休假,便金璋没有置身於 1900 年的八國聯軍侵華戰争,但却成爲戰後的獲得者。1900 年 6 月,以英國海軍中將西摩爾爲首的八國聯軍特遣隊從塘沽登陸趕往天津租界,並出發進犯北京,發動了臭名昭著的八國聯軍侵華戰争。7 月侵略者占領天津,隨後成立都統衙門,對天津實行殖民統治。8 月攻陷北京,對北京實施分區占領。慈禧太

---

① Godfrey E. P. Hertslet, *The Foreign Office List and Diplomatic and Consular Year Book for 1907.* London：Harrison. p.261. The National Archives, FO－17－1249, pp.351－352.
② The National Archives, FO－17－1395, p.91.

后出逃,派李鴻章與聯軍各國議和。列強紛紛提出不平等條款。1901年9月清政府被迫與列強簽訂不平等的《辛丑條約》。這次戰爭爲中國帶來了空前的災難,使中國徹底淪爲半殖民地半封建社會。作爲戰爭起點和重要戰場的天津也成爲列強瓜分的對象,各國紛紛在天津擴張租界範圍。而英國在天津的租借地達到4 000多畝。正是在這種政治背景下,1901年3月金璋結束休假回到中國,就被英國政府任命爲天津和北京地區的總領事,駐在天津;1902年2月又被任命爲直隸和山西地區的總領事,駐在天津。與此同時,清政府也加強了對天津的統治。1901年11月袁世凱任直隸總督兼北洋大臣,1902年8月正式接管天津,在天津推行新政,實行城市自治,創辦巡警制度,創辦北洋銀元局,鼓勵興辦實業,興辦新式教育,推進基礎設施建設等,成爲清末北洋新政的發端和縮影。①

作爲天津總領事,金璋參與了天津的許多重要政治事件。英國外交部檔案中的幾份1906年工作報告,可以大略展示金璋作爲外交官的日常生活。比如,1906年1月27日英國駐華公使薩道義(Ernest Satow)遞交報告,匯報了天津總領事金璋出訪華北造銀局(即北洋銀元局)所寫的報告,報告了有關銅幣生産過程的詳細資料,以及1903年至1904年銅幣的産量。② 1906年2月24日英國駐華公使薩道義遞交報告,匯報了天津總領事金璋與天津海關道官員的對話記錄,涉及長江流域的政治現狀和中國軍隊的態度,以及中國官員對歸國日本留學生的革命思想、缺乏對中國軍隊的尊重以及公開討論革命的擔憂。③ 1906年4月7日英國駐華公使薩道義遞交報告,報告了英國駐天津警察局的一名中國巡警毆打袁世凱總督的警衛隊騎馬以及袁世凱總督向中國當局自首受罰的事件,評論天津總領事金璋和市議會在這一事件中的作用;附件包括金璋的詳細報告。④ 1906年4月21日英國駐華公使薩道義遞交報告,匯報天津總領事金璋就中國各省造幣廠未來使用的模具系統所做的報告。⑤ 1906年11

---

① 張華騰:《袁世凱督直與天津城市早期現代化》,《史林》2017年第6期。
② FO 371/21/7, Folios 57–66, China Code 10, File 947, Paper 3283. Held by The National Archives.
③ FO 371/28/27, Folios 109–113, China Code 10, File 6693, Paper 6693. Held by The National Archives.
④ FO 371/27/47, Folios 352–406, China Code 10, File 5009, Paper 11945. Held by The National Archives.
⑤ FO 371/21/11, Folios 88–91, China Code 10, File 947, Paper 13500. Held by The National Archives.

月 3 日英國駐華公使朱爾典（J. Jordan）遞交報告，題目是《山西的義和團：天津總領事金璋關於義和團和瑞典傳教士 M. Karlsson 糾紛的報告》。① 此外，王勇則《癡心敏求漢學情——英國駐天津總領事金璋的甲骨緣》一文搜羅各種近代檔案資料，也對金璋在津期間參與的重大政治事件進行過梳理。②

1904 年 8 月金璋第四次返回英國休假，1905 年 1 月返回中國。1908 年 5 月金璋再次啓程回英，7 月到達英國。9 月因健康原因被准許退休。③ 1909 年 6 月，金璋被英王授予"英帝國武功勳章"（Imperial Service Order，簡稱 I. S. O.），獲得了英政府對其外交成就的最高褒獎。④ 時年他 55 歲。但是，金璋直接參與了強占威海衛、擴張天津英租界等重要政治事件。正如王勇則所言：

> 對於英國當局來説，他可以算是一位出色的外交官，但不可否認的是，他盲目地執行或者放大了英政府在對華外交上的許多錯誤政策和決定。作爲英帝國主義代言人，他也有一副侵略者的強權嘴臉。⑤

金璋在外交事業上的成功，對於中國來説具有侵略性和破壞性，我們不能因爲他在甲骨學上的貢獻就對此避而不談。

第三節　退休回英時期（1908—1952）

1908 年退休後，金璋一直居住在薩里郡黑塞米爾鎮的加思小屋（The Garth, Haslemere, Surrey），在這裏和家人一起度過了他的後半生，直到

---

① FO 371/40/51, Folios 330–343, China: Code, File 36991, Paper 36991. Held by The National Archives.
② 王勇則：《癡心敏求漢學情——英國駐華領事金璋的甲骨緣》，載於陳樂人主編：《北京檔案史料（2007 年 3 月刊）》，新華出版社，2007 年，第 297—299 頁。
③ Godfrey E. P. Hertslet, *The Foreign Office List, Forming a Complete British Diplomatic and Consular Hand Book for 1909*. London: Harrison and Sons. p.XXII.
④ 參看 *Supplement to the London Gazette*, June 25, 1909。英帝國武功勳章是愛德華七世於 1902 年 8 月創立的，頒發對象是爲大英帝國做出卓越貢獻的退休政治家或宗教人士。
⑤ 王勇則：《癡心敏求漢學情——英國駐華領事金璋的甲骨緣》，載於陳樂人主編：《北京檔案史料（2007 年 3 月刊）》，新華出版社，2007 年，第 299 頁。

1952 年去世。1886 年當金璋還在中國工作時,他的家人就從漢普斯特德搬到了黑塞米爾。他們起初住在 Court's Hill Lodge,後來在當地建築師 John Wornham Penfold(1828—1909)的幫助下修建了這座兩層樓式的花園小屋。1893 年,金璋的父母在這裏舉行了金婚慶典。1897 年,金璋的父親在這裏去世。金璋一生未婚,他的兩位妹妹 Kate 和 Grace 也一生未婚,他們在這裏共同陪伴了母親的晚年。1920 年他的母親去世,1933 年和 1945 年他的兩位妹妹相繼去世。① 金璋活到了 98 歲,於 1952 年 3 月 11 日去世。金璋的侄子 Frederick Gowland Hopkins(1861—1947),英國劍橋大學生物化學系的創始人,1929 年諾貝爾獎獲得者,也曾在這裏居住,加思也因這位諾貝爾獎獲得者於 1977 年 9 月被評爲"英國遺産"(English Heritage)。

圖 1.9　The Garth, Haslemere, Surrey.© Mr Derek Linney. Source: Historic England Archive.

在退居加思後的 40 多年裏,金璋專心於甲骨學研究,並深度參與英國皇家亞洲文會的各項事務。金璋很少離開加思,他最重要的外出活動就是定期到倫敦參加英國皇家亞洲文會的理事會會議。金璋是皇家亞洲文會的資深會員,他從 1912 年開始擔任理事會委員,直到 1943 年 10 月退休,期間還曾擔任 1925—1926 年度、1927—1928 年度、1928—1929 年

---

① Yetts, Memoir of the Translator, p.xi.

度、1938—1939年度、1939—1940年度、1942年的理事會副主席。除此之外，金璋還擔任過理事會的財務審計、財務和出版委員會委員、圖書館委員會委員、古物收藏委員會委員、會刊編輯部常務委員會委員等職，對皇家亞洲文會的各項工作都做出了重要貢獻。

皇家亞洲文會位於倫敦市史蒂芬森街14號，緊鄰休斯頓地鐵站。20世紀初期，倫敦市區和周邊交通已經非常發達，城市地鐵和郊區鐵路綫縱橫交織，服務周邊的通勤需求。金璋在黑塞米爾火車站可以乘坐朴茨茅斯至倫敦滑鐵盧的鐵路專綫，全程69.2千米，大約需要半個小時。到達滑鐵盧後，轉乘城市地鐵到達休斯頓，再步行幾分鐘就能到達皇家亞洲文會。方便的交通，使得已至耄耋之年的金璋依然能夠堅持參加皇家亞洲文會理事會會議，直到1943年6月10日最後一次出席定期會議。

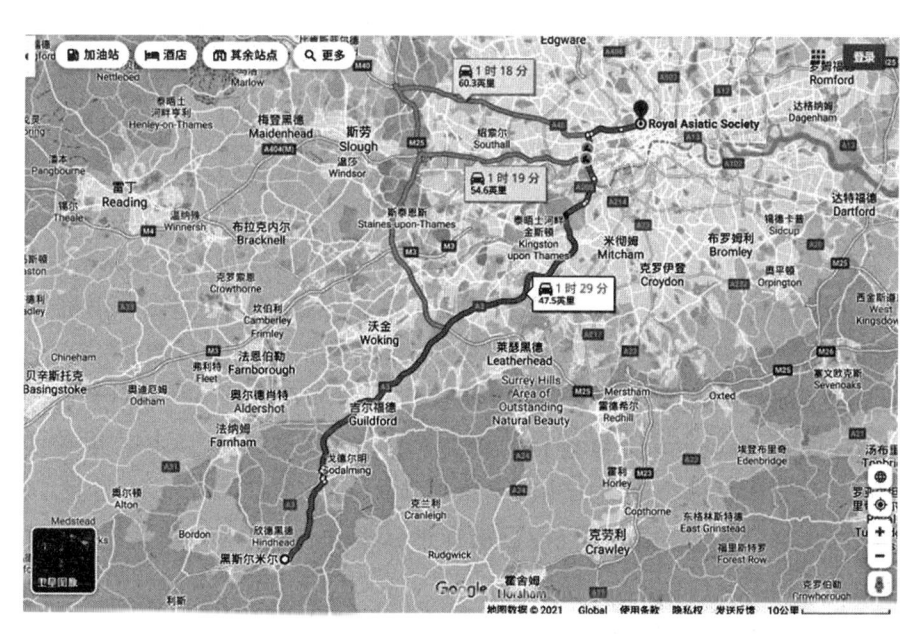

圖1.10　Garth到皇家亞洲文會的路綫圖，采自谷歌地圖

皇家亞洲文會理事會委員從普通會員中選舉產生。理事會每月召開定期會議（七、八月除外），由理事會主席、副主席、文會主任和普通委員參加。會議内容包括：宣讀並確認上次理事會會議紀要，宣讀出版和財務報告，討論委員們提出的各項提議，討論並決議新會員名單，討論並決定會刊擬收錄的論文，下屆委員會成員選舉，理事會會議年度計劃等，凡與亞洲文會工作相關的重要事務都在理事會會議上討論決定。除了定期會議，理事會每年要召開一次特別委員會會議，緊急情況下還會召開緊急會議。在1912—1943年期間的理事會會議紀要上，我們經常看到金璋的名字。

1912年10月8日，58歲的金璋第一次參加理事會定期會議。從那以後，他基本每期會議都會參加，除非有特殊情況。1917年10月16日，金璋參加了特別委員會會議。1925年3月10日的《理事會會議紀要》顯示，71歲的金璋和牛津大學亞述學教授S. H. Langdon(1876—1937)同時被推選爲理事會副主席。1925年11月10日，金璋首次以理事會副主席的身份參加理事會定期會議。此後，1925—1926年、1927—1928年、1928—1929年、1938—1939年、1939—1940、1942年間，金璋多次以副主席的身份參會或主持會議。

1923年3月20日《百年誕辰暨協定委員會會議紀要》顯示，年近古稀的金璋被推選爲皇家亞洲文會遠東和中亞部的主席。這份報告在1923年4月17日的理事會定期會議上得以通過。除了擔任皇家亞洲文會遠東和中亞部主席，金璋還連續多年擔任理事會的財務審計，負責審核理事會的年度財務報告，他的出色工作得到了理事會的表彰，這些都記錄在1924-04-08、1925-04-21、1926-10-05、1927-03-29、1928-03-22、1929-03-12、1929-05-19、1932-03-09等的《理事會會議紀要》上。1925年10月6日的《財務和出版委員會報告》顯示，金璋是財務和出版委員會的委員。1925年12月3日的《古物收藏委員會報告》顯示，金璋同時還是古物收藏委員會的委員。1937年5月20日的《理事會會議紀要》顯示，金璋也是文會會刊編輯部常務委員會的委員。1943年6月10日，年近耄耋的金璋最後一次出席理事會定期會議。1943年10月14日的《理事會會議紀要》顯示，金璋從理事會卸任退休，此年他已89歲高齡。

金璋在皇家亞洲文會服務期間，積極地爲文會的各項發展建言獻策。1925年12月1日的《增加會員委員會報告》顯示，金璋提出增加會員的方法獲得認可。1925年12月3日的《古物收藏委員會報告》顯示，金璋提議購買一些甲骨刻辭，但被否定。1926年2月9日的理事會定期會議上，金璋指出印度需要資金支持來繼續進行印度—蘇美爾遺址的發掘，受到重視。1923年4月10日的"百年誕辰暨協定委員會"會議紀要顯示，金璋提議出版一些可以在《皇家亞洲文會會刊》上獨立成冊或連續發表的文章，這項提議得到了理事會的認可。金璋本人也是《皇家亞洲文會會刊》的忠實供稿人，他一生發表了59篇論文和27篇書評，其中只有3篇没有發表在《皇家亞洲文會會刊》上。1952 年 4 月 17 日和 1952 年 6 月 12 日的《理事會會議紀要》顯示，金璋的一些藏書也由其遺産繼承人 Lionel Handley-Derry 先生贈給了皇家亞洲文會圖書館。

除了皇家亞洲文會的工作，金璋還抽出時間做一些公益性的地方工作，比如擔任一個限制失業的社團的財務主管，以及擔任某區下議院的委員會委員等。1950 年 6 月，96 歲高齡的金璋不小心摔了一跤，造成股骨折斷。經過一段時間的保守治療，他恢復了行走的能力，但必須依靠輔助設施。得益於家庭的長壽基因和寧静簡樸的生活，金璋一直活到 98 歲。①

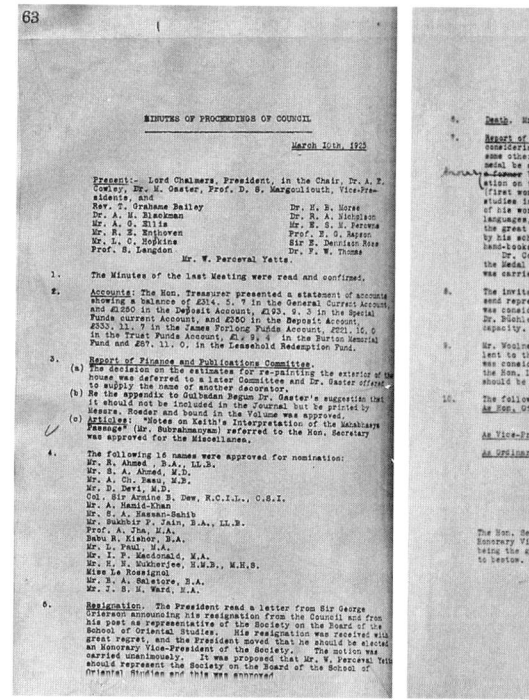

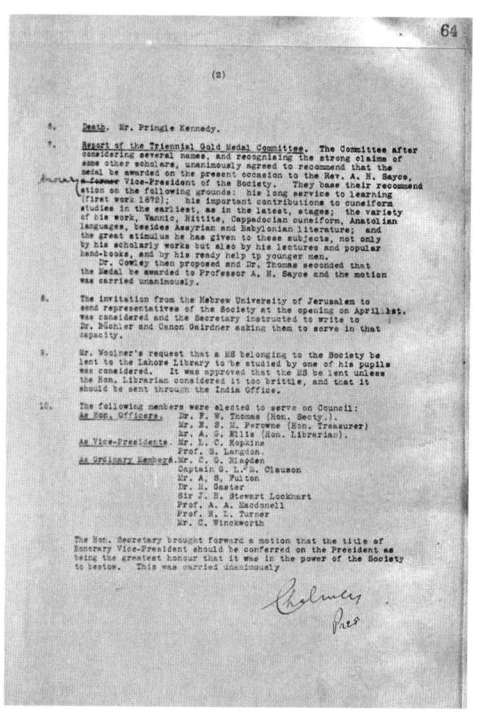

圖 1.11　1925－03－10《理事會會議紀要》顯示：71 歲的金璋當選副主席

值得一提的是，撰寫金璋回憶錄的葉慈，也是皇家亞洲文會理事會的成員。1916 年 6 月葉慈開始參加理事會定期會議，參與理事會的財務、出版、圖書等各項工作，與金璋有近 30 年的工作交集。根據葉慈的回憶，金璋思維敏捷、幽默風趣，即便在皇家亞洲文會演講的莊嚴場合，他也會用幽默的打油詩給人留下深刻印象。金璋樂於助人，他爲許多年輕學者寫

---

①　Yetts, Memoir of the Translator, pp.xi－xii.

過書評，並且從不吝嗇贊揚之語。葉慈也向金璋請教過銅器銘文的釋讀問題，二人還合寫過論文《一件中國青銅祭器——父丁爵》(1933)。1918年應斯坦因的請求，金璋對其皇皇巨著 Serindia(《亞洲腹地考古圖記》)進行過校訂，一時傳爲美談。① 金璋與斯坦因在 1917—1943 年間的 30 餘封往來書信，如今保存在英國牛津大學波德利爾圖書館，是其美德的物質見證。

　　金璋最大的無私之舉，是把他的甲骨藏品和個人檔案全部贈給了英國劍橋大學圖書館，爲後人保存了珍貴的文物資料和文獻資料。金璋的甲骨藏品，現藏劍橋大學圖書館中文部。金璋的個人檔案，現藏劍橋大學圖書館手稿部，編號爲 ADD7629。這些資料是研究西方早期甲骨學史的重要歷史文獻。

---

① Yetts, Memoir of the Translator, p.xxvii.

第二章 金璋的學術研究概述

第一節 早年研究中國文化

一、翻譯古典文字學著作《六書故》

金璋1874年來到北京後開始學習漢語。受家庭環境熏陶所培養起來的對語言的敏感和熱愛，使得他一接觸到漢語這種有古老歷史的語言便非常喜歡。多年的漢語學習，不僅使金璋熟練掌握了外交工作所需要的北京官話，而且培養了他對古文訓詁之學的濃厚興趣。1881年，金璋翻譯出版了古文學家戴侗所著《六書故》之《六書故目》和《六書通釋》兩部分，題爲《六書：中國文字的原理》(*The Six Scripts, or the Principles of Chinese Writing*)。這是西方學者對戴侗著作的最早翻譯，是西方學者了解戴侗六書理論的重要資料。金璋去世後，他的朋友葉慈於1954年影印了這部譯作，並在正文前增加了一篇他撰寫的《譯者回憶錄》(*Memoir of The Translator*)。2012年，劍橋大學出版社又影印了1954年的版本。

《六書故》是宋末元初之際戴侗所撰的一部訓釋文字的專著。大約成書於元大德八年或九年（1305—1306）。[1] 元延祐七年（1320）始出溫州郡守趙鳳儀捐資刊刻。此後，有明萬曆間嶺南張萱刊本，清乾隆間西蜀李鼎元重刊本（翻刻張萱本），及《四庫全書》本、《小學匯函》本等。[2] 還有2006年影印出版的永嘉黃氏敬鄉樓舊藏的明影抄元刊本。正文共33卷，正文前有《六書故敘》《六書故目》《六書通釋》等內容。據黨懷興介紹，

---

[1] 黨懷興：《〈六書故〉研究》，陝西師範大學出版社，2000年，第8頁。
[2] 參看戴侗：《六書故（溫州文獻叢書）》，上海社會科學院出版社，2006年，"景印說明"第2—3頁。

"全書按義類分部目，以六書（象形、指事、形聲、會意、轉注、假借）明字義，考鏡源流，條理嚴密。著者推尋漢字生成和孳乳衍化的軌跡，梳理其語義系統，歸類爲九部四百七十八目，於許慎《説文解字》以形體爲序的部首法外另闢蹊徑，顯示了新的編排體系和考釋思路。其書取材廣泛，上徵鐘鼎文，下及方俗字，不拘泥於舊訓成説，苦心孤詣，有許多精到的見解。"①

《六書故》自刊行以來，學者們對其毀譽參半。元代吾邱衍認爲"六書到此，爲一厄矣"。但《康熙字典》對此書則多有引述。《四庫全書總目提要》認爲"是編大旨主於以六書明字義，謂字義明則貫通群籍，理無不明。凡分九部：一曰數，二曰天文，三曰地理，四曰人，五曰動物，六曰植物，七曰工事，八曰雜，九曰疑。盡變《説文》之部分，實自侗始。……惟其文皆從鐘鼎，其注既用隸書，又皆改從篆體。非今非古，頗礙施行。……略其紕繆而取其精要，於六書亦未嘗無所發明也。"唐蘭對此書評價頗高："他於《説文》在徐本外，兼采唐本蜀本，清代校《説文》的人所不能廢。但他用金文作證，用新意來解説文字，如'鼓'象擊鼓，'壴'字才象鼓形之類，清代學者就不敢采用，一直到清末，像徐灝《説文段注箋》等書才稱引。其

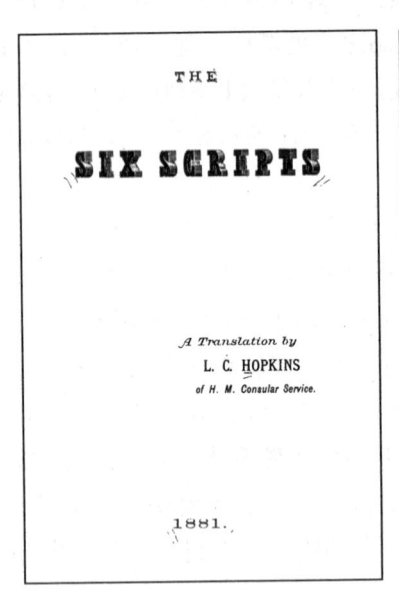

圖 2.1　The Six Scripts 1881 年版扉頁和譯者前言第一頁

---

① 參看戴侗：《六書故（温州文獻叢書）》，上海社會科學院出版社，2006 年，"景印説明"第 1—2 頁。

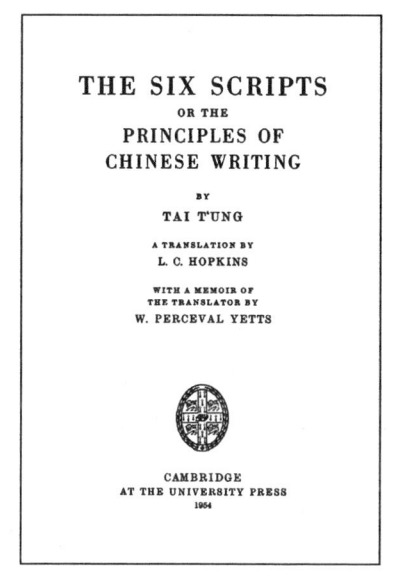

圖 2.2　The Six Scripts1954 年影印版扉頁和 2012 年版封面

實,他對於文字的見解,是許慎以後,唯一的值得在文字學史上推舉的。"①裘錫圭也指出:"宋元間的戴侗作《六書故》,直接采用金文字形。由於金文字少,往往杜撰字形,因此受到後人的很多批評。不過戴氏說字頗有獨到之處,這也是後人所承認的。如他認爲 ⚯ 是'星'的初文,'鼓'字所從的'壴'本象鼓形,就是很好的見解。"②金璋選擇翻譯這樣一部富有爭議的著作,可見其在古文字學上具有很高的鑒賞能力。

　　金璋的譯著包括《譯者前言》和譯文正文,第一部分題爲"Prefatory Note to The LIU SHU KU 六書故 By the Author Tai Tung 戴侗",共 6 頁,翻譯了《六書故目》目錄後面的幾頁説明性文字;第二部分題爲"General Introduction",共 61 頁,翻譯並注解了《六書通釋》。《譯者前言》有 14 頁,是金璋對《六書故》和六書理論的總體評價。金璋指出掌握六書是學習漢語和漢字的關鍵,而《六書故》是對六書最好的闡釋。他概述了西方學者對《六書故》的研究現狀:

　　　　他的作品——非常罕見地被《康熙字典》引爲權威著作——,却

---

① 唐蘭:《中國文字學》,上海古籍出版社,2005 年,第 17 頁。唐蘭:《古文字學導論·增訂本》,齊魯書社,1981 年,第 369—371 頁,也有類似的評價。
② 裘錫圭:《古文字學簡史》,氏著:《文史叢稿》,上海遠東出版社,1996 年,第 145 頁。

在偉烈亞力的《漢籍解題》①中被稱爲"宋末的一部筆記書"。艾約瑟在《漢字入門》②中幾乎用整個第五章來引用和評述《六書故》的内容。倭妥瑪在《中國評論》上發表的《漢語論集》③也提到和引用了這部書,此文我還在努力尋找中。理雅各《中國宗教》第 60 頁順便提到"戴侗,13 世紀的辭典學家"。而我所見到的對《六書故》最完整的敘述,是《中國評論》第二卷上 Nacken 先生發表的一篇很有意思的文章。④

金璋對戴侗的文字起源和發展理論是比較認同的,認爲他"構建了一個有關漢字本身的起源、目的和逐步進化的理論",對戴侗所講的"六書不必聖人作也。五方之民,言語不同,名稱不一,文字不通。聖人者作,命神瞽焉,叙其名聲,命史氏焉,同其文字,厘其煩慝,總其要歸而已矣"也表示了贊同:

> 戴侗擁有敏鋭而獨立的判斷力,這比他對大量文獻的熟悉更爲引人注目。在一個博學的時代,他作爲一名博學的學者,熟悉文獻也只是一件理所當然的事情。他對中國文字的起源和發展所持有的觀點,無論正確與否,這些觀點至少是清楚的、符合常識的和前後一致的;即便它們不正確,至少也不荒謬。

---

① Alexander Wylie: *Notes on Chinese Literature: With Introductory Remarks on the Progressive Advancement of the Art; and a List of Translations from the Chinese Into Various European Languages*. Printed at Shanghai, American Presbyterian mission Press. 1867。《漢籍解題》,又譯《中國文獻紀略》,是 19 世紀歐洲漢學界有關漢語書目的第一部權威著作。Alexander Wylie(偉烈亞力,1815—1887):英國倫敦會傳教士、漢學家。著有《滿蒙語文典》《中國文獻紀略》《匈奴中國交涉史》等。參看左亞楠:《英國漢學家偉烈亞力中國參考書目〈漢籍解題〉(*Notes on Chinese Literature*)研究》,北京外國語大學 2019 年碩士學位論文(指導教師:李真)。

② Joseph Edkins: *Introduction to the Study of the Chinese characters*. 1876. Hertford: Trübner & co. p.314. Joseph Edkins(艾約瑟,1823—1905),英國新教傳教士、漢學家。1863 年來華,1905 年在上海去世。主要著作有《中國的宗教》《中國在語言學方面的成就》《訪問蘇州的太平軍》《重學》三卷本等。參看畢文琦:《艾約瑟〈漢字入門〉研究》,山東師範大學 2020 年碩士學位論文(指導教師:李海英)。

③ Thomas Watters: Essays on the Chinese Language. In *China Review*, IV, 1889, pp.207-212, 271-8, 335-343. and *China Review* V, pp.9-13, 75-83, 145-152, 208-216. Thomas Watters(倭妥瑪,1840—1901),英國外交官,1863 年來華,1895 年退休,是《大唐西域記》的英文譯者。

④ REV. J. Nacken, A Chinese Webster(《韋氏詞典》), *China Review*, 2.3, 2.4, 2.6.1873.

然而,在我看來,他構建了一個有關漢字本身的起源、目的和逐步進化的理論,想要推翻或質疑這種理論,需要比目前已經提出來的證據更多的其他證據。在下文我們將看到,他一點也不贊成伏羲演八卦發明文字這種傳統説法,正如 Nacken 所陳述的,戴侗不止一次強調最初的漢字是象形的,或者説是簡單的、意義自明的符號,是從更早的、只能用刀刻畫符號來表示數字的時代發展來的。

至於他對這一過程的描述——從未開化的原始人所創造的少量刻畫符號,壯大成一支有幾萬成員的文字軍隊,我們可以肯定地説有這麽多,——這是一種合理的解釋。我們可以否認把文字的創造歸功於黄帝的史官或其他聖人,認爲這是神話;我們可以立刻承認六書是後世歸納推理的結果,六書並不意味着存在一個預先設定的演替,在這個演替中,通過一項創造性的法令,表示天地海以及萬物的漢字都依此而產生。但是,如果我們認爲日益增長的書寫勢力征服口語的統治地位,是人類長期緩慢努力的結果——可能需要許多個世紀——也是不合理的。對此,戴侗堅持了對傳統看法的虔誠信仰,即把它歸功於個別聖賢有意識的勞動。

金璋的語言是比較晦澀的,總結起來大意如此:漢字不必起源於倉頡造字或伏羲八卦,而是從結繩記事到刻畫符號再到象形文字逐漸發展而來。六書不是造字之初就已經設定好的原則,而是後世歸納推理出來的結果。漢字數量的增長及其在社會上的重要地位,不能簡單地歸於人類長期緩慢發展的結果,個別聖賢有意識的歸納總結和創造在漢字的演變過程中起到了關鍵作用。

在《譯者前言》中,金璋指出西方學者對六書頗有誤解,比如施古德把"狼心"的"狼"視爲假借字,而這只不過一種比喻用法。"實際上,一個詞(word)被用作字面意思或是比喻意思,都不影響表示它的那個字(character)的類別,因爲這個字可以用來表示這個詞所能承載的每一個用法,而不是只用來表示它的一個或一些用法。因此,狼這個字是形聲字,無論它是表示字面意思的狼,還是比喻性地表示像狼一樣的、殘忍的。"爲了方便讀者查閱,金璋列舉了中西方學者,包括范尚人(Callery)、衛三畏(Williams)、薩默斯(Summers)、施古德(Schlegel)、梅輝立(Mayers)、葛路耐(Groeneveldt)、艾約瑟(Edkins)、李文仲、綱鑑大全、段玉裁等對六書的不同解釋,可以和戴侗的六書觀進行對比。

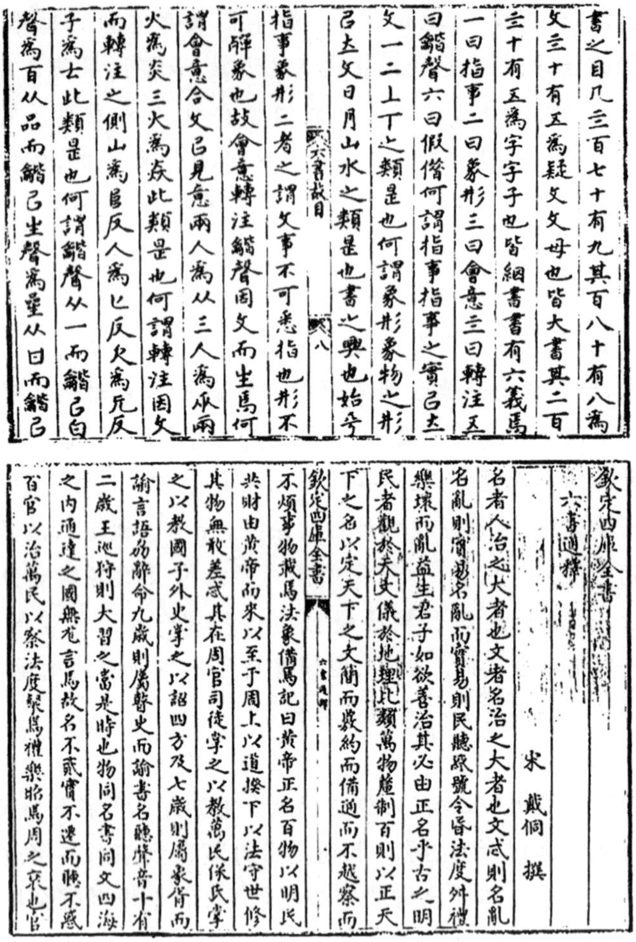

書之目凡三百七十有九其百八十有八為
文三十有五為疑文文母也皆大書其二百
三十有五為字字子也皆細書書有六義焉
一曰指事二曰象形三曰會意四曰轉注五
曰諧聲六曰假借何謂指事指事之實以立
文一二上丁之類是也何謂象形象物之形
以立文日月山水之類是也書之興也始於
六書故目　八
指事象形二者之謂文事不可悉指也形不
可能象也故會意轉注諧聲因文而生焉何
謂會意合文以見意兩人為从三人為众兩
火為炎三火為焱此類是也何謂轉注因文
而轉注之側山為𠂤反人為匕反欠為旡反
子為𠫓此類是也何謂諧聲从一而諧以白
聲為百从品而諧以生聲為壘从日而諧以

欽定四庫全書
六書通釋
宋 戴侗 撰
名者人治之大者也文者名治之大者也文惑則名亂
名亂則實易名亂而實易則民聽眩號令咈法度弊禮
樂壞而亂益生君子如欲善治其必由正名乎古之明
民者觀於天文儀於地理比類萬物麄制百則以正天
下之名以定天下之文簡而衆約而備通而不越察而
欽定四庫全書　六書通釋
不煩事物截焉法象備焉記曰黃帝正名百物以明民
共財由黃帝而來以至于周上以道揆下以法守世修
其物無敢差忒其在周官司徒掌之以教萬民保氏掌
之以教國子外史掌之以詔四方及七歲則屬象胥而
諭言語協辭命九歲則屬瞽史而諭書名聽聲音十有
二歲王巡狩則大習之當是時也物同名書同文四海
之内通達之國無有言焉故名不貳實不遷而民不惑
百官以治萬民以察法度繇焉禮樂昭焉周之衰也官

圖 2.3 《六書故目》和《六書通釋》頁面

1954 年金璋的譯著再版後，倫敦大學遠東史學家謨區查（C. R. Boxer, 1904—2000）發表書評："正如金璋對戴侗評價的，'他對中國文字的起源和發展所持有的觀點，無論正確與否，這些觀點至少是清楚的、符合常識的和前後一致的；即便它們不正確，至少也不荒謬。'儘管戴侗的觀點在今天可能不會被廣泛接受，但金璋先生的譯本確實值得重印，因爲它給了我們一種關於漢字起源和發展的傳統中國觀點。金璋以鮮明而獨特的風格，對這本書進行了注釋，而葉慈先生的回憶録也恰到好處，回憶了我們學會其中一位最堅定的支持者的有趣性格。"①肯定了金璋譯著的學

① C. R. Boxer, Review: THE SIX SCRIPTS, ON THE PRINCIPLES OF CHINESE WRITING. By TAI T'UNG. A Translation by L. C. Hopkins with a memoir of the translator by W. Perceval Yetts, pp.xxviii+84; illustrations. *JRAS*, No.1/2 (April, 1955), pp.75－76.

術價值。

葉慈對金璋的譯著給與了高度評價。他指出：

> 金璋本人並不是嚴格意義上的漢學家，他的研究幾乎局限於古文字學和口語。前者始終保持着一種引人入勝的熱情，後者只在領事工作的效率需要時才引起他的興趣。他能從古代文字中看到現代漢字的關鍵，他希望其他人能通過分享他的觀點而受益。這就是他出版我們這裏再版的這部書的原因。從大量與古文字有關的文獻中，他挑選了戴侗這部經典著作中的部分章節進行翻譯，認爲這是中國傳統上對六書原則的最佳表述。戴侗認爲：“本文所表達的知識，是人類認知所不可缺少的。”金璋在某種意義上認同了這個觀點，關於文字形成方式的理性觀念，對於理解漢語以及中國精神是至關重要的。總的來説，戴侗的觀點是合理的，是平衡的。其中一些觀點的正確性，在今天看來，可能比金璋在《譯者前言》中尖鋭地總結時更令人懷疑。筆者除了添加一些參考書目的細節外，任何對這個譯作的潤色的企圖都是不合適的。①

夏含夷也對金璋的譯著表示贊揚，他指出：“1881 年，金璋翻譯了宋代戴侗的《六書故》，發表時題爲《六書：中國文字的原理》。金璋後來成了著名的甲骨文專家。此時連甲骨卜辭都尚未發現，他就已經開始關注文字的'六書'分析及其歷史演變。”②金璋後來從事甲骨研究，以甲骨文字考釋爲重點，注重闡述文字的字形演變過程，這與他早年翻譯《六書故》的學術取向是一脈相承的。

二、翻譯北京官話會話教材《官話指南》

1889 年金璋翻譯出版了日本近代駐華使館翻譯生吳啓太、鄭永邦所著漢語教材《官話指南》。《官話指南》是日本明治維新之後，由日本學者爲在華日人編寫的第一部北京話會話教材，是當時非常流行的一本漢語教材。《官話指南》大概成書於 1881—1882 年間，1882 年由上海美華書館正式出版。正文分爲四卷，第一卷《應對須知》，包括初次見面、登門拜

---

① W. Perceval Yetts: Memoir of the Translator, pp.xiii - xiv.
② 夏含夷：《西觀漢記——西方漢學出土文獻研究概要》，上海古籍出版社，2018 年，第 11 頁。

客、出外游覽、與人説親等,内容多爲簡單的一問一答,是日常交往中的常用語。第二卷《官商吐屬》,包括小京官租房、補缺官拜年、皮貨商串門、洋貨商告狀等,内容多爲處理日常事務或談天説地的對話,篇幅較長。第三卷《使令通話》,收録主僕對話20段,諸如沏茶、生火、烤麵包、請大夫、套車出門、晾曬衣物、訂座請客、兑换洋錢、購買水果等,話題都是圍繞日常起居展開。第四卷《官話問答》,大多是駐華使館的譯員與清廷權貴官員的外交應酬與交涉。① 此書問世以來,一直是外國人學習漢語的經典教材,截至1945年,中文原版的修訂版就多達45種。《官話指南》被翻譯成多種外國語言,如法國神父布舍(Le Pere Nenri Boucher S.J)的法譯本及法譯本釋本、金璋的英譯本、吴泰壽(吴啓太之弟)的日譯本、飯河道雄對英譯本的日譯、木全德太朗的注解本等。《官話指南》還被翻譯成廣東話、上海話、漢口話等各種方言版本,如《土話指南》《滬話指南》《粵音指南》等,可見此書影響非常之大。②

　　金璋英譯本的書名全稱是《官話指南 The Guide to Kuan Hua, a Translation of the "Kuan Hua Chin Nan": with an Essay on Tone and Accent in Pekinese and a Glossary of Phrases》,1889年由上海别發洋行(Kelly & Walsh)首次出版。實際上,《官話指南》最早的譯本是法國布舍的法譯本,初版於1887年,但是法譯本只是對原著進行了純粹的法文翻譯,没有注釋,也没有漢字原文,對於初學漢語的外國人來説使用起來非常不便。加之當時在華外國人大多講英語,懂法語的人數量較少,因此市場對英譯本的需求更爲迫切。兩年後金璋的英譯本順勢而出。金璋在《譯者前言》(TRANSLATOR'S PREFACE)中講到:"吴先生的書是很時髦的,適用於日常生活的,是很實用的,還是用非常好的現代北京話,而不是兩百年前的語言編寫的。書中内容是北方居民與外國學生的日常交流,這些語言既有用,又符合漢語語言習慣。我已經聽到我的很多朋友們表達了他們的意見,即這本書值得被翻譯成英文,但是没有一個人有興趣去做,因而我就承擔了這個任務。"金璋的英譯本不僅翻譯了《官話指南》正文四卷的内容(Part I, II, III, IV),還增加《論北京話的聲調和重音》和《詞匯表》兩個部分。《論北京話的聲調和重音》闡

---

① 王澧華:《日編漢語讀本〈官話指南〉的取材與編排》,《上海師範大學學報(哲學社會科學版)》2006年第3期,第66—72頁。
② 黄忠敏:《日編〈官話指南〉及金璋英譯本研究》,上海師範大學對外漢語學院2014年碩士學位論文(指導教師:王澧華),第7—13頁。

述了漢語語音的特點，主要強調了漢語的聲調及重音問題。《詞匯表》是對從中文版正文中抽選出來的雙音節詞（包括部分兒化音）的注釋解說。

根據 HATHI TRUST Digital Library 網站的檢索結果，金璋英譯本先後有五個版本，均由上海別發洋行（Kelly & Walsh）出版，第一版是 1889 年，第二版是 1895 年，第三版是 1900 年，第四版是 1906 年，第五版是 1921 年，可見此譯本在當時很受歡迎。需要指出的是，第四版扉頁上標注的出版年份是 1906 年，而封面上標注的出版年份是 1907 年，HATHI TRUST Digital Library 網站顯示此版年份是 1906 年，我們姑且以此爲準。筆者找到了第一版、第二版和第四版的全文掃描電子書，將各版進行了比較，發現第一版與其他幾版稍有區別。第一版《譯者前言》在作者署名之後有一行字"CHINKIANG, 13th July 1889"，此爲作序時間和地點，由此可知，此譯本成書於 1889 年夏，此時金璋正在鎮江任署理領事。不過這一行字從第二版開始就刪除了。第一版《目錄》後面有《勘誤》。勘誤的內容在第二版已經得到糾正，所以從第二版開始就沒有《勘誤》。第一版正文有 221 頁，第二版和第四版正文都是 193 頁，不過頁數的差別顯然是由排版的疏密造成的，並非內容增減所致。

黃忠敏在《日編〈官話指南〉及金璋英譯本研究》中，從漢語國際教育與教材編寫的角度，對日編中文本《官話指南》和金璋的英譯本進行了對比研究，不僅介紹了金璋英譯本的主要內容和編寫體例，還從語音教學、詞匯教學和語法教學三個角度，重點闡釋了金璋英譯本對漢語語音的概述，對聲調的論述，細緻分析了金璋英譯本詞匯表的選擇及其特點，詞匯

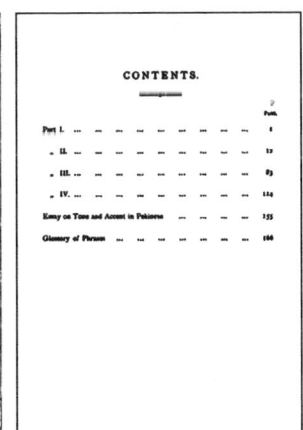

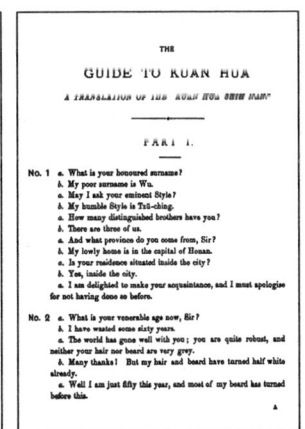

圖 2.4　1889 年第一版封面、目錄、正文第一頁

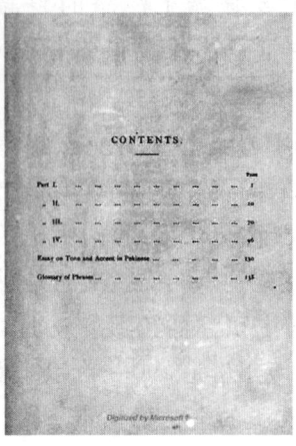

图 2.5　1906 年第四版封面、目录、正文第一页

表的编排及其规律，词汇量的统计与分析，及其对北京口语词汇的展现，通过例句分析说明金璋英译本对述补短语和疑问句等的处理。① 黄文对《官话指南》金璋英译本进行了全面分析，指出了英译本的优缺点，是目前所见对金璋英译本最全面的研究成果。此外，黄忠敏、王澧华共同发表的《金璋〈官话指南〉英译本研究》一文，对金璋英译本的成书背景和主要内容进行了简要介绍，并重点分析了金璋英译本中的语音教学（包括四声组合教学、上声变调教学、重音教学）和词汇教学（包括词汇表编排及其规则、词汇量统计与分析），可以视为黄文的延续。②

金璋在《官话指南》英译本中，对北京话的声调与重音的论述，以及在《词汇表》中对所收词汇读音的详细标注，都展示了他在汉语语音上的扎实功底。《论北京话的声调和重音》，主要通过对艾约瑟（Joseph Edkins, 1823—1905）③四声说（即上平、下平、上声、去声）的继承与改进来阐明自己的四声观，同时将四声两两组合，逐一解释 16 种组合，并用例证来证明自己的观点。在重音方面，金璋沿袭了威妥玛拼音系统和

---

① 黄忠敏：《日编〈官话指南〉及金璋英译本研究》，上海师范大学对外汉语学院 2014 年硕士学位论文（指导教师：王澧华），第 14—83 页。
② 黄忠敏、王澧华：《金璋〈官话指南〉英译本研究》，载于王澧华、吴颖主编：《近代来华外交官汉语教材研究》，广西师范大学出版社，2016 年，第 161—181 页。
③ 艾约瑟（Joseph Edkins, 1823—1905），英国传教士和著名汉学家。艾约瑟对汉语方言、语法、音韵等都有深入研究，是在伯希和、马伯乐和高本汉之前最有名的汉语音韵研究者。关于艾约瑟的介绍及其汉语研究成果，参看胡优静：《英国 19 世纪的汉学史研究》，学苑出版社，2009 年，第 18—27 页。

聲調標注系統,並加以改進,使聲調重音能直觀地顯示在拼音中。實際上,金璋對漢語語音的關注,早在八年前就有所展露。1881 年他在《中國評論》第 9 卷第 4 期上發表一篇討論"入聲"的論文《從與其他聲調的關係看入聲》,針對古音擬構就表達了與艾約瑟不同的看法。① 金璋早年對漢語語音的研究,爲他後來進行甲骨文字考釋打下了語音學的基礎。

三、研究中國貨幣起源和早期歷史

1895 年 4 月的《皇家亞洲文會會刊》刊登了金璋的論文《論中國貨幣的起源和早期歷史》,對中國古代貨幣的起源和流變以及貨幣史上常見的術語進行了闡釋。這篇長達 62 頁的論文,主要是針對法國東方學家拉克伯里(Terrien de Lacouperie, 1844—1894)的《中國貨幣便覽》(*Catalogue of Chinese Coins*)而作。《中國貨幣便覽》是拉克伯里 1892 年出版的一部集研究和圖錄爲一體的著作,在當時產生了很大影響,拉克伯里因爲這部書榮獲了 1893 年的法國儒蓮獎。1892 年金璋回國休假的時候,碰巧趕上這部新書的出版,他的論文就是在仔細閱讀了這部新書之後寫作的,在 1893 年底返回中國之前他提交了論文。

金璋首先對兩部有關中國貨幣研究的名著進行了評價,一部是 1877 年維瑟林的《論中國貨幣》,一部是 1892 年拉克伯里的《中國貨幣便覽》。金璋指出維瑟林的書是非常值得稱讚的,構思很好,而且凡是引用漢語文獻,都會先列出漢語原文再進行全文翻譯。然而這也恰好是此書的弱點,維瑟林從來沒有到過中國,他的翻譯極不準確,似乎是依靠字典的幫助完成的。至於拉克伯里的書,金璋指出,拉克伯里並沒有公正地對待他的前輩,他大量引用維瑟林的論述,有些是原文引用,多數只有細微的文字改動,却不加仟何説明,僅是 338—431 頁引用就多達 44 段。至於書的內容,金璋在反復研讀之後指出:"正如我所相信的那樣,我發現了許多可以證明的錯誤,許多作者的陳述僅僅是猜想,却仿佛它們是完全確定和公認的事實,還有一些疑難問題,值得比目前它們已經接受到的更徹底的調查。"

接下來,金璋指出,中國金屬貨幣的最早形制,對於中國人來説也是

---

① L. C. Hopkins: The Ju Sheng Considered in Its Relation to the Remaining Tones. In *The China Review: or, Notes and Queries on the Far East*. Vol.Ⅸ, July 1880 to June1881. pp.226-228.

不清楚的。他梳理了中國傳世文獻中對貨幣起源和發展歷史的論述，並以字母爲序（韋氏拼音）對中國貨幣史研究中的常見術語，比如鏟幣/鏟布、乘馬貨/乘馬幣、契刀、兼金、錢、貝、錢范、赤仄錢、金、釿、金錢、金幣、金刀、輕重、周郭、權、泉、泉法、泉幣、泉布、好、貨、貨錢、貨幣、環/鐶/瑗/鍰、肉、肉好、鼓鑄、郭、來子、輪郭、幕、女錢/公式女錢、寶貨、幣、幣乘馬/乘馬幣/乘馬貨/策馬貨/策乘馬/策乘馬幣/當金貨、舜幣、布、沈郎錢、刀/金刀/刀錢/刀幣、錯刀/金錯刀、壓勝錢、榆莢錢/莢錢、員、圜法等，結合歷史文獻、小學著作和金石學著作中的相關資料，對這些術語的内涵和發展演變進行了闡述，試圖釐清維瑟林和拉克伯里的諸多錯誤。金璋在論述中較多地引用了清代的金石學著作，如馬昂《貨布文字考》、李佐賢《古泉匯》、馮雲鵬、馮雲鵷《金石索》等，顯示出他在金石學上的扎實功底。

金璋這篇論文發表的當年，法國貨幣學家 Edmond Drouin（1837—1904）就發表了簡短的評論，指出金璋的研究"對中國貨幣學研究來説是很專業的、有用的貢獻"。他寫到：

　　這篇由霍普金斯先生撰寫的論文，包含了一個按字母順序排列的中國錢幣學的所有術語。它甚至包含了對維瑟林和拉克伯里作品的相當生動的批判。霍普金斯是英國駐臺領事，他屬於心理學家 Bresschneider、Schlegel 等人的學派。他們聲稱，從未在中國生活過的歐洲學者未必能正確地翻譯漢語文獻。可以肯定的是，這種古老的語言給翻譯帶來了巨大困難，現代官話是如此，幾個世紀以來讀音已經改變的術語更是如此。但是，霍普金斯本人也不能倖免於此，因爲他所做的翻譯並不總是比他所批評的翻譯更清晰。他引用的文獻來自不同的作者和不同的時代，都很難理解。因此，錯誤是可以原諒的。我們看到作者對他所引用的材料非常熟悉，他的研究對中國貨幣學研究來説是很專業的、有用的貢獻。①

1943 年，Howard Franklin Bowker 出版的貨幣學論著目裏，收録了金璋的這篇論文。② 1951 年，王毓銓（1910—2002）出版了一部英文著作 *Early*

---

① Reviewed by E. Drouin. in *Revue Numismatique*, 1895, pp.577–578.
② Howard Franklin Bowker: *A Numismatic Bibliography of The Far East: A Check List of Titles in European languages*. New York: American Numismatic Society. 1943. p.56.

Chinese Coinage,在評價西方研究中國貨幣史的幾部重要著作時,他肯定了金璋對拉克伯里的批評,指出拉克伯里對中文文獻的理解有誤:

> 他在中文方面的訓練不足,使他無法避免對中國歷史文獻的誤解。他對中國古代史的瞭解似乎相當有限,他在貨幣真偽的判斷上缺乏經驗,導致他在圖錄中收錄了許多偽品。他似乎在中國語言學——中國古代文字及其發展——上受過訓練,這在解讀貨幣上的文字或判斷已有解讀是否合理時,顯然是不可缺少的。雖然在大多數情況下,他遵循中國學者的解讀,但他有足夠的信心編造一些自己的理論,在此基礎上,他形成了所謂的"貨幣聯盟"理論。正如霍普金斯所指出的那樣,拉克伯里有時提出他的猜想,仿佛它們是事實,他所作的陳述實際上是沒有根據的。①

1954 年,葉慈在《譯者回憶錄》裏也談到他對金璋這篇論文的看法:

> 它在一個迄今爲止幾乎被西方學者忽視的領域開闢了新天地,同時温和地糾正了維瑟林和拉克伯里的錯誤,他們因爲能力不足而出版了一些書,一本是關於中國貨幣的,一本是大英博物院的中國貨幣目錄。這項研究需要金璋所能提供的稀有知識。許多引用來自有關文字的中國傳世文獻,包括《六書故》在内,這絲毫没有減弱他的熱情。②

由此可見,金璋的這篇論文在西方的中國貨幣學研究史上還是有一定影響力的。

綜上所述,金璋早期的學術研究並無中心,而是隨着自己的閱讀興趣率性而爲,涉及古文字學、漢語學習、金石學等幾個方面。但這些研究都能體現出他對漢字構形、漢語音讀和出土文獻的興趣。金璋接觸甲骨之後,能全心投入到甲骨的收藏和研究中,也與他的這些興趣密不可分。

---

① Wang Y-Ch'uan: *Early Chinese coinage*. New York: The American Numismatic Society, 1951. Introduction, pp.8 – 10.
② W. Perceval Yetts: Memoir of the Translator, p.xvi.

第二節　天津期間初識甲骨

一、致信方法斂獲得甲骨信息

金璋在天津任總領事的時候,正是中國甲骨收藏剛剛興起的階段。1899年夏,王懿榮首先認出甲骨並開始收購甲骨。同時,天津的王襄、孟廣慧也開始收藏甲骨。1900年秋,王懿榮以身殉國,其所藏甲骨大部分流入劉鶚之手。1903年,劉鶚出版了第一部甲骨著錄書《鐵雲藏龜》。但是,此時的金璋忙於各種外交事務,並未關注甲骨這種新出土的古文字資料。金璋對甲骨的興趣,開始於他和方法斂的通信。

根據葉慈的敘述,金璋與方法斂的通信開始於1906年。遺憾的是,我們在金璋檔案中見到的第一封信是1907-06-01。葉慈寫到:

> 1906年當金璋看到一則新聞通告說方法斂的《中國古代文字考》(Early Chinese Writing)即將出版、安德魯·卡內基也即將被解僱時,他意識到這個領域有一個和他一樣的同事。然後兩人開始了大量的通信,直到1914年方法斂去世。他們從未見過面。第一封信是金璋寫的,內容是關於古代貨幣的,這是他們兩人都很感興趣的問題。金璋一得到方法斂的書,就立即發表評論,並贈送了他的譯著 The Six Scripts。[1]

在1907年6月1日的書信中,方法斂提到他收到了金璋5月26日的來信,並表示非常高興能聽到金璋對《中國古代文字考》的批評:

> 剛剛收到您上月26日的來信。
> 很高興聽到您對《中國古代文字考》的批評。這本書是在極為不利的條件下完成的——在美國,這裏幾乎沒有漢語老師和漢語圖書館。我沒有老師可以請教,也無法查閱我的參考書。這導致我將《說文》搞得一團糟,這一點您可以從插入的勘誤表中看出。我想您看的

---

[1] W. Perceval Yetts: Memoir of the Translator, pp.xxi–xxii.

應該是上海的版本,否則就沒有插入勘誤表。圓版三十一和圓版四十九有勘誤表,圓版三十九"69th Radical"(第 69 字部)的標注需要刪除,圓版四十八"186th Radical"(第 186 字部)的標注需要刪除。最後這兩處刪除,就要求更正第 18 頁"其中,(《説文》中的)206 個字部被保留"這句話中間的那個數字,諸如此類。

金璋在 5 月 26 日的信中不僅發表了他對《中國古代文字考》的評論,而且表達了他對書中所提《鐵雲藏龜》和甲骨刻辭的興趣。方法斂在回信中,向金璋詳細介紹了《鐵雲藏龜》這部著錄書,以及自己在甲骨收藏和研究上所做的工作:

> 劉鐵雲的甲骨書,其全稱是《鐵雲藏龜》,6 卷本,與 4 卷本《鐵雲藏陶》是一套。1904—1905 年上海出版。我是從作者劉鐵雲的一個朋友那裏獲取的這部書,不過他不確定這部書是否還在售。最好用"劉道臺"(現居北京,我相信)這個作者名字找找看。
>
> 龜甲和獸骨刻辭。我把所有業餘時間都用在甲骨碎片的編目、摹寫和分類上。經 RAS 博物館(上海)館長的同意,我借到了他們的一部分甲骨(180 片)。我也借到了柏爾根先生的甲骨(80 片),加上我和庫壽齡共同持有的 1700 片,總共約有 2000 片甲骨。加之劉鐵雲發表的 1026 片甲骨拓本,以及山東臨淄孫氏所藏大約 20 片甲骨的摹本,我們大約有 3000 片甲骨可供研究。我希望今年夏天能把這些收集來的全部甲骨資料進行比較,以期拼合大部分碎片。這個工作,我和庫先生已經做了一些。
>
> 我已經對這幾批甲骨的所有碎片進行了貼簽、編號,以便檢索。接着我將以圖版的形式摹寫所有甲骨的輪廓。根據這些圖版,我正在準備一份包括不同字形的字表——這是一項單調却令人着迷的工作。《字表》的形式大概如下:

編號	甲骨字形	字形出處	現代字形	讀音	字義
20		M60, L676, C25	酉	Yu	第十地支

> "字形出處"用字母+數字表示。字母代表不同宗的藏品,比如:

M(Museum)，B(Bergen)，C(Couling-Chalfant)，S(Sun)，L(Liu)。數字表示龜骨的編號，同一宗藏品按照順次編號，骨在前，甲在後。不同宗藏品的編號是連續的。……我相信這 3000 片甲骨至少能產生 700 個不同的字。我希望把這個字表和甲骨摹本的圖版，連同編號一起出版。我必須把劉鐵雲的甲骨也摹寫了，否則許多學者將無法見到這批甲骨。抱歉這個冗長的介紹，但我想您應該對甲骨方面的進展很感興趣。

1907 年 6 月 18 日，方法斂再次致信金璋，感謝金璋寄贈的譯著 *The Six Scripts*，並針對金璋表達的對甲骨刻辭的興趣，詳細介紹了自己編纂《甲骨字表》的情況：

> 我的《字表》(嘗試性的)現在即將完成，從 3 000 片甲骨中找出的大約 580 個單字。這個數字不包括同一單字的異體字形，比如：{甲骨文}，都是"寅"，我把它們計爲一個字。干支字也是如此，有各種不同的異體字形。

方法斂還列舉了他認出來的一些甲骨文字，如：{甲骨文}=史，{甲骨文}=歸，{甲骨文}、{甲骨文}、{甲骨文}=帝，{甲骨文}{甲骨文}=鼎，{甲骨文}{甲骨文}=降，{甲骨文}{甲骨文}=好，{甲骨文}=衆，{甲骨文}=豆，{甲骨文}{甲骨文}=安，{甲骨文}{甲骨文}{甲骨文}=亘，{甲骨文}=尊 or 遵，{甲骨文}{甲骨文}=宫，{甲骨文}=靈，{甲骨文}{甲骨文}=異，{甲骨文}=室，{甲骨文}=郭，{甲骨文}=册，{甲骨文}=网，{甲骨文}=門等；以及他尚未確定其對應現代漢字的一些甲骨字形，如{甲骨文}等。在這封書信上，金璋用紅筆添加批注，把{甲骨文}釋爲"出"，把{甲骨文}釋爲"宜"。從現代研究結果來看，金璋把{甲骨文}釋爲"宜"是非常正確的意見。{甲骨文}這一組字形是"出"和"各"兩個字的混淆，但在甲骨文釋讀沒有任何成果可資參考的情況下，金璋能夠把它們與"出"聯繫起來，也能顯示出他在古文字認知上的較高水平。

在 1909 年 9 月 18 日方法斂致金璋的書信中，方法斂提出讓金璋幫忙尋找《龜經》和《卜法詳考》這兩部書。這兩部書對於研究卜法有重要意義，後來的學者研究甲骨占卜制度和甲骨整治方法，均離不開這兩部書。

從後來的書信可知，金璋找到了這兩部書。在這兩部書的幫助下，他們對甲骨的認識水平也隨之提高了一個層次。

金璋通過和方法斂的通信，確立了他對甲骨刻辭的興趣，尤其是對文字釋讀的興趣，並對甲骨收藏現狀和文字釋讀現狀有了深入認識。在方法斂的鼓動下，金璋開始研究甲骨實物，並逐漸涉足甲骨收藏。

二、摹寫新學書院甲骨初試牛刀

金璋最早接觸的甲骨實物，應該是天津新學書院附屬華北博物院收藏的 25 片甲骨。這批甲骨是王懿榮的次子王崇烈（字翰甫）捐給該博物館的，是王懿榮舊藏的一部分。

天津新學書院是 1902 年英國倫敦會傳教士赫立德博士（Dr. Samuel Lavington Hart，1858—?）創辦的一所學校，院址在法租界海大道（今天津市和平區大沽路第十七中學校址）。1904 年 2 月，赫立德又創建了學院附屬博物館 Tientsin Anglo-Chinese Museum，中文名為華北博物院，旨在使學生增長知識、開闊視野，展品包括儀器、模型、圖片、標本等。[①] 據《大公報》1904 年 2 月 28 日《賀博物院志盛》載："昨午後三點鐘，華北博物院行開院禮。"身為英國駐天津的總領事，金璋在開院禮上發表了祝賀演講。[②]

王崇烈與天津淵源很深。他於 1879 年出生，1894 年考中舉人，1898 年授直隸候補知州，後經保薦為候補知府、候補道，駐天津。1900 年八國聯軍侵略中國，進攻天津、北京，其父王懿榮給他寫信，讓他帶家人火速離開天津，返回福山故里。此時，王懿榮被慈禧太后任命為京師團練大臣，鎮守北京。八國聯軍攻陷北京後，王懿榮攜家人投井殉國。王懿榮殉國後，王崇烈赴京料理後事。為還父債，他把父親收藏的青銅器等文物，賣給了光緒皇帝的師傅翁同龢等人，把父親收藏、研究的一千餘片甲骨，半賣半送給劉鶚，並助其編拓《鐵雲藏龜》。但他手中仍然保留了父親的部分藏品。1904 年華北博物院開院之時，王崇烈正在天津任賑撫局會辦。開院一月有餘，王崇烈將其舊存之古玩名作寄捐華北博物院，進行陳展，

---

① 參看郭輝：《傳播福音與科學考察的產物——西方傳教士在天津所辦的博物館》，《蘇州文博論叢》總第 8 輯，2017 年。肖朗、傅政：《倫敦會與在華英國教會中等教育——以"英華書院"為中心的考察》，《浙江大學學報（人文社會科學版）》2010 年第 6 期。

② 參看王勇則：《華北博物院始末》，收入陳卓主編：《守望文明 百年榮光：紀念天津博物館建館 100 周年文集》，天津古籍出版社，2018 年，第 9—19 頁。王勇則先生根據史料考證了華北博物院的創建始末。他指出《金璋的甲骨文研究》一文中稱之為"天津新學書院博物館"屬於不規範的直譯。

後來又挑選部分展品贈予學校，其中就有其父舊藏的 25 片甲骨。這批甲骨大約於 1905 年進入華北博物院。①

鑒於金璋的學術聲譽和政治身份，館長赫立德或許在剛剛獲贈這批甲骨時就請金璋看過。但是，金璋對這批材料的重視顯然是受了方法斂的影響。在方法斂的影響下，金璋摹寫了這些甲骨並把摹本寄給方法斂。正如 1907 - 10 - 14 日方法斂致金璋的書信所提到的：

> 我非常希望能夠得到華北博物院所藏甲骨的摹本，配有準確的刻辭摹寫。我希望盡可能多地收集和編輯甲骨藏品，毫無疑問這些碎片和我找到的那些是同一個來源。請注意骨和龜的區別。這兩種材料很容易區分，正如您將注意到的。劉鐵雲在他的書中也應該這麼做。

在 1907 - 11 - 14 日的書信中，方法斂又提到：

> 您 10 月 31 號的來信我已收到，裏面有 25 片甲骨的摹本。非常感謝！我已經摹寫了所有的字，打算用字母 T（天津）來進行標識。這裏面有一些非常有趣的字形，其中多數都是老朋友了，一些是我摹寫過的 2 500 片甲骨中未曾出現過的。例如，𠂇（户），𢎥，𠙴，𠂤（一種高層建築！），𠂤 可能是其他什麼建築。
>
> 我將您惠借的兩張摹本還給您。請原諒我指出有幾片倒置的甲骨，顯然您在摹寫完成後就注意到了這一點。

在這封書信中，方法斂還提到：

> 我注意到華北博物院的甲骨碎片中只有骨。我希望能夠獲得一份片形和刻辭俱全的摹本。鑒於您已經解釋過的原因，我自然不能要求您花時間來做，不過或許可以請一位可信的中國老師來摹寫，我將很樂意支付他酬金。這將使這宗藏品成為我為了復原這批發現所做工作之一部分（毫無疑問它們都屬於同一個來源）。

在 1907 - 12 - 03 的書信中，方法斂已經把這批甲骨列入到已知甲骨

---

① 白瑞華著、郅曉娜譯：《〈甲骨卜辭七集〉序言》，《殷都學刊》2019 年第 1 期，第 123 頁。

的行列：

      Anglo-Chinese College coll.   25

    方法斂根據金璋的摹本摹寫了上面的所有文字，並與金璋展開討論。比如他在 1908 - 02 - 07 的書信中提到通過天津 No.7 這片甲骨上的 ▨（一種高層建築）聯想到庫方 No.550 上的 ▨。

    在赫立德院長的邀請下，金璋撰寫了一篇介紹王崇烈寄捐華北博物院之古玩的報告，其中就包括這 25 片甲骨的摹本和釋文。在文字釋讀上，金璋詳細地引述了方法斂的說法。這是金璋第一篇有關甲骨的文章，發表在 1908 年 5 月的校園期刊 *College Echoes* 上，①初步顯示了金璋在甲骨文字研究上的興趣。

三、委託他人代購形成甲骨收藏

    方法斂在書信中多次向金璋介紹自己的甲骨收藏，並請他幫忙聯繫大英博物院接收自己的藏品。比如在 1908 年 2 月 7 日的書信中方法斂詳細介紹了庫方甲骨藏品的內容和價值：

    庫方所藏甲骨刻辭的內容和價值。這是 1899 年在中國河南衛輝府發現的甲骨中最罕見的一批，可通過與其他收藏家所持有的這次發現的其他已知部分而得出。其年代可能不會晚於公元前 500 年。

    177 片，骨，已貼編號（No.1—173，748—751）。
    582 片，甲，已貼編號（No.174—747，752—760）。
    800 片，碎甲，沒有編號，都是小片，其上刻有 1 到 10 個字不等。
    33 個小龜，用龜甲雕刻而成，其上有刻辭，可能是辟邪物。
    10 個箭頭，用骨刻成，長 2—3 英寸，其上都有刻辭。
    13 個小箭頭，用龜甲刻成，其上都有刻辭。
    8 個璧形辟邪物（直徑 3/4 英寸），其上都有刻辭。
    7 個微型權杖，用龜甲刻成，其上刻有王室占卜辭，長 1—1.5 英寸。
    1 個小的劍形刻辭骨，長 3.5 英寸，兩面都有刻辭。

---

① 參看 W. Perceval Yetts: Memoir of the Translator, p.xvi。非常遺憾我們現在還沒有找到金璋的這篇文章。

方法斂在書信中不斷提到他又買到一些新的甲骨。比如，他在 1908 年 2 月 14 日的信中提道：

　　自從寄了上兩封信以來，我又買到一些骨董，包括：4 個小龜，3 個箭頭，1 個權杖形刻辭骨，4 個璧形刻辭骨，1 個骨板，1 個護身符，4 個石貝或石魚（我的古董商朋友把它叫做"魚"）。除了這 4 個石貝，其他骨董都將成爲庫方藏品的一部分。……您早晚會明白，要把所有甲骨都買到手幾乎是不可能的，但是庫先生和我一直都致力於把所有甲骨都彙集起來。毫無疑問，我們的甲骨藏品比其他收藏家的藏品數量都多，而且更有價值。

方法斂的收藏行爲和對甲骨的極其熱愛，顯然刺激了金璋的收藏欲望。在 1908 年 2 月 19 日的書信中，方法斂提到他爲金璋推薦的第一宗甲骨：

　　今天我的龜甲行踪調查員來到我家，帶來了一批很好的甲骨。他說是從濰縣附近一位鄉紳那兒找到的。這些甲骨與其他甲骨來源相同，刻有很多其他甲骨上未出現過的文字。一共 130 片，要價 75 美元。多數是大片——與新學書院藏的甲骨大小相當——也有一些更大的片子。我沒有收藏這批甲骨的經濟能力，而您表示過想收藏甲骨，所以我把它推薦給您。賣家原本要帶到南京，計劃以 200 兩白銀的價賣給端方，但是往返南京花銷也很大。我的古董商朋友說服他給我一次機會，75 美元是他能接受的最低價格。這批甲骨裏沒有箭頭，也沒有其他罕見的片形，但整體都不錯。

從 1908 年 2 月 26 日方法斂致金璋的書信中，我們知道金璋接受了這批甲骨。從這之後，金璋開始頻繁地委託方法斂代購甲骨。金璋返回英國之前，方法斂爲他購買了 4 批甲骨共 166 片。1908 年 5 月，金璋開啓了返英的旅程，這些甲骨也隨即寄到了他在英國的住所。退居英國以後，金璋繼續委託方法斂購買甲骨，1909—1912 年先後通過方法斂購買甲骨 13 批次。1912 年 5 月方法斂因病開始返回美國，停止了甲骨收購活動。1913 年，金璋又通過英國駐華公使館的醫生葉慈，在北京購買了 3 批甲骨，最終形成了一定規模的甲骨收藏。

方法斂爲金璋代購的甲骨共 970 片，葉慈爲金璋代購的甲骨共 42 片，合計1 013片。除去僞刻,真品大約600片。方法斂在爲金璋購買的甲骨的同時,就對這些甲骨進行了編號和摹寫,這些摹本1939年由白瑞華編爲《金璋所藏甲骨卜辭》出版。但方法斂購買的甲骨中混有相當數量的僞刻護身符,白瑞華在編纂過程中對其進行了剔除。葉慈購買的甲骨沒有經過方法斂之手,所以《金璋所藏甲骨卜辭》中沒有這些甲骨的摹本。金璋的甲骨藏品,最後贈給了英國劍橋大學圖書館。金璋委託方法斂和葉慈代購甲骨的具體過程,詳見本書第三章第一節《金璋所藏甲骨的收藏始末》,兹不贅述。

第三節　後半生獻給甲骨學

一、晋侯盤研究折射出甲骨文字釋讀

金璋退休居英之後,進入學術研究的勃發期。他專心於甲骨藏品和甲骨文字研究,同時對銅器銘文也偶有涉獵。金璋討論銅器銘文的論文有7篇,分別是:《最近發現之中國周朝文字》(1911)、《論卜氏盤及其銘文》(1912)、《〈卜氏盤〉補證》(1912)、《卜氏盤:吉勃里和金璋的對話》(1912)、《新近發現的一件周初銅器銘文——周公簋》(1924)、《猷氏盤和司馬遷〈史記〉:錯誤的翻譯及其補正》(1926)、《一件中國青銅祭器——父丁爵》(1933)等。上列論文主要討論了晋侯盤(現定爲僞刻)、周公簋(即邢侯簋)、父丁爵等器。雖然"晋侯盤"已被證明是僞器,但金璋對"晋侯盤"的討論,尤其是他對該器銘文單字的研究,可以折射出他早年識讀甲骨文字的部分成果,因而我們專門對其進行介紹。

晋侯盤是1870年英國駐華公使館醫師卜士禮(Stephen Wootton Bushell, 1844—1908)從北京怡王家所購得。1874年,卜氏將此器和其他銅器收藏借給南肯星頓博物館①展覽。1898年,博物館以400英鎊的價格買下卜氏所有銅器收藏,其中最重要的就是這件晋侯盤。1900年卜氏退休回英,1905—1906年出版《中國美術》2册,②晋侯盤就著錄在第一册第84—87頁。卜氏將其稱爲"Sacrificial Bowl (P'an)",因此,金璋將之

---

① South Kensington museum,該館成立於1852年,1899年更名爲Victoria and Albert Museum(通常縮寫爲V & A Museum),即維多利亞與艾爾伯特博物館。
② Stephen W. Bushell, *Chinese Art I*. London: Wyman and Sons, 1905. *Chinese Art II*. London: Wyman and Sons, 1906.

稱爲"Bushell Bowl",可譯爲"卜氏盤",同時代的中國學者則稱之爲"晉侯盤"或"晉侯平戎盤"。

晉侯盤銘文長達 550 字,記述春秋後期晉侯平戎輔佐平王的事迹,已被證明是僞刻。但在西方漢學界,此器銘的真僞却經歷了一場激烈論爭。卜士禮《中國美術》首次公布了此盤的照片和銘文,認爲此盤是東周時器,並對銘文進行英譯。該書出版後,沙畹、伯希和、微席葉(Arnold Jaques Vissiere, 1858—1930 年)均指出此盤是僞刻。1909 年,莊延齡(Edward H. Parker, 1849—1926)發表文章認爲盤銘是真刻,並對釋文進行了英文和拉丁文翻譯。1911 年,翟理斯(Herbert A. Giles, 1845—1935)和金璋幾乎同時發表文章討論此器,翟理斯認爲是僞刻,金璋則認爲是真刻。1912 年,翟理斯、金璋再次發文討論這件器物的真僞。1915 年,福開森指出晉侯盤銘文是仿造散氏盤銘所做,器身似爲周器。1923 年,葉慈從技術角度論證此器身並非周器,而是後人僞造。① 1937 年,中國學者容庚詳細梳理了前人對此器的辨僞,指出"此銘字體純仿散盤而作,間參以石鼓文,惟書刻太劣,遂令人一望而知其僞",其僞造時間大約在乾隆四十四年以前。②

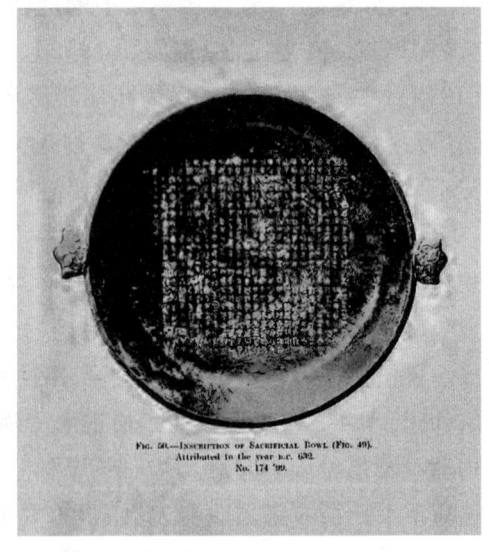

图 2.6　卜士禮公布的晉侯盤及其銘文照片(采自 *Chinese Art I*)

---

① 關於西方學者對晉侯盤的研究過程,參看夏含夷:《鏤於金石——西方學者對中國金石學的研究》,《青銅器與金文》第 1 輯,上海古籍出版社,2017 年。又同作者:《西方漢學金石研究概要》,氏著:《西觀漢記》2018 年,第 201—206 頁。
② 容庚:《晉侯平戎盤辨僞》,《考古》1937 年第 1 期。

既然晉侯盤銘已經證明是僞刻,我們似乎可以認爲金璋對晉侯盤的研究是毫無意義的。然而,實際上並非如此。1911 年,金璋在《從最近的發現看周代的文字》文中首次提到晉侯盤,把它作爲新出古文字資料來介紹。金璋把盤銘字形和小篆進行仔細比較,發現這兩種字形"有很强的相似性",但也存在一些如卜士禮指出的與石鼓文相同的用字。有鑒於此,金璋認爲此盤銘應爲大篆的代表。1912 年,金璋發表《論卜氏盤及其銘文》,對晉侯盤進行專門研究,尤其關注字形問題。此文包括四個部分:第一部分公布晉侯盤銘的釋文,辨析晉侯盤銘的真僞;第二部分是晉侯盤銘的英文翻譯;第三部分是盤銘所含 251 個單字的字形對照表(圖 2.7),包括現代字形、盤銘字形、小篆字形、石鼓文字形、甲骨字形等,公布了博物館提供的清晰銘文照片;第四部分是其中 89 個單字的字形分析。可以看出,金璋研究晉侯盤,並未闡發其史料價值,而是從漢字發展史的角度出發,將其作爲古文資料使用。晉侯盤銘文内容雖是僞造,但其字形確係仿刻散氏盤銘,間雜以石鼓文銘,仍能在一定程度上反映特定時代的字形特徵。金璋在釋讀晉侯盤銘的過程中,利用金文字形和甲骨字形的對比,也認出了不少甲骨文字。

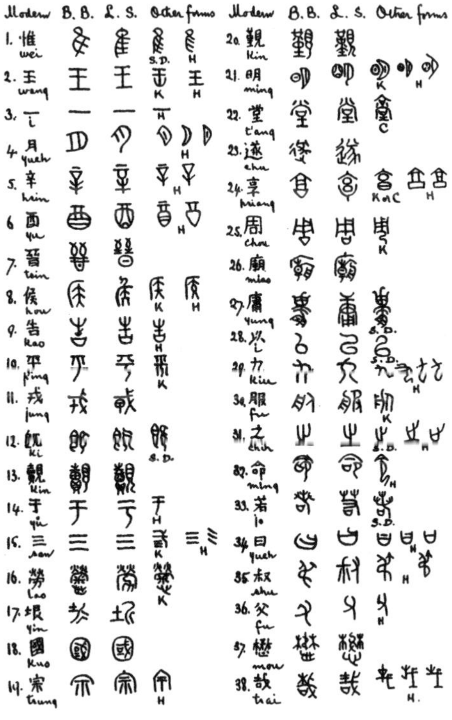

圖 2.7 金璋所作晉侯盤銘字形對照表
(原文共七頁,此爲第一頁)

金璋所作晉侯盤銘251個單字的字形對照表，展示了這些漢字的字形演變過程。此字形對照表不僅采用了傳統的金石學資料和《說文》資料，還利用了甲骨文資料。這251個文字中，列有甲骨字形的就多達77個，分別是：

惟（◯）、王（◯）、一（◯）、月（◯）、辛（◯）、酉（◯）、侯（◯）、于（◯）、三（◯）、宗（◯）、明（◯）、享（◯）、九（◯）、之（◯）、命（◯）、日（◯）、叔（◯）、父（◯）、哉（◯）、在（◯）、吾（◯）、先（◯）、有（◯）、文（◯）、武（◯）、康（◯）、德（◯）、乃（◯）、光（◯）、顯（◯）、西（◯）、中（◯）、亦（◯）、人（◯）、左（◯）、又（◯）、家（◯）、登（◯）、盟（◯）、天（◯）、弗（◯）、上（◯）、四（◯）、其（◯）、涉（◯）、室（◯）、未（◯）、公（◯）、弓（◯）、伐（◯）、正（◯）、十（◯）、虎（◯）、百（◯）、六（◯）、田（◯）、用（◯）、辟（◯）、惠（◯）、生（◯）、永（◯）、嘉（◯）、申（◯）、伯（◯）、來（◯）、率（◯）、首（◯）、子（◯）、重（◯）、二（◯）、甲（◯）、午（◯）、歸（◯）、日（◯）、丙（◯）、丁（◯）、萬（◯）。

上列甲骨字形可在一定程度上反映金璋早年識讀甲骨文字的水平。金璋此文發表於1912年，那時8卷本《殷虛書契》（1913）和《殷虛書契考釋》（1915）都未出版，已有的甲骨學相關著述只有《鐵雲藏龜》（1903）、*Early Chinese Writing*（1906）等。金璋釋讀甲骨文字，主要依賴於他和方法斂的通信討論。不過，由於方法斂和金璋購買的甲骨中混有許多僞刻，金璋所列上述甲骨字形中也不可避免地混有僞刻字形，比如有（◯）、德（◯）、顯（◯）、嘉（◯）、首（◯）、重（◯）等，這些明顯是仿刻的金文字形。除此之外，其餘所列甲骨文字他基本都能認出來，也有少數認錯的，比如之（◯）、十（◯）、田（◯）、申（◯）、甲（◯）等。

金璋識讀甲骨文字的方法是比較傳統的，主要是利用金文字形、《說

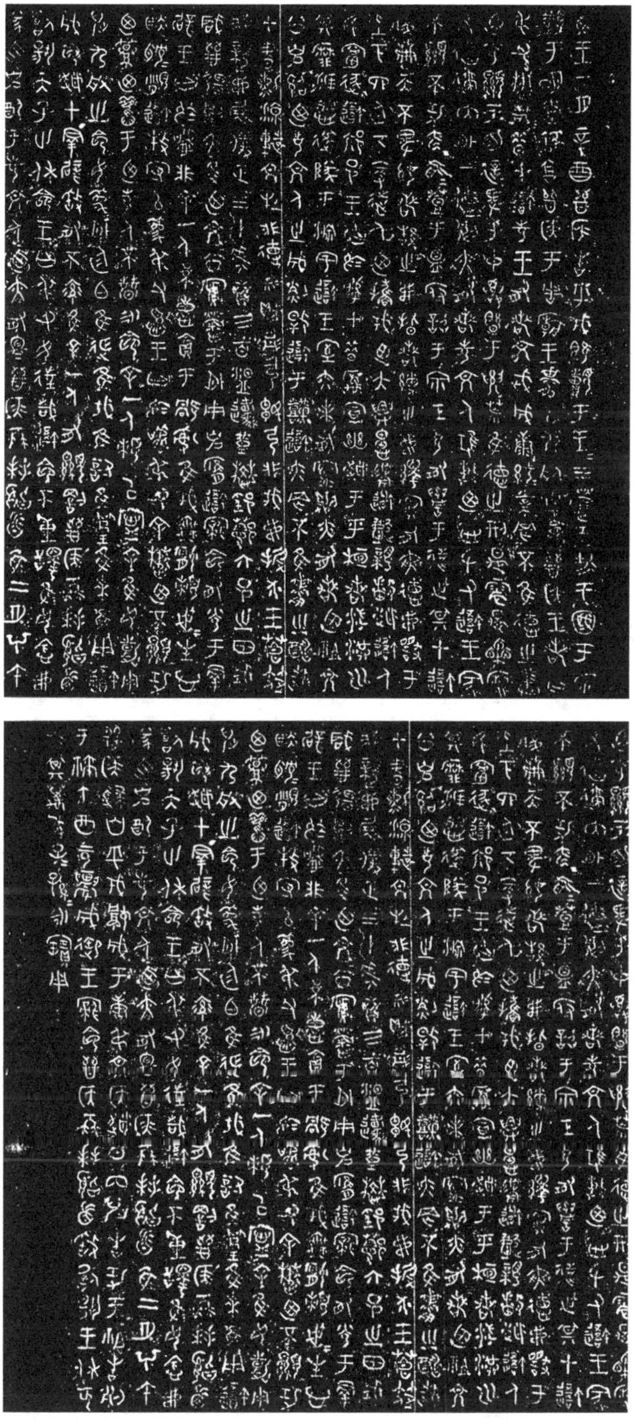

圖 2.8　金璋文中公布的晉侯盤銘文照片

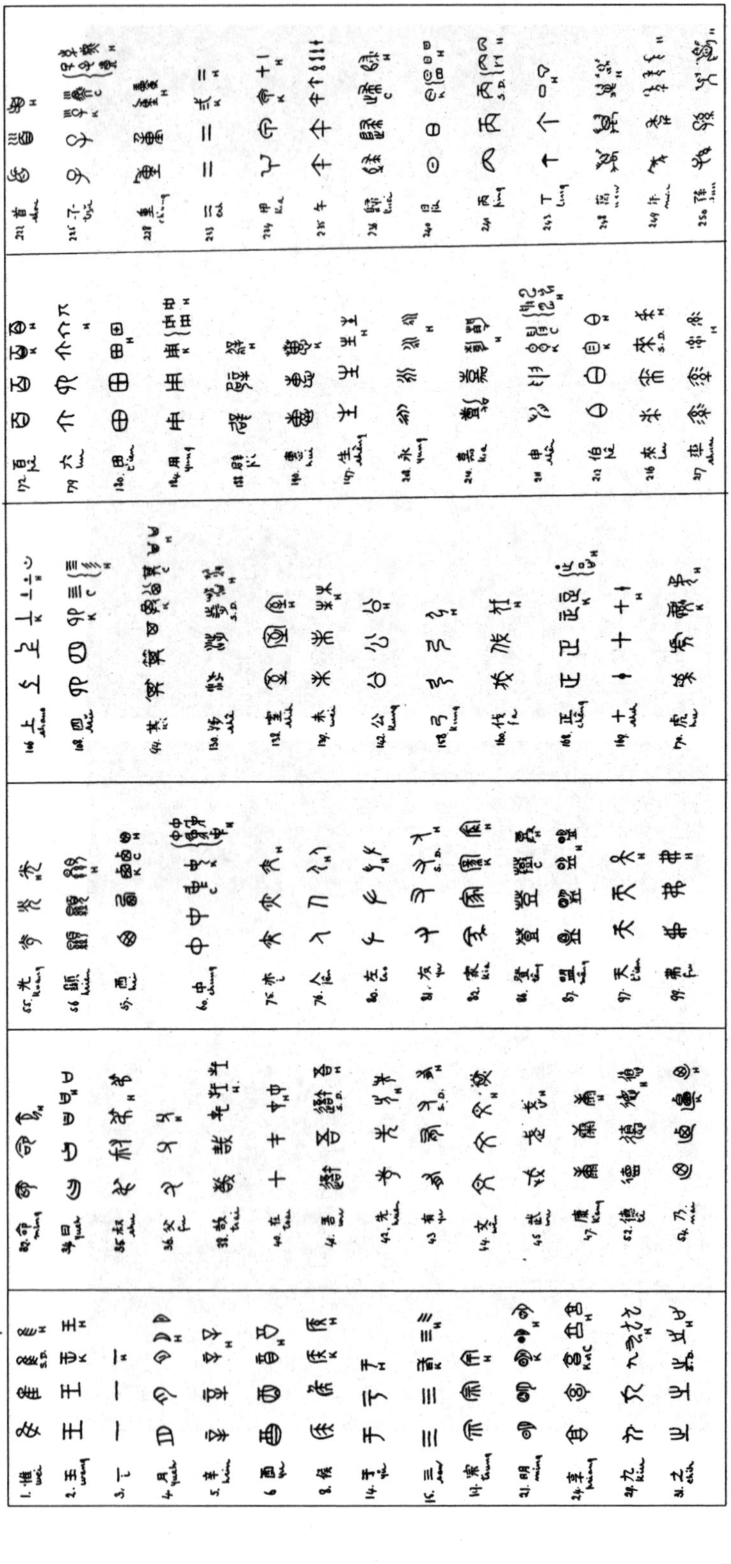

圖 2.9 金璋所作晉侯盤銘字形對照表中有甲骨字形的部分（筆者從原文中提取）

文》字形及其他古文字字形進行推比。正如汪濤教授所指出的："他的方法是很傳統的訓詁學，主要是根據《說文》及古文字推比，同時也注意到古代音的問題。"①"金璋的研究方法，與中國訓詁學比較接近，即利用許慎的《說文解字》和甲骨文字進行對照研究。當多數西方學者對甲骨文字考釋敬而遠之的時候，金璋已經站在了這個研究領域的前沿，與一流的中國學者同步而行，這一點是非常值得注意的。"②

金璋對晉侯盤銘這種獨特的研究視角，間接地反映了他對甲骨文字考釋的興趣。他的這種興趣，集中體現在他的甲骨文字考釋代表作《象形文字研究》中。實際上，上述晉侯盤銘中的一些單字在《象形文字研究》中也有呈現，比如明、弓、光、虎等。雖然晉侯盤銘已經證明是偽刻，沒有任何史料價值。但是金璋着重於對晉侯盤銘單字的研究，體現了他在古文字學上的重要旨趣，尤其反映了他識讀甲骨文字的基本方法和學術水平。通過對金璋與晉侯盤研究的重新回顧，我們可以了解到金璋早年識讀甲骨文字的一個狀態。

二、廣泛而深入的甲骨文字研究

退居英國之後，金璋幾乎把全部精力都投入到甲骨文字研究中，先後發表了49篇有關甲骨的論文，比如《中國文字發展史》(1910)、《最近發現之中國周朝文字》(1911)、《中國古代之皇室遺物》(1912)、《骨上所刻之哀文與家譜》(1912)、《古代骨刻文中龍龜之研究》(1913)、《圭璧上的家譜刻辭》(1913)、《占卜檔案記錄(上下)》(1915)、《中國數字和計數體系(上下)》(1916)、《商代之帝王》(1917)、《風鳳朋考》(1917)、《象形文字研究》(1917—1928)、《占卜之方法》(1919)、《中國古代書寫》(1920，法文)、《河南遺物的新研究及其成績》(1921)、《殷虛甲骨上所載王室譜系及商代之記載》(1923)、《訛變的囚觷和意義的破壞——中國古今文字考》(1925)、《中國古文字中之人形(上下)》(1929—1930)、《虹尾在哪裏——地龍和天龍簡介》(1931)、《釋龍辰(上下)》(1931—1932)、《中國古文字中的"子"和"孫"——對漢字複雜屬性的闡釋》(1934)、《中國古文

---

① 汪濤：《甲骨學在歐美——1900—1950》，載於臺灣師範大學國文學系、中研院歷史語言研究所編：《甲骨文發現一百周年學術研討會論文集》，(臺北)文史哲出版社，1998年，第151頁。
② 汪濤著、牛海茹譯：《甲骨文與西方漢學》，載於朱淵清主編：《考古學的考古》，中西書局，2019年，第11頁。

字中的 ☒ 》(1935)、《蘇格蘭與中國古代之耒形耕作考(上下)》(1935—1936)、《中國古文字專題研究(上中下)》(1937)、《祖先的神示》(1938)、《中國兕之服用》(1939)、《商王獵鹿之記録》(1939)、《中國古文字中的親緣象徵(上下)》(1940—1941)、《日光和月光》(1942)、《中國古文字中的 ☒ 和 ☒ 》(1943)、《薩滿或中國巫——性之舞及其多變字元》(1945)、《一個神秘的兆辭之新解釋——釋"☒ ☒ ☒"》(1947)、《中國古文字研究零拾》(1949)等。金璋對甲骨文字的研究是廣泛而深入的，大致可以分爲以下幾個方面：

一、甲骨文字考釋類。甲骨文字考釋是金璋研究甲骨最重要的内容。1915 年發表《占卜檔案記録》上下兩篇，依照《殷商貞卜文字考》的體例，列舉了甲骨文中常見的 157 條詞語或短句，並對重要的文字或句子進行了考釋。可惜該文列舉的例子真僞參半，並且沒有標明來源，因而我們很難對其進行評價。1917 年發表《風鳳朋考》，考釋了風、鳳、朋等 3 個單字。1925 年發表《中國古今文字考》，考釋了胡、伏、彝、夷等 8 個單字。1917—1928 年間發表《象形文字研究》系列，考釋了天、日、月、明等 111 個單字和相關詞條，是金璋甲骨文字考釋的代表之作。1929—1930 年發表《中國古文字中之人形》上下篇，對甲骨文字中與人體相關的 25 個字形構件進行了集中分析，充分發掘了字形演變在漢字發展史上的重要價值。1934 年發表《中國古文字中的"子"和"孫"》，通過對伐、保、毓、巳、子、孫、☒等字形演變過程的分析，闡述了人形在古文字中的各種變化。1937 年發表《中國古文字專題研究》上中下三篇，考釋了四、東、良、去等 7 個單字。1949 年發表《中國古文字研究零拾》，考釋了河、☒、毓等 3 個單字。金璋的手稿中也有甲骨文字考釋成果，比如《甲骨文字考釋 192 則》，《十干(缺己)》《十二支(缺巳申)》等。

二、商代歷史研究類。金璋對甲骨文字的研究涉及商代歷史研究的方方面面，比如：

1. 家譜刻辭研究。1912—1913 年，金璋陸續發表《中國古代之皇室遺物》《骨上所刻之哀文與家譜》《圭璧上的家譜刻辭》等文，率先對甲骨文中的家譜刻辭進行研究，並與德國學者勃漢第女士進行辯論。手稿中的《鹿角家譜刻辭上的紋飾和其他特徵》是對庫 1989 鹿角家譜刻辭的再次闡述。現代研究表明，他們所討論的五片家譜刻辭，即庫 1506、庫 1989、金 566、金 760 和一片威爾茨舊藏，除庫 1506 真僞難辨之外，其他幾片都是僞刻。

2. 商代世系研究。1917 年 1 月發表《商代之帝王》,糾正了此前認爲安陽甲骨是周代遺物的錯誤觀點,承認它是商代遺物;介紹了羅振玉《殷虛書契考釋》對商代世系的研究成果,並指出卜辭中的 ◻、◻、◻ 就是文獻中的報丁、報丙、報乙。1921 年發表《河南遺物的新研究及其成績》,介紹了王國維對商代世系的研究成果,並補充了自己的意見。1923 年發表《殷虛甲骨上所載王室譜系及商代之記載》,再次對商代世系和家譜刻辭進行論述。手稿《卜辭所見之 ◻、◻、◻、◻》内容雖不連貫,但能大致看出金璋討論了卜辭中常見的 ◻、◻、◻、◻ 等重要祭祀對象。

3. 親屬稱謂研究。1940—1941 年間發表《中國古文字中的親緣象徵》上下兩篇,介紹了郭沫若《釋祖妣》的主要内容并提出了自己的不同意見。

4. 商代天象研究。1931—1932 年發表《虹尾在哪裏》《釋龍辰》上下篇,分別討論了甲骨文中的虹、龍、辰三個字,認爲這三個字都與天象有關。1942 年發表《日光和月光》,認爲甲骨文中的"◻"應釋爲"夕晦",表示傍晚天氣陰晦,與月食無關。

5. 商代農業研究。1935—1936 年間發表《蘇格蘭與中國古代之叒形耕作考》,介紹了徐中舒《耒耜考》的主要内容,並把中國的耒耜和蘇格蘭的脚犁進行了對比研究。

6. 商代動物研究。1935 年發表《中國古文字中的 ◻》,指出甲骨文中的 ◻ 不是馬。1939 年發表《中國兕之服用》,明確指出 ◻ 應釋爲兕,是商代的獨角犀牛。1939 年還發表《商王獵鹿之記録》,對甲骨文中的麋進行了研究。

7. 商代占卜研究。1919 年發表《占卜之方法》,概括介紹了羅振玉《殷虛書契考釋》的内容,並翻譯了《卜法第八》和《卜辭第六》兩節内容。1938 年發表《祖先的神示》,主要討論了"◻""◻""◻""◻""◻""◻"等占卜用語。1947 年發表《一個神秘的兆辭之新解釋——釋"◻◻◻"》,對卜辭中常見的占卜習語"◻◻◻"進行了研究,認爲"◻◻◻"即"不再朱"。

8. 薩滿和巫的研究。1920 年發表《薩滿或巫:圖形僞裝的研究》,通過對甲骨金文中出現的一些與"靈"和"巫"有關的字形的分析,最終得出結論,認爲甲骨文中的 ◻ 就是後世"巫"字的前身和字源。1943 年發表《中國古文字中的 ◻ 和 ◻》,對《前》7.37.1 這片卜辭和卜辭中的 ◻ 字進行了研究,認爲🦴應釋爲蠻,是蠻最初的象形字,🦴是🦴變化後的字形。1945 年發表《薩滿或中國巫——性之舞及其多變字元》,分析了巫的字形演變過程以及它在甲骨文中的用法。

9. 商代數字研究。1916 年 4 月 10 月發表《中國數字和計數體系》上下兩篇。上篇主要討論了清末的商業計數系統以及商業計數系統的發展歷史,並對古泉上的計數方式進行了分析,較多地引述了張燕昌《金石契》的內容。下篇主要考證一、二、三、四、五、六、七、八、九、十、廿、卅、卌、百、千、萬等數字的字形來源及其字形演變過程,並把甲骨文中的數字與後世的計數體系聯繫起來。

三、引述和譯介中國學者的研究成果

金璋在論著中非常多地引述了中國學者的甲骨研究成果,客觀上促進了中國甲骨學成果的向西傳播,對西方甲骨學的發展和中西方甲骨學的交流都做出了重要貢獻。

金璋對中國甲骨學者研究成果的引述,主要有以下幾點:《中國數字和計數體系·下篇》(1916)以羅振玉《殷虛書契考釋》對數字的考釋內容爲基礎,利用甲骨、金文、簡牘等出土文獻,並結合傳統字書考證一、二、三、四、五、六、七、八、九、十、廿、卅、卌、百、千、萬等數字的字形來源及其字形演變過程。《商代之帝王》(1917)是在羅振玉《殷虛書契考釋》的基礎上寫成的,引述了羅氏對商代世系的研究成果,並進行了評價和補充。《占卜之方法》(1919)主要介紹了羅振玉對占卜制度的研究成果。前半節翻譯了《殷虛書契考釋》之《卜法第八》的內容,後半節從《卜辭第六》所列的八項事類(祭、告、臺、出入、田獵、征伐、年、風雨)進行了介紹。《河南遺物的新研究及其成績》(1921)是根據王國維《戩壽堂所藏殷虛文字考釋》對商代世系的研究成果而寫成的,引述了王國維對商代世系的研究成果,並對王氏的貢獻進行了總結和評價。《祖先的神示》(1938)廣泛引述了唐蘭、郭沫若對"占""囚""囚""𣪍""昌""刓"等占卜用語的研究結果。《中國兕之服用》(1939)較多地引述了唐蘭《獲白兕考》的內容。《商王獵鹿之記錄》(1939)引述了唐蘭對甲骨文🦴字的考釋。《日光和月光》(1942)是針對郭沫若《釋蝕》一文寫成的,駁斥了郭氏把"🦴"釋爲"月蝕"的錯誤觀點。《一個神秘的兆辭之新解釋——"🦴"》(1947)譯述了唐蘭對🦴和🦴的考釋過程,並提出了自己的不同看法。

除此之外,金璋對中國甲骨學者引述最多的是甲骨文字考釋部分。金璋在考釋甲骨文字時大量采納了羅振玉《殷虛書契考釋·文字第五》的成果。正如金璋在《象形文字研究·卷一》開篇指出的,他撰寫這些考釋論文主要是"向西方學者介紹並闡釋羅振玉在《殷虛書契考釋》一書中表達的重要學術觀點"。① 金璋忠實地實踐了他的想法。金璋已發表的117個甲骨文字考釋詞條中,采納並引述羅振玉說法的有91個。金璋手稿中的190個甲骨文字考釋詞條中,采納並引述羅振玉說法的有173個。概括起來,在金璋考釋過的307個甲骨文中,金璋采納並引述羅振玉《殷虛書契考釋·文字第五》說法的有264個,占比高達86%。羅氏在《殷虛書契考釋·文字第五》中共釋出485個字,②金璋引述過的就有264個字。也即,《殷虛書契考釋·文字第五》中有54%的內容都被金璋進行了引用、翻譯和評述。此外,金璋也少量引述了孫詒讓、吳大澂、王國維、王襄、郭沫若等人的甲骨文字考釋成果。這種一邊吸收、一邊傳播的研究模式,源源不斷地爲西方甲骨學輸入新的能量,客觀上促進了西方早期甲骨學的深入發展,也奠定了金璋在甲骨學西傳和國際化道路上的重要地位。可以説,金璋是中西方甲骨學溝通的重要橋梁和紐帶。

綜上所述,金璋的學術研究大致經歷了三個階段。第一階段是學術積累期,在外交工作之餘進行了漢語教材翻譯、傳統字書研究、貨幣史研究等內容,呈多點發散之態。他對《說文解字》、六書原則和漢語語音的研究,體現了他對中國文字學的興趣。第二階段是初識甲骨並開始甲骨收藏,在方法斂的幫助下多次購買甲骨,形成了一定規模的甲骨收藏。二人還就甲骨文字的釋讀問題展開討論。第三階段是甲骨研究期,在甲骨收藏的基礎上進行深入的甲骨學研究,並廣泛吸收和譯介中國學者的研究成果。金璋的研究涉及家譜刻辭、商代世系、親屬稱謂、商代天象、商代農業、商代動物、商代占卜、薩滿和巫、商代數字、文字考釋等多個方面,尤以甲骨文字考釋爲主。

甲骨收藏和甲骨研究是金璋最重要的學術活動。在甲骨學興起的前五十年,從事甲骨收藏與研究的西方學者並不多見,比較出名的有方法斂、林泰輔、金璋、明義士、白瑞華、吉卜生、布那柯夫、魏特夫格等。除明義士之外,金璋是發表研究成果最多的一位。金璋在甲骨學上的學術活

---

① L. C. Hopkins: Pictographic Reconnaissances Part I. *JRAS* (Oct.1917), p.773.
② 蔡文静:《羅振玉的甲骨學研究》,西南大學2009年碩士學位論文(指導教師:喻遂生),第37頁。

動貫穿了西方甲骨學史的前五十年,在西方早期甲骨學史上占有重要地位。金璋在甲骨收藏與甲骨研究上都做出了重要成績,引領了西方漢學界甲骨學研究的前沿,並對中西方甲骨學的國際交流起到了重要橋梁作用,是當時英國乃至歐洲境内成果最多、影響最大的甲骨學家。

第四節　金璋學術行年簡表

根據金璋的各種資料,筆者整理出《金璋學術行年簡表》。此表簡要列出金璋的主要生活事迹、學術活動和主要著述,並着重介紹他在甲骨學上的研究成果。

1854 年,出生。

3 月 20 日,金璋在倫敦市漢普斯特德郡橡樹山出生,在家中排行第六。他的父親 Manley Hopkins 是海損理算師,經營一家自己的公司。他的母親 Kate Catherine 熱愛閲讀,培養了孩子們在閲讀方面的興趣。

1856 年,2 歲。

5 月,父親 Manley Hopkins 出任夏威夷駐倫敦總領事一職。

1868 年,14 歲。

1 月,金璋來到温徹斯特公學讀書。2 月升入 Fourth Book 初級部,9 月升入 Fourth Book 高級部。

1869 年,15 歲。

1 月,金璋升入 Fifth Book 初級部,並在這裏度過了一年時間。

1870 年,16 歲。

金璋升入 Modern School 高級部,這意味着他花在學習數學和現代語言上的時間要多於學習拉丁語和希臘語的時間。

1871 年,17 歲。

金璋在 Modern School 高級部一直位居第一。本年 12 月畢業離校。

1874 年,20 歲。

1 月 6 日,金璋順利通過了英國的預備外交官選拔考試。1 月 13 日他被任命爲英國駐華大使館翻譯學生。3 月 12 日,金璋乘坐輪船前往上海,5 月來到北京駐華公使館,開始學習漢語。

1876 年,22 歲。

8 月,金璋從翻譯學生升爲署理三等助理。

1877 年,23 歲。

本年金璋先被派往廣東當差,後又轉到上海。

1880 年,26 歲。

4 月,金璋升爲二等助理。

1881 年,27 歲。

出版古文字學譯著 THE SIX SCRIPTS。翻譯了戴侗《六書故》之《六書故目》和《六書通釋》兩部分。譯文前有金璋撰寫的一篇《序言》,介紹了戴侗的生平,以及中西方學者對《六書故》的不同態度。

4 月,金璋返回英國,開始爲期一年的帶薪休假。這是他第一次回國休假。

12 月,金璋致信英國外交部,申請延長休假六個月,獲批。

1882 年,28 歲。

7 月,金璋乘郵輪經由美國返回中國,耗時兩月抵達中國。金璋被任命爲寧波署理領事。

1883 年,29 歲。

金璋被任命爲鎮江署理領事。

1884 年,30 歲。

10 月,金璋向英皇遞交《臺灣島調查報告書》。

1886 年,32 歲。

5 月,金璋被任命爲廈門署理領事。

12 月,金璋被任命爲北海署理領事。

1887 年,33 歲。

金璋任北海署理領事。

1888 年,34 歲。

金璋任北海署理領事。

1889 年,35 歲。

金璋任鎮江署理領事。

翻譯出版日本駐北京公使館翻譯員吳啓太、鄭永邦所著《官話指南》。除翻譯《官話指南》正文四卷外,還增加了譯者撰寫的《論北京話的聲調和重音》和《詞匯表》兩個部分。

1890 年,36 歲。

金璋任九江署理領事。

1891 年,37 歲。

金璋任九江署理領事。4 月升爲一等助理。

1892 年,38 歲。

因病回國休假,5 月到家。這是金璋第二次回國休假。本次休假期間,金璋撰寫了《論中國貨幣的起源和早期歷史》,後刊登在 1894 年 4 月的《皇家亞洲文會會刊》上。

1893 年,39 歲。

9 月底結束休假,返回中國。

11 月,金璋開始任淡水署理領事,兼署德國、奧匈帝國、西班牙駐淡水領事。

1894 年,40 歲。

金璋任淡水署理領事,兼署德國、奧匈帝國、西班牙駐淡水領事。

1895 年,41 歲。

1 月升爲上海副領事,駐在上海。

4 月,發表《論中國貨幣的起源及其早期歷史》。5 月,發表《答亨利·奧爾良——對"落漈"和臺灣土著服飾材質的探討》。

11 月開始任芝罘署理領事。

1896 年,42 歲。

3 月結束芝罘任職,轉到漢口、蕪湖等地任署理領事。

1897 年,43 歲。

先任芝罘署理領事,9 月 27 日升爲芝罘領事。

1899 年,45 歲。

8 月 9 日金璋離開芝罘,開始第三次回國休假。10 月 21 日致信英國外交部,匯報自己已經到達倫敦,開始了十五個月的假期。

本年王懿榮首次發現甲骨文,並通過濰縣古董商范維卿和趙執齋收購甲骨。

1900 年,46 歲。

6 月 10 日金璋致信英國外交部,要求延長三個月假期,獲得准許。

1901 年,47 歲。

3 月 22 日,金璋被任爲天津和北京地區的總領事,駐在天津。

1902 年,48 歲。

2 月 28 日,金璋被任命爲直隸省和山西省的總領事,駐在天津。

英國基督教倫敦會赫立德在天津創辦新學書院,是外國教會在天津創辦最早的學院。

1904 年,50 歲。

2 月,赫立德創立天津新學書院附屬博物館(華北博物院)。2 月 27

日下午行開院禮,金璋在開院禮上發表祝賀演講。開院一月有餘,天津賑撫局會辦王崇烈將其舊存之古玩名作寄捐華北博物院,進行陳展。

8月,金璋第四次返回英國休假。

1905年,51歲。

1月,金璋結束休假,返回中國。

本年,王崇烈將25片王懿榮舊藏甲骨贈與華北博物院。這也是金璋最早接觸到的甲骨實物。

1906年,52歲。

6月,方法斂在美國出版 Early Chinese Writing 一書。正是由於這本書,金璋才設法和方法斂取得了書信聯繫,開始走上甲骨收藏和研究之路。

1907年,53歲。

5月,金璋致信方法斂,表達了對方法斂所著 Early Chinese Writing 的興趣和敬意,並介紹了自己翻譯的《六書故序目》(Six Scripts)。

6月,金璋向方法斂寄贈 Six Scripts 一書,並表達了對甲骨刻辭的興趣。方法斂在回信中向金璋介紹了自己所知的全部甲骨,他對甲骨(或拓片)的摹寫、編號、拼合,以及他編訂《甲骨字表》的情況。方法斂委託金璋幫忙尋購《卜法詳考》和《龜經》二書。

8月,金璋在致方法斂的書信中指出"出"或應釋爲"出","冏"或應釋爲"宁"。

9月,金璋替方法斂購得《卜法詳考》並寄給方法斂。

10月,金璋把天津新學書院博物館所藏25片甲骨的摹本寄給方法斂。

1908年,54歲。

1月,方法斂購得王筠《説文釋例》,寫信咨詢金璋是否需要。

2月,金璋爲方法斂寄去高延所著《中國的宗教制度》一書。方法斂爲金璋寄來《説文釋例》,並詳細介紹庫方甲骨藏品的情況,以便金璋向大英博物院推薦。

2月,方法斂爲金璋購買了第一批甲骨,共130片,價值60美元。二人在討論甲骨文字時,提到了" "的釋讀問題。

3月,方法斂先後爲金璋購得13個護身符,價25美元;3片甲骨和10個貝殼,總價15美元。

4月,方法斂又爲金璋購得10片甲骨,價9.5美元。金璋委託方法斂幫忙尋購吳式芬所著《攈古錄金文》一書。二人討論金璋新購甲骨上出現的新字。

5月，金璋在 College Echoes 上發表有關天津新學書院博物館所藏25片甲骨的文章。

5月，金璋從上海乘渡輪返回英國，7月到達英國。在離開之前，寫信給方法斂，委託他繼續代爲購買甲骨。

8月，方法斂寫信告知金璋，蘇格蘭皇家博物館已經答應接受庫方甲骨藏品。

1909年，55歲。

6月，金璋被授予"英帝國武功勳章"（I. S. O.）。

3月，方法斂先後爲金璋購得兩批甲骨，第一批有90片，價80美元；第二批有26片，價20美元。兩批甲骨共116片。

9月，方法斂爲金璋購得32個護身符，總價100美元。

12月，方法斂先後兩次爲金璋購得60個貝殼和1個"鳳凰"形刻辭骨，總價63美元。

1910年，56歲。

1月，方法斂爲金璋購得84骨，價75美元。

2月，方法斂爲金璋購得29個護身符，價35美元。

3月，方法斂爲金璋購得127片大骨，價150美元；把原庫方藏品中的90片碎骨讓於金璋，價20美元。

4月，方法斂爲金璋購得一片大骨，價5美元。

8月，方法斂爲金璋購得180片甲骨，價195美元，其中就有金566這片插骨針的家譜刻辭。

10月，金璋從未編號甲骨中選摹一片，寄給方法斂，方法斂把它編爲H744（即《合集》17366）。

本年，金璋在亞洲文會中國協會會議上宣讀論文《中國文字發展史》，後印行單行本。這篇文章主要涉及中國文字的發展歷史、文字起源的研究及成果、現存最早的中國文字資料等內容。

1911年，57歲。

10月，發表《最近發現之中國周朝文字》，認爲甲骨文是周代遺物。

10月，方法斂爲金璋購得14個護身符，價80美元。

11月，方法斂爲金璋購得19個附身符，價80美元。

12月，方法斂爲金璋購得21個護身符，價80美元。

1912年,58歲。

2月,方法斂先後爲金璋購得兩批護身符。第一批17個,價72美元。第二批14個,價55美元。

4月,發表《中國古代之皇室遺物——鹿角家譜刻辭》。

4月,發表《論卜氏盤及其銘文》,對晉侯盤及其銘文進行研究。

7月,發表《卜氏盤補證》。

10月,發表《卜氏盤:吉勃里和金璋的對話》。

10月,發表《骨上所刻之哀文與家譜》,公布了金566的照片。

10月,發表書評,評夏德、柔克義合譯《趙汝適所著關於十二至十三世紀中國和阿拉伯貿易往來的名作——〈諸蕃志〉》。

10月,金璋當選爲英國皇家亞洲文會理事會委員,開始參加理事會定期會議。

1913年,59歲。

本年,葉慈先後三次爲金璋購買甲骨。第一次購得24骨,價73美元。第二次購得15片碎骨,價25.5美元。第三次購得3片大骨,價18美元。總計42片甲骨,價116.5美元。

1月,發表書評,評勞佛著《玉——中國考古和宗教研究》。

4月,發表書評,評佛爾克譯王充《論衡》第2冊。

7月,發表《古代骨刻文中龍龜之研究》,公布了4片龍形刻辭骨的照片。

10月,發表《圭璧上的家譜刻辭》,公布了金760反的照片,並對反面的"家譜刻辭"進行考釋。

1914年,60歲。

4月,發表《讀沙畹著〈斯坦因在東突厥斯坦沙漠所獲漢文文書〉的筆記》。

4月,發表書評,評沙畹著《斯坦因在東突厥斯坦沙漠所獲漢文文書》。

本年,金璋的好友方法斂去世,享年52歲。

1915年,61歲。

1月,發表《占卜檔案記錄·釋文舉例》。金璋列舉了他從近900片甲骨刻辭中挑選出的157條卜辭短語或短句,並參考羅振玉的《殷商貞卜文字考》對一些重要字句進行了考釋。

4月,發表《占卜檔案記錄·釋文注解》,從上述157條短語或短句中選出 52 條,進行了詳細的分析和解釋,文末附有相關詞條的摹本。

7月,發表書評,評勞佛著《中國陶俑第一部分:防身甲歷史序言》。

1916 年,62 歲。

4月,發表《中國數字和計數體系(上)》。主要討論了清末的商業計數系統以及商業計數系統的發展歷史。

10月,發表《中國數字和計數體系(下)》。主要考證一、二、三、四、五、六、七、八、九、十、廿、卅、卌、百、千、萬等數字的字形來源及其字形演變過程。

1917 年,63 歲。

1月,發表《商代之帝王》。此文是在羅振玉《殷虛書契考釋》的基礎上寫成的。

4月,發表《風鳳朋考》,對甲骨文中的風、鳳、朋三字進行了分析研究。

10月,發表《象形文字研究·第一卷》。考釋了天、日、月、明、弓、彈、爵、貍、沈、鱻、矢、火、光、叟、昱、離、角、死、若、聿、象、爲、虎、豹、即、既、鄉、麇等 28 個單字。

1918 年,64 歲。

1月,發表書評,評明義士《殷虛卜辭》。

7月,發表《象形文字研究·第二卷》。考釋了雨、霖、霝、雪、電、伊、尹、畫、昃、莫、睍、京、夙、祭、多、俎、祝、壹、抑、邑、申、它、馭等 24 個單字。

7月,發表悼文《哀悼沙畹——1918 年 1 月 31 日將舉行法國科學院研究員愛德華·沙畹的喪禮》。

1917—1918 年間,寫成《中國古代象形文字》,論述了他對漢字起源和發展問題的看法,並列舉了水、洹、貯、鱻、㯱、東、西等七個甲骨文字。

1919 年,65 歲。

4月,發表書評,評高第《沙畹傳記》。

5月,發表《占卜之方法》,主要介紹了羅振玉對占卜制度的研究成果。

7月,發表《象形文字研究·第三卷》,考釋了歲、鄙、行、囧、氾、巳、己、目、州、交、災、益等 12 個單字。

1920 年,66 歲。

1月,發表《中國古代書寫》(法文)。

1月,發表書評,評庫壽齡主編的《新中國評論》第一卷第一號。

10月,發表書評,評勞佛《中國與伊朗——中國在古代伊朗文明史上的貢獻》。

1921年,67歲。

1月,發表《河南遺物的新研究及其成績》。此文引述了王國維在《戩壽堂所藏殷虛文字考釋》中對商代世系的研究成果,並對王氏的貢獻進行了總結和評價。

7月,發表書評,評高第編著《東方歷史地理學論文集·第四卷》。

1922年,68歲。

1月,發表《象形文字研究·第四卷》,考釋了執、上、下、寮、冄、異、戴、匹、中、鼙、公、旬、負、文、也等15個單字。

1923年,69歲。

3月,金璋當選爲英國皇家亞洲文會遠東和中亞分會主席。

4月,簽署了《皇家亞洲文會義務審計員報告書》。

7月,發表《象形文字研究·第五卷》,考釋了獸、洗、訊等3個單字。

7月,發表書評,評麥比士等著《新加坡百年史》。

7月,發表書評,評西德尼·甘博著《北京社會調查》。

發表《殷虛甲骨上所載王室譜系及商代之記載》。前半部分論述了家譜刻辭存在的必要性和可能性,後半部分論述了與商代世系相關的幾個問題。

1924年,70歲。

1月,發表書評,評高本漢著《漢語的音和字》。

4月,發表書評,評翟理斯著《中國文學菁華》。

7月,發表《象形文字研究·第六卷》,考釋了如、奊、孚、叚、氏、丞、籫、己、因、燾、燕、丯等12個單字。

10月,發表《新近發現的一件周初銅器銘文》。

1925年,71歲。

1月,發表書評,評哈爾彭譯著《中國故事集》。

3月,金璋和牛津大學亞述學教授 S. H. Langdon 同時被推選爲英國皇家亞洲文會理事會副主席。

7月,發表《訛變的因襲和意義的破壞——中國古今文字考》,通過對胡、伏、彝、草(早、皁)、蠻、矣、夷、甗等8個甲骨文字的分析,闡述了甲骨文字形與後世字形的差別,並探討了圖像文字的規約化過程。

10月,發表書評,評史祿國著《滿族的社會組織》。

1926 年,72 歲。

4 月,《猷氏盤和司馬遷〈史記〉:錯誤的翻譯及其補正》。

7 月,發表《象形文字研究·第七卷》,考釋了陵、狼、元、帝、不、謝、克、冬、黍、舊、出、方等 12 個單字。

10 月,發表《象形文字研究·第八卷》,考釋了武、耒、眞、玉等 4 個單字。

1927 年,73 歲。

4 月,發表書評,評威爾金森著《中國傳統家庭組織》。

1928 年,74 歲。

4 月,發表《象形文字研究·第九卷附索引》。本篇考釋了一個單字"易"。文末附有《象形文字研究》系列考釋的所有文字的檢索表。

1929 年,75 歲。

4 月,發表書評,評葉慈編著《尤摩弗帕勒斯藏品圖錄——中國、朝鮮的青銅器、雕塑、玉器、珠寶和雜項》。

7 月,發表《中國古文字中之人形(上)》,分析了甲骨文中與人體相關的 17 種字形構件。

1930 年,76 歲。

1 月,發表《中國古文字中之人形(下)》,分析了甲骨文中與人體相關的 8 種字形構件。

1931 年,77 歲。

7 月,發表《虹尾在哪裏——地龍和天龍簡介》,討論了甲骨文中的字。金璋首次把釋爲虹,把釋爲云。闡述了虹和龍之間的關係。

10 月,發表《釋龍辰(上)——地龍·龍》,公布了五件刻辭骨的照片,即金 779、金 568、金 433、金 338 和《庫》2003。考釋了這五件刻辭骨上與龍有關的內容,並用文獻進行佐證,指出龍是古人虛構出來的神靈,負責興雲降雨。對龍的字形進行辨析,認爲"龍"這種神獸是古人根據鱷魚的形象創造出來的。

1932 年,78 歲。

1 月,發表《釋龍辰(下)——天龍·辰》,列舉了甲骨文中的各種"辰"字,通過對辰的字形分析以及辰與心尾二宿圖的對比研究,認爲辰的字形本源就是心尾二宿相連的圖案。

1 月,發表書評,評法磊斯著、駱任廷編《左傳索引》。

4 月,發表書評,評史禄國著《北方通古斯的社會組織》。

1933 年,79 歲。

1 月,發表《一件中國青銅祭器——父丁爵》。

4 月,發表書評,評葛蘭言著《古代中國的節慶與歌謠》。

1934 年,80 歲。

1 月,發表《中國古文字中的"子"和"孫"——對漢字複雜屬性的闡釋》。通過對伐、保、毓、巳、子、孫、🈯等字形演變過程的分析,闡述了人形在古文字中的各種變化。

1935 年,81 歲。

4 月,發表書評,評葉慈著《馬——中國古代文明的因素》。

4 月,發表《中國古文字中的🈯》。

10 月,發表《蘇格蘭與中國古代之耒形耕作考(上)》。介紹了徐中舒《耒耜考》的主要內容,並把中國的耒耜和蘇格蘭的腳犁進行了對比研究。

1936 年,82 歲。

1 月,發表《蘇格蘭與中國古代之耒形耕作考(下)》。介紹了徐中舒《耒耜考》的主要內容,並把中國的耒耜和蘇格蘭的腳犁進行了對比研究。

1937 年,83 歲。

1 月,發表《中國古文字專題研究(上)》,考釋了四、束、良等 3 個單字。主要引述了朱芳圃《甲骨學·文字編》中所列學者的觀點。

4 月,發表《中國古文字專題研究(中)》,考釋了去、至、夏、貫等 4 個單字。

4 月,發表書評,評方法斂摹、白瑞華編《庫方二氏藏甲骨卜辭》。

7 月,發表《中國古文字專題研究(下)》,補充了對夏的考釋。

1938 年,84 歲。

1 月,發表書評,評史祿國著《通古斯人的心理特質綜合體》。

7 月,發表《祖先的神示》,主要分析了卜辭中常見的"🈯""🈯""🈯""🈯""🈯""🈯"等占卜用語。

1939 年,85 歲。

4 月,發表《中國兕之服用》,根據商承祚《殷契佚存》所載"獲商戠兕"獸骨刻辭(《佚》518)和殷墟考古發掘所得"獲白兕"巨獸頭骨刻辭(即《合集》37398),明確指出🈯應釋為兕。

4 月,(美)方法斂摹、白瑞華校:《金璋所藏甲骨卜辭》出版。金璋撰寫《序言》。

7 月,發表《商王獵鹿之記錄》。分析了甲骨文麋字的字形構成,主要引述了唐蘭的考釋內容。

10月,發表書評,評方法斂摹、白瑞華編《甲骨卜辭七集》。

1940年,86歲。

7月,發表《中國古文字中的親緣象徵(上)》。介紹了郭沫若《釋祖妣》的主要內容並提出了自己的不同意見。

1941年,87歲。

7月,發表《中國古文字中的親緣象徵(下)》。介紹了郭沫若《釋祖妣》的主要內容并提出了自己的不同意見。

1942年,88歲。

4月,發表《日光和月光》,與郭沫若《釋蝕》進行商榷。郭氏把"㽞"釋爲"蝕",認爲卜辭中的"𖠣㽞"即"月蝕",是商代月食的記載。金璋認爲這兩個字是"夕晦",表示傍晚天氣陰晦,與月食無關。

1943年,89歲。

4月,發表《中國古文字中的🙟和🙠》。

10月,金璋從英國皇家亞洲文會理事會卸任退休。

1945年,91歲。

4月,發表《薩滿或中國巫——性之舞及其多變字元》。分析了巫的字形演變過程及其在卜辭中的用法。

1947年,93歲。

12月,發表《一個神秘的兆辭之新解釋——釋"🙡🙢🙣"》。此文把🙡釋爲"才",讀爲"再",把🙣釋爲蛛,讀爲朱。"不再蛛"就是"不再朱",即不再對甲骨進行塗朱。

1949年,95歲。

10月,發表《中國古文字研究零拾》。這是金璋發表的最後一篇文章。這篇文章共考釋了河、屮、后3個字。"河"字引述了高田忠周的論證,"后"字引述了王國維的論證,把屮釋爲"主"則是金璋自己的意見。

1952年,98歲。

3月11日,金璋卒,享年98歲。

4月,金璋的遺囑執行人把部分金璋藏書贈給英國皇家亞洲文會圖書館。

9月,金璋的遺囑執行人將金璋所藏甲骨及檔案資料捐贈給劍橋大學圖書館。

第三章 金璋所藏甲骨的收藏與著録

第一節 金璋所藏甲骨的收藏始末

關於金璋甲骨的來源,葉慈在《譯者回憶録》中有過論述。他説:"從1908年3月起,方法斂開始把自己在濰縣購買的甲骨以原價讓於金璋。現藏劍橋大學的甲骨就是這樣形成的。劍大甲骨近900片,其中只有約50片是葉慈1913年在北京爲金璋購買的,是端方舊藏的一部分。"①我們由此可知,金璋收藏的甲骨,大部分是通過方法斂購買的,小部分是通過葉慈購買的。但有關具體的購買事宜,葉慈没有展開論述,其他文獻也没有相關記載。筆者在整理劍橋大學圖書館所藏金璋檔案時,發現了一批方法斂致金璋的書信和葉慈致金璋的書信。經過仔細閱讀,筆者從中找到了很多與甲骨購買有關的信息。根據方法斂致金璋的書信可知,方法斂從1908年2月開始爲金璋購買甲骨,截至1912年7月歸美之前,他先後十七次爲金璋購買甲骨,共計970片。根據葉慈致金璋的書信可知,他於1913年先後多次爲金璋購買甲骨,大約50片。金璋自己還從一位吳先生手中購買過一片僞刻甲骨。根據這些書信資料,筆者大致梳理出了金璋收藏甲骨的具體過程。

金璋所藏甲骨中混有不少僞刻。正如白瑞華教授在《庫方二氏藏甲骨卜辭》中文序言中指出的:"二氏又嘗購有刻鏤之鐘、磬、劍、貝、箭頭、龍節、龍璧、元璧、圭璧多件。此等雖經骨董商認爲與甲骨同出一源。然其中頗多顯然僞贋。"方法斂爲金璋購買的甲骨中,也混有不少刻成貝、鐘、磬、圭、璧、圭璧、劍、箭頭、龍節、龍璧、烏龜等形狀的刻辭骨。方法斂把貝形的刻辭骨

---

① Yetts: Memoir of the Translator, *The Six Scripts*, *or*, *The Principles of Chinese Writing*, p.xxii.

稱爲"cowries",本文譯爲"貝殼";把刻成鐘、磬、圭、璧、圭璧、劍、箭頭、龍節、龍璧、烏龜等形狀的刻辭骨統稱爲"amulets"或"talismans",筆者譯爲"護身符"。方法斂爲金璋購買的甲骨中,就混有70個貝殼,133個護身符,這些都是明顯的僞刻。論述金璋甲骨的收藏過程,自然會涉及這些僞刻。但爲了行文方便,本文統言"甲骨",但在具體論述中會説明其類型和真僞。下面,筆者就以購買批次爲序,詳細論述金璋甲骨的收藏過程。

一、方法斂爲金璋購買第一批甲骨
(1908年2月)

方法斂最早爲金璋購買甲骨,是在1908年2月19日。在1908年2月19日的書信中,方法斂寫道:

> 今天我的龜甲行踪調查員來到我家,帶來了一批很好的甲骨。他説是從濰縣附近一位鄉紳那兒找到的。這些甲骨與其他甲骨來源相同,刻有很多其他甲骨上未出現過的文字。一共130片,要價75美元。多數是大片——與新學書院藏的甲骨大小相當——也有一些更大的片子。我沒有收藏這批甲骨的經濟能力,而您表示過想收藏甲骨,所以我把它推薦給您。賣家原本要帶到南京,計劃以200兩白銀的價賣給端方,但是往返南京花銷也很大。我的古董商朋友説服他給我一次機會,75美元是他能接受的最低價格。這批甲骨裏沒有箭頭,也沒有其他罕見的片形,但整體都不錯。

從1908年2月26日方法斂致金璋的書信中,我們知道金璋接受了這批甲骨。在這封信中,方法斂寫道:

> 及時收到了您的電報:"接受!"再次查看這130片甲骨,發現只有102片對語言學研究有足夠的價值。於是我專門拜訪了賣家,準確地説是他的代理人。高興的是,現在價格降到了60美元,仍然包括所有甲骨。我只摹寫了其中的102片,編號爲1—101,含$75\frac{1}{2}$,①這是爲了把最後一片插到圖版中。這些甲骨摹本共有8張圖版,每張圖版尺

---

① $75\frac{1}{2}$,是方法斂在已編好的序號中新插入的一片,故名。

寸爲 8×10(英寸)。我在每片甲骨上都貼了編號……甲骨和摹本的編號一致。

由以上兩封書信可知，金璋接受了方法斂爲他購買的第一批甲骨，共 130 片，價值 60 美元。但方法斂只摹寫了其中 102 片，即爲《金璋所藏甲骨卜辭》①著錄的第 1—101 號$\left(\text{含 }75\frac{1}{2}\right)$。方法斂從語言學研究的角度來評判甲骨的價值，最重要的標準自然就是刻字多且清晰。另外沒有摹寫的 28 片，想必都是刻字較少或者字迹模糊的片子。方法斂把這些甲骨分層裝到一個木盒子裏，每層甲骨下面都墊上軟紙，從上層往下層按編號順序擺放，最後一層是 28 片未編號的甲骨。在寄送問題上，方法斂說他的朋友 Dr. Jenkins② 要到天津一趟，他很樂意親自把甲骨給金璋捎去。

二、方法斂爲金璋購買的第二批甲骨
（1908 年 3 月）

在 1908 年 3 月 14 日的信中，方法斂還提到了他爲金璋購買的第二批甲骨。共 13 片，價 25 美元，編號爲 H102—114。方法斂寫道：

> 自上封信以來，我又買了一批奇怪的甲骨，毫無疑問，這是我們見過最好的一批。我的同事 Whitcher 先生分了一份，我還保留了較多的一份。但是庫方收藏已經停止購買新品了，而我自己又無力單獨收藏，因此我希望原價讓給您，共 13 片，價 25 美元。您絕對不會後悔的。沒有必須讓您買的意思，因爲以高價讓與端方等收藏家並非難事。不過，我仍非常冒昧地希望您能收藏它們。更加冒昧的是，我已經貼好編號，把它們和上批甲骨一起裝在盒子裏了。

---

① ［美］方法斂（Frank H. Chalfant）摹、白瑞華（Roswell S. Britton）校：《金璋所藏甲骨卜辭》（*The Hopkins Collection of the Inscribed Oracle Bone*）。出版商：New York，General Offset Company，inc.影印本一册，1939 年。又收入嚴一萍編：《方法斂摹甲骨卜辭三種》（*Three treatises on inscribed oracle bones*，Frank Herring Chalfant），（臺北）藝文印書館，影印本，1966 年。

② 筆者在《金璋所藏甲骨的收藏始末》（《甲骨文與殷商史》新 3 輯，上海古籍出版社，2013 年）一文把這個人名誤爲 Jenkins。經仔細核對，此人是英國浸禮會傳教士 Dr. Herbert Stanley Jenkins(1874—1913)。其傳記可參看 Richard Glover，*Herbert Stanley Jenkins*，*M. D.*，*F. R. C. S. Medical Missionary*，*Shensi*，*China*. Printed by London：The Carey Press，1914。

這批所謂"甲骨"包括：1個尺寸很大的璧，刻52字；1個普通尺寸的圭，刻32字；2個迄今最大的圭璧；1個尺寸較小的圭；1把骨劍，劍柄殘缺，但刻辭完整；2個箭頭；4個小龜；1個龜負璧形。方法斂把它們統稱爲護身符，並認爲這是"所有甲骨中的精華"。① 在3月24日的書信中，方法斂還討論了這些護身符上的文字，"璧"（𤦲 H103、H108，𤨿 H107）、"子孫永用"（H107）、"盛"（盛 H104）、𤪌（H111）、"者"（耂 H104）等。從內容來看，它們大都是仿銅器銘文的僞刻，也有如H111是仿甲骨文而字體有誤的。②

這些護身符，現代甲骨學者一望便知是僞刻。骨頭本身是仿照圭、璧、劍、箭頭、烏龜等形狀刻成的，其上之刻辭，有仿刻甲骨文的，有仿刻金文或篆文的，字體混亂，辭句不通。骨頭上面還刻有很多小圓圈，方法斂一度認爲這是標點符號。方法斂後來還購買了很多形狀各異的護身符，實際上都是僞刻。但正如葉慈所説："經過幾十年的研究，再來批評方法斂不辨真假是很容易的。但當時的情況則完全不同。孤立無援的方法斂，在真假甲骨的迷宫中摸索。在他之後，這個迷宫依然困擾着很多精通古文字學的中國學者。"③葉慈的評價是很公允的。辨別甲骨的真僞是一門很深的學問，有一個不斷積累和發展的過程。經過上百年的積累和發展，現在的辨僞技術已經頗爲進步。然而，對於家譜刻辭的真僞，學者仍是衆説紛紜，難下定論。因此，對於最早進行甲骨收藏的西方學者，我們更不能苛求太多。方法斂在沒有任何相關知識積累的前提下，判斷失誤也是可以理解的。僞刻上有金文、篆文等晚期字體，又有晚期文獻中出現過的人名、地名，這就誤導了方法斂對甲骨時代的判斷。金璋接受了方法斂的意見，在1911年9月發表的《最近發現之周朝文字》④一文中，就認爲甲骨文是周代遺物。後來，他還撰寫文章專門對這些護身符進行研究。材料僞，結論自然不真，這實在是頗令人遺憾的事情。

三、方法斂爲金璋購買的第三批甲骨
（1908年3月）

方法斂爲金璋購買的第三批"甲骨"，是10個石頭貝殼和3片較大的

---

① 見1908年3月24+25日方法斂致金璋的書信。
② 方法斂在書信中用H表示金璋甲骨，因此，本節也用H表示金璋甲骨。
③ Yetts: Memoir of the Translator, *The Six Scripts*, or, *The Principles of Chinese Writing*, p.xx.
④ L. C. Hopkins: Chinese Writing in the Chou Dynasty in the Light of Recent Discoveries, *JRAS*, (Oct., 1911), pp.1011-1036,137-138.

甲骨,價 15 美元。這次購買記録見於 1908 年 3 月 17 日方法斂致金璋的書信。3 片甲骨編號爲 H115—117,10 個貝殼編號爲 H128—137。

關於這 3 片甲骨,方法斂没有太多説明,只在 1908 年 4 月 14 日的信中提到其中一片:"注意 H115 上的 ⿱ 即'子'。該字在其他甲骨上似乎讀爲'孫',跟在 ⿰ 之後。"然而,事實上,"⿱"是金文字體,在甲骨文中没有出現過。可知,這片甲骨是僞刻。

關於這 10 個貝殼,方法斂寫道:"這些貝殼,與我收藏的 4 個和天津新學書院博物館收藏的 4 個同出一源,都是黄緑色和淺褐色的石頭,只是刻辭不同。"在 1908 年 10 月 30 日致金璋的信中,方法斂列出了這 10 個貝殼的摹本。從摹本來看,貝殼中間刻有兩個圓圈,上下排列,其他地方刻滿了文字。文字有仿刻甲骨文的,有仿刻金文的,雜亂無章,不能通讀,一看便知是僞刻。但方法斂一直認爲它們是真的,還認爲貝殼和甲骨同出於一地:"不同的地方都同時出現了刻辭甲骨和刻辭貝殼,這基本可以證明它們是同一地方出土的。"①基於這種錯誤的認識,方法斂後來還爲金璋買過不少貝殼,詳見下文"方法斂爲金璋購買的第八批甲骨"。

在 1908 年 3 月 24 日方法斂致金璋的信中,方法斂總結了前三次購買的情況:"第一批 130 片骨,價 60 美元;第二批 13 片護身符,價 25 美元;第三批 10 個貝殼和 3 片骨,價 15 美元。總價 100 美元。"方法斂分别於 3 月 14 日和 4 月 14 日收到了金璋寄來的 61 美元、24 美元和 15 美元的三張支票,總計 100 美元。這三批甲骨,最後由 Dr. Jenkins 一起帶給金璋,4 月 8 日到達金璋手中。② 第一批的 102 片甲骨 H1—101 號 $\left(含 75\frac{1}{2}\right)$,《金》全收。第二批的 13 片護身符 H102—114,第三批的 10 個貝殼 H128—137,3 片骨 H115—117,在《金》中都爲缺號。

四、方法斂爲金璋購買的第四批甲骨
(1908 年 4 月)

第四批甲骨的購買記録見於 1908 年 4 月 16 日方法斂致金璋的書信。在這封信中,方法斂寫道:

真是幸運! 我買到了 10 片不錯的甲骨,價 9.5 美元。今天我用掛

---

① 見 1908 年 3 月 24 日方法斂致金璋的書信。
② 見 1908 年 4 月 14 日方法斂致金璋的書信。

號包裹給您寄去。郵費和苦力費是 25.4 美分。一共 9.75 美元。拜託您來摹寫這 10 片甲骨和其他沒有編號的甲骨吧。最後這批甲骨 H118—127，有一些其他甲骨上出現過的文字，也有一些新的文字。

這 10 片甲骨，《金》著錄了 9 片，缺最後一片 H127。可見，白瑞華教授認爲這一片是偽刻。但從方法斂舉出的幾個字體來看，如 ✦、✦、✦、✦、✦、✦，這片甲骨似不偽。

從 1908 年 5 月 9 日方法斂致金璋的書信可知，金璋寄來了 9.75 美元支票，但方法斂由於出差在外，沒有及時確認收到。5 月 9 日當天，方法斂還收到了金璋 5 月 2 日的來信，信中附有金璋摹寫的一片從吳先生手中購買的甲骨。方法斂把它編爲 H128，後改爲 H138，放在 10 個貝殼 H128—137 之後。在 1909 年 3 月 5 日的信中，方法斂列出了上面的三個文字：✦，疑爲"前"；✦＝✦，疑爲古"匠"字；✦，疑爲"帶"字，並認爲這是漢代的字體。顯然，這是一片偽刻。

1908 年 5 月 16 日，方法斂收到金璋的電報，説自己將回英國，委託方法斂購買不超過 30 美元的甲骨，寄到英國黑塞米爾的家中。從 7 月 28 日方法斂寄往黑塞米爾的書信可知，他在金璋離開中國後買了一批護身符，但自己收藏了。他説有一批 460 片甲骨將到濰縣，打算替金璋買下來。但從後來的幾封書信我們知道，由於一些複雜的原因，這批甲骨連同後來購買的護身符最後都給了卡耐基博物館。①

五、方法斂爲金璋購買的第五批甲骨
（1909 年 3 月）

時隔半年多，直到 1909 年 3 月 5 日，方法斂才爲金璋購買了第五批甲骨。在 1909 年 3 月 5 日的信中，方法斂寫道：

> 我正要去鄉下，正在收拾東西，這時古董商李帶着甲骨來了。我把他寫的單子也寄給您。非常好的一批甲骨。沒有時間細看，只隨便翻了一下，就發現很多新文字。我付了 80 美元。知道您要買這批甲骨，李費了好大勁兒給弄來的。我一直擔心的事情終於出現了：我們不得

---

① 見方法斂致金璋的書信：1908 年 5 月 16 日，7 月 28 日，8 月 21 日，12 月 16 日，12 月 30+31 日，1909 年 1 月 5 日。

不和藥鋪展開競爭！他們認爲龍骨可以治病，真是瘋了！有家藥鋪願意以幾兩白銀一盎司的價格買來做藥材。幸好賣甲骨的是個文化人，他不能忍受如此糟蹋帶字的古物。他的態度加上李的努力，最終挽救了這批甲骨。這批甲骨包括 30 片膝盖骨，60 片肩胛骨、肋骨等。沒有龜甲。都是常見的尺寸。也沒有護身符，但值這個價錢。沒有更多的甲骨出現。李説甲骨是從河南挖掘所得……端方正在努力搜求甲骨，他寫信讓李幫他收購。多謝李的忠誠，他把所有甲骨都給了我。

由上可知，方法斂爲金璋購買的第五批甲骨有 90 片，價 80 美元。他還於 3 月 17 日寫了一封信，提到這批甲骨已經包裝好，並列出了甲骨上的一些重要文字。① 可惜這封信遺失了，金璋沒有收到，我們也無法得知書信的具體内容。從 1909 年 5 月 24 日方法斂致金璋的書信可知，金璋 4 月 1 日寄了 82 美元支票，4 月 20 日到達方法斂家中。

六、方法斂爲金璋購買的第六批甲骨
（1909 年 3 月）

第六批甲骨的購買記録是 1909 年 3 月 23 日方法斂致金璋的書信。在這封信中，方法斂寫道：

> 出去了幾天，剛到家就碰上一件大喜事：以 20 美元的低價給您買了 26 片極好的甲骨。這是李的代理人從河南帶來的。代理人説他們挖到地下 50 英尺(！)就停工了，繼續挖下去會很危險。地主也反對繼續挖掘，因爲對農田破壞太大……上面有很多重要文字，有以前出現過的，也有全新的。我還沒有對這些甲骨進行摹寫或分類，因爲今天才買到！……這批甲骨我會單獨包裝起來，與上批甲骨一起寄給您。兩批甲骨共 100 美元。②

從信封上的標記來看，金璋 4 月 14 日讀了這封書信。但金璋何時寄

---

① 見 1909 年 5 月 24 日方法斂致金璋的書信。
② 據董作賓、胡厚宣《甲骨年表》記載："1909 年春，小屯村前，張學獻地，因挖掘山藥溝，發現甲骨文字。村人相約發掘，得馬蹄兒及骨條甚多。又此次挖掘，未得地主允許，學獻母大駡村人，因被毆打，頭破血出，經人調解，未至成訟。"（第 5 頁，商務印書館，1937 年）方法斂爲金璋購買的第五、第六兩批甲骨，應該就是這次挖掘所得。

來的支票,方法斂在接下來的幾封信中都沒有提到。不過,方法斂在 7 月 10 日的信中説:"很高興您收到了我 5 月 24 日的信,雖然它在郵遞過程中慘遭破壞。您不欠我錢,我還欠您 2 美元呢。您的支票高於購買甲骨的價格。"據此可知,金璋已經寄過購買這批甲骨所需的支票。在 7 月 23 日的信中,方法斂又説:"昨天收到了您 6 月 29—30 日的寶貴來信和 10 美元支票。感謝您的掛念,但您已經給我寄過足額的支票了。因此,我把這 10 美元記到您的名下。或許很快就會有甲骨出現,可以讓我用這筆錢爲您購買。"由此也能推知,金璋確曾寄過支票支付第六批甲骨。

由上所述,方法斂爲金璋購買的第五批甲骨有 90 片,價 80 美元;第六批甲骨有 26 片,價 20 美元;兩批甲骨共 116 片,總價 100 美元。這兩批甲骨於 1909 年 5 月 8 日寄出,包裝費、勞工費和郵費共計 5 美元。這兩批甲骨的編號,方法斂没有明説,不過我們可以根據相關内容推斷出來。方法斂在 1909 年 10 月 8 日致金璋的書信中列出了他編訂好的甲骨摹本,其中就有金璋的甲骨摹本 25 張圖版,包含甲骨 241 片,編號爲 H1—240$\left(\text{含 } 75\frac{1}{2}\right)$。這 241 片甲骨就是從第 1—6 批購買的甲骨中選定的。前文已經指出,從第 1—4 批購買的甲骨中選定摹寫的甲骨編號爲 H1—138(包括金璋從吴先生手中購買的一片僞刻),那麽,從第 5—6 批購買的甲骨中選定摹寫的甲骨編號應爲 H139—240(共 102 個編號)。可見,這 116 片甲骨中,尚有一些甲骨没有編號和摹本。H139—240 的甲骨摹本,《金》只著録了 21 片。

七、方法斂爲金璋購買的第七批甲骨
(1909 年 9 月)

在 1909 年 9 月 1 日致金璋的信中,方法斂提到他又爲金璋購買了一批護身符。而在此之前,方法斂已於 1909 年 6 月通過李汝賓購買了 500 片甲骨,包括著名的家譜刻辭 C1506。這批甲骨先爲庫方共藏,後歸庫氏一人,最終爲大英博物院所得。[①] 與此同時,另有同批的 280 片甲骨流到青島,爲德國人威爾茨(Wirtz)先生所購,1912 年時已歸柏林皇家民族學博物館(Royal Museum of Ethnology Berlin,也譯作"柏林皇家人種學博物館")。[②] 威爾茨

[①] 見方法斂致金璋的書信: 1909 年 6 月 15 日,1910 年 5 月 7 日,1911 年 4 月 14 日,6 月 29 日。

[②] 見方法斂致金璋的書信: 1909 年 8 月 14 日,10 月 23 日,1911 年 1 月 16 日,1912 年 5 月 10 日。

藏品中也有一片家譜刻辭,勃漢第女士在《中國古代之卜骨》一文中就介紹過。① 這片家譜刻辭與 C1506 屬於同一批甲骨,來源相同。②

方法斂爲金璋新購的這批護身符包括：3 個鐘,長 2—2.5 英寸;2 個璧,其中 1 個有連體的龜形;2 把短劍,長 3.25—4 英寸;2 個圭,長 2 英寸;1 把雕刻精美的戰斧;2 個刻有魚、龜等的璧;1 個鼻尖處連着小圓璧的龜;8 個帶"屋頂"的龜;3 個沒有任何裝飾的龜;4 個雕刻精美的大龜,長 1.75—2.5 英寸,鼻尖處連着龍頭形狀;1 個龍符,長 1.75 英寸;3 個箭頭,長 2—2.5 英寸。一共 32 個,總價 100 美元。方法斂手中已經有金璋的 10 美元,所以他建議金璋寄 90 美元即可。

金璋 9 月 23 日閱讀了這封書信,隨後就寄來 95 美元支票。方法斂於 10 月 27 日用掛號郵包把這批護身符寄出,並指出它們的編號爲 H241—272。這些護身符都是僞刻,因此,H241—272 在《金》中爲缺號。

八、方法斂爲金璋購買的第八批甲骨
(1909 年 12 月)

第八批甲骨的購買記錄是 1909 年 12 月 24 日方法斂致金璋的書信。在這封信中,方法斂寫道：

> 我買了一批漂亮的貝殼——是目前見過最好的。也是從河南來的。這次我把柏根博士避開了,決定把它們讓給您,不等您的回覆了。價 39 美元。我是在這次去鄉下之前買到的,並立刻做了摹本,編到了您的藏品系列 H 下。一旦聽到上一批安全到達的消息,我就立刻把它們寄給您。我有點擔心中國的郵寄業務,可能會讓庫壽齡先生或柏根先生給您捎去。柏根先生 3 月份回家,會經過倫敦。庫壽齡先生 5 月份去。這 39 個貝殼上有 35 個新字。

後來又寫道：

---

① 參看 Anna Bernhardi:《中國古代之卜骨》,*Baessler Achiev* 4 卷,1913。
② 方法斂在 1909 年 8 月 14 日的信中說,他從古董商李那裏聽說,同批中有 280 片甲骨在李不知曉的情況下流到了青島,李對此非常氣憤。在 10 月 23 日的信中說,據萊辛教授告知,這 280 片甲骨爲青島的德國人威爾茨所購。在 1911 年 1 月 16 日的信中又說,據衛禮賢先生告知,這 280 片甲骨在青島的威爾茨先生手中。在 1912 年 5 月 10 日的信中說,據穆勒博士告知,柏林的皇家博物館收藏有青島威爾茨先生購買的近 300 片甲骨,以及博物館從其他途徑獲得的 200 片甲骨。根據方法斂的敘述,我們知道方法斂購買的 500 片甲骨與威爾茨購買的 280 片甲骨,其實是同一批甲骨。

正在寫信的時候，我的古董商朋友來了，帶了 21 個貝殼和一個綠色的小鳥（鳳凰？）。這隻小鳥，一面精細地刻着身體和翅膀，另一面刻有 22 個文字，保存很完好。這一批價 24 美元。賣主說它們與前述 39 個貝殼一樣，都是從同一個河南商販手中買到的。這是合理的，因爲它們質地相同，骨頭都是黃色或橄欖綠色……一旦得空，我會把新買的貝殼和鳳凰摹寫了，放到您的藏品系列 H 下。我把這隻小鳥稱爲"鳳凰"，是因爲它上面刻着一個"鳳"字……這隻鳥是斜的。中間有一個突起的節點，我認爲是鳥的爪子。賣家要價 10 美元，我講價到 3 美元。

由上述書信內容可知，方法斂先爲金璋買了 39 個貝殼，價 39 美元，又買了 21 個貝殼和 1 個"鳳凰"，價 24 美元。一共是 60 個貝殼和 1 個"鳳凰"，總價 63 美元。金璋於 1910 年 1 月 18 日讀了這封信，在 1 月 19+20 日的回信中附了 64 美元支票，2 月 15 日到達方法斂手中。

這 60 個貝殼的編號爲 H273—333（H321 空），這可以從金璋的手稿中得到證實。在金璋的檔案中，筆者發現了幾頁手稿，是金璋對此次購買的 60 個貝殼的考釋，從 H273 到 H333（H321 空），共 60 條考釋。每條考釋都分三部分：對刻辭的總體說明，分行釋文，以及對關鍵字的考證。從刻辭內容來看，有很多甲骨刻辭中沒有的詞句，如"安樂""至祥吉""爵魚""璧之日多吉""祥璧""中里""合止"等，顯然都是僞刻。這 60 個貝殼，加上第三批購買的 10 個貝殼，一共是 70 個貝殼，都是僞刻。而檔案中恰好有幾頁不完全的手稿，題爲"notes on my 70 stone cowries"，顯然是金璋對這 70 個貝殼上的刻辭所做的筆記。這個所謂"鳳凰"，方法斂在書信中畫出了它的摹本，刻寫順序爲從左到右，從上到下，釋文爲"西里上右兮天祥得子來鳳降于福祥樂兮西惠鳴吉"，一看便知是僞刻。這個鳳凰的編號不詳，H273—333 之間空缺的編號 H321 可能就是"鳳凰"。但也不確定，詳見下文。

九、方法斂爲金璋購買的第九批甲骨
（1910 年 1 月）

第九批甲骨的購買記錄是 1910 年 1 月 12+13 日方法斂致金璋的書信。在 1 月 12 日，方法斂寫道：

上天垂佑！我正在寫信的時候，古董商李走了進來，帶來 80 餘片甲骨，平均質量都很高，是剛從河南挖掘所得。他要價 80 美元，我想應該能

講到 75 美元。他說代理人想帶到青島出售。我打算以 5%的利率借貸這筆資金,三個月利息爲 1 美元。我打算替您買下來。這是一批很好的甲骨,其中一片刻有連續幾年的干支表和其他幾段刻辭,約有 100 字。這一片他要價 10 美元。如果您能寄來 75 美元的話,大概就夠所有的花費了。

1 月 13 日又接着寫道:

經過一番討價還價,今天我以 75 美元的價格買下了這批甲骨。

由上可知,方法斂通過李汝賓又爲金璋購買了一批甲骨,價 75 美元。方法斂是貸款購買的,利息爲 1 美元,實際花費 76 美元。由於資金短缺,而新的甲骨源源不斷,方法斂建議金璋預付一筆資金,用於以後購買甲骨。金璋收到信後,很快就寄來了 200 美元支票。這張支票 1910 年 2 月 24 日到達方法斂手中。

從 1910 年 3 月 2 日方法斂致金璋的書信可知,這批甲骨有 84 片。它們的編號,根據《金》的著錄情況,應爲 H334—418。第八批的 60 個貝殼 H273—333(H321 空)是僞刻,在《金》中是缺號。H334—418 之間基本連續,H418 之後空缺了 H419—447(29 個編號)。《金》著錄的 H334,正是方法斂特別提到的"100 字"甲骨,一片幾乎完整的牛肩胛骨刻辭,左邊是干支表,右邊是附記五種祭祀的卜旬卜辭,是典型的黃組卜辭。而第十批購買的 29 個護身符也是僞刻(見下文),恰好與空缺的 H419—447 相合。由此可知,第九批的 84 片甲骨編號爲 H334—418,第十批的 29 個護身符編號爲 H419—447。但 H334—418 之間有 85 個編號,甲骨只有 84 片,故而應該有一個空號。上文已經提過,H273—333 之間有一個空號 H321,可能是"鳳凰"的編號。這裏 H334—418 之間也有 1 個空號,不知是什麽。H334—418,《金》著錄了 72 片。

十、方法斂爲金璋購買的第十批甲骨
(1910 年 2 月)

第十批甲骨的購買記錄見於 1910 年 2 月 24 日的書信。在這封信中,方法斂寫道:

我們期待的另一批甲骨到了——一批很好的護身符。其中一些是以前從未見過的。我替您買了下來。扣除紙幣貶值的因素，這 29 片護身符的購價僅爲 35 美元。我將從您寄來的 200 美元中扣除 35 美元和 76 美元，因此您還有 89 美元餘額。李説他把其餘的 60 餘片碎骨賣給了一位北京官員，售價爲 70 美元，據説是用來做藥材的。可見我們買的相當便宜！

由此可知，方法斂爲金璋購買的第十批甲骨，其實是 29 片護身符，是偽刻。方法斂没有購買的另外 60 餘片碎骨，或許才是真的甲骨。這 29 片護身符的編號是 H419—447，在《金璋所藏甲骨卜辭》中正好是缺號。

在 1910 年 3 月 2 日的信中，方法斂提到第八、第九、第十這三批甲骨，包括"H273—447 貝殼、鳳凰、84 骨和 29 護身符"，是一起寄給金璋的。方法斂親手把它們用煙盒包好，放在一個專門製作的木盒子裏，外面再包上一層防水油紙。包裹由柏根氏帶到上海，轉交庫壽齡，最後由庫壽齡通過英國郵政寄給金璋。在 4 月 28 日的書信中，方法斂提到庫壽齡郵寄包裹用了 3 美元。

十一、方法斂爲金璋購買的第十一批甲骨
（1910 年 3 月）

在 1910 年 3 月 7 日方法斂致金璋的書信中，方法斂寫道：

濰縣一位老闆（李告訴我的）有 127 片很好的甲骨，是他精心挑選的。他宣稱要帶到北京，以高價賣給某位高官。因爲要路過青島，所以也可能賣給德國人。李與他協商後的最低價格是 150 美元。我打算替您購買，但我現在只有您的 89 美元，我自己又沒有閑錢。李説這人不想多留一刻，他正急着趕輪船去天津，所以我必須馬上做決定。陷於這種困境，我只好貸了一筆現金，一月内還上免息，超過一月要支付每金 5% 的利息。不過這都是小事。……我不是古董商人，甲骨對我來説只有語言學的研究價值，因此我原價讓與您，希望您能接受。另外，庫方藏品中有 90 片甲骨，每片約一平方英寸大小，都有刻辭，但都是常見字。我覺得沒有必要摹寫它們，因爲我的手稿已經越來越厚了。如果您想要的話，我以 20 美元的價格讓給您。

在 3 月 34 的信中，方法斂寫道：

第三章　金璋所藏甲骨的收藏與著錄　· 101 ·

經過艱苦的勞動,我終於摹寫完了最後一批甲骨。H448 到 H554,包括這 127 片甲骨,也即 127＝107！這是因為我成功地拼合了幾片甲骨,減少了數量,另外還有 10 多片沒有編號。這 10 多片雖然也有大片,但沒有什麼新字。H448 到 H554,共 20 張圖版,現在您有 69 張圖版了(8×10 英寸)。

由此可知,方法斂拼合了一部分甲骨。從《金》的著錄情況來看,方法斂拼合的甲骨應為 H453、H458(458a＋458b,係方氏誤拼,《英藏》分爲兩片,458a 爲《英》2532,458b 爲《英》2533)、H465、H522、H544、H545,一共 6 版。方氏拼合的甲骨,在摹本上都用一條綫標明兩片甲骨拼合的位置,很容易識别。這樣算來,這 127 片甲骨中,還有 14 片沒有摹寫編號。

在 4 月 18 日的信中,方法斂又提到他為金璋購買的一片甲骨。這片甲骨是李汝賓的兒子送來的,寬 4 英寸,長 4.5 英寸,背部刻 100 個字,腹部刻 27 個字,價 5 美元。方法斂寫道:

我把這片甲骨給您,希望沒有浪費您的錢。不過,我已經冒險把它編為您的 H561 了。我從原本不打算編號的甲骨中,又找出 6 片不錯的甲骨。這些產生了 2 張不錯的圖版,因此您的摹本編號到了 H564。為了填補圖版上的空白,我從 90 片碎骨中選了一些摹寫。希望您能接受它們。現在只有 85 片碎骨沒有編號和摹寫了。

我們把 H561 這片甲骨,也計到第十一批甲骨中。這樣算來,方法斂為金璋購買的第十一批甲骨包括:127 片大骨,價 150 美元;原庫方藏 90 片,價 20 美元;1 片大骨,價 5 美元。總價 175 美元。方法斂對 127 片甲骨進行了綴合、選摹,產生了 107 片摹本,編號為 H448—554。把李汝賓之子送來的 1 片大骨編為 H561。又從不準備編號的甲骨中(應為上述 14 片)選出 6 片,從 90 片碎骨中選出 5 片,對這 11 片甲骨進行了摹寫。根據下文"方法斂為金璋購買的第十二批甲骨"的分析,第十一批甲骨的編號應止於 H565,方法斂所說的 H564 似為筆誤。H555—560 以及 H562—565 之間,一共只有 10 個編號,比 11 片摹本少一個編號。多出來一片摹本,是否填補了 H334—418 之間的 1 個空缺？這個我們不得而知,只能推測罷了。

方法斂把這一批甲骨(127 骨,原庫方藏 90 片,1 骨)全部打包在一起,4月28日寄給金璋。郵費10.37美元,路費0.40美元。① 從1910年4月18日方法斂致金璋的書信可知,金璋於3月29日寄來100美元支票,4月18日到達方法斂手中。

十二、方法斂爲金璋購買的第十二批甲骨
(1910年8月)

方法斂爲金璋購買的第十二批甲骨,見於1910年8月6日的信中。他在7月2日的信中就提到了這批甲骨,説有個河南人帶着300片甲骨正在來濰縣的路上。但從8月6日和9月20日這兩封書信來看,由於整批甲骨要價500美元,方法斂籌集不到足夠的資金,最後只選了其中180片較好的,以195美元的價格爲金璋買了下來。他後來才得知,其餘100多片甲骨,古董商竟以800美元的高價賣給了北京人。②

在8月6日的信中,方法斂介紹了這180片甲骨的具體情況:(1)100多片肋骨條(筆者按:實爲肩胛骨較狹長的部位);(2)44片龜甲斷片;(3)12片有骨臼的骨頭(筆者按:實爲肩胛骨帶骨臼的部位);(4)很多大的骨版,可能是肩胛骨;(5)雙龍形狀的護身符;(6)一版大的肩胛骨,上有三段刻辭,骨面最上方有一小穿孔,插着一根奇怪的骨針,骨針上有一句刻辭:且十𠂤口𢆍史(祖甲子曰喪弟)。方法斂認爲這是一片周代的家譜刻辭,是這一批中"最無法抗拒的一片"。

從8月18+19日方法斂致金璋的書信可知,這180片甲骨經過整理和摹寫,產生了178個摹本,共33張圖版。這178張摹本的編號,方法斂沒有明説,不過我們可以根據其他書信內容推算出來。在1910年11月1日的信中,方法斂寫道:"感謝您摹寫的H546b。問題是現在有H564的那張圖版,沒有插入一張新摹本的空隙了。我們還是把它編爲H744吧,這是目前您的甲骨摹本的最後一個編號。"這片摹本是金璋10月8—10日的信中寄來的,應該是從未編號的甲骨中選出的一片,方法斂把它編爲H744,接在上述178個摹本之後。據此可以推算出,這178片摹本的編號應爲H566—743。不知何故,《金》一書並未著錄H744這片甲骨。但金璋《殷虛甲骨上所載王室譜系及商代之記載》文末附圖中有H744反面的照片和釋文。根據該文的記載,這片甲骨在1914年萊比錫圖書展上展覽

---

① 見1910年5月7日方法斂致金璋的書信。方法斂在這封信中列出了歷次購買的清單:購買日期,價格,郵寄日期,郵費,以及收到的支票數額。

② 見1910年11月9日方法斂致金璋的書信。

過,引發了很多學者的關注,文中的釋文就是參觀過這片甲骨的 Conrady 教授所寫。這片甲骨在《合集》中的著錄號爲 17366,選用的著拓號是《海棪》1,正反兩面都有刻辞,現藏香港中文大學中國文化研究所。

方法斂把這批甲骨分成兩個包裹,於 8 月 24 日寄給金璋。爲了逃避檢查,他在兩個包裹單上分別填寫了 10 美元和 15 美元的保價。① 包裝費和郵費共計 4.7 美元。早在 6 月 22 日,方法斂就收到金璋寄來的 50 美元預備金。金璋又於 8 月 26 日寄來 100 美元支票,於 9 月 15 日到達方法斂手中。②

十三、方法斂爲金璋購買的第十三批甲骨
(1911 年 10 月)

自 1910 年 8 月 6 日爲金璋購買了 180 片甲骨之後,方法斂又陸續買過幾次甲骨,但都成了庫方藏品。③ 直到 1911 年 10 月 18 日,古董商李又帶來 14 片護身符。方法斂以 80 美元的價格買下來,讓給了金璋。④ 這就是方法斂爲金璋購買的第十三批"甲骨"。

這 14 片護身符包括:(1)1 個龍形骨條,長 8.5 英寸,雙面刻辭,共 97 字,價 12 美元;(2)1 片龍形骨板,背上疊加着龜甲的形狀,長 5.5 英寸,寬 2 英寸,價 10 美元;(3)1 個橢圓形的璧,長 3 英寸,寬 2.5 英寸,雙面刻辭,共 64 字,價 9 美元;(4)2 個圓形的璧,直徑 2.5 英寸,雙面都刻滿了文字,價 15 美元;(5)1 個大的圭璧形骨板,長 2.75 英寸,寬 1.875 英寸,雙面都有精美的刻辭,價 10 美元;(6)2 個大的鐘形骨板,長 3 英寸,寬 2 英寸,雙面刻辭,價 14 美元;(7)2 個普通尺寸的鐘形骨板,長 2.5 英寸,寬 1.5 英寸,價 7 美元;(8)2 個箭頭,分別長 2.5 英寸和 3 英寸,價 1.5 美元;(9)2 個頭頂磬的小龜,價 1.5 美元。

金璋 11 月 9 日讀到這封信,並於 11 月 10 日的回信中附寄了 83 美元支

---

① 見 1910 年 8 月 24 日方法斂致金璋的書信。
② 見 1912 年 9 月 15 日方法斂致金璋的書信。
③ 見 1910 年 9 月 2+3 日方法斂致金璋的書信:買了一批護身符和貝殼,成了庫方藏品。1911 年 1 月 16 日方法斂致金璋的書信:又買了一批護身符和貝殼,成了庫方藏品。1911 年 10 月 4 日方法斂致金璋的書信:又買了一批護身符,成了庫方藏品。
④ 見 1911 年 10 月 18 日方法斂致金璋的書信(金璋讀於 11 月 9 日)。方法斂在信中解釋了這批護身符價格偏高的原因:"收藏家珍藏了十年,只是近來才打算出售。他不是古董商,也不窮,所以價格不可能壓得很低。……片形較大,所以價格也較高。"方法斂還說,由於漢口事件的影響,中國的局勢很不穩定,因此他會盡快把這批護身符摹寫完,然後給金璋寄去。

票,用以支付這次購買護身符的費用。① 從 1911 年 10 月 27+28 日方法斂致金璋的書信可知,這 14 片護身符編號爲 H745—758。方法斂把它們包裝好,於 10 月 28 日寄走。郵費 1.88 美元,人力車 0.12 美元,共 2 美元。

十四、方法斂爲金璋購買的第十四批甲骨
(1911 年 11 月)

第十四批甲骨的購買記錄是 1911 年 11 月 3 日方法斂致金璋的書信(讀於 1911 年 11 月 22 日)。在這封信中,方法斂寫道:

> 昨天李先生又帶來一批護身符(據説是一名濰縣商人的最後一批收藏)。與上一批護身符——即我在 10 月 18—19 日和 10 月 26 日的書信中提到的——爲同一人所藏。我説服他把價格降低了一些。這是很好的一批收藏,您不會後悔買了它們。我的朋友 J. W. Hunter 先生正好要乘經由西伯利亞的郵輪前往倫敦。我會在十天内把包裹送到他手中,麻煩他帶到倫敦,再從倫敦寄給您。……李堅持説這些護身符原來封在陶罐裏。看起來,有不只一個陶罐被發現。我們確實擁有了一大批護身符。有 800 多片! 我非常忙,但必須立刻把它們摹寫了,趕在暴亂之前把它們從中國運出去。山東現在還比較和平,但誰知道以後會發生什麼。

這就是方法斂爲金璋購買的第十四批甲骨。

這批護身符共有 18 件,總價 80 美元。包括:(1) 龍形骨條,長 8 英寸(非常漂亮),價 15 美元;(2) 鐘形骨板,長 4 英寸(非常漂亮),價 8 美元;(3) 鐘形骨板,長 1.5 英寸(非常漂亮),價 2 美元;(4) 圭璧形骨板,長 4.25 英寸(非常漂亮),價 10 美元;(5) 2 個圭璧形骨板,分別長 2.25 英寸和 2.5 英寸(不錯),價 10 美元;(6) 1 個璧形骨板,直徑 2.125 英寸,價 8 美元;(7) 1 個有狹長裂縫的璧(也稱"玦"),直徑 2.25 英寸,價 9 美元;(8) 磬上負龜形骨板,長 2 英寸(大),價 3 美元;(9) 4 個龜負磬形骨板,長 1.375 到 1.75 英寸之間,價 7 美元;(10) 5 個箭頭,長 2.25 到 3.25 英寸之間,價 8 美元。編號爲 H759—776。

金璋接到方法斂 1911 年 11 月 3 日的書信後,立刻寫信接受這批護身符,並附寄了 82 美元支票。② 方法斂於 11 月 9 日把包裹送到 Hunter 先生

---

① 見 1911 年 12 月 7—8 日方法斂致金璋的書信。
② 見 1911 年 12 月 18 日方法斂致金璋的書信。

手中,由 Hunter 先生帶到倫敦,再寄給金璋。①

十五、方法斂爲金璋購買的第十五批甲骨
(1911 年 12 月)

第十五批甲骨的購買記錄是 1911 年 12 月 23+25 日的書信,但這封書信丟失了,我們無法得知具體的購買過程。從 1911 年 12 月 29 日的書信(讀於 1912 年 1 月 19 日)可以知道,這次購買的是 21 片護身符,價 80 美元。在這封信中,方法斂寫道:

> 今天非常忙碌,季度報告還沒有寫完。不過在午後的抽煙時間,我擠出一個小時摹寫了您新添的 21 片護身符。然後我把它們裝到煙盒裹,送到一位明天去上海的朋友那裏。他會把這批東西轉交給庫壽齡小姐。庫壽齡小姐將於 2 月 4 日前往英國。可惜她不乘坐經由西伯利亞的郵輪(至少我估計她會乘坐經由蘇伊士的郵輪),否則您就能早點收到這批東西。……每一批護身符似乎都比上一批更好。一共有近 900 片!這些老國王是多麼熱衷於巫術的人啊!肯定有一批雕刻家每天都忙於設計和雕刻!……我發現這些護身符上有一些奇怪的新字,連羅振玉都沒有提到過。

方法斂還提到,除了購買甲骨的 80 美元以外,他還付給庫小姐 1 美元郵寄費,因此總價爲 81 美元。從 1912 年 2 月 14 日方法斂致金璋的書信可知,金璋於 1912 年 1 月 21 日寄來了 81 美元支票。這批護身符編號爲 H777—797,是由庫小姐帶到倫敦,再寄給金璋的。

十六、方法斂爲金璋購買的第十六批甲骨
(1912 年 2 月)

1912 年 2 月 1 日,方法斂在濰縣買到 18 片護身符,價 70 美元,自己收藏了。② 1912 年 2 月 8 日,方法斂又購買了一批護身符,讓給了金璋。在 2 月 8 日的信中,方法斂寫道:

---

① 見 1911 年 11 月 18 日方法斂致金璋的書信。
② 見 1912 年 2 月 1 日方法斂致金璋的書信。

今天發生了一件事情,我必須立刻向您報告。我又爲您買了一批護身符!!我自己是買不起了。這批護身符與我上次[筆者按:即2月1日購買的18片]購買的那批同出一源。其收藏者正在處理囤積的寶貝,估計很快就賣光了。這一批有17片,價72美元,包括:(1)1個大的龜頂磬形骨板,長5.25英寸,價20美元;(2)3個大的龜頂磬形骨板,長3.25英寸,寬2英寸;(3)2個大的龜頂月形骨板,長3英寸,寬2英寸;(4)2個大的鐘形骨板(其中一件由奇怪的龜甲刻成);(5)3個普通尺寸的龜頂磬形骨板;(6)5個箭頭;(7)1個權杖形骨板。

這就是方法斂爲金璋購買的第十六批甲骨。方法斂特別強調說:"這些與我們以往購買的品質差不多,很值這個價錢。如果您能原諒我這次未經允許的購買,我保證以後不再發生這種事情。有一件事是肯定的:沒有僞片!我會立刻進行摹寫,然後寄給您。大龜和橄欖綠的鐘非常漂亮。"不過他在信末又寫道:"如果我讓您花費更多,讓您感覺很有壓力的話,請您務必原諒我!這個游戲我們必須玩到底。即使要傾家蕩產,也必須堅持購買護身符。"可見,方法斂對購買護身符的興趣不減,並且堅信上面的刻辭都是真的。沒過多久,到1912年2月14日,方法斂又爲金璋購買了一批護身符。

十七、方法斂爲金璋購買的第十七批甲骨
(1912年2月)

在1912年2月14日的信中,方法斂興奮地寫道:

下午4點的時候,李又帶來一批據稱是"那位商人珍藏多年的最後一批護身符"。在上一封信中,我已經保證不再未經您授意就爲您購買甲骨了。現在我把這批護身符的情況給您說一下,讓您來決定是自己購買還是讓給別人。我的建議是把它們收爲您的藏品。李要價80美元,經過一番討價還價,最後定爲55美元。……李說有16片,可我手中只有14片。李在這些事情上是很誠實的,可能是有2個小片被他忽視了。……我不能導致您破產,因此,如果您不想購買它們的話,我相信庫壽齡先生會樂意購買的。不過在得到您的答覆之前,我會摹寫它們,并把它們編入您的收藏中。最後這兩次購買,一共花了127美元。我從教會挪用的這筆錢,需要在三月底還上。如果您能在此之前把錢寄來,我將非常感激,否則我就要被抓到監獄

裏了！請附上1美元郵費。總共128美元。李説我們把已知的護身符都買了,但是誰知道？事實上,這次購買的是具有貴族氣質的、一流的護身符,不是我們過去購買的普通的那種。況且又廉價得很！

這14件護身符包括：(1) 1個大的龜頂日月形骨板,長3英寸,寬1.75英寸(不錯！);(2) 2個大的龜頂磬形骨板,長3.5英寸;(3) 1個大的龜頂日月連體形骨板,長4.5英寸(極好！);(4) 1個小的龜頂磬形骨板;(5) 1個小的龜負磬形骨板;(6) 1個大的龜頂彎月形骨板,長3.5英寸(雕刻不錯);(7) 2個鐘形骨板(大的長3.5英寸),不錯;(8) 5個箭頭(小)。編號爲H815—828。

從1912年3月22日方法斂致金璋的信(由方法斂夫人代筆)中可知,他收到了金璋寄來的書信和一張74美元的支票。此時方法斂已經離開濰縣,轉到青島的一家德國醫院裏進行治療。從1912年5月10日的信中可知,他還收到了金璋寄來的一張支票,即爲最後一批護身符的費用。在1912年5月10日的信中,方法斂還提到庫小姐派了一位中國老師去調查甲骨的出土地。這位老師的調查結果與羅振玉的發現一致。此時,方法斂已經知道甲骨的出土地實爲河南安陽。不過,他仍懷疑護身符是否也是安陽出土的。

方法斂原本打算把最後兩批護身符摹寫完,然後寄給金璋。但由於他飽受胸膜炎和風濕痛的折磨,身體非常虛弱,醫生建議他回美國休養。在6月1日離開中國之前,他也没能把最後兩批護身符摹寫完。他用鉛筆把没有摹完的護身符輪廓畫到圖版上,寫上編號,在5月29日那天,與兩批護身符一起寄給金璋。金璋把它們摹寫完整,陸續寄給方法斂,編入金璋所藏甲骨摹本中。

方法斂博士於1914年1月14日不幸去世。我們所能見到的方法斂致金璋的最後一封書信是1912年12月18日。這是一封用鉛筆寫的便條,字迹潦草無力,顯示出方法斂此時已經非常虛弱。但他仍然在信中發表了對甲骨文字考釋的意見,如⺈䒑、貞作大邑(H611)等。他爲甲骨的收藏和研究奉獻一生的精神,令人無限欽佩！

十八、葉慈爲金璋購買的一些甲骨
(1913)

除了方法斂,倫敦大學葉慈教授也曾經爲金璋購買過甲骨。他在《譯者回憶録》裏提到:"最早在 1908 年 3 月,方法斂開始以成本價向金璋寄送他在濰縣買到的甲骨。劍橋大學的甲骨收藏,大約 900 片,就是這樣形成的。唯一從其他渠道增加的甲骨大約 50 片,原端方舊藏的一部分,是筆者 1913 年在北京所購得。"①

葉慈是著名的外科醫生,英國皇家外科醫師學會會員,具有英國皇家醫師學院執照,也是英國皇家亞洲文會會員。1903 年他以第一名的成績進入英國皇家海軍醫療服務。在海軍服務期間他第一次來到中國,作爲一名有成就的藝術家,他很自然地對中國的藝術和考古產生了興趣,期間發表過有關中國道教寺廟的文章。1911 年他被提拔爲外科醫生,但 1912 年結婚後他很快就退出了海軍醫療服務。1913 年他和新娘一起再次來到中國,在北京的英國駐華公使館任署理醫師。葉慈幫助金璋購買甲骨,就發生在 1913 年他在北京工作的這段時間。

劍橋大學圖書館金璋檔案中有一封 1913 年 7 月 3 日葉慈致金璋的書信,談到他爲金璋購買甲骨的事情。信中這樣寫到:

大約 10 天前,我通過 Suez 給您寄去了最後幾盒甲骨。我擔心我已經超過了預算,因爲我已經把您首次給我匯款的單子弄丢了。但我想應該差不多吧。到目前爲止您給我匯了 170 美元,花費情況如下:

24 片骨	$73
一盒 15 片碎骨	$25.50
一盒 3 片大骨	$18
郵費	$5.75
合計	$122.25

因此,我手上還餘 $47.75。現在看似是沒有機會在北京花掉這筆錢了。我找不到更多的甲骨了。

真心希望這些甲骨裏都沒有僞刻。我已經拒絶了一些我看着像是僞刻的甲骨。非常希望能讀到您有關龍骨的那篇文章。

通過這封書信我們知道,葉慈爲金璋購買過三次甲骨,第一次 24 片骨,價 73 美元。第二次 15 片碎骨,價 25.5 美元。第三次 3 片大骨,價 18 美元。三次合計購買 42 片甲骨,總價 116.5 美元。郵費 5.75 美元。而金

---

① 參看 W. Perceval Yetts: Memoir of the Translator, p.xxii。

璋一共爲葉慈寄了 170 美元。

在 1913 年 8 月 16 日致金璋的書信中,葉慈再次提到購買甲骨之事:

> 得知這些甲骨您很滿意,我非常高興。我沒有查過我的日記(在北京),不過憑着我的記憶,應該還有一盒甲骨正在郵寄中。

通過這封書信我們推測,金璋應該已經收到了之前郵寄的甲骨,並且對甲骨的品相感到"很滿意"。而葉慈提到"還有一盒甲骨正在郵寄中",這可能是葉慈又爲金璋購買了一批甲骨。上述這些甲骨不是通過方法斂所購,因此在《金璋所藏甲骨卜辭》中没有著録,我們無法得知其詳情。不過,筆者從金璋檔案中找到了一頁手稿,題爲"Notes on new Peking Bones"(《北京新獲甲骨筆記》),可以看到甲骨編號最小爲 836,最大爲 881。金璋没有對每一片甲骨都做筆記,只提到 841、850、853、857、861、862、877、873、878、880、886 等片。從這頁手稿可知,金璋對葉慈代購的甲骨也進行了編號,並且這批甲骨最少有 46 片。

根據上面的敘述,金璋歷次購買甲骨的時間、價格、數量、摹本編號等主要信息都比較清楚了。筆者製定了一個統計表,以便查看。

從下表可知,1908—1913 年間,金璋共購買甲骨一千餘片(含各種僞刻),總價超過 1 337 美元(不含金璋自購 1 片的費用和全部運費)。這些甲骨中,金璋從吳先生手中購買的 1 片是僞刻。方法斂爲金璋購買的甲骨共 970 片(包括 90 片原庫藏舊品),總價 1 220.5 美元。其中混有 70 個貝殻、1 個鳳凰和 158 個護身符,共計 229 個明顯的僞刻。除去這 229 片僞刻,方法斂爲金璋購買的甲骨實爲 741 片。加上葉慈代購的 42 片甲骨,金璋所藏甲骨實爲 783 片,其中仍然混有僞刻。關於金璋所藏甲骨的數量,李學勤先生在《記英國收藏的殷墟甲骨》中寫道:"金璋舊藏甲骨約 850 片,現藏劍橋大學圖書館。50 年代曾由李棪氏整理,去僞後選出六百餘片,作了新的編號。"[1]李棪先生整理後的這 600 餘片,應爲金璋所藏甲骨真品的實際數量。

---

[1] 李學勤:《四海尋珍》,清華大學出版社,1998 年,第 218 頁。原載《甲骨文與殷商史》第 3 輯,上海古籍出版社,1991 年。

金璋歷次購買甲骨統計表

批　次	購買日期	價格（美元）	數　量	編　號
第1批	1908-02-19	$60	130骨	H1—101$\left(含75\frac{1}{2}\right)$，28個無編號。《金》全收。
第2批	1908-03-14	$25	13護身符	H102—114偽刻。《金》缺號。
第3批	1908-03-17	$15	3骨 10貝殼	H115—117偽刻。H128—137偽刻。《金》缺號。
第4批	1908-04-16	$9.5	10骨	H118—127。《金》收9片，缺H127。
	1908-05-09		金璋從吳先生手中購得一片	H138（偽刻）。《金》缺號。
第5批	1909-03-05	$80	90骨	H139—240（102個編號）。《金》收21片。
第6批	1909-03-23	$20	26骨	
第7批	1909-09-01	$100	32護身符	H241—272（偽刻）。《金》缺號。
第8批	1909-12-24	$63	60貝殼 1鳳凰	H273—333（偽刻）。《金》缺號。
第9批	1910-01-13	$76	84骨	H334—418（多1個編號）。《金》收72片。
第10批	1910-02-24	$35	29護身符	H419—447（偽刻）。《金》缺號。
第11批	1910-03-07	$150	127骨 {448—554 / 10多片無編號}	H448—554（107個編號）。《金》全收。 從10多片無編號甲骨中選出6片，從90片碎骨中選出5片，編爲H555—560，H561—565（少1個編號）
	1910-03-07	$20	90片碎骨	《金》收9片。

續表

批次	購買日期	價格（美元）	數　　量	編　　號
	1910-04-18	$5	1片大骨（H561）	H561（偽刻）。《金》缺號。
第12批	1910-08-06	$195	180片骨	H566—743。《金》收158片。
	1910—11—01		原本無編號的1片，金璋進行了摹寫，編爲564b	H744。《金》缺號。
第13批	1911-10-18	$80	14護身符	H745—758（偽刻）。《金》缺號。
第14批	1911-11-03	$80	18護身符	H759—776（偽刻）。《金》缺號。
第15批	1911-12-23+25	$80	21護身符	H777—797（偽刻）。《金》缺號。
第16批	1912-02-08	$72	17護身符	H798—814（偽刻）。《金》缺號。
第17批	1912-02-14	$55	14護身符	H815—828（偽刻）。《金》缺號。
第18批	1913年葉慈代購	$116.5	42片或46片骨？	金璋編號836—881？《金》無
合計	1908—1913	共 $1 337	共 1 013 片	

第二節　金璋所藏甲骨的著錄情況

　　金璋所藏甲骨，其最早的著錄是金璋在1911—1934年間的論文中公布的一些甲骨照片，但這些照片鮮有被中國學者見到的。1939年出版的《金璋所藏甲骨卜辭》，用摹本的形式著錄478片金璋所藏甲骨，這是中國學者首次看到金璋所藏甲骨的全貌。後來，《甲骨文合集》從中選錄了

315片,《甲骨文合集補編》又選錄了7片。1970年出版的《歐美亞所見甲骨錄存》,以照片的形式著錄了劍橋大學圖書館的26片金璋舊藏甲骨,其中1片在其他著錄中均未見。1985年出版的《英國所藏甲骨集》,以拓片的形式著錄了618片金璋舊藏甲骨,其中614片藏於劍橋大學圖書館,另外4片藏於倫敦大學亞非學院珀西沃·大衛基金會。除此之外,《海外甲骨錄遺》《梜齋甲骨展覽》《典雅勁健:香港中文大學藏甲骨集》《懷特氏等收藏甲骨文集》等書中也有少量金璋舊藏甲骨。現分別予以詳細介紹。①

一、早期論文中公布的金璋甲骨藏品

金璋在《最近發現之中國周朝文字》(1911)公布了7片甲骨的照片,分別是:《金》385(即《英》2417)、《金》391(即《英》86)、金646、《金》639正反(即《英補》4)、《金》645(即《英》810)、金683反和《金》722(即《英》30)。其中,金646是偽刻。金683這片甲骨在《金璋所藏甲骨卜辭》中沒有著錄,其拓本出現在《懷特氏等收藏甲骨文集》中,編號爲《懷》967(即《合補》2472)。

金璋在《骨上所刻之哀文與家譜》(1912)公布了金566的照片。這是一片偽刻的家譜刻辭,骨扇最右邊兩段黃組卜旬辭則是真的。這片甲骨在《金璋所藏甲骨卜辭》中沒有著錄,在《英國所藏甲骨集》中有著錄,編號爲《英》2634,但不見骨針。

金璋在《古代骨刻文中龍龜之研究》(1913)公布了4片龍形刻辭骨的照片,分別是:金757、金758、金759和金780。這4片都是偽刻,在《金璋所藏甲骨卜辭》和《英國所藏甲骨集》中都沒有著錄。

金璋在《圭璧上的家譜刻辭》(1913)公布了金760反的照片。這是一片圭璧形偽刻,正反兩面都有刻辭,正面是偽刻的干支表,反面是偽刻的家譜刻辭。這片偽刻在《金璋所藏甲骨卜辭》和《英國所藏甲骨集》中都沒有著錄。

金璋在《殷虛甲骨上所載王室譜系及商代之記載》(1923)公布了金744反的照片。這片甲骨是真品,但在《金璋所藏甲骨卜辭》中沒有著錄。根據金璋的說明,這片甲骨曾在1914年萊比錫圖書展上公開展覽

---

① 按:本節所引金璋甲骨,在《金璋所藏甲骨卜辭》中著錄過的用"《金》+編號"表示,在《金璋所藏甲骨卜辭》中沒有著錄過的,用"金+編號"表示。

過,引起了很多中國古文字學愛好者的興趣。金璋在文中公布了Conrady教授的釋文:日月之鳴鳥。經過核對,筆者發現這片甲骨正是《合集》17366(《海棪》1)。此片又出現在1966年12月香港中文大學聯合書院十周年校慶之展覽上,即《棪齋甲骨展覽》第21片。《海棪》《棪展》著録的都是李棪所藏甲骨,李棪甲骨後贈予香港中文大學,但此片在李宗焜主編的《典雅勁健:香港中文大學藏甲骨集》(2017)中不見著録。① 這片甲骨正反兩面都有刻辭,正面刻辭是:庚申卜,殼,貞王勿…。反面刻辭是:…之日夕㞢鳴鳥。甲骨文中"㞢鳴鳥"出現的次數並不多,除了這一片,《合集》522反也有這三個字,可以互相參考。此片甲骨如何從金璋手中轉到李棪手中,最後不知所踪,至今還是難解之謎。

　　金璋在《象形文字研究·第七卷》(1926)公布了《金》616的照片。

　　金璋在《釋龍辰(上)》(1931)公布了4片甲骨的照片,分别是:金779、金568、金433正反和金338反。這4片甲骨都是僞刻,在《金璋所藏甲骨卜辭》和《英國所藏甲骨集》中都没有著録。

　　金璋在《中國古文字中的"子"和"孫"》(1934)公布了3片甲骨的照片,分别是:《金》364、金300和金301。其中,金300和金301是僞刻,在《金璋所藏甲骨卜辭》和《英國所藏甲骨集》中没有著録。

　　綜上所述,金璋在論文中一共公布了他收藏的22片甲骨的照片。真刻有9片,分别是:《金》364(《英》566)、《金》385(《英2417》)、《金》391(《英》86)、《金》616(《英》824)、《金》639正反(《英補》4)、《金》645(《英》810)、金683、《金》722(《英》30)和金744反。金683和金744這兩片在《金璋所藏甲骨卜辭》中未著録,金683的拓本見於《懷》967(《合補》2472),金744的拓本見於《海棪》1(即《合集》17366)。部分僞刻的有1片,即金566,在《金璋所藏甲骨卜辭》中未著録,其拓本爲《英》2634。全部僞刻的有12片,分别是:金300、金301、金338反、金433、金568、金646、金757、金758、金759、金760、金779和金780,它們在《金璋所藏甲骨卜辭》和《英國所藏甲骨集》中均未著録。此外,庫壽齡在《河南之卜骨》(1914)文中公布了金181這片甲骨的照片,②可惜這

---

① 詳見下文"《棪齋甲骨展覽》所見之金璋舊藏甲骨"和"《典雅勁健:香港中文大學藏甲骨集》所見之金璋舊藏甲骨"。

② Samuel Couling: The Oracle-Bones from Honan. Read before the Society February 20, 1914. *Journal of the North-China Branch of the Royal Asiatic Society*, XLV, pp.65–75.

片也是僞刻。

以下爲早期論文中公布的一些金璋甲骨照片（全僞者除外）：

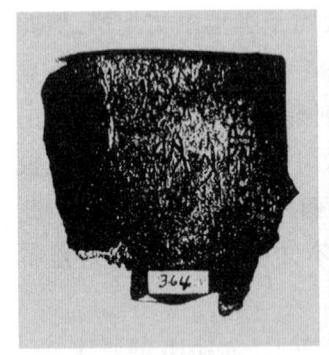

圖 3.1　金 364 　　　　　圖 3.2　金 762 　　　　　圖 3.3　金 744

圖 3.4　金 385 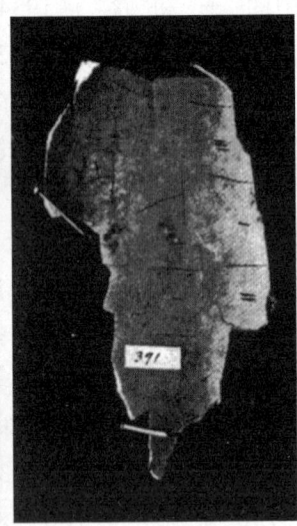　　　　　圖 3.5　金 391 　　　　　圖 3.6　金 683

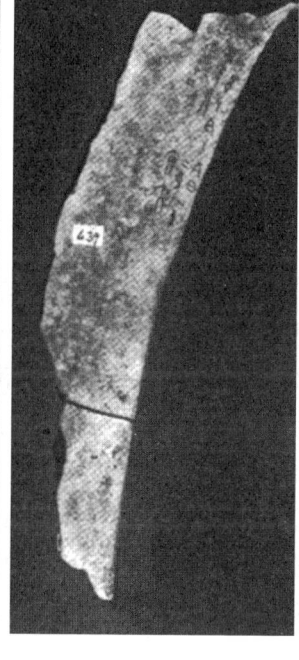

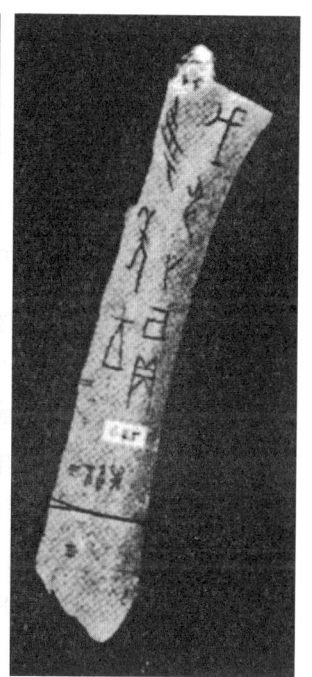

第三章　金璋所藏甲骨的收藏與著錄　· 115 ·

圖 3.7　金 616　　　　圖 3.8　金 639 正　　　　圖 3.9　金 645

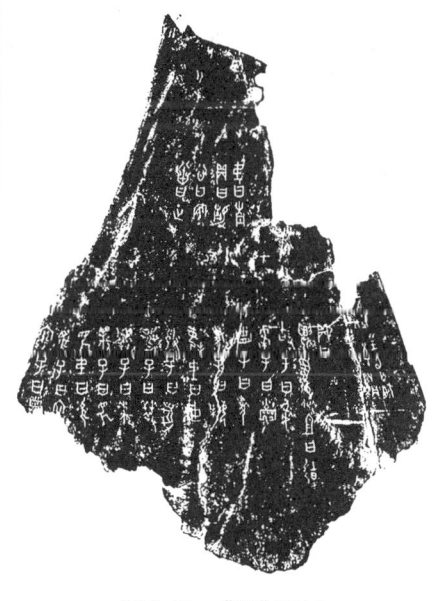

圖 3.10　金 566　　　　　　　圖 3.11　《英》2634

二、《金璋所藏甲骨卜辭》著録的金璋甲骨藏品

《金璋所藏甲骨卜辭》一書由方法斂摹寫、白瑞華編輯，於 1939 年出版。上文已經講過，金璋的大部分甲骨藏品，都是 1908—1912 年間方法斂在濰縣替他購買的。方法斂在收購過程中就對這些甲骨進行了整理、編號和摹寫，總共摹寫了 829 片金璋甲骨，編號爲 1—828（含 $75\frac{1}{2}$ 這個編號）。白瑞華教授在整理出版這批摹本時，曾經聘請明義士審閲，剔除了大部分僞片，最後只選録了 478 片甲骨（按：白瑞華在序言中誤爲 484 片），並在一些甲骨上標出是僞片或部分僞片，不確定的則標出疑僞。《甲骨文合集》從此書選録了 315 片，《甲骨文合集補編》又選録了 7 片。

這 478 片甲骨中，全僞的有 4 片，分别是：《金》457（書中標注僞）、《金》528（書中標注疑僞）、《金》661（書中無標注）、《金》678（書中標注僞）。部分僞刻的有 11 片，分别是：《金》362（書中標注部分疑僞）、《金》390（書中標注僞，實際部分僞）、《金》394（書中標注部分僞）、《金》471（書中標注部分僞）、《金》554（書中標注部分僞）、《金》558（書中標注僞，實際部分僞）、《金》610（書中標注疑僞，實際部分僞）、《金》612（書中標注僞，實際部分僞）、《金》640（書中標注僞，實際部分僞）、《金》646（書中標注僞，實際部分僞）、《金》668（書中標注部分僞）。

有關《金璋所藏甲骨卜辭》的出版情況，筆者根據《方法斂致金璋書信集》補充如下内容。方法斂在購買甲骨並製作甲骨摹本的同時，就努力尋找出版機會。他先是向卡内基博物館申請經費（1910 年 5 月 18 日函，1910 年 11 月 9 日函），後又通過金璋試圖與大英博物院達成協議（1911 年 6 月 29 日函，1911 年 8 月 15+16 日函）。在 1910 年 11 月 9 日的信中方法斂寫到：

> 我已經給卡内基博物院寫了兩封信，催促或請求他們出版我的圖版，作爲首卷。……把所有能接觸到的甲骨圖版做成集子擺在面前，這對所有學者來説都有巨大的價值。如果材料不全，做研究是非常困難的。把所有甲骨的摹本都擺在眼前，可以很容易地進行字形比較。相反，如果需要研究的甲骨非常分散，字形比較就相對不易。我的圖版非常便於查閲。通過摹本，所有甲骨字形都一清二楚。當然，如果對字形有所質疑的話，直接查看原片是非常有價值的。儘管

摹寫的時候十分認真，人工抄寫也不可避免會有一些錯誤產生。

在1911年6月29日的信中，方法斂寫道：

能麻煩您向大英博物院的人咨詢一下出版條款嗎？卡内基博物院答應給作者100套出版物，並允許作者根據情況對此進行贈予或銷售，但銷售價格不得低於博物館的價格。博物館方負責所有出版費用。……當然，如果卡内基博物院不幫我出版，我們也可以通過大英博物院出版，現在他們也收藏了這麼多龜骨刻辭！無論如何，圖板的照相需要在上海進行，這樣花費更少，也更方便。我只要瞭解了大英博物院的出版條文，就能提出正式申請，讓大英博物院出版我的著作。

在1912年5月20日致金璋的信中，方法斂又寫道：

我將把所有手稿和參考書都帶到美國，希望能找到贊助者把整理好的手稿出版了。華盛頓的卡内基基金會可能會支援這項工作。他們有考古學分支，但也可能不贊助東方語言研究。關於此事，我要先問問勞佛博士和赫斯教授。

可惜，大英博物院沒有接下這個出版計劃，卡内基博物館也沒有支持這項工作。直到1914年1月方法斂病逝，這些手稿都沒有得到出版。方法斂去世後，手稿轉到了菲爾德博物館勞佛博士[1]手中。勞佛博士爲方法斂遺著四處籌集出版經費，他分別於1914年6月14日和1914年8月11日兩次給金璋寫信，商量如何解決經費問題。他還提議是否把手稿寄給金璋，看能否在英國出版等。然而一戰爆發後，郵寄手稿的事情就擱置了。同時，方法斂夫人則希望把方法斂的遺稿交到勞佛博士手中，請他幫助整理出版。但直到1934年勞佛去世，出版計劃也未能實現。

---

[1] 勞佛（Berthold Laufer, 1874—1934，又譯勞費、勞費爾、羅佛），生於德國，1897年在德國萊比錫大學獲得博士學位，1898年移居美國。1908年到芝加哥菲爾德自然歷史博物館工作，始任助理館長，1911年成爲人類學館亞洲人種分館館長，1915年開始擔任人類學館館長，1931年被芝加哥大學授予榮譽法學博士頭銜，1934年跳樓自殺。勞佛被譽爲美國博物館史上第一位真正的漢學家。有關勞佛的學術評價，參看龔詠梅：《勞費漢學研究述評》，《探索與爭鳴》2008年第7期。

勞佛去世後，此事一直耽擱數年。直到1935年菲爾德博物館把方法斂手稿歸還方氏家庭，並轉到白瑞華①手中。② 白瑞華從方法斂的手稿中選編了《庫方二氏藏甲骨卜辭》《甲骨卜辭七集》《金璋所藏甲骨卜辭》三種著録書，分別於1935年、1938年、1939年出版。《金璋所藏甲骨卜辭》最後出版，因爲經過明義士的辨僞而僞片最少，是方法斂的三種著録書中價值最高者。

三、《歐美亞所見甲骨録存》著録的金璋甲骨藏品

1970年，饒宗頤先生編著的《歐美亞所見甲骨録存》，封面圖版就是"之夕虫鳴鳥"（金744）這一版。其第一部分"歐洲"所見甲骨，第2—27號這26片是劍橋大學圖書館藏甲骨，爲黑白照片，此即金璋舊藏。饒先生在《序》裏提到："本書收集的甲骨資料，可説是流落在海外的斷璣零璧，同時，亦是我歷年來旅讀四方的雪泥鴻爪。我自一九五五年起，每到一地方，輒留意當地博物館所庋藏的甲骨情況。"又提到："一九五七年在倫敦，於大英博物院及劍橋大學圖書館勘讀藏龜，撰有校記。"③可知，這些照片是他一九五七年所拍攝。該書附録《各片重見略表》已列出與《金璋》重出者15片，分別爲第2、3、4、6、9、10、15、16、19、20、23、24、25、26、27諸片。④ 筆者又對這些甲骨進行了校對，發現除了第17片，其餘各片在《金璋》中均有著録。第17片，在《金璋》《英藏》中均未著録。《歐美亞》與《金璋》《英藏》對照表如下：

图3.12 《歐美亞》17

---

① 白瑞華（Roswell Sessoms Britton, 1897—1951），1923年6月在哥倫比亞新聞學院獲得碩士學位，隨即接受教會派遣前往燕京大學任教。1924年秋抵達燕大，任新聞學講師兼主任，籌建新聞學系，開展新聞教學工作，一直到1926年10月返美休假。1928年，白瑞華年假結束，未返回燕大新聞學系任教。1935年開始接手方法斂手稿，先後整理出版了《庫方》《七集》和《金璋》三種甲骨摹本著録書，另有自著《殷墟甲骨相片》和《殷虛甲骨拓片》兩種著録書。參看鄧紹根：《論哥倫比亞大學新聞學院與民國新聞界的交流合作及其影響》，《新聞與傳播研究》2014年第12期。
② 參看《金》序言。
③ 饒宗頤：《歐美亞所見甲骨録存》，（新加坡）《南洋大學學報》第4期，1970年，《序》第1頁。
④ 饒宗頤：《歐美亞所見甲骨録存》，（新加坡）《南洋大學學報》第4期，1970年，第41頁。

歐美亞	金璋	英藏	歐美亞	金璋	英藏	歐美亞	金璋	英藏
2	473	414	4	474	1011	6	677	1913
3	367	403	5	633	1590 正	7	360	505
8	717 正	1160 正	15	382	2503 上部	22	560	1204
9	645	810	16	124	1923	23	679	1913
10	638	996	17	?	?	24	458a	2532
11	468	134	18	26+34	1928	25	453	2546
12	467	1039	19	472	1288	26	334	2513
13	594 正	885 正	20	741	1616	27	452	2555
14	594 反	885 反	21	590	528			

四、《英國所藏甲骨集》著錄的金璋甲骨藏品

《英國所藏甲骨集》由李學勤、齊文心、艾蘭教授編著，上編（圖版）1985 年出版，下編（釋文、研究和檢索表）1992 年出版。關於英國所藏甲骨的整理過程，胡厚宣先生在《序》中進行了簡單介紹。1982 年李學勤先生到英國劍橋大學克萊亞堂做客座研究員，在英期間順便全面調查了英國所藏的甲骨，並與倫敦大學亞非學院艾蘭博士協商，訂出重新整理英國所藏甲骨的合作計劃。1983 年齊文心先生又前往英國，以 7 個月的時間，將英國所藏全部甲骨，加以甄別，擇優墨拓，最後編輯爲《英國所藏甲骨集》一書。① 該書著錄了英國所藏甲骨 11 宗，其中劍橋大學圖書館的甲骨就是原金璋舊藏甲骨。

《英國所藏甲骨集（上編）》的《前言》指出：“劍橋大學圖書館甲骨共 622 片，全部甲骨原屬金璋，遺贈與該圖書館。”② 也就是說，劍橋大學圖書館沒有其他來源的甲骨。《英國所藏甲骨集（下編）》的“表六”是劍橋大學圖書館館藏號（CUL）與《英藏》著錄號對照表。CUL 編號對應的是甲骨實物，《英藏》號對應的是拓本。我們可以根據 CUL 編號來統計甲骨實物

---

① 參看李學勤、齊文心、艾蘭：《英國所藏甲骨集》上編，中華書局，1985 年，胡厚宣“序”。另外，劍橋大學圖書館網站上有齊文心先生墨拓甲骨的視頻，可以觀看。
② 李學勤、齊文心、艾蘭：《英國所藏甲骨集》上編，中華書局，1985 年，“前言”。

的數量。"表六"顯示，CUL 編號 1—610，中間缺 68、197、208、249、275、300、314、318、323、416、504、522、607、608、609 等 15 個號；260 號分 260a 和 260b，305 號重號一次，326 號對應《英藏》號空缺；還有 2 片沒有 CUL 編號的甲骨，一片"未編號"，一片"誤作全偽"，也收錄在内，分別對應《英》1751 和《英》151。以上所得 CUL 甲骨實爲 598 片。此外，"表六"還列出"後得"甲骨 14 片，既然劍橋大學圖書館没有其他來源的甲骨，這 14 片也應爲金璋甲骨，專門以"後得"進行編號不知何意。兩項合計起來，《英藏》共著錄 CUL 甲骨實物 612 片。其中，甲骨實物可綴合者有兩組，分別是 CUL145（《金》466）+CUL442（《金》669）=《英》2119，CUL191+CUL192=《英》1482（《金》81 更全）。誤綴者一組，即 CUL598+CUL599=《英》593，下册"圖版補正"進行了拆分，《英》593A 是 CUL598，《英》593B 是 CUL599。合計起來，612 片甲骨實物對應的《英藏》拓本號是 610 個。

此外，《英藏》还著錄了倫敦大學亞非學院珀西沃·大衛基金會（PDF）的 11 片甲骨。下編"表十"是 PDF 藏號與《英藏》著錄號對照表。該表顯示，PDF 藏甲骨共 11 片，其中 7 片是葉慈舊藏，另外 4 片（"英補"1—4）原藏劍橋大學圖書館，也是金璋舊藏甲骨，這 4 片甲骨實物對應 4 個《英藏》拓本號。

根據以上兩表，《英藏》實際著錄的金璋甲骨實物有 616 片，其中 612 片現藏劍橋大學圖書館，另外 4 片（"英補"1—4）原藏劍橋大學圖書館，現藏倫敦大學亞非學院珀西沃·大衛基金會。考慮到甲骨實物可綴合者 2 組，616 片甲骨實物對應的《英藏》拓本號實爲 614 個。下編"表一"是《英藏》與《庫方》《金璋》《合集》著錄號對照、甲骨現藏及情況表，"表三"是《金璋》與《英藏》著錄號對照表。這兩個表也是我們對金璋甲骨進行校重的重要參考資料。

五、他處所見之金璋舊藏甲骨

1.《海外甲骨錄遺》所見之金璋舊藏甲骨

《海外甲骨錄遺》①由饒宗頤所著，發表於 1957—1958 年的《東方文

---

① 饒宗頤：《海外甲骨錄遺》，《東方文化》第 4 卷 1、2 期（*Journal of Oriental Studies*, Vol.iv, No.1/2），1957—1958 年。又抽印本，1958 年。又收入《甲骨集林》。又收入《饒宗頤 20 世紀學術文集·卷二》，第 1762—1832 頁。（臺北）新文豐出版股份有限公司，2003 年。《棪齋甲骨展覽序》，第 1833—1838 頁。

化》第 4 卷 1、2 期。1958 年出版抽印本。此書共有三個部分,第一部分是《棪齋所藏甲骨》及考釋,第二部分是《瑞士巴塞爾人種志博物館所藏甲骨》及考釋,第三部分是附錄《"不 ◇ ◇"解——〈卜辭義證〉之一》。在第一部分《棪齋所藏甲骨》中,饒先生以拓本和照片對照的形式著錄了李棪所藏甲骨 33 片,並進行了考釋。《甲骨文合集》選用了《棪齋所藏甲骨》的拓本,簡稱《海棪》。

筆者在對金璋所藏甲骨進行校重時,發現《棪齋所藏甲骨》中有 10 片都是原金璋舊藏甲骨。其中,9 片見於《金璋所藏甲骨卜辭》,1 片見於金璋的論文《殷虛甲骨上所載王室譜系及商代之記載》(1923)。這 10 片甲骨分別是:《金》1 =《海棪》5(《合集》826),《金》15 =《海棪》17(《合集》26399),《金》31 =《海棪》15(《合集》22828),《金》62 =《海棪》12)(《合集》19473),《金》74 =《海棪》29(《合集》27170),《金》99 =《海棪》16(《合集》22618),《金》119 =《海棪》23(《合集》22621),《金》126 下半部 =《海棪》20(《合集》26535),《金》701 =《海棪》32(《合集》11701),金 744 =《海棪》1(《合集》17366)。10 片甲骨,《甲骨文合集來源表》標出重片的只有《金》001 =《海棪》05(《合集》00826)和《金》119 =《海棪》23(《合集》22621),其餘 8 片均未標出。

2.《棪齋甲骨展覽》所見之金璋舊藏甲骨

《棪齋甲骨展覽》,①此一小冊乃是 1966 年 12 月 12—31 日香港中文大學聯合書院十周年校慶展覽甲骨之介紹。此冊共著錄甲骨 22 版,其中 1—18 版爲拓片,19—22 版爲照片。除了圖版,此冊還有饒宗頤所寫之《李棪齋所藏甲骨簡介》,對此次展覽之 400 片甲骨的重要內容,從貞人和事類的角度進行了介紹。收藏家李棪所寫之"The Collector's Note"(《藏家手記》),介紹了自己購藏甲骨的經歷。編者所寫之"Notes on Oracle Bones"(《甲骨說明》),是對此次展覽的基本介紹。此冊所錄之 22 版甲骨,梁鵬飛做過仔細校對,與金璋舊藏甲骨相合者有 2 片,分別是:《棪展》13 =《海棪》17 =《金》15,《棪展》21 =《海棪》1 = 金 744。

3.《典雅勁健:香港中文大學藏甲骨集》所見之金璋舊藏甲骨

《典雅勁健:香港中文大學藏甲骨集》由李宗焜編著,2017 年香港中

---

① 《棪齋甲骨展覽》,此爲 1966 年 12 月 12—31 日香港中文大學聯合書院十周年校慶展覽甲骨之介紹。內有饒宗頤撰寫之《李棪齋所藏甲骨簡介》,李棪撰寫的"The Collector's Note",著錄甲骨共 22 版,其中 1—18 爲拓片,19—22 爲照片。最後是"Notes on Oracle Bones"。

文大學出版社出版。本書共著錄香港中文大學所藏甲骨71片。其中,44片是鄧爾雅舊藏,現藏於大學圖書館;27片是李棪舊藏,現藏於大學文物館。與金璋甲骨有關聯的就是文物館這批李棪舊藏甲骨。附錄所列《文物館(文)與饒文(饒)編號對照及説明》把該書的編號和饒宗頤《海外甲骨錄遺》的編號進行了對照,很方便讀者使用。饒文編號即《海棪》的編號。筆者把與金璋有關的9片摘錄如下:《典文》1＝《海棪》5＝《合集》826、《典文》9＝《海棪》32＝《合集》11701、《典文》16＝《海棪》12＝《合集》19473、《典文》18＝《海棪》15＝《合集》22828、《典文》19＝《海棪》16＝《合集》22618、《典文》20＝《海棪》17＝《合集》26399、《典文》21＝《海棪》20＝《合集》26535、《典文》23＝《海棪》23＝《合集》22621、《典文》26＝《海棪》29＝《合集》27170。

以上三種甲骨著錄書,與金璋舊藏甲骨有關聯的實際上是同一批甲骨,即李棪所藏甲骨,現藏香港中文大學文物館。其重出關係如下:

編號	《金璋》	《海棪》	《合集》	《典文》	《棪展》
1	《金》001	《海棪》5	《合集》826	《典文》1	
2	《金》015	《海棪》17	《合集》26399	《典文》20	《棪展》13
3	《金》031	《海棪》15	《合集》22828	《典文》18	
4	《金》062	《海棪》12	《合集》19473	《典文》16	
5	《金》074	《海棪》29	《合集》27170	《典文》26	
6	《金》099	《海棪》16	《合集》22618	《典文》19	
7	《金》119	《海棪》23	《合集》22621	《典文》23	
8	《金》126下半部	《海棪》20	《合集》26535	《典文》21	
9	《金》701	《海棪》32	《合集》11701	《典文》9	
10	《金》744	《海棪》1	《合集》17366		《棪展》21

4.《懷特氏等收藏甲骨文集》所見之金璋舊藏甲骨

《懷特氏等收藏甲骨文集》[①]由許進雄編著,1979年加拿大皇家安大

---

① 許進雄:《懷特氏等收藏甲骨文集》,加拿大皇家安大略博物館,1979年。

略博物館出版。本書共著錄安大略博物館所藏甲骨1915片。這些甲骨包括：一、1931年入藏的約三千片懷履光藏品，登錄號以52起頭；二、1920年入藏的六十五片George Crofts藏品，登錄號以77起頭；三、1967年Spaulding夫婦捐贈的七片Samuel Mercer教授藏品，登錄號以152起頭；四、明義士的一些藏品，以237起頭；五、缺乏入館來源記錄的甲骨，登錄號以x129起頭。

筆者在對金璋所藏甲骨進行校重時，發現《懷特氏等收藏甲骨文集》中有2片是原金璋舊藏甲骨。一片是《懷》967（x129.602，此爲反面，缺正面拓本，即《合補》2472），另一片是《懷》1898（x129.613，即《合補》12742），均屬於該館"缺乏入館來源記錄"的甲骨。《懷》967與金璋在《最近發現之中國周朝文字》（1911）一文中公布的金璋683是同一片甲骨。《懷》1898則是《金璋所藏甲骨卜辭》編號爲643的這片甲骨，只不過《金》643這張摹本片形不完整，只摹寫了上半部有字部分。顯然，《懷》967和《懷》1898這兩片原是金璋所藏，不知何時到了加拿大安大略博物館。

圖3.13　金璋1911年文中的
　　　　金683（反面照片）

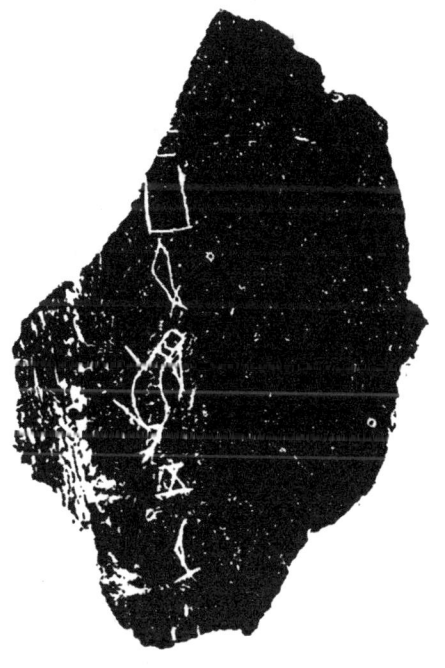

圖3.14　《懷》967（反面拓片）

圖 3.15 《金》643(摹本)　　　圖 3.16 《懷》1898(拓片)

六、小結及《金璋所藏甲骨整理表》

根據以上內容可知,金璋在論文中公布了 22 片甲骨。真刻有 9 片,分別是:《金》364(《英》566),《金》385(《英 2417》),《金》391(《英》86),《金》616(《英》824),《金》639 正反(《英補》4),《金》645(《英》810),金 683(《懷》967,即《合補》2472),《金》722(《英》30)和金 744 反(《海柉》1,即《合集》17366)。部分偽刻的有 1 片,即金 566(《英》2634)。其餘 12 片是全偽。這 10 片甲骨在《英國所藏甲骨集》或《海外甲骨錄遺》(選入《合集》)中也有著錄。

《金璋所藏甲骨卜辭》一書實際著錄金璋甲骨 478 片。其中 457 片在《英藏》中有著錄;8 片在《海外甲骨錄遺》中有著錄(選入《合集》),即《金》1、15、31、62、74、99、119、701;另有 1 片《金》126 已經折成兩片,上半部是《海柉》20,下半部是《英》2232;《金》457、528、661、678 這 4 片全偽;另外還有 8 片不偽或部分偽,即《金》213、355、368、529、635、643、732、737,在其他書中也未見著錄。因此,這 8 片甲骨摹本,目前仍然是不可或缺的珍貴資料。

《歐美亞所見甲骨錄存》著錄了劍橋大學圖書館所藏金璋甲骨實物26片,其中25片在《金璋所藏甲骨卜辭》和《英藏所藏甲骨集》中均著錄過,另外一片即《歐美亞》17,在《金璋》和《英藏》中均未查到,或爲《英藏》所漏收,值得重視。

《英國所藏甲骨集》著錄了616片金璋甲骨實物,對應《英藏》拓本號614個。其中,《英》2119=《金》466(CUL145)+《金》669(CUL442),《英》1482=CUL191+CUL192,實爲《金》81的右半部分。

《海外甲骨錄遺》著錄了10片金璋舊藏甲骨實物,這10片甲骨有兩片在《桬齋甲骨展覽》中出現過,有9片在《典雅勁健:香港中文大學藏甲骨集》中也有著錄。其重出關係如上文所示。這些金璋舊藏甲骨,不知如何變成了李棪所藏甲骨,現有9片藏於香港中文大學文物館。另一片即金744(《海棪》1),現不知藏於何處。

《懷特氏等收藏甲骨文集》著錄了安大略博物館所藏2片金璋舊藏甲骨實物,一片是《金》643,一片是金璋在論文中公布過的金683。

綜上所述,已經著錄過的金璋甲骨實物,一是《英藏》著錄的616片甲骨,二是《金璋所藏甲骨卜辭》著錄而不見於他書的8片不僞或部分僞刻(《金》213、355、368、529、635、643、732、737),三是《歐美亞所見甲骨錄存》著錄而不見於他書的1片(《歐美亞》17),四是《海外甲骨錄遺》著錄的10片金璋舊藏甲骨。以上共計635片,是我們研究金璋所藏甲骨的重要依據。當下,以彩照、拓片、摹本爲一體的新式甲骨著錄法已經越來越普及,我們也期待金璋所藏甲骨能以這種方式重新著錄,爲學界提供更清晰、更完整的甲骨資料。

筆者根據《英國所藏甲骨集(下編)》的"表一""表三""表六"和"表十",《甲骨文合集》及其補編的"甲骨文合集來源表"和"甲骨文合集補編來源表",參閱李殿魁《〈英國所藏甲骨集〉中錯誤綴合的一片牛胛骨》、雷煥章《爲英國所藏甲骨集前三表所做之改正》,曾毅公《甲骨綴合編》,蔡哲茂《甲骨綴合集》、《甲骨綴合續集》《甲骨綴合彙編》《甲骨綴合三集》,黃天樹《甲骨拼合集》《甲骨拼合續集》《甲骨拼合三集》《甲骨拼合四集》《甲骨拼合五集》,林宏明《醉古集》《契合集》,張宇衛《綴興集》,以及蔣玉斌、周忠兵、門藝等人的綴合資料,並根據校對做了一些補充和修正,最後製作了《金璋所藏甲骨整理表》(見本書"附表"1),以便研究之用。

第四章　金璋的甲骨文字考釋（上）

甲骨文字考釋是金璋甲骨研究的重要内容。金璋很早就注意到了甲骨文字的釋讀問題，這從劍橋大學圖書館所藏方法斂致金璋的書信中就能看出。在現存方法斂致金璋的第一封書信（參看本書第九章第一節"1907年6月1日方法斂致金璋函"）中，方法斂就向金璋提起他正在編訂"甲骨字表"。我們知道，要想編訂一部甲骨字表，首先要解決的就是甲骨文字的釋讀問題。在方法斂致金璋的第二封書信（參看本書第九章第一節"1907年6月18日方法斂致金璋函"）中，方法斂向金璋詳細介紹了自己編纂"甲骨字表"的情況，並列出許多他考釋出來的甲骨文字，比如：[字形]=史，[字形]=歸，[字形]=帝，[字形]=鼎，[字形]=降，[字形]=好，[字形]=衆，[字形]=豆，[字形]=安，[字形]=亘，[字形]=尊（遵），[字形]=宫，[字形]=靈，[字形]=異，[字形]=室，[字形]=郭，[字形]=册，[字形]=網，[字形]=門，等等。二人書信中這樣的文字釋讀舉例比比皆是，信中也常見金璋用鉛筆或紅筆添加的批注。

我們以1907年6月18日這封書信爲例，其上就有金璋的多處批注：（1）[字形]=西（至少可能是）。金璋批注：不，=鹵。（2）[字形]可能是異。金璋批注：是的。（3）[字形]=（?）金璋批注：=出。（4）[字形]=（?）金璋批注：或爲宜。（5）[字形]=（?）可能是取，但[字形]不是耳。金璋批注：可能是助。（6）[字形]=（?）可寫作宰。金璋批注：=牢。（7）[字形]=（?）金璋批注：可能是甗。這是1907年的書信，當時市面上僅有一種甲骨著錄書《鐵雲藏龜》（1903）和一種涉及甲骨文字釋讀的書《名原》（1905）。但在1907年6月1日的信中，方法斂還在向金璋介紹《鐵雲藏龜》的版本，可知那時的金璋連《鐵雲藏龜》都没見過，更不用說《名原》了。在没有任何甲骨文字釋讀著作可供參考的情況下，金璋獨自做到把[字形]和異、[字形]和出（第三個字形實爲各）、[字形]和宜、[字形]和牢、[字形]和甗對讀起來，這在一定程度上反映出金璋已經具有較好的甲骨文字釋讀能力。

金璋的論文和手稿中有大量甲骨文字考釋的內容。他於 1917—1928 年間發表的《象形文字研究》系列，考釋了 111 個單字和若干相關詞條。他於 1925 年發表的《中國古今文字考》，通過對胡、伏、彝、草（早）、蠻、矣、夷、鼂等 8 個單字的解讀，闡述了自己對漢字字形訛變的認識。他於 1937 年發表的《中國古文字專題研究》系列，考釋了四、東、良、去、至、夏、貫等 7 個單字。他於 1949 年發表的《中國古文字研究零拾》，考釋了河、主、后等 3 個單字。以上論文共考釋文字 129 個。除此之外，筆者從金璋的手稿中整理出 192 個文字考釋詞條。合計起來，金璋的論文和手稿中共有文字考釋詞條 321 個。金璋考釋的這些文字，大部分都列有甲骨字形，少數沒有甲骨字形的，就只列有金文字形或篆文字形。金璋考釋的甲骨文字中，多數已由其他學者釋出，但有一些確爲金璋首次釋出。對於其他學者已經考釋出來的甲骨文字，金璋在充分吸收他人成果的基礎上，又對文字的形音義進行深入分析，旨在闡明文字的造字本義和字形演變過程。

　　由於金璋考釋過的甲骨文字數量較多，我們用兩章進行介紹。第四章將對金璋已發表論文中考釋過的甲骨文字進行逐一分析，第五章將對金璋未刊手稿中考釋過的甲骨文字進行逐一分析，並對金璋的甲骨文字考釋成果進行總結和評價。

第一節　《象形文字研究》中的甲骨文字考釋

　　《象形文字研究——中國古文字的發現、恢復和猜想》是金璋 1917—1928 年間在《英國皇家亞洲文會會刊》上發表的甲骨文字考釋系列文章，是金璋甲骨文字考釋的代表之作。《象形文字研究》分九卷發表，第九卷附引得，分別發表於 1917 年 10 月、1918 年 7 月、1919 年 7 月、1922 年 1 月、1923 年 7 月、1924 年 7 月、1926 年 7 月、1927 年 10 月和 1928 年 4 月，前後延續了十餘年時間。①《象形文字研究》共考釋了天、日、月、明、弓、彈、爵、貍（埋）、沈

---

① 原文信息：L. C. Hopkins: Pictographic Reconnaissances, Part I, *JRAS*, (Oct., 1917), pp.773 - 813; Part II, *JRAS*, (Jul., 1918), pp.387 - 431; Part III, *JRAS*, (Jul., 1919), pp.369 - 388; Part IV, *JRAS*, No.1 (Jan., 1922), pp.49 - 75; Part V, *JRAS*, No.3 (Jul., 1923), pp.383 - 391; Part VI, *JRAS*, No.3 (Jul., 1924), pp.407 - 434; Part VII, *JRAS*, No.3 (Jul., 1926), pp. 461 - 486; Part VIII, *JRAS*, No.4 (Oct., 1927), pp.769 - 789; Part IX and Index, *JRAS*, No.2 (Apr., 1928), pp.327 - 337。

(沉)、甗、矢、火、光、叟(变)、昱(翌、翊)、離、角、死、若、聿、象、爲、虎、豹、即、既、鄉(饗)、麂(以上28字爲卷一所釋),雨、霖、霝、雪、電、晨(晨)、伊、尹、晝、昃、莫(暮)、晛、京、凩、祭、多、俎(宜)、祝、壹(壹壹)、抑(印)、邑、申、它(它)、馭(以上34字爲卷二所釋),歲、鄙、行、圉、氾、巳、已、目(以、厶、台)、州、交、災、益(以上12字爲卷三所釋),執、上、下、寮(燎)、鼎、異、戴、匹、中、龏(龔)、公、旬、負、文、也(以上15字爲卷四所釋),獻、洗、訊(以上3字爲卷五所釋),如、奠、孚(俘)、反(服)、氏、丞、庶、己、因、盡、燕、主(以上12字爲卷六所釋),陵、狼、元、帝、不、謝、克、冬、黍、舊、出、方(以上12字爲卷七所釋),武、末、眞、玉(以上4字爲卷八所釋),易(以上1字爲卷九所釋)等111個詞條。除了壹、已、匹、戴、負、也、氏、眞、易這9個字没有列甲骨字形或所列甲骨字形是僞刻外,其餘102個字均列有甲骨字形。①

　　《象形文字研究》九卷保持了文章結構的一致性。卷首都有簡短的考釋説明,接着是一個一個考釋詞條。每個詞條都以所考釋文字的韋氏拼音、現代字形、英文釋義、古文字字形(見文中或文末所附圖版第某某個字形)和字形本義作爲詞頭,詞頭後面是文字考釋部分,先列出該字的現代義項和《説文》的解釋,再對其甲骨、金文字形進行分析,或對甲骨中出現的辭例進行解析,必要時輔以音韻學上的證據,最後闡釋其造字本義和字形演變過程。文中或文末所附圖版上羅列了所有考釋詞條的古文字字形,包括篆文字形、金文字形和甲骨字形,每個字形下面都有編號。文章末尾附有"引書簡稱",並注明了每個字形的出處。篆文字形采自《説文解字》,金文字形采自《六書通》《積古齋鐘鼎彝器款識》《説文古籀補》《古籀拾遺》《捃古録金文》《陶齋吉金録》《朝陽閣字鑒》《古籀篇》《殷文存》等,甲骨字形采自《鐵雲藏龜》《殷虚書契》《鐵雲藏龜之餘》《殷虚書契後編》《殷虚書契菁華》《殷虚書契待問編》《藝術叢編》《簠室殷契類纂》金璋所藏甲骨和大英博物院所藏甲骨等。

　　《象形文字研究》所引古文字字形的來源及在本章節中的簡稱如下:
　　H.＝Hopkins Collection. 金璋所藏甲骨,用"金+編號"表示。

---

① 汪濤教授曾指出《象形文字研究》系列考釋甲骨文字160多個。本文按照金璋原文中的詞條順序,一個詞條作爲一個編號,統計的是金璋文中所列詞條數量。實際上,某些詞條會涉及幾個甲骨文單字,因此本文與汪濤統計結果有所不同。參看汪濤:《甲骨學在歐美——1900—1950》,載於臺灣師範大學國文學系、中研院歷史語言研究所編:《甲骨文發現一百周年學術研討會論文集》,(臺北)文史哲出版社,1998年,第151頁。

第四章　金璋的甲骨文字考釋(上)

T. Y. T. K. = T'ieh Yün Tscang Kuei《鐵雲藏龜》，簡稱《鐵》。

Y. H. S. K. = Yin Hsü Shu Ch'i《殷虛書契》。其中，《殷虛書契前編》簡稱《前》，用"卷+頁碼"表示；《殷虛書契後編》是采用的《藝術叢編》本，用"《叢編》+頁碼"表示。

I. S. T. P. = I Shu Ts'ung Pien《藝術叢編》，簡稱《藝叢》。

Y. H. S. K. T. H. = Yin Hsü Shu Ch'I Tsing Hua《殷虛書契菁華》，簡稱《菁》。

T. Y. T. K. C. Y. = T'ieh Yün Tscang Kuei Chih Yü《鐵雲藏龜之餘》，簡稱《鐵餘》。

Yin Wen Tsun《殷文存》。

Oracle Records of the Waste of Yin.明義士《殷虛卜辭》，簡稱《虛》。

Y. H. S. K. K. S. = Yin Hsü Shu Ch'I K'ao Shih《殷虛書契考釋》，簡稱《書考》。

Y. H. S. K. T. W. P. = Yin Hsü Shu Ch'I Tai Wên Pien《殷虛書契待問編》，簡稱《殷問》。

Y. K. L. T. = Fu Shih Yin Ch'I Lei Tsuan《簠室殷契類纂》，簡稱王襄《類纂》。

K. C. P. = Ku Chou P'ien《古籀篇》。

Collection of Chinese Bronze Antiques《中國古器物圖錄》，簡稱《古圖》。

T. K. C., etc. = Tsi Ku Chai Chung Ting K'uan Chih《積古齋鐘鼎款識》，簡稱《積古齋》。

S. W. K. C. P. = Shuo Wen Ku Chou Pu《說文古籀補》，簡稱《籀補》。

K. C. S. I. = Ku Chou Shih I《古籀拾遺》。

C. K. L. C. W. = Chün Ku Lu Chin Wen《攈古錄金文》，簡稱《攈金》。

C. Y. K. J. P. = Choyokaku Ji Kan《朝陽閣字鑒》，簡稱《朝鑒》。

T. C. C. C. L. = T'ao Chai Chi Chin Lu《陶齋吉金錄》，簡稱《陶古》。

S. W. = Shuo Wen.《說文解字》，簡稱《說文》。

Les Documents Chinois De La Troisieme Expedition De Sir Aurel Stein En Asie Centrale(《斯坦因在東突厥斯坦沙漠所獲漢文文書》)，簡稱《漢文文書》。

爲了方便核對校驗，筆者按照《象形文字研究》的原文順序對金璋考釋過的文字進行編號。《象形文字研究》標注古文字字形出處的格式爲"書名+卷名+頁碼"，或"藏家+編號"，筆者在介紹金璋的文字考釋成果時,也采用了這種標注方式。此外,由於金璋在考釋中大量引述了羅振玉《殷虛書契考釋》①的內容,因而金璋考釋的詞條,如在《書考》中出現過,筆者就附上《書考》的對應頁碼,以便查閱對照。筆者對金璋的考釋思路進行了分析,對金璋的考釋成果進行了概括,並在每個考釋詞條後附加簡單按語,從現代學術視角對金璋的文字考釋進行評述。

一、《象形文字研究(卷一)》中的甲骨文字考釋

1. 天([字形1 2 3 4 5 6])。《書考》p.18。

1、5引自《籀補》1.1,2引自《摭金》7.43,3、4引自《前》2.3、4.16,6爲《說文》篆文。

從羅振玉釋天,但對字形的分析有所區別。羅振玉認爲"卜辭中有從二者,二即上字。大象人形,人所戴爲天,天在人上也。許書從一,猶帝、示諸字從二亦從一矣"。金璋對此表示否定。他認爲"天是神靈的擬人化表示,或許就是被神化的祖先。總之,這個字都是以人的形象所構想的神的象形"。他指出,中國學者囿於許慎的字形分析,認爲天從一從大。而實際上,天的甲骨字形是人的正面圖示,●或━或☐表示人的頭部, [字形] 表示人的軀幹和四肢,偶爾所從之 ═ 則是 ☐ 的訛變。藉此,金璋批評中國學者喜歡用唯理論來挖掘文字的象徵意蘊,却忽視了字形本身的圖像含義。

按:金璋認爲天的甲骨字形是人的正面圖示,所從之●或━或☐都表示人的頭部, ═ 乃是 ☐ 的訛變。這個意見是可取的。不過, ═ 或許不是 ☐ 的訛變,而是簡化。

2. 日([字形7 8 9 10 11 12])。《書考》p.19。

7引自《摭金》8.15,8引自《籀補》2.38,9、11、12引自《前》3.19、1.20、2.22,10引自金815(偽刻)。

從羅振玉釋日,並對字形進行分析。金璋認爲"日"的理想字形可能是圓〇。《說文》所謂古文字形" [字形] ",圓形裏面是曲線,古文字形並無此例。裏面這一筆,或許只是隨意性符號,表示外面的〇描繪的不是圓形,而是實心球體。他引用羅的考釋:"日體正圓,卜辭中諸形或爲多角形,或正方者,非日象如此,由刀筆能爲方而不能爲圓故也"。在引用中,金璋把

---

① 羅振玉:《殷虛書契考釋》,王國維手寫石印本,1914年12月。下文簡稱《書考》。

"刀筆"譯爲"style"。他指出羅氏的説法並不確切,刀筆不是不能爲圓,只是不能自如地描畫連續曲綫,這裏金璋又把"刀筆"譯爲"metal point"。最後,金璋對比了中西方學者對"刀筆"的不同理解。他指出,羅氏的表述説明,在中國學者眼中"刀筆"是一個詞,表示"knife-pen"或"style",是一種工具。但以往一些歐洲學者認爲"刀筆"表示"knife"(刀)和"pen"(筆)兩種不同的工具。

按:金璋指出"日"中間的短畫或爲隨意性符號,用以區别圓形和球體。這種解釋值得肯定。劉釗就指出,"日"中間的圓點或短畫是飾筆,[1]與金璋的理解異曲同工。另外,金璋把"刀筆"譯爲"metal point"或"style",認爲這是一種金屬材質、有尖頭的書寫或刻畫工具,並非以往歐洲學者所認爲的是"刀"和"筆"兩種工具,糾正了以往歐洲學者對"刀筆"的錯誤理解。

3. 月( )) ( )))))))))。《書考》p.19。
　　　15 16 17 18 19 20 21 22 23 24 25 26

15 引自金 7,16 引自金 148,17、21 引自金 339,18 引自金 115(僞刻),19 引自金 742,20 引自《前》2.4,22—26 引自《籀補》2.39。

從羅振玉釋月。金璋認爲這是月的象形,不同的字形代表不同的月相,從新月到上弦月,以及較爲少見的下弦月,如字形17。《説文》:月,闕也。"闕"意爲"有缺、不足"。換句話説,《説文》認爲"月"就是"缺月"之義。這個釋義正是月的甲骨字形所要表達的意思。金璋也對《説文》的性質進行了討論。他認爲《説文》是一種"字書",並非"詞典",是對"字"的解釋,而非對"詞"的定義。他還指出,"月"在上古音中讀作"küt"或"güt","闕"亦如此,"月"和"闕"屬於同源詞。

按:卜辭中月、夕二字容易相混,月字有作) 形者,也有作) 形者,在不同組類之間存在字形差别。但金璋並未對不同組類的字形差異進行分析。他認爲月的不同字形來源於不同的月相,並嘗試從音韻學的角度解釋"月""闕"之關係。

4. 明( )( )( )( )( )( )( ))。《書考》p.20。
　　　27 28 29 30 31 32 33

27、28 引自《前》4.10、7.32,29 爲《説文》篆文,30 爲《説文》古文,31 引自金 308(僞刻),32 引自金 325(僞刻),33 引自《攈金》9.54。

從羅振玉釋明。金璋指出,此字从日从月,字形簡單,但其造字本義

---

[1] 劉釗:《古文字構形學》,福建人民出版社,2006年,第 26 頁。

却難以捉摸。甲骨上有 27 和 28 兩種字形。《說文》篆文作❂，从月从囧。但从日从月的"明"不是從篆文"朙"發展來的，這個字形在甲骨上就出現過，是比"朙"更古老的字形。"明"當爲會意字，用太陽和月亮兩種偉大的光源來表示光這個抽象概念。甲骨上也有从囧从月的字形，囧兼爲聲符，與《說文》篆文"朙"同。毛公鼎"朙"作字形 33，象黑色陰影環抱新月之形，即古籍所載"哉生明"，指陰曆月初第三天的新月。

按：金璋所列毛公鼎"明"字作❂，不確。據拓本，"明"作❂，與甲文字形 27 同。除了金璋所列"❂"（27）和"❂"（28）之外，甲骨文中還有"❂"。《詁林》①認爲：卜辭惟有从囧之"❂"乃今"明"字。至於卜辭"❂""❂"諸形，與"❂"字之用法迥然有別，舊均釋爲"明"，實則"❂"與"❂"當釋"朝"（《詁林》1120—1121 頁、1346—1348 頁）。實際上，這三個字形都釋爲"明"。（《新編》②414 頁，《字編》③419 頁）宋鎮豪師在《商代社會生活與禮俗》中也都釋爲"明"，指出"明可稱日明，食日也稱大食日。明或與三四期的朝時相當。"④筆者認爲這三個字形均應釋爲"明"。"❂"从日从月，取日月之光表示光明。"❂"和"❂"所从之"❂"或"❂"，都是窗子的象形，"❂"是圓形窗，"❂"是方形窗，月光透過窗子照到室内，即爲光明。這三個字形都是會意字，囧兼聲符，所以"❂"是會意兼形聲字。金璋認爲毛公鼎之"朙"字象月虧後的黑色陰影環抱新月之形，這是不足取的。但他指出"❂"是會意字，"❂"是會意兼形聲字，則是正確的意見。

5. 弓（❂ ❂）。《書考》p.45。
　　　　　34 35

34、35 引自《前》5.8、5.7。

從羅振玉釋弓。指出此爲弓的象形，有時拉緊，有時鬆弛。

按：經查原片，34 引自《前》5.8.5，35 引自《前》5.7.3（《合集》3046）。35 釋弓可從。（《詁林》2599—2600，《新編》737 頁，《字編》943 頁）但 34 作❂，金璋摹寫有誤，實爲尸，不是弓。其辭曰：己卯卜，貞：弦尸延于丁

---

① 于省吾主編：《甲骨文字詁林》，中華書局，1996 年。簡稱《詁林》。本書引用時用"《詁林》+頁碼"表示，直接插在引文後面，不再另加注脚。
② 劉釗主編：《新甲骨文編（增訂本）》，福建人民出版社，2014 年。簡稱《新編》。本書引用時用"《新編》+頁碼"表示，直接插在引文後面，不再另加注脚。
③ 李宗焜：《甲骨文字編》，中華書局，2012 年。簡稱《字編》。本書引用時用"《字編》+頁碼"表示，直接插在引文後面，不再另加注脚。
④ 宋鎮豪：《商代社會生活與禮俗》，中國社會科學出版社，2010 年，第 100 頁。

宗熹。羅氏把 ␣ 誤釋爲弓，金璋也沿襲了羅的錯誤。

6. 弾(␣ ␣ ␣ ␣)《書考》p.45。
　　　36 37 38 39

36—39 引自《前》5.9。

從羅振玉釋彈。金璋指出，彈，弓上行丸也。象弓弩行丸之形，弦上一點表示彈丸。引用了羅振玉的考釋，並強調，羅氏指出甲文字形與段玉裁所補彈的或體"从弓持丸"的 ␣ 字形相同。另外，金璋指出，《六書故》所列"彈"的第一個字形" ␣ "，顯然是從"彈"的甲文字形演變來的，這個字正是現代"丸"的本字。彈在甲骨文中是从弓持丸的象形字，隸變後成了从弓單聲的形聲字，而彈的甲文字形就逐漸演變成了表示小球的丸(␣)。

按：金璋所列字形可分爲兩種，第一種弓弦之形作虛綫(36)，第二種弓弦上有小圓圈(37—39)。《詁林》把兩種字形都釋爲"彈"(《詁林》2600—2607 頁)，但現在有不同釋法。比如，劉釗把第一種字形和 ␣ 、 ␣ 等形釋爲"發"(《新編》739 頁)，把第二種字形釋爲"弦"(《新編》742 頁)。李宗焜則把第一種字形釋爲"𢎥"(《字編》946 頁)，把第二種字形釋爲"弦"(《字編》943 頁)，把 ␣ 、 ␣ 等形釋爲"發"(《字編》947 頁)。陳年福把第一種字形和 ␣ 、 ␣ 等形釋爲"發"，把第二種字形釋爲"彈"①。

7. 爵(␣ ␣ ␣ ␣ ␣ ␣)。《書考》p.41。
　　　40 41 42 43 44 45

40—41 引自《前》5.5，42—43 引自《鐵》241、89，44 爲《説文》古文，45 爲《説文》篆文。

從羅振玉釋爵。金璋指出，爵，高腳酒杯。甲骨字形(40—43)倒看象鳥頭，巨目，鉗嘴，樣式化的羽冠，方法斂在《中國古代文字考》中就列出此字形，方氏疑爲鳥字。羅振玉釋爵，致確。金璋全文翻譯了羅氏的考釋。金璋指出，《説文》所言"象爵之形"，正好印證了葉慈的觀點，即表示器名的字就是器物的象形，這是中國藝術最突出、最典型的特點。《説文》又言"器象爵者，取其鳴節節足足也。"飲酒有節這種觀念是適宜的，並且要在酒器本身上得以強化。雀鳥嘰嘰喳喳的叫聲聽起來仿佛人語中的"節節足足"，恰像規勸人們飲酒要有節制，因此，古人就用雀形作爲爵的形制。金璋特意解釋了他爲何把"象爵之形"中的"爵"譯成 bird(雀)，而非 goblet(爵)。他指出，"爵"和"雀"讀音相近，這裏的"爵"其實是表示

---

① 陳年福：《甲骨文字新編》，綫裝書局，2017 年，第 120 頁。

"雀"(bird)這個詞。用'爵'不用'雀'是爲了特指這是一種酒器。

按：此字釋爵可從。甲文字形 正是爵這種酒器的象形。金璋贊同許慎的解釋，認爲爵象雀形，爵、雀音同，還指出爵這種酒器取相於雀鳥之形，是暗含以雀鳴的節節足足之音以規勸適度飲酒之義。嚴志斌根據考古出土和傳世的幾件鳥形杯材料證明，"'爵'應有兩種形制，一是三足有流有尾者；二是鬥形有柄者。……商代文字中，'爵'和'雀'在字形上已然有些混同，如 的形體所從之'爵'與'雀'形近同，這種字形上的變形音化説明商代晚期'爵'與'雀'應該是同音的兩個字，字形也接近。……許慎等以'雀'來説解'爵'有其合理性。"①足見金璋的闡發也有其可取之處。

8. 貍(埋)(　　　)。《書考》p.26。
　　　　　　46 47 48

46—48 引自《前》1.32、6.39、7.3。

從羅振玉釋貍。金璋指出，貍，只在《周禮》中讀作 mai，意即現在的"埋"。通常讀作 li，是一種野貓。前兩個字形象牛在凵中被水包圍。第三個字形象犬在凵中，無水形。甲骨字形和《周禮》中的字形完全不同，甲骨字形也絕非《周禮》字形的早期形式。金璋非常贊同羅振玉對這個字形的考釋："此字象掘地及泉實牛於中，當爲貍之本字。貍爲借字。或又从犬。"金璋翻譯了羅氏的考釋內容，並指出，貍、寮、卯都是甲骨文中常見的祭名。

按：此字金璋從羅説釋爲貍沉之貍，於字形和字義的分析都有其合理性。《詁林》亦從羅説釋"埋"（薶），但也列出了其他不同意見。比如，于省吾釋"陷"。裘錫圭釋"坎"，指出卜辭中的 （坎牛）、 （坎犬）、 （坎女）等都是動詞"坎"之異體字形，卜辭裏個別 後面不跟犧牲名，可能讀爲"坎犬"。（《詁林》1529 頁。）

9. 沈(沉)(　　　)。《書考》p.26。
　　　　　　49 50 51

49—51 引自《前》2.24、7.25、2.9。

從羅振玉釋沈，象牛沉於水中之形，並翻譯了羅氏的考釋內容。

按：此字釋沈可從。金璋的翻譯恰如其分，足見其對漢字內涵的深刻理解。

10. 麑(　　　　　　)。《書考》p.35。
　　　　52 53 54 55 56 57

52—54、56—57 引自《前》4.51，55 引自《鐵》p.210。

---

① 嚴志斌：《薛國故城出土鳥形杯小議》，《考古》2018 年第 2 期。

從羅振玉釋夷，並引述了羅氏的考釋。另外，金璋還補充了對"雊"（雉）所從之"夷"的分析。從字形上來看，夷是用絲綫纏繞的箭矢，即文獻中的"矰矢"，用矰矢射獵即"弋射"也。同時，夷與"夷"在字形上有繼承關係，只不過上部的箭頭訛變成了"上"，纏繞的絲綫訛變成了"弓"。夷訛變成夷後，就用來表示"夷狄"，其本義"矰矢"則用"弋"表示。但金璋又指出，"夷狄"之"夷"在甲文和金文中則寫作 ɓ。

按：此字釋夷可從，但字形 52—55 與字形 56—57 在卜辭中的具體用法有別。李宗焜就指出，"《類纂》以'ɓ'、'夷'、'夷'爲一字（夷），從形體角度看是合理的，但從辭例看，用作動詞或人名則畫出矢形，用來指犧牲時則作'夷'，區別甚爲明顯，因此我們把它們分爲二字。"（《字編》凡例第 12 頁）金璋所列字形 52—55，《新編》、《字編》均釋爲夷。（《新編》555—556 頁、《字編》566—567 頁）金璋所列字形 56—57，《新編》釋爲象（556 頁），《字編》無釋字（557—558 頁）。另外，金璋把"雊"（雉）所從之"夷"釋爲夷，指出夷是用絲綫纏繞的箭矢，即文獻中的"矰矢"，用矰矢射獵即"弋射"，也是正確的。甲骨文中有夷字，見於《合》17027 反：…夷何…。但辭殘，字義不明。

11. 矢（ 𝟙 𝟙 𝟙 𝟙 ）。《書考》p.46。
　　　　58 59 60 61

58—60 引自《前》1.3、5.7、4.51，61 引自引自《鐵》p.231。

從羅振玉釋矢，但解釋不同。金璋認爲該字的本義是"石製箭頭的箭矢"，上部表示石頭打磨成箭頭後形成的表面和棱角。並認爲這是石器時代生活方式的遺存，因此該字形必然非常古老。金璋還指出，該字形在甲骨文中只單獨出現，在金文中未出現過。甲骨文從矢的合體字，也都只用"𝟙"，不用"𝟙"。

按：這個字形應釋爲"𢎗"，前人多誤與"矢"相混。裘錫圭在《𢎗字補釋》一文中有詳細論證。裘先生指出，"矢"字只是一般地象矢形，"𢎗"字則特別突出矢簇部分。其字形演變過程爲：

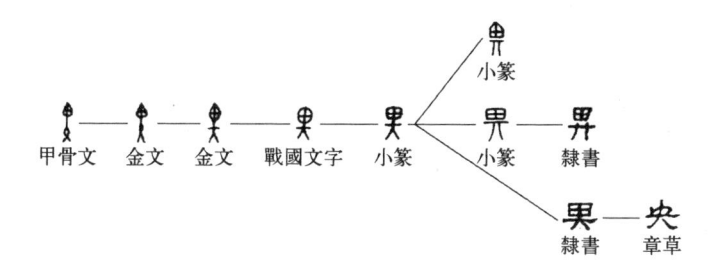

古書裏的"畀"字一般當"付與"講,這是假借義。甲骨卜辭裏的"畀"字用法跟古書裏的"畀"字差不多,幾乎都是當"付與"講。① 金璋雖然識字錯誤,但他也指出了這個字形與"矢"的常見字形"↑"之間的區別。

12. 火（ 🙟 🙟 ）。《書考》p.49。
　　　　　 62　63

62、63引自《前》5.14。

從羅振玉釋火,並引述了羅氏的考釋。金璋又補充道,卜辭中"火"容易被誤釋爲"山",但他没有指出二字的區別何在。

按:"山"字和"火"字的區別,"大體而言,山字其下部平直,火字則其下部彎曲。廩、康以後,火字增小點,區別益顯"(《詁林》1205頁)。

13. 光（ 🙟 🙟 ）。《書考》p.49。
　　　　　 64　65

64、65引自《前》4.41、5.32。

從羅振玉釋光,但解釋不同。金璋認爲這是一個頭部被"🙟"(火)取代的人形。它要表達的不是物理感知的光明,而是具有象徵意藴的光環。由於榮耀之光太過强烈,人的頭部已經被淹没了,不可見了。這與基督教聖靈頭頂的光環相似,只不過聖靈的頭部還能看到。

按:金璋從羅説把此字釋爲"光"是可取的,但他對字形本義的解釋過於牽强。這是金璋用西方思想解釋漢字造字本意的一個例子。

14. 叟(叜)（ 🙟 🙟 🙟 🙟 ）。《書考》p.30。
　　　　　　 66 67 68 69

66—68引自《前》4.38、4.29、4.29,69爲《説文》篆文。

羅振玉釋叜,即今之叟字。金璋從羅氏釋叟,並引羅氏的考釋:"叜。此从又持火在宀下。父與叜何以皆从又持炬,古誼今不可知矣。"但金璋對此並不贊同,他認爲這個字應該是搜索、搜查之"搜"的古字。搜、叟同音,故假借爲"叟",表示老人。他還認爲篆文🙟和現代漢字"叟",與甲文字形🙟有相通之處。🙟也是从又持火在宀下,只不過🙟簡化成了⺌。叟从又持丨,無宀,無火,不過"臼"可能就是🙟的左右兩邊簡化成的。

按:金璋從羅振玉説,把🙟(叜)釋爲"搜"之古字,可從。《新編》(165—166頁"叟")、《字編》(452—453頁"搜")均采納之。但也有學者

---

① 裘錫圭:《畀字補釋》,《裘錫圭學術文集·甲骨文卷》,復旦大學出版社,2015年,第27—35頁。

持不同意見。如彭邦炯認爲甲骨中的 ▢ 和 ▢ 是同一個字的異構字形,都是《說文》"熒"之本字。"從兩字的構形看,前作屋宇下手持炬形,後作屋宇下火光狀,但都有以火照明之義"。參看《詁林補編》①第 1239 號引彭邦炯說。

15. 昱(翌、翊) (▢ ▢ ▢ ▢ ▢ ▢ ▢ ▢ ▢ ▢)。《書考》p.66。
   70 71 72 73 74 75 76 77 78 79

70—77 引自《前》2.23、1.20、7.5、7.32、3.28、1.1、4.13、5.29,78 引自《攟金》9.44,79 羅氏所引石鼓文。

從羅振玉説釋"昱"(yü),意爲"次日"。並指出"翌"和"翊"也是從上述甲骨字形發展來的,讀爲 yi,但早期與"昱"應爲同音字。他對字形進行了分析,有的從立從 ▢,有的從日從 ▢,最常見的則是 ▢ 單獨出現,並指出羅振玉釋爲從日從立的"昱"字,並沒有對應的甲骨字形。金璋全文翻譯了羅振玉的考釋內容,對羅振玉提到的王徵君(即王國維)表達了崇高的敬意,認爲釋出該字是古文字學上的一大貢獻。但 ▢ 與"次日"有何關係?它的本義是什麽?對此羅、王並未作出解釋。金璋認爲 ▢ 的本義是鳥的翅膀,可能是"羽"的初文,也可能是"翼"的初文。但同時又指出甲骨文中另有"羽"字: ▢、▢。

按:金璋從羅氏把這幾個字形釋爲"昱",表示次日,並認爲從立從 ▢ 的"翌"和從日從 ▢ 的"翊"均爲此字,這是正確的。但 ▢ 是否爲鳥羽之象形,則很難説。另外,他把甲骨文中的 ▢、▢ 釋爲"羽",雖然不正確,但他能把這個字形和鳥羽聯繫起來,也有可取之處。這兩個字形確與羽毛之象形有關係,但在卜辭中應讀爲"彗",表示疾愈、病除。參看裘錫圭《殷墟甲骨文"彗"字補説》。②

16. 雝 (▢ ▢ ▢ ▢)。《書考》p.23。
   80 81 82 83

80—82 引自《前》2.24、2.35、2.36,83 引自《籀補》1.20。

從羅振玉釋雝,並全文引用了羅氏的考釋,認爲羅的考釋非常精當。雝,一般訓爲"湖、澤",也有"和諧"之義。古文字字形從水從口從隹,義爲樂土。"辟雝"就是壕溝環繞的公園或樂土,與英語中的"paradise"(天國)相似。"paradise"的詞源可追溯到古波斯語 pairidaēza,也表示一種封

---

① 何景成編撰:《甲骨文字詁林補編》,中華書局,2017 年,第 338—339 頁。簡稱《詁林補編》。本書引用時用"《詁林補編》+頁碼"表示,直接插在引文後面,不再另加注腳。
② 裘錫圭:《殷墟甲骨文"彗"字補説》,《裘錫圭學術文集·甲骨文卷》,復旦大學出版社,2015 年,第 422—430 頁。

閉的公園或樂土。因此，金璋認爲中國的辟雝和古波斯的天國都是以相同的方式構想出來的樂園。

按：雝在卜辭中作人名或地名。這個考釋詞條體現了中西方文化的碰撞和交流。

17. 角（☖☖）。《書考》p.37。
　　　　84 85

84、85 引自《前》4.53。

動物角的象形，可能是牛角。引用了羅振玉的考釋："石鼓文作☖，此作☖，皆象角形。八象角上橫理。橫理本直文，作曲形者，角爲圓體，觀其環形，則直者似曲矣。"金璋對此表示贊賞。

按：羅氏的考證十分精彩，金璋從之。

18. 死（☖ ☖）。《書考》p.32。
　　　　86 87

86 引自《前》5.41，87 引自金 228。

羅振玉把☖釋爲"死"，金璋從羅說，並引述了羅氏的考釋，認爲該字是"跽跪的人形低頭看着死者的屍體"。金璋補充了羅氏未見的另一個異體字☖，並指出☖是象形意味較濃的字形，而☖是綫條化後的簡單字形，☖在金文中也出現過。金璋指出，理論上來說，早期的象形字形不會與晚出的簡化字形同時存在，但☖和☖在商代卜辭中同時出現，這就暗示了當時必然存在着兩種勢力，一種維護繁複字形的守舊勢力，一種推動綫條字形的革新勢力。這兩種對抗的勢力，伴隨着文字字形演變的整個過程。

按：☖、☖在卜辭中都是"死"字，金璋的意見是正確的。金璋對文字字形演變的理論推測也是可取的，在漢字的使用過程中，爲了便於書寫，漢字字形有逐漸趨於綫條化的簡化過程，象形意味較濃的複雜字形和綫條化的簡單字形同時存在，正是這一簡化過程的生動體現。

19. 若（☖ ☖ ☖）。《書考》p.52。
　　　　88 89 90

88—89 引自《前》3.27、4.11，90 爲《説文》篆文。

跽跪的人形，可能是女人，雙臂上舉至頭上方，頭上幾個筆道表示頭髮。整個字形是屈從、屈服或哀求、祈求的象徵。《説文》曰：若，擇菜也。金璋指出，許慎對若的解釋與它的字形本義沒有任何關係。他引用了羅振玉的考釋："卜辭諸若字象人舉手而跽足，乃象諾時巽順之狀。古諾與若爲一字，故若字訓爲順，古金文若字與此略同，擇菜之誼非其朔矣。"吳大澂對盂鼎所見古文字字形☖的解釋，"華之茂者，枝葉敏生"（《説文古籀補》若字條),也與若的字形本義不符。另外,金璋也指出,他與羅氏的見解大體相同而稍有區別。羅氏認爲若的字形象巽順、順從貌,金璋認爲若的字形象祈求、哀求貌。

按:金璋根據"若"的甲骨字形追溯其字形本義,再糾正前代金石大家吴大澂之不足,這種研究思路值得稱道。

20. 聿(⿰⿰) 91 92 93)。《書考》p.44。

91 引自《前》7.23,92 引自金 782(僞刻),93 爲《説文》篆文。

聿,古代的書寫工具,字形象手持金屬刻刀或毛筆之狀。金璋引用羅振玉的考釋,"象手持筆形"。金璋指出,羅氏似乎認爲商代就有所謂"筆"或"毛筆"之類的書寫工具,金璋對此表示質疑。他認爲手持的書寫工具可能是金屬刻刀。

按:經查,字形 91 出自《前》7.23.1(《合集》5452),原拓作 ,《合集釋文》釋爲"尹",《摹釋總集》(135 頁)釋爲"聿"。《字編》摹作" ",釋"尹"(《字編》348 頁)。《字編》"聿"字條下有三個字形,分別是 (《合集》32791)、 (《合集》28169)、 (《合集》22063,《字編》1207 頁)。"尹""聿"字形差別明顯,"尹"作手持木棒之形,木棒是直的,故用豎筆表示。"聿"作手持筆形,筆下端有毛刷,故用豎筆加分叉表示。可見,字形 91 應釋爲"尹",不是"聿"。羅氏把它混入"聿",金璋也没有分別出來。不過,尹、聿也有混用的時候,比如《合集》32791"丁丑卜,伊尹歲三牢,兹用",就是借用"聿"的字形表示"尹"。

21. 象(⿰⿰⿰⿰⿰) 94 95 96 97 98)。《書考》p.36。

94—96 引自《前》3.31、4.44、4.44,97 引自《後·下》(《藝叢》p.5),98 爲《説文》篆文。

從羅振玉釋象,並指出,"象"有兩個詞義,(1) 大象(elephant),(2) 像(like)。這兩個詞義可能有不同的字形起源,但因爲讀音相同,因而經常用一個字來表示。金璋全文引用了羅氏的考釋。

按:羅氏同時對"爲"進行了字形分析,金璋的評述見本文"爲"字。

22. 爲(⿰⿰⿰⿰) 99 100 101 102)。《書考》p.55。

99、100 引自《前》5.30,101 引自《後·下》(《藝叢》p.10),102 爲《説文》篆文。

從羅振玉釋爲,但對形義的分析與羅氏不同。羅氏指出,"爲字從手牽象,則象爲尋常服御之物","卜辭作手牽象形,知金文及石鼓文從◯者,乃◯之變形,非訓覆手之爪字也。意古者役象以助勞其事,或尚在服牛乘馬以前"。金璋對此並不贊同。他認爲,從字形上看,◯總是在象鼻前端的位置,從來不在其他位置。如果羅氏的説法正確,那麼商朝人就是牽着象鼻使其勞作的。但瞭解大象習性的人都知道,象鼻是大象最敏感的部位,任何大象都不會讓人牽着鼻子走。因此,"手牽象形"的解釋是行不通的。他認爲象鼻和人手一樣靈巧,能抓取和搬運東西,在象鼻前端附加◯,只是爲了突出和強調象鼻的這種特性。由此,羅氏所説"役象以助勞其事",也就無法立足了。从◯从象的"爲"字,其本義就是作、做,是表示動作或行動的詞。

按:羅氏認爲"爲字從手牽象",表示勞作,乃是會意。金璋認爲"爲字從又從象","又"只是附加符號,因象鼻和人手一樣靈巧,所以強調象鼻來表示"做"的含義。金璋的解釋可備一説。

23. 虎（ ）。《書考》p.36。
103 104 105 106 107

103—105引自《前》4.44、4.44、5.29,106引自《後·下》(《藝叢》p.38),107引自《後·上》(《藝叢》p.15)。

虎,老虎側面輪廓的生動圖示。羅振玉把虎、豹混爲一字,金璋將二者分開,列爲兩個詞條(見下文"豹")。金璋對"虎"的甲骨字形進行了細緻描述:碩大的虎頭,大張的虎口,寬闊的肩部,矯健的身軀,背腹上還有虎紋;通常還會突出虎爪的形狀,尤其在虎身簡化成一條曲綫時;長而上卷的尾巴。金璋指出,除了這種象形意味較濃的字形(103—105)外,還有一種更綫條化、更簡約、更變形的虎字(106—107),它們在甲骨文中同時存在。

按:金璋把甲骨文中的虎、豹這兩個字區分出來,這是值得贊許的。但他所列字形107不是"虎"字。《詁林》從于省吾説,認爲 是一個字,釋爲"列"(《詁林》1035—1039頁)。《字編》則把這三個字形都釋爲"皆"(《字編》602頁)。陳年福《甲骨文字新編》"皆"字條下云:从口从𠕁,虍聲,或省聲。①

24. 豹（ ）。
108 109

108—109引自《前》4.45。

---

① 陳年福:《甲骨文字新編》,綫裝書局,2017年,第32頁。

金璋釋"豹",並指出羅振玉把它們誤爲"虎"字。虎、豹二字的區別在於,"虎"字身上的斑紋是綫條狀的,而"豹"字身上的斑紋是圓圈狀的。金璋還指出,甲骨文字"⿰"和現代漢字"豹"是兩種完全不同的字,前者是象形字,後者則是形聲字,"豹"並非由"⿰"發展演變來的。

按:金璋對"虎""豹"二字的區分是很準確的,糾正了羅振玉的錯誤。王襄在《簠室殷契類纂》(1920)中把這個字釋爲"豹",比金璋晚了三年。

25. 即(⿰ ⿰ ⿰)。《書考》p.51。
　　　110 111 112

110—111 引自《前》5.17、6.5,112 爲《説文》篆文。

從羅振玉釋"即",指出該字象人跪坐在食器之前,暗示將要開始吃飯。金璋首先引述了《説文》對"即"的解釋:即,篆文作⿰,即食也。从皀卩聲。接著他分別對"即"所從之"皀"和"卩"進行了分析。《説文》:皀,篆文作⿰,"穀之馨香也。象嘉穀在裹中之形。匕,所以扱之。或説皀,一粒也"。金璋指出,許慎對"皀"的字形分析是完全錯誤。甲骨文"皀"有兩個字形:⿰和⿰。或釋"豆",帶有圓錐形的尖頂,或釋"食",簡省了三角形的頂部。金璋指出,"⿰"與"敦"的金文字形"⿰"的左半邊完全相同,因而這個字形可能是"敦"的早期象形字(盛放穀物的容器)。羅振玉把⿰、⿰、⿰等釋爲"敦",這三個字形的左半邊就是"敦"的初文。《説文》:卩,篆文作⿰。羅振玉認爲古文字字形⿰象"人跽形,即人字"。金璋對此表示質疑,他指出⿰象人跽形,但不是人字。

按:金璋認爲⿰和⿰不應釋爲豆或食,這是正確的。甲骨文中"豆"作⿰、⿰、⿰等形(《字編》1090頁),"食"作⿰、⿰、⿰、⿰等形(《字編》1073—1074頁)。但⿰和⿰不是敦的初文。⿰、⿰、⿰也不是一個字,第一個字形可釋爲"毀"(簋),後兩個字形可釋爲"殸"(殺牲之法)(《詁林》2765—2768頁)。金璋指出⿰不是"人"字,這是正確的(《詁林》341頁)。

26. 既(⿰ ⿰ ⿰ ⿰)。《書考》p.51。
　　　116 117 118 119

116、118引自《前》7.18、8.10,117引自《鐵》p.178,119引自《後·下》(《藝叢》p.8)。

從羅振玉釋"既"。金璋指出,這個字象人跪坐在食器前、頭往後扭之形,暗示吃飽了。"既"和"即"是互爲補充的兩個字。"既"表示食者離開食物,不是由於他無法忍受醬香烤鴨或拒絕食用人造黃油,而是由於他吃飽了。接着,金璋簡述了羅氏的意見。

按:金璋的分析很有趣,用形象的語言表達了"既"的字形本義。

27. 鄉(饗)([字形])。《書考》p.26。
　　　　　120 121 122 123 124 125

120引自引自《前》4.21,121—125引自《前》4.22。

鄉,現在字義是鄉村,古義爲"饗",表示向客人或神靈進獻食物,或者享用他人進獻的食物。字形象兩人相對食器而坐,表示主人宴請客人。羅振玉把上述字形釋爲"鄉",金璋從之,並全文引用了羅氏的考釋。羅氏認爲卿、鄉、饗古本一字,金璋又補充了三者之間的語音關係。他認爲上述字形應爲"饗"之本字,假借爲卿、鄉。金璋認爲,卿所從之卯,與鄉所從之邜,雖然古爲一字,但也有所不同。"卯"是從無頭的 [字形] 發展來的,"邜"是從有頭的 [字形] 發展來的。此外,金璋指出字形123([字形])與其他字形不同,食者的頭部扭向相反的方向,並非賓主相向之狀。

按:金璋所列六個字形均爲羅氏所列,他從羅氏釋爲鄉,但又指出字形123與其他字形有所不同,說明他對字形觀察非常仔細。實際上, [字形] 是"既"的異體字,羅氏誤釋爲"鄉"。甲骨文中有兩片卜辭, [字形] 爲既字。《合集》296:"貞:勿共出示。既葬,迄來歸。"《合集》10365:"□戌卜,貞:既[[字形]]麋,歸…。"

28. 麂([字形])。《書考》p.36。
　　　　129 130 131

129、130引自《前》2.23、4.48,131爲《說文》篆文。

麂,小鹿。字形象小鹿跟隨母鹿之形。金璋指出,羅振玉把 [字形] 、 [字形] 、 [字形] 、 [字形] 四個甲骨字形都釋爲麂,但他認爲前兩個字形可釋爲麂,後兩個字形可能是另一個字。全文引用了羅的考釋,並做了兩點解釋。第一,羅氏似乎不知雌鹿無角。從字形上看,此字實爲小鹿隨雄鹿之形。不過,羅氏的解釋雖然在生物學上有失精確,但却强調了幼鹿和成年鹿之間的區别,因而是可取的,也符合造字本義。第二,羅氏認爲 [字形] 似鹿無角,也應爲麂字。金璋對此表示否定。他指出,麝和麞都無角,也都是商代人射獵的對象。 [字形] 可能是麝字,也可能是麞字,但絶不是麂字。此外,他還指出 [字形] 右邊所從之 [字形] 與甲骨文"見"的異體字形相似。不同的是,甲骨文見([字形])上從目下從人,而 [字形] 上部是鹿頭的象形,下部是鹿前腿和背部的簡化綫條。因此,金璋認爲篆文麂所從之兒,實爲 [字形] (鹿形)的訛變。

按:唐蘭指出, [字形] 、 [字形] 右邊所從實爲見,不是兒,此字應釋爲覞。 [字形] 、也不是麂,而是麇,謂"麇之本字以麋、鹿例之,實當作 ☐,以無角別於鹿,亦象形字也"(《詁林》1651—1652頁)。《詁林》(1666頁)、《字編》(615頁)均把 ☐、☐ 釋爲覭。覭的本義是發現鹿的踪迹,卜辭中有覭鹿(《合集》37439)、覭豕(《合集》37468)、覭兕(《合集》37467)等語,可知覭已經泛化爲發現各種獵物的踪迹。關於 ☐、☐ 的釋讀,學者仍有不同意見。羅振玉釋麂,《詁林》(1647頁)、《字編》(606頁)均從之。陳秉新則支持唐蘭的説法,認爲 ☐ 是麇類動物,但他隸定爲毘,指出"麇似小鹿,無角,甲骨文毘作 ☐,正象麇形,是麇字之初文無疑,卜辭即用爲麇獸名。麇和麋是毘的後起形聲字"。他把从 ☐ 从禾的 ☐ 字隸定爲麇,指出此字正是麇的初文,但在卜辭中用作人名或國族名,並指出"後世易从毘爲从鹿,是偏旁類化的結果"。①《新編》(568—569頁)把 ☐ 和 ☐ 都釋爲麇。

羅振玉把 ☐、☐、☐、☐ 這四個字形都釋爲麂,不可從。金璋采納羅氏的意見,把 ☐、☐ 釋爲麂,也不可取。但他把 ☐、☐ 和 ☐、☐ 區分爲兩個不同的字,並指出 ☐、☐ 可能是麇或麋,不是麂,則比羅氏有所進步。

二、《象形文字研究(卷二)》中的甲骨文字考釋

29. 雨(☐ ☐ ☐ ☐ ☐ ☐ ☐ ☐ ☐ ☐ ☐ ☐)。《書考》p.19。
132 133 134 135 136 137 138 139 140 141 142 143

132—141引自《前》3.17、3.19、2.35、4.9、3.17、1.8、2.11、3.19、3.18、3.16,142爲《説文》篆文,143爲《説文》古文。

從羅振玉説釋"雨",但提出疑問:甲骨文"雨"的小點是雨點,那麽上面的 ☐ 或 ☐、☐ 怎麽理解?《説文》:"雨,一象天,冂象雲,水霝其間也。"但金璋質問,冂爲何象雲?

按:甲骨文"雨"作 ☐、☐、☐、☐、☐ 等形,象雨點從天幕落下之形。☐ 象天,或省 ☐,或 ☐ 和雨點相連成 ☐,最後訛變成篆文雨。《説文》認爲"冂象雲"是没有道理的。金璋質疑《説文》的解釋,説明他對古文字字形有較多思考。

30. 霖(☐)。《書考》p.19。
144

144引自《前》4.9。

羅振玉釋霖,無説。金璋從之,認爲這是商代的形聲字,从雨从林,林

---

① 陳秉新:《釋毘及从毘之字》,《古文字研究》第24輯,中華書局,2002年,第61—64頁。

爲聲符。

　　按：此字見於《合集》13010、11010，《合集》13010 字形完整但辭殘，《合集》11010 中用作地名。此字從雨從林，羅振玉、王襄、李孝定等均釋霖(《詁林》1167 頁)，李宗焜《甲骨文字編》(433 頁)、陳年福《甲骨文字新編》(106 頁)亦釋霖。見於《合集》13010、11010，《合集》13010 字形完整但辭殘，《合集》11010 中用作地名。也有學者持不同意見，如張亞初釋"霖"，認爲從雨從林(楙)聲，《詁林》按語從之(《詁林》1168 頁)，《新編》(654 頁)也釋"霖"。劉釗《古文字構形學》對此字有專門論述。①

31. 霝(　　　　　)。《書考》p.19。
　　　　145 146 147 148 149

　　145—147 引自《前》4.24，148 引自《籀補》2.65，149 引自《籀補》第 2 版，6.6。

　　羅振玉釋"霝"，無解釋。金璋從羅說釋霝，指出甲骨文中有"靈鐘""靈圭""靈龜""靈璧"等語。青銅銘文中也有類似的詞，如"霝終"。這些"靈"或"霝"，在現代語言中都寫作"令"。金璋對霝的分析是：形聲字，從雨，從兩個或三個圓形或口型或三角形的符號。從三角形符號時，其下部的尖端會延長成一條綫，正如盂鼎中的 （臨）。毛公鼎中的 （臨），其三角形符號被口形所代，上端延伸的三條綫聚爲一點。羅振玉在《書考》19 頁引用了三個甲文字形(145—147)，都只有兩個口型符號，但金 271 上的 有三個口型符號。《說文》："𠱠象雲形。"金璋對此表示反對，他認爲雨落之形在" "中已經表達過了。這些圓形或口型或三角形的符號，應是球形或橢圓形的鈴鐺，或單件或成套地掛在馬龍頭、旗幟等物體上。因此， 可能就是鈴的本字。

　　按：此字釋霝是對的。但金璋所舉甲文中的"靈鐘""靈圭""靈龜""靈璧"等語均爲僞刻，金 271 這片甲骨也是僞刻， 或仿刻金文 。 像落雨之形，金璋認爲下部的口形爲鈴鐺之形，不足取。霝在金文和文獻中用爲靈(令)，表示好、善等義，徐中舒認爲或與祈雨有關，"或值久旱，巫師祈雨，得此甘霖，故霝得引申爲靈爲善"(《詁林》1156 頁)。

32. 雪(　　　　　)。《書考》p.19。
　　　　153 154 155 156

　　153—154 引自《前》6.1，155 引自金 667，156 爲《說文》篆文。

　　羅振玉釋"雪"，曰："卜辭從二又，雪爲凝雨，得以手取之"。金璋從

―――――――
　① 劉釗：《古文字構形學》，福建人民出版社，2006 年，第 253—256 頁。

羅說,但具體解釋有所不同。《說文》:"霄,從雨彗聲"。金璋根據湛約翰①的說法,認爲彗即篲,掃把也。霄從雨從彗,表示"雪爲凝雨,可以用掃把掃除也"。

按:金璋所列 䨔䨔䨔 等形,當從于省吾釋"霎",羅振玉、金璋二人皆誤。《詁林》從陳夢家說隸作"霺",釋爲"霧"(《詁林》1160—1162 頁),不可取。于省吾釋"霎",指出:"第一期甲骨文霎字作 䨻。所從之 䎱 即妻字。至于第五期甲骨文霎字作 䨻,這是人所易識的。但其它晚期霎字作 䨻、䨻、䨻、䨻 等形,刻劃草率。"②卜辭中霎作 䨻、䨻、䨻 等形,其下半部就是卜辭中的"妻"或"妻"之省形(參看《字編》27 頁"妻"字條,431 頁"霎"字條)。雪在卜辭中寫作 䨻、䨻、䨻 等形,從雨從彗,在卜辭中表示"下雪",如《合集》21023。

33. 電(䨻䨻䨻䨻䨻䨻)。《書考》p.19。
157 158 159 160 161 162

157—158 引自《前》3.19、4.10,159 引自《後·下》(《藝叢》p.1),160—162 引自《前》4.11、7.26、7.26。

157—160 是《書考》中所列字形,161—162 是金璋補充的字形。羅振玉把 157—158 釋爲"電",159—160 疑爲"電"。金璋從羅說,認爲 157—158 是"電",但他認爲 159—162 都不是"電"字。

按:上述字形羅振玉、王襄、葉玉森等釋電,郭沫若釋虹,董作賓釋霰,于省吾釋雷,陳夢家釋隋,當以于說爲是(《詁林》1172—1176 頁)。金璋指出 159—162 不是"電"字,是可取的。但他認爲 157—158 是"電",則有誤。這兩種字形均釋"雷"(《字編》436—437 頁)。胡厚宣對卜辭中被早期甲骨學者弄混的雷、雹、霖、霝等字形均有辨析,可參看。③

34. 晨(晨)(䨻䨻)。《書考》p.19。
163 164

163 引自《前》4.10,164 引自《朝鑒》16.6。

羅振玉釋"晨",無說。金璋從之,並根據《說文》進行了分析。"晨"篆文作 䨻,今俗爲"晨",是表示時間的詞。《說文》曰:"晨,早昧爽也。從臼從辰。辰,時也。辰亦聲。"

---

① 金璋所引出自 John Chalmers(湛約翰):*An Account of the Structure of Chinese Characters Under 300 Primary Forms*(《漢字構形 300 例》),1882 年出版。湛約翰(1852—1899),英國傳教士,漢學家,著有《英粵字典》《漢字構形》《康熙字典撮要》《中華源流》等書。
② 于省吾:《甲骨文字釋林》,中華書局,1979 年,第 115 頁。
③ 胡厚宣:《殷代的冰雹》,《史學月刊》1980 年第 3 期。

按：金璋所列字形"𦥑"，从臼从辰，與《説文》"晨"的篆文字形 結構一致，可從羅振玉隸定爲"晨"。但 在卜辭中僅一見，即金璋所引《前》4.10.3(《合集》9477)："令多晨…叩…叩。"在這條卜辭中，"多晨"應爲職官名，"晨"不當訓爲時間詞"晨"。① 卜辭中有表示時間的"䢅"(晨)，作 、 、 等形(《字編》858頁分爲兩字，不確)，从林从辰，或从艸从辰。《説文》將"晨"訓爲時間詞，已與"䢅"相混。

35. 伊(,)。《書考》p.50。
165 166

165引自《菁》p.11，166引自《後·上》(《藝叢》p.22)。

羅振玉釋"伊"，無説。金璋從羅説釋"伊"，並認爲這是一個會意字，但造字本義並不明確。金璋指出甲骨文中有"伊尹"之語，伊尹即成湯之相，輔佐成湯推翻了夏桀(即履癸)的暴政，建立了商朝。

按：金璋率先從卜辭中找出"伊尹"，並與文獻中的"伊尹"聯繫起來，是非常重要的發現。羅振玉在1915年出版的《書考》中把 釋爲伊(《書考》50頁)，把 釋爲尹(《書考》28頁)，但他有時又把 (尹)誤釋爲"父"，例如他把" "釋爲"寅父"(《書考》6頁)，故而他没有認出卜辭中的"伊尹"( )。直到1927年出版的《增訂殷虚書契考釋》，羅振玉才指出卜辭中的伊尹( )，並指出這是商代之名臣。②

36. 尹(, , ,)。《書考》p.28。
167 168 169 170

167引自《後·上》(《藝叢》p.22)，168引自《前》7.43，169爲《説文》篆文，170引自 Collection of Chinese Bronze Antiques 圖版7。

羅振玉釋"尹"，握事者也。金璋從羅説釋"尹"，認爲手中所持爲長棍等物體，從字源學上説，"尹"與"引"(拖曳、拽)或許是同一個字。他還指出，除了"伊尹"，甲骨文中還有另一位受祭對象"寅尹"，可惜羅氏把它誤爲"寅父"(《書考》第6頁)。

按：金璋指出羅氏在《書考》第6頁把"尹"誤爲"父"，但金璋也沿襲了羅氏的錯誤，把"黄"( )誤爲"寅"。"寅尹"實爲"黄尹"。王國維在《戩壽堂所藏殷虚文字》第九頁第九片釋文中指出 非寅：" ，羅參事

---

① 按：《前》4.10.3(《合集》9477)這張拓片上，此字並不清楚，"殷契文淵"甲骨文字形庫(喬雁群製作)摹做" "。該字形摹寫是否準確，有待更清楚的圖片資料出現。但無論是"𦥑"還是" "，從辭例來看，都不當釋爲時間詞"晨"。這裏暫且采用羅振玉的摹寫。

② 羅振玉：《增訂殷虚書契考釋》，東方學會印本，1927年，第13頁。

第四章　金璋的甲骨文字考釋(上)　　·147·

釋寅父,然卜辭寅字皆从矢,而人名之 ✦尹皆从大,疑非寅字也, ✦却是尹字。"他在《古史新證》中又進而指出:"卜辭人名屢見寅尹,古讀寅亦如伊,疑亦謂伊尹也。"①郭沫若在《卜辭通纂》第236片釋文中肯定了王國維以✦✦爲伊尹之説,他指出✦、✦均應釋爲黄,黄假借爲衡,黄尹即阿衡伊尹也。② 臺灣學者蔡哲茂詳細論證了伊尹和黄尹爲同一人③。

37. 晝(✦ ✦ ✦ ✦)。《書考》p.19。
　　　　171 172 173 174

171—172引自《前》4.8,173引自《虛》1651,174爲《説文》篆文。

羅振玉釋"晝",金璋從之,並全文引用了羅的考釋,認爲 ✦ 是日光四射之狀。但篆文字形何以加了一個"聿",金璋認爲需要更多研究。

按:羅、金二人皆誤。此字應從葉玉森釋"輝",乃"暈"之古文(參看《詁林》第1095—1098頁)。袁庭棟、溫少峰指出:"馬王堆出土的帛書《天文氣象雜占》中有'講暈之圖',大多是在太陽或月亮旁邊加上圈或者綫條,其中日暈之圖正與甲文之✦字相似。""暈是日、月光綫通過卷層雲時,受到冰晶的折射或反射而形成的一種光象,大多是環繞日、月的彩色光環。"④

38. 昃(❒、❒)(✦ ✦ ✦ ✦)。《書考》p.19。
　　　　　　　　 175 176 177 178

175—177引自《前》4.8、4.8、7.43,178引自《鐵》p.110。

從羅振玉説,釋昃,也即❒或❒。日西斜也。通過人體傾斜之貌來表示太陽西斜之義。金璋認爲"矢"或爲"側"的初文。

按:此説可從。在殷代,昃是"中日"(後世稱"日中""正中""午時"等)之后的一个時段,大概是現在的13—15點。⑤

39. 莫(✦ ✦ ✦)。《書考》p.19。
　　　　179 180 181

179引自《前》4.9,180　181引自《簠補》13。

---

① 王國維(遺著):《古史新証》,《燕大月刊》1930年第7卷第1—2期,第26頁。
② 參看郭沫若:《卜辭通纂》第236片釋文,《郭沫若全編》考古編第2卷《卜辭通纂》,科學出版社,1982年,第314頁。
③ 參看蔡哲茂:《殷卜辭"伊尹䵼示"考——兼論它示》,《蔡哲茂學術文集》第4册,第15—76頁。
④ 袁庭棟、溫少峰:《殷墟卜辭研究——科學技術篇》,四川省社會科學院出版社,1983年,第133—134頁。
⑤ 宋鎮豪:《論殷代的記時制度》,收入胡厚宣主編:《全國商史學術討論會論文集》,《殷都學刊》1985年增刊,第332頁。

從羅振玉釋"莫",並指出"莫"即現代的"暮","莫"則假借爲否定詞。古文字字形中從丫、從木無別。這個字形用日落草間或樹間的形象,表示傍晚的時段。

按:此説可從。金璋對字形的分析是可取的。

40. 睍( )。
182 183

182引自《後·下》(p.33),183引自金3。

羅振玉無釋,金璋釋爲"睍",並引用《説文》的解釋:"日見也,從日從見,見亦聲。《詩》曰:見睍曰消。"見睍曰消,即太陽出來,雪就融化。卜辭中的"睍"常在"卜"字之前,金璋據此推測祈求好天氣也是貞人占卜的動機之一。

按:此字考釋有誤。此字上半部爲日,下半部爲從首形從卩形,與從目形從卩形的(見)不同,因而不應隸定爲"睍",可隸定爲"晆"(《字編》413頁)。"晆"在卜辭中是貞人名,並非表示氣象的用語。今或釋"夏"(《新編》349頁)。

41. 京( )。《書考》p.20。
184 185 186 187

184—185引自《前》4.10、4.31,186引自《鐵》p.93,187引自《籀補》1.29。

羅振玉釋"京",無解釋。金璋從羅氏釋"京",認爲這是碉樓的象形,典型的斜面樓頂,聳立在城牆上。金璋認爲下面的丨是多餘的,但這或許是爲了區別"京"和"高",京下從丨,高下從口。口或爲囗之變形,是城門的象形。

按:金璋對"京"和"高"最下的筆畫進行區分,指出這可能是區別性符號,是可取的。甲文京從亼從丨,高從亼從口、丨、口應是區別符號。

42. 夙( )。《書考》p.19。
188 189 190 191 192

188—189引自《攗金》8.58、9.33,190—191引自《前》6.15、6.16,192爲《説文》篆文。

從羅振玉釋夙,但具體解釋不同。羅振玉認爲"夙"從夕從丮。金璋則認爲"夙"所從之"夕",實非"夕",而是"冂"的訛變。他對"夙"的字形分析是:一人跪坐,兩手執席。通過描述睡醒之人卷起席子這個動作,暗示"早"(早起)之意。從字形上看,"夕"顯然無法與"冂"聯繫起來。對此金璋也有自己的解釋。他認爲,從"夕"到"冂"的訛變過程,與從"刀"

（肉）到"🈳"的訛變過程相似。

按：金璋所列甲文字形 190—191 即爲"夙"，从夕从丮。宋鎮豪師指出此爲"祈月之形"，指"下半夜至天明前的時段，爲殷人早起祈月時"。① 金璋對"夙"的字形分析不可取，不過他訓"夙"爲"早"則是正確的。

43. 祭（ [字形] ）。《書考》
p.25。
197 198 199 200 201 202 203 204 205 206 207 208 209 210

197—198 引自《前》2.38、2.2，199—203 引自《前》4.19，204—205 引自《前》1.19，206—209 引自《前》1.4、1.5、1.41、4.16，210 爲《説文》篆文。

從羅振玉釋祭，並引述了羅氏的考釋。字象祭者手持肉和酒獻於示前之形。金璋指出"夕"和"肉"在構字時常混爲一字"🈳"。由此，他又提到"夙"字手所持的不是肉。

按：金璋指出"夕""肉"互混，這是可取的。但"夙"字所从之夕並非"🈳"的訛變，確爲"夕"字。見上文詞條 42"夙"。

44. 多（ [字形] ）。《書考》p.65。
211 212 213 214 215 216 217

211—213 引自《前》2.25、1.27、1.23，214 引自金 816 和金 800，215 引自金 758 和《前》5.33，216 爲《説文》篆文，217 爲《説文》古文。

羅振玉列出三個字形（即 211—213），釋"多"，無說。金璋從羅說釋"多"。他引用《説文》的解釋，但表示并不贊同。他認爲此字象肉一片一片堆疊之形，以此暗示很多和豐富之意。他又增加了兩個甲骨字形 214—215，認爲它們與"从"相似，所以才被羅振玉忽視了。

按：金璋的對字形和字義的分析都是可取的。但金 816、金 800 和金 758 都是僞刻，而《殷虚書契》5.33.2（即《合集》15674）中的[字形]應釋爲"从"，不是"多"：(1) 貞：勿炆，亡其从雨。(2) 貞：炆，㞢从雨。這兩條卜辭占卜是否有从雨，即連綿雨。釋"多"也能文從字順，但與字形不符。

45. 俎（宜）（ [字形] ）。《書考》p.43。
218 219 220 221 222 223 224 225 226 227

218—222 引自《前》5.37、6.37、7.17、7.20、1.39，223 引自《菁》，224 引自金 753，225 羅引自貉子卣，226 羅引自另一件銅器，227 爲《説文》篆文。

從羅振玉釋俎，並引用了羅氏的考釋。但金璋認爲，雖然從字形上説，

---

① 宋鎮豪：《論殷代的記時制度》，收入胡厚宣主編：《全國商史學術討論會論文集》，《殷都學刊》1985 年增刊，第 308 頁。

該字可以釋爲"俎",但從字義上說,該字更接近於"胙",祭福肉也。古俎、宜同字。《康熙字典》列出"宜"的三個古文字形:㝵、宜、宜,並引《集韻》:"宜,隸作宜"。可知,宜爲後起字。

按:金753是偽刻。該字現在直接釋作"宜"(《新編》443頁、《字編》1369頁),在卜辭中是祭名。金璋從羅釋俎,但他指出其字義爲"祭福肉",並指出古俎、宜同字,宜爲後起字。可見他已認定此即宜之古字。

46. 祝(㞢 㞢 㞢)。《書考》p.25。
   228 229 230

228—230引自《前》7.31、4.18、4.18。

羅振玉列出上列三個字形,釋"祝"。金璋從羅說,並引用了羅氏的考釋。但羅振玉認爲"示从丅从⺀⺀,⺀⺀象灌酒于示前,非示有示形也",金璋對此表示懷疑。他指出金28所刻是一條祭祀卜辭,其中就有獨體的示字。這個字是否就是"地示"之"示",金璋並不確定。他還指出,"祝"所从的㞢或㞢在構字中表現祈禱之意,這容易理解,但作爲獨立字"兄",則很難理解。

按:金璋指出金28中的示,這是非常重要的信息。示作爲獨體字,甲骨文中出現的次數并不多,較早的著錄有《金》28(《英》2260)、《佚》114(《合集》27306)、《甲》798+803(《合集》27412)等。《殷契佚存》1933年出版,《甲編》1948年出版,而金璋於1918年就公布了這個字形,這在早期甲骨學史上是非常重要的資料。但金28中的示不是"地示"之"示",而是祭祀動詞"示"。其他幾片中的"示"也都是祭祀動詞。另外,金璋把獨體的㞢或㞢誤爲"兄",實際上,㞢或㞢都是"祝"的異體字,甲骨文中"兄"寫作㞢(《字編》33—34頁"兄"字條、100—103頁"祝"字條)。

47. 壹壺(壹 壺)。
            231 232

231爲《說文》篆文"壹"字,232爲《說文》篆文"壺"。

金璋列出上述兩個字形,壹壺即氤氳或絪縕,讀爲yin yun。金璋全文引用了王筠《說文句讀補正》(卷20第1—2頁)的考證,認爲壹、壺同義,壹壺是疊韻連語。

按:金璋所列均爲篆文字形,甲骨文沒有這兩個字。不過,卜辭中有壺字,作㝵、㝵、㝵等形,但辭例均殘缺,用義不明。另有从壺从魚的人名㝵,見於《英》2674這片家譜刻辭,但此片真偽難定。

48. 抑印(　　　　　　)。《書考》p.51。
233 234 235 236 237 238

233 爲《説文》篆文,234 引自《朝鑒》4.14,235 引自《攈金》8.11、8.12,236 大英博物院藏青銅劍,W.G.1179,237 引自金 243(僞刻),238 引自《前》4.46。

從羅振玉釋抑,並全文引用了羅的考釋。該字象用手按壓人頭使之下跪之形,用以表達壓、抑等意。從字形上看,應釋爲印。從字義上看,應釋爲抑。印、抑古實一字。此外,他還從音韻學角度試圖解釋印/抑兩字在讀音上的差異。

按:金璋從羅説,可從。卜辭中"印"作　、　、　等形(《字編》125頁),從"又"形或從"爪"形無別。印(抑)在卜辭中可用爲句末語氣詞,有時也用爲國族名或人名等。①

49. 邑(　　　　　)。《書考》p.20。
242 243 244 245 246

242—243 引自《前》4.15、4.10,244 引自金 621,245 引自金 611,246 爲《説文》篆文。

羅振玉列出 242、243 兩個甲骨字形,釋爲邑。上象封閉的城邑,下象人形。邑爲人所居也,故從口從人。金璋從羅説,並補充了 244、245 兩個甲骨字形。

按:此字釋邑可從。金璋所引金 611(《英》1105)有"作大邑于唐土",金 621(《英》2529)有"天邑商",都是很重要的卜辭,可惜金璋並未對卜辭內容進行分析。

50. 申(　　　　　　　　　　　　　　)《書考》p.39。
247 248 249 250 251 252 253 254 255 256 257 258 259 260

247 引自金璋所藏貝殼,248、254 引自《籀補》2.91,249 引自《殷文存》(《藝編》No.10),250、252—253 引自《前》2.27、3.17、1.5,251 引自《鐵》p.105,254 引自《籀補》2.57,255 引自金 878、令 334,256 引自《説文》籀文,257—259 引自《籀補》第 2 版 14.12,260 引自方法斂 *Early Chinese Writing* List, No.1779。

羅振玉把　、　、　、　等形釋爲"申"。金璋又補充了 247—249 的字形,認爲這也是"申"。金璋把 247—249 釋爲申,最關鍵的證據是金 247 上的字。

---

① 裘錫圭:《關於殷墟卜辭的命辭是否問句的考察》,《裘錫圭學術文集·甲骨文卷》,復旦大學出版社,2012 年,第 309—337 頁。

按：金 247 是僞刻，⿰、⿱不當釋爲申。甲骨文中有⿰字，羅振玉釋"爰"（《增訂殷虚書契考釋》卷中 41 頁）。⿰、⿱、⿲爲同一個字，從"又"形與從"爪"形無別。

51. 它(㐆)（⿰ ⿱ ⿲ ⿳ ⿴ ⿵）。《書考》p.39。
　　　　　265 266 267 268 269 270

265—270 均引自《前》1.11、2.24、4.5、3.28、8.11、8.11。

羅振玉把⿱釋爲它，金璋從之，並引用羅的考釋。他引了幾條"亡⿱"卜辭：《前》2.26.3（《合集》7957）、《前》8.11.1（《合集》21825）、《前》1.13.8（《合集》1481）、《前》1.11.5（《合集》95），並進行解讀。金璋指出，⿱從止從虫，表示蛇在行進，是會意字，意爲降災、降禍。"亡⿱"不是卜問有没有蛇，而是卜問有没有災患，會不會降禍。⿲從彳從⿱，更強調行進之意，可能就是現代的迆或迤。委迆、逶迤都表示像蛇一樣彎彎曲曲向前行進。

另外，金璋指出羅氏的一處錯誤。羅在"虫"字條下列出兩個甲骨字形：⿰（《前》2.24.7）、⿱（《鐵》46.2）（《書考》p.39）。金璋指出第一個字就是羅氏在 103—104 頁所釋的"衣"，合祭也。第二個字剛好處在甲骨斷裂處，看不清楚，而且辭例殘斷，因此不能確定是否爲虫。羅氏還列出了三個甲骨字形⿰（《前》4.52.4，即《合集》14703）、⿱（《前》4.55.2，即《合集》14697）、⿲（《前》4.55.3，即《合集》14700），釋爲蚰。《説文》："蚰，蟲之總名也。讀若昆。"金璋指出其中兩個蚰都是祭祀對象，但他不確定蚰是否就是昆，或者其他什麼字。

按：羅氏和金璋都指出⿱從止從虫，表示災害義，但仍釋爲"它"。現在看來，此字釋"它"不妥。甲骨文中有"它"字，作⿰、⿱等形（《字編》667頁）。⿱可直接隸定爲㐆或虫，在卜辭中讀爲害。① 不過，從金璋對卜辭的解讀來看，他對⿱的字義理解是可取的。此外，他把⿰釋爲衣，這是對的。他指出卜辭中的蚰是祭祀對象，也值得肯定。

52. 叡（⿰ ⿱ ⿲ ⿳ ⿴ ⿵）。《書考》p.67。
　　　　271 272 273 274 275 276

271 引自《前》6.18，272 引自《鐵》p.248，273—276 引自《前》4.7、1.9、1.20、5.1。

羅振玉對上述字形没有隸定，只對字形和字義進行了考釋。金璋引

---

① 裘錫圭：《釋虫》，《裘錫圭學術文集·甲骨文卷》，復旦大學出版社，2012 年，第 206—211 頁。

用羅氏的考釋,指出《周禮·雞人》有一段記載:"雞人掌共雞牲,辨其物。……凡祭祀,面禳釁,共其雞牲",此字可能就是殺雞釁血的祭祀儀式。

按:此字形金璋僅有分析,並未將之進行隸定。爲行文方便,筆者將馭作爲字頭列在這裏。但他從羅說,指出此字是一種殺雞釁血的祭祀儀式,則是可取的。

三、《象形文字研究(卷三)》中的甲骨文字考釋

53. 歲([字形])。《書考》p.20。
277 278 279 280 281 282

277 引自《鐵餘》p.1,278 引自《前》8.3,279 引自金 377,280—281 引自《籀補》1.7,282 引自《攈金》7.44。

從羅振玉釋歲,並引用了羅氏的考釋。《說文》:"歲,從步戌聲。"羅振玉認爲歲不從戌,而是從戉。金璋指出,從字形上看,歲所從的更象是戉字,但戉也不能是歲的聲符。無法確定歲是形聲字還是會意字。

按:甲骨文歲本象斧鉞之形,歲、戉原本字形相同,讀音也相同,後來才分化成兩個不同的字(《詁林》2397—2406 頁)。

54. 啚([字形])。《書考》p.20。
283 284 285 286 287

283 引自金 728,284—285、287 引自《前》4.11、4.11、7.21,286 引自《菁》p.2。

羅振玉釋啚,並指出此即都鄙之本字。金璋從羅說,並引述了羅氏的考釋。金璋指出,啚,從口從亩,或省口,如字形 285。口即囗(圍),表示該字所屬的類別。亩即廩,是糧倉的象形。啚就表示敞開的糧倉或有天窗的糧倉,它最初的理想字形應該是[字形],通風的天窗應該在屋頂上。他還引用羅說,認爲用糧倉的象形字表示都鄙之鄙,是因爲"觀倉廩所在,亦知爲啚矣"。

按:金璋從羅說,可從。此字孫詒讓在《契文舉例》中就指出此爲古文啚字(《詁林》1967 頁)。

55. 行([字形])。《書考》p.20。
289 290 291 292 292A

289 引自《後·下》(《藝叢》p.2),290 引自《籀補》1.9、金 569,291 引自金 696,292 爲石鼓文,292A 是《說文》篆文。

289、292 都是羅氏列出的字形,290、291 爲金璋補充的字形。金璋認

爲羅振玉的釋讀非常可信,並全文翻譯了羅的考釋。金璋指出,雖然 ⿱ 在甲金文中不常見,但 ⿱、⿱ 則很常見。顯然,這兩個字形就是 ⿱ 急就而成的。另外,金璋還舉出兩個字形 ⿱、⿱,羅振玉在《書考》58 頁釋衛。金璋認爲這兩個字形更能證明羅說,即形象四達之衢。另外,金璋指出《殷文存》中的兩個字形 ⿱、⿱,可釋爲徙,是《康熙字典》所舉"徙"的異體字。這兩個字形也能證明羅說是對的。在這兩個字形中,兩止代表人足,人足正往北走,一個沿路西往北走,一個沿路東往北走。

按:金璋的分析是正確的。但 ⿱、⿱ 從彳從步,應釋爲"徙"(《詁林》2235—2236 頁)。甲骨文"陟"作 ⿱(《字編》462—463 頁),從阜從步。

56. 囿(⿱ ⿱ ⿱)。《書考》p.20。
　　　297 298 299

297—298 引自《前》4.12、4.53,299 爲《説文》籀文。

羅振玉釋囿,金璋從之,並引用《説文》的解釋。《説文》:"囿,苑有垣也。從囗有聲。一曰禽獸曰囿。"可知,囿即畜養禽獸的苑囿。上文"莫"字條已指出,古文字從屮從木義同。金璋還指出,囿的甲骨字形和籀文字形都是合體象形字(a complex of ideograms),只表意不表音,而篆文字形和現代字形都是形聲字。可見,囿在字形發展過程中,合體象形字逐漸被形聲字取代。

按:金璋的分析是可取的。他所説的"合體象形字"就是中國學者講的"會意字"或"象意字"。

57. 汜(⿱)。《書考》p.21。
　　　　300

300 引自《前》4.13。

羅振玉釋汜,無説。金璋從羅釋汜,指出這是商代的形聲字。汜是水名,從水巳聲。有關"巳"的考釋,見下一個字條。

按: ⿱ 僅一見,即《前》4.13.6(《合集》8367),辭殘。羅、金所舉字形,就是這片甲骨上的字形。金璋指出汜從水巳聲,是商代的形聲字,這對於認識商代文字的性質有重要價值。

58. 巳(⿱ ⿱ ⿱ ⿱ ⿱)。
　　　　301 302 303 304 305

301—302 引自《籀補》2.91,303 引自《攈金》7.7,304 引自《前》4.19,305 引自金 88。

金璋指出,巳是十二地支之一,其字形本義不明。許慎對"巳"字形本義的解釋前後矛盾。《説文》"包"字條曰:"⿱,象人裹妊,巳在中,象子未成形也。"認爲巳是胎兒的象形。但"巳"字條又曰："〇,巳也。四月,陽气巳出,陰气巳藏,萬物見,成文章,故巳爲蛇,象形。"認爲巳是蛇的象形。但同一個字形不可能有兩個字源。西方學者湛約翰(《漢字構形 300 例》)認爲巳、子可能是同源字。但這種解釋在卜辭中也遇到了問題。羅振玉在"巳"字條下就指出："卜辭中凡十二支之巳,皆作子(♀♀ ♀♀♀),與古金文同。……然觀卜辭中非無〇字,又汜、妃、祀和改諸字並从〇,而所書甲子則無一作〇者,此疑終不能明也。"(書考 18 頁)關於這個問題,金璋認爲還需進一步研究。

按：查之原片,304 引自《前》4.19.8(《合集》15460),字作♀┤,305 引自金 88,字作♀┤。此兩字形均从巳从示,可釋爲祀。金璋摹寫有誤,造成誤釋。卜辭中確有♀♀♀等形,可釋爲巳,羅振玉已認出。巳在卜辭中多用作祭祀動詞。干支"巳"作♀♀♀♀等形。兩字互不相混。參看《字編》"巳"字條(170 頁)、"巳"字條(675 頁)。此外,張政烺 1983 年在《殷契骨田解》中就指出卜辭中有"弜巳"一語,此巳字當與第五期卜辭常見的"♀"爲一字,並指出"弜巳""弜改"都是不停、不變的意思。(《詁林》1788 頁)

59. 已(無古文字字形)。

金璋指出,已,讀爲 i,訓爲止、畢、訖。《説文》無此字,只有巳和㠯。巳,篆文作〇,讀 ssǔ。㠯,篆文作㠯,即古文"以",讀 i。已(i)與巳(ssǔ)讀音不同,已(i)與㠯(i)讀音相同,但字義不同。然而實際上,已、巳本爲一字。他從三個角度論證了自己的觀點。

首先,金璋利用《説文》進行論證。《説文》"巳"字條曰："〇,巳也。四月,易气巳出,陰气巳藏。"前兩個字,段注本作"巳也",也有版本作"已也"。從句子的前後語義關係判斷,"四月,易气巳(ssǔ/i)出,陰气巳(ccǔ/i)藏"應該是補充說明前兩個字的。由此可知,巳即已,已、巳本是同一個字。

接着,金璋利用斯坦因發現的漢代簡牘資料進行論證。在沙畹編著的《斯坦因在東突厥斯坦沙漠所獲漢文文書》裏,①巳、已二字同形。比如,《文書》182 巳寫作㠯,《文書》271(天漢三年)已寫作㠯,《文書》175 已寫作㠯,而在《文書》425 上,已又寫作㠯,與己同形。由此可知,在漢

---

① Édouard Chavannes：*Les Documents Chinois. découverts par Aurel Stein dans les sables du Turkestan Oriental*(沙畹：《斯坦因在東突厥斯坦沙漠所獲漢文文書》), Oxford, 1913.

代初期以及許慎的時代,巳、已本是同一個字,只是後來才發生了字形的分化。

最後,金璋從音韻學的角度論證已(i)和巳(ssǔ)古音相同。漢語中有很多例子可以證明 i、ssǔ 古音相同。比如:以讀爲 i,而从以的似、姒都讀爲 ssǔ。厶、目是從同一個字形分化來的,但厶讀爲 ssǔ,目則讀爲 i。目讀爲 i,但从耒目聲的耛則讀爲 ssǔ。台單獨讀爲 i,但从木台聲的枱則讀爲 ssǔ。這些例子都表明:已、巳在古代讀音相同,都讀爲 ssǔ,或者至少以 s 音開頭,後來才分化成 ssǔ 和 i 兩個音。

根據上述三方面的論證,金璋認爲已、巳原本就是同一個字。

按:此字條並未列古文字形。但此字條與上述"巳"字條前後相續。金璋認爲已、巳本爲一字。可知他應認爲已的古文字形也是 ?。《說文》指出"巳"象蛇形,但字義解釋又相當於"已",讀音爲詳里切。實際上,卜辭中没有已(i)這個字,這是後起的字。卜辭中"巳"作 ?、? 等形(《新編》829 頁),是與祭祀有關的字,並無"已"的字義。金璋認爲已(i)與巳(ssǔ)原本是同一個字,從字形來源上講,這個説法有誤。他又指出已(i)與目(i)字義不同,這個説法是可取的。卜辭中目(以)作 ?、?,或省作 ?、? 等形(《新編》830—831 頁),是與致送義有關的字,後世虚化爲介詞或連詞。①

60. 目、以、厶、台(? ? ? ? ? ? ? ? ?)。《書考》p.67。
　　　　　　　　　　307 308 309 310　311　　312　　313　314　315

307—309 引自《籀補》2.91,310 引自《説文》篆文,311—314 引自 Documents Chinois Nos. 158、273、311、313,315 引自《籀補》p.5。

金璋指出,目、以、厶、台這四個字都是從上述古文字字形演變來的。上述古文字字形可隸定爲 ? (目,即今之"以",用也)。? 是彎柄勺的象形,也即"柶"的本字。? 和表示"用"的字可能古音相同,因此 ? 被假借來表示"用"這個意思,其本義則用後起的形聲字"柶"表示。? 的篆文(?)隸化後就是"厶"。"厶"加人旁就是"以"。在《斯坦因在東突厥斯坦沙漠所獲漢文文書》裏"以"寫作 ?、?、?、? 等形,人形的筆畫已經被拉長。金文中有 ? 字,可釋爲"台",讀作"以"(i)。羅振玉《殷虚書契待問編》25 頁寫到:"??所以薦物之器,與口舌之口不同。" ? 所从之 ?,可能就是薦物之器,而 ? 就是勺子在碗中或盆中的象形,是 ? 的繁化字形,同音假借爲"以"。綜上所述,目、以、厶、台都是同

---

① 李學勤主編:《字源》,天津古籍出版社,2012 年,第 1285 頁"以"字條。

源分化字。

此外,金璋還提到了羅振玉《書考》(67頁)中列出的三個字形 ⊂、⊇、ʃ。羅氏把這三個字形釋爲㠯。金璋指出,從卜辭内容來看,把這三個字釋爲㠯似有不妥。最後,他又列出四組干支字 ※、ʃ、ʃ、ʃ,前三組出自《庫》2000,第四組出自金 252。金璋把它們分別隸定爲癸厶、己厶、辛厶,認爲這裏用 ʃ(厶,㠯)表示干支巳乃是同音假借。

按:此字條與上述"巳"字條和"己"字條也有關聯。金璋把 307—309 這三個金文字形釋爲㠯,指出㠯、以、厶、台都是同源分化字,這個說法是正確的。但他認爲㠯是彎柄勺的象形,則不可取。卜辭中有 ⌐、⊂ 等形,孫詒讓釋"㠯"(i),至確。孫氏指出,《說文》人部"侣"從人、㠯聲。此从 ʃ,即㠯字。㠯,用也。从 ʃ 即人之省。古侣、㠯聲同字通,此文疑皆當讀爲㠯(參看《詁林》第 44 頁)。卜辭中 ⌐、⊂ 還省作 ʃ、ʃ、ʃ、ʃ、ʃ 等形。以、㠯本爲一字,以從 ⌐、⊂ 演變而來,象人手提物之形;㠯從省體 ʃ、ʃ、ʃ、ʃ、ʃ 演變而來,並非彎柄勺的象形。① 同樣,台也不是勺子在碗中或盆中的象形,而是在 ʃ 下增加了口型這個區別符號。

金璋所舉庫 2000 和金 252 都是僞刻,卜辭中沒有用 ʃ 表示干支巳的例子。羅氏所舉的三個字形 ⊂、⊇、ʃ,查之原書可知,它們分別出自《前》1.26.6(《合集》2133)、《前》1.24.2(《合集》2121)和《前》5.32.5(《合集》36536)。前兩個字形是貞人名"亘",不是"㠯"。第三個字形可釋爲"㠯"。羅氏把 ⊃(亘)誤爲"㠯",金璋指出了這點疑問,是值得肯定的。

61. 州(𝄢 𝄢 𝄢 𝄢 𝄢 𝄢)。《書考》p.21。
　　　323 324 325 326 327 328

323 引自《前》4.13,324—325 引自《籀補》2.64,326 爲《說文》篆文,327 引自《後·下》(《藝叢》p.36),328 爲《說文》古文。

羅振玉舉出字形 323,釋爲州,金璋從之,並補充了其他字形。金璋引述了羅氏的考釋,指出州象水中可居之地,即今之洲字。方法斂在《中國古代文字考》中假想了一個字形 𝄢,認爲可能是州的初文。金璋指出,羅振玉《後編》有一個字形,即 327,正與方法斂假想的字形 𝄢 相似。但金璋認爲這不是"州"的初文,可能是"沖"字。

按:上述字形(除 327)釋州可從。查之原片,327 這個字形就是《後

---

① 可參看裘錫圭:《甲骨文字考釋(續)·說"以"》,《裘錫圭學術文集·甲骨文卷》,復旦大學出版社,2012 年,第 179—184 頁。

下》36.6(《合集》32906)的 ▨ 字,金璋摹寫不準確,但此字可釋爲"沖",金璋的推測是正確的。

62. 交(▨▨▨▨▨)。
   329 330 331 332 333

329 爲《籀補》1.16,330—331 引自《前》5.33,332 引自金 341,333 爲《説文》篆文。

金璋把上述字形釋爲交。《説文》:"▨,交脛也。"段注曰:"交脛謂之交。"王筠引《山海經》曰:"交脛人國脚脛曲戾相交,所以謂之交趾。"據此,金璋認爲"交"是突出了髖骨部位的人體之象形。"交脛"原本指連接兩腿的髖骨,後來才表示小腿有畸形的人。

按:金璋所列字形 330—331 引自《前》5.33,查之原片,《前》5.33.2(《合集》15674)和《前》5.33.3(《合集》1131)有該字形,但並非獨立的字,而是从▨从火的"▨"的上半部。裘錫圭指出,此字所从的▨並非"交"字而是"黄"字的異體,並舉《合集》9177 正有"▨"字,▨字所从的▨寫作▨,與某些"黄"字的寫法幾乎毫無區别。《合集》31829 一殘辭有▨字,也應是▨的異體,所从人形也像"黄"字。並引唐蘭説,認爲黄即尪之本字,是突胸凸肚、身子粗短的殘廢人的形象。① 李宗焜、劉釗均從裘説,把▨釋爲黄(《字編》971—972 頁、《新編》770—771 頁)。

63. 災(▨▨▨▨▨▨▨▨▨▨▨▨)。《書考》p.21。
   334 335 336 337 338 339 340 341 342 343 344 345

334—345 引自《前》2.23、2.27、2.8、2.22、2.21、2.26、2.29、1.51、3.26、4.14、4.14、6.45。

羅振玉把上述字形釋爲巛,金璋直接釋爲災。金璋認爲災的字形本義不確定,但必然與水的流動有關。他引用羅氏的考釋:"巛,象水壅之形,川壅則爲巛也。其作▨、▨等狀者,象横流氾濫也。"但同時又指出,"巛象水壅之形"無法解釋 334—336、338 等字形。金璋提出了一種折中的解釋:這些字形都表示水以人們不喜歡的方式流動,用曲綫表示水流可能是爲了突出水流突然受阻、被迫改變方向而四處横流之貌。他還指出,▨、▨、▨等形或爲川之本字,或僅是巛少了一筆横畫。

按:《康熙字典》引《唐韻》曰:"巛,災本字"。金璋把上述字形直接釋爲災,或本於《唐韻》。上述字形都可釋爲巛,即災,但字形有所區别。340—

---

① 裘錫圭:《説卜辭中的焚巫尪與作土龍》,《裘錫圭學術文集·甲骨文卷》,復旦大學出版社,2012 年,第 195—196 頁。

345 是橫寫的 〈〈〈，象水橫流氾濫，爲水災本字。338—339 是豎寫的 〈〈〈，334—337 是在豎寫的 〈〈〈 上累加聲符 ᚕ（在）或有所簡省。

64. 益([字形])。《書考》**p.21**。
346 347 348 349 350 351

346—348 引自《前》4.5、5.37、5.38，349—350 引自《籀補》第 2 版 5.5，351 爲《説文》篆文。

羅振玉把甲骨字形 346—348 釋爲益，象皿水溢出之狀。金璋從之，補充了 349—350 兩個金文字形，並引述了羅氏的考釋。羅氏"益"字條下還列出了[字形]這個字形，金璋没有把它列出來，可見他認爲這不是益字。

按：金璋從羅氏把上述甲文字形釋爲益，可從。金璋把羅氏釋爲益的[字形]這個字形剔除出去，這是對的。查之原片，羅氏所列[字形]這個字形采自《前》4.19.8（《合集》15460）。此字從[字形]從[字形]，象用長柄勺從皿中舀物之形，《詁林》釋爲盅（第 2648—2649 頁）。

四、《象形文字研究（卷四）》中的甲骨文字考釋

65. 執([字形])。王襄《類纂》**p.48**。
1 2 3 4 5 6 7 8 8A

1—2 引自《前》4.36、6.7，3 引自金 388，4 引自金 495，5—7 引自王襄《類纂》正編 10（p.48），8 引自"散氏盤銘"，8A 是《説文》篆文。

王襄《類纂》(48 頁下)釋執，金璋從之，並補充了一些意見。金璋對字形的分析是：彎腰或下跪的人形，雙臂被枷鎖捆縛。金璋認爲，篆文字形中，右邊所從之[字形]已經嚴重失真，無法看出造字本義。左邊所從之[字形]，《説文》曰："所以驚人也。"但這不能説明[字形]是什麼東西，因爲鞭子、刀和其他刑具都能起到驚嚇作用。而甲骨字形[字形]則能顯示出[字形]是綁縛雙手的刑具，金璋認爲就是手銬或手枷。金璋還指出，王襄把[字形]列爲獨體字（48 頁下），並列出了從[字形]從口的[字形]（圉）。金璋認爲[字形]中間的菱形可能是枷手的部分，兩端可能是鎖扣等系結物，[字形]表示關押被抓捕的罪犯或戰俘。他還指出，羅氏在《書考》68 頁列出了這個字形，但釋爲"象人發弩形"，顯然是錯誤的。

按：金璋指出羅氏《書考》68 頁對該字的解釋有誤，並采納王襄的考釋，這是值得肯定的。

66. 上([字形])。《書考》**p.24**。
9 10 11 12 13 14

9 引自《前》4.37，10 引自金 755，11 引自金 389，12 引自《前》4.37，13

從羅振玉説,並全文引述了羅氏的考釋。金璋指出,羅氏列出兩個字條"上"和"下","上"字條没有舉例,"下"字條舉出 三、⊟ 兩個合文,這是因爲"上下"在卜辭中常以合文的形式出現。金璋提醒讀者,不要想當然地認爲 ⌒ 是上,⌢ 是下。恰恰相反,⊟ 在甲骨文中應讀爲"下上",如《書考》97 頁的"下上弗若"。金璋認爲羅氏指出 ⊟ 合書是很重要的,他最初還誤以爲這是四的異體字。王襄在《類纂》附編列出了 7 頁合書字形,值得重視。

按:金 127、金 755 是僞刻。金璋指出 ⊟ 應讀爲"下上",是可取的。他對甲文中的合書現象也給與了重視。

67. 下(⌒ ⌒ ⎯)。《書考》p.24。
　　　　17　18　19

15—17 引自《前》4.37,18 引自方法斂 No.933,19 引自毛公鼎銘和《前》4.37。

參看"上"字條。

68. 尞燎(...)。《書考》p.26。
　　　　　20 21 22 23 24 25 26 27 28

20—22 引自《前》6.64、1.2、4.21,23—24 引自金 817,25—26 引自《後·上》(《藝叢》p.22),27—28 引自《前》1.24、2.9。

金璋指出,此字爲羅振玉所釋,王襄和王國維從之。他引用了羅氏的考釋,認爲非常準確。他還指出,尞在卜辭中不只用來祭天,還常用來祭祀祖先或其他神靈,《説文》"尞柴祭天也"是不準確的。

按:金璋考察了"尞"字在卜辭中的具體用法,並據此指出《説文》解釋的不足,這是可取的。

69. 畀(...)。
　　　29 30 31 32 33 34

29 引自《殷虛書契待問編》p.8,30 引自王襄《類纂》p.46,31—33 引自《積古齋》卷六,p.23、p.24,卷 7,p.6,34 爲《説文》篆文。

王襄釋"畀",从田。金璋從王襄釋"畀",但對形義的解釋不同。金璋認爲畀義爲舉,字象兩手向上舉筐筐之形,⊕ 就是筐筐之形,即現在的"甾"。他指出羅振玉在《殷虛書契待問編》列出了 ... (29)這個字形,但並未釋出這是"畀"字,也没有指出 ⊕ 就是甾。《康熙字典》有畁無畀:"畁古作畀"。畁从甾在几上,卻被列入田部,這是不對的。

按:金璋雖然從王襄釋"畀",但他指出此字不从田,而是從 ⊕ (甾),象兩手向上舉筐筐之形,義爲舉也。在字形字義分析上,金璋比王襄前進了一步。金璋所舉字形 30 是《類纂》存疑第八第 46 頁"䑫"字條下所引卜辭的最後一字,出自《後下》19.3(《合集》6960):"壬子卜王令雀𢆉伐𢌛。"但金璋認爲畀从𠂤在几上,則不可取。卜辭中畀作 、 等形,象矢鏃扁平而長闊的箭矢之形。𢌛則象兩手向上舉物之形。畀、畁二字在字源上有根本區別。參看《詁林》"畁"字條(第 2111—2112 頁),"畀"字條(第 2566—2571 頁)。

70. 異(． ． ． ． ． ． ．)。《書考》p.57。
　　　　　35 36 37 38 39 40 41 42

35—37 引自《前》5.38、5.38、6.56,38—42 引自《攈金》9.47、8.3、8.1、8.6、9.32。

上文"畁"字條已經指出 即𠂤,是筐篚之形,此 字雙手所舉的也是𠂤。金璋從羅振玉釋異,但對形義的分析並不相同。羅氏認爲此字"象人舉手自翼蔽形,皆假借爲翼字"。金璋認爲此字象人雙臂上舉、把籃舉至頭頂之形,應釋爲"異"。"異"所从的人形省略了頭部,可能是爲了突出頭頂所舉的筐篚之形。篆文 所从之 就是 上部的 ,其所从之 丌是 下部的人形訛變而成。異表示奇異、稀少等義,應是同音假借字。

按:查之原片,金璋所舉甲文字形 35—37 分別出自《前》5.38.6(《合集》4410)、《前》5.38.7(《合集》4409)、《前》6.56.7(《合集》13007),均做上部開口的 形。此字今釋作"戴"(《新編》150 頁),與"異"有別。卜辭中"異"作 、 、 等形,上部均爲閉口狀態。(《新編》149 頁)周忠兵對甲文中戴、異字形進行過細緻區別。他指出兩字表面上看都象人頭頂有東西,並且兩手上舉捧著它。但前者象一人頭頂上頂著一個"𠂤",應即"戴"的表義字,其所从的"𠂤"有可能是兼表"戴"字的聲音。而後者其上所从的是一種特殊的頭形,與甲文"鬼""畏"等所从的頭字形一致。殊異其首,爲"異"的表義字。①

71. 戴( )。
　　　　43

43 爲《説文》篆文。

金璋指出,戴字最早的古文字字形就是《説文》篆文,他引用《説文》的解釋,指出這是从異𢦒聲的形聲字。並補充説,異是形符,指人的頭頂有所舉戴。

---

① 周忠兵:《説古文字中的"戴"字及相關問題》,《出土文獻與古文字研究》第 5 輯,上海古籍出版社,2013 年,第 364—374 頁。

按：此字條與上述"異"字條前後相續。金璋在"異"字條所舉甲骨字形，均爲上部開口的㒸，他釋爲異，並指出此字象人雙臂上舉、把籃舉至頭頂之形。這裏他又指出戴字從異弋聲，異爲形符，指人的頭頂有所舉戴。此已涉及異、戴二字之關係。㒸今或釋戴。

72. 匹（㔾 㔾 㔾 㔾 㔾 㔾）。
44 45 46 47 48 49

44—49 引自《籀補》2.74。

金璋指出 44 引自《毛公鼎》，這個字形尚且保留了"匹"的初形，其他字形已經嚴重訛變。"匹"是突出了眼睛、前額和下顎的馬頭之象形。《毛公鼎》有"馬四匹"，吳大澂釋曰："凡馬一匹謂之，上加三畫即四匹矣，四匹二字多合文，非三匹也。"金璋指出，這種借用筆畫簡省的現象在金文中十分常見，但也不是一成不變的定律。他還指出匹在卜辭中未出現過。

按：此字釋"匹"可從。但金璋所言"匹"是突出了眼睛、前額和下顎的馬頭之象形，則值得商榷。

73. 中（中 中 中 中 中 中 中 中 中 中 中 中 中）。《書考》p.24。
51 52 53 54 55 56 57 58 59 60 61 62 63

51—52 爲《説文》，53—54 引自《攟金》8.22、9.43，55 引自《籀補》1.3，56—59 引自《前》7.22、6.49、1.6、4.37，60 引自金 85，61 引自金 103，62 引自《前》1.8。

從羅振玉釋中，並引述了羅氏的考釋。金璋指出，羅氏認爲上下的曲綫是斿，可以推斷他認爲中間的一豎就是旗杆，但他没有解釋中間的方形或圓形是什麽。金璋認爲這個方形或圓形符號就是升旗使用的工具。商代中、仲已有區别，中丁、中宗之中，都没有上下的曲綫。除了中正、中間，中還有遭受之義，如中暑、中寒、中風、中意等。卜辭中有"卜中"，應是占卜中風或其他致命疾病的記録。

按：金璋所説"卜中"應是"干支卜中貞"的兩個字，中是貞人名，與占卜疾病無關。他把字形中間的方形或圓形符號解釋爲升旗使用的工具，明顯帶有西方文化的特點。事實上，先秦時期旗幟是固定在旗杆上的，並不像後來那樣可以用繩牽引上升。關於甲骨文"中"的造字本義，有學者認爲是立旗測日影之形，有學者認爲是立旗測風之形。參看《詁林》2935—2943 頁。

74. 龏（龔）（龏 龏 龏 龏 龏 龏 龏 龏 龏 龏 龏）。《書考》p.56。
64 65 66 67 68 69 70 71 72 73 74

63 引自金 359，64—66 引自《前》4.28、4.30、7.31，67 引自金 249，68

引自庫 1716,69 引自王襄《類纂》p.11,70—73 引自《籀補》1.12,74 引自《籀補》第 2 版,3.5。

羅振玉釋龔,無説。金璋認爲釋龏更合適,但也指出龏、龔實爲一字。金璋認爲龏、龔都是會意字,也即合體象形字,表示兩手舉起一種龍形的、或有龍形紋飾的東西。這種東西可能就是甲骨文中出現過的"龍璧",是權勢和力量的象徵。

按:此字可從金璋釋龏,典籍作龔,實爲一字。但甲骨文中没有"龍璧"二字,金璋所指乃是僞刻。

75. 公(⎵⎵⎵⎵⎵⎵⎵⎵)。《書考》p.28。

75—77 引自《籀補》,78 引自金 839,79—80 引自《籀補》,81 引自《前》,82 引自金 139。

金璋從羅振玉釋公,但有自己獨特的解釋。金璋列出了《説文》的解釋:"平分也。从八从厶。八猶背也。韓非曰:背厶爲公。"並指出,雖然湛約翰、戴遂良①、方法斂等西方學者都接受了這種解釋,羅振玉也只説"此與古金文均从八从口",但金璋對此表示否定。他認爲公是男根的象形,突出其頭部之狀。造字者用男根來表示公,即雄性。

按:此字釋公可從。但甲文"公"作 ⎵⎵⎵ 等形,从八从 O,上下並不相連,無作 ⎵ 者,金 839 系僞刻甲骨。金文"公"的上下兩部分也多不相連,只有少數相連,如周早《明公尊》公作 ⎵(《古文字類編》90 頁)②。公之本義或與建築有關,金璋認爲公是男根之象形,與字形不符。

76. 旬(⎵ ⎵ ⎵ ⎵ ⎵ ⎵ ⎵ ⎵ ⎵)。

83 引自《前》1.7,84—88 引自王襄《類纂》p.42,89—90 轉引自王國維《藝術叢編》20 卷 49 頁,91 引自金 173。

金璋指出,此字爲王國維所釋,見於《藝術叢編》20 卷之《殷虚文字》49 頁。金璋認爲王的考釋非常精准,並全文翻譯了王的考釋。但是王氏没有解釋旬的造字本義。金璋認爲旬可能是毛蟲的象形,與罗相似。上

---

① 戴遂良(Léon Wieger,1856—1933 年),法國漢學家。1881 年來華,在直隸東南耶穌會任教職,大部分時間在獻縣。開始爲醫師,後致力於漢學。主要著作有:《中國現代民俗》(1909)、《現代中國》(1921—1932 年)、《中國宗教信仰及哲學觀點通史》(1917);兩卷本《道教》(1911 年、1913 年)。

② 高明、塗柏奎編著:《古文字類編(增訂本)》,上海古籍出版社,2008 年。本書引用時用"《古文字類編》+頁碼"表示,直接插在引文後面,不再另加注脚。

象毛蟲的頭形,下象蜎蜎的身體。

按:旬的字形由 ᘯ(云)字演化而來。旬、云讀音相近,故假借云之形來表示抽象概念旬。金璋認爲旬是毛蟲之形,這是不可取的。參看《詁林》第 1149—1153 頁。

77. 負(︙ ︙ ︙)。
　　　　92 93 94

92 引自《攗金》1.34,93—94 引自《藝叢》8 卷頁 1(《殷文存》)。

金璋把上述金文字形釋爲"負",象人負束薪於背上之形。羅振玉《書考》70 頁列出了 ︙、︙ 兩個甲骨字形,曰:"象束物形,×與二象繩束處,疑爲束字。"金璋認爲, ︙、︙ 是否釋束暫且不論,但它們象束物之形則是不易之論。在上述字形中,人所背負的 ︙,正是從中間捆縛起來的柴薪的象形。從金文到篆文 ︙,其字形演變過程可能是:人、︙ 從左右結構變成上下結構, ︙ 又訛變成貝,最後就成了篆文 ︙。

按:吳式芬在《攗金》1.34 對該字的解釋爲"子負車形",無隸定字形。此字即容庚《金文編》附錄之未識字形第 090 號,有 ︙、︙、︙、︙ 等形。① 此字確如金璋所言,从人从東,象一人背負東形。東乃束物之象形,亦說爲囊橐之象形。金璋對該字形的隸定不可取,但他對字義的分析是準確的。此字可釋爲重,會意字,像一人身後背負重物之形,用以表示沉重義。其字形演變爲 ︙¹—︙²—︙³—︙⁴—︙⁵—︙⁶—︙⁷—︙⁸—重。② 甲
　　　　　　　　　　西周　西周　西周　春秋　戰國　《説文》小篆　漢　漢　楷書
骨文中有 ︙,《字編》(1269 頁)釋爲"重",《新編》(896 頁)無釋字。

78. 文(︙
　　　　98 99 100 101 102 103 104 105 106 107 108 109 110 111 112 113 114 115 116 117
︙ ︙ ︙ ︙)。
118 119 120 121

98 爲《說文》篆文,99 引自《前》1.18,100—103 引自《籀補》(第二版)9.2,104 引自《藝術叢編》8 卷頁 8,105 引自《藝術叢編》8 卷頁 9,106 引自《中國銅器集》③圖版 5,107、111 引自《攗金》8.27、8.56,108—110 引自《籀補》2.52,112 引自金 770,113 引自金 784,114 引自《籀補》9.2,115 引自金 259,116 引自《陶齋吉金錄》2.39,117—119 引自《前》4.38,119—121 引自《前》1.18。

---

① 容庚:《金文編》,中華書局影印版,1985 年,第 1043—1044 頁。
② 李學勤主編:《字源》,第 728 頁"重"字條(董蓮池撰寫)。
③ Collection of Chinese Bronze Antiques, Tokyo, plate 5.

金璋舉出上述諸多字形,釋爲"文",並指出"文"的字形是指身上有紋身或圖案的正面人形;"文"有多種釋義,但其本義應是表示紋身。他引用《史記》"翦髮文身"來說明"文"的本義,並援引了王筠對"文"的解釋。王筠注引用《史記·越世家》云:"翦髮文身,錯臂左衽,注曰:錯臂亦文身,以丹青錯畫其臂。"①金璋指出,這是漢字中常見的"符號舉例造字法"(Method of Signal Examples),即用人們熟知的一種具體形象來表達一種普遍的抽象概念。紋身是古代常見的部落習俗,古人選擇這個字形來表示文,也是很自然的事情。

按:羅振玉在《書考》(上四頁)中指出卜辭中的文武丁即文丁,可知已認出這是"文"字。金璋則進一步對其字形本義進行說解,指出此爲身上有紋身的人形。中國學者朱芳圃也有相同的看法,他在《殷周文字釋叢》中指出文即文身之文,象人正立形,胸前之 ╱、╳、ヽ、ㄩ、♀、ㄩ,即刻畫之文飾也。(《詁林》3264—3265頁)

79. 也(）。
　　　　125 126 127 128 129 130 131 132 133

125—131 引自《籀補》2.74,132—133 引自《籀補》2.74(作爲某字的一個構件),134—136 引自《朝鑒》卷1第15頁。

金璋首先列出傳統字書對"也"的解釋。《說文》:女陰也,象形。《康熙字典》:古文匜字。金璋認爲這兩種解釋都不合理。他根據高田忠周《朝陽閣字鑒》(第1卷第15頁)的觀點,認爲"也"是蛇的象形,可能就是眼鏡蛇。高田寫道:"篆文 乃蛇之象形。《說文》曰:'虫也。从虫而長,象冤曲垂尾形。'因謂古它、也同字也。"金璋又進一步認爲,"也"是蛇的簡單字形,"蛇"是蛇的複雜字形,yeh 和 shê 這兩個讀音可能都是從 shê 分化來的。概括來說,"也"的本義是蛇,作介詞"也"是同音假借字。

按:甲骨文中"它"是蛇的象形,作 等形。金璋所列字形可釋爲"也",即今之"匜"。《說文》: ,似羹魁,柄中有道,可以注水。从匚也聲。可知,匜是一種注水器。根據《殷周金文集成》著錄的器物銘文,"匜"最早見於西周晚期,如《田季加匜》(《集成》10265)匜作 ,《蔡侯匜》(《集成》10195)匜作 。《蔡侯匜》器形作 ,可知 即匜的象形。 (也)是匜的象形初字,後來又累增形符作 等形。(《古文字類編》114頁)《康熙字典》指出"也"是古文匜字,這是對的。後

---

① 按:金璋此處引用的是王筠在《說文解字句讀》卷十七"文"字條下的解釋。

來,"也"假借爲副詞,其本義就用"匜"來表示。金璋認爲"也"是蛇的象形,不可取。

五、《象形文字研究(卷五)》中的甲骨文字考釋

80. 獻(⟨字形1 2 3 4 5⟩)。《書考》p.63。

1 引自《攗金》9.52(毛公鼎),2、4 引自《前》7.12、7.18,3、5 引自《鐵》87、81。

羅振玉釋獻,並指出"《說文》有猶無獻,當爲一字"。金璋從之,但又指出⟨字形⟩從犬酋聲,本義應是小狗,釋獻(計謀)或猶(連詞)都是同音假借字。《說文》:"猶,一曰隴西謂犬子爲獻。"以犬爲義符。戴侗曰:"犬子視人所向,捷出其先,覆次且以俟,所謂猶豫也。"由此,金璋認爲"猶豫"即"小狗的樣子"(puppy-fashion)。他還指出,卜辭中常見"伐猶",可知猶是部族名或蠻夷的貶稱。他還從音韻學的角度論證了酋、酉古同韻或同聲。

按:此字羅振玉誤釋爲獻,唐蘭已明辨其非(《詁林》2713頁)。此字所從之動物並非犬形,而是豕形。犬尾巴上卷,豕尾巴下垂。另外一半字形也不是酋,而是從米從西的"覃"之象形初文。因而,此字當釋爲獮。(《新編》554頁)獮在卜辭中是地名。金璋從羅釋獻,誤。另外,卜辭中有從犬從西的字形⟨字形⟩,可釋爲猶,參看《詁林》1561頁,《新編》580頁。

81. 洗(⟨字形6 7 8 9 10 11 12 13 14⟩)。《書考》p.60。

6 引自《攗金》6.3,7 爲《說文》篆文,8—14 引自《前》1.47、5.23、6.35、6.35、6.35、4.11、7.42。

羅振玉把上列字形都釋爲"洗"。金璋對此基本贊同,但也提出了不同見解。他把甲骨字形分爲兩類,8—9 是一類,10—14 是一類。他認爲8—9 從水從止,可能是動詞"洗",而 10—14 從⟨字形⟩在⟨字形⟩上,可能是名詞,表示洗浴用的木製澡盆或大臉盆。但他也指出,甲骨文中"⟨字形⟩"連用,可能是部落名或人名。而 10—14 這幾個字形,從來沒有這種用法。

按:金璋雖從羅氏把上述字形都釋爲洗,但他將這些字形分爲兩類,並指出它們在字形和字義上有所差別,在卜辭中的具體用法也不同,這是值得肯定的。⟨字形⟩從水從止從⟨字形⟩。王子楊指出⟨字形⟩是有耳之桶裝器具,⟨字形⟩可從羅氏釋爲洗(讀 xian),象於桶裝器具中洗足之形。①《說文》:洗,洒

---

① 王子楊:《甲骨文字形類組差異現象研究》,中西書局,2013年,第 230—241 頁。

足也。凶即洗之象形初文,洗乃後起之形聲字。而,从水从止,並無
形,與凶差別明顯。王襄《簠考》就指出,从水从止,疑古沘字,舊釋洗
(轉引自《詁林》766頁)。《新編》(632頁)則將和凶都釋爲洗(肖),
或可商榷。

82. 訊(〓〓 〓 〓 〓 〓 〓)。
　　　　15 16 17 18 19 20 21

15—16引自《藝術叢編》22.2、22.3,17—18引自《攗金》9.20,19引自
《古籀拾遺》上26,20引自《攗金》8.52和8.54,21引自《類纂·存疑》2.4。

王襄《類纂》存疑篇有〓,疑爲訊字。金璋又列出幾個金文字形,通
過對字形的分析,證明這就是訊字。〓即糸,表示繩索。中間是跪着的人
形或女形,雙手反縛至身後。口爲義符,表示審訊之意。訊的初形可能是
〓。文獻中有"執訊"一詞,意爲對被俘的敵人加以審訊。《攗古錄金
文》中有"折首執訊","多折首執訊","多擒折首執訊"等,《古籀拾遺》中
有"首百執訊卌","告擒馘百訊卌"等。訊都指被俘的敵人。

按:王襄疑〓爲訊,金璋通過對字形和字義的分析,證明這就是訊
字。至確。但遺憾的是,金璋從羅振玉説,把卜辭中另外一種更常見的訊
字〓、〓等形誤釋爲如。見下文第83條。

六、《象形文字研究(卷六)》中的甲骨文字考釋

83. 如(〓 〓 〓)《書考》p.53。(應釋爲訊)
　　　　1 2 3

1是石鼓文,2—3引自《前》5.30。

金璋列出上述字形,釋爲如。他首先引用《説文》和《六書故》對如的
解釋,《説文》認爲如是從女從口的會意字,《六書故》認爲如是從口女聲
的形聲字,但他認爲這些都無法講清楚上述古文字字形的字形本義。金
璋並未繼續闡述他對該字的分析,而是轉而講了一些有關"如意"的有趣
話題。

按:查之《書考》,羅振玉把〓、〓釋爲"如",金璋所列《前》5.30的兩
個甲骨字就是羅氏所列,顯然金璋采納了羅氏的釋讀意見。現在看來,羅
金二人皆誤。這兩個字形均從口形,從雙手反縛至身後的女形,乃是訊
字,與上述83條爲同一個字。卜辭中如、訊字形有別。"如"從女從口,作
〓、〓、〓等形(《字編》156頁),所從之女形雙手垂於身前。而訊字所從
之女形雙手反縛身後,示捆綁之義。(《詁林》488—492頁)

84. 奚([字形])。《書考》p.32。

4—7 引自《籀補》2.58,7 也見於《藝叢》第 12 卷第 23 頁,8—10 引自《前》2.48、2.36(作爲部件)、2.37。

金璋首先引用《説文》的解釋,大腹也,但指出這種解釋與其古文字字形毫無關係。他引用羅振玉的解釋,"予意罪隸爲奚之本誼,故從手持索以拘罪人。其從女者與從人同。周官有女奚,猶奴之從女矣。"金璋贊同羅氏的解釋,同時又提到吳大澂在《説文古籀補》和《字説》中還有另外的説法,並對《字説》之《奚字説》進行了引述。

按:此字釋奚可從,羅振玉對字形本義的分析也有道理。

85. 孚(俘)([字形])。《書考》p.32。

11—12、16 引自《攗金》9.43、9.42、6.34,13—15 引自《藝術叢編》卷 13 第 16 頁、第 95 頁、第 95 頁,17 引自《菁》p.6。

羅振玉把 [字形] 釋爲"俘",金璋引述其考釋,並補充了 11—16 幾個字形,釋爲"孚",指出"孚"是後世表示俘虜之"俘"的本字。

按:此字釋"孚"可從,爲俘虜之"俘"的本字。卜辭中除了 [字形],還有從又從子之 [字形] 形,也是"孚",可惜羅金二人均未列出該甲骨字形。

86. 叚(服)([字形])。《書考》p.54。

18—19 引自《攗金》8.56,20 引自《前》4.8、5.29、8.12。

金璋把上述字形釋爲叚,服之本字。金璋指出,此古文字字形象一个蹲着的人形被另一个人的手控制着。但其篆文([字形])和現代字形都把手形放在人形下面,消解了它的本義。但其金文字形確實都是把手形放在人形下面。接著,他引述了羅振玉的考釋,"象以又按跽人,與印從 [字形] 從 [字形] 同。"羅還指出金文中有服作 [字形]、[字形] 等形,並從 [字形],與此同。金璋指出,叚、印的字形如此相近,二者的唯一區別就是,叚從爪形,印從又形。

按:此字釋叚(服)可從。需要指出的是,金璋最後指出叚、印的區別在於叚從爪形,印從又形。這與他前文的説法正好相反。筆者認爲這應該是排版錯誤造成的。然而,實際上,叚、印的區別並非在於從爪形或從又形,而是在於爪形或又形與卩的相對位置,印(抑)是爪形或又形在卩的前面,以示按壓、壓迫之義;而叚(服)是爪形或又形在卩的後面,以示控制之義。另外,卜辭中也有 [字形]、[字形] 等形,從叚凡聲,即爲服字(《字編》127 頁)。

87. 氏(　　　　　　　　　　　　　　　　)。
　　　21 22 23 24 25 26 27 28 29 30 31 32 33 34 35

21—27引自《攈金》9.54、9.39、9.39、9.11、9.12、9.16、8.24,28引自《籀補》2.72,29—32引自《攈金》7.67、7.44、7.45、6.40,33引自《籀補》(第二版)12.7,34引自金163,35引自金309。

金璋引用了王筠《説文釋例》(卷19頁29—30)的觀點,認爲"氐"的本義是木之氐蘗(即孑葉)。氐、氏皆从氏,且都訓爲木本,意思基本相同,但也有所區別。氏指的是地上之枝幹,氐指的是地下之木根。

按:金163、金309皆是僞刻,字形34、35不可據。他所列金文字形可釋爲氏。陳年福認把卜辭中的　(《合集》20006)釋爲氐,認爲"氐,同氏。低、底之初文。象人手指地,於手上加指示符號,以示手指方向爲低處。"①趙林認爲氏的字形乃出自商代甲骨文中"以"字之繁體(　),其詞義則部分源自商代的"示/主"字,氏、以二字在語音上亦存在關聯。②

88. 丞(　)《書考》p.57。
　　　　36

36引自《鐵》p.171。

羅振玉釋丞,金璋從之,並全文引用羅的考釋。象人臽阱中有扛之者,即許書之丞字,誼則爲拯救之拯。

按:此字釋丞可從。羅振玉所論甚是,金璋從羅説是對的。

89. 箙(　　　　　　　　　　　　　　　　)。《書考》p.46。
　　　　37 38 39 40 41 42 43 44 45 45A 46 47 48 49 50 51 52

37—39引自《攈金》9.55、9.26(作爲構件)、9.26(作爲構件),40引自《藝術叢編》卷13第12頁,41—42引自《籀補》2.46(作爲構件),43引自《藝術叢編》卷13第12頁,以及端方(按:應爲《陶齋吉金録》)2.26,44引自《藝術叢編》卷2第8頁,45、47、49—50引自《前》5.9,51引自《前》5.10,45A引自《藝術叢編》卷9第22頁,46引自金600,48引自金694,52引自端方2.16。

羅振玉把　　等形釋爲箙,並詳細論述其字形演變過程。金璋從羅説,並全文引用羅的考釋。

按:此字孫詒讓指出與匍字相近,其讀當爲矢服之服,已明其字義

---

① 陳年福:《甲骨文字新編》,綫裝書局,2017年,第117頁。
② 趙林:《論"氏"的造字成詞》,《甲骨文與殷商史》新1輯,上海古籍出版社,2008年,第181—190頁。

(《詁林》2555頁）。羅振玉釋爲箙，弩矢箙也，並指出此爲盛矢之器。金璋從羅説，致確。此字象箭矢在盛器中之形，是 ⿱𠂉用 的象形初文，箙乃後起之形聲字。

90. 己（[字形53—63]）。《書考》p.17。

53—56引自《簠補》2.88，57—58引自《前》3.5，59引自金724，60引自金101，61引自《後·下》1和金547，62引自王襄《類纂》p.57，63引自金？①

羅振玉把 己、S 等形釋爲"己"，無説。金璋從羅説，並通過一系列論證，證明己的本義是跪着的人形。吴式芬在《攗古録金文》中引徐籀莊語"忌通跽，跽又通己，己象人跽"，與他的想法不謀而合。他又根據王襄《類纂》"亡"字條下的"⿰⺊己"（父己）一語，以及他自藏甲骨中的"己（⿰⺊己）未"一語，認爲 S、⿰⺊己 也是己的異體字。

金璋主要引用段玉裁對夔、居、跽的解釋，來證明己的本義是跪着的人形。（1）夔，段氏曰："尸部曰：居者，蹲也。長居謂箕其股而坐。許云'夔居'者，即他書之'箕踞'也。"（2）居，段氏曰："但古人有坐、有跪、有蹲、有箕踞。跪與坐皆卻着於席，而跪聳其體，坐下其脾。""若蹲則足底着地。而下其脾、聳其卻曰蹲，其字亦作竣。'原壤夷俟'，謂蹲踞而待、不出迎也。若箕踞，則脾着席而伸其脚於前。是曰箕踞。"（3）跽，段氏曰："係於拜曰跪，不係於拜曰跽。《范雎傳》四言'秦王跽'，而後乃云'秦王再拜'是也。長跽乃古語。長俗作跟。人安坐則形弛，敬則小跪聳體若加長焉，故曰長跽。《方言》：東齊海岱北燕之郊跪謂之跪㽿。郭曰：今東郡人亦呼長跽爲跪㽿。"根據上述論述，金璋認爲己的本義是跪着的人形，忌、跽都是後期的繁化字形。己用來表示自己之己，乃是同音假借字。

按：己、S 等形釋"己"是對的，但金璋對字形和字義的分析則有待商榷。王襄所引卜辭即《合集》16935正，王襄的引文語序錯亂，正確的應爲："癸未卜，殻貞：旬亡囚。王固曰：屮希。三日乙酉夒，屮敗（⿰⺊己）。" ⿰⺊己是一個字，不是父己的合文。己未之己，也從無作 ⿰⺊己 形者，金璋藏的這片甲骨應是僞刻。金璋把 S、⿰⺊己 視爲己的異體字，顯然是不正確的。字形

---

① 金璋原文中，字形63的出處就標爲"金？"。論證過程中提到他的自藏甲骨中的"己（⿰⺊己）未"一語，筆者據此推斷，該字形應該出現在一片僞刻上。這片僞刻大概是没有編號，所以金璋標了"金？"。

61 也不知何字,不能列入"己"下。

91. 因(▢▢▢▢▢)。《書考》p.64。
　　64 65 66 67 68

64 引自《籀補》2.34,65 引自端方 3.42,66 引自《前》5.38,67 引自金 679,68 引自《後·下》p.43。

　　羅振玉把▢釋爲因,無説。金璋從羅氏釋因,並引用《説文》的解釋,認爲因是會意字。他指出因的字形有兩種可能的解釋:(1)大席的象形,(2)人躺在席上的象形。不過他認爲第一種解釋比較可信。他認爲因就是茵的本字,表示席子。後假借爲因襲或因爲,本義則用从竹因聲的茵來代替。關於口内的人形,他認爲可能並非人形,而是席子紋理的變形。《説文》的古文席作▢。金璋認爲▢即茵的初文,甲骨文作▢,▢可能只是▢的變形。他舉出《六書通》的幾個字例,茵▢,姻▢▢,恩▢,裡▢。並認爲,雖然《六書通》年代較早,這些字形可能並不準確,但也在一定程度上説明▢、▢即因。

　　按:此字不當釋因,金璋對字形本義的解説也不可據。卜辭中有▢、▢兩種字形,也作▢、▢等形,从大或人,从▢,四邊出頭或不出頭,均爲一字。張政烺認爲▢可隸定爲因,在卜辭中讀爲翳、瘱、殪,解爲蔽、藏、埋;▢、▢等形可隸定爲㚃,讀爲緼(蘊),解爲埋。(《詁林》305—309 頁)現在學者將這兩種字形都隸定爲㚃。(《字編》36—37 頁,《新編》309—310 頁)其字義解説可從張氏。此外,卜辭中有▢、▢、▢等形,从衣从人,象人披衣物之形,可釋爲"因",是"袽"之初文。(《詁林》241 頁,《新編》388 頁,《字源》561 頁)。

92. 盡(▢▢▢▢)。《書考》p.65。
　　　　　69 70 71 72

69—72 引自《前》1.44、1.44、1.45、1.45。

　　從羅振玉釋盡,並引用了羅氏的考釋。金璋指出,羅氏所舉各例都是"盡戊",在卜辭中是祭祀對象。但他收藏的甲骨中有"盡"單用之例。▢即《説文》的"聿",本是書寫使用的毛筆,但在這個字形中表示洗刷工具。由此,金璋認爲上古時期應有兩種形狀相似的工具,一種是材質稍次、用於洗刷的工具,一種是材質較好、用於書寫的毛筆。

　　按:此字可從羅釋盡,金璋對字形的分析是可取的,他對▢的説解也有道理。《字源》(443 頁)就認爲該字象人手持一毛刷擦拭器皿内壁之形,與金璋的解釋相合。

93. 燕(㊙㊙㊙㊙㊙㊙㊙㊙)。《書考》p.38。
　　　　73 74 75 76 77 78 79 80

　　73、77—80引自《前》6.44,74—76引自《前》6.43、6.43、5.28。

　　羅振玉把上述字形釋爲燕,金璋從之。並指出,燕在卜辭中用爲燕享之燕,後世則常寫作宴。如果沒有甲骨文,我們將無法得知燕享之燕,原本就寫作燕。金璋還指出,燕有兩種不同的字形,一種字形更象形化,如73—78,一種字形更綫條化,如70—80。它們經常同時出現在一片甲骨上。

　　按:字形73,楊升南、馬季凡釋"鷹",曰:"长喙,展翅欲飞形。鸟类中的长喙,爲猛禽的象徵。"①字形79、80金璋摹寫有誤,實爲㊙形,人形最上邊的黑點或分叉均爲誤摹,非筆畫。該字从人形,常出現在"王㊙叀吉""㊙叀吉"結構中,孫亞冰認爲這是表示止雨的舞蹈之祭,或爲從事㊙祭的人。② 其余字形可釋爲燕(《新編》662—663頁"燕"字條)。

94. 主(㊙㊙㊙㊙㊙)。
　　　　81 82 83 84 85

　　81引自《朝鑒》1.9,82引自《藝術叢編》卷2第15頁,83—85分別引自《前》2.21、4.48、6.43。

　　金璋把上述字形釋爲主。主,鐙中火主也。中間一點象燈芯之形,下部象燈檯之形。甲文字形比較簡略,燈檯的高足用木來代替。主的本義爲燈燭,用來表示君主、主人乃是同音假借字。主還可以假借爲其他字,如在銅器銘文中假借爲"宝"。主在卜辭中有時爲地名。卜辭中還有"主鹿"一詞,即今之"麈鹿"。

　　按:此字王襄《類纂》存疑第六第三十二頁疑爲主字。金璋釋主,應是參考了王襄的意見。他根據《說文》"鐙中火主也"對其字形本義進行闡發。中國學者商承祚也有類似意見。(《詁林》1364頁)金璋所說"主鹿",出自《前》4.48.4(《合集》10954):庚辰卜,王…主鹿…。由於辭殘,金璋誤以爲"主鹿"即"麈鹿"。實際上,這裏的"主"仍是地名,不當讀爲"麈"。《詁林》認爲釋"主"可從。《字編》(499頁)無釋字。王子楊釋"柚",指出其爲"柚"這種果實的象形初文。③《新編》(357頁)從之。

---

① 楊升南、馬季凡:《商代經濟與科技》(商代史・卷六),中國社會科學出版社,2010年,第251頁。
② 孫亞冰:《從一例合文談到卜辭中的㊙叀吉》,《甲骨文與殷商史》新2輯,上海古籍出版社,2011年。
③ 王子楊:《甲骨文字形類組差異現象研究》,中西書局,2013年,第287—306頁。

七、《象形文字研究(卷七)》中的甲骨文字考釋

95. 陵(〖11個字形〗)。《書考》p.59。
　　　　1 2 3 4 5 6 7 8 9 10 11

1、3—4 引自《攈金》9.37、7.31、7.31，2 引自《籀補》2.86，5—6 引自《籀補》(第二版)14.5，7—9 引自《前》6.55、6.20、7.9，10 引自金 755，11 引自金 316。

　　羅振玉把〖字形〗、〖字形〗、〖字形〗等釋爲"陵"，陵即大阜也，字象人梯而升高，一足在地，一足已階而升。金璋從之，並引用了羅氏的考釋。金璋認爲甲骨文中的"陵"有兩種字形，7—10 是一種字形，11 是另一種字形。另外，金璋還指出字形 9(即羅的第二個字形)從又，這是違背常理的，或許這也是王襄把它列入《存疑》的原因。

　　按：金 316 是僞刻，甲骨文中並沒有〖字形〗這種字形。甲骨字形 7—10 不應釋"陵"，羅、金二人皆誤。王國維、王襄、孫海波均從羅釋，並誤。此字張政烺首次指出乃是刖形的象形，他釋爲"俄"。胡厚宣也認同〖字形〗、〖字形〗、〖字形〗等是刖形的象形，他釋爲"尷"。(《詁林》310—312 頁)裘錫圭分析其字形演變之軌跡，將之釋爲刖，指出"兀"是刖足人形的訛體，在"刀"上加橫畫的鋸形也很容易簡化或訛變成"刀"形。"刖"是斷足之刑的初文，"刖"是它的後起形聲字，"跀"和"趴"是更後出的或體。①

96. 狼(〖5個字形〗)(實爲狐)。
　　　　　　 12 13 14 15 16

12、16 引自王襄《類纂》p.46、p.47，13—15 引自《前》2.29、2.27、2.27。

　　此字王襄《類纂》正編 46 頁釋"狼"，从犬良聲的形聲字。金璋從之。金璋認爲，用表示美好、善良的"良"作"狼"的聲符，必定是造字者的一種諷刺。他指出，甲骨文中狼多从亡，亡可能是由良的下半部訛變而來。而王襄認爲亡、良爲一聲之轉。金璋還指出，在甲骨文中，狼是干宰田獵的對象。

　　按：上述字形，除字形 12 外，可隸定爲犱，从犬亡聲，即今之狐。卜辭中還有〖字形〗，左邊象狐狸之形，右邊是聲符壺，《新編》(581 頁)釋爲狐(㹱)。但字形 12 釋狼，似可從。此字見於《前》6.48.4，即《合集》11228，但《合集》拓片不清，已看不到左邊的良形，各種釋文書均根據《合集》拓

---

① 裘錫圭：《甲骨文中所見的商代五刑——並釋"刖""刻"二字》，《裘錫圭學術文集·甲骨文卷》，復旦大學出版社，2012 年，第 1—6 頁。

片,誤。《甲骨文字典》摹作 [字形],從王襄説釋爲狼。① 此外,《花東》甲骨中有 [字形]、[字形]、[字形]、[字形]等形,從犬從囊橐之形,《花東》整理者釋爲狼,《新編》(580頁)從之。

97. 元([字形 17 18 19 20 21 22 23 24 25 26 27 28])。

17—18、20 引自《攗金》7.69、8.7、9.29,19 引自端方 2.16,21—22 引自《籀補》(第二版)1.1,23、25—26 引自《前》4.32、4.32、3.22,24 引自王襄《類纂》p.1,27 引自金 314,28 引自金 544。

《説文》:"元,從一兀聲。"金璋對此並不贊同。他認爲元的字形是人的象形,突出了人頭的部位。金璋在文中插入了兩種銅器銘文,一爲"元作父己䵼",一爲"元作父戊䵼彝",前者元作 [字形],後者元作 [字形],都是突出了人頭的人的形象。這兩個字,阮元、高田忠周釋爲"子",金璋認爲是不對的。

按:此字當從金璋釋元。中國學者中,陳邦懷在 1925 年自刊的《殷虛書契考釋小箋》中釋爲元,指出元、兀爲一字。② 金璋此文發表於 1926年,他與陳基本同時釋出此字。孫海波在《甲骨文編》中釋爲元,並列舉了金 544 的字形。(《詁林》63頁)

98. 帝([字形 29 30 31 32 33 36 37 38 39 40 41 42 43])。《書考》p.25。

29 引自《攗金》8.57,30—33 引自《籀補》1.1,36 引自庫方 1772,37、39—42 引自《前》1.22、3.21、1.50、4.17、4.17,38 引自《後·上》,43 引自金 154。

羅振玉把 [字形]、[字形] 等形釋爲"帝",指出"卜辭中帝字亦用爲禘祭之禘"。金璋從羅説,並引用吳大澂《字説》,認爲"帝"象華蒂之形,乃"蒂"之本字。華蒂之説最早源於鄭樵《六書略》,"帝"用爲禘祭之"禘"乃同音假借。但吳大澂把 [字形] 也釋爲"帝",他把青銅卣銘中的"[字形]"釋爲"帝己",認爲"帝己"和"祖丁""父癸"一樣,都是先祖稱謂。③ 王襄在《類纂》中也引用了吳大澂的説法,把 [字形] 釋爲"帝",並用卜辭中的"[字形]",即"之祖帝"來佐證。金璋對此表示懷疑,他指出 [字形] 應釋爲丁,[字形] 應是祖丁。

---

① 徐中舒主編:《甲骨文字典》,四川辭書出版社,2006年,第1103頁。
② 此條轉引自松丸道雄、高島謙一編:《甲骨文字字釋綜覽》,東京大學出版會,1994年,第3頁。簡稱《綜覽》。本書引用時用"《綜覽》+頁碼"表示,直接插在引文後面,不再另加注脚。
③ 該銘文亦見於《殷文存》,金璋引自《藝術叢編》卷10,第39頁。

按：此字釋帝可從。金璋指出▽非帝字，這是對的。"ㄓ△▽"不知來自哪片甲骨，但從字形看，金璋把△▽釋爲祖丁是合適的。

99. 不(）。《書考》40頁。
  44 45 46 47 48 49 50 51 52 53 54 55 56 57 58

44引自《籀補》2.67，45—47引自《攈金》7.77、8.9、9.31，48—49引自《籀補》（第二版）12.1，50—57引自《前》1.8、3.30、3.17、3.16、3.17、3.18、5.38、1.25，58引自金529。

羅振玉釋"不"，金璋從之。金璋認爲，上述字形用作否定詞"不"，只是同音假借字。其字形含義是：花萼、花蒂和兩片下垂的葉子的象形。金璋引用了羅振玉的考釋："象花不形，花不爲不之本誼。許君訓爲鳥飛不下來，失之旨矣。"並指出，羅氏顯然是接受了鄭樵《六書略》的觀點："華萼蒂之形。"金璋指出，"不"在幾乎所有早期銅器銘文中都讀爲"丕"，意爲大的、廣的，顯然"不""丕"在古代是同音字。但在甲骨卜辭中，"不"只用作否定詞。

按：羅、金之説可從。金璋指出不、丕之關係，亦有卓識。

100. 謝(）。《書考》p.53。
  59 60 61 62 63 64 65 66 67 68 69 70

59引自《攈金》6.3，60爲《説文》篆文，61引自《菁》p.2，62引自《鐵》p.96，63—69引自《前》4.4、5.23、5.23、5.23、4.28、2.26，70引自《藝術叢編》卷15頁38。

從羅振玉釋謝，並引用了羅氏的考釋，認爲這是羅氏在文字考釋上的重大貢獻。金璋對字形進行了分析：从手執席，有時"席"簡化爲一條綫，有的增加義符"言"，有的僅从"言"从"席"，充分表現了"七十杖於朝，君問則席"的禮俗。此外，金璋還把兩臂張開之形，與印刷體中的大括弧"}"進行了對比，並指出，表示"}"的英文詞"brace"，其本義正是兩臂或兩臂間距，與甲骨字形的本義完全相同。

按：63—70等形，不當釋謝，當從唐蘭釋尋，字象伸開兩臂度量物體長度之形，八尺曰尋，席長亦八尺，故伸臂與之等長。（《詁林》2143—2144頁）此外，尋字亦有增加口形者，作 等形。61（《詁林》724號，第698頁）和62（《詁林》725號，第698頁）兩個字形，在卜辭中均用爲地名，从言，从尋，或从尋的半邊，或爲一字。羅振玉把上述字形混爲一字，並誤釋爲"謝"，金璋沿襲了羅氏之誤。不過，金璋把 與英文中的"}"進行對比，認爲二者都表示兩臂或兩臂間距，已探及該字本義。這亦體現出東西方文化有相通之處。

101. 克(🔣🔣🔣🔣🔣🔣🔣🔣🔣)。《書考》p.61。
　　　　71 72 73 74 75 76 77 78 79

　　71引自周公敦,72—73引自《攟金》7.67、7.75,74—77引自《籀補》2.40,78—79引自《前編》3.27(原文誤爲《籀補》3.27)。

　　羅振玉釋克,金璋從之。《説文》:"克,象屋下刻木之形。"金璋認爲這可能是指"横樑或柱子上雕刻的花紋",但這個字義與克的甲金文字形不符。金璋引用了羅氏的考釋,但對羅的"象人戴胄形"並不信服。克的字形含義,金璋認爲懸而未決。

　　按:此字釋克可從。除了金璋所列字形,甲骨文克也作🔣、🔣、🔣、🔣等形。(《新編》426—427頁)其字形本義不詳。李孝定認爲"克"象人躬身撫膝、肩扛重物之形。朱芳圃認爲此字上象胄形,下從皮省,當爲鎧之初文,亦即甲胄之甲的本字。《詁林》按語贊同李孝定説。(《詁林》第728—730頁)但花東甲骨有🔣(《花東》149、550),从又,从🔣,整理者釋爲"皮"。《説文》:剥取獸革者謂之皮。那麼,🔣(克)之本義當與動物皮革有關。

102. 冬(🔣🔣🔣🔣🔣🔣🔣🔣🔣🔣🔣🔣)。
　　　　　80 81 82 83 84 85 86 87 88 89 90 91

　　80—83引自《攟金》7.17、7.42、7.43、9.21,84引自周公敦,85—87引自《籀補》2.65,88引自《籀補》(第二版)11.5,89引自大英博物院庫方舊藏(未編號),90引自《菁》p.2,91引自《前》8.11。

　　金璋首先引用《説文》的解釋,以及西方學者對篆文字形的分析,然後指出羅振玉、王襄等中國學者没有認出甲骨文中的"冬"字,他們對金文"冬"的字形分析也不盡如人意。金璋認爲"冬"字是懸掛的冰柱之形,兩條懸掛的冰柱,有時用兩條垂直的豎綫表示,有時用兩條發散的豎綫表示,其上端連在一起,下端通常飾以圓點,代表小水珠,圓點有時也畫在豎綫的中間:冰柱和水珠,象徵着冬天。他還引用了"冬月""冬十三月"等卜辭用語,進一步闡釋"冬"的涵義。指出,冬天是年末,故可引申爲"終",表示結尾。

　　按:此字羅振玉釋自,王襄釋六,葉玉森在《研契枝譚》中改釋爲冬,謂象枝垂葉落之形,在卜辭中表示冬天之冬。(《詁林》3130——3134頁)金璋也釋爲冬,但認爲其象懸掛的冰柱之形,表示"終"乃是引申義。二人對字形的解釋不同,但都與"冬"聯繫起來,可謂異曲同工,並且金璋此文(1927)比葉氏著作(1929)還要早兩年。這是金璋獨立考釋出來的一個甲骨字形,值得肯定。不過卜辭中此字均用作"終"。《新編》(743頁)直接釋爲"終"。其字形本義,或以爲象絲綫終結之象。①

103. 黍([字形])。
92 93 94 95 96 97 98 99 100 101 102 103 104 105 106 107 108 109 110 111

《書考》p.39。

92 引自《籀補》2.41,93 引自《前》4.30,94 引自《藝術叢編》卷 4 第 26 頁,95—97 引自《前》4.39、4.40、4.39,98 引自《後·下》p.28,99《前》4.40,100 引自金 830,101—103《前》7.26、3.29、4.39,104 引自《鐵》p.248,105—107 引自《前》4.40、3.29、4.39,108 引自《鐵》p.206,109 引自《前》2.15,110 引自《後·上》p.15,111 引自金 693。

從羅振玉釋黍。《說文》:"黍,禾屬而黏者也。"金璋指出,篆文 [字] 从雨从禾,但古文字字形不从雨,也不从禾。古文字黍从水,或省水,其他部分象黍穗或錐形花序下垂之形。从水,或許是爲了表達黍子具有黏性。甲骨文中常見"黍年"一語,意爲"黍子豐收",是商代占卜的一個重要主題。

按:金 80、金 693 都是僞片,所以字形 110、111 不足爲據。字形 109 引自《前》2.15.6(《合集》36913):…才[字]師…。[字],从秦从泉,可隸定爲[字],在卜辭中是地名,與黍無關。其餘甲骨字形,過去學者多釋爲黍。但根據黃錫全先生的研究,字形 105—108 可釋爲黍,而字形 93—104 應釋爲稻。不帶水旁的 [字]、[字] 可能爲旱稻,帶水旁的 [字]、[字] 可能爲水稻。②

104. 舊([字形])。《書考》p.38。
112 113 114 115 116 117 118 119

112 引自《朝鑒》21.2,113—115 引自《籀補》1.20,116 引自《前》4.15,117—119 引自王襄《類纂》1.18。

羅振玉把字形 116 釋爲舊,金璋把上述字形都釋爲舊。《說文》:"舊,鴟舊,舊留也。舊从萑臼聲。"金璋認爲,萑是有角的貓頭鷹。鴟舊、舊留都是有角貓頭鷹的名字,是模仿貓頭鷹的叫聲而命名的。用作新舊之舊,乃同音假借字。舊,上部所从之 [字],是貓頭鷹的角,即"毛角"。下部所从之臼,金文作 [字],甲骨文作 [字]。戴侗認爲 [字] 内的尖狀物是米,金璋表示反對。他認爲 [字] 乃 [字] 之訛變,[字] 即臼,古人以陶土製作臼,陶臼即 [字],與舂 [字] 所从之 [字] 相同。[字],《康熙》作凵。

---

① 拱玉書、顏海英、葛英會:《蘇美爾、埃及及中國古文字比較研究》,科學出版社,2009 年,第 271 頁。

② 黃錫全:《甲骨文中究竟有沒有"稻"字》,《出土文獻》2022 年第 4 期。

按：甲骨文中🝅可釋爲舊，🝆似隸定爲雈較合適。二者在卜辭中用法有別。前者在卜辭中是新舊之舊，也用作地名。后者在卜辭中只作地名(《詁林》1687—1688 頁)。金璋把它們混爲一字，誤。

105. 出([字形 120 121 122 123 124 125 126 127 128 129 130 131 132 133 134 135 136])。《書考》**p.58**。

120—123 引自《攗金》9.53、9.4、9.17，124—128 引自《前》3.21、1.3、8.2、1.42、3.25，129—134 引自《鐵》p.10、36、132、151、207、226，135 引自庫方 1713，136 引自《後·上》p.29。

羅振玉釋出，金璋從之，但解釋不同。羅氏根據吳大澂的説法，認爲) 象納屨形。金璋則認爲出从 屮 (止) 从 凵 (口)，金文所从之)，乃 凵 之訛變，而 凵 即 (丞) 所从之 凵，是地面上的洞穴之形。對於字形 136，金璋進行了特别的説明。字形 136 出自《後上》29.10："丁巳卜，今者方其大 𠯑。四月。"𠯑 从 屮 从 口，王國維釋出。另有一條卜辭《鐵》151.2："丙戌卜，今者方其大 𠯑。五月。" 𠯑 即出。根據這兩條卜辭，金璋認爲王氏釋 𠯑 爲出乃不易之論。這兩條卜辭内容相似，只是占卜日期和月份不同，𠯑、𠯑 當爲一字，都是出的異體字。

按：金璋對出的字形分析是正確的，凵 確爲凵形，是地面上的洞穴或半地穴式的住所。𠯑、𠯑 一字也是正確的。這是金璋根據辭例釋讀甲骨文字的例子。

106. 方([字形 137 138 139 140 141 142 143 144 145 146 147 148 149 150])。《書考》**p.24**。

137 引自《前》1.47，138 引自《攗金》1.24，139—142 引自《前》4.12、6.30、6.44、6.44，143 引自《後·上》p.29，144—146 引自《前》5.11、5.23、2.16，147 引自端方 2.16，148—149 引自《藝術叢編》卷 14 第 26 頁，150 引自金 590。

羅振玉把"方"釋爲"方"，無説。又列出包括 139—142 在内的 5 個字形，釋曰："象人何儋形，而手持其前。"金璋不同意羅氏的説法。他根據 方 這個字形，認爲人肩扛的不是儋形，而是戈形，戈形在 方 中更爲明顯。由此，金璋認爲 方 是人肩扛戈的象形，可能就是防禦之"防"的本字，同音假借爲方向之方。金璋還公布了一片卜辭金 616(《英》824)，上面有一個字形 方。金璋認爲此字从日从方，可隸定爲昉。

按：羅氏把 方、方 區分爲兩字是對的，前者爲"方"，卜辭中有"某方"

"四方"之稱,"方"意爲"方國"或"方向"。後者爲"何",在卜辭中是人名或地名。《合集》6789:"貞方其𤉲見何。"可見方、何不是同一個字。金璋對"何"的字形分析可備一說,但"何"不假借爲"方"。他所列另一個字形,從日從何,可隸定爲㫚。

八、《象形文字研究(卷八)》中的甲骨文字考釋

107. 武( )。《書考》p.61。

1—5 引自《籀補》2.73,6—7 引自《前》1.10、3.23。

羅振玉釋"武",無說。金璋從羅氏釋武,並對字形和字義進行了分析。《說文》:"止戈爲武。"對此金璋表示懷疑。他認爲武所從的" "與 、 所從的" "一樣,都表示運動,不是停止。" "(戈)代表武器。從止從戈,表示武器在運動,是戰鬥的意思,會意字。爲了加強這種觀點的可信性,他還拿埃及藝術中常見的戰鬥場面做比對:"有一種觀念,幾乎只有這種觀念:也即鎮壓弱者或屠殺無力反抗的敵人,在埃及藝術中反復出現。這正是他們藝術創作的原動力。……先民創造'武'字,不是爲了教給人們一個道德觀念,而是爲了表達一個普遍的事實,即武器的運動。"

按:金璋對武的字形和字義的分析都很準確,值得肯定。從止從戈的武是會意字,從止表示行進,從戈表示武器,本義是征伐、示威,非《說文》所說"止戈爲武"。

108. 耒( )。

金璋在文中列出如下字形: ,認爲8—11 所從之構件 、 是耒的象形初文。8 引自《攈金》7.67,9—11 引自《前》6.17、7.15、6.17,12 引自《虛》1436,13 引自《前》6.18,14 引自《藝叢》第 3 卷,《後上》p.24。

金璋首先列出耒(lei)的傳統釋義。耒,犁(plough)。嚴格地說,耒是犁柄(plough-handle),以區別於相或耛,"犁鏵"(plough-share)。他指出對耒和耛的解釋已經超越了古文字學本身的意義,而是關係到這些字形所產生的時代,中國農業到底是鋤耕還是牛拉犁耕,二者有天壤之別。他認爲耒的原始字形表明這是一種推式鋤(thurst-hoe),不是犁(plough)。

他首先明確了犁和鋤的區別,任何不從前面拉(不論是牛拉、牦牛拉、馬拉還是人拉)的農具都不能稱爲"犁"(plough),而只有從後面手持使用

的農具才能叫做"鋤"(hoe)。接着他引述《周禮·考古記》的説法"車人爲耒",指出耒包括疪(刺)、中直和上句三部分。《周禮》所附插圖"耒耜"作"✦"。然後他引用甲骨金文字形來證明《周禮》所言可從。他舉出字形8"✦",引自《攈金》,吴式芬釋爲耤,並言"上作人推耒形,下從昔"。金璋贊同吴的考釋,指出高田忠周也贊同吴説,認爲該字所從之✦是耒的象形初文。

接着金璋又討論了另外三種與農耕有關的甲骨字形。第一種是✦、✦、✦(字形9—11),羅氏釋爲"埽"(《書考》48頁),金璋表示反對,認爲此字從耒,可能是耕或耤。他引用高田忠周《古籀篇》(第83卷第38頁)"耕"字條的説法。高田列出甲骨字形✦,認爲"此字象人手持耒而耕形,此爲最古耕字,故耤字古文从之。"第二種字形是✦(字形13)和✦(字形12),指出可能是稷的古文,稷是農神"稷"的異體字。第三種字形是✦(字形14),綫條化的人形,頭部簡化成以目表示,面朝左方,突出其一足,一只手臂朝前伸,另一只手臂在身後拖着一件顯然與字形12和13所具有的完全相同的斧形農具。金璋指出這個字不知爲何字,很可能與耕作有關。

按:金璋指出耤字所從之✦、✦等是耒的象形初文,這是正確的意見。他所列第一種字形✦、✦、✦,象人踏耒耕作之形,是耤的初文,不當釋爲耕。金文✦是累增了聲符昔的耤字。甲骨文耤也有作省形的,如✦、✦等。也有加昔聲的,如✦、✦、✦等。以上字形,徐中舒在《耒耜考》①中均有考證,指出都是耤字。金璋受其影響,在1935—1936年發表《蘇格蘭與中國古代之芻形耕作考》上下篇,對徐氏的觀點進行譯介,並將中國的耒耜與蘇格蘭的脚犁(即 cas-chrom)進行對比。他所列第三種字形✦,在其未刊稿《卜辭所見之✦、✦、✦、✦》中被認爲是《史記》所載帝舜的司農后稷。參看本書第六章第一節《金璋對商代世系及先祖的研究》。

109. 眞(✦)。
　　　　15

15 引自《籀補》2.51。

此字形出自毛公鼎。吴大澂《古籀補》收録了毛公鼎銘,並進行考釋。此字見於第13—14行:✦ ✦ ✦ ✦ ✦ ✦ ✦。✦,吴式芬釋"憂",徐籀莊釋"俱",認爲是"顚"的異體字。吴大澂釋"顚",認爲即古顚字,仆也,从頁从✦,象顚沛之形。高田忠周釋"擾",憂也,與吴式芬觀點相似。金

---

① 徐中舒:《耒耜考》,《中研院歷史語言研究所集刊》第2册第1分册,1930年。

璋傾向於吳大澂的觀點，認爲這個字似應隸定爲👁，釋爲眞。眞即"顚"。字形象人站立之形，手臂彎曲，手指指向頭部。通過手指頭部的形象表達頭頂、高處、巔峰等義，正是"眞"的本義。眞用來表達眞理、眞實等，應爲同音假借字。

按：此字釋"眞"（顚）不可取。單育辰《説"猱"》篇對該字形有詳釋。他從王國維說，認爲該字可釋爲"羞"。並指出，從形體上看，該字形與甲骨上表示先祖名的 🔸（一般釋爲"夒"）無疑是一字。🔸的造字本義"既可以説以手掩面形表示羞恥，也可以説以手掩面形表示憂傷"，所以它到底是"羞"還是"憂"不太好說。夒、羞、憂古音也無大差別，三字可以互用。①

110. 玉（ 🔸 🔸 🔸 🔸 ）。
　　　　17 18 19 20

17 引自金 641，18 引自金 645，19 引自金 637，20 引自《古籀篇》7.2，21 引自金 637，22 引自金 641，23—25 引自《古籀篇》29.20。

　　金璋討論的是卜辭中常見的"🔸🔸🔸"之第二個字。他引用高田忠周《古籀篇》的觀點，把 17—20 的字形釋爲"玉"（第 7 卷第 1—2 頁）。高田認爲上列字形和🔸、🔸、🔸一樣，都是一種玉飾。上衡（△）下璜（▽），中間爲衡牙（◇或 ━）。"🔸🔸🔸"之第三個字，金璋列出了🔸🔸🔸🔸🔸等形。他指出，高田把這個字釋爲"𪓑"，"𪓑"即"蛙"，又通過音轉把"𪓑"與"卦"聯繫起來，認爲"玉卦"與文獻裏的"玉兆"意思相近（第 29 卷第 19—20 頁）。金璋贊同把第二個字釋爲"玉"，一串玉飾的象形。但他不贊同把"🔸"釋爲"蛙"（卦），不過他也沒有給出新的釋讀意見。

　　按：把🔸釋爲玉，這是不對的。金璋後來也改變了他的看法。他在《一個神秘的兆辭之新解釋——"🔸🔸🔸"》（1947）一文中專門對"🔸🔸🔸"進行討論，他改從唐蘭之説，把🔸釋爲"才"，讀爲"再"。此外，他還獨創性地把🔸釋爲"蛛"，讀爲"朱"。認爲"🔸🔸🔸"就是"不再朱"，即卜再對甲骨進行塗朱。金璋這個新的意見值得重視。詳見本書第六章第四節《金璋對商代占卜的研究》。

九、《象形文字研究（卷九）》中的甲骨文字考釋

111. 易（ 🔸 🔸 🔸 🔸 🔸 🔸 🔸 🔸 🔸 ）。
　　　　K.C.P. M.K.T. K.C.P. K.C.P. K.C.P. H 800 H.751 H.443 H.117 H.139

引用高田忠周《古籀篇》的觀點，把上述字形釋爲易（卷 98，31 頁

---

① 單育辰：《甲骨文所見動物研究》，上海古籍出版社，2020 年，第 199—204 頁。

"易",34—36頁"龍")。但金璋指出,高田雖然把"易"解釋爲"變化、變異",但在甲文中"易"常用爲"賜"。高田認爲古易蟲即龍也,並用大量篇幅論證易即爲龍,龍的右半部就是易的訛變。金璋引述了高田的考證,但並未做評價,他希望日後能專門撰文研究這個問題。

按:金璋列出的甲骨字形都是僞刻,甲骨文中"易"寫作"㔾"。不過,金璋指出甲骨文中"易"常用爲"賜"則是對的,甲骨文中常見"易日"一詞,即"賜日"也,指天氣晴好。高田把"易"和"龍"聯繫起來是没有道理的,金璋雖然對此没有評述,但從他後來發表的《釋龍辰》來看,他並不贊同高田的説法。參看本書第六章第二節《金璋對商代天象的研究》。

第二節　金璋其他論文中的甲骨文字考釋

一、《中國古今文字考》中的文字考釋

《訛變的因襲和意義的破壞——中國古今文字考》發表於 1925 年 7 月,這篇文章通過對胡(圖,金文字形)、伏(圖)、彝(圖)、草(圖,篆文字形)、蠻(圖,金文字形,所列甲骨字形是僞刻)、矣(圖)、夷(圖)、甌(圖)等 8 個字的今古字形分析比較,闡述了甲金字形與後世字形的差別,探討了圖畫文字的簡化,也即規約化或因襲化的過程。此文没有標注古文字字形的來源。

112. 胡(圖)。

此爲金文字形。《説文》:"胡,牛垂也。从肉古聲。"金璋引用吴大澂《字説》之《瑚字説》的解釋,認爲胡的本字是圖,从匚从古,即現代的簠字之初文。匚是義符,表示這是一種容器,古是聲符。後來,義符匚時而訛變成肉形,時而訛變成月形。

按:金璋引用吴大澂的意見,將金文圖字釋爲胡,即現代的簠字,此説可從。《字源》將圖直接釋爲簠,可參看。①

---

① 李學勤主編:《字源》,天津古籍出版社,2012 年,第 397 頁"簠"字條(嚴玉)。另,第 365 頁"胡"字條(嚴玉)。

113. 伏（ ）。

金璋指出，从人从犬的伏字最早見於斯坦因發現的漢簡（沙畹編著）金璋從王襄説，把上述甲骨字形釋爲"伏"（《類纂》正編卷八第38頁上）。伏，篆文作 ，从人从犬，而甲骨文从二人，不从犬。金璋認爲這兩個字都是象形字，但造字本源不同。前者基於狗對主人的忠誠，後者基於勝者和敗者的關係， 是勝利者的形象， 是卑微的戰敗者的形象。從 到 的演變，金璋認爲也是很自然的， 很容易就演變成了 。金璋認爲這種轉變可能發生在周朝末年。

按：此字王襄釋伏，金璋從之，二人皆誤。金璋在1943年發表的《中國古文字中的 和 》中把" "釋爲"蠻服"，可知他已將 改釋爲服，但這個意見也不可取。此字當釋爲夾。卜辭中夾作 ，也作 。郭沫若在《卜辭通纂》第498片釋文中就指出夾二人爲夾，夾一人亦爲夾也。（《詁林》237—240頁）卜辭中有 ，是"伏"的初文（《詁林》87—89頁）。

114. 彝（ ）。《書考》p.41。

上述甲骨字形，金璋從羅振玉釋彝，並引述了羅氏的考釋。金璋指出，彝尊常連用。《周禮》中有六彝，包括雞彝、鳥彝。彝篆文作 ，《説文》曰："宗廟常器也。从糸；糸，綦也。廾持米，器中寶也。彑聲。"但甲金文字形象雙手持鳥或鳥形器皿之形，與篆文完全不同。金璋認爲彝就是從甲金文字形訛變而成的。

按：甲骨文"彝"作 （《合集》14294）、 （《合集》36390）、 （《合集》36512）等形，象兩手執鳥之形，在卜辭中是祭祀動詞。金璋的解釋可取。

115. 草、早、皂、阜的共同字源（ ）。

金璋指出，草的最初字形是艸，即《康熙》第140部、《説文》第12部的部首。斯坦因所獲漢文文書中就有"草"字（LES DOCUMENTS CHINOIS，第531號，"石南草"）。草，篆文作 。《説文》："草，草斗，櫟實也。一曰象斗。从艸早聲。"象即橡。由此可知草的本義是指橡子。早，篆文作 。《説文》："早，晨也。从日在甲上。"但《六書故》早作 ，並曰："橡櫟實爲阜。阜之象形昭然"。由此金璋認爲， 即早，是櫟實的象形，上象櫟實，下象柄托。草從早得聲，原是指橡樹的果實。皂别作阜，意爲黑色。而櫟實可以染帛爲黑色，可見皂、阜也是從 分化來的。草、早、皂、阜是同源分化字，都來源於櫟實的象形。

按：甲骨文中有"丫"形(《合集》27218),象草形,可釋爲"屮",用爲祭祀動詞。《詁林》1308頁甲骨文中有从"丫丫"的字,如 ※（莫）、朝(※),丫丫是草葉之形,可釋爲"艸",是草的初文。从艸从早的"草"是後起的形聲字,《說文》將之解釋爲"櫟實",不可據。甲骨文中有"朝"無"早"。"朝"作※、※、※等形,金文"早"作※(敔簋)。朝、早音近義同,從字形上看,早就是朝的一部分,是從朝的古文字字形分化而來。草、早都與櫟實無關,金璋的分析不可取。皂、早是否與櫟實有關,也需考證。

116. 蠻（※※）。

金璋將上述兩個字形釋爲蠻。第一個字形采自宗周鐘,此器見於《藝術叢編》卷20,亦見於《攈金》卷8頁56和《積古齋》卷3頁8;第二個字形采自金800。金璋列出宗周鐘第一段銘文的拓片(《藝術叢編》卷20),並對銘文進行釋讀。其釋文如下：

```
蠻 伐 伐 我 蠻 土 文 王
迺 乃 其 土 敢 南 武 肇
遣 都 至 王 臽 國 菫 ○
閒 服 戕 龏 虐 服 疆 相
```

他指出,銘文中第二行和第四行的"※",阮元釋"要",孫詒讓釋"孳",金璋釋"蠻"。他引用孫詒讓對"服孳"的解讀："服孳者,服子也,蓋國名之不見於經傳者。孳即子之藉字,其君之爵也。"認爲孫氏的解讀未免過於牽強。他根據甲金文字形,認爲※應釋蠻,蠻即南蠻人也,字象蠻人的正面形象,突出了蠻人頭上懸掛的裝飾物。"服蠻"與《周禮》中的"蠻服"意思相近。此外,他指出金800有"亡※來祥"之語,可惜這對解決該字的釋讀沒有任何幫助,無論這個字讀"蠻"還是"孳",這句話都很難理解,儘管"來祥"在卜辭中常見,表示來了好運氣。

按：甲骨文中沒有※這個字形,金800"亡※來祥"是偽刻,卜辭中也沒有"來祥"這樣的用語,金璋所見應是偽刻。但金璋所列"宗周鐘"(現藏臺北故宮博物院)中的※確應釋爲蠻,他指出此字"象蠻人的正面形象,突出了蠻人頭上懸掛的裝飾物",可備一說。

另外,金璋在另一篇論文《中國古文字中的※和※》(1943)中也討論了與"蠻"相關的字形。他列出了甲骨文中"※"這個字形,見於《前》

7.37.1，並引述郭沫若在《卜辭通纂》中對 ☒ 和這段卜辭的考釋。郭沫若把這個字釋爲魌，象人戴面具之形，並指出這段卜辭中的"☒ ☒"就是《周禮》中的"蠻服"，"方相"就是文獻中的"方相氏"，是巫師之稱。金璋則有不同的意見，他認爲 ☒ 應釋爲蠻，是蠻的象形初字，☒ 是 ☒ 訛變而成的字形。經查，《前》7.37.1 與其他殘片綴合即《合集》6063，有"〔戉〕☒、夾、方、罘四邑"之語，可知 ☒、夾、方、罘是四個城邑名，"☒ 夾"不當釋爲"蠻服"，"方罘"也不當釋爲"方相"。☒，今之甲骨字書均無釋，金璋釋"蠻"，可備一說。

117. 矣（☒☒☒☒☒☒）。王襄《類纂》p.65。

金璋指出，"矣"在現代漢語中是語助詞。《說文》：☒，語已詞也，从矢㠯聲。但這個解釋顯然是錯的，甲骨上這些字形 ☒☒☒☒☒ 可證其誤。這些古文字形並非从矢㠯聲的形聲字，而是象一個人的正面形象，其頭部或向左或向右扭轉，一只手持棍棒之形，可能是武器。頭部已被嚴重簡化，寫作"☒☒☒☒"等形，演變成篆文中的"㠯"和現代字形中的"厶"。下部是常見的"大"的古老字形，表示人的正面形象。手中所持棍棒或武器之形，在篆文字形和現代字形中省掉了。他之前參考王襄《類纂》《正編》頁 65 的意見，將其釋爲"疑"，認爲早期銅器上的這個字形不單用作副詞，也是後來表示疑問的"疑"的最早形態。但羅振玉、王國維都無此種意見，金璋本人也對這種釋讀持懷疑態度。他指出，這個字常出現在"卜 X 貞"的語境中，X 有許多不同的字來表示，當 X = ☒ 時，後面常出現"今月亡咎""旬亡咎"等內容。如果把 ☒ 釋爲疑，那麼"卜疑貞"就是卜問有疑問的事情，這在卜辭中是講不通的，因爲所有占卜都是卜問有疑問之事。因此，他認爲這個字形釋"矣"比較妥當，其字形本義還有待討論。

按：此字可從王襄釋"疑"（參看《新編》822 頁、《字編》65—66 頁）。羅振玉在較晚出版的《增訂殷虛書契考釋》(1927) 頁 55 下也將其釋爲"疑"。金璋所說卜辭中常見的"卜 X 貞"，X 乃是貞人名，"疑"是出組卜辭貞人名。金璋尚未認識到"干支卜某貞"這種結構的正確含義，誤以爲"卜疑貞"就是卜問有疑問的事情，殊不知"疑"乃是人名。但金璋指出該字象人的正面形象，頭向左或向右扭轉，手握棍棒或武器，則可備一說。

118. 夷（☒）。《書考》p.38。

關於此字，金璋列出了 7 個古文字字形：☒、☒、☒、☒、☒、☒、☒。他指出，甲骨文中沒有單獨的"☒"，但有从"☒"的合體字，☒ 即現代的"夷"字。① 他從六個方面對"夷"進行了討論。(1)夷字在商周時期不表示夷狄之夷。《筠清館金文》(卷三)所錄周使夷敦中"夷"寫作"𢍰",此句爲"王使小臣守使于夷"。吳榮光釋曰:"夷者,天子畿内邑。"並引《左傳·莊公十六年》"初晋武公伐夷執夷詭諸"之語。先秦時期僅此一例的古文字"夷",顯然不是夷狄之夷,而是王畿内的城邑之名。(2)甲骨文中没有獨體的夷字,但有从夷的合體字,一個是"雉"字,一個是"陝"字。他引述了羅振玉對"雉"的考釋意見(《書考》頁38)。羅氏認爲,𢍰象絲綫纏繞的箭矢,金璋表示贊同。(3)商周時期,夷狄之夷用尸字表示。他引述了吳大澂在《字説·夷字説》的論述:"古夷字作𠃌,即今之尸字。古尸字作𠤎,即今之死字。"金璋則指出,確切地説,𠃌(尸)這個字形最初就表示夷狄之夷,後來才用來表示尸體之尸。表示尸體的本字是𠤎。𠃌(尸)字用來表示尸體后,𠤎就用來表示死亡之義。金璋通過一系列論證,認爲𠃌是蹲踞之人的象形,夷人蹲踞,故用𠃌來表示夷狄之夷,後因同音假借,夷狄之夷就用夷字來表示。甲骨文中有"𠀒𠃌方"(見於《殷虚書契》2.6),羅振玉釋爲"正人方",即"征夷方",𠃌就表示夷字。金璋列舉了五條有關"淮夷"的銅器銘文並進行分析,夷均寫作𠃌。(4)吳大澂在《夷字説》中指出,周使夷敦中夷寫作𢍰,與篆文夷相近。由此推知,至少從周代開始𢍰就用來表示夷狄之夷。(5)高本漢在Analytical Dictionary of Chinese②(頁78—81和241—243)指出,上古時期夷、尸、死三字讀音相近,它們有共同的舌尖前音 s 或 sh 或 d。(6)甲骨字形𢍰和篆文字形夷有相似之處。矢上纏繞的絲綫之形,後世多訛變成弓形,比如弗(弗)、弟(弟)。𢍰在傳寫過程中,只要稍作變化,就可能演變成夷或弟。夷、弟古通用。比如鵜字,篆文作鵜,从鳥,而籀文作鵜,从弟。但分而言之,弟是從絲綫纏繞的戈形弟演變而來,夷是從絲綫纏繞的矢形𢍰演變而來。

　　按:金璋把甲骨文合體字𢍰、𢍰、𢍰、𢍰、𢍰、𢍰等字形中的"𢍰"這個部分作爲"夷"的字形本源,指出其字象矢上纏繞絲綫之形,這是可取的。實際上,甲骨文中有一個獨體的"𢍰"字(《新編》第600頁),見

---

① 按:金璋在《象形文字研究(卷一)》"戠"字條下,就對卜辭中"𢍰"(雉)所从之"𢍰"這個字形進行過分析。參看本章第10條"戠"字條。
② 按:金璋所引即 Analytical Dictionary of Chinese and Sino-Japanese(《中日漢字分析字典》),這是一部有關中古音構擬的重要漢學工具書,1923年出版。

於《合集》17027 反,"…夷何…",但因辭例殘缺,"夷"的詞義並不清楚。

金璋注意到甲骨文中的"正人方"卜辭,人(或尸或夷)字作㇟、㇟、㇟、㇟、㇟、㇟等形,他指出"正人方"就是"征夷方"。並指出㇟是蹲踞之人的象形,夷人蹲踞,故用㇟來表示夷狄之夷。後因同音假借,夷狄之夷用㇟字來表示,㇟則用來表示尸體之尸。以上這些看法都值得肯定。我們重新考察甲骨文中的"正人方"卜辭,中間一字有學者釋作人,也有釋作尸,但均指出,"人方"即文獻中的"夷方"(參看《詁林》第 7—11 頁)。在各種字編類工具書中,該字均隸定爲"尸"(參看《新編》第 502—503 頁,《字編》第 3—4 頁)。但在歷史研究中,學者一般仍隸定爲"人"。正如孫亞冰所說,人方或稱夷方,卜辭中有"夷""東夷""西佳夷""北佳夷""歸夷"等稱,"夷"是商人對東、南民族的統稱。人方屬於東夷族的一個方國。① 此外,金璋還注意到夷(㇟)、弟(㇟)的區别,也值得肯定。

119. 鬳(㇟ ㇟ ㇟)。

金璋指出鬳是一種蒸食器,下有三條中空的足,中間是圓形容器,内置帶有鏤孔的箅,用來放置食物,可通蒸汽。㇟、㇟、㇟等字形引自《書考》42 頁,是鬳的象形。他引用了羅振玉的考釋:"上形如鼎,下形如鬲,是鬳也。古金文加犬於旁,已失其形。許書从瓦,益爲晚出。"並指出,撇開後加的瓦和犬不談,這個字的其餘部分就是从虍从鬲的鬳。那麽,㇟、㇟、㇟是如何演變成鬳的呢?金璋對此進行了分析,他指出甲骨文中虎頭作㇟、㇟、㇟等形,如果把它順時針轉 90 度,虎口就朝上了,看起來就象一個容器,與㇟形相似。因此,金璋認爲,鬳所从的虍可能是㇟與虎頭相混的結果。

按. 上述字形即鬳的象形,在卜辭中用作人名,如《合集》3089:"叀令子鬳孽囗。"也用作動詞獻,如《合集》10076:"鬳龟翌日。"金璋對鬳的字形分析是可取的,但他認爲鬳所从的虍可能是㇟與虎頭相混的結果,則可懷疑。實際上,卜辭中有从虎从鬳形的字,即㇟,見於《合集》26954:"鬳羌,其用妣辛㇟。"㇟上从虎頭、下从鬳形,即鬳字,在卜辭中用作動詞獻,虍或爲聲符。卜辭中也有从犬从鬳的㇟、㇟,即獻之本字(《字編》1067 頁)。

---

① 參看孫亞冰、林歡:《商代地理與方國》(《商代史》卷十),中國社會科學出版社,2010 年,第 376 頁。

二、《中國古文字專題研究》中的甲骨文字考釋

《中國古文字專題研究》是一個系列文章，共有三篇，分別發表於 1937 年 1 月、1937 年 4 月、1937 年 7 月。考釋了四（☰）、東（✦）、良（𝄞）、去（❖）、至（⚹）、夏（✿✾）、貫（✡）等 7 個甲骨文字，主要引述了朱芳圃《甲骨學文字編》（1933）中所列諸學者的觀點。

120. 四（☰ ⊡）。

金璋指出☰是四的初文，篆文⊡是從古文✡發展來的。下部的儿丟棄了，上部的♡經由♡、♡的演變，最後成了⊡。⊡被楷書化後，就成了四。金璋還提到中國學者丁山的不同意見，見於朱芳圃《甲骨學・文字編》14 卷 6—7 頁。丁山認為四之見於卜辭金文者大抵與籀文同，惟邙鐘作☒，大梁鼎作☒，秦《碣石頌》作⊡。四即呬之本字，息也。又假借爲數名之☰，久借不還，只能別增口成呬以爲氣息字。金璋認爲這種說法想象的成分太多。

按：此字孫詒讓已認出，金璋主要對其字形演變進行分析。《説文》所列四的古文作✡，金璋寫作✡，不準確。他對字形演變的分析也不可據。

121. 東（✦ ✦ ✦ ✦ ✦）。

《説文》："東，從日在木中。"金璋認爲並不可信。他列出上述甲骨字形，釋爲"東"。前四個字形引自《前》3.20、2.5、6.26、6.46，第五個引自《殷契卜辭》403。金璋引用徐中舒、丁山的觀點（轉引自朱芳圃《甲骨學・文字編》第 6 卷第 2—3 頁），説明"東"的本義爲置物於其中、兩端束起、用背扛起的袋子。徐中舒曰："東，古橐字……實物橐中，括其兩端，✦形象之"。金璋對"東西者囊之轉音也"表示懷疑，他認爲"tung-hsi"，或"tung"都無法轉音成"nang"。不過他也認爲東的字形可能是兩端束起的袋子，或是中間束起的柴薪。第五個字形✦丁山釋爲橐，並曰："《易爻》所謂括囊者也。囊中無物，束起兩端，故亦謂之束。暨實以物，則形拓大，✦者，囊之拓大者也，故名曰橐。橐與東爲雙聲，故古文借之爲東方"。金璋將之釋爲東，他指出《殷契卜辭》403 有"彤自東"，東就寫作✦。

按：甲骨文"東"羅振玉已認出（《書考》24 頁）。金璋所列字形，前四個字形可釋爲東。第五個字形，查之原片，辭曰"☰✦✦"。"☰"當釋爲乞，不是彤。✦，《新編》（386—387 頁）、《字編》（1262 頁）均釋爲橐，這

裏是地名。關於"東"的造字本義,徐中舒、丁山認爲是實物囊中、括其兩端的象形,金璋認爲是中間捆束的柴草之象形,可備一説。

122. 良(䫉 䫉 䫉 䫉)。

金璋列出上述四個字形,前三個引自《攈金》,第四個引自金333。又指出《殷虚書契》2.21中䫉出現過兩次,似爲地名。《殷虚書契》6.48 狼字从"䫉"。《説文》:良,善也。从富省,亡聲。這種解釋難以服人。王襄、商承祚釋良,但對字形没有分析。金璋認爲䫉是河上橋梁之象形,是"梁"的初文,同音假借爲善良之良。

按:金璋所引金333未見於著録書,或爲僞片。他所引䫉見於《前》2.21.3,是地名。他釋爲狼的字,可参閲上文第96"狼"字條。此字見於《前》6.48.3,王襄摹作䫉,《甲骨文字典》摹作䫉,並從王襄釋爲狼,从犬良聲。[1] 金璋把䫉、䫉諸形聯繫起來,釋爲良,認爲是河上橋樑之象形,用作善良之良乃是同音假借。關於良的字形本義,劉桓與金璋有類似的看法,他指出甲骨文良乃是象形字。"商代文字像水中有梁形。此字變形是將上下雙彎水道變成單彎水道,字形發生變異。""關於良字本義,應與水中之梁有關。"[2]卜辭中良還作䫉、䫉、䫉、䫉等形(《字編》822頁)。

123. 去(䫉 䫉 䫉 䫉)。

《説文》:"䫉,人相違也。从大凵聲"。又:"凵,盧,飯器,以柳爲之。象形。"後世注疏家據此把"凵"解釋爲食器形,把"大"解釋爲蓋形,認爲"去"的本義是帶蓋的食器。金璋對此並不贊同。他指出,去是一個抽象概念,有離開、相違、去除之意。他認爲甲文所从之"大"是人形,不是蓋形。兩腿中間、與人體分離的凵,既不是口,也不是食器,而是被閹割的生殖器。去的本義就是去勢,即閹割。宫刑是古代常見的一種酷刑,而且去除之意非常突出,故而用它的圖畫字來表達去這個概念。

按:王襄最早把䫉釋爲去,但他未對字形進行分析。商承祚認爲此即《説文》訓凵盧飯器之凵之本字,凵以象器,大其蓋也。《詁林》按語指出,去从大从口,商承祚以爲笹之本字,非是(《詁林》232—233頁)。金璋指出該字上部所从之"大"是人形,不是蓋形,這是正確的。但他認爲該字下部所从之凵是被閹割的生殖器,去的本義是去勢、閹割,其他學者

---

[1] 徐中舒主編:《甲骨文字典》,四川辭書出版社,2006年,第1103頁。
[2] 李學勤主編:《字源》,天津古籍出版社,2012年,第479頁"良"字條(劉桓)。

均無此種看法,可備一説。另有學者認爲古人穴居,去的本義是人離開所居之洞穴(葛英會教授見告)。

需要説明的是,裘錫圭將卜辭中的 ☗ 釋爲"呿",从大、口會意,即離去之去,亦即呿之初文。把 ☗、☗ 釋爲"盍",象器蓋相合,即"盍"之初文。① 《字編》采纳裘先生的意見,將兩腿没有外擴的字形 ☗、☗、☗ 等釋爲去,把兩腿有外擴的字形 ☗、☗、☗ 等釋爲盍(《字編》93—94 頁"去"字條,"盍"字條)。但多數學者並不贊同這種區分,《新編》把這兩種字形都釋爲"去"(《新編》314—315 頁)。

124. 至(☗)。

金璋從朱芳圃《甲骨學·文字編》(12 卷 1 頁)轉引了羅振玉的考釋。其字形分析爲:☗ 象矢之倒文,━ 象地,☗ 象矢遠來降至地之形。金璋還引用美國詩人朗費羅的詩句"我把一支箭向空中射出,它落下地來,不知在何處"②,對羅氏的考釋表示贊同。金璋指出羅氏的考釋不見於《書考》,所以他之前並未讀到。

按:羅氏的考釋致確,此段考釋出自《雪堂金石文字跋尾》。

125. 夏(☗ ☗ ☗ ☗、☗ ☗ ☗ ☗)。

金璋從朱芳圃《甲骨學·文字編》(第 5 卷第 13 頁)轉引葉玉森的説法,認爲上述兩組字形都是夏字。他詳細介紹了葉氏的考釋,希望葉氏的觀點能被更多西方學者所瞭解。

按:上述字形均不應釋爲夏。第一組字形 ☗ ☗ ☗ ☗ 應釋爲"春",从艸从日,从 ☗(屯)得聲。第二組字形 ☗ ☗ ☗ ☗ 應釋爲"秋",爲某種昆蟲之象形,同音假借爲時間詞"秋"。秋,古作穐。卜辭中常見"今春""今秋",都表示時間。陳夢家指出卜辭只有春秋兩季而無冬夏。詳見《詁林》"春"字條(1387—1393 頁)和"秋"字條(1829—1836 頁)。

126. 貫(☗ ☗ ☗ ☗ ☗ ☗)。

朱芳圃在《甲骨學·文字編》(第 7 卷第 5 頁)列出上述諸字形,並引述了孫詒讓和葉玉森的觀點,釋"毌",即今之"貫"。金璋詳細介紹

---

① 裘錫圭:《談談古文字資料對古漢語研究的重要性》,《中國語文》1979 年第 6 期,又載於《裘錫圭學術文集·語言文字與古文獻卷》,復旦大學出版社,2012 年,第 42 頁。以及裘錫圭:《再談古文字中的"去"字》,《漢字文化》1991 年第 2 期。
② 金璋所引 The Arrow and the Song(《箭與歌》)是美國詩人 Henry W. Longfellow(亨利·沃兹沃斯·朗費羅,1807—1882)的作品。原句爲 I shot an arrow into the air, It fell to earth I knew not where。

了孫氏的考釋,①簡要說明了葉氏的觀點,並對二人的觀點表示贊同。最後,金璋又補充了兩點。第一,孫氏認爲兩"口"要麼是璧形◎,要麼是幣形⊙。這從他的論述中可以推出。第二,郭沫若認爲上述字形亦古"干"字。

按:上述字形金璋采納孫詒讓和葉玉森之説,釋貫,於字形字義均不可據。但他同時也指出郭沫若釋爲干。郭説見《卜辭通纂》第 540 片考釋:"由,古冊字,亦古干字,乃方楯之象形,但此乃國名。"郭氏指出此爲方盾之象形,已被學者采納。《新編》(228 頁)和《字編》(820 頁)均釋爲"盾"。

三、《中國古文字研究零拾》中的甲骨文字考釋

《中國古文字研究零拾》發表於 1949 年 10 月,是金璋發表的最後一篇文章。這篇文章共考釋了河(ᆉ)、主(ᆗ)、后(ᆁ)3 個甲骨文字。其中,"河"字引述了高田忠周的觀點,"后"字引述了王國維的觀點,把ᆗ釋爲"主"則是金璋自己的看法。

127. 河(ᆉ)。

ᆉ即"河",河流也。卜辭中還有一些表示河的字,如ᆈ、ᆉ(《粹編》791)、ᆊ(《粹編》834)等,出現在"土河岳"一語中。《粹編》1440—1443 有ᆋ字,象人手握工具扛在肩上之形。ᆉ是ᆋ的簡省寫法。高田忠周《古籀篇》中有ᆌ字,字形更加形象。高田釋爲"荷擔",又説"殷商古器上何寫作ᆍ,从人从可"。可知,ᆉ是人荷擔之形,即何,同音假借爲河。ᆊ,从水何聲,也即河字。

按:此字郭沫若《粹編》釋文指出是河字,金璋從之,並對河的不同字形進行分析。《粹編》791 確是用ᆉ(何)假借爲河,《粹編》834 ᆊ是從水可聲的形聲字。他對ᆉ(何)的字形説解也可從。但《古籀篇》所列ᆌ這個字形,見於《前》6.10.6(《合集》18971),《字編》(40 頁)將其列爲同字條,恐不當混入何字。

128. 主(ᆗ)。

金璋指出,中國學者認爲,在卜辭中,ᆗ和"有"意思相同,都是"亡"的反義詞,他對此並不贊同。他認爲ᆗ是燈中火燭的象形,也即"主"的初文。"主"多用來表示上帝或統治者,但也可以表示預言、預

---

① 按:孫詒讓説見於《契文舉例》和《名原》,參看《詁林》2324—2325 頁。

兆等義,比如庫夫勒爾《中法辭典》中有"主着下雨",主就表示預言、預兆。因此,金璋認爲甲骨文中的㞢即主字,表示預言、預兆,是商代的占卜術語。

按:金璋把㞢釋爲"主",認爲其象燈中火燭之形,表示預言、預兆,其字形和字義之解釋均不可取。他在1931年的論文《虹尾在哪裏——地龍和天龍簡介》中又把這個字釋爲"士",訓爲"察",也不可取。㞢在卜辭中極爲常見,有㞢、㞢、㞢、㞢、㞢等形,可隸定爲㞢(《字編》1358—1359頁、《新編》413頁)。可用作再又之"又",有無之"有",福侑之"侑",也用作祭祀動詞,但從不表示"預言、預兆"之義。至於其造字之源,則各家説法不一(《詁林》3422—3432頁)。黄錫全認爲㞢字是牛頭的象形,其演變序列爲 → → → ,其本義表示有無之"有"。①

129. 后( )。

金璋的這條考釋深受王國維的啓發。金璋指出,朱芳圃在《甲骨學·文字編》第14卷第16—17頁列出了20個與 相關的字形,並引述了王國維的考釋。金璋簡述了王氏的考證,並做了一些評論。王氏把這20個字形分爲三類:A 、 、 ,B 、 ,C ,認爲它們的本義都是産子。A類從女從古,或從母從古,都象産子之形,周圍的小點象産子之時有水液,即《説文》"育"之或體"毓"。B類從肉從子,即"育"之初字。C類從子從 , 即《説文》訓女陰的 字,故 亦當爲"育"字。A類皆象倒子在人後,故引申爲先後義,又引申爲繼體君之后。後來,産子之義專用 、 二形,繼體君之義專用 形, 又演變成"后",遂成二字。而先後之義又別用"後"表示。《説文》遂把毓、后、後分入三部,其實三字本爲一字。金璋幾乎完全贊同王氏的考釋,唯一不同的是,他認爲B所從的" "不是肉形,而是乳房之形,因此他認爲" "象新生兒含着乳頭吸奶之形。金璋最後强調説,王氏所列字形中的 ,顯然就是"后"的原型。 演變成 , 古演變成 。

按:金璋所舉A、B、C三類字形,A形可釋爲毓,是女子産子之形,在卜辭中用爲"后"。B形所從的 確爲肉形,但釋"育"似有不妥。B形在卜辭中可能是與祭祀或祈福有關的動詞,較爲完整的辭例有:

---

① 黄錫全:《甲骨文"㞢"字試探》,《古文字研究》第6輯,中華書局,1981年;又載於劉釗主編:《傳承中華基因:甲骨文發現一百二十年來甲骨學論文精選及提要》,商務印書館,2021年,第1180—1188頁。

貞：㝬以羌，㣇自高匕己、匕庚于毓。　　　　　　　《合集》29
乙未卜，爭，貞㝬。王㝬曰：妥。　一　　　　　　《合集》5624
□申卜，允，貞告王㝬于祖匕乙…　　　　　　　　《合集》17996

饒宗頤認爲㝬可能是感歎動詞，詳見《詁林》"孕"字條（《詁林》541頁）。王藴智則認爲㝬也是毓字。① 姚萱認爲該字是"多子"合文（《詁林補編》138—139 頁）。卜辭有"多"字只作一"肉"形者。《新編》873 頁收爲"多子"合文。

C 字形釋育也不妥當，《詁林》已經指出這一點。此字在卜辭中僅一見："癸丑卜…㚸子韋…"（《合集》3270），㚸似爲動詞。但辭例殘缺，具體詞義不詳。

卜辭中已有先後之後字，作𠂤、𨒫等形，詳見《詁林》"後"字條（《詁林》823—824 頁）。

---

① 王藴智：《毓、后考辨》，載於《字學論集》，河南美術出版社，2004 年，第 245—262 頁。

第五章　金璋的甲骨文字考釋（下）

第一節　金璋未刊手稿中的甲骨文字考釋

　　劍橋大學圖書館手稿室所藏的金璋檔案中，有一批300多頁的手稿，內容與甲骨文字考釋有關。這些手稿散亂，順序不明。幸運的是，一個詞條的考釋內容基本都是前後相續，偶有斷裂和殘缺之處。這批手稿可能是專門謄抄而成的稿件，正文（包括正文中的漢字）用黑色墨水筆書寫，注腳用紅色墨水筆書寫，所列甲骨、金文等古文字形用鉛筆書寫，這些古文字形明顯是後補進去的。有些紙張上面有刪除綫或新增內容，我們推測金璋在謄抄之後又對考釋內容進行過修訂。這些紙張的顔色並不統一，可以推知這些考釋內容並非同一時期所寫。筆者對這批手稿進行了排序和細讀，從中整理出192個內容較爲完整的考釋詞條，並全部進行文字錄入，整理出一篇大約8萬字的word文檔，作爲研究金璋甲骨文字考釋成果的基本資料。由於這批手稿沒有順序可依，筆者就按通行的自然分類法，把這192個甲骨文字考釋詞條進行排序。由於每個詞條所列甲骨、金文等古文字形，以及每個字形的出處，都用鉛筆書寫，字迹模糊不易辨認，筆者在整理時就把它們直接粘貼到word文檔中，以保持整理文本的準確性。

　　本章節將根據上述整理文本，對金璋未刊手稿中的甲骨文字考釋進行逐條分析。本章節的詞條編號與第四章相接續，方便查找定位。由於筆者無法準確辨認出金璋所列每個古文字形及其出處，因而本章節並未像第四章那樣將金璋文中所列古文字形全部列在詞頭裏，僅是選出一個典型甲骨字形放在詞頭裏。從這些考釋內容來看，金璋在多數文字考釋中都引述了羅振玉《殷虛書契考釋》的內容，且金璋所列甲骨字形大都采自《書考》並有所增減。因此,本章節沿用第四章的方法,在相關考釋詞條後面列出該字在《書考》中的頁碼,方便查閱對讀。有少數考釋詞條引述了王襄《簠室殷契類纂》的內容,筆者會在該詞條後面標注王襄《類纂》頁碼。下面,筆者就對金璋這 192 個未刊甲骨文字考釋詞條進行逐一分析和評價。

130. 人(𠂉)。《書考》p.28。

羅振玉釋人,無說。金璋通過對字形的分析,得出以下幾點結論:(1)《説文》曰:"人,象臂脛之形。"這種解釋與古文字字形𠂉更加適合。(2) 古人創造人或動物的象形文字,一般只畫出身體的一半。比如,人,只畫一條腿和一條胳膊。動物,只畫出一條前腿和一條前腿。(3) 現代的人字旁亻,與古文字字形𠂉更加接近。

按:此説可從。

131. 妣(𠤎𠂉)。《書考》p.30。

從羅振玉釋妣。金璋認爲,此字可能是匕(長柄勺,又名柶)或篦之形,同音假借爲妣,也可能是人形。

按:金璋對字形的解説不可取。匕(妣)的甲文是人形,與長柄勺或篦無關。

132. 尸(𠂉𠂉)。

金璋指出羅振玉《書考》91 頁有"正人方",金 584 也有"正人方",此人形當釋爲"尸"。尸,現讀 shih,方言中也讀 ssŭ。尸在古代有三個義項:(1) 屍體,(2) 神主、終主,(3) 主持,主宰。在所有這些意義上,它可以,而且可能應該被寫成屍。但"尸"的字形𠂉象蹲坐的人形,其本義應是夷狄之夷。夷人蹲踞,故用𠂉來表示夷狄之夷,後因同音假借的關係,夷狄之夷用"夷"來表示,而"尸"則用來表示其他義項。shih 和 i 古音相近。古代無元音或半元音,只有流音、鼻音、擦音等輔音。尸、夷在古代可能都讀爲 ssŭ 或 shih。

金璋舉出了金文中的 7 個例子和甲骨文中的 3 個例子。這些字都應釋爲尸,讀爲"夷",但有的被誤釋成卩,有的被誤釋成人。例 1"王征南夷",吳大澂没有釋出。例 2"南淮夷",吳式芬釋爲"南淮人"。例 3 和例 4 爲"東夷""南夷",吳式芬釋爲"東卩""南卩"。例 5 和例 6"淮夷""征淮夷",吳式芬釋爲"淮人""征淮人"。例 7"夷方",吳式芬釋爲"人方"。例 8 和例 9 引自《書考》91 頁,"征夷方",羅振玉釋爲"征人方"。例 10《金》584"征夷方"。

按：金璋在《中國古今文字考》一文中對該字有詳細考釋，見本書第四章第118條"夷"。

133. 旨（𣅀）。《書考》p.33。

從羅振玉釋旨，並引用了羅氏的考釋。

按：此説可從。

134. 从（𠈌）。《書考》p.50。

金璋列出兩個甲骨字形 𠈌（《前》2.19）和 𠨅（《前》2.8），從羅振玉釋从，並言羅氏指出卜辭中从與比二字甚不易判。

按：查之原片，𠈌 出自《前》2.19.4（《合集》36745），𠨅 出自《前》2.8.5（《合集》36346），兩片均爲黄組卜辭。前一字是从，言王从某地，後一字是比，言亞比某伯伐某方。當爲兩個不同的字。羅氏混而不分，金璋亦誤。

實際上，早期學者大都分不清甲骨文从、比二字的區别。屈萬里在1948年發表的《甲骨文从、比二字辨》(《史語所集刊》第13本) 首次指出"从"字从二人，"比"字則从二匕。林沄在此基礎上明辨之，並對不同組類从、比的用字區别進行了詳細討論。① 可參看。

135. 比（𠨅 金文）。王襄《類纂》p.39。

金璋列出《擴金》7.7"妣"所從之"𠨅"，釋爲比。未列出甲骨字形。他首先引用《説文》的解釋：比，密也。二人爲从，反从爲比。金璋指出，甲骨文中正寫、反寫隨意性很大，並無明顯區别。所以羅振玉《書考》50頁才説"卜辭中从與比二字甚不易判。"王襄在《類纂》第39頁試圖對這兩個字進行區分，但並不成功。《説文》比的古文字形 𠨅𠨅，可能表示二人並立之形。

按：此金文字形釋比可從。金璋未列出比的甲骨字形，顯然是因爲羅氏所言卜辭中从與比二字甚不易判。甲骨文中有 𠨅𠨅，可能就是 𠨅𠨅 的字形來源。金璋指出 𠨅𠨅 可能表示二人並立之形，已察其本義。《新編》（614—615頁）將 𠨅𠨅、𠨅𠨅 等形釋爲竝。《説文》把竝的古文字形誤爲比。

136. 并（𢆙）。《書考》p.50。

從羅振玉釋并。字形：一人在前一人在後，用 ━ 相連，或表示二人並走之形。金璋特別指出，商代已經存在兩個字形不同但讀音相同且表

---

① 林沄：《甲骨文中的商代方國聯盟》（1980），《林沄文集·古史卷》，上海古籍出版社，2019年，第35—39頁。

示同一個詞義的情況,竝和并就是例子。

按:此字釋并可從。

137. 競(㸚)《書考》p.54。

從羅振玉釋競。《說文》:"从誩,从二人。"羅振玉認爲甲文字形从誩省。金璋對此表示懷疑,他認爲卜辭殘缺,無法判斷。

按:此字以往學者多從羅釋爲競,平象人戴頭飾之形,㸚从二平,象二人相逐,故有争勝之意。(《詁林》150—151頁)近年,王子楊提出此字當改釋爲丽。①

138. 大(大大)。《書考》p.50。

從羅振玉釋大。象人的正面之形。

按:此說可從。

139. 夫(夫夫)。《書考》p.31。

羅振玉釋夫,無說。金璋從羅氏釋夫,並根據高田忠周《古籀篇》第75卷第37頁"輦"下所列古文字字形,考證了"夫"的字形本義。《說文》:"輦,輓車也。从車,从扶在車前引之。"又:"扶,竝行也。从二夫。輦字从此。"在這個古文字字形中,夫作,象人的正面之形,頭、手臂、腿、脚都清晰可見,手臂上舉至頭側。由此,金璋認爲可能就是"夫"的初形。

按:此字釋夫可從。甲骨文中"大"作大,"夫"作夫,都是正面的人形,夫上的一横或爲區别符號。金文中"夫"也作夫、夫、夫等形,無作者。輦字所從的,可能是更古老的一種字形。

140. 立(立)。《書考》p.50。

從羅振玉釋立。金璋指出,立有兩種用法,一是立,一是位。比如銅器銘义中的"即立"(即"即位")和"立中庭"。金503和金677有"立中"一語。

按:金璋指出立有兩種用法,是值得肯定的。他提到的"立中",也是甲骨文中比較重要的資料。

141. 竝(竝㸚)。《書考》p.50。

羅振玉把竝釋爲竝,金璋又補充了㸚(《後下》19.4,即《合集》15821)和(《殷文存》下第2頁),認爲也是竝。

---

① 王子楊:《甲骨金文舊釋"競"的部分字當改釋爲"丽"》,《出土文獻》2020年第1期。

按：🈳釋竝可從,但金璋補充的字形🈳是否爲竝,則不好説。《詁林》(304 頁)把🈳隸定爲🈳,其義不詳。《字編》(87 頁)、《新編》(3 頁)也没有把它列入竝字條。

142. 莫(🈳 🈳)。《書考》p.65。

金璋指出,羅振玉把🈳和🈳兩個字形視爲艱之省形,並列出🈳和🈳兩個字形,認爲都是艱字。王襄《類纂》則把🈳和🈳釋爲堇。金璋認爲羅氏的意見或許更可取。

按：王襄的説法見於《類纂》正編第十三第 59 頁。甲骨文中有一組容易相混的字形：🈳、🈳、🈳、🈳。《詁林》認爲：🈳可釋爲黑,是顔色詞,也可釋爲莫,表示災禍,二者應是同源分化字。🈳釋爲莫,表示災禍,但從不釋爲黑,黑只用🈳表示。🈳釋爲暵,表示乾旱。🈳釋爲囏,與《説文》艱之籀文同。並認爲卜辭莫、囏用法有別,不可混爲一字。筆者發現🈳也可用爲黑,比如《合集》11166:"…㞢兮…黑(🈳)牛。"🈳也可用爲黑,暵牛即黑牛,比如《合集》30716:"其用暵牛。"🈳、🈳可釋爲莫,但大多時候都與🈳同義,表示乾旱。如《合集》10164:"〔辛〕丑卜,貞□不雨,帝□隹莫〔我〕。"《合集》10167:"貞帝不降大莫。九月。"莫也可以表示災禍,比如《合集》22425:"貞今夕亡莫。"🈳也可表示災禍,比如《合集》28011:"乙酉小臣🈳暵。"

143. 疾(🈳)。《書考》p.65。

羅振玉以毛公鼎愍天疾畏之"疾"字作"🈳"爲據,考證此爲疾字。金璋贊同其説,並翻譯了羅的考釋。

按：此字釋疾可從。參看《新編》458—459 頁。于省吾釋爲疒。疾病之疾,甲骨文作🈳,象人臥床上之形。疒象矢著肱下,矢亦聲,係會意兼形聲字。疒與疾之本義有別,但由於讀音相近,有時也可通用。[①]

144. 屰、逆(🈳 🈳 🈳)。《書考》p.59。

羅振玉把🈳(屰)和🈳、🈳(逆)分爲兩個字條,但指出屰、逆同字同義。金璋根據羅氏的説法,把二字合爲一個字條,並引用了羅的考釋。

按：此説可從。

145. 旡(🈳)。《書考》p.51。

從羅振玉旡,但與羅氏的解釋不同。羅氏引用《説文》的解釋,"飲食

[①] 于省吾:《甲骨文字釋林》,(臺北)大通書局,1981 年,第 319—321 頁。

气屰不得息曰旡"。金璋則認爲旡是跽坐的人形,頭扭向身後,表示飽食、饜足之意。羅氏在"旡"字條下還列出了另一個字形☐,但不確定這是旡還是欠。金璋没有把這個字形列入旡的字形中,可見他認爲這不是旡字。

按:金璋對旡的形義分析是可取的。查之原片,羅氏所列☐出自《前》5.25.1(《合集》14157),並非一個獨立的字,而是☐之右半邊,不當釋爲旡。

146. 御(☐☐☐☐☐)。《書考》p.62。

羅氏將上述字形釋爲御,金璋從之,並引述了羅氏的考釋。此外,金璋還列出金文中的☐(御)、☐(馭)兩種字形,並進行分析。

按:此字釋御可從。(《新編》106—108 頁)在卜辭中用作"禦祭"之"禦",或"抵禦"之"禦",不同組類的寫法有所區别。可參看王子楊的論述。①

147. 卿(☐)。《書考》p.28。

金璋指出,他在《象形文字研究(卷一)》對此字有過考釋,采納羅振玉的意見,把卜辭中的☐釋爲鄉,現在寫作饗或鄉。接着他又舉出另外幾例有☐這個字形的卜辭,見於《前》2.23、《前》4.21,指出其上出現了雙聲詞"卿史",應讀爲 ch'ing shih,"卿史"就是《詩經》中的"卿士"。

按:查之原片,金璋所指"卿史"一詞,見於《前》2.23.1,《前》2.23.1+後上 12.1=《合集》37468,其辭曰:"辛未王卜,在召庭,隹執,其令鄉史。"這裏的"鄉"還應讀爲"饗","鄉史"即"饗使",是宴饗使者之義。

148. 沫(☐)。《書考》p.60。

從羅振玉釋沫,並引述了羅氏的考釋,象人散髮就皿灑面之狀。

按:此説可從。

149. 女(☐)。《書考》p.31。

從羅振玉釋女,並對字形進行了分析。金璋認爲☐是坐着或蹲着的女人之形,省略了頭部,强調了胸部。他還列出了《庫》1597 的☐字,不確定是否也是"女"字。

按:《庫》1597(《英》811)的☐字不是"女"字。

150. 母(☐)。《書考》p.30。

羅振玉釋母,並指出卜辭中母字亦通作女。金璋從羅説,指出女和母

---

① 王子楊:《甲骨文字形類組差異現象研究》,中西書局,2013 年,第 29—30 頁。

的區別在於,母字多了兩點,兩點表示乳頭。在合體字中作部首時,女、母通用無别。

按:此說可從。

151. 妾(🉀)。《書考》p.31。

從羅振玉釋妾,但表示並不確定,也可能是女的異體字。

按:此字釋妾可從。

152. 敏(🉀)。《書考》p.55。

羅振玉把 🉀、🉀、🉀 都釋爲"敏",金璋在這個詞條中只列出 🉀 這個字形。

按:羅氏把 🉀、🉀、🉀 都釋爲敏,金璋將 🉀、🉀 剔除,這是對的。🉀 釋敏可從。但 🉀 當釋爲妻。🉀 當釋爲每,讀爲悔。参看《詁林》"每"字條(457—460頁),"妻"字條(461—464頁),"敏"字條(464—465頁)。

153. 好(🉀)。《書考》p.64。

從羅振玉釋好,並對字形進行了分析。金璋認爲"好"是會意字。從表面上看,"好"從女從子,突出了母親對子女的愛護之情。金璋引用王筠的說法"以色事人者婦人之事",認爲"🉀"所從的"子"不是指孩子,而是男子。🉀(女)、🉀(母)在合體字中經常混用,而"🉀"所從的 🉀,從不寫作 🉀,這也證明"🉀"這個字形強調的是女性特徵,而非母親特徵。

按:此字釋"好"可從,但字形本義難以確定,金璋的解釋可備一說。

154. 臣(🉀🉀🉀)。《書考》p.29。

羅振玉把 🉀(《前》4.27)釋爲臣,金璋又補充了 🉀(《前》4.27)、🉀(金650)諸形,也釋爲臣。金璋指出臣是眼睛的象形,《說文》所言"象屈服之形"毫無道理。他分析了甲骨文中幾個從目形的字,以此來證明自己的觀點。他指出 🉀 可釋爲臥,可能就是賢的古字。🉀、🉀 可釋爲望,象人張大眼睛站在土堆上向前張望之形。另外還有 🉀、🉀,就是現在的罘。

按:🉀、🉀 等形可釋爲臣,《前》4.27所見均爲小臣之臣,左右無別。但金璋所列 🉀(金650)應釋爲目,是人名。🉀 是臣,🉀 是目,作獨體字時各自有别,作偏旁時有時混用。

155. 省(🉀🉀)。《書考》p.52。

羅振玉把 🉀🉀🉀 都釋爲相,認爲 🉀 乃木之省,相的字形是以觀木之形表達省視之意,他還把甲骨文中的"🉀🉀"釋爲"相牛"。金璋對此表示反對,他贊同王國維的説法,認爲應該把 ▲ 釋爲"省"。金璋指出,從字形上看,▲ 從生從目,生爲聲符,應釋爲"省"。卜辭中的"省牛"即《周禮》中的"省牲"。金璋還列出 ▲ 的一個異體字 ▲（金 290）,指出它與《六書通》里的"▲"一致,也應釋爲相。

按：金 290 是僞刻,甲骨文中没有 ▲ 這個字形。不過,金璋能把 ▲、▲ 析爲二字,糾正了羅振玉的錯誤,則值得肯定。甲骨文相字作 ▲、▲、▲ 等形,從木從目。甲骨文省字作 ▲,從屮從目。二者字形有别,不應混爲一字。省的金文字形與甲骨文字形結構相同。比如,商代晚期寢農鼎作 ▲,宜子鼎作 ▲。西周早期中甗作 ▲、▲,臣卿作父乙鼎作 ▲,西周晚期鈇鐘（宗周鐘）作 ▲,西周晚期禹攸比鼎作 ▲。

156. 直(▲▲)。《書考》p.63。

羅振玉和高田忠周都把 ▲、▲ 釋爲德,金璋改釋爲直。金璋指出,直的篆文作 直,從乚、從直。此甲骨字形從彳、從直。古文從彳、從辵無别,而辵又可偽變成乚。彳有運動之義,▲ 或 ▲ 表示眼睛出光。直的本義可能就是眼睛和物體之間的直綫距離,故後世可訓爲直、徑直、一直等。直在卜辭中也可讀爲德,比如"月直"即"月德",説明直、德古音可能相通。

按：卜辭中没有"月直"一語,金璋所指應爲僞刻。此字形或釋循,或釋德,或直接隸定爲值。各家意見不一,但都認爲是動詞。參看《詁林》2250—2256 頁。卜辭中有作爲獨體字的 ▲,可釋爲直。（《新編》730—731 頁）王子楊指出值、直僅爲組類用字之差别。①

157. 臭(▲)。《書考》p.37。

從羅振玉釋臭,並引用《説文》的解釋,對臭的字形和字義進行了分析。▲ 是鼻子的象形,即"自"。犬臭而知其迹,故用從犬從自的"臭"表示氣味、聞氣味等義。

按：金璋之説可從。

158. 吉(▲)。《書考》p.28。

從羅振玉釋"吉",並全文引用了羅的考釋。羅氏指出卜辭中有"大吉"(▲)和"弘吉"(▲),也偶有分二字書之作 ▲ ▲ 者。

按：此字可釋爲吉。關於吉的造字本義,黄錫全認爲是從口、▲（竿）聲的形聲字。上部所從之 ▲ 是商代一種斗笠狀的竿首（竿帽）形,下

---

① 王子楊：《甲骨文字形類組差异現象研究》,中西書局,2013 年,第 48 頁。

部所從之㠯是盛笄首之器(不同於表示言語的"口")。首、始、善、美、好、吉利等義,乃是其引申義。①

159. 唐(𤉲)。《書考》p.53。

從羅振玉釋唐,並翻譯了王國維《戩壽堂所藏殷虚文字考釋》對卜辭中"唐"的相關論述(《藝術叢編》16卷第7頁)。

按:此字釋唐可從。

160. 合(合)。《書考》p.53。

羅振玉釋"合",無說。金璋從羅釋"合",認爲是"盒"的象形初文,上象器蓋,下象器體。"盒"乃是後起的形聲字,在"合"下加了義符"皿"。

按:余永梁也有類似的觀點,他認爲"合"象器蓋相合之形(《詁林》730頁)。從字形上看,二人都認爲合是器蓋相合之形。相比之下,金璋認爲合即盒的初字,則比余永梁更進一步。劉釗則認爲合字最早作㠯,像兩口相對形,乃"答"之初文。②

161. 言(𠱭)。《書考》p.53。

羅振玉釋"言",無說。金璋從羅氏釋"言",並引用鄭樵《通志》的說法:"自舌上而出者言也"。

按:此字釋言可從。

162. 之(㞢)。《書考》p.57。

從羅振玉釋"之",並全文引用羅的考釋。同時他指出羅氏有一處錯誤。《書考》第57頁有兩條卜辭,這兩處"之"都應爲"㞢"。

按:查之原片,《書考》第57頁所引兩條卜辭,第一條爲《前》1.39.4(《合集》2873):㞢于兄丁。第二條爲《前》1.39.6(《合集》2880):勿㞢于兄丁。羅氏釋爲"之"的字形實際都寫作"㞢"。"㞢"不當釋爲"之"。金璋指出羅氏的錯誤,值得贊賞。

163. 逐(𢖍𢖍)。《書考》p.62。

從羅振玉釋"逐",並全文引用了羅的考釋。此字有許多異體字形,逐獵對象有豕、兔等,可能還有其他一些尚未識別出來的野獸,但沒有發現鹿、狼,也没有虎、豹、熊或象等體型龐大的野獸。

按:此字釋逐可從。金璋注意到此字的多種異體字形,主要體現在逐

---

① 黄錫全:《甲骨文"吉"字新探》,《甲骨文與殷商史》新10輯,上海古籍出版社,2020年,第145—160頁。
② 劉釗:《古文字構形學》,福建人民出版社,2006年,第49頁。

獵對象不同,值得肯定。卜辭中也有逐鹿的專門用字,寫作𢓊,見於《前》6.46.3(《合集》10654),可惜金璋沒有發現。

164. 疐(𢖻𢖻𢖻𢖻)。《書考》p.66。

從羅振玉釋疐,並對字形字義進行說解。金璋指出這是一個雙聲字,可以讀 zhi,頓也,仆也。也可以讀 di,同蒂,意爲摘除瓜蒂。《說文》:礙不行也。但甲骨字形从止从𢖻,𢖻象植物在器皿中生長之狀。止雖有停止之意,但在這裏可能只是聲符。《說文》的解釋並不可靠。

按:此字釋疐可從,金璋對其字形本義的說解可備一說。

165. 左(𠂇)。《書考》p.24。

從羅振玉釋左,並舉出金 110、金 179 上有从ナ从工的字形。

按:甲骨上沒有从ナ从工的"左"字,金 110、179 都是僞刻。

166. 右(𠂇)。《書考》p.25。

從羅振玉釋右,並舉出金 108、金 261、金 808 等上有从ナ从的字形。

按:甲骨上沒有从ナ从口的"右"字,金 108、261、808 都是僞刻。

167. 澡(𣶃𣶃)《書考》p.60。

羅振玉把𣶃(《前》4.25.8(《合集》13937))和𣶃《前》5.31.2(《合集》18781)這兩個字形釋爲澡,金璋從之。他同時指出,不知爲何這個字形裏的手形用"丑"來表示,而不是用"又"來表示。

按:查之原片,𣶃出自《前》4.25.8(《合集》13937)),𣶃出自《前》5.31.2(《合集》18781)。這是兩個不同的字,且都不應釋爲澡。但值得肯定的,金璋已經注意到第二個字形从丑不从又。𣶃从水从又,可釋爲叉。𣶃从水从丑,可釋爲汨。字形本義不明。(《詁林》887—888 頁)。

168. 廾(𠬞)。《書考》p.56。

羅振玉釋廾(即廾),無說。金璋從羅釋廾,並對形義進行分析。金璋認爲廾是向尊者竦起雙手表示恭敬之形,是"拱"的初義。《說文》:𠬞,竦手也。王筠版爲"拱手也",即當爲此字。需要注意此字在甲骨卜辭中的用法。廾作爲獨體字在卜辭中僅出現過四次,如"勿廾羊"(《前》1.12),"貞廾羊于"(《前》1.52),"貞王無廾人"(金 597),"廾人于龐"(《前》7.30)等。廾多出現在合體字中。比如丞字,比如《書考》56 頁的𢼿,羅振玉釋爲恭。比如𤎭,羅振玉和王國維都釋登。

按:此字釋廾可從。金璋指出廾作爲獨體字在卜辭中僅出現過四次,這是囿於材料所限。實際上,卜辭中常見"廾人""廾羊""廾牛"等語。廾在卜辭中有登進、徵取之意,因而段注"此字謂竦其网手以有所奉也"比較符合其字形本義。(《詁林》943—946頁)《書考》56頁的☒,查之原片,出自《前》6.12.6(《合集》2072),應釋爲"奏"。

169. 支(☒)。

金璋列出幾例金文中的☒、☒、☒等形,以及金544中的☒,將這類字形釋爲支。《説文》:支,从又卜聲。可見,許慎認爲支是形聲字。金璋引用戴遂良的觀點,認爲支是象形字,象手執棍棒之形,棍棒的上端還有枝杈。其字義有以下幾項:敲擊;竿;棍等。"支"從不單獨成字,但其字義並非棄之不用,而是被"扑"所取代。在唐石經中寫作朴,後又改爲扑(見段玉裁注)。"支"在合體字中作部首時又寫作"攵"。

按:此字形釋支可從,金璋對字形本義的分析是對的,糾正了《説文》的錯誤。金璋所舉金544中的☒,是☒(攸)的右半邊。他指出"支"在合體字中寫作"攵",致確。但甲骨上也有獨體字的支,見於《庫》580(《英》1330),可惜金璋並未舉出此字。

170. 導(☒)。篆文。

《説文》"道"字條下列有一個古文字形☒。金璋引用戴侗的説法,認爲此字从首从寸,應是導之本字。戴侗《六書故》把☒列爲導的字頭,从首从寸,寸是又之變形。認爲☒象手執箆梳頭之形,本義是箆類。漢代有導令官,"主米事導擇,蓋以箆别擇之",是導本義爲箆類之證。又曰:"簪所以建冠與髮,導所以擽鬢髮于巾幘之裏也"。是導之本義爲箆,以箆梳頭,由此引申出導引之義。《説文》認爲☒是道(道路,方法)的古文,金璋指出此説毫無道理,他贊同戴侗的説法。

按:據《古文字類編》,春秋時期"導"作☒(207頁),西周到戰國"道"分别作☒☒☒☒☒等形(1138頁)。從字形來看,道、導應爲一字之分化。字形本義不詳。

171. 西(☒)。《書考》p.24。

金璋舉出《書考》24頁所列"西"的諸字形:☒、☒(《前》4.36)、☒(1.48)、☒(1.36)、☒、(《菁華》)☒(5.13)、☒(1.48)、☒(6.37)等,從羅振玉釋西。金璋討論了其字形與字義的矛盾之處。他指出,《説文》:"西,鳥在巢上。象形。日在西方而鳥棲,故因以爲東西之西。"即鳥在日落時入巢休息,故用鳥巢的象形來表示西方之西。但金璋指出,鳥並不在巢中過夜,而是站在樹枝上過夜。先民與自然界接觸頻繁,絶無可能不知道這個常識。他又指出,《説文》留篆文作☒,古文作☒,與此類甲骨字形相合。可知,這些甲骨字形當爲卣之本字,假借爲方向詞西。但他同時也指出,⊎、◊確像鳥巢之形。此種矛盾,難以解釋。

按:上述字形釋西可從。後來學者對其進行了更細緻的區分。唐蘭指出,其作⊎、⊌、⊎等形,當從孫詒讓釋卣,假爲西。其作◊、◊等形者,應釋爲囟,假爲西。此亦可證卣、囟聲近。(《詁林》1030—1031 頁)金璋雖然没有認識到◊、◊和⊎、⊌、⊎可分釋爲二字,但他指出甲骨文西爲卣之本字,也有合理的成分。

172. 卣(⊌)。

此字條與"西"字條前後相續。在"西"字條中,金璋指出甲骨文西當爲卣的本字,假借爲方位詞西。《説文》:"東楚名缶曰卣,象形。"可知卣是一種盛水陶器的象形。但從字形來看,卣不是陶器,而是編織器。古人常用竹子、柳條等編織器皿,卣的初形可能就是竹子、柳條等編成的器皿,與鳥巢的結構相似。因此,卣可以假借爲西。

按:金璋指出甲骨文西爲卣之本字,其形爲竹子、柳條等編成的器皿,也有其合理成分。

173. 乃(𠄎)。《書考》p.67。

羅振玉釋乃,無説。金璋從羅氏釋乃,認爲乃是乳房的象形。同音假借爲副詞乃和人稱代詞乃。

按:此字釋乃可從。乃的字形本義不詳,金璋的説法可備一説。

174. 示(丅丅)《書考》p.25。

從羅振玉釋示,並引述了羅氏的考釋。金璋指出,示常出現在祭祀先祖的卜辭中,並且常在元、大、小和數詞之後,作爲名詞使用。王國維認爲,示可能指祖先神或對祖先神進行祭祀。金璋認爲示的本義不詳。

按:陳夢家認爲卜辭的示字應是石主的象形,唐蘭指出卜辭中示、主實爲一字。林澐詳細論之,並指出把主的象形字讀爲示,乃是轉注之例。[①]

175. 叕(𣏾𣏾)。《書考》p.27。

羅振玉將此類字形隸定爲叕,並指出《説文》有叕,疑出乃木之僞。金璋從羅説,並引用了羅氏的考釋。金璋指出,示是祭臺。第二種字形省又,説明叕、祟只是異體字。又指出,王襄《類纂》13 頁補充了兩個字形𥘅、𣏾,並曰:"《尚書·大禹謨》'枚卜'之'枚'即由此字所僞"。

---

① 林澐:《古文字轉注舉例》(1997),《林澐文集·文字卷》,上海古籍出版社,2019 年,第 119—130 頁。

按：此説可從。《説文》叙即甲文 ✱（叙）之訛。于省吾指出："羅氏釋形是也，但不得其義而作疑問。"他引承培元"叙即冬賽報祠之賽"，認爲"叙應讀爲塞，指報塞鬼神之賜福言之。甲骨文塞祭而用牢、牛者習見，即許以牲禮爲報之義。其不言用牲者，文之省也"（《甲骨文字釋林》57—59頁）。王襄增補的 ✱、✱，不當釋爲叙。✱从示从又，應釋爲祐。✱从木从又，應釋爲杈。

176. 祀（✱）。《書考》p.25。

從羅振玉釋祀。形聲字，从示巳聲，義爲祭祀，在商代表示執政年。

按：此字釋祀可從。

177. 昔（✱ ✱）。《書考》p.66。

羅振玉釋昔，無説。金璋從羅氏釋昔，並引《説文》的解釋："昔，乾肉也。从殘肉，日以晞之。"認爲昔的本義是乾肉，上面的曲綫即爲乾肉之形。在卜辭中假借爲昔日之昔。

按：此字釋昔可從，但金璋對字形的説解不可取。《詁林》從葉玉森説，認爲昔所從之 ✱、✱，乃象洪水，即古巛字。从日，古人殆不忘洪水之巛，故製昔字，取誼於洪水之日（《詁林》第1104—1106頁）。

178. 雩（✱ ✱）。《書考》p.67。

羅振玉釋雩，金璋從之，並引用了羅氏的考釋。雩，求雨之祭。在金文中假借爲語助詞粵。

按：此字釋雩可從。

179. 土（✱ ✱ ✱）。

金璋釋土，並認爲土、凸讀音相同，它們可能是同源分化字。土的甲文字形或許不能稱之爲象形字，而只是具有象徵意義的符號，模糊地暗示着有東西從地面凸出到空中這個意思。

按：此字釋土可從。此字王國維在《戩壽堂所藏殷墟文字考釋》中就指出是土字。金璋在1921年就撰文介紹這部著作，把此字釋土，當時采納了王氏的意見。金璋重在對字形本義進行分析。

180. 羔（✱ ✱ ✱）（應釋爲岳）。《書考》p.35。

金璋指出，此字羅振玉釋羔，王襄從之。古文字字形从羊从火，與篆文和現代文一致。在卜辭中用作地名。字形含義：更似烤羊肉之形。

按：此字應釋岳。孫詒讓最早釋岳，却没有得到羅、王的重視。金璋從羅説，實誤。不過金璋在手稿《卜辭所見之 ✱、✱、✱、✱》中，就采用孫

詒讓的意見把 ✦ 釋爲岳。可見,他對這個字的認識前後是有變化的。

181. 山（✦）。

金璋指出,山的字形不言自明,是三座山峰並立之形。但在甲骨文中,山與火字形相近,容易相混。

按:此字釋山可從。

182. 阜（✦）。《書考》p.20。

羅振玉釋𠂤,並指出《說文》𠂤古文作✦。金璋從羅說,並隸作現代字形阜。阜的字形可能是豎立的山形（✦）,以此表示山的高度。𠂤在合體字中很常見,單獨成字的不多見。銅器銘文中沒有𠂤字,卜辭中也僅一見,即羅氏所舉《菁》3.1。

按:《菁》3.1 即《合集》10405 "在庭阜"。卜辭中阜字比較常見,如 "在庭阜"（《合集》7153 正）,"隹阜山令"（《合集》7859 正）,"阜無疾其延"（《合集》22391）,"王其尋二方伯于阜辟"（《合集》28086）,"于阜西酓"（《合集》30284）等。金璋認爲僅有一例,是囿於材料所限。

183. 潢（✦）。《書考》p.22。

羅振玉列出兩個甲骨字形 ✦（《前》2.5）和 ✦（《前》2.6）,釋潢,形聲字,從水黃聲。金璋從之。

按:此字釋潢可從。這兩個字形分別見於《前》2.5.7（《合集》37514 局部）和《前》2.6.1（《合集》36589）。

184. 濼（✦）。《書考》p.22。

從羅振玉釋濼。濼,山東省的水名。羅氏指出,卜辭中有一處濼假借爲喜樂之樂。字形本義:形聲字,從水樂聲。

按:此字釋濼可從。但金璋對羅氏的表述理解有誤。羅氏所言是虘鐘作 ✦,與此略同而借用爲喜樂字,並非説在卜辭中借用爲喜樂字。

185. 濩（✦）。《書考》p.62。

從羅振玉釋濩,並引用《説文》的解釋。《説文》:"濩,雨流霤下皃。"段玉裁注曰:"霤,屋水流下也。今俗語謂簷水溜下曰'滴濩',乃古語也。或假'濩'爲'鑊',如《詩》'是刈是濩'是也。或假爲'護',如湯樂名'大濩'是也。"金璋從羅説,認爲《説文》的解釋是可取的,濩是從水蒦聲的形聲字,甲文濩作 ✦,從水從隹。濩指與成湯有關的樂名以及配套的舞蹈,作樂名時就指成湯的大濩之樂。

按:此字釋濩可從。

186. 木（※）。《書考》p.40。

羅振玉釋木，無説。金璋從之。

按：此字釋木可從。

187. 噩（※※※）。《書考》p.65。

羅振玉釋噩，認爲即《噩侯鼎》、《噩侯敦》中的噩侯之噩。王國維贊同羅氏的意見。金璋也采納此説，全文引用了羅氏的考釋，並對字形本義進行分析。金璋認爲，噩的字形本義是花蕚之形。咢、罨篆文作※，象有兩個花苞的開花植物。《詩經·棠棣》中有"鄂不"，鄭樵讀爲"鄂柎"，即花蕚和花梗。甲骨文噩字則象有四個花苞之形，可能專指總狀花序。口乃花苞之象。這個本義現在用'蕚'表示。用作驚愕字，則是同音假借。

按：此字當釋爲喪。羅振玉釋噩，諸家多從之。聞一多改釋爲桑，與不從口的※（桑）混爲一字。不過聞氏對該字在卜辭中的用法分析詳細，值得參考。于省吾指出此字乃喪之初文，从桑从口，口乃區別性符號。詳見《詁林》第1399—1409頁"桑"和"喪"。

188. 利（※※）。《書考》p.64。

從羅振玉釋利，並對字形本義進行分析。指出此字象鐮刀、刀子或其他農具收割穀物之形，表示收穫的結果。从禾，从刀，有的刀旁有二三小點。後來這個鐮刀或刀型就演變成勹，如犁、黎。其最初字形可能是※，是有齒的鐮刀形。但在甲骨文和金文中，多用刀形※代替。

按：此字釋利可從，金璋對字形的分析也有道理。《説文》利古文作※，與甲文字形結構相同。甲文利从禾从刀，有的加手形，表示手持工具收割穀物之狀，含有收穫之義，引申爲好的。利在卜辭中有用作形容詞者，如《合集》28008："其于又利""其于左利"。

189. 龢（※）。《書考》p.63。

從羅振玉釋龢。列出了吳大澂《説文古籀補》的金文字形，並分爲兩類：从龠从禾※※；从龠从力※※。第一種字形與甲文字形相同。第二種字形从力，吳大澂認爲"象以手按龠之形"。但金璋認爲龠（排簫）這種樂器演奏時手不需要按什麼東西，因此他不贊同吳的説法。

按：此字釋龢可從。龢在甲骨文在也寫作※，如《合集》15335："勿龢…元于…及…。"其中龢寫作※。龢是一種音樂，《合集》1240："貞上甲龢眔唐。"《合集》21153："步龢。"《合集》30693："※叀龢※用。"《詁林》

認爲 [字] 不是穌,是另一個字,也用作祭名(參看《詁林》第 1426—1427 頁)。

190. 季([字][字])。《書考》p.64。

羅振玉釋季,無説。金璋從羅釋,指出季從禾從子。

按:此字釋季可從。

191. 牛([字])。《書考》p.33。

從羅振玉釋牛,是牛頭和牛角的象形。羅振玉認爲[字]、[字]、[字]是牛的異體字,突出了牛角被拴在木欄上無法離開之意。金璋認爲卜辭内容並不支持羅的這種説法。

按:[字]、[字]、[字]不是牛的異體字。[字]是一牛的合文,[字]、[字]是二牛的合文。金璋指出羅説不對,但也沒有給出正確的解釋。

192. 牢([字][字])。《書考》p.23。

從羅振玉釋牢,並引用了羅的解釋。

按:此字形釋牢可從。

193. 牡([字][字][字])。《書考》p.34。

從羅振玉釋牡,並引用了羅的考釋。《説文》:牡,畜父也,從牛土聲。此或從羊、從犬,牡既爲畜父,則從牛從羊從犬得所施矣。

按:此類字形有合釋爲一字的,如《新編》"牡"字條(45—46 頁)。也有分釋爲三字的,如《字編》"牡"字條(545 頁)、"羘"字條(552 頁)、"狃"字條(569 頁)。

194. 牝([字][字][字])。《書考》p.34。

從羅振玉釋牝,並引用了羅的考釋。牝,雌性四足動物,有時也指鳥類;也可指黏谷,《康熙》又音匕。字形含義:牛、羊、豕(或其他四足動物)的象形,附加表示雌性的符號匕(匕),與牡的造字原則相同。

按:此類字形有合釋爲一字的,如《新編》"牝"字條(46—48 頁)。也有分釋爲三字的,如《字編》"牝"字條(546 頁)、"羓"字條(552—553 頁),"犯"字條(569 頁)。

195. 牧([字][字][字][字][字])。《書考》p.62。

羅振玉把上述諸形都釋爲牧,金璋從之。

按:羅金二人皆將卜辭中不同的字混爲一字。[字][字],從牛從攴,有牧牛之義。[字]從羊從攴,有牧羊之義。此兩種字形均可釋爲"牧"。但[字][字]從牛從帚,或從手執帚,可隸定爲埽,在卜辭中用作侵略之侵。

196. 羊(￥￥￥￥￥￥￥)。《書考》p.34。

羅振玉把￥￥￥￥￥￥￥等形都釋爲羊。金璋把上述字形分爲三類：(1)￥￥,(2)￥￥￥,(3)￥￥。他認爲(1)(2)兩種字形均爲羊頭和羊角的正面象形,毫無疑問是羊字。羅氏指出其作￥者"象牽之以索",金璋認爲此字確爲羊的異體,但所從之環形可能不是索,而是一端有彎鉤的長棍杖,是趕羊工具。第(3)種字形的￥,羅氏指出是羊的"側視形",金璋表示並不贊同,但他也同意此字確爲羊的異體,因爲卜辭中常見幾￥的記載,與幾牛、幾豕相類。但￥這個字形,金璋認爲不是羊字,而是商王陽甲的名號。金璋還指出,羊在卜辭中可假借爲祥。

按：羅振玉和金璋均把不同的甲骨字混爲一字。卜辭中羊作￥、￥、￥、￥等形,均爲羊之象形。(《字編》548—550頁)金璋所列第(1)種字形从羊从冃,《字編》(196—199頁)隸定爲䍘,《新編》(575—577頁)釋爲莧。此字在卜辭中多與否定詞連用,起到加強語氣的作用。(《詁林》583—603頁)第(2)種字形中的￥￥可釋爲羊。￥不當釋爲羊。羅氏指出此字"象牽之以索"是對的,也有增加手形作￥者,應釋爲䍩,在卜辭中是方國名。(《字編》550頁)第(3)種字形从羊形从人形,或增加索形,應釋爲羌。(《字編》41—45頁)金璋指出卜辭中常見幾￥之語,但￥並不是羊,而是羌這種人牲。他指出￥不是羊,這是對的,但他認爲￥是陽甲之名號,則有誤。卜辭中的羌甲是文獻中的沃甲,不是陽甲。金璋指出羊在卜辭中可假借爲祥,實際上並無此種用法。

197. 騂(￥)。《書考》p.34。

金璋從羅振玉釋騂,並贊同羅的考釋。但又指出,辛乃幸之訛變,幸即￥也。其理由如下：(1)騂不讀辛,而是讀幸。根據段玉裁的説法,辛在十二部,騂和幸都在十一部。(2)幸最早見於《説文》,而無更早的古文字字形。金璋認爲中間必然有字形上的缺環,而￥或許正是幸的古字,可以彌補這個缺環。(3)幸和￥在字形上有相似處,幸或爲￥之倒形。因此,金璋認爲￥即幸之本字。騂本从幸,辛乃幸之訛變。

按：此字釋騂可從。但金璋認爲￥即幸之本字,則不可取。甲骨文中執作￥,是人帶刑具的象形。可知,幸的本字是￥,是束縛犯人的刑具之象形。

198. 羴(￥￥ ￥￥)。《書考》p.37。

此字羅振玉釋羴,對形義無説解。金璋從羅釋,並指出羴从三羊或四羊,通過羊形的多次重複,強調羊群擠在一起散發出的強烈膻味,但在卜辭中不當此義講。他還指出卜辭中有從二羊者作❖,可能是古祥字。

按:此字釋羴可從,金璋對字形本義的說解可備一說。《詁林》認爲羴非羊膻也,而是群羊聚集之貌,猶如群鳥聚集爲雥,在卜辭中是人名和方國名(《詁林》1541—1542頁)。金璋所列❖字不當釋爲祥,而是❖❖的異體,在卜辭中是人名(《詁林》1540—1541頁)。

199. 犬(❖)。《書考》p.35。

從羅振玉釋犬,象形字。

按:此字釋犬可從。

200. 狀(❖)。《書考》p.37。

羅振玉列出《前》5.47 ❖字,釋爲狀,無說。金璋從羅說,並引《說文》曰:"狀,兩犬相齧也。"但又指出,狀在卜辭中必然有其他意思,因此貞人不會關心兩犬相鬥這種小事。

按:羅氏所列之字,查之原片,應爲《前》5.47.2(《合集》8215)的❖字,羅氏誤摹爲❖。金璋沿襲了羅氏的錯誤。❖字上從二朱下從二犬,可隸定爲欑,在卜辭中是地名。于省吾有專文論之,參看《詁林》1557—1559頁。

201. 尨(❖)。《書考》p.35。

羅振玉釋尨,金璋從之,並引述了羅的考釋。金璋指出,尨,《說文》訓爲"犬之多毛者",如《詩經》中的"無使尨也吠"。但《穆天子傳》里"尨狗",則訓爲"猛狗"。

按:此字釋尨可從。

202. 豕(❖❖❖)。《書考》p.35。

羅振玉把❖❖❖等形都釋爲豕。金璋指出,羅振玉《書考》35頁列出豕的諸字形中,第一個字形有明顯的陰莖,但此字實際並無此筆短畫。"家"的金文字形❖,就是從宀從豭,豭亦聲,豭是有陰莖的公豬之象形。《說文》:家,從宀,豭省聲。此說正與古文字形相合。金璋指出,《說文》中有很多表示不同歲數、不同性別的豕的專用字,卜辭中則常見豕字。豕、犬兩字字形相似,區別在於:豕的尾巴短且下垂,犬的尾巴長且上卷。此外,金璋提到❖=豩,《康熙字典》裏有獮,或曰"同豩"。他還分析了象、豕的相互關係。《説文》有"彑"部。彑,豕之頭。金璋指出《後下》39頁有❖,從這個字形尚能看出"彑"的字形演變軌跡:❖>❖>彑。象、豕都是從有細微區別的豕的異體字形分化來的。

　　按：此條沒有列古文字形。但金璋提到《書考》35頁"豕"，顯然是參考了羅氏的意見。他指出羅氏所列字形❲❳摹寫有誤。查之原文，此字見於《鐵》142.2（《合集》14341），腹下確實沒有短畫。金璋所引之❲❳，與"家戈父庚卣"中的字形極爲相似。他指出❲❳从宀从豭，豭是有陰莖的公豬之象形。可以推知，他認爲❲❳這個字形應是豭，不是豕。這個意見是正確的。卜辭中家作❲❳、❲❳等形，从宀从豭，豭亦聲。參看下文第244"家"字條。金璋指出甲文中豕、犬兩字的區別在於尾巴之形態，值得肯定。他所舉❲❳字，見於《後下》39.8（《合集》33615），是豕的異體。他指出象、豕都是從有細微區別的豕的異體字形分化來的，大致不錯。卜辭中有❲❳這個字形，象矢穿過豕之形，與金文❲❳、❲❳、❲❳等基本相同①，《新編》（556頁）釋爲象。

203. 豚（❲❳）。《書考》p.35。

　　從羅振玉釋豚，並引述了羅氏的考釋。金璋指出，如果只有甲骨字形，我們很容易認爲豚从豕从肉，義爲豕肉。但金文有作❲❳形者，與《說文》所列豚的異體字形❲❳相同。从又持肉，以給祠祀也。古時一般都用豚肉獻祭。

　　按：此字釋豚可從。

204. 㣎（❲❳）。《書考》p.37。

　　從羅振玉説，釋㣎，認爲可能是《説文》的豵字。字義不詳。

　　按：金璋在"豕"字條（上文第202條）就提到❲❳=㣎，《康熙字典》裏有豵，或曰"同㣎"。此字一般仍隸定爲㣎。《詁林》指出，契文从三豕，與豵字形義俱乖，釋豵不可據（《詁林》1585頁）。

205. 馬（❲❳❲❳❲❳）。《書考》p.35。

　　從羅振玉釋馬。馬之象形，畫出了馬頭、馬鬃、身軀、兩腿和尾巴的形象。《殷虛書契》7.34有"逐馬獲一"，説明商代有野馬存在。

　　按：羅氏把馬和兕混爲一字，金璋亦從其誤。❲❳、❲❳等形當爲兕字。金璋所説"逐馬獲一"，查之原片，出自《前》7.34.1（《合集》10398），實爲"逐兕（❲❳）獲一"。這應該是金璋早期寫的考釋詞條。他在1935年的論文中已改釋❲❳爲兕。詳見本書第六章第三節《金璋對商代動物的研究》。

---

① 張俊成編著：《西周金文字編》，上海古籍出版社，2018年，第540頁。

206. 兔（✦✦✦✦）。《書考》p.37。

金璋列出✦✦✦✦等形，釋爲兔。並引用羅振玉說：長耳而厥尾，象兔形。兔在卜辭很常見，是王室捕獵的對象，但更多是出現在合體字中。

按：查之《書考》，羅振玉把✦✦釋爲兔。但✦見於《前》7.5.2（《合集》10076），應釋爲夒，是受祭的先祖。金璋亦從其誤。金璋所列其餘字形可釋爲兔。（《新編》572—573 頁）甲骨文中有✦✦✦和✦✦✦✦等形。以往學者常把第一組釋爲兔（《詁林》1646—1647 頁），將第二組釋爲兔（《詁林》1612、1619—1621 頁），認爲兔皆張口露牙，與兔則長耳而厥尾，字形有別。但單育辰認爲這些字形都應釋爲兔，與金璋的意見相合。他還列出另外幾種兔的字形，可參看。①

207. 皆（✦）。《書考》p.67。

從羅振玉釋皆，並引述了羅氏的考釋。

按：此字于省吾釋爲"列"。《詁林》采納于老的觀點，認爲卣、卣、貴、䚘、䚘、皆同字，可釋爲列，表示並列之義。（《詁林》第 1635—1639 頁）商承祚釋"皆"，《甲骨文字典》采納其說。②《新編》（231 頁）、《字編》（603 頁）均釋"皆"。

208. 塵（✦）。《書考》p.22。

從羅振玉釋塵，並引述了羅氏的考釋。鹿行而塵揚，此字形從鹿從土，厥誼已明。

按：此字見於《前》7.17.4（《合集》8233），"宜于✦"，蓋用爲地名。此字從鹿從倒示，爲公鹿之專用字。《字編》（614 頁）隸定爲麈。《新編》（46 頁）列爲牡的異體字形。金璋從羅說，認爲這是從鹿從土，並用鹿行而塵揚來解釋其本義，不確。

209. 隹（✦）。《書考》p.37。

從羅振玉釋隹，並全文翻譯了羅氏的考釋。羅氏認爲隹鳥古本一字。金璋對此提出質疑。

按：此字釋隹可從。金璋對羅氏所言"隹鳥古本一字"提出質疑，是值得肯定的，可惜他並未指出鳥爲何字。卜辭中鳥作✦、✦、✦等形。（《新編》248—249 頁）

---

① 單育辰：《甲骨文所見動物研究》，上海古籍出版社，2020 年，第 47—55 頁。
② 徐中舒主編：《甲骨文字典》，四川辭書出版社，2006 年，第 382 頁。

210. 獲(𔓁)。《書考》p.62。

從羅振玉釋獲,並全文翻譯了羅氏的考釋。

按:此字釋獲可從。

211. 雚(𔓁𔓁𔓁𔓁)。《書考》p.38。

羅振玉把上述字形釋爲雚,金璋從之。他通過對傳統字書中鸛、雚、萑的考察,尤其根據《爾雅》"萑,老鵵",認爲此甲骨字正是貓頭鷹的象形,是鸛的初字。雚在卜辭中不當貓頭鷹講,而是假借爲其他字。有兩種用法,一是假借爲觀察之觀,一是假借爲歡喜之歡,如《庫》1703"歡喜"。

按:上述字形一般分釋爲兩字。从口的𔓁釋爲觀,不从口的𔓁、𔓁等釋爲萑。(《字編》631—633頁,《新編》241—242頁)在卜辭中均爲祭祀動詞。其中,萑出現在一期卜辭中,觀出現在二三四期卜辭中,二者只是早晚期的不同字形。此字沒有用作歡喜之義的例子,金璋所列《庫》1703是僞刻。

212. 霍(𔓁𔓁)。《書考》p.67。

從羅振玉釋霍。霍,疾速也。从雨从雔。雔,《康熙》認爲是雥的異體字。整個字形可能是會意字,不是形聲字。

按:此字釋霍可從。

213. 雉(𔓁𔓁)。《書考》p.38。

從羅振玉釋雉,並引述了羅氏的考釋。金璋指出,雉籀文作𔓁,从弟,弟乃𔓁之訛變。夷、弟古通用。比如鵜字,篆文作𔓁,从鳥,而籀文作𔓁,从弟。但分而言之,弟從絲綫纏繞的戈形𔓁演變而來,夷從絲綫纏繞的矢形𔓁演變而來。因此,金璋認爲雉最初不是形聲字,而是合體象形字(即會意字),表示用箭射才能獲得的鳥。王襄"雉"字條下有𔓁。羅氏認爲𔓁是繼鳥之形(《書考》71頁)。金璋贊同羅說。

按:此字釋雉可從。金璋所說𔓁字,見於《前》4.17.5(《合集》14360):"貞帝鳥三羊、三豕、三犬。"𔓁不是雉,是鳥字(《字編》第648—649頁)。

214. 集(𔓁)。《書考》p.67。

從羅振玉釋集,並指出篆文字形有助於考釋這個字。甲文字形从隹在木上,不能表達出聚集、集合之意。而篆文字形𔓁,从三隹在木上,更能清楚地表達出群鳥聚集之義。篆文或省作𔓁,與甲文字形相同。

按：此字釋集可從。

215. 雞（𪆴 𪆴）。《書考》p.38。

從羅振玉釋雞，並引述了羅氏的考釋，指出象形字雞和形聲字雞在商代同時存在。金璋又指出，羅氏列出雞的兩個象形字形，王襄又增加一個，但都不如他所藏甲骨中的字形更爲生動形象。在金 706 和金 775 中，鳴字作𪆴、𪆴，所從的雞形，其高冠和長尾之形非常明顯。

按：上述字形釋雞可從。金璋所舉金 706 和金 775 兩片在《金璋》一書中未有著錄，應爲僞刻。但其字形與金 744（《合集》17366）中的𪆴極爲相似，或即仿刻此字。

216. 鳥（𪃍、𪃍）。王襄《類纂》p.19。

從王襄釋鳥。金璋指出，鳥是鳥類的總稱，傳統字書認爲長尾爲鳥、短尾爲隹，與鳥的甲骨字形不符。甲骨文中鳥作爲單字比較少見，王襄《類纂》僅舉出兩例，作𪃍和𪃍。金璋引用王襄的說法，並指出鳥在合體字中也出現過，如鳴字所从之鳥。不過從鳥之鳴也不多見，鳴字多从雞形。金璋又指出，篆文鳴字𪅂，從類型學的角度來看，比甲金文中的鳴字都更加古老。

按：金璋從王襄之誤。查之《類纂》原文和甲骨原片，𪃍出自《籃游》100（《合集》37513 之右半）。𪃍、𪃍當釋爲隹，不是鳥（《字編》616—622 頁）。卜辭中鳥作𪃍𪃍𪃍等形，均突出其喙，與隹有別（《字編》648—649 頁）。

217. 鳴（𪅂）。《書考》p.67。

從羅振玉釋鳴，並引述了羅氏的考釋。羅氏認爲卜辭中鳴皆从雞的象形字，从口，"雞司時者也，應時而鳴，引申而爲凡鳥之鳴"。金璋表示贊同。羅氏列出石鼓文鳴作𪅂。金璋指出，在他所藏的甲骨金 352 和金 321 中，鳴字寫法就與石鼓文同。另外，他還指出甲骨文中有从口从普通鳥形的字，但不確定是鳴是唯，因此沒有把字形列出來。

按：此字釋鳴可從。但卜辭中沒有和石鼓文鳴相同的字形，金 352 和金 321 都是僞刻。羅氏所列鳴字都从雞形。但卜辭中也有不从雞形的鳴，如作𪅂𪅂者。金璋在"鳥"字條（上文第 216 條）把甲骨文隹誤釋爲鳥，他在這裏所說从口从普通鳥形的字，很可能就是从口从隹的唯，作𪅂、𪅂等形。鳴和唯的區別在於，鳴从鳥形，唯从隹形，鳥突出鳥喙，隹不突出鳥喙。

218. 魚（🐟）。《書考》p.39。

從羅振玉釋魚,並轉述了羅的考釋。魚的象形,有魚頭、魚眼、魚身、背鰭、胸鰭和剪狀魚尾。羅氏認爲卜辭中魚皆假爲捕魚之漁。金璋又説,卜辭中魚字不多見,顯然只是漁的異體字。

按:卜辭中魚多假借爲動詞漁,但也作名詞魚的例子。比如《合集》22225:"束魚。"同版又有"束羊豕",可證這裏的魚是名詞,是獻祭的腥品。《合集》21533:"□辰,乎多臣…允魚十三。"《合集》20739:"丁亥卜,王,豙獲魚,允獲。"記録捕魚有所收穫,魚是名詞。

219. 漁（🐟🐟🐟🐟）。《書考》p.62。

羅振玉把此類字形都釋爲漁。金璋從之,並引述了羅氏的考釋。金璋指出,除了羅氏所列字形外,王襄《類纂》中還列出一種字形🐟,從魚,從手持網,表示用網捕魚之意。但由於王襄没有列出具體出處,所以他没有列出此字形。

按:羅氏所列🐟、🐟、🐟等形釋漁無疑。羅氏所列🐟,查之原片,出自《前》5.44.4(《合集》2972),與🐟同版,均爲"子漁"之名,也可釋爲漁。王襄所列從魚從手持網的字,見於《類纂》53頁,象張網以捕魚之形,當即漁字之異體。漁的各種字形,可參看《新編》662頁,《字編》658—659頁。但羅氏所列🐟,在卜辭中是地名,今釋爲鯀(《新編》661頁,《字編》658頁)。

220. 魯（🐟）。《書考》p.64。

從羅振玉釋魯。羅氏"魯"字條下還有一個字形🐟,但他不確定是否爲魯。金璋並未列出這個字形,可見他不認爲這是魯字。金璋指出,羅氏在《殷虚書契待問編》(1916)第25頁指出,商代從凵之字,有時凵不是口,而是盛放祭品的器皿之形。由此,金璋認爲魯字所從之凵,可能就是淺盤,魯字可能是魚在淺盤中獻祭之形。

按:此字釋魯是正確的,但凵不是淺盤,劉釗指出此爲區别符號。① 金璋認爲🐟不是魯,這是正確的。🐟字從虍從魚,《新編》(661頁)、《字編》(660頁)均隸定爲鱻,或即爲鱸。《説文》:鱸,鱸魚也。從魚盧聲。盧又從虍聲。可知,鱸實從虍聲,正與卜辭🐟字相合。🐟字從虍得聲,可能是鱸魚之名。可惜此字所在的卜辭殘斷,無法斷定其含義。

---

① 劉釗:《古文字構形學》,福建人民出版社,2006年,第124頁。

221. 龍（ ）。《書考》p.38。

從羅振玉釋龍。羅振玉、王襄把 、 、 等形也釋爲龍，金璋認爲這些不是龍字。龍的字形，象龍在空中飛騰之狀，上象龍頭和龍冠，左象龍身的上部，右邊象龍身體蜷曲之狀。甲骨文龍字字形變化很多，但都有龍頭和蜷曲的龍身這兩部分。另外，金璋還舉出了幾例甲骨文的龍字：金568"龍璧"，金338"行龍"，並認爲"行龍"可能與典籍中的"龍行虎步"意思相似。

按：金璋所舉金568和金338都是僞刻，卜辭中也没有"龍璧""行龍"等語。但金璋指出 、 、 等形不是龍字，則是對的。 、 兩形，蔡哲茂從陳邦懷說，釋爲肙，指出此爲蚊子幼蟲肙（孑孓）的象形，在卜辭中表示疾癒。① 《字編》（665頁）、《新編》（270頁）均隷定爲羸。 這個字形，查之原片，見於《鐵》62.3，（《合集》3306），當釋爲虎。

222. 龐（ ）。《書考》p.64。

羅振玉釋龐，無説。金璋指出，《康熙》無龐字。吴大澂《字説》認爲尨、厖、龐爲一字之異體。但他認爲 應釋爲龐，在卜辭中是地名。龐，從龍從宀，其字形本義可能是指屋頂上的龍形裝飾物。

按：此字釋龐可從，其字形本義不詳。

223. 灟（ ）。《書考》p.21。

羅振玉將上述字形釋灟，指出可能是《説文》之砅字。金璋從羅氏釋灟，但解釋不同。他指出此字或許與蠣字有關，指水中的牡蠣。但牡蠣是雙殼貝類，此字從萬（蠍子之形），孰難理解。灟在卜辭中是地名。

按：此字從水從萬，並無"石/厂"形，應隷定爲濿，不當釋爲灟。甲骨文中有 字，可釋爲砅。《説文》："砅，履石渡水也。從水從石。《詩》曰：深則砅。灟，砅或從厲。"（《詁林》2210—2211頁）《新編》（629頁）將 、 合爲一個字條，或許不妥。這兩種字形在卜辭中都是地名，但《英》547是置奠之地，從萬的字形是田獵地名，難以確認是同一個字，只是其中一形從石從水，另外一形從水從萬，而因後世類似兩種字形有異體關係就將兩種字形合收，恐怕不盡合理。

224. 黿（ ）。《書考》p.39。

從羅振玉釋黿，並引述了羅氏的考釋："象昂首披甲短尾之形，或僅見

---

① 蔡哲茂：《釋肙（蜎）》（與吴匡合著），收入《蔡哲茂學術文集》第1册，（臺北）花木蘭文化事業有限公司，2021年，第25—40頁。

其前足者,後足隱甲中也"。金璋又列出⽕形,也疑爲龜字。金璋指出《説文》中有"䰟","不兆"。卜辭中常見"匕龜",或與之相關。

按:金璋所列⽕形,確爲龜字。他所説的"匕龜"或即⽕形,見於《合集》8811。《字編》(683 頁)、《新編》(755 頁)均隸定爲䰟。根據《合集》8811:貞乎〔宄〕取羊,不于䰟。䰟似爲地名,與"不兆"無關。

225. 乎(⽕)。《書考》p.67。

從羅振玉釋乎,並指出此字現在用作介詞或嘆詞,但在甲金文中用作動詞,此義今當寫作"評"。

按:此説可從。

226. 濯(⽕)。《書考》p.61。

此字羅振玉釋濯,認爲⽕象帚形,是打掃的工具,"置⽕水中,是濯也"。金璋對此表示懷疑。他認爲⽕非帚形,而是羽毛的象形。整個字形從羽從水,象鳥在水中扇動翅膀,濺起水珠,撒到羽上之形。有淋濕、淋透之義。造字原則與澡相似。

按:此字當從唐蘭釋爲彗,羅、金釋濯,皆誤。但羅氏認爲⽕象帚形則是對的。⽕象帚形,點狀是飛揚的塵土形。後訛變爲⽕,又加手形變爲⽕,即今之彗字。彗之本義爲打掃塵土,引申爲除也,在卜辭中用作疾病去除之意。如"今夕小子业彗"(《合集》3266),"翌壬…王疾…彗"(《合集》13435),"王疾首,中日彗"(《合集》13613)等。另外,彗在卜辭中多用作人名和地名(參看《詁林》1849—1852 頁)。

227. 裘(求)(⽕ ⽕)。《書考》p.45。

羅振玉把⽕、⽕兩個字形都釋爲裘(求),金璋從之,並引述了羅氏的考釋。羅氏指出《説文解字》"裘"古文省衣作⽕,又卤作⽕,此又省作⽕,象裘形,當爲裘之初字。又言王國維指出⽕亦裘字,是尚爲獸皮而未製時之形也。羅氏認爲⽕既爲獸皮而未製衣是含求得之誼,故引申而爲求匄之求。又指出,王國維把⽕也釋爲求。金璋則有不同意見。他指出⽕這個字形與其他兩字有明顯區別,不當釋爲求。他認爲⽕(裘)用做求匄義,乃是同音假借,不是有字形而得的引申義。另外,此篇手稿上有一句紅筆書寫的内容,指出郭沫若、唐蘭把⽕釋爲祟。

按:⽕象裘形,當爲裘之初字。羅氏所言極是。羅王把⽕釋爲裘,讀爲求匄之求。金璋指出⽕用作求匄之求,當爲同音假借,是有道理的。他指出⽕不是求,也可從。此篇手稿上紅筆書寫的内容,應爲金璋後加。在

"祟"字條(下文第228條),金璋已改從郭沫若的意見,把𢀸釋爲祟。可見,"裘"字條寫作時間較早。金璋在看到郭氏的考釋之後,就改從郭説,把𢀸改釋爲"祟"。參看下文第228條"祟"字條。

228. 祟(𢀸)。

金璋指出,此字孫詒讓釋希,《説文》義爲"脩豪獸"。郭沫若把它讀爲祟,義爲殺。金璋全文翻譯了郭沫若《通纂》426片釋文中對此字的考釋,並指出王國維有不同意見。

按:此字金璋先是采納羅説,釋爲裘,讀爲求匃之求。後看到郭沫若釋希、讀爲祟的意見更有道理,又改從郭説。郭氏的這個意見不只是金璋信從,也爲多數中國學者信從。但裘錫圭《釋"求"》篇則指出羅王釋求是對的。他舉出金文"求"作𢀸、𢀸等形,與甲文相似。認爲"求"大概是"蛷"的初文。此字有時寫作𢀸、𢀸等形,非常像多足蟲。求索是它的假借義。此字釋求在卜辭中大多都能讀通。但他指出郭沫若讀爲祟的那些求字,仍應釋爲求,但似應讀爲"咎"。① 此觀點現在已爲多數學者接受。《字編》(537頁)釋"求",《新編》(750頁)釋"蛷"。

229. 初(𢀸)。《書考》p.66。

羅振玉釋初,無説。金璋從之,並指出這是會意字,从衣从刀,象裁衣之形,引申爲開始、起始之義。

按:此字釋初可從。

230. 齊(𢀸 𢀸)。《書考》p.64。

羅振玉釋齊,無説。金璋從之,並引用《説文》的解釋,認爲字象三穗禾麥並排之貌,以示整齊之義。金璋還指出,《積古齋》中有周代齊鬲,齊寫作𢀸,與甲文字形相同。除了這種字形,甲文和金文中還有中間略高於兩邊的字形,如𢀸、𢀸等。

按:金璋認爲齊象三穗禾麥並排之貌,可備一説。其他學者也有不同意見,比如葛英會認爲齊象箭束整齊之形。②

231. 今(𢀸)。《書考》p.66。

從羅振玉釋今,對字形没有説解。

按:此説可從。

---

① 裘錫圭:《釋"求"》,《裘錫圭學術文集·甲骨文卷》,第274—284頁。
② 拱玉書、顏海英、葛英會:《蘇美爾、埃及及中國古文字比較研究》,科學出版社,2009年,第265頁。

232. 余（✦）。《書考》p.63。

從羅振玉釋余。《説文》曰："語之舒也。"金璋指出，余的本義不詳，其用作第一人稱我，可能是假借字。余在卜辭中就有這種用法，如金124"余一人"。

按：此説可從《詁林》也認爲余用作第一人稱詞是假借字（詳見《詁林》第1931頁）。

233. 敍（✦）。《書考》p.55。

羅振玉引《前》6.10作✦，並釋爲敍。金璋從之，并引用羅説。

按：查之原片，羅氏所列字形出自《前》6.10.3（《合集》8362），但字形摹寫錯誤，正確的字形應爲✦。✦即涂字，在卜辭中用作地名或方國名，如"才涂"（《合集》15484），"貞𢑥方至涂甞"（《合集》17168），"弜匃涂人"（《合集》28012），"叀戍先乎立于涂"（《合補》10347）。

234. 臺（✦）。《書考》p.33。

從羅振玉釋臺，並對羅説進行了引述和分析。金璋指出，羅氏認爲臺與亯或爲一字，亯，獻也，但他並未對臺的字形進行分析。金璋認爲亯象建築之形，可能就是宗廟，羊是祭牲。臺從亯羊，象向宗廟獻牲之形，故可訓爲獻。他又指出，吴大澂1.29 ✦用作敦，省攴形。

按：此字隸定爲臺可從，但訓爲亯獻，則是錯的。孫詒讓《契文舉例》就釋爲臺，並指出金文中✦假借爲敦字，此✦即臺之省。孫説可從。敦，即伐也。篆文作✦，從攴從臺，乃後起的形聲字，通過增加義符攴，來強化撻伐、殺戮之義。（《詁林》1937—1941頁）金璋從羅將之訓爲亯獻，又指出此字形象向宗廟獻牲之形，都是不對的。相反，吴大澂訓✦爲敦，則是正確的。金璋雖然提到了吴的釋法，但並未采納之，殊爲可惜。

235. 郭（✦）。

此條未列出甲骨字形。金璋列出金文字形✦和篆文字形✦，並引吴式芬説，認爲此字從◯象城郭之重，兩亭相對，或旦從◯。他引《説文》的解釋：𩫖，從回。象城𩫖之重，网亭相對，或但從口。並引段玉裁的解釋：𩫖字今作郭。內城外𩫖。网亭相對。

按：此條金璋未列甲骨字形，但從下文"𩫖"字條的考釋內容來看，金璋顯然是把✦釋爲郭。他所列金文字形✦也與甲骨字形✦字形相合。此字孫詒讓釋𩫖，認爲即墉之古文。王國維亦有此説。王襄釋爲郭。另有不少學者謂郭、墉古同字。參看《詁林》1941—1948頁。《字編》(745—747頁)釋"郭",《新編》(761—762頁)釋"墉"。

236. 陴（[字形] [字形]）。《書考》p.23。

從羅振玉釋陴。羅氏指出《説文》陴籀文作[字形],與此同。金璋指出此字顯然是從郭卑聲的形聲字。

按：此説可從。金璋指出此字從郭卑聲,顯然是把[字形]釋爲郭。

237. 高（[字形] [字形]）。《書考》p.64。

羅振玉釋高,無説。金璋從羅釋高,並對字形進行了分析。象城門上的高塔之形,冂象城牆,口象城門,最初可能作○形。

按：此字釋高可從,但金璋對字形的分析仍是根據《説文》的解釋,不可從。此字從[字形]從口,口應爲區別性符號。

238. 宀（[字形]）。

金璋舉出四個此類字形。他指出,《説文》注"曏"時有"宀宀"一語。《説文》:"宀,交覆深屋也"。宀象建築物的正面視圖,有牆壁、屋頂、屋脊。他指出,宀(在卜辭中)只出現在合體字中。參看"向"字條。

按：宀在甲骨文中有單獨成字的例子,如"乍宀于沚"(《合集》13517),"虫東宀"(《合集》14993),"囚宀"(《合集》22259),"將升于升宀"(《合集》31057),"才大宀我祭"(《合集》34399),"于大宀"(《英補》55)等。宀象起脊房屋,①在卜辭中多爲祭祀場所。可惜金璋没有看到。

239. 向（[字形] [字形]）。《書考》p.23。

從羅振玉釋向,並引述了羅的考釋。帶窗的房屋之形。金璋指出,文獻中有幾個表示窗户或煙囱的字,如向、牖、鄉、嚮等,都讀爲 xiang。從字源學上看,它們都含有面向、方向之意。向,是用具體物象來表達抽象概念的典型例子。金璋又列出了向的傳統解釋。《説文》·向,北出牖也。《禮記》:"刮楹達鄉",注曰:"凡牖皆名鄉,不獨北出牖也。"他還指出,古文字形[字形]在隸化後,有的寫作宀,有的寫作門。

按：此字釋向可從,在卜辭中多用爲地名。

240. 宫（[字形] [字形]）。《書考》p.22。

從羅振玉釋宫,並引述了羅的考釋:"从呂从[字形],象有數室之形。从[字形]象此室達於彼室之狀,皆象形也。"金璋對此並不認同,但他也没有給

---

① 拱玉書、顔海英、葛英會:《蘇美爾、埃及及中國古文字比較研究》,科學出版社,2009年,第264頁。

出自己的解釋。

　　按：此字釋宮可從。

241. 宗（[字形][字形]）。《書考》p.25。

　　羅振玉釋宗，無說。金璋從羅說，並對字形進行了分析。宗，從[字形]，象建築之形，從丅、丁，象神主之形，整個字形表示宗是祭祀祖先的場所，又引申爲宗族世系之義。

　　按：金璋對宗的形義分析可從。示，或認爲象祭壇之形。

242. 寑（[字形][字形]）。《書考》p.22。

　　羅振玉把[字形]釋爲寑，金璋從羅說，並補充了[字形]這個字形，指出即今之寢字。金璋指出，甲文和金文寑，都從宀從帚，帚不可能是聲符，整個字形應是會意字，似表示手執掃把在室內打掃之形。《康熙字典》列出的異體字"寚"，則恰好與甲金文字形相同。

　　按：此字釋寑（寢）可從。金璋對寑的字形分析可備一說。丁山認爲此字所從之帚爲婦省，婦人所居之室即謂之寑。《詁林》按語認爲丁說爲近是（《詁林》1992—1994頁）。

243. 室（[字形]）。《書考》p.22。

　　羅振玉釋室，無說。金璋從羅釋，並對字形進行說解。《說文》：室，實也。從宀從至。至，所止也。一種解釋認爲室是形聲字，從宀象屋宇之形，至聲。一種解釋認爲室是會意字，從宀象屋宇之形，從至象到達之形，室就表示人所到達的目的地建築。金璋認爲第二種解釋比較合理。他還從高田忠周《朝陽閣字鑒》裡轉引了金文字形[字形]。[字形]，從宀，不從至，金璋認爲這是純粹的象形字。

　　按：此字從羅振玉釋室可從，從宀至聲，是形聲字。但金璋所引[字形]不當釋爲室。

244. 家（[字形][字形][字形][字形]）。《書考》p.22。

　　羅振玉把上述字形釋家，金璋從之，並引用了羅氏的考釋。關於家的字形來源，金璋分別引用了吳大澂、段玉裁和戴侗的說法，但都進行了批駁。他認爲家的初形是[字形]，從宀從豸，以豸爲聲。豸即豭，是公豬之形，後來才逐漸簡化成一般的豕形。《說文》："家，從宀，豭省聲"，正與[字形]的字形相合。卜辭中常見"卜家貞"一語，家假借爲嫁，占卜的是皇室婚嫁之事。

　　按：羅、金皆把不同的字形混爲一字。查之原文原片，[字形]出自《前》

4.15.4(《合集》3522），⟦字⟧出自《前》7.38.1(《合集》6497），⟦字⟧出自《前》4.40.6(《合集》9620），⟦字⟧出自《前》1.30.7(《合集》23432）。其中，《前》4.40.6即金璋所說的"卜家貞"，實際上應爲"卜⟦字⟧貞"，⟦字⟧是貞人名，不當釋爲家，也與婚嫁之事無關。羅振玉把⟦字⟧誤釋爲家，金璋亦誤。但金璋指出家从宀从豸，以豸爲聲，豸即豭。這一點值得肯定。

245. 圂（⟦字⟧ ⟦字⟧）。《書考》p.23。

從羅振玉釋圂，並引用了羅氏的考釋。圂即豬圈，象豬在有頂或無頂的圈內之形。金璋把這種字稱爲"類象形字"，也即象形中有會意的成分。

按：查之原片，⟦字⟧見於《前》4.16.7(《合集》11276），⟦字⟧見於《前》4.16.8(《合集》9064），兩字形用法不同，不當混爲一字。⟦字⟧字从囗从豕，不从豕。《新編》(968頁)無釋字，《字編》(571頁)隸定爲圂。⟦字⟧字从囗从二豕，《新編》(389頁)釋爲圂，《字編》(763頁)隸定爲圂。金璋所說的"類象形字"即"象意字"。

246. 宅（⟦字⟧）。《書考》p.22。

從羅振玉釋宅。形聲字，从宀乇聲。段玉裁認爲，宅、乇，古音都在第五部。

按：此字釋宅可從。

247. 賓（⟦字⟧ ⟦字⟧ ⟦字⟧ ⟦字⟧）。《書考》pp.29—30。

從羅振玉釋賓，並引用了羅氏的考釋。金璋對字形進行了分析。《說文》認爲賓是从貝㝱聲的形聲字，但㝱顯然與甲文字形相符。在甲文字形中，有的从人在宀下，有的从元在宀下，有的增加止形。在這個合體象形字中，人或元可能代表主人，止代表客人的到來。而金文字形中增加的貝，可能是主客之間交換的禮物的象形。另外，金璋還提到吳大澂的說法。吳大澂認爲賓的古文不从貝，這一點甲骨文字形證明他是對的。他還認爲㝱根本不是賓，而是賂的古文。賂，以財與人也。對此，金璋指出，賂除了篆文字形外，還沒有發現更早的古文字字形，吳的說法無法得到驗證，只能暫且不論。

按：此字釋賓可從。

248. 嬪（⟦字⟧ ⟦字⟧ ⟦字⟧ ⟦字⟧ ⟦字⟧）。《書考》p.30。

從羅振玉釋嬪，並引述了羅的考釋。此字从女从㝱（賓），在卜辭中假爲賓。表示女性賓客，但具有很高的地位，在古代可能專指嫁到其他顯赫家族的皇室公主。在篆文字形和現代字形中，女在賓的左邊，而在甲骨字形中,女在宀下。

按:此字現在也釋爲賓,爲上文第 247 的異體字形,參看《新編》390—393 頁、《字編》774—780 頁。張玉金指出,賓字的初文從宀從卪或從女從止,宀亦聲。整個字像主人(用卪或女表示)在他們的居所裏(用宀表示)迎接從外邊來的客人(用止表示)。賓的本義就是迎導、迎接(參看《詁林補編》508 頁)。

249. 寮(⿳宀䍃)。《書考》p.29。

從羅振玉釋寮,並引用了羅氏的考釋。字義:官僚;小窗。金璋指出,《説文》中還有一個從穴尞聲的窌字,羅氏没有提到。窌,"穿也",這種解釋使它更適合表示小窗而非官僚。金璋認爲,寮表示官僚,或許是從金文時代才開始的。

按:此字釋寮可從,在卜辭中是地名。

250. 泉(⿱丅丨)。《書考》p.21。

從羅振玉釋泉,並對形義進行了分析。金璋指出,泉的字形象水從泉眼或其他水源湧出之形。泉在古代也是貨幣的總稱。貨幣最初主要有兩種形制,一種是刀幣,一種是鏟幣,統稱爲泉。鄭樵《六書略》根據篆文字形泉進行分析,認爲泉的字形象鏟幣之形,本義就是錢幣,後來錢字代替了泉貨之泉,泉就假借爲泉水之泉。金璋對此進行反駁。他認爲泉的甲骨字形正象水流從泉眼咕咕流出之形,因此,泉的本義應是泉水,泉貨乃是其假借義,正是用泉水的流動來象徵貨幣的流通。早期的鏟幣作⿱一丨形,與泉的古文字字形結構相似,可能就是模仿"泉"的字形製造的。最後,金璋又提到金文中有"王母⿰丨丨母"。後兩個字,學者或釋爲泉母,或釋爲乳母,金璋認爲釋爲泉母也未嘗不可,泉母即乳母也,用泉水的源源不斷象徵乳汁的源源不斷。但他指出《佩文韻府》和《字原》中都没有泉母一詞,因此只能存疑待考。

按:金璋認爲"泉"象水流從泉眼咕咕流出之形,本義爲泉水,因泉水源源不斷的流動與貨幣的流通有相似之處而假借爲泉貨義,這些都是真知灼見。不過,他認爲鏟幣的形制是根據泉的字形製造的,則不可取。鏟幣乃取象於古代的的鏟形農具。金璋提到的"王母⿰丨丨母",可見於史伯碩父鼎(《集成》02777)和史頴鼎(《集成》02762)。前者泉寫作⿰丨丨,後者泉寫作⿰丨丨。

251. 鸏(⿰丨丨)。《書考》p.67。

從羅振玉釋鸏,並引用羅的考釋。此字爲形聲字,從鳥冉聲。其篆文

字形則從雥冊聲。

按：此字釋�可從,徐中舒亦采納羅説。①《新編》隸定爲集（240頁）。此字從鳥從泉,卜辭中還有異體字形作 ,從隹從泉。西周早期金文有 ②,從雥從泉,與 、 當爲一字。

252. 門( )。《書考》p.23。

從羅振玉釋門,並引述了羅的考釋。

按：此字釋門可從。

253. 雇( )。《書考》p.38。

從羅振玉釋雇,並引用羅氏的考釋。用於各種雀類的總稱,包括噍噍雀和牛雀。雇在卜辭中是地名,字形象鳥在户上之形,但也可能如《説文》所言是從鳥户聲的形聲字。

按：此字釋雇可從。甲骨文中還有其他異體字,從鳥： 。

254. 畯( )。《書考》p.29。

從羅振玉釋畯,並進行了自己的闡釋。畯,田官也,文獻中有"田畯"一詞。甲骨字形 、 ,從田從允,從字形來説應釋爲畖。《康熙字典》有畖字,並引《字彙補》曰：古文允字。但甲骨字形表明,畖乃是畯之古文。

按：金璋指出 、 可釋爲畖,畖乃畯之古文,糾正了《康熙字典》把"畖"誤爲古文"允"的錯誤,這是值得肯定的。

255. 鬼( )。《書考》p.25。

從羅振玉釋鬼,並對形義進行了分析。鬼從人或卩,並突出其碩大的頭顱,可能表示鬼魂。且有從示者,字形與《説文》古文( )同,也可能表示人向鬼獻祭。卜辭中出現過幾次"多鬼",與"多父""多介""多介父""多尹"結構相似。也與王國維所説的"多后"——所有祖先神的統稱——結構相似。因此,"多鬼"可能是邪惡或危險神靈——比如造成乾旱、農業歉收或疾病等的惡靈——的統稱。

按：查之原片,羅氏所列 見於《前》4.18.2、《前》4.18.3（《合集》17448）、《前》4.18.5（《合集》24992）, 見於《前》4.18.6（《合集》3210）。 、 兩形當爲不同的字。 可釋爲鬼。金璋所説的"多鬼",見於《前》4.18.3,其辭曰：貞亞多鬼夢亡疾。"多鬼"其實是"多鬼夢"的前兩個字,

---

① 徐中舒主編：《甲骨文字典》,四川辭書出版社,2006年,第425頁。
② 董蓮池編著：《新金文編》,作家出版社,2011年,第450頁。

"多"是限定"鬼夢"的,不能斷句爲"多鬼/夢"。🀄从鬼从示,應釋爲禝。《前》4.18.6 辭曰:□未卜,业母…重王禝隹…衛🀄。這裏的禝是動詞,與鬼用法有別,不應把二者混爲一字。

256. 卑(🀄)。

金璋指出《前》2.8 有兩例此字形,與金文字形🀄同,可釋爲卑。他轉引高田忠周所引劉心源《古文審》對此字的考釋,認爲卑从ナ从甾,且以甾爲聲,是會意兼形聲字。甾是盛飯或盛水的器皿。手持器皿是進獻菜肴和飲品的姿勢,因此用來表示卑賤義。在篆文字形中甾訛變成甲。金璋對此表示贊同。

按:查之原片,金璋所列字形出自《前》2.8.3(《合集》36775)和《前》2.8.4(《合集》36962),實爲🀄的右半邊,並非一個獨立的字形。🀄可釋爲陣(韓)(《新編》793 頁),金璋亦從羅説把🀄釋爲陣,參看上文第 236"陣"字條。可知,金璋把🀄釋爲卑也是對的。但🀄象手持🀄形,🀄應非甾形。

257. 畢(🀄)。《書考》p.48。

從羅振玉釋畢,並引述了羅氏的考釋。金璋指出,《説文》:"畢,从田从華。"段玉裁引用《玉篇》和《廣韻》,認爲華古讀 bi。《金石索》①卷 4 漢畫像磚上有一幅狩獵圖,其中就有兩人用右肩扛着一個可以手持的田網,編者注曰"二人荷畢"。這兩點恰能佐證羅氏的説法。畢,田網也,从田从華。華即🀄字,象田網之形,下有柄,可用手持之。

按:此字舊釋畢,今多隸定作𢍏,其異體字形也有作🀄者,乃禽(擒)之本字。(《新編》801—802 頁)不過,羅、金指出此字象以手持田网之形,則是對的。西周甲骨上有🀄、🀄,可釋爲畢。(《新編》252 頁)

258. 司(🀄)。《書考》p.29、p.101。

從羅振玉釋司,並引用了羅氏《書考》第 101 頁的解釋。司,現在訓爲掌管,但在甲金文中都無此意。金文用嗣(即嗣)表示掌管之義。羅振玉認爲司在甲骨文中可能讀爲祠:"商稱年曰祀,又曰司也。司即祠字。……商時殆以祠與祀爲祭之總名。"金璋指出,司的字形本義不詳,在

---

① 清代金石學著作。馮雲鵬(晏海)、雲鵷(集軒)兄弟二人同輯。道光三年邃古齋版。此書十二卷,金索(六卷)收録商周到漢和宋元時的鍾鼎、兵器、權量雜器,以及歷代錢幣、璽印和銅鏡等。石索(六卷)收歷代石刻,以及帶字的磚和瓦當。每種器物大多有器形圖和銘文拓本,後面有馮氏的釋文或考訂。

甲骨文中"司"多用作"祠",表示年。比如"王幾祀""王幾司","祀"和"司"都指年,確切地説是指一個祭祀年。甲骨文中又有"司室"一語,"司"即"祠"也,"司室"即祭祀的祠堂或祖廟。

按:此字釋司可從。按:此字釋司可從。查之原片,羅氏所列字形來自《前》2.14.4(《合集》36856)、《前》4.28.1,其辭例爲"王日司"。關於此句的釋讀,學界爭議較大,常玉芝釋爲"王廿司"①,裘錫圭釋爲"王曰司"。② 羅、金皆釋爲"王廿司"。

259. 延（ ）。《書考》p.60。

此字羅振玉釋延。金璋釋延,並指出《説文》中的延、延實爲一字。延,篆文作延,讀 chan。《説文》:"延,安步延延也。"延,篆文作延,讀 yan。《説文》:"長行也。"卜辭中有 字,字形與延相當,字義則與延相當,如 吉、 福、 年、 雨等。從字義上看, 即延。彳、止都表示運動,二者結合暗示運動連綿不止,故"延"可訓爲長、延長。從延到延的訛變,或自漢始。沙畹編著的斯坦因漢簡③中就有"延年"一詞,寫作 。

按:此字釋延可從,金璋對形義的分析十分精彩。

260. 衍（ ）。《書考》p.21。

羅振玉把 、 、 、 諸形都釋爲衍。金璋認爲前兩個字形可確定是衍,後兩個字形不一定是衍字,第四個字形可能是永的異體字。此外,羅振玉把 、 釋爲川,金璋則認爲這些可能是水字。

按:羅氏所列四個字形均不當釋衍。此字形從行旁,從川或水,郭沫若釋巡,裘錫圭認爲可從。甲骨文衍字作 、 等形,讀爲侃（衍）。④《新編》(92 頁)、《商代文字字形表》⑤均釋爲巡。甲骨文永字作 、 等形(《新編》649 頁,《字編》874—875 頁),從人從行旁,與衍字形有別。 、 確爲川字(《新編》645 頁,《字編》471 頁),不是水字,甲骨文水字作 、 等形(《新編》619—620 頁)。

---

① 常玉芝:《商代周祭制度》,中國社會科學院出版社,1987 年,第 296 頁。
② 裘錫圭《關於殷墟卜辭中的所謂"廿祀"和"廿司"》,《裘錫圭學術文集·甲骨文卷》,復旦大學出版社,2015 年,第 467—472 頁。
③ 按:即沙畹《斯坦因在東突厥斯坦沙漠所獲漢文文書》,1913 年出版,主要包括了斯坦因第二次考察所獲得的簡牘等漢文文書材料。
④ 裘錫圭:《釋"衍""侃"》,《裘錫圭學術文集·甲骨文卷》,復旦大學出版社,2015 年,第 384 頁。
⑤ 夏大兆:《商代文字字形表》,上海古籍出版社,2017 年,第 57 頁。

261. 伐（ [字形] ）。《書考》p.61。

羅振玉釋伐,無說。金璋從羅氏釋伐,並對形義進行了分析。金璋指出,甲骨文伐象戈砍斷人頭之形。甲骨文戍作 [字形] ,象人荷戈之形。二字區別明顯。但在篆文中"伐"作 [字形] ,"戍"作 [字形] ,人、戈的相對位置發生了變化,《説文》都訓爲"从人持戈",已經混而不分了。

按:此字釋伐可從,金璋對伐和戍的字形區別很可取。

262. [字形]（ [字形] ）。《書考》p.61。

羅振玉釋 [字形] ,無說。金璋從羅氏釋 [字形] ,認爲即殲之本字,訓爲殺、滅。篆文作 [字形] 。許慎認爲 [字形] 从又持戈,會意字,段玉裁則認爲是二人持戈形。

按:此字釋 [字形] 可從。金璋指出 [字形] 即殲之本字,致確。白川静、康殷、徐中舒等均指出此爲殲字（《綜覽》345頁）。李宗焜直接釋爲殲（《字編》898—899頁）。

263. 戔（ [字形] ）。《書考》p.61。

羅振玉釋戔,金璋從之,並引述了羅氏的考釋。羅氏認爲戔是戰的初文,金璋表示反對,他認爲金文所見之 [字形] 才是戰的初文。金璋指出戔在卜辭中是祖先名,並列出了金518這片卜辭的內容:

（1）癸亥王卜貞旬亡禍在十月有二甲子祭戔甲 [字形] 小甲。
（2）癸酉王卜貞旬亡禍在正月王 [字形] 曰大吉甲戌祭陽甲 [字形] 戔甲。
（3）癸未王卜貞旬亡禍在正月王 [字形] 曰大吉甲申祭陽甲 [字形] 陽甲 [字形] 戔甲。

金璋指出,祭、[字形]、[字形] 都是祭祀動詞,戔甲、小甲、陽甲等都是受祭祖先。金璋對這版卜辭的解釋如下:（1）這版卜辭有兩種時間詞,一種是干支日,一種是月份。在每條卜辭里,第一個干支日是一旬的最後一天癸日,第二個干支日是下一旬的第一天甲日。（2）王國維認爲商代有癸日占卜下一旬吉凶的習慣,這版卜辭正好驗證了他的說法。此外,癸日還要占卜下一旬甲日是否適合祭祀某位或幾位甲名先王。據此推測,[字形] 可能是龜的異體字。（3）王國維認爲卜辭應該自下而上閱讀,這片卜辭證明他是對的。（4）《史記》中有六位甲名先王,分別是太甲、小甲、河亶甲、沃甲、陽甲和祖甲。河亶甲和沃甲在卜辭中沒有出現過。戔甲可能就是《史記》中的沃甲,"沃"可能是 [字形] 的訛變。

按：此字釋戔可從。金518即《英》2510。金璋對這片卜辭的解釋有一些不妥之處。（1）[字]不是龜，而是占的異體字，詳見本書第六章第四節《金璋對商代占卜的研究》。（2）金璋把第二條和第三條卜辭中的"羌（[字]）甲"釋爲"阳甲"，又認爲戔甲是文獻中的沃甲，這是不對的。卜辭中的羌甲應是《史記》中的沃甲，卜辭中的戈甲是《史記》中的河亶甲。詳見本書第六章第一節"金璋對商代世系及先祖的研究"。

264. 成（[字]）。《書考》p.64。

從羅振玉釋成，但解釋不同。羅氏認爲成从戊从丨，但並未解釋丨是什麼。金璋根據《說文》的解釋，認爲成是从戊丁聲的形聲字。並指出，戊是十干之一，本義不詳，但字形象斧鉞之形。爲何用武器之形作爲完成、成功之成的義符，則不可知。

按：此字形釋成可從，但所从之[字]形當爲戌，不是戊。但金璋指出[字]爲斧鉞之形則是對的。卜辭中還有[字]，从戌从丁，學者多釋爲成（《新編》810—812頁，《字編》919—910頁），認爲與从戌从口的[字]（咸）有別。蔡哲茂則認爲[字]、[字]都應釋爲咸。①

265. 我（[字][字][字]）。《書考》p.63。

從羅振玉釋我。金璋指出甲骨文我字象側插在矛桿上的三叉戟之形，用爲人稱代詞我乃是同音假借。他一一分析了許慎、段玉裁、王筠、戴侗、鄭樵對我字的解釋，認爲他們都未能闡明我的造字本義。

按：此字釋我可從，金璋指出代詞"我"乃是假借，是正確的。

266. 物（[字][字][字]）。

金璋引用王國維《釋物》篇的解釋，把[字]、[字]、[字]等形釋爲物，[字]即物字，[字]、[字]乃省體勿。物的本義是雜色牛，後引申爲雜色。金璋對此十分贊同，並全文翻譯了王氏的考釋。他還指出甲骨文中有用作否定詞的[字]，也應釋爲勿。但此字象四足動物的頸、背、尾和後腿，用作否定詞應是同音假借。

按：金璋從王國維把[字]、[字]、[字]釋爲勿、物，指出卜辭中勿牛即雜色牛，致確。他指出甲骨文中用作否定詞的[字]也可釋爲勿，也很正確。但他指出[字]象四足動物的頸、背、尾和後腿，則有些望文生義。（《詁林》2457—

---

① 蔡哲茂：《論殷卜辭中的"[字]"字爲成湯之"成"——兼論"[字]""[字]"爲咸字説》，收入《蔡哲茂學術文集》第5册，（臺北）花木蘭文化事業有限公司，第377—402頁。又氏著：《殷卜辭"咸"爲成湯補論》，《蔡哲茂學術文集》第5册，第377—402、403—408頁。

2471 頁）。

267. 分(〔字形〕)。《書考》p.65。

羅振玉釋分，無說。金璋從羅氏釋分，並對形義進行了分析。從刀在二撇之間，表示切割、分離之意。兩撇即八，是"捌"的本字，表示分開、分別、分離。

按：此字釋分可從，金璋的釋字可備一說。

268. 刜(〔字形〕)。《書考》p.61。

從羅振玉釋刜，指出此爲從刂弗聲的形聲字。

按：此字釋刜可從。

269. 召(〔字形〕)。《書考》p.11。

從羅振玉釋召。召，古代常用作地名，即後世之邵，在今陝西省。召在甲骨文中也是地名。金璋引述了吳大澂《韶字說》的解釋。吳大澂認爲召、紹、韶、招、佋、昭古爲一字。〔字形〕是最古而文最繁者。"上作叉手形，下作竦手形，與受字同意。受從一手，此從兩手。受從舟，爲承尊之器，此從〔字形〕，當亦盛酒之器。古者主賓相見，有紹介相佑助，尊俎之間，有授受之禮，故紹字從召從〔字形〕從〔字形〕，此紹之本義也。引申爲紹繼爲紹承，義亦相近。"金璋指出，有兩個問題吳氏沒有解釋：（1）此字所從之召，是聲符還是義符？（3）酉下的〔字形〕是什麼？金璋認爲〔字形〕可能是溫酒所用的陶製或金屬器皿。

按：此字釋召可從。此條金璋所列均爲金文字形，甲骨字形空缺，但他指出卜辭中召爲地名，顯然是參考了羅振玉的意見。羅氏在《書考》第11頁地名"召"下就列出金文字形〔字形〕，甲骨字形〔字形〕、〔字形〕、〔字形〕等，但羅氏沒有列〔字形〕這種字形。但金璋顯然認爲這兩種字形是同一個字。

270. 辟(〔字形〕)。《書考》p.52。

從羅振玉釋辟，但與羅氏的解釋不同。羅氏認爲辟從辛從人，人有辛則加以法也。金璋指出，〔字形〕並不是簡單的人形，而是跽跪的人形。辛指什麼，羅氏也沒有解釋。金璋認爲辛的字形〔字形〕，下長而彎曲，正象鞭子之形。辛的本義就是鞭子。辟從卩從辛，字象跽跪的人在遭受鞭子的抽打。辟是對人的一種懲罰，故可訓爲法。

按：此字釋辟可從，金璋對字形字義的解釋可備一說。

271. 矦(〔字形〕)。《書考》p.46。

從羅振玉釋"矦"，即現代的"侯"。厂象方形或橢圓形的箭靶，〔字形〕爲矢形。侯有兩個義項,一是箭靶,一是侯爵。金璋指出,侯在甲骨文中是第二個義項,侯爵。

按:此字釋侯可從。

272. 效(̇ ̇)《書考》p.55。

從羅振玉釋"效",疑爲形聲字。

按:此字釋效可從。

273. 射(̇ ̇)《書考》p.45。

從羅振玉釋"射",並全文引用羅的考釋,分析了從 ̇ 到躬(̇)、射(̇)的字形演變過程:弓(̇)訛變成身(̇), ̇ (矢)即矢,或又訛變成寸。金璋還提到"無射"與"無斁",射、斁,讀 i,或爲同音假借。

按:此字釋射可從。

274. 皿(̇)《書考》p.43。

羅振玉把 ̇ 、 ̇ 、 ̇ 等釋爲"皿"。金璋認爲 ̇ 可釋皿,但 ̇ 、 ̇ 不是皿字。他對字形進行了分析:有柄、足的碗或盤之象形。其異體字很多,有些字形上有圓形把手,但多訛變成下垂的橫綫。

按:查之羅氏原文, ̇ 出自前5.3.6, ̇ 出自前8.6.1,均應釋爲"肩"。金璋指出 ̇ 、 ̇ 不是皿字,是很正確的。

275. 血(̇ ̇ ̇ ̇)。《書考》p.37。(應釋爲盟)

從羅振玉說,把上述字形釋爲"血"。血,從皿從 ̇ ,象祭器中有血形,表示"祭所薦牲血也"。羅氏曰:"血在皿中,側視之則爲一,俯視之則成 ̇ 矣。"金璋認爲這種區分太過精細,也不十分符合客觀實際。金璋還指出,羅氏在《書考》102頁指出,甲骨文中有"血室"一詞,或爲廟室。"血毛詔于室",可能就是血室的名稱由來。

按:上述字形,羅振玉、王襄、吳其昌、胡厚宣等釋血,郭沫若改釋爲 ̇ ,于省吾從之,並指出 ̇ 通盟,李孝定、饒宗頤等均詳論之。《詁林》按語釋爲"盟",認爲《周公𣪘》盟字作 ̇ 可證。其省體則作 ̇ 。甲骨文盟與血形近。盟字從 ̇ 或 ̇ ,血字從 ̇ ,從不相混。"(《詁林》2635—2638頁)但《新編》仍釋爲"血"(315頁)。

276. 浴(̇)。《書考》p.60。(應釋爲溫)

金璋從羅振玉說,釋浴,並引用了羅的考釋,指出該字上爲人形,周圍有小水點,下爲皿形,是注水於盤而人在其中浴之象。

按：羅、金皆誤，此字當從陳邦懷釋爲溫。卜辭中有 ▨、▨、▨、▨ 諸形，其从人或正或倒，或增止形，或增日形，均應釋爲溫。在卜辭中，有時表示熱疾，有時表示氣候之高溫炎熱。（《詁林》2640—2643 頁）

277. 甹（▨）。《書考》p.63。

羅振玉釋甹，金璋從之，並轉述了羅的考釋。羅認爲"甹、寍字誼同，當爲一字"，由此金璋認爲甹當讀 ning，不當讀 ting。金璋認爲 ▨ 象皿在桌或臺上之形，但爲何用這個字形表示安寧義，則不可知。

按：此字釋甹（寧）可從。

278. 寍（▨）。《書考》p.63。

羅振玉釋寍，金璋從之。寍，即寧。金璋指出，古文字字形 ▨ 比篆文字形 ▨ 更加簡省，从宀，住所的象形，从甹。甹、寍，或爲寧省心，加心則表示内心的安寧。

按：▨、▨ 都是寧的異體字。金璋認爲 ▨ 象皿在桌或臺上之形，或可從。皿在桌臺上，是爲静也，息也，與寧的字義相關。从宀，或因人在屋内才感到安寧、寧静、安定。而从心，則表示寧是人的一種心理感覺。卜辭中多見"夕寧""寧風""寧雨""寧疾""寧▨""▨亡狀寧""兹夕亡狀寧"等語（參看《詁林》2662 頁）。

279. 盥（▨）。《書考》p.60。

從羅振玉釋盥，並引述了羅氏的考釋。字象手在皿上就水以洗之形，段玉裁曰："古人每旦必洒手，而洒面則不必旦旦爲之也。"

按：此字今釋"采"（探），參看《字編》1023 頁、《新編》456 頁。卜辭中還有 ▨、▨ 等異體字，省皿座之形。

280. 奠（▨）。《書考》p.64。

從羅振玉釋奠。金璋指出奠象尊置於臺上之形，臺等平面通常用一横表示，有時也加兩腿。"奠"在卜辭中是地名，或爲"鄭"的初文。

按：此字釋奠可從，金璋對形義的解釋可備一説。

281. 斝（▨）。《書考》p.41。

從羅振玉釋斝。金璋非常贊賞羅氏的考釋以及羅氏所引王國維的論證，因此對之進行了全文翻譯。羅氏和王氏均認爲文獻中的器物散實際就是斝，散、斝本爲一物。金璋還指出，高田忠周在《古籀篇》裏釋爲斝的古文字字形（▨），羅振玉釋爲爵。他認同羅氏的説法。斝和爵的主要區別是，犀無流，爵有流。

按：此字不當釋犀，羅、金皆誤。卜辭中有 ◯、◯ 等形，可釋爲犀（《新編》782頁），《屯南》釋文指出"象器有三足、立柱、鋬，無流，正是犀的象形"（《詁林》2748—2749頁）。◯ 象手持器物之形，所持或爲犀，可隸定爲㪍（《新編》204頁），不應釋爲犀。但羅、金指出犀無流、爵有流，則是合理的。

282. 登（◯ ◯）。《書考》p.43、p.59。

金璋列出 ◯ 和 ◯ 這兩種甲骨字形，釋爲登。登有兩義：（1）把某物放在另一物上；（2）登上，升高。第一種字形 ◯，象雙手把器蓋或食物放在豆上之形，即後世"鐙"字所表達之義。《玉篇》：鐙，祭食也。但在卜辭中却有另一種用法，卜辭常見"登人"之語，如"登人三千"，可能是指向某次軍事行動提供 3000 士兵。第二種字形 ◯，上從 ◯，象兩脚齊並向外，是義符；下從 ◯，象手執豆形，或即後世之豋。金璋還指出，甲骨文中有 ◯、◯、◯ 等形，羅振玉釋爲薦，在卜辭中用爲烝祀之烝。

按：◯ 和 ◯ 這兩種字形釋登可從。◯、◯、◯ 等形也當釋爲登。

283. 喜（◯）。《書考》p.64。

從羅振玉釋喜。金璋指出這是一個會意字，從壴從口，壴是懸掛的鼓形，口是表示發聲的義符，整個字形通過聲樂或器樂以表達喜樂之情。

按：此字釋喜可從。

284. 网（◯）。《書考》p.49。

從羅振玉釋网。象網張在兩根柱子之間，後世寫作網。多在合成字體中出現。

按：此字釋喜可從。

285. 同（◯）。《書考》p.53。

羅振玉釋同，無説。金璋認爲同可能是"筒"的初文，其最初字形可能是 ◯，逐漸變成 ◯，進而成了 ◯。散氏盤的"◯"字，阮元、吴大澂、劉心源都釋爲"同"，金璋對此表示懷疑，他認爲這個字形上部從瓦，不應釋爲同。

按：散氏盤的"◯"確爲同字。同的字形從商周到春秋戰國並無明顯變化，比如 ◯（商代）、◯（周中）、◯（周晚）、◯（春秋）、◯（戰國）、◯（戰國）等，參看《古文字類編》第 229 頁。

286. 亞（◯ ◯）。《書考》p.64。

從羅振玉釋亞，並引用了羅氏的考釋。羅氏認爲亞有相次之義，但並未指出亞的造字本義。金璋指出,銅器中有很多亞形銘文。一些學者認爲亞是祖廟的象形,但也有不同意見。《紹興内府古器評》曰:"凡器之有亞者,皆爲廟器,蓋亞所象廟器耳。"即認爲亞是廟堂所用祭器之象形。也有學者認爲亞是屋宇之形,《西清古鑒》有⌂字,釋爲室。金璋則認爲亞可能是祭器之形,⌂表示屋里有祭器,是會意字。他指出《殷虛書契》卷5有字,即壺。壺的篆文作壺,從亞,《説文》又有𠀤字,象器形,可知亞即祭器之形。現代的亞字是從有口、有足、鼓腹的器形演變來的,其初形可能是。

按:此字釋亞可從,但金璋認爲亞是祭器之形,則不可據。亞字應與建築有關。金璋所引壺字,見於《前》5.5.5(《合集》18560),也與亞形無關。

287. 朿( )。

金璋把上述字形釋爲朿,認爲這。可能是木、莖兩側各有兩根刺的表意組合。篆文作 。但他同時指出,木的形象並不確定,也可能是相近的其他象形元素。象徵刺的元素没有篆文字形那麽自然。

按:此字不當釋爲朿。于省吾釋朿,即甲文 (參看下文第294"𠂤"字條)之所從(《詁林》2929—2930頁)。朿在卜辭中作 、 、 、 等形。

288. 仲(中)。《書考》p.64。

從羅振玉説釋仲,並引用了羅的考釋。此字可能是表示中間、中正之"中"的區别性簡寫字體,後加亻旁進行區别。

按:此字釋仲可從。卜辭中中、仲有别。羅振玉《書考》第24頁"中",其字形作 、 、 等。《書考》第64頁"仲",其字形作 、 等,即爲金璋此條所引。

289. 史( )。《書考》p.28。

從羅振玉釋史,並引述了羅氏的考釋。字形象手執某種書寫工具。關於手所執的東西具體是什麽,各家解釋不一。吳大澂認爲是簡册。羅氏引江永説,認爲是獄訟之簿書。戴侗認爲是刻刀,史即"秉聿以俟"。金璋贊同戴侗的"秉聿以俟",但認爲手執的是毛筆,不是刻刀。

按:此説可從。

290. 曹( )。《書考》p.54。

從羅振玉釋曹。《説文》:"曹,獄之兩曹也。在廷東。从棘,治事者;

從曰。"段玉裁注曰："兩曹,今俗所謂原告、被告也。曹猶類也。……兩曹在廷東,故從二東之棘。"金璋認爲這或許是對曹的合理解釋,但所從之口,不是表示判決,而是表示原告和被告雙方的陳詞。

按：此字見於《前》2.5.5,釋曹可從,用爲地名,其字形本義不詳。徐中舒認爲以二橐相重,會曹偶之意(《綜覽》186 頁引)。林小安認爲 ▓ 是槽的初文。上面是囊袋之形,下面是木槽或石槽之形。整个字形象用囊袋裝草料往木槽或石槽裏傾倒。

291. 輿(▓)。《書考》p.47。

羅振玉把《前》5.5 的 ▓ 字釋爲輿。金璋從之,但解釋與羅不同。羅認爲 ▓ 象衆手造車之形,金璋認爲 ▓ 象衆手抬輿之形。

按：羅、金皆誤。查之原片,此字見於《前》5.5.6(《合集》6667 右上角的一小塊),應爲 ▓,羅氏摹寫不準確,金璋亦從其誤。此字從東,不從車,應隸定爲 ▓。此字還見於《合集》5504,是人名。

292. 帚(▓ ▓ ▓ ▓)。《書考》p.48。

從羅振玉釋帚,並引述了羅氏的考釋。帚即掃帚的象形,上部是帚芯,都偏向一個方向,下部是手握的木把。金璋指出,羅氏認爲帚在卜辭中都假借爲歸,但卜辭中有歸字。

按：金璋指出卜辭中有歸字,這是可取的。卜辭中確有歸字,作 ▓。不過,卜辭中也有帚字用爲歸者,當釋爲省形,如《合》32897,舊曾誤釋爲"望乘婦",其中帚字實當爲"歸"之省形。卜辭中也有從女的婦,作 ▓。此外, ▓ 一般不釋爲帚,參看《字編》696 頁、《新編》1021 頁。

293. 𠂤(▓)。《書考》p.29。

從羅振玉釋 𠂤。《説文》："小阜也。象形。"讀爲 dui。但官、師、帥都從 𠂤,𠂤 若讀 dui,訓爲小阜,那麼對這些字來説,它既不是音符,也不是義符。由此,金璋懷疑,𠂤 和 𠂤 最初可能是兩個不同的字,最後混爲一個字。在官、師、帥中,𠂤 可能是某種官府權威的象徵或標識,具體是何物則不可知。

按：此説可從。

294. 㳄(▓ ▓ ▓)。《書考》p.23。

從羅振玉釋 㳄,並引述了羅的考釋。㳄,師所止也,後世假次字爲之。《説文》和《康熙》都無此字。卜辭中有"在齊㳄"。

按：此字現隸定爲 㳄,但字義仍從羅説(《詁林》3046—3047 頁,《新編》786頁,《字編》1180—1181頁)。

295. 官(▣)。《書考》p.29。

　　從羅振玉釋官,並引述了羅氏的考釋。羅氏認爲▣是師的古字。但戴侗《六書故》里有▣字,認爲▣即環也,是官的聲符,自是從▣訛變來的。金璋比較贊同戴侗的解釋。

　　按:此字釋官可從。

296. 旅(▣)。《書考》p.29。

　　從羅振玉釋旅,並引用了羅的考釋。又從《筠清館金文》(卷1頁2)轉引龔自珍的説法:"古器,凡言旅者皆祭器。凡言從者乃出行之器,如從鉼、從鐘、從彝是也。祭器不踰境,踰境者用器耳。"旅字象兩人站在旗下之形,象徵對軍隊發出的號令。▣在卜辭中也是一個獨體字,象旗杆上飄着旗幟之形。

　　按:此字釋旅可從。

297. 獸(▣ ▣ ▣)。《書考》p.61。

　　從羅振玉釋獸,並引述了羅氏的考釋。羅氏認爲單是戰之省,古者以田狩習戰陳,故從戰省。金璋對此有所保留。他指出,王國維在《戩壽堂殷虚文字考釋》"西"字條下提到▣、▣等形,認爲這是"以畢掩取之(即鳥)"。可見,王國維認爲丫乃畢之象形。金璋比較贊同王氏的説法。他認爲獸的甲骨字形乃是从畢从犬,單是畢之訛變。

　　按:此字釋獸可從。

298. 夢(▣ ▣ ▣ ▣)。

　　金璋指出,這個字最早是丁山在《釋▣》(1930,《史語所集刊》第1本第2分)一文中考釋出來的,並被董作賓所接受(《大龜四版考釋》,1931),朱芳圃《甲骨學·文字編》(1933,第7卷第12頁)收錄了丁山的考釋內容,並列出了8個甲骨字形。金璋翻譯了丁氏的考釋,並指出夢的甲骨字形不僅刻畫了人躺在床上睡覺的情形,還強調了伸出的胳膊和手,以及頭部突出的兩個彎鉤。金璋認爲這可能是突出了人在噩夢中頭髮豎立、手臂亂舞的形象。最後,金璋又指出郭沫若《粹編》778有異體字作▣。

　　按:上述字形,早期甲骨學者,如孫詒讓、葉玉森等釋"瘳",王襄釋"瘕",孫海波釋"癱",董作賓釋"疒",丁山首次將其釋爲"夢",被董作賓、郭沫若所接受(參看《詁林》3105—3107頁)。金璋對孫詒讓、葉玉森、王襄、董作賓等人的著作是十分熟悉的,但他並未采納他們的意見,而是贊同丁山的考釋,還梳理了該字的釋讀歷史,這都能彰顯出他具有深厚的學術功底。丁山的考釋已被學界普遍接受,蔣玉斌在《提要》第008"丁山《釋🖾》《釋🖾》"一文中指出:"丁山《釋🖾》一文釋出'寢'(夢)'字,是巧妙運用已知信息考釋未識字的成功案例。"①金璋把丁山的正確考釋介紹給西方漢學界,無疑可以促進西方學者對甲骨卜辭的深入理解。

299. 冓(🖾)。《書考》p.59。

此字羅振玉釋遘,金璋釋冓。金璋指出,冓現在不作單字使用,但在傳世文獻中出現過,比如"中冓"。《說文》:"冓,交積材也。"冓在甲骨文中是動詞,有相交、相遇義。顯然,冓是構、媾、覯等字的義符,表示相交相遇義。金璋引王筠之說,"此字乃五架之形,但未作棟耳"。(下缺)

按:這篇文章不完整。金璋指出冓是構、媾、覯等字的義符,表示相交相遇義。此說可從。

300. 旁(🖾)。《書考》p.66。

從羅振玉釋旁。可能是形聲字,方聲,冖為義符。但冖不知何意。

按:此字釋旁可從。

301. 朕(🖾)。《書考》p.28。

從羅振玉釋朕,並引用了羅氏的考釋:"朕當以訓兆為初誼,故象兩手奉火形,而從舟。火所以作龜致兆,舟所以承龜。訓我者,殆後起之誼矣。"但金璋比較贊同段玉裁的說法,認為朕的本義是舟縫,用作第一人稱,乃是同音假借。

按:朕的字形本義不明,舟縫說可備參考。

302. 車(🖾 🖾 🖾 🖾)。《書考》p.47。

羅振玉把甲骨文中的🖾、🖾、🖾、🖾等形釋為車,金璋從之,並引述了羅氏的考釋。金璋還列出了🖾、🖾、🖾等金文字形,都是車的象形。《說文》:"轉,籀文車,从兩車、兩戈。"王筠、羅振玉、高田忠周都認為🖾是由車的橫軛🖾訛變而來。金璋指出,戔不只是🖾的訛變,還是轉的聲符。

按:甲骨文中還有"輦"字,作🖾。金文"輦"作🖾,參看《古文字類編》第1207頁。

---

① 劉釗主編:《傳承中華基因:甲骨文發現一百二十年來甲骨學論文精選及提要》,商務印書館,2021年,《提要》第008"丁山《釋🖾》《釋🖾》"(蔣玉斌),第2489頁。

303. 絲（𢆶）。《書考》p.66。

金璋指出，此字羅振玉釋兹，並曰："《説文解字》：兹，微也，从二幺。古金文用爲訓此之兹，與卜辭同。"但羅氏並未説它是兹的初文。金璋認爲𢆶是兩股生絲的象形，應是絲的初文，在甲骨文中假借爲兹。

按：金璋把𢆶釋爲絲，指出它在甲文中假借爲兹，這是非常正確的。楊樹達在《積微居金文説》裏也有相同的説法（參看《詁林》第 3195 頁）。

304. 弔／叔（𠂂）。容庚《金文編》卷八"弔"。

金璋全文翻譯了容庚《金文編》卷八"弔"字條下的釋文。

按：容庚所列金文字形作𠂂，與甲文字形同。《玉篇》："弔生曰唁，弔死曰弔。"弔即今之吊。甲骨文中還有弟字，作𢎨、𢎺等形。

305. 斅（𦥯）。《書考》p.55。

羅振玉釋斅，無説。金璋從羅釋，並認爲這可能是形聲字，上部从手執乂形是聲符，下部从冂（宀）是義符。斅，義爲教學之所，相當於現代的學。卜辭中有人名"學戍"，具體是誰不可知。

按：此字釋斅（學）可從。

306. 教（𢻰）。《書考》p.55。

金璋從羅振玉釋教，並對字形進行分析。他認爲教从攴、从爻，可能是形聲字，攴是義符，有控制、管理之義，爻是聲符。或又增𣎻（子）形，是教的對象。他還舉出散氏盤"教"寫作𢼿，从攴从爻。

按：上述字形釋"教"可從。金璋所舉散氏盤的𢼿字，卜辭中也有這個字形，寫作𢼿，郭沫若釋爲教。《詁林》指出𢼿在卜辭中是地名，𢻰在卜辭中是貞人名，二者用法有別，當區分爲二字（《詁林》3263—3264 頁）。實際上，二者並無區別。《字編》（360 頁）和《新編》（204 頁）把𢻰、𢼿、𢻰這三類字形均釋爲"教"。

307. 王（大、天、王）。《書考》p.28。

從羅振玉釋王，並引述了羅氏的考釋。羅氏認爲王"象地中有火"之形，金璋則認爲此字更象地下火山之形。用作統治者之王，乃是假借字。

按：羅、金對王的字形解釋都不可取，王象斧形，當從吴其昌和林澐之説（參看《詁林》第 3270—3278 頁）。

308. 㞢（𡳿）。

金璋引用《説文》對"㞢"的解釋：𡳿，艸葉也。从垂穗，上貫一，下有根。象形。他指出,在没有更多證據之前,《說文》的解釋可備一說。

按:金璋在本詞條没有列古文字形。實際上,甲骨文有毛字,作 𠂉、𠂆 等形,是祭祀用語。于省吾指出"卜辭中的毛、舌、袺都讀爲磔,是就祭祀肢解牲體言之"(《詁林》3307—3308 頁)。

309. 祖(🗒)。《書考》p.25。

從羅振玉釋祖,但又指出,此字形應隸定爲且,讀 ju。《説文》:"且,薦也。从几,足有二横,一其下地也。"由此可知,且本爲俎之象形,同音假借爲且先之且。且又增肉形,分化出俎字,表示其本義。从示从且的祖乃是後起的形聲字。

按:金璋對且、俎、祖的分析是可取的。且象切肉、盛肉用的几案之形,是俎之本字,在卜辭中假借爲祖先之祖。卜辭中宜寫作🗒,象兩塊肉在俎上之形。西周金文俎作 🗒、🗒、🗒 等形(《古文字類編》829 頁)。據此可以證明🗒爲俎之本字。

310. 谷(🗒)。《書考》p.21。

金璋從羅振玉釋谷,並引用《説文》的解釋:"泉出通川爲谷。从水半見,出於口。"認爲此説或可據。他指出,谷的字形幾千年來並無多大變化,甚是驚奇。

按:此字釋谷可從。李孝定認爲此字从八口會意,兩山分處是爲谷矣,口則象谷口也(《詁林》3360 頁)。

311. 彤(彡彡)。《書考》p.26。

從羅振玉釋彤,並引述了羅氏的考釋。金璋又指出,王襄在《類纂》40 頁采用羅説,把彡、彡等釋爲彤,指出卜辭中的彡日或作彡彡諸形,正象相續不絶,殆爲彤日之本字;而在《類纂》25 頁又把彡、彡釋爲彤弓之彤,進而把卜辭中的"彡令"釋爲"彤衣",認爲這是"丹飾之衣,亦商代服飾之僅存者。"金璋對這兩種解釋都不信服。最後,他又提到《井侯尊》中的 🗒 字,認爲此字即从酉从彡(彤)。

按:此字釋彤可從,彤在卜辭中是祭名。王襄把"彡令"釋爲"彤衣",並解釋爲商代的丹飾之衣,是不正確的。"彡令"應釋爲"彡(彤)衣(卒)",在卜辭中是祭祀用語。金璋所説《井侯尊》即《麥方尊》(《殷周金文集成》6015)。他把 🗒 隸定爲酧,是可取的。

312. 小(丨丨、丨丨丨)《書考》p.65。

羅振玉把丨丨釋爲小,把丨丨丨釋爲少。金璋把這兩種字形都釋爲小,認爲"小"象細小的微粒，如沙子、土粒等形。

　　按：上述兩種字形均應釋爲"小"，金璋的意見是可取的。姚孝遂認爲"少"由"小"分化而來，多加的一點乃是區別符號。卜辭中少、小用法有別，但也有混用現象，説明二者仍然處於分化過程中(《詁林》第3394—3396頁)。《字編》把兩種字形均釋爲"小"，但分列爲兩類字形(《字編》第1319—1320頁)。《新編》則把 ⼩ 釋爲小，把 ⺌ 釋爲少，並列出其組類，⼩ 形見於子組、賓組、歷組、出組、無名組、黄組，⺌ 見於𠂤組、歷組和𠂤歷間組(《新編》第37—38頁)。實際上，⼩、⺌ 二形在卜辭中用法並無區別。《合集》22073 有"小牢"，《合集》5595 有"小臣"，"小"均寫作 ⺌，少和小在甲骨文中尚未完全分化，都應釋爲小。

313. 才（↓ ↑）。《書考》p.66。

　　從羅振玉釋才。金璋指出，《説文》："才，艸木之初也。"而"才"在卜辭中都讀爲"在"，與《説文》的解釋相左。盂鼎中"才"（在）除了寫作 ↓，還寫作 𡉈 和 𡉈，後兩個字形與現代字形"在"幾乎相同。

　　按：金璋指出甲骨文中"才"都讀爲"在"，這是非常正確的。他所列"在"的兩個金文 𡉈 和 𡉈，是从土才聲的形聲字。甲骨文中"才"讀爲"在"，乃是同音假借。《字源》"才"字條列出了從 ↓ 到"才"的字形演變過程，"在"字條列出了從 ↓ 到 𡉈 到"在"的字形演變過程。① 可參看。

314. 亡（𠃑 𠃌）。《書考》p.65。

　　從羅振玉釋亡，並指出其字義不詳，其字形與乍的初文 𠃌 容易弄混。

　　按：此説可從。亡在卜辭中用作否定詞，字形本義不詳。

315. 用（𤰞）。《書考》p.65。

　　從羅振玉釋用。金璋認爲此字可能是甬鐘的象形，是鋪（或鏞）的象形初字，同音假借爲使用的用。

　　按：于省吾認爲"用"字本象桶形（《詁林》第3402—3406頁）。

316. 卜（ 卜 𠂉 ）。《書考》p.27。

　　從羅振玉釋卜。金璋指出，《説文》對卜有兩種釋義：（1）象灸龜之形，（2）象龜兆之縱橫。在没有實物例證之前，這兩種説法都無法得到檢驗。而商代甲骨文的出現，給人們提供了目驗的機會。羅振玉、王國維、

---

① 李學勤主編：《字源》，天津古籍出版社，2012年，第546頁"才"字條（冀小軍），第1185頁"在"字條（林志强）。

王襄等學者根據商代甲骨的實際情況,都認爲卜字象龜兆縱横之形,而西人湛約翰早在商代甲骨出現之前就選擇了第二種解釋。

按:通過金璋的論述,我們瞭解了到湛約翰的先見之明。

317. 占(占)。《書考》p.28。

羅振玉舉出兩例此甲骨字形,分別見於《前》4.25 和《前》8.14,釋爲占。金璋從之,並引述了羅氏的考釋。但他認爲此字義並不清楚,因爲 凵 在甲骨字中不一定就是口。羅氏認爲占、卟疑爲一字,金璋也表示很不理解。羅氏還指出卜辭中屢見之 囧,不知是否與占同字。

按:羅氏所説的 囧,可釋爲占(《新編》207—208 頁)。相反,他釋爲占的 占,現在有不同解釋。查之原片,此兩例分別見於《前》4.25.1(《合集》3815)和《前》8.14.2(《合集》20333)。孫亞冰有專文討論,認爲甲骨文中很可能並不存在一個從"卜"從"口"的"占",這些所謂的"占"其實都應釋爲"司"。①

318. 于(于 于)。《書考》p.67。

金璋從羅振玉釋于。並指出,于,現在用作介詞,但在古文獻中是動詞,(1)到達,(2)説。字形含義不可知。

按:卜辭中"于"已用作介詞。

319. 弗(弗)。《書考》p.66。

羅振玉釋弗,無説。金璋對字形進行了分析:兩股方向相反的繩子,在細繩的捆扎下被迫束在一起。弗所從之 己,與 弟(弟)所從的 己 一樣,不是弓形,而是纏繞的繩子。弗用作否定詞,或許與兩股繩子的對抗或相反有關。

按:此字釋弗,可從。金璋對字形本義的解釋可備一説。

320. 智(智)。《書考》p.63。

羅振玉引《前》5.17 字形 智,釋爲智。金璋從之。智即《説文》"䎞"字。䎞,篆文作䉪,古文作䉪。《康熙字典》曰:同暂。或作智。

按:查之原片,該字形出自《前》5.17.3(《合集》38289)。智 下面還有 丗 形,實爲一字之上下兩部分,但因有一定間距,羅氏誤分爲二字,金璋亦從其誤。正確摹寫應爲 智,從 智 從 丗,可釋爲"智"。其異體字形還有 智、智、智、智 等形。《新編》把上述字形均釋爲智(232 頁)。《字編》

---

① 孫亞冰:《甲骨文中所謂的"占"字當釋爲"司"》,《考古》2019 年第 9 期。

則比較謹慎,把有口形的 ▨、▨、▨ 釋爲智,把無口形的 ▨ 隸定爲蕛,把既無口形也無大形的 ▨、▨ 隸定爲册(79 頁、1177—1178 頁)。

321. 熊(▨)。《書考》p.7。

金璋列出此甲骨字形,見於《書考》第 7 頁和王襄《類纂》第 47 頁,以及金 109 上的一個字形▨。此字王襄釋熊,金璋暫且從之,但同時指出此字形和熊這種動物似乎並不吻合。此字上部象動物的頭、頸、軀和前後腿之形。從前後腿的形狀來看,似乎是某種鹿科動物,不是熊。下部,即腹部下面的符號,可能是肉形,也可能是泉字。上部字形與《説文》的"㲋"字相同。《説文》:"㲋,獸也,似兔青色而大。象形。頭與兔同,足與鹿同。"據此,金璋認爲這可能是跳鼠(現在也叫跳兔)一類的動物,但字形上又沒有表現出跳鼠長尾的特徵,因此把它解釋成跳鼠也不妥當。

按:金 109 是僞刻,字形不可據。《書考》第 7 頁所列▨字見於《書契後編》,查之原片,即《後上》9.4(《合集》38718)中的▨,羅氏無釋字,王襄釋熊。金璋顯然對此釋讀有所質疑。他指出此字上部與㲋相同,下部似爲肉形或泉字。金璋的質疑和對字形的分析是值得肯定的。該字確是從㲋從泉,可隸定爲㲋,不是熊。㲋在卜辭中用作地名、人名,也是祭祀對象,比如:《合集》7239 反"㲋入三十",《合集》41495"㞢子㲋",《合集》38718"王覯㲋"。

甲骨文中是否有熊字,學者意見不一。《詁林》把《合集》19703 中的殘字"▨"釋爲熊(第 1837 頁)。劉桓把"▨"字下面的▨釋爲能,認爲此字即熊的象形字,象熊身體碩大、正立行走之形;把▨釋爲羆,本義或爲以網捕熊,轉指爲羆。①《新編》列出三個字形▨、▨、▨,均釋爲能(585 頁),《字編》則把這些字形釋爲㲋(588—590 頁)。

第二節　金璋考釋甲骨文字的成果總結

一、金璋考釋甲骨文字的理論與方法

以上章節共列出金璋的文字考釋詞條 321 個,其中正式發表的文字考釋詞條有 129 個,未發表的文字考釋詞條 192 個。除少數無甲骨字形

---

① 參看劉桓:《釋能羆》,氏著:《殷契存稿》,黑龍江教育出版社,1992 年,第 116—118 頁。

外,其餘均有甲骨字形,是其甲骨文字考釋的代表性成果。金璋在豐富的甲骨文字考釋實踐過程中,逐漸形成了自己一套的理論認識。遺憾的是,這些思想分散在各篇論文中,沒有集中闡述。筆者對其進行了概括,主要有以下幾個方面:

第一,字形譌變理論。金璋認爲中國文字起源於史前的圖畫文字,經過至少四千年的歷史發展,漢字的圖畫性已經高度模糊,圖畫文字逐漸演變成符號文字。這種變化,更確切地説這種演變,是由書寫的性質和需要所決定的。爲了加快書寫速度,並適應自上而下的書寫規範,漢字逐漸向綫條化和對稱化的方向發展。而書寫者或刻字者的筆誤或假借,也會造成一個漢字被完全無關的另一個漢字所代替。自然和人爲這兩方面的因素,都會有意或無意地歪曲漢字的本義。他把這種本義的歪曲稱之爲"意義的破壞"。在《中國古今文字考》一文中,他就通過對胡、伏、彝、草、蠻、矣、夷、甗等8個字字形譌變的分析,闡述了圖畫文字符號化的過程。

第二,考釋甲骨文字的目的。金璋在《象形文字研究(卷七)》明確提出,"本系列之研究目的有二。其一,在每一個考釋詞條下,都要公布一套完整的、真實可信的古文字字形,包括以前從未出現過的河南遺物即甲骨上的字形。其二,盡可能闡明造字者内心的想法,即指導他選擇用某個圖形符號來表達某個義項的想法。我不知道目的之二是否更有價值,但肯定更加有趣。它在文中用'造字本意'表示。"金璋考釋甲骨文字的目的非常明確,就是要備舉該字的甲骨、金文、簡牘、篆文等古文字字形,對它的字形結構和字形演變過程進行分析,盡可能闡明文字的造字本義及其字形演變過程。也即,他認爲文字考釋就是要追根溯源,重新揭示文字的造字本義,並闡明它在漢字發展史上的演變歷程。除此之外,金璋還致力於把新的形義解釋與傳統字書的解釋進行比較,進而突顯出甲骨文字在漢字發展史上的重要價值。至於甲骨文字在卜辭中的具體用法,金璋並沒有給與很多關注。

第三,選擇考釋文字的標準。金璋在《象形文字研究(卷一)》指出,"本文在選擇考釋文字時有隨意性,但有一個標準,即所釋文字都有肯定的、確切的結論。""本文所依據的羅振玉的書中還有許多其他文字,其中一些非常有趣,但現在還講不清楚。這些我沒有選擇,因爲我不想讓没有受過訓練的讀者陷入完全無知和茫然的境地,更不想把他們帶到一個需要平衡各種可能性的岔路口。"可以看出,金璋認爲他所考釋的甲骨文字都有明確的結論。實際上,他考釋的甲骨文字,多數是從《殷虚書契考釋》

中挑選的、他認爲比較確定的文字，在羅氏考釋的基礎上進行新的闡發。

　　金璋在甲骨文字考釋過程中，形成了一套行之有效的考釋方法。概括起來，主要有以下幾個方面：

　　一、**字形比較法**。金璋每考釋一個字，都利用甲骨、金文等出土文獻資料，以及《説文解字》《康熙字典》等傳統字書，盡可能列出其甲骨、金文和篆文字形，通過字形之比勘，識讀文字，對其字形和字義進行分析。比如，"明"字條，金璋通過字形的比較，指出"明"的兩種甲文字形 ☾日 和 ☽月，分別發展成後來的"朙"和"明"。"虎"字條和"豹"字條，羅振玉把卜辭中的虎、豹混爲一字，金璋通過字形的比較，指出"虎"字身上的斑紋是綫條狀的，"豹"字身上的斑紋是圓圈狀的，從而把這兩個字區別出來。"麂"字條，羅振玉把 ⿰、⿱、⿳ 都釋爲麂，金璋則通過字形的比較，把 ⿰、⿱ 和 ⿳ 區分爲兩個不同的字。"益"字條，羅振玉把 ⿱ 也釋爲益，金璋則通過字形比較指出此非益字。"卑""異""戴"三個字條通過對字形構件的分析，指出卑（⿱）象兩手向上舉筐篚之形，異（⿱）象人雙臂上舉、把籃舉至頭頂之形。戴（⿱）從異戈聲，異爲形符，指人的頭頂有所舉戴。"負"字條，金璋把 ⿱、⿱ 等形釋爲負，指出象人負束薪於背上之形。其釋字雖未必正確，但對字形的分析則是可取的。"洗"字條，雖然都從羅振玉把 ⿱ 和 ⿱ 釋爲洗，但亦强調了這兩種字形的區別。"冬"字條，通過字形分析認爲此爲懸掛的冰柱之形，應釋爲"冬"，引申爲"終"。此類例子比比皆是，足見字形比較法在金璋考釋甲骨文字過程中的重要性。

　　二、**音韻輔證法**。爲了使文字考證更具説服力，金璋在必要時也從音韻學的角度進行佐證。《象形文字研究（卷三）》指出，音韻學對很多讀者來説都十分晦澀難懂，他也希望能避開音韻學就把文字解釋清楚，但"客觀現實比人的意願更强大"。比如，"爵"字條，金璋對爵的字形進行分析，同時又指出爵、雀同音，《説文》所言"器象爵者，取其鳴節節足足也"之"爵"實應讀爲"雀"。"壹壹"詞條，通過音韻學的考證指出認爲壹、壹同意，壹壹是疊韻連語。"抑（印）"字條，不只是從字形上論證印、抑古實一字，還從音韻學角度試圖解釋印/抑兩字在讀音上的差異。"巳""已""目、以、厶、台"等字條，除了字形分析外，亦從語音學角度進行分析，論證其爲同源分化字形。"猷"字條，從音韻學的角度論證酋、酉古同韻或同聲。"不"字條，金璋指出"不"在幾乎所有早期銅器銘文中都讀爲"丕"，意爲大的、廣的，顯然"不""丕"在古代是同音字。"草、早、皂、阜"條，通過對字形和語音的分析，認爲草、早、皂、阜是同源分化字，都來源於櫟實的象形。此類例子亦很多,不一而足。

三、**跨文化研究法**。《象形文字研究(卷四)》指出:"考釋文字有時還須采用比較文化學的研究方法,西方學者在這一點上占有優勢。東方學者(日本學者除外)對西方的理論和成果瞭解很少,其考釋結論往往失之偏頗。而西方學者既對中國學術有相當瞭解,又對西方的理論和成果瞭若指掌,因此可以采用比較文化學的研究方法,把東西方學者的研究成果融會貫通起來。"采用比較文化學的研究方法進行文字考釋,不僅要充分利用甲骨、金文、簡牘等實物文字資料,以及《說文解字》《六書故》《康熙字典》《說文解字注》等傳統字書資料,還要充分吸收前代和同時代東西方學者的研究成果,並把二者融會貫通。金璋在甲骨文字考釋過程中,就充分吸收了吳大澂、孫詒讓、羅振玉、王國維、王襄、葉玉森、丁山、郭沫若、容庚、高田忠周等東方學者的研究成果,同時也較多地吸收了方法斂、葉慈、湛約翰、戴遂良、理雅各等西方學者的研究成果。

二、金璋考釋甲骨文字之成果及貢獻

金璋考釋甲骨文字的成果是豐富的,也有其鮮明的特點。總結起來,主要體現在以下幾個方面:

第一,金璋考釋甲骨文字的時間較早。

上文已經指出,從 1907 年開始,金璋就接觸到甲骨並開始了甲骨文字的釋讀工作。在金璋和方法斂的通信過程中,兩人不斷交流甲骨文字的釋讀意見,此時金璋就表現出了較高的釋讀水平。比如,他贊同方法斂列出的 ☒☒☒ = 史、☒☒☒ = 歸、☒☒☒ = 帝、☒☒ = 鼎、☒☒ = 降、☒☒ = 好、☒☒ = 衆、☒ = 豆、☒☒ = 安、☒☒☒ = 亘、☒ = 尊(遵)、☒☒ = 宫、☒ = 靈、☒☒ = 異、☒ = 室、☒ = 郭、☒☒ = 册、☒ = 网、☒ = 門等意見,又指出 ☒☒ = 異、☒☒☒ = 出、☒☒ = 宜、☒☒☒ = 牢、☒ = 甗等。這些甲骨文字大體上還是認對了的,只不過也混入了其他字形,比如帝、寮不分,出、各不分。但在甲骨文字釋讀的早期階段,這種把相似字形混而不分的現象是普遍存在的。比如羅振玉的《殷商貞卜文字考》(1910)就存在相似字形混而不分的現象,比如羊、☒、☒不分,豕、☒不分,龍、☒、☒不分,典、暦不分,等。[①]

---

① 蔡文静:《羅振玉的甲骨學研究》,西南大學 2009 年碩士學位論文(指導教師:喻遂生),第 25 頁。

金璋考釋甲骨文字最多的時期是 1917—1928 年間,發表了《象形文字研究》系列(1917—1928 年)和《中國古今文字考》(1925),一共考釋了 119 個字。此後僅發表了兩篇文字考釋的論文《中國古文字專題研究》(1937)和《中國古文字研究零拾》(1949),一共考釋了 10 個字。《象形文字研究》較多地引述了羅振玉《殷虛書契考釋》(1914)的內容。《中國古文字專題研究》較多地引述了朱芳圃《甲骨學文字編》(1933)的內容。金璋的未刊手稿一共考釋了 192 個字。雖然這批手稿的寫作時間不明確,但從大部分詞條都較多地引述《殷虛書契考釋》這種情況來看,其主體的寫作時間大致也應在 1917—1928 年間,也許就是《象形文字研究》系列未選用的部分。不過,手稿中亦存在引述郭沫若、丁山、容庚等研究成果的情況,因此也有一些考釋詞條的成文時間較晚。

第二,金璋考釋過的甲骨文字數量較多。

金璋在已發表論文中共考釋 129 個文字,其中壹壹(㊀㊀)、戴(㊀)、草(㊀)這 3 個字只列有篆文字形;㠯(㊀)、匹(㊀)、負(㊀㊀)、也(㊀)、眞(㊀)、胡(㊀)等 5 個字只列有金文字形;氏(㊀㊀)、氐(㊀)、蠻(㊀)、易(㊀㊀)等 4 個字所列甲骨字形均是僞刻,其餘字形采自金文,因此也將之列入只有金文字形之類。其他的考釋文字均列有甲骨字形,但"己"這個字出現了兩次,分別在第 59 條和第 90 條,其中第 59 條未列古文字形,第 90 條列有甲骨字形。因此,金璋在已發表論文中考釋的甲骨文字有 117 個。

金璋在未刊手稿中共考釋 192 個文字。其中,導(㊀)、乇(㊀)只列有篆文字形。比(㊀)、郭(㊀)、召(㊀㊀)這三個字條雖然只列有金文字形,但均涉及甲骨資料。"比"字條雖然未列甲骨字形,但金璋引用了羅氏《書考》對此字的考釋。"郭"字條雖然只列有金文字形,但該字條與"陣"字條密切相關,㊀與㊀所從之㊀字形相合。"召"字條雖然只列有金文字形,但金璋亦指出卜辭中召爲地名。由於這些詞條僅爲手稿,並未正式發表,詞條所列舉的古文字形不完備,並不能表示作者並未注意到這些材料。因此,我們仍將這三個詞條視爲甲骨文字考釋詞條。這樣算來,金璋在未刊手稿中考釋的甲骨文字有 190 個。

合計起來,金璋共考釋甲骨文字 307 個,可以說成果是非常豐富的。

金璋在已發表論文中考釋的 117 個甲骨文字分別是:天、日、月、明、弓、彈、爵、貍(埋)、沈(沉)、巍、矢、火、光、叜(叟)、昱(翌、翊)、離、角、死、若、聿、象、爲、虎、豹、即、既、鄉(饗)、麑、雨、霖、霝、雪、電、晨(晨)、伊、尹、晝、旲(戛、昄)、莫(暮)、睍、京、夙、祭、多、俎(宜)、祝、抑(印)、

邑、申、它(蛇)、馭、歲、鄙、行、圃、汜、巳、目(以、厶、台)、州、交、災、益、
執、上、下、尞(燎)、畀、異、中、龏(龔)、公、旬、文、獻、洗、訊、如、奚、孚
(俘)、及(服)、丞、箙、己、因、盡、燕、主、陵、狼、元、帝、不、謝、克、冬、黍、
舊、出、方、武、耒、玉、伏、彝、矣、夷、甗、四、東、良、去、至、夏、冊(貫)、河、
主、后。

金璋在未刊手稿中考釋的 190 個甲骨文字分別是：人、妣、尸、旨、从、
比、并、競、大、夫、立、竝、莫、疾、屰(逆)、旡、御、卿、沫、女、母、妾、敏、好、
臣、省、直、臭、吉、唐、合、言、之、逐、虘、左、右、澡、廾、攴、西、甾、乃、示、
祀、昔、霒、土、羑、山、阜、潢、濼、濩、木、甖、利、穌、季、牛、牢、牡、牝、牧、
羊、驊、羴、犬、狀、龙、豕、豚、豕、馬、兔、譬、塵、隹、獲、藿、霍、雉、集、雞、
鳥、鳴、魚、漁、魯、龍、龐、灂、龜、乎、濯、裘、崇、初、齊、今、余、叙、臯、郭、
陴、高、宀、向、宮、宗、寢、室、家、囷、宅、賓、嬪、寮、泉、龤、門、雇、睃、鬼、
卑、畢、司、延、衍、伐、戉、戔、戌、我、物、分、剌、召、辟、庆、效、射、皿、血、
浴、粤、盗、盥、奠、罕、登、喜、网、同、亞、束、仲、史、曹、興、帚、自、陳、官、
旅、獸、夢、莽、旁、朕、車、絲、帛、敹、敎、王、毛、祖、谷、肜、小、才、亡、用、
卜、占、于、弗、智、熊。

第三，金璋獨立釋出的甲骨文字數量不多。

在已發表的 117 個甲骨文字考釋詞條中，金璋獨立識別出來的甲骨
文字有 10 個。其中，識字正確的有 7 個，分別是：豹( )、目( )、元
( )、冬(終,)、夷( )、矣( )、河( )。識字錯誤的有 3 個，即：睍
(，應釋爲睸)、交(，應釋爲黄)、主(，應釋爲)。識字正確
率 70%。

在未刊手稿中的 190 個甲骨文字考釋詞條中，金璋獨立考釋出來的
甲骨文字有 8 個。分別是：尸( )、莫( )、直( )、攴( )、龐( )、卑
( )、朿( )、絲-兹( )。從字形上看，金璋的釋讀意見均可從。其在卜
辭中的具體用法，金璋亦有所分析。

第四，金璋大量引述其他學者的考釋意見。

在金璋的 321 個文字考釋詞條中，除了少數是自己獨立釋字之外，大
部分文字考釋都是建立在其他學者釋字的基礎之上，再對字形本義進行
分析。金璋在考釋過程中大量引述了其他學者的考釋成果。他采納羅振
玉考釋意見的字條多達 264 個。由於金璋采納羅氏意見的字條數量衆
多，此處不一一列舉，請參看本章第三節《金璋甲骨文字考釋簡表》標記爲
"從羅釋"的詞條。根據統計，金璋考釋過的甲骨文字中，有 86% 都引述了

羅振玉《殷虛書契考釋·文字第五》的内容,《殷虛書契考釋·文字第五》有多達54%的内容都被金璋引述過。

除此之外,金璋還引述過王襄、王國維、孫詒讓、郭沫若、葉玉森、丁山、容庚、吳式芬、吳大澂、王筠、高田忠周等學者的觀點。其中,采納王襄釋字的有9個,分別是執(䕖)、丮(䍃)、訊(䍃)、主(䍃 䍃 䍃)、狼(䍃 䍃)、伏(䍃)、良(䍃 䍃)、去(䍃 䍃)、鳥(䍃、䍃)。采納王國維釋字的6個,分別是旬(䍃)、后(䍃 䍃 䍃)、相/省(䍃/䍃 䍃)、土(䍃 䍃 䍃)、物(䍃 䍃)、罘(䍃)。采納孫詒讓釋字的有2個,分別是四(䍃)、毌/貫(䍃)。采納郭沫若釋字的有2個,分別是河(䍃)、祟(䍃)。采納葉玉森釋字的有1個,即夏(䍃 䍃)。采納丁山釋字的有1個,即夢(䍃 䍃 䍃)。采納容庚釋字的有1個,即弔(䍃)。采納吳式芬釋字的有2個,即未(䍃 䍃)、郭(䍃)。采納吳大澂釋字的有3個,即匹(䍃)、眞(䍃)、胡(䍃)。采納王筠説的有2個,即壹壹(䍃 䍃)、氏(䍃 䍃)。采納高田説的有3個,即也(䍃)、玉(䍃)、易(䍃 䍃 䍃)。采納《説文》釋字的有2個,即戴(䍃)、乇(䍃)。采納戴侗釋字的有1個,即導(䍃)。

第五,金璋的文字考釋重在闡明造字本義。

金璋考釋的文字大部分都是其他學者已經釋讀出來的文字,金璋重在通過對甲骨、金文、篆文等字形的比較,闡明其造字本意,揭示其字形演變過程。以金璋發表的文字考釋詞條爲例,這樣的例子比比皆是。比如,"明"字條,金璋指出"明"有兩種甲文字形䍃和䍃,前者發展成篆文字形"朙",後者發展成現代字形"明"。"叟"字條,金璋認爲䍃是"搜"的古字,同音假借爲"叟"。"死"字條,金璋補充了新字形䍃,並指出䍃是象形意味較濃的字形,而䍃是綫條化後的簡單字形,䍃在金文中也出現過。"多"字條,金璋指出此字象肉一片一片堆疊之形,以示很多和豐富之意。"鄙"字條,金璋認爲䍃表示敞開的糧倉或有天窗的糧倉。"囮"字條,金璋指出古文囮从口从䍃或从䍃,是合體象形字,後來演變爲从口有聲的形聲字。"執"字條,金璋認爲䍃爲某種刑具,䍃表示關押被抓捕的罪犯或戰俘。"丮"字條,金璋指出此字从䍃(甾),象兩手向上舉筐籃之形,義爲舉也。"異"字條,金璋認爲此字象人雙臂上舉、把籃舉至頭頂之形。"負"字條,金璋指出該字象人負束薪於背上之形。"訊"字條,金璋指出䍃即糸,表示繩索。中間是跪着的人形或女形,雙手反縛至身後。口爲義符,表示審訊。訊的本義就是對被俘的敵人加以審訊。"元"字條,金璋認爲元的是人的象形,突出了人頭的位置。"冬"字條,金璋認爲此字象懸掛的冰柱之形,表示"終"乃是引申義。"方"

字條,金璋認爲"方"是人肩扛戈的象形,可能是防禦之"防"的本字,同音假借爲方向之方。"良"字條,金璋把 ᗧ、ᖫ 諸形聯繫起來,釋爲良,認爲是河上橋樑之象形,用作善良之良乃是同音假借。闡明文字的造字本義,是金璋致力於甲骨文字考釋的一個重要目標。

  綜上所述,金璋較早就涉足了甲骨文字的考釋問題,並發表了大量的甲骨文字考釋論文,《象形文字研究》是其代表之作。金璋考釋過的甲骨文字數量衆多,多達 307 個。金璋獨立釋出的甲骨文字雖然不多,僅有 18 個,但釋字正確的就有 15 個。金璋的甲骨文字考釋不以認字爲主,而是建立在其他學者已經釋讀文字的基礎上,綜合利用甲骨、金文、篆文等古文字資料,闡明文字的造字本義,分析文字的字形演變過程。借用汪濤教授的話來說,金璋實爲"西方漢學界考釋甲骨文字造詣最深的學者。"[①] "當多數西方學者對甲骨文字考釋敬而遠之的時侯,金璋已經站在了這個研究領域的前沿,與一流的中國學者同步而行,這一點很值得注意。""金璋是西方學術界中國古文字研究的真正的'先鋒',用白瑞華的話說:他'使中國古文字學在西方漢學領域中保持着不斷的生機'。"[②]

  在金璋集中進行甲骨文字考釋的 1917—1928 年,西方甲骨學尚處在興起階段,用西文發表的甲骨學研究成果本就不多,主要有方法斂《中國古代文字考》(1906)、張鳳《甲骨刻字考異補釋》(1925)等,專門進行甲骨文字考釋的論著更是鳳毛麟角。金璋坦言文字考釋是一個艱辛的過程,他把自己視爲一名甲骨文字考釋的"先驅者","堅持在鏽迹斑斑的銅器銘文和破碎的甲骨文字中艱難地探索",努力爲甲骨文字考釋做出自己的貢獻。從金璋考釋甲骨文字的時間之早、數量之多、内容之豐富來看,金璋作爲西方早期甲骨學史上考釋甲骨文字的先驅者,可謂當之無愧。

第三節 金璋對中國文字發展的理論認識

  金璋對中國文字發展的理論認識,主要體現在兩個方面:(1)對戴侗

[①] 汪濤:《甲骨學在歐美——1900—1950》,載於臺灣師範大學國文學系、中研院歷史語言研究所編:《甲骨文發現一百周年學術研討會論文集》,(臺北)文史哲出版社有限公司,1998 年,第 151—152 頁。

[②] 汪濤著、牛海茹譯:《甲骨文與西方漢學》,載於朱淵清主編:《考古學的考古》,中西書局,2019 年,第 1—21 頁。

和"六書説"的研究;(2)對漢字起源和發展過程的認識。本文就從這兩個方面出發,介紹金璋對中國文字發展的理論性認識。

一、金璋對戴侗和"六書説"的研究

金璋對戴侗和"六書説"的研究,主要體現在他 1881 年翻譯出版的 *The Six Scripts. or. The Principles of Chinese Writing by Tai T'ung*。這本譯著翻譯了宋末元初文學家戴侗所著《六書故》之《六書故目》和《六書通釋》兩部分。① 譯文前有金璋撰寫的一篇《序言》,介紹了戴侗的生平,以及中西方學者對《六書故》的不同態度。1954 年劍橋大學出版社再版時,在書前附了金璋的照片和葉慈所寫《金璋回憶録》。

金璋在《序言》中指出,中國學者對《六書故》並不重視,《康熙字典》幾乎很少引用《六書故》的内容。而西方學者,如偉烈亞力(Alexander Wylie, 1815—1887)、艾約瑟(Joseph Edkins, 1823—1905)、倭妥瑪(Thomas Watters, 1840—1901)、理雅各(James Legge, 1815—1897)、施古德(Gustave Sehlegel, 1840—1903)等人,都在著述中不同程度地提到戴侗及其《六書故》,並對六書原則有過闡釋。金璋在翻譯《六書故目》和《六書通釋》時,也融入了自己對六書原則的理解。爲了進行對比,他分别列出了范尚人(Joseph Marie Callery, 1810—1862)、卫三畏(Samuel Wells Williams, 1812—1884)、薩默斯(James Summers, 1828—1891)、施古德(Gustave Sehlegel, 1840—1903)、梅輝立(William Frederick Mayers, 1831—1878)、葛路耐(W.P Groeneveldt, 1841—1915)、艾約瑟(Joseph Edkins, 1823 - 1905)、中國元代李文仲(生卒年不詳)、明代王世貞(1526—1590)、清代段玉裁(1735—1815)等人對"六書"的闡釋。

除此之外,金璋還對戴侗及其學術觀點進行了評述。總體來説,金璋認爲"戴侗擁有敏鋭而獨立的判斷力,這比他對大量文獻的熟悉更爲引人注目。在一個博學的時代,他作爲一名博學的學者,熟悉文獻也只是一件理所當然的事情。他對中國文字的起源和發展所持有的觀點,無論正確與否,這些觀點至少是清楚的、符合常識的和前後一致的;即便它們不正確,至少也不荒謬。"具體來説,金璋分别從漢字的起源、漢字的發展、漢字

---

① 《六書故目》和《六書通釋》的原文,請參看戴侗:《六書故》,温州文獻叢書,上海社會科學院出版社,2006 年。戴侗:《六書故》,党懷興、劉斌點校本,中華書局,2012 年。對戴侗及《六書故》的系統研究,參看党懷興:《〈六書故〉研究》,陝西師範大學出版社,2000 年。

和語言的關係這三個方面,對戴侗的觀點進行了點評。戴侗認爲漢字起源於圖畫字或不言自明的符號,而在漢字產生之前是漫長的結繩記事的時代。金璋對此十分贊同,並引用秘魯人用結繩的方法記錄語言和易洛魁人用貝殼串珠幫助記憶的現象進行對照。戴侗認爲漢字的產生和發展是聖人有意識行爲的結果,金璋雖然並不贊同聖人發明文字說,但他也指出,雖然文字不是先驗就有的,也不是通過法令強制產生的,六書說更是後世不斷豐富發展的結果,但是,文字突然極速發展並打破語言的霸權,把這視爲人類逐步努力的結果也是不合理的。他認爲文字的興起和發展,與某些個人(或聖人)有意識的參與和推動是分不開的。對於漢字和語言的關係,戴侗認爲書寫就是爲了記錄語言,使會飛的話語隨著呼吸消散的瞬間,通過文字記錄下來,給人一種新的更深刻的認識,使人們能夠用眼睛去"聽"這些話語。金璋也持相同的觀點,他認爲"漢字就是語言的貨幣,保證能夠立刻兌現最流暢的語言。漢字除了表達它所代表的語言之外,沒有任何別的價值。並且漢字是它們所代表的語言的全部,而不僅僅是部分。因此,每一個漢字,都只能代表並且全部代表它所對應的語言。"金璋認爲這種漢字和語言的關係是沒有任何爭議的,但西方學者還是會對此有所誤解。

關於漢字的產生原理,戴侗認爲指示和象形是最基本的造字方法,所產生的漢字叫做"文",金璋譯爲"Figures"(即基本字形)。會意、轉注、諧聲是次一級的造字方法,所產生的漢字叫做"字",金璋譯爲"Derivatives"(即派生字)。假借並不產生新的漢字,而是借用已有的漢字表達新的意思。譯文也能體現出金璋對六書原則的獨特理解,比如他把"轉注"解釋爲通過字形的旋轉而產生新字,很有個人特色。由於本人對戴侗及《六書故》並無研究,這裏就不再展開討論了。不過,通過金璋的譯文和序言可以看出,金璋對六書原則有深刻的理解,對漢字的起源和發展也有一套理論認識。這在他退休之後的學術研究中也體現了出來。

二、金璋對漢字起源和發展的認識

金璋不僅考釋文字,他對漢字起源和發展也有較多思考。金璋有三篇有關漢字起源和發展的文章,分別是:《中國文字發展史》,《從最近的發現看周代的文字》,《中國古代象形文字》。《中國文字發展史》是在1910年的"亞洲文會中國協會"會議上宣讀,其後單獨印行主要涉及中國文字的發展歷史、文字起源的研究及其成果、現存最早的中國文字商代甲骨文等。《從最近的發現看周代的文字》是 1911 年發表的。這篇文章的寫作目的是：(1) 公元前九世紀初的漢字系統的起源問題，(2) 中國北部新發現的甲骨文資料，(3) 與漢字起源研究相關的基本概念、研究狀況和研究方向。《中國古代象形文字》是筆者從金璋檔案中整理出來的手稿，闡述了他對漢字起源和發展問題的看法，可能發表日本的 New East 期刊上。① 這三篇都從理論的角度對中國文字的起源和發展進行了闡釋。概括來講，金璋主要論述了以下幾個方面的內容：

（一）呼籲西方學者加強對中國古代漢字的研究。

他指出，研究中國古代漢字的西方學者鳳毛麟角，而研究古埃及象形文字、古巴比倫楔形文字的西方學者則比比皆是。伊文思博士在克里特島的發現，又引發了西方學者對古希臘泥版文書的研究。然而，中國古代漢字也亟需西方學者的關注。漢字的歷史雖然無法追溯到公元前六千年（埃及文字），或公元前四千年（楔形文字），現存的銘文資料最早也只能到商代中期，即公元前 1500 年。但是，漢字是唯一的活文字，這是埃及文字或楔形文字無法比擬的。它歷經三千年的演變，現在仍在繼續使用，並且使用的範圍越來越廣，沒有任何衰落的迹象。

（二）論證了西方學者研究中國古代漢字的有利條件。

西方學者研究中國古代漢字，有四個有利條件：(1) 由於秦始皇焚書坑儒、統一文字，大量古文文獻被毀，因此，研究漢字的起源只能依靠銘文資料。但在中國有價值的銘文資料大都藏在皇宮或私人手中，很多學者都無法接觸到。幸運的是，現在歐美博物館也收藏了很多著名的中國青銅器，便利了學者的研究。(2) 中國學者一直致力於古代漢字的研究，出版了很多銅器銘文著錄書，也有很多研究著述，這些都爲西方學者研究提供了方便和借鑒。(3) 1899 年河南甲骨文的出土，爲古漢字的研究提供了新的古老資料。(4) 近年來大量發現的竹簡木牘等契刻資料，也爲古漢字的研究提供了新資料。

（三）簡要闡述了漢字的起源問題

金璋認爲漢語是由單音節漢字構成的複雜語言系統，其主要特點是語音數量少，漢字數量多，所以同音字非常多。漢字的起源比較複雜，其

---

① 這篇稿件上題有以下字句：Article in the "New East" Published in Tokyo in English and Japanese. Don't know if it has actually appeared but believes so。

造字原則並不單一。象形、假借、形聲、會意，都是非常古老的造字方法。象形是最直接簡單的造字方法，用物體的簡單圖畫作爲指稱事物的文字，這些圖畫就是象形文字。象形文字產生之後，就變成了記錄語言的符號。那些無法用象形原則表達的詞義，人們就根據同音原則用已有字形記錄其他相同讀音的詞義，這樣就產生了假借字。假借原則並不產生新字，但會豐富原有字形的詞義，使之成爲多義字。頻繁大量的假借，會使一個字形承擔過量的詞義，不利於書寫和交流，這就促成了形聲字的產生。形聲字是同音假借原則的擴大、延伸和細化，是通過在假借字形上增加"義符"，創造出來的一種專門表示某些詞義的漢字，以便分擔假借字形所承擔的過多詞義。會意字是把兩個現存字形組合起來構成一個新字。會意字的產生，可能是由於某些詞義無法用象形原則表達，又沒有可假借的同音字，只能通過創造新字形來表達它們。

（四）簡要闡述了漢字的發展歷史

金璋認爲漢字主要經過了四個發展階段：（1）古文（即象形文字）時代，是從商朝（前1766年）到周宣王之前（前826年）約950年的歷史時期。研究資料主要是甲骨刻辭、青銅銘文、竹簡木櫝等銘文資料。在這個階段，文字的訛變和規約化已經開始，圖畫的成份逐漸消退，文字逐漸成型。（2）籀文（即大篆）時代，是從周宣王（前827）到秦代（前220年）約600年歷史時期。主要研究資料有：《史籀篇》《說文》保存的籀文字形、陝西出土的石鼓文等。大篆已經體現出了對稱化、緊湊化和規約化的發展趨勢，目的是節約時間和空間，這也是古代象形文字衰落、現代字形盛行的終極原因。"籀文"的本義可能是指"占卜的書寫"，最初專指貞人階層使用的書體形式。這個本義逐漸被遺忘，後代學者就捏造出"史籀"這個史官，認爲是他發明了這種書體形式。（3）小篆時代。秦始皇統一文字，責成李斯編訂《倉頡篇》，是小篆的代表。小篆其實就是規範化後的秦國文字，並非李斯的創造或改易。《說文》保存了大量的小篆字形。（4）現代字形。由於秦朝大發隸卒，大興役戍，官獄職務日繁，爲了加快書寫速度，官吏階層中開始流行一種更爲簡省的字體，就是隸書。隸書與現代字形非常接近，又經過隸書、楷書、行書、草書等階段，就發展成了現代漢字。

（五）簡要概述了漢字的造字原則

金璋認爲漢語是由單音節漢字構成的複雜語言系統，其主要特點是語音數量少，漢字數量多，所以同音字非常多。漢字的起源比較複雜，其造字原則並不單一。象形、假借、形聲、會意都是非常古老的造字方法，在商周時期都已普遍使用。

（1）象形：用簡單的筆畫勾勒自然物體或人造物體的輪廓，用這個圖畫作爲表示這種物體的文字。這種造字方法就是象形，由此產生的文字就是象形文字。象形文字產生之後，就變成了記錄語言的符號。象形是最簡單直接的造字方式，但使用範圍非常狹窄。生活中有很多語言都是抽象的，無法用圖畫描繪出來，這就需要有其他的造字方法。

（2）假借：即根據聲音原則，用已有的字表達另一個讀音相同的字。這樣，原來的象形字就變成了記錄語言的符號。假借字出現的非常早。那些無法用象形原則表達的詞義，人們就根據同音原則用已有字形記錄其他相同讀音的詞義，這樣就產生了假借字。假借原則並不產生新字，但會豐富原有字形的詞義，使之成爲多義字。

（3）形聲：是同音假借原則的擴大、延伸和細化，是在同音假借字的基礎上，增加所謂的"義符"，使之變成表達這個特定義項的專用字。比如 pai 或 pé 這個語音，原本只有一個字"白"，後來通過在"白"上增加亻、一、礻、釒等義符，造出了伯、百、袙、鉑等專用字。在使用過程中，隨着語言精確性的要求，表達多個義項的同音字逐漸分化成不同的專用形聲字。雖然有了分化，但表意原則本質上是一樣的，仍是通過語音來表達字義，只不過字形進一步強化了它的字義。頻繁大量的假借，會使一個字形承擔過量的詞義，不利於書寫和交流，這就促成了形聲字的產生。形聲字是同音假借原則的擴大、延伸和細化，是通過在假借字形上增加"義符"，創造出來的一種專門表示某些詞義的漢字，以便分擔假借字形所承擔的過多詞義。

（4）會意：也可稱爲"聯合的暗示"。也即，兩個已知的字組合起來，可以通過意義的自然聯繫，表達另一個新的意思。這種造字原則不是根據語音，而是把兩個現存字形組合起來構成一個新字。比如，女、子爲好，人、子爲保。會意字是把兩個現存字形組合起來構成一個新字。會意字的產生，可能是由於某些詞義無法用象形原則表達，又沒有可假借的同音字，只能通過創造新字形來表達它們。

概括起來，即漢字的造字原則主要有四項：（1）象形原則。（2）聲音原則，同音假借，引入聲符和義符的概念，在假借字上增加義符，表示新字。（3）會意原則。可以稱爲"聯合的暗示"。也即，兩個已知的字組合起來，可以通過意義的自然聯繫，表達另一個新的意思。（4）轉注。指有共同元素的幾個合體字,通過共同的元素發生意義上的關聯,又通過其餘的元素進行意義的區別。

正是基於以上這些有關中國文字發展的理論認識,金璋在考釋甲骨文字的過程中,尤其注重對文字演變過程的分析,盡量闡述其造字本意和字形演變過程,同時又常援引音韻學的知識進行輔證。

第四節　金璋甲骨文字考釋簡表

金璋考釋過的甲骨文字數量眾多,內容豐富,並且較多地引述中國學者的研究成果。我們製作"金璋甲骨文字考釋簡表",列出其主要考釋內容,並略加點評,以便快速了解金璋的甲骨文字考釋成果。表中所列古文字形,絕大多數都是金璋列出的甲骨字形,無甲骨字形者,就列出金文字形或篆文字形,並隨文注明。

編號	古文字形	現代字形	他釋/自釋	金璋的考釋要點及簡評
1	天	天	從羅釋	金璋指出天是人的正面圖示,●或━或□表示人的頭部,大表示人的軀干和四肢。
2	⊖	日	從羅釋	金璋指出日中間的短畫是區別性符號。
3	☽ ☽	月	從羅釋	金璋指出此為月的象形,不同的字形代表不同的月相。月、闕古音相同,故字義相通。
4	☾日 明	明	從羅釋	金璋指出"明"有兩種甲文字形☾日和明,前者發展成篆文字形"朙",後者發展成現代字形"明"。
5	⼸	弓	從羅釋	按:⼸釋弓可從,但金璋把⼫(尸)誤摹作⼸,並與⼸混為一字。
6	⼸ ⼸	彈	從羅釋	此兩形現在有不同釋法,前者或釋發或釋弓,後者或釋弦或釋彈。
7	爵	爵	從羅釋	金璋指出此字象酒器爵之形,爵雀同音,爵乃取象鳥雀之形。
8	囧 囧	貍(埋)	從羅釋	翻譯羅氏的考釋,無新闡發。按:此字于省吾釋"陷",裘錫圭釋"坎"。
9	沈 沈	沈(沉)	從羅釋	金璋翻譯羅氏的考釋內容。

續　表

編號	古文字形	現代字形	他釋/自釋	金璋的考釋要點及簡評
10		歬	從羅釋	此字釋歬可從，但止和屮用法有別，也可分釋二字。金璋補充了對止的分析，值得肯定。
11		矢	從羅釋	羅、金皆誤。"𠂉"應釋爲界。甲文中矢作"↑"。
12		火	從羅釋	金璋指出甲文中火、山兩字易混。
13		光	從羅釋	金璋根據基督教教義對此字的本義進行闡發，不可取。
14		叟(妻)	從羅釋	金璋認爲是"搜"的古字，同音假借爲"叟"。
15		昱(翌、翊)	從羅釋	金璋認爲的本義是鳥的翅膀，可能是"羽"的初文，也可能是"翼"的初文。又把、(䎗)誤爲"羽"。
16		雝	從羅釋	金璋指出此字從水从口从隹，義爲樂土。並指出文獻中的"辟雝"與西方的"天國"相似，都是虛構的樂土。
17		角	從羅釋	金璋翻譯羅氏的考釋內容。
18		死	從羅釋	補充了新字形，並指出是象形意味較濃的字形，而是綫條化後的簡單字形，在金文中也出現過。
19		若	從羅釋	金璋與羅氏對字形的解釋不同。羅氏認爲若的字形象巽順、順從貌，金璋認爲若的字形象祈求、哀求貌。
20		聿	從羅釋	聿字手持之物，羅氏認爲是毛筆等書寫工具，金璋認爲是金屬刻刀。出自《前》7.23.1，當釋爲尹。羅氏把它誤爲聿，金璋亦從其誤。
21		象	從羅釋	金璋翻譯羅氏的考釋內容。
22		爲	從羅釋	羅氏認爲該字象手牽象鼻之形，金璋認爲手形只是爲了突出象鼻靈巧之特性。
23		虎	從羅釋	羅把虎、豹混爲一字，金璋把虎、豹二字進行了區分，但他把(皆)也誤爲虎字。
24		豹	金璋釋	羅把虎、豹混爲一字，金璋把虎、豹二字進行了區分，但他把(皆)也誤爲虎字。

續　表

編號	古文字形	現代字形	他釋/自釋	金璋的考釋要點及簡評
25	[字形]	即	從羅釋	金璋指出即所從之♀和♀並非豆或食,當爲皀。所從之♀也非人,當爲卩。
26	[字形]	既	從羅釋	金璋分析了"既"的字形本義,指出此字象人跪坐在食器前、頭往後扭之形,暗示吃飽了。
27	[字形]	鄉(饗)	從羅釋	金璋分析了卿、鄉、饗三者的字形關係,指出[字形]與其他字形有區別。這一點值得肯定。實際上,[字形]是"既"的異體字,羅氏誤釋爲"鄉"。
28	[字形]	麑	從羅釋	羅氏把[字形]、[字形]、[字形]、[字形]都釋爲麑,不可從。[字形]、[字形]應釋爲麛,[字形]、[字形]可釋爲麋。金璋從羅說把[字形]、[字形]釋爲麑,也誤。但他把[字形]、[字形]和[字形]、[字形]區分爲兩個不同的字,指出[字形]、[字形]可能是麝或麖,則比羅氏有所進步。
29	[字形]	雨	從羅釋	金璋翻譯羅氏的考釋內容,並質疑《說文》對雨的字形分析。
30	[字形]	霖	從羅釋	此字從雨從林,李宗焜、陳年福、夏大兆等編字書均從羅釋霖。《詁林》、《新編》則釋霰,認爲此字從雨林(㯃)聲。
31	[字形]	雷	從羅釋	金璋對其字形進行了分析,但所列甲文字形[字形]是僞刻,或仿刻金文[字形]。
32	[字形]	雪	從羅釋	羅、金皆誤。此字當從于省吾釋霎,從雨妻聲。雪在卜辭中寫作[字形]、[字形]、[字形]等形,從雨從彗。
33	[字形]	電	從羅釋	羅、金皆誤。此字當從于省吾釋雷。
34	[字形]	晨(曟)	從羅釋	羅振玉釋"曟",金璋指出這就是時間詞"晨"。此說有誤。此字釋"曟"可從,但並非時間詞"晨"。卜辭中表示時間的"晨"作[字形]、[字形]、[字形]等形,與此有別。
35	[字形]	伊	從羅釋	金璋率先從卜辭中找出"伊尹",並與文獻中的"伊尹"聯繫起來,是非常重要的發現。
36	[字形]	尹	從羅釋	金璋指出羅氏把尹誤爲父,但他也從羅氏把黃尹之"黃"([字形])誤爲"寅"。
37	[字形]	晝	從羅釋	羅、金皆誤。此字應從葉玉森釋"暈",乃"暈"之古文。

續　表

編號	古文字形	現代字形	他釋/自釋	金璋的考釋要點及簡評
38		昃(㫗、厢)	從羅釋	金璋認爲"矢"或爲"側"的初文。
39		莫(暮)	從羅釋	金璋對形義進行解説，指出"莫"即現代的"暮"，"莫"假借爲否定詞。
40		晛	金璋釋	金璋釋晛，認爲"晛卜"可能是占卜天氣。實際上，此字是貞人名，一般隸定爲"睏"，或釋"夏"。
41		京	從羅釋	金璋對字形進行分析，指出京從亼從丨，高從亼從口，丨可能是區别性符號。
42		夙	從羅釋	金璋認爲象一人跪坐、兩手執席之形，意爲"早"（早起）。此字實際從夕從丮，夕非之訛變。
43		祭	從羅釋	金璋翻譯羅氏的考釋内容，字象祭者手持肉和酒獻於示前之形。
44		多	從羅釋	金璋指出此字象肉一片一片堆疊之形，以示很多和豐富之意。
45		俎(宜)	從羅釋	金璋指出從字形看可釋爲"俎"，但其字義與"胙"更接近，祭福肉也，並指出古俎、宜同字，宜爲後起字。
46		祝	從羅釋	羅振玉認爲"示從丅從㇒㇒，㇒㇒象灌酒於示前，非示有形也"，金璋則指出金28上就有作爲獨體字的示(示)。
47	(篆文)	壹壹	從王筠説	金璋引用王筠《説文句讀補正》的説法，認爲壹、壹同意，壹壹是疊韻連語。
48		抑(印)	從羅釋	金璋翻譯羅氏的考釋内容，並從音韻學角度解釋印/抑兩字在讀音上的差異。
49		邑	從羅釋	金璋補充了金621和金611兩片上的邑字字形。
50		申	從羅釋	金璋補充了等字形。但等形應釋爲爰，金璋誤。
51		它(㞢)	從羅釋	羅、金都釋它，指出從止從虫，表示災害義。此字釋它不妥，可隸定爲㞢或蚩，但羅、金對字形和用法的分析是可取的。卜辭中"它"作等形。

續　表

編號	古文字形	現代字形	他釋/自釋	金璋的考釋要點及簡評
52	(字形)	叔	從羅釋	此字形羅、金均未進行隸定。金璋翻譯了羅氏的考釋內容，指出這可能是殺雞釁血的祭祀儀式。
53	(字形)	歲	從羅釋	金璋翻譯羅氏的考釋內容。
54	(字形)	鄙	從羅釋	金璋對字形進行分析，認爲(字形)表示敞開的糧倉或有天窗的糧倉。
55	(字形)	行	從羅釋	金璋引用羅說，並把(字形)、(字形)釋爲徙（即陟）。金璋誤，(字形)、(字形)應釋爲"徙"，甲骨文"陟"寫作(字形)。
56	(字形)	囿	從羅釋	金璋指出古文囿從口從屮或從木，是合體象形字，後來演變爲從口有聲的形聲字。
57	(字形)	汜	從羅釋	金璋指出汜是水名，從水巳聲，是商代的形聲字。
58	(字形)	巳	從羅釋	金璋所列字形304引自《前》4.19.8，字作(字形)，305引自金88，字作(字形)。此二字形均從巳從示，可釋爲祀。金璋摹寫有誤，造成誤釋。
59	無古文字形	已	金璋釋	此字條與上述"巳"字條前後相續。金璋分析了已、巳、目等字的形音義關係，認爲已、巳本爲一字。
60	(字形)	目（以、厶、台）	金璋釋	金璋認爲此象彎柄勺之形，目、以、厶、台都是從這個字形同源分化而來。此說有誤。卜辭中(字形)、(字形)、(字形)等形是(字形)、(字形)之省形。後者象人手提物之形，在卜辭中有致送之義。
61	(字形)	州	從羅釋	金璋引用羅的考釋。並補充了327這個字形(字形)，指出此字形或可釋沖。此說可從，但金璋摹寫並不準確，字當作(字形)。
62	(字形)	交	金璋釋	金璋釋交，指出交是突出髖骨部位的人體之象形。查之原片，金璋所列字形實爲從(字形)從火的"(字形)"之上半部。裘錫圭指出(字形)是"黃"字的異體，不是"交"。
63	(字形)	災	從羅釋	羅氏把這些字形釋爲巛，金璋直接釋爲災。並指出災的字形本義不確定，但必然與水的流動有關，或許是爲了突出水流突然受阻，被迫改變方向而四處橫流之貌。
64	(字形)	益	從羅釋	金璋剔除了羅氏所列之(字形)，指出這不是益字。

續　表

編號	古文字形	現代字形	他釋/自釋	金璋的考釋要點及簡評
65	(字形)	執	從王襄釋	羅氏認爲此字"象人發弩形"，王襄《類纂》釋執，金璋從王襄說，並對字形和字義進行了分析。認爲(字)爲某種刑具，(字)表示關押被抓捕的罪犯或戰俘。
66	(字形)	上	從羅釋	金璋翻譯羅氏的考釋內容，並強調卜辭中(字)(下上)爲合文。
67	(字形)	下	從羅釋	金璋翻譯羅氏的考釋內容，並強調卜辭中(字)(下上)爲合文。
68	(字形)	寮(燎)	從羅釋	金璋翻譯羅氏的考釋內容，並考察了寮字在卜辭中的具體用法。
69	(字形)	畀	從王襄釋	金璋從王襄釋"畀"，但他指出此字不從田，而是從(甾)，象兩手向上舉筐筐之形，義爲舉也。
70	(字形)	異	從羅釋	羅氏認爲此字象人舉手自翼蔽形，金璋認爲此字象人雙臂上舉、把籃舉至頭頂之形。金璋對字形的分析是對的，但此字今釋爲戴。卜辭中異作(字)、(字)、(字)、(字)等形。
71	(字形)(篆文)	戴	從《說文》	此字條與上述"異"字條前後相續。金璋指出戴字從異戈聲，異爲形符，指人的頭頂有所舉戴。此已涉及異、戴二字之關係。(字)今或釋戴。
72	(字形)(金文)	匹	從吳大澂說	金璋指出卜辭中無此字，認爲匹是突出了眼睛、前額和下顎的馬頭之象形。
73	(字形)	中	從羅釋	金璋對字形進行分析，並指出卜辭中有"卜中"，是占卜中風或其它致命疾病的記錄。但金璋所說"卜中"實爲"干支卜中貞"的兩個字，中是貞人名，與占卜疾病無關。
74	(字形)	龏(龔)	從羅釋	羅振玉釋龏，金璋釋龔，但他也指出龏、龔實爲一字。金璋所舉甲骨文中"龍璧"乃是偽刻。
75	(字形)	公	從羅釋	羅氏認爲此與古金文均從八從口，金璋認爲這是男根之象形，表示雄性之義。金璋的分析不可取，甲文"公"作(字)(字)(字)等形，其字形或與建築有關。
76	(字形)	旬	從王國維釋	金璋提出旬可能是毛蟲的象形，與罚相似。此說不可取。旬的字形由(字)(云)字演化而來。

第五章　金璋的甲骨文字考釋(下)　·261·

續　表

編號	古文字形	現代字形	他釋/自釋	金璋的考釋要點及簡評
77	（金文）	負	金璋釋	金璋釋"負"，指出該字象人負束薪於背上之形。今釋"重"，甲文字形作 。但金璋對字形的分析是可取的。此字從人從束，確象人背負某物之形。
78		文	從羅釋	金璋指出文的字形是身上有紋身或圖案的正面人形，本義是紋身。中國學者朱芳圃也有相同的看法。
79	（金文）	也	從高田説	金璋認爲"也"是蛇之象形，作介詞"也"是同音假借。金璋對字形本義的説解有誤。"也"是注水器 之象形，是匜的象形初文。
80		獸	從羅釋	金璋指出 的本義是小狗，同音假借爲獸或猶。金璋此説有誤。此字當釋爲猶。卜辭中有從犬從酉的字形 ，可隸定爲猶。
81		洗	從羅釋	金璋指出 從水從止，可能是動詞"洗"， 從 在 上，可能是名詞，表示洗浴用的澡盆。金璋對字形的區别是有價值的。 今釋洗， 今或釋沚。
82		訊	從王襄釋	王襄疑 爲訊，金璋從之。他指出 即糸，表示繩索。中間是跪着的人形或女形，雙手反縛至身後。口爲義符，表示審訊。訊的本義就是對被俘的敵人加以審訊。
83		如	從羅釋	羅、金皆誤。此字當釋爲訊，與上述"訊"字條的 爲異體字形。卜辭中"如"作 、 、 等形。如、訊的區别在於手形是在身前還是身後。
84		奊	從羅釋	金璋翻譯羅氏的考釋，並引述了吳大澂《奊字説》的内容。
85		孚(俘)	從羅釋	羅振玉把 釋爲"俘"，金璋據此把 釋爲"孚"，認爲"孚"是後世表示俘虜之"俘"的本字。
86		艮(服)	從羅釋	金璋對形義進行了闡發，指出此古文字形象一個蹲着的人形被另一個人的手控制着。
87	（金文）	氏	從王筠説	金璋引用王筠《説文釋例》的觀點。金璋所引金163、金309這兩片皆是僞刻，他所列金文字形可釋爲氏。
88		丞	從羅釋	金璋翻譯羅氏的考釋内容。

續　表

編號	古文字形	現代字形	他釋/自釋	金璋的考釋要點及簡評
89		箙	從羅釋	金璋翻譯羅氏的考釋内容。
90		己	從羅釋	金璋認爲己的本義是跪着的人形，忌、跽都是後期的繁化字形。己用來表示自己之己，乃是同音假借字。
91		因	從羅釋	金璋認爲因是筃的本字，表示席。此説有誤。此字從大從囗，張政烺釋因，讀爲翳、瘗、禋，解爲蔽、藏、埋。現在隸定爲皿，字義及用法從張説。卜辭中有 、 、 等形，象人披衣物之形，今釋"因"，是"裀"之初文。
92		盡	從羅釋	金璋指出盡戊在卜辭中是祭祀對象，並對"丰"的字形進行解説。
93		燕	從羅釋	金璋將這些字形都釋爲燕，在卜辭中表示宴饗之義。實際上這些字形並不都是燕字。 或釋鷹， 摹寫不准，實爲 形，孫亞冰認爲這是與止雨有關的舞蹈祭儀。
94		主	從王襄釋	此字王襄《類纂》疑爲主，金璋釋主，當是從王襄之説。《詁林》認爲釋主可從。王子楊改釋柚，指出爲柚的象形初文。
95		陵	從羅釋	羅、金皆誤。張政烺最早指出此字爲刞形的象形，致確。但字形分析上以裘錫圭説爲佳，可釋爲刞。刞是它的後起形聲字。阢和趴是更後出的或體。
96		狼	從王襄釋	金璋指出此爲從犬良聲的形聲字，甲骨文中狼多從亡，亡可能是由良的下半部訛變而來。此説並不完全正確。 從犬從良，釋狼可從。 字從犬亡聲，今隸定爲㹜，即狐。
97		元	金璋釋	金璋與中國學者陳邦懷幾乎同時獨立釋出此字。金璋認爲元的是人的象形，突出了人頭的位置。
98		帝	從羅釋	金璋引用吴大澂《字説》，認爲"帝"象華蒂之形，乃"蒂"之本字。
99		不	從羅釋	金璋認爲"不"是花萼、花蒂及下垂葉子的象形。"不"在早期金文中讀爲"丕"，"不""丕"古同音。
100		謝	從羅釋	羅、金皆誤。當從唐蘭釋尋，字象伸開兩臂度量物體長度之形，八尺曰尋，席長亦八尺，故伸臂與之等長。

續　表

編號	古文字形	現代字形	他釋/自釋	金璋的考釋要點及簡評
101	◯	克	從羅釋	金璋對羅提出的"象人戴胄形"並不信服。
102	◯	冬	金璋釋	金璋與中國學者葉玉森幾乎同時獨立釋出此字。金璋認爲其象懸掛的冰柱之形,表示"終"乃是引申義。葉玉森認爲象枝垂葉落之形。現在一般直接釋爲"終"。
103	◯ ◯ ◯ ◯	黍	從羅釋	羅、金皆把不同的字形混爲一字。◯從夲從泉,應隸定爲橐,在卜辭中是地名。其他字形多釋爲黍。但黃錫全認爲◯◯可釋爲黍,◯當釋爲稻。不帶水旁的可能是旱稻,帶水旁的可能是水稻。
104	◯ ◯	舊	從羅釋	金璋把不同的字形混爲一字。◯可釋爲舊,◯似可隸定爲售。二者在卜辭中用法有別。
105	◯ ◯	出	從羅釋	金璋對形義進行分析,認爲出從◯(止)從◯(凵),◯是地面上的洞穴之形。
106	◯	方	從羅釋	金璋認爲"方"是人肩扛戈的象形,可能是防禦之"防"的本字,同音假借爲方向之方。
107	◯	武	從羅釋	金璋對形義進行分析,認爲武從止從戈,表示戰鬥,是會意字。
108	◯ ◯	耒	從吳式芬說	金璋引用吳式芬說,把◯釋爲耤,上作人推耒形,下從昔,進而把◯、◯、◯等所從之◯釋爲耒。
109	◯(金文)	眞	從吳大澂說	金璋引吳大澂說,認爲眞是"顚"的初字,通過手指頭的形象表達頭頂、高處、巔峰等義,同音假借爲眞實之眞。此字王國維釋"羞",以手掩面形。
110	◯	玉	從高田忠周說	金璋討論卜辭中常見的"◯◯◯"之第二個字,他引用高田忠周的說法,把◯釋爲玉,認爲◯象串玉之形。
111	◯ ◯ ◯(金文)	易	從高田說	金璋引用高田忠周的說法,把這些字形釋爲易。指出甲文中"易"常用爲"賜"。金璋所引甲骨字形皆是僞刻。
112	◯(金文)	胡	從吳大澂說	金璋引吳大澂說,將金文◯釋爲胡,從匸從古,即現代的箶之初文。
113	◯	伏	從王襄釋	王、金皆誤。此字應釋爲夾。

續　表

編號	古文字形	現代字形	他釋/自釋	金璋的考釋要點及簡評
114	（字形）	彝	從羅釋	金璋翻譯羅氏的考釋内容。
115	（字形）	草、早、皁、阜	金璋釋	《六書故》中早作（字形），金璋認爲（字形）是櫟實的象形。草從早得聲。皁別作皂，意爲黑色，而櫟實可以染帛爲黑色，所以他認爲皁、阜也是從（字形）分化來的。草、早、皁、阜是同源分化字，都來源於櫟實的象形。
116	（字形）（僞）	蠻	金璋釋	金璋指出金 800 有"亡（字形）來祥"，（字形）即蠻，象蠻人的正面形象，突出了蠻人頭上懸掛的装飾物。金璋之説不可據，金 800 是僞刻。
117	（字形）	矣	金璋釋	此字王襄釋"疑"，金璋認爲釋"矣"比較妥當，字象人的正面形象，頭向左或向右扭轉，手握棍棒或武器之形。
118	（字形）	夷	金璋釋	金璋列出甲骨文字（字形）（字形）（字形）（字形）（字形）等形，把其中的構件（字形）釋爲夷，指出像矢上纏繞絲綫之形，並對夷的字形流變進行分析。
119	（字形）	甗	從羅釋	金璋指出此爲甗的象形，並對從（字形）到甗的字形演變過程進行分析。
120	（字形）	四	從孫詒讓釋	此字孫詒讓已認出，金璋主要對其字形演變進行分析。丁山認爲四即呬之本字，金璋表示質疑，他認爲篆文（字形）是從古文字形（字形）的上半部演變而成。
121	（字形）	束	從羅釋	此字羅振玉已認出，金璋主要對其字形本義進行分析。徐中舒、丁山認爲束是實物囊中、括其兩端之象形，金璋認爲是中間捆束的柴草之象形。金璋把（字形）混入束字，此字形今釋橐。
122	（字形）（字形）	良	從王襄釋	王襄把（字形）釋爲狼，從犬良聲。金璋把（字形）、（字形）諸形聯繫起來，釋爲良，認爲是河上橋樑之象形，用作善良之良乃是同音假借。
123	（字形）（字形）	去	從王襄釋	金璋認爲去上部從大，下部從（字形）（字形）是被閹割的生殖器，去的本義是去勢、閹割，引申爲離開、相違、去除等義。裘錫圭把兩腿没有外擴的（字形）、（字形）、（字形）等釋爲去，把兩腿有外擴的（字形）、（字形）、（字形）等釋爲盍。
124	（字形）	至	從羅釋	金璋翻譯羅氏的考釋内容，（字形）象矢之倒文，（字形）象地，（字形）象矢遠來降至地之形。

續　表

編號	古文字形	現代字形	他釋/自釋	金璋的考釋要點及簡評
125	〔圖〕 〔圖〕	夏	從葉玉森釋	葉、金皆誤。此兩字形均不是夏。〔圖〕應釋爲春，〔圖〕應釋爲秋。
126	〔圖〕	冊(貫)	從孫詒讓釋	孫、金皆誤。此字應釋爲"盾"。
127	〔圖〕	河	從郭沫若釋	金璋對河的不同字形進行分析，指出《粹編》791是用〔圖〕(何)假借爲河，《粹編》834是从水可聲的〔圖〕(河)。並對何的字形進行解說，指出何作〔圖〕，象人手握工具扛在肩上之形。
128	〔圖〕	主	金璋釋	金璋認爲〔圖〕是燈中火燭的象形，即"主"的初文，表示預言、預兆，是商代的占卜術語。此說不可從。此字可隸定爲〔圖〕，在卜辭中表示"又""有""侑"等，從不表示"預言、預兆"。
129	〔圖〕〔圖〕〔圖〕	后	從王國維釋	金璋翻譯王氏的考釋，把〔圖〕、〔圖〕、〔圖〕等釋爲毓(育)，指出〔圖〕、〔圖〕、〔圖〕等象產子之形，即毓字，後來分化成表示產子的毓(育)、表示繼體君之"后"和表示先後的"后"。先後之義又用"後"表示。金璋還進一步指出，〔圖〕即后的字形來源。按：〔圖〕、〔圖〕似不當釋爲毓(育)。
130	〔圖〕	人	從羅釋	金璋對字形進行分析，指出此爲人的象形。
131	〔圖〕	妣	從羅釋	金璋指出匕可能是長柄勺或箆之象形。此說不可從。
132	〔圖〕	尸	金璋釋	金璋對形音義進行分析，指出尸方即夷方。
133	〔圖〕	旨	從羅釋	金璋翻譯羅氏的考釋內容。
134	〔圖〕	从	從羅釋	金璋列出〔圖〕(《前》2.19)和〔圖〕(《前》2.8)，從羅振玉釋从。查之原片，前一字當釋从，後一字當釋比。羅、金皆混而不分。
135	〔圖〕(金文)	比	從羅釋	金璋列出《攗金》7.7"妣"所從之"〔圖〕"，釋爲比。並指出《說文》比的古文字形〔圖〕，可能表示二人並立之形。
136	〔圖〕	井	從羅釋	金璋翻譯羅氏的考釋內容，並指出商代已經存在兩個字形不同但讀音相同且表示同一個詞義的情況，汫和井就是例子。

續　表

編號	古文字形	現代字形	他釋/自釋	金璋的考釋要點及簡評
137	(字形)	競	從羅釋	羅振玉認爲此字从誩省，金璋對此表示懷疑。王子楊提出此字當改釋爲丽。
138	(字形)	大	從羅釋	金璋翻譯羅氏的考釋內容。
139	(字形)	夫	從羅釋	金璋對形義進行分析，認爲金文(字形)(輦)所从之(字形)，可能就是"夫"的初形。
140	(字形)	立	從羅釋	金璋指出立有兩種用法，一是立，一是位。並指出金503和金677有"立中"一語。
141	(字形)	竝	從羅釋	羅振玉把(字形)釋爲竝，金璋又補充了(字形)和(字形)兩個字形。
142	(字形)	莫	金璋釋	金璋引述了羅振玉和王襄對(字形)、(字形)和(字形)、(字形)的釋讀，認爲當從羅釋莫(𦰩)。
143	(字形)	疾	從羅釋	金璋翻譯羅氏的考釋內容。
144	(字形)	屰(逆)	從羅釋	金璋翻譯羅氏的考釋內容，把(字形)(屰)和(字形)(逆)合爲一個詞條。
145	(字形)	旡	從羅釋	金璋剔除了羅氏所列(字形)這個字形，並對形義進行分析，認爲旡是跽坐的人形，頭扭向身後，表示飽食、饜足之意。
146	(字形)	御	從羅釋	金璋翻譯羅氏的考釋內容，並對金文字形(字形)(御)、(字形)(馭)進行分析。
147	(字形)	卿	從羅釋	金璋舉出《前》2.23.1的"卿史"，認爲即《詩經》中的"卿士"。按：查之原片，此兩字還應釋爲"鄉史"，讀爲"饗使"，是宴饗使者之義。
148	(字形)	沫	從羅釋	金璋翻譯羅氏的考釋內容，指出字象人散髮就皿洒面之狀。
149	(字形)	女	從羅釋	金璋對字形進行分析，指出此字是坐着或蹲着的女人之形部。
150	(字形)	母	從羅釋	金璋翻譯羅氏的考釋內容，並指出女和母的區別在於母字多兩點，兩點表示乳頭。
151	(字形)	妾	從羅釋	金璋翻譯羅氏的考釋內容，但指出此字也可能是女的異體。

續　表

編號	古文字形	現代字形	他釋/自釋	金璋的考釋要點及簡評
152	𣫐	敏	從羅釋	羅氏把𣫐、𡖣、𡚽都釋爲敏，金璋只把𣫐釋爲敏。金璋此説可從。𡖣當釋爲妻，𡚽當釋爲每，讀爲悔。
153	𡥃	好	從羅釋	金璋引用"以色事人者婦人之事"，認爲好字所從之子是指男子。好字所從的子，從不寫作𠙷，證明這個字形强調的是女性特質，而非母親特質。
154	𠂤 𠂤 𠂤	臣	從羅釋	羅振玉把𠂤釋爲臣，金璋又補充了𠂤、𠂤諸形。查之原片，𠂤當釋爲目，與𠂤、𠂤有別。
155	相/𣎵 𣎵	相/省	從王國維釋	羅振玉把相、𣎵、𣎵都釋爲相，金璋從王國維把𣎵釋爲省。
156	𢛳 𢛳	直	金璋釋	羅振玉和高田忠周都把𢛳、𢛳釋爲德，金璋改釋爲直，並指出𢛳有運動之義，𢛳或𢛳表示眼睛出光。直的本義可能是眼睛和物體之間的直綫距離，故可訓爲直、徑直、一直等。
157	𤎅	臭	從羅釋	金璋指出𠂤是鼻子的象形，即"自"。犬臭而知其迹，故用從犬從自的"臭"表示氣味、聞氣味等義。
158	𠙷	吉	從羅釋	金璋翻譯羅氏的考釋内容。
159	𠂤	唐	從羅釋	金璋從羅振玉釋唐，並翻譯了王國維《戬壽堂所藏殷虚文字考釋》對卜辭中"唐"的相關論述。
160	合	合	從羅釋	金璋指出此爲"盒"的象形初文，上象器蓋，下象器體。"盒"是後起的形聲字，在"合"下加了義符"皿"。
161	𠙵	言	從羅釋	金璋引用鄭樵的説法對字形進行分析，"自舌上而出者言也"。
162	𡳿	之	從羅釋	金璋翻譯羅氏的考釋内容，但同時指出"㞢于兄丁"之"㞢"不當釋爲"之"。金璋指出羅氏之誤，值得贊賞。
163	𢓜 𢓜	逐	從羅釋	金璋翻譯羅氏的考釋内容，指出此字有許多異體字形，與逐獵對象有關。
164	𡳾	𡳾	從羅釋	金璋指出此字從止從𡳾，止爲聲符，𡳾象植物在器皿中生長之狀。
165	ナ	左	從羅釋	金璋舉出金110、金179上有從ナ從工的字形。金璋所舉實爲僞刻。

續　表

編號	古文字形	現代字形	他釋/自釋	金璋的考釋要點及簡評
166	ㄨ	又	從羅釋	金璋舉出金 108、金 261、金 808 等上有從ナ從的字形。金璋所舉實爲僞刻。
167		澡	從羅釋	金璋翻譯羅氏的考釋內容。羅、金皆誤。查之原片，這兩字均非澡。從水從又，可釋爲叉。從水從丑，可釋爲汨。
168		廾	從羅釋	金璋認爲廾是向尊者竦起雙手表示恭敬之形，是"拱"的初文。
169		攴	金璋釋	金璋引用戴遂良的觀點，認爲攴是象形字，象手執棍棒之形，棍棒的上端還有枝杈，示敲擊義，後被"扑"所取代。
170	（篆文）	導	從戴侗說	金璋引用戴侗說，認爲象手執篦梳頭之形，是導的本字。以篦梳頭，由此引申出導引之義。
171		西	從羅釋	金璋指出《説文》甾篆文作，古文作，與西的甲骨字形相合。可知當爲甾之本字，假借爲方向詞西。但他同時指出，、也像鳥巢之形。
172		甾	金璋釋	金璋指出甲骨文西爲甾之本字，其形爲竹子、柳條等編成的器皿，在卜辭中假借爲西。
173		乃	從羅釋	金璋指出乃是乳房的象形，同音假借爲副詞乃和人稱代詞乃。
174		示	從羅釋	金璋指出示常出現在祭祀先祖的卜辭中，並且常在元、大、小和數詞之後，作爲名詞使用。
175		敊	從羅釋	金璋翻譯羅氏的考釋內容，指出示是祭臺。第二種字形省又，說明敊、祟只是異體字。
176		祀	從羅釋	金璋翻譯羅氏的考釋內容，指出這是从示巳聲的形聲字。
177		昔	從羅釋	金璋認爲昔的本義是乾肉，上面的曲綫即爲乾肉之形。在卜辭中假借爲昔日之昔。
178		雩	從羅釋	金璋翻譯羅氏的考釋內容，指出雩是求雨之祭，在金文中假借爲語助詞粵。
179		土	從王國維釋	此字王國維在《戩壽堂考釋》中就指出是土字。金璋重在對字形本義進行分析。指出此字象有東西從地面凸出之形，土、凸讀音相同，可能是同源分化字。

續　表

編號	古文字形	現代字形	他釋/自釋	金璋的考釋要點及簡評
180		羔	從羅釋	金璋從羅振玉釋羔，認爲此字從羊從火，象烤羊肉之形。但在另一篇文章中，金璋改從孫詒讓的意見，釋爲岳。
181		山	從羅釋	金璋翻譯羅氏的考釋內容。
182		阜	從羅釋	金璋指出阜的甲骨字形可能是豎立的山形（），以此表示山的高度。
183		潢	從羅釋	金璋翻譯羅氏的考釋內容，指出此字從水黃聲。
184		濼	從羅釋	金璋翻譯羅氏的考釋內容，指出此字從水樂聲。
185		濩	從羅釋	金璋從羅說，認爲濩是從水蒦聲的形聲字，作樂名時就指成湯的大濩之樂。
186		木	從羅釋	金璋翻譯羅氏的考釋內容。
187		噩	從羅釋	金璋指出噩字象花萼有四個花苞之形，其本義是花萼之形。羅、金皆誤，此字當釋爲喪。
188		利	從羅釋	金璋指出此字從禾，從刀，有的刀旁有二三小點，象用農具收割穀物之形，表示收穫的結果。
189		穌	從羅釋	金璋翻譯羅氏的考釋內容，指出此字從龠從禾。
190		季	從羅釋	金璋翻譯羅氏的考釋內容，指出此字從禾從子。
191		牛	從羅釋	金璋翻譯羅氏的考釋內容，並指出羅氏認爲、、是牛的異體字，不可取。
192		牢	從羅釋	金璋翻譯羅氏的考釋內容。
193		牡	從羅釋	金璋翻譯羅氏的考釋內容。此類字形，現在學者有主張合釋爲一字的，也有主張分釋爲牡、牡（即羒）、豣三個字的。
194		牝	從羅釋	金璋翻譯羅氏的考釋內容。此類字形，現在學者有主張合釋爲一字的，也有主張分釋爲牝、牝（即羘）、豝（即豝）三個字的。
195		牧	從羅釋	金璋翻譯羅氏的考釋內容。羅、金皆把不同的字混爲一字。、可釋爲牧，但、應釋爲掃（侵）。

續　表

編號	古文字形	現代字形	他釋/自釋	金璋的考釋要點及簡評
196	〔字形〕	羊	從羅釋	羅振玉把〔字形〕都釋爲羊。金璋指出〔字形〕不是羊，而是陽甲之名號。此説部分正確，〔字形〕應釋爲羌，但卜辭中的羌甲是文獻中的沃甲，不是陽甲。此外，〔字形〕等形也不是羊。羅、金皆把不同的字混爲一字。
197	〔字形〕	羍	從羅釋	金璋認爲〔字形〕即幸之本字。此説不可取，幸的本字是〔字形〕，不是〔字形〕。
198	〔字形〕	羴	從羅釋	金璋指出羴从三羊或四羊，其本義當爲通過羊形的重複强調羊群擠在一起散發出的强烈膻味。
199	〔字形〕	犬	從羅釋	金璋翻譯羅氏的考釋内容。
200	〔字形〕	狀	從羅釋	查之卜辭，此字當爲〔字形〕之下半部，羅氏誤爲〔字形〕，金璋從羅説，亦誤。
201	〔字形〕	尨	從羅釋	金璋贊同羅氏對此字的解釋，並引《説文》，指出此象犬之多毛者。
202	〔字形〕	豕	從羅釋	金璋列出家的金文字形〔字形〕，指出此字从宀从豭，豭是公豬之象形。並指出羅氏所列字形〔字形〕摹寫有誤，實際上原字形並無腹部之短畫。可知，他已經能夠區分出豕（〔字形〕）和豭（〔字形〕）。
203	〔字形〕	豚	從羅釋	金璋分析了从豕从肉的豚，和从又持肉的異體字形〔字形〕。
204	〔字形〕	豩	從羅釋	金璋翻譯羅氏的考釋内容。
205	〔字形〕	馬	從羅釋	羅氏把馬和兕混爲一字，金璋亦從其誤。〔字形〕等形當爲兕字。他在1935年的論文中已改釋〔字形〕爲兕。
206	〔字形〕	兔	從羅釋	羅振玉把〔字形〕釋爲兔，但〔字形〕是祖先神夒，不當釋爲兔，金璋亦從其誤，不過金璋增加的兩個字形〔字形〕均可釋爲兔。
207	〔字形〕	麐	從羅釋	金璋翻譯羅氏的考釋内容。此字商承祚釋皆，《新編》《字編》均從之。
208	〔字形〕	塵	從羅釋	金璋從羅説，用"鹿行而塵揚"來解釋其字形本義。此説有誤。此字从鹿从倒示，爲公鹿之專用字，可隸定爲麑，是牡的異體字形。

第五章 金璋的甲骨文字考釋(下) ·271·

續　表

編號	古文字形	現代字形	他釋/自釋	金璋的考釋要點及簡評
209		隹	從羅釋	金璋翻譯羅氏的考釋內容，對羅氏提出的"隹鳥古本一字"提出質疑，但沒有舉出例證。
210		獲	從羅釋	金璋翻譯羅氏的考釋內容。
211		萑	從羅釋	金璋認爲此字是貓頭鷹的象形，是鸛的初字，在卜辭中假借爲觀察之觀或歡喜之歡。此字現在一般分釋爲觀和萑，但僅爲早晚期的不同字形。金璋所舉《庫》1703"歡喜"是僞刻。
212		靃	從羅釋	金璋翻譯羅氏的考釋內容。
213		雉	從羅釋	金璋指出 即夷，雉籀文作 ，从弟，弟乃 之僞。分而言之，弟從絲綫纏繞的戈形 演變而來，夷從絲綫纏繞的矢形 演變而來。
214		集	從羅釋	金璋翻譯羅氏的考釋內容，指出篆文字形 從三隹在木上，更能清楚地表達群鳥聚集之義。
215		雞	從羅釋	金璋翻譯羅氏的考釋內容，指出象形字雞和形聲字雞在商代同時存在。
216		鳥	從王襄釋	金璋從王襄之誤。查之原文， 出自《簠游》100。 、 當釋爲隹，不是鳥。
217		鳴	從羅釋	金璋翻譯羅氏的考釋內容，但他所舉金352和金321中的鳴字皆僞刻。他所說從口從普通鳥形的字，很可能就是從口從隹的唯。
218		魚	從羅釋	金璋翻譯羅氏的考釋內容。
219		漁	從羅釋	金璋翻譯羅氏的考釋內容，並指出王襄《類纂》所列另一個異體字形 。 釋漁可從。但 這個字形，《新編》《字編》均釋爲鯀。
220		魯	從羅釋	金璋認爲魯字所從之 ，可能就是淺盤，魯字是魚在淺盤中獻祭之形。
221		龍	從羅釋	羅振玉、王襄把 、 、 等形也釋爲龍，金璋指出這些不是龍字。
222		龐	金璋釋	金璋指出龐從龍從 ，其字形本義可能是指屋頂上的龍形裝飾物。龐在卜辭中是地名。

續 表

編號	古文字形	現代字形	他釋/自釋	金璋的考釋要點及簡評
223		澫	從羅釋	金璋指出此字或許與蠣字有關,指水中的牡蠣。羅、金二人皆誤。此字從水從萬,並無"石/厂"形,應隸定爲澫,不當釋爲濿。
224		黽	從羅釋	此字釋黽可從,但金璋所説"匕黽"即 、 等形,應釋爲黿。
225		乎	從羅釋	金璋指出乎在甲金文中用作動詞。
226		濯	從羅釋	羅、金皆誤。此字應釋爲彗。
227		裘	從羅釋	羅、金皆把不同的字混爲一字。 象裘形,當爲裘之初字,羅説可從。 當從裘錫圭説,釋求,概爲"蛷"的初文,其義可從羅氏讀爲求。參看第228條"祟"字條。
228		祟	從郭沫若説	金璋翻譯了郭沫若《通纂》426片釋文中對此字的考釋。此字當從裘錫圭説,釋求,概爲"蛷"的初文。
229		初	從羅釋	金璋對形義進行分析,指出此字從衣從刀,象裁衣之形,引申爲開始、起始之義。
230		齊	從羅釋	金璋引用《説文》的解釋,認爲字象三穗穀物並排之貌,以此表示整齊之義。
231		今	從羅釋	金璋此條僅有釋字,没有對字形進行説解。
232		余	從羅釋	金璋舉出卜辭中有"余一人"。
233		叙(敘)	從羅釋	羅、金皆誤。此字羅氏摹寫有誤,正確字形是 ,應釋爲涂。
234		臺	從羅釋	金璋指出臺從亯從羊,亯象建築之形,可能就是宗廟,羊是祭牲。此字就是象向宗廟獻牲之形,故可訓爲獻。此説有誤,當從孫詒讓説,訓爲敦伐之敦。
235		郭	從吴式芬説	此條金璋未列甲骨字形,但從下文"陣"字條的考釋内容來看,金璋顯然是把 釋爲郭。他所列金文字形 也與甲骨字形 字形相合。此字今或釋郭,或釋墉。
236		陣	從羅釋	金璋指出此字是從郭卑聲的形聲字,顯然他把 釋爲郭。

第五章　金璋的甲骨文字考釋(下)　·273·

續　表

編號	古文字形	現代字形	他釋/自釋	金璋的考釋要點及簡評
237	𠅘 𠅘	高	從羅釋	金璋指出此字所從之 ⊌ 象城門之形。此說不可據，口應爲區別性符號。
238	∩	宀	從羅釋	金璋指出宀象建築物的正面視圖，有牆壁、屋頂、屋脊。此字形只出現在合體字中，也即"向"之所從。參看下文第239參看"向"字條。甲骨文向作 向，羅振玉已認出。
239	向	向	從羅釋	金璋指出向的字形是帶窗的房屋之形，字義是面向、方向，這是用具體物象來表達抽象概念的典型例子。
240	宮 宮	宮	從羅釋	金璋翻譯羅氏的考釋內容。羅氏認爲 吕 象此室達於彼室之狀，金璋對此表示質疑。
241	宗 宗	宗	從羅釋	金璋指出宗從∩，象建築之形，從丅、丅，象神主之形，整個字形表示宗是祭祀祖先的場所，又引申爲宗族世系之義。
242	寢 寢	寢	從羅釋	羅振玉把 寢 釋爲寢，金璋從羅說，並補充了 寢 這個字形，指出即今之寢字，字象手執掃把在室內打掃之形。
243	室	室	從羅釋	金璋指出此字從宀象屋宇之形，從至象到達之形，室就表示人所到達的目的地建築。
244	家 家 家 家	家	從羅釋	羅、金皆把貞人名 宂 (賓)誤爲家。但金璋指出 家 (家)從宀從豭(瑕)聲，是可取的。
245	囷 囷	圂	從羅釋	金璋指出圂即豬圈，象豬在有頂或無頂的圈內之形。但此兩字形《新編》《字編》皆分釋二字。
246	宅	宅	從羅釋	金璋翻譯羅氏的考釋內容。
247	賓 賓 賓	賓	從羅釋	金璋指出這是一個合體象形字，人或元可能代表主人，止代表客人的到來。而金文字形中增加的貝，可能是主客之間交換的禮物的象形。
248	嬪 嬪	嬪	從羅釋	金璋翻譯羅氏的考釋內容。此字現在釋爲賓，從宀從卩或從女從止，宀亦聲，其本義是迎導、迎接。
249	寮 寮	寮	從羅釋	金璋翻譯羅氏的考釋內容，並有所補充。
250	泉	泉	從羅釋	金璋認爲"泉"象水流從泉眼咕咕流出之形，本義爲泉水，泉貨乃是其假借義，正是用泉水的流動來象徵貨幣的流通。

續 表

編號	古文字形	現代字形	他釋/自釋	金璋的考釋要點及簡評
251		鱻	從羅釋	金璋翻譯羅氏的考釋内容。
252		門	從羅釋	金璋翻譯羅氏的考釋内容。
253		雇	從羅釋	金璋翻譯羅氏的考釋内容。
254		畯	從羅釋	金璋指出畯的甲骨字形從田從允，與《康熙字典》的畎字形相合，畎應爲畯之古文。
255		鬼	從羅釋	金璋指出鬼從人或卩，並突出其頭，可能表示鬼魂。有從示者，與古文字形同，也可能表示人向鬼獻祭。实际上，羅、金皆有誤。從示從鬼，可釋爲祝，在卜辭中是動詞，不當與鬼混爲一字。
256		卑	金璋釋	金璋指出甲骨中的與金文字形同，可釋爲卑。查之片，此字形實爲的右半邊，可釋爲陴（䧹）。金璋把釋爲卑也是對的。
257		畢	從羅釋	金璋指出此字象以手持田网之形。此字今多隸定作畢，其異體字形也有作者，乃禽（擒）之本字。羅、金釋字錯誤，但對字義的分析是可取的。
258		司	從羅釋	金璋引用羅氏《書考》第101頁的解釋，指出商稱年曰祀，又曰司，司即祠字。他還指出甲文中有"司室"，指祭祀的祠堂或祖廟。
259		延	從羅釋	金璋指出《說文》中的延、延實爲一字。甲骨字，字形與延相當，字義則與延相當，彳、乚都表示運動，二者結合暗示運動連綿不止，故"延"可訓爲長、延長。
260		衍	從羅釋	羅振玉把、、諸形釋爲衍，金璋認爲只有前兩個可確定是衍。羅、金皆誤。此四字從行旁，從川或水，郭沫若釋巡，裘錫圭認爲可從。甲骨文衍字作、等形。
261		伐	從羅釋	金璋指出甲文伐象戈砍斷人頭之形。甲文戍作，象人荷戈之形。二字區別明顯。
262		㦰	從羅釋	金璋從羅氏釋㦰，並指出此即殲之本字，訓爲殺、滅。

續　表

編號	古文字形	現代字形	他釋/自釋	金璋的考釋要點及簡評
263	(字形)	戔	從羅釋	羅振玉認爲戔是戰的初文，金璋認爲金文才是戰的初文。他指出戔在卜辭中是祖先名，並對金518的內容進行解讀，認爲戔甲就是《史記》中的沃甲。金璋此說有誤，戔甲應是《史記》中的河亶甲。
264	(字形)	成	從羅釋	金璋認爲成是從戊丁聲的形聲字，戊的字形象斧鉞之形。此說不準確，成所從之當爲戌，但金璋指出此爲斧鉞之形則是對的。
265	(字形)	我	從羅釋	金璋指出甲骨文我象側插在矛桿上的三叉戟之形，用爲人稱代詞我乃是同音假借。
266	(字形)	物	從王國維釋	金璋從王國維把、、釋爲勿、物，指出卜辭中勿牛即雜色牛，並指出用作否定詞的也可釋爲勿，象四足動物的頸、背、尾和後腿。
267	(字形)	分	從羅釋	金璋指出此字從刀在二撇之間，表示切割、分離之意。兩撇即八，是"捌"的本字，表示分開、分別、分離。
268	(字形)	刜	從羅釋	金璋指出此爲從刂弗聲的形聲字。
269	(字形)(金文)	召	從羅釋	此條金璋所列均爲金文字形，但他指出卜辭中召爲地名，應是參考了羅振玉的意見。羅氏在《書考》第11頁地名"召"下就列出金文字形，甲骨字形、等。
270	(字形)	辟	從羅釋	金璋認爲（辛）象鞭子之形，（卩）是跽跪的人形。辟從卩從辛，象跽跪的人在遭受鞭子的抽打。
271	(字形)	矦	從羅釋	金璋翻譯羅氏的考釋內容，矦即現代的侯。
272	(字形)	效	從羅釋	金璋從羅振玉釋"效"，疑爲形聲字。
273	(字形)	射	從羅釋	金璋翻譯羅氏的考釋內容，分析了從到躬（）、射（）的字形演變過程。
274	(字形)	皿	從羅釋	羅氏把、、都釋爲"皿"。金璋認爲可釋皿，但、不是皿字。金璋此說可從。查之原文，後兩字形當釋爲肩。

續　表

編號	古文字形	現代字形	他釋/自釋	金璋的考釋要點及簡評
275		血	從羅釋	金璋從羅振玉説，認爲血从皿从〇，象祭器中有血形，表示"祭所薦牲血也"。甲骨文中有"血室"，或爲廟室。"血毛詔於室"，可能就是血室的名稱由來。
276		浴	從羅釋	羅、金皆誤。此字當從陳邦懷釋溫。
277		粵	從羅釋	金璋翻譯羅氏的考釋内容，指出粵象皿在桌或臺上之形。
278		宓	從羅釋	金璋指出宓即寧。古文字形比篆文字形更加簡省，从宀，住所的象形，从粵。粵、宓，或爲寧省心，加心則表示内心的安寧。
279		盥	從羅釋	金璋翻譯羅氏的考釋内容。此字今釋"罙"（探）。
280		奠	從羅釋	金璋指出奠象尊置於臺上之形，臺等平面通常用一橫表示，有時也加兩腿。奠在卜辭中是地名，或爲鄭的初文。
281		斝	從王國維釋	金璋翻譯羅氏引王國維的考釋内容，並指出是爵，是斝。二字的區别是斝無流，爵有流。羅、金、王皆誤。此字當釋爲戮。卜辭中斝作等形。
282		登	從羅釋	金璋指出象雙手把器蓋或食物放在豆上之形，即後世"鐙"字所表達之義。上从，象兩脚齊並向外，是義符；下从，象手執豆形，或即後世之登。
283		喜	從羅釋	金璋指出這是一個會意字，从壴从口，壴是懸挂的鼓形，口是表示發聲的義符，整個字形通過聲樂或器樂以表達喜樂之情。
284		网	從羅釋	金璋翻譯羅氏的考釋内容。
285		同	從羅釋	金璋認爲同可能是"筒"的初文。
286		亞	從羅釋	金璋指出甲骨文壺字作形，壺从亞，可知亞即祭器之形。現代的亞字是從有口、有足、鼓腹的器形演變來的，其初形可能是。
287		束	金璋釋	金璋釋束，認爲這可能是木、莖兩側各有兩根刺的表意組合。此説不可從。此字于省吾釋朿。束在卜辭中作等形。

第五章　金璋的甲骨文字考釋(下)　·277·

續　表

編號	古文字形	現代字形	他釋/自釋	金璋的考釋要點及簡評
288	中	仲	從羅釋	金璋翻譯羅氏的考釋內容,並指出此字可能是表示中間、中正之"中"的區別性簡寫字體,後加亻旁進行區別。
289		史	從羅釋	金璋翻譯羅氏的考釋內容。此字象手執某種書寫工具,金璋認爲手執的應是毛筆,不是刻刀。
290		曹	從羅釋	金璋引段玉裁說,認爲兩曹(即原告、被告)在廷東,故從二東之棘。從口,表示原告和被告雙方的陳詞。
291		輿	從羅釋	羅、金皆誤。查之原片,此字當爲 ,羅氏摹作 ,金璋亦從其誤。此字從東,不從車,應隸定爲䡄。
292		帚	從羅釋	羅氏認爲帚在卜辭中都假借爲歸,金璋指出卜辭中有歸字。
293		自	從羅釋	金璋翻譯羅氏的考釋內容。
294		䏡	從羅釋	金璋翻譯羅氏的考釋內容。此字現隸定爲䏡,但字義仍從羅說。
295		官	從羅釋	羅氏認爲 是師的古字。金璋則引戴侗說,認爲其古字當爲 , 即環,是官的聲符,自是從 訛變來的。
296		旅	從羅釋	金璋引龔自珍說,認爲此字象兩人站在旗下之形,象徵對軍隊發出的號令。
297		獸	從羅釋	羅氏認爲此字從單從犬,單是戰之省,古者以田狩習戰陳,故從戰省。金璋則引用王國維說,認爲丫乃畢之象形,單是畢之訛變。
298		夢	從丁山釋	金璋引用丁山《釋夢》篇的內容,指出夢的甲骨字形不僅刻畫了人躺在床上睡覺之情形,還強調了伸出的胳膊和手,以及頭部突出的兩個彎鉤。
299		冓	從羅釋	此字羅振玉釋遘,金璋釋爲冓,指出冓是構、媾、覯等字的義符,表示相交相遇義。
300		旁	從羅釋	金璋翻譯羅氏的考釋內容。
301		朕	從羅釋	金璋引用段玉裁說,認爲朕的本義是舟縫,用作第一人稱,乃是同音假借。

續　表

編號	古文字形	現代字形	他釋/自釋	金璋的考釋要點及簡評
302		車	從羅釋	金璋翻譯羅氏的考釋內容，並列出金文車作 等形。
303		絲	金璋釋	此字羅振玉釋丝，金璋釋爲絲，指出此爲兩股生絲的象形，應是絲的初文，在甲骨文中假借爲茲。
304		弔	從容庚釋	金璋翻譯容庚《金文編》卷八"弔"字條下的釋文。
305		斅	從羅釋	金璋指出此字上部從手執 形是聲符，下部從 （宀）是義符。斅，義爲教學之所，相當於現代的學。
306		教	從羅釋	金璋指出教從攴、從爻，可能是形聲字，攴是義符，有控制、管理之義，爻是聲符。或又增 （子）形，是教的對象。
307		王	從羅釋	金璋翻譯羅氏的考釋內容。
308	（篆文）	乇	從《說文》	此條未列古文字形。金璋引用《說文》對"乇"的解釋。
309		祖（且）	從羅釋	金璋指出且爲俎之象形，假借爲且先之且，祖是後起的形聲字。且又增肉形，分化出俎，表示其本義。
310		谷	從羅釋	金璋翻譯羅氏的考釋內容。
311		彤	從羅釋	金璋翻譯羅氏的考釋內容，並指出王襄把" "釋爲"彤衣"，認爲是"丹飾之衣"，這是不對的。
312		小	從羅釋	羅振玉把" "釋爲小，把" "釋爲少。金璋把這兩種字形都釋爲小，認爲"小"象細小的微粒。金璋此說可從，少和小在甲骨文中尚未完全分化。
313		才	從羅釋	金璋指出甲骨文中"才"都讀爲"在"，金文 和 是從土才聲的形聲字。
314		亡	從羅釋	金璋翻譯羅氏的考釋內容。
315		用	從羅釋	金璋翻譯羅氏的考釋內容。
316		卜	從羅釋	金璋指出卜字像甲骨上的兆坼之形，湛約翰在甲骨出現之前就有此論。
317		占	從羅釋	金璋翻譯羅氏的考釋內容。孫亞冰指出，這個從卜從口的字應釋爲司。

續　表

編號	古文字形	現代字形	他釋/自釋	金璋的考釋要點及簡評
318	于 于	于	從羅釋	金璋翻譯羅氏的考釋内容。
319	弗	弗	從羅釋	金璋指出此字从己,與 ⼺(弟)所从的己一樣,指纏繞的繩子。弗用作否定詞,或許與兩股繩子的對抗或相反有關。
320	智	智	從羅釋	羅、金皆誤。查之原片,此字當爲 ⽊ 的上半部,羅氏誤分爲二字,金璋亦誤。⽊ 从 秋 从 ⽊,可釋爲"智"。
321	熊	熊	從羅釋	金璋從羅釋熊,但又指出此字上部與 㠯 相同,下部似爲肉形或 泉 字。金璋的質疑和對字形的分析是值得肯定的。該字確是从 㠯 从 泉,可隸定爲 㲋,不是熊。

第六章 金璋對商代歷史的研究

在金璋發表的諸多論文中,有不少涉及商代歷史研究的內容,主要包括對商代的世系、高祖、天象、農業、田獵、動物、巫術、占卜、數字等多方面的研究。限於篇幅,本章就擇要對金璋在商代世系、商代天象、動物、占卜、數字等五個方面的研究成果進行介紹和評述。

第一節 金璋對商代世系及先祖的研究

金璋對商代世系進行研究的論文主要有三篇,分別是:《商代之帝王》,《河南遺物的新研究及其成績》和《殷虛甲骨上所載王室譜系及商代之記載》。第一篇是在羅振玉《殷虛書契考釋》的基礎上對商代世系的再研究。第二篇吸收了王國維的商代世系研究成果,並有所發明。第三篇是金璋對商代世系的新闡述。另外,劍橋大學圖書館所藏金璋檔案中有一批25頁的散亂手稿,筆者整理後暫定題目為《釋䇂、𥆞、𠂤》,該文對卜辭中出現的䇂、𥆞、𠂤等祭祀對象進行了研究。下面分別就這四篇文章的主要內容進行介紹。

一、《商代之帝王》對商代世系的研究

《商代之帝王》發表於1917年1月。此文是在羅振玉《殷虛書契考釋》(1914)的基礎上寫成的。根據庫壽齡和金璋的往來書信可知,金璋在1915年8月就拿到了《殷虛書契考釋》這本書。他在1916年10月發表的《中國數字和計數體系(下)》中就引用了此書對"肜日"的解釋。可知,金璋對這本書進行過仔細閱讀。《商代之帝王》一文,就是在仔細閱讀了羅振玉對商代世系的研究成果後寫成的。這篇文章主要有以下幾點內容:(1)糾正了此前認為安陽甲骨文是周代遺物的錯誤觀點,承認它是商

代遺物。在《最近發現之中國周朝文字》(1911)一文中，金璋指出蘇格蘭博物館所藏甲骨文中有"陳狃子"①一詞。陳狃子見於《左傳・莊公二十二年》，因此，他認爲甲骨刻辭的時代不應晚於東周。而羅振玉對商王世次的詳細闡述，促使金璋改變了自己的看法。(2)譯述了羅振玉認爲商王以日爲名的觀點，指出日名即王的生日。(3)譯述了羅振玉對商王世次的研究成果，並有所補充或異議。金璋首先列出《史記》和《竹書紀年》所載商朝自成湯到紂辛共 30 位王的世次，然後根據羅振玉的研究，對照甲骨刻辭一一進行分析。對各世商王名號的研究，羅氏有所分析的，金璋基本全文引述。羅氏沒有分析或金璋有不同意見之處，金璋則予以補充説明。(4)譯述了羅振玉對成湯之前高祖的研究。(5)譯述了羅振玉對商王配偶的研究，並引述了羅振玉對奭的考釋。

　　金璋對羅氏有所糾正或補充的内容有：(1)羅氏認爲卜辭中的帝甲可能是文獻中的河亶甲或沃甲。金璋認爲就是河亶甲。(2)羅振玉把卜辭中的 ⇞、⇞、⇞、⇞、⇞ 等形釋爲羊，認爲羊甲即文獻中的陽甲。金璋認爲這不是羊字。羊是卜辭中常見的祭牲，從不作如是寫。這個字可能與羊讀音相同，故可以同音假借爲羊或陽。(3)關於般庚之般。金璋認爲般的本義可能是移動、變動位置，因此般庚之名或許得自他曾六次遷都。(4)羅氏所列卜辭中有而文獻中沒有的祖先名：祖丙、小丁、祖戊、中己、南壬。金璋指出，沃丁、雍己、沃甲、廩辛，卜辭未見。小丁可能就是沃丁，中己可能就是雍己。(5)羅氏認爲卜辭中的示壬、示癸就是文獻中的主壬、主癸，金璋對此表示贊同。但羅氏認爲卜辭中的示丁就是文獻中的報丁，金璋則表示反對。他指出卜辭中有 ⇞、⇞、⇞，就是文獻中的報丁、報丙、報乙。

　　金璋的觀點也有可商榷之處：(1)帝甲不好判斷是哪位甲名先王。陳夢家以爲帝甲可能是武丁之子祖甲。(《綜述》408 頁)所見出現帝甲内容的卜辭有《合集》27437—27439 這三片，均爲廩辛康丁時期卜辭。帝甲或爲祖甲之美稱，也可能是其他甲名先王。② 河亶甲在卜辭中稱戔(⇞)甲。(2)金璋指出 ⇞ 甲不應釋爲羊甲，這是正確的。但他采納羅氏的説法，認爲 ⇞ 甲即文獻中的陽甲，則是錯誤的。郭沫若《卜辭通纂》指出 ⇞ 甲

---

① 按："陳狃子"，見於陳逆簠銘："隹王正月初吉丁亥。少子陳逆曰：余，陳狃子之裔孫。"參看江淑惠：《陳逆簠》，《齊國彝銘彙考》，臺灣大學出版委員會，1990 年。
② 郭旭東、張源心、張堅主編：《殷墟甲骨學大辭典》，中國社會科學出版社，2020 年，第 625 頁。

就是文獻中的沃甲,只不過他把𥘅釋爲芍,認爲芍乃狗之象形文,以芍與沃爲通假。于省吾《釋羌甲》一文指出𥘅、𥘅應釋爲羌,不是芍,不過他贊同郭氏所説甲骨文之羌甲即爲殷本紀之沃甲,沃乃羌字之形譌。① (3) 般庚之般作𣪊,从凡从攴,古文字从攴與从殳無別,後世"凡"形又與"舟"形相混,故演變成从周从攴的般。般庚之名是否與般庚頻繁遷都有關,難以考證。(4) 沃丁在卜辭中未見,雍己在卜辭中作合文𠃬,沃甲在卜辭中稱羌甲(𥘅甲),廩辛在卜辭中稱兄辛。金璋認爲小丁可能就是沃丁,中己可能就是雍己,這是不正確的。(5) 金璋指出𠂤、𠃬、𠃬就是文獻中的報丁、報丙、報乙,這是非常正確的,可惜他没有發現三者的順序不對。

二、《河南遺物的新研究及其成績》對商代世系的研究

這篇文章發表於 1921 年 1 月,是根據王國維《戩壽堂所藏殷虛文字考釋》對商代世系的研究成果寫成的。這篇文章的主要内容包括:(1) 介紹王國維其人和《戩壽堂所藏殷虛文字》(《藝術叢編》13—15 期)的出版情况,對王氏的學術研究做了高度評價。(2) 介紹王國維在《戩壽堂殷虛書契考釋》中對商王世次的研究成果,並對王氏的貢獻進行了總結。(3) 發表自己對甲(田)字的理解,認爲這是甲胄的象形。這篇文章並未提到王國維 1917 年發表的《殷卜辭中所見先公先王考》和《殷卜辭中所見先公先王續考》兩文。

金璋所引王國維對商王世次的研究成果主要有以下幾點:(1)《殷本紀》所載成湯之前的 13 代祖先(契—昭明—相土—昌若—曹圉—冥—振—微—報丁—報乙—報丙—主壬—主癸),王國維從卜辭中認出了 8 位:土(相土)、王亥(振)、上甲(微)、報乙、報丙、報丁、示壬、示癸。金璋在 1917 年的發表的《商代之帝王》文章中已經指出,卜辭中的𠂤、𠃬、𠃬就是文獻中的報丁、報丙、報乙。王國維比他更加進步,通過《戩》1.10 和《後上》8.14 的綴合,證明了《殷本紀》所記三報順序是錯的。(2) 譯述了王國維在《戩》1.10 下的考釋内容。但他對王氏的幾個説法,提出了自己的疑問。(a) 王氏寫到:"又據此次序則首甲、次乙、次丙、次丁,而終於壬癸,與十日之次全同,疑商人以日爲號,乃成湯以後之事。其先世諸公生卒之日至湯有天下定祀典名號時已不可知,故即用十日之次以追名之,否則不應如是巧合也。"金璋認爲"追名"一説是很有説服力的。但他注意

---

① 于省吾:《釋羌甲》,《甲骨文字釋林》,(臺北)大通書局,1981 年,第 43—44 頁。

到六位先公的日名並不是完全相續的,三報與二示之間還缺了戊、己、庚、辛四個天干。難道三報和二示之間還有四位非直系先公?(b)《戩》1.10 和《後上》8.14 的綴合後,祭祀對象缺少大乙、外丙、中壬三位先王。王氏認爲"大丁之後不數外丙中壬者,以外丙中壬非後世殷天子之所自出故也。"金璋表示贊同。但王氏認爲"大乙爲太祖,先公先王或均合食于太祖",所以不提大乙。金璋對此表示懷疑,他認爲"這些卜辭不是商代世系的完整記錄,而是家族中必須被祭祀和崇拜的直系祖先的世系記錄。因此,這裏祭祀大丁,不能證明他確實即過位,沒有祭祀外丙、中壬,也不能說明他們沒有即過位。這片卜辭只能說明在某些祭祀活動中,一些王有受祭資格,一些王沒有受祭資格。"(3)譯述了王國維在《戩》1.5 下對"上甲"的考釋內容。(4)譯述了王國維在《戩》3.3 下對"毓"(后)和"后祖乙"的考釋內容。

金璋認爲王國維的重要貢獻有以下幾點:(1)根據卜辭證明了《殷本紀》是真實可信的。(2)把 居、唐、㝒、㝒、㝒、㝒 等形釋爲"毓",並指出它在卜辭中用作先後之後,這樣卜辭中常見的"自上甲至於多毓"就能讀懂了。(3)他指出 囲囲 都是上甲,則 一、二 都是上的異體字。(4)他明確指出了 田(田)和 甲(上甲)的區別。

這篇文章有兩點值得注意的地方:(1)金璋指出,他在《商代之帝王》中已經把 囙、冈、𠃊 釋爲報丁、報丙、報乙。而王國維把《戩》1.10 和《後上》8.14 進行了綴合,證明了報丁、報丙、報乙的順序是錯誤的,正確的順序應爲報乙、報丙、報丁。對於王氏的這一發明創見,金璋非常贊賞。(2)王國維認爲商人以日爲號乃成湯以後之事,其先世諸公生卒之日,至湯有天下定祀典名號時已不可知,故上甲、報乙、報丙、報丁、示壬、示癸等六位先公的日名,乃是以十日之次以追名之。金璋認爲"追名說"是可信的,但他也注意到六位先公的日名並非完全相續,三報與二示之間還缺少戊、己、庚、辛四個天干。因此,他認爲"追名說"仍需繼續研究。(3)金璋認爲王氏最大貢獻就是根據卜辭證明了《殷本紀》的真實可信。

這篇文章也有可商榷之處:(1)金璋認爲甲(甲)是甲冑的象形,這顯然是錯的。甲與囙、冈、𠃊 的字形結構是相同的,都是合文,囗和匚都表示神龕,甲、乙、丙、丁是廟號。(2)關於上甲六示的廟號來源問題,王國維的"追名說"僅部分正確。上甲、三報爲後人追定,但周祭中有示壬配妣庚、示癸配妣甲,妣庚、妣甲日干並不相次,說明這是有典可考的。同樣,示壬、示癸的廟號也是如此,並非追定。① (3)《戩》1.10 和《後上》8.14 綴合後並不全,董作賓又把《善》277 綴合上去(《合集》32384=《後上》8.14+《戩》1.10+《善》277)②,完整的卜辭應是:乙未酚盐品上甲十、匚乙三、匚丙三、匚丁三、示壬三、示癸三、大乙十、大丁十、大甲十、大庚七、小甲三…三、祖乙…。大乙也在受祭之列。(4)王國維認爲后祖乙即武乙,這是有問題的。郭沫若、董作賓均指出后祖乙即小乙。姚孝遂認爲"毓祖乙"即小乙,是相對"高祖乙"而言的。③

三、《殷虛甲骨上所載王室譜系及商代之記載》對商代世系的研究

這篇文章發表於 1923 年。前半部分論述了家譜刻辭存在的必要性和可能性,後半部分論述了與商代世系相關的幾個問題。這篇文章論及商代世系的內容有:(1)指出卜辭中有 6 位祖先名在文獻中沒有出現過,即祖丙、小丁、祖戊、中己、南壬、祖卯。文獻中有 5 位祖先名在卜辭中沒有出現過,即沃丁、雍己、河亶甲、沃甲、廪辛。(2)論證了成唐即大乙。(3)認爲卜辭中的祖己就是文獻中的雍己。因爲祖己出現在王賓卜辭中,應該是商代的先祖,而以己爲名的先祖中,只有雍己在卜辭中沒有找到對應的名字。因此,他認爲卜辭中的祖己就是文獻中的雍己。(4)羅振玉在把 扜 釋爲戩之本字,而金璋指出卜辭中有一位名叫"扜甲"的祖先,見於《金》518。在這片卜辭中,扜甲和陽甲、小甲同時出現,可知他也是一位先王。但扜甲是河亶甲還是沃甲,則很難斷定。(5)論述了卜壬、卜丙是如何演變成外壬、外丙的。指出《竹書紀年》和《史記》雖然可信,但也有錯誤之處,當以卜辭爲準。(6)指出卜辭中的"文武丁"就是《竹書紀年》中的"文丁",文丁是文武丁的簡稱,《史記》載爲"太丁"是錯的。卜辭中的"康祖丁"就是文獻中的"康丁",卜辭中的"武祖乙"就是文獻中的"武乙"。

對於金璋的上述觀點,我們需要辯證來看:(1)首先,卜辭中沒有

---

① 于省吾:《釋上甲六示的廟號以及我國成文歷史的開始》,《甲骨文字釋林》,(臺北)大通書局,1981 年,第 193—197 頁。
② 裘錫圭:《〈醉古集〉207 組綴合的歷組合祭卜辭補說》,《古文字研究》第 29 輯,中華書局,2012 年。郭沫若在《卜辭通纂》和《殷契粹編》中就引用了董作賓的綴合成果。
③ 轉引自郭旭東、張源心、張堅主編:《殷墟甲骨學大辭典》,中國社會科學出版社,2020年,第 615—616 頁"毓祖乙"。

"祖卯"這個稱謂,金璋所見應爲僞刻。其次,金璋所舉卜辭未見之雍己、河亶甲、沃甲等祖先名,實際上在卜辭中是存在的,只不過受材料所限,金璋並未看到。雍己在卜辭中稱㔷(吳其昌補充),河亶甲在卜辭中稱𢦏甲(郭沫若補充),沃甲在卜辭中稱羌甲(郭沫若補充),廩辛在卜辭中稱兄辛(董作賓補充)。① (2)成唐即大乙,這是正確的。(3)卜辭中的祖己並非文獻中的雍己,而是祖庚、祖甲之兄長孝己。(4)《金》518(即《英》2510)這片卜辭中有羌甲(沃甲)、𢦏甲(河亶甲)和𩰫甲(陽甲),沒有小甲。(5)金璋指出"文武丁"就是"文丁","康祖丁"就是"康丁","武祖乙"就是"武乙",這是非常正確的,完全是他個人的獨立發明。

四、《卜辭所見之夒、𤔲、㞢、𩫖》對商代先祖的研究

這篇文章是從25頁散亂的手稿和打印稿中整理出來的。原文並無標題,且内容散亂,並不完整,但能大致看出它的研究對象是卜辭中常見的夒、𤔲、㞢、𩫖等祭祀對象,故暫定此標題。關於夒,金璋主要引用了郭沫若《殷契粹編》(1937年出版)1—8片的内容。關於𤔲、㞢、𩫖,金璋使用的材料主要是唐蘭《天壤閣甲骨文存并考釋》②第66號甲骨的釋文下列出的一片甲骨摹本,摹本下面標有"此明義士藏骨,承容庚氏以拓本見借,摹録如次。戠於此爲人名或地名"等字樣。經核對,這片甲骨即《南明》448(《合集》33293)。《殷契粹編》是1937年出版,《天壤閣甲骨文存并考釋》是1939年出版,據此可以推斷,金璋這篇論文的寫作時間應在1939年之後。

(1)夒。金璋引用郭沫若的説法,釋爲夒。郭沫若指出《粹編》中有"高祖夒",或稱"夒高祖",王國維釋爲帝嚳。又有"夒㞢上甲",表明夒確是殷之始祖。又説:"夒實殷之先,爲其鼻祖。夒即猱字,與嚳音同部。王國維説夒爲帝嚳,此其佳證矣。"③金璋顯然贊同王國維和郭沫若的看法。他引用了《説文》對夒的解釋:"貪獸也。一曰母猴,似人。從頁,巳、止、

---

① 陳夢家:《殷虚卜辭綜述》,中華書局,1956年,第333—336頁。
② 唐蘭:《天壤閣甲骨文存并考釋》,1939年,北平輔仁大學影印本。
③ 郭沫若在《粹編》第一片釋文中説:"高祖夒'亦見下片,或稱'夒高祖',王國維釋爲帝嚳,近人亦有疑之者。本書第三片有"夒㞢上甲",表明夒確是殷之始祖,王説無可易。在第二片釋文中又説:言"夒實殷之先,爲其鼻祖。夒即猱字,與嚳音同部。王國維説夒爲帝嚳,此其佳證矣。"

夊,其手足。臣鉉等曰:巳、止,皆象形也。"並對甲文 🐒 進行了字形分析:身體面朝左方,上部是人或猴的頭部,但已經簡化成目形。頭部下方是脊柱和一條伸向前方並彎曲的手臂,手指向嘴部,這是吃的動作。脊柱下方是大腿、小腿和腳掌,在篆文中訛變成夊。脊椎和大腿相連的位置,還有一條向後向下垂着的短畫,這是尾巴。從這條尾巴可知,這應是猴子的象形。而夒即猴也。可知, 🐒 應釋爲夒。

(2) 🏔。唐蘭在第 66 號甲骨考釋中將其釋爲"羔",金璋則引用孫詒讓的説法,釋爲"嶽"(岳)。孫詒讓説:"嶽,《説文》古文作 🏔,云象高形。甲文岳字屢見,作 🏔,又作 🏔,下即從古文山,而上則象其高峻巘陛,與丘形相邇,蓋於山上更爲丘山再成重疊之形,正以形容其高。許書古文亦即此字,而變 ⋏ 爲 ⌒,有類橫弓,則失其本形矣。"①金璋指出,孫氏雖然分析了嶽的字形,但並未解決歷史學上的問題。從卜辭轉向司馬遷的《史記》,傳説中的君主舜有四位得力的達官貴人來輔佐他治理國家,這四位虛構的官員分別是禹、皋陶、契、後稷。他們分別對應卜辭中的哪個祖先神?

(3) 🐒。首先來説禹這個人。禹篆文作 虎,《説文》釋曰:"蟲也,從厹,象形。"禺篆文作 禺,《説文》釋曰:"母猴屬。頭似鬼。從由從厹。"儘管 虎、禺 這兩個字形非常相似,但許慎把它們分別列入第 14 卷和第 9 卷。金璋認爲大禹的名字最初只有一個字形,應是某種猿猴屬動物。金璋首先介紹了唐蘭的解釋。唐蘭認爲 🐒 即頁字。他在《天》34 考釋中説:" 🐒,余謂當釋爲頁,蓋由頔、䫏、夒等之偏旁証之,頁本作 🐒,此第小變其形耳。頁與夏本一字。'湯既勝夏,欲遷其社,不可,作夏社。'疑此頁即夏社,故卜辭之祭,與河岳比隆也。"在《天》66 考釋中,又認爲這片明義士甲骨是把 🐒 釋爲頁的極佳之證。金璋對此並不贊同,他認爲 🐒 應釋爲禹。禹和禺是一個字,都是"母猴屬",本義應爲猴子。

(4) 🦅。唐蘭釋爲䫏,"此明義士藏骨,承容庚氏以拓本見借,摹録如次。䫏於此爲人名或地名。"金璋認爲 🦅 就是《史記》中記載的帝舜指定的司農後稷。"爲了尋求安全,或者保證食物供給,最初用作戰爭的工具,逐漸轉變成開發土地的農業生産工具。戰斧成了原始的鋤頭。上面的文字 🦅 就是明證。一個人扭向左邊,突出了彎曲的腿部,尤其是腳,爲了突

---

① 按:金璋轉引自朱芳圃《甲骨學文字編》。可參看朱芳圃編著:《甲骨學文字編》,(臺北)商務印書館,1983 年,卷九,第 4 頁。

出身體的努力。胳膊伸向背後,抓着一把倒置的戰斧,用力劃開堅硬的土地;這正揭示了遠古農業誕生的情形,可能在紅銅時代後期。這個字也是一幅肖像畫,是舜指定的司農的真實形象,在《史記》中被稱爲後稷。"

五、金璋在商代世系及先祖研究上的新發現

從上述内容可知,金璋對商代世系的研究主要引用了羅振玉和王國維的觀點。但金璋並非完全盲從,而是有自己的思考和發現。比如,在《商代之帝王》中,金璋就指出司、冈、匚是《史記》中的報丁、報丙、報乙,這完全是他個人的創見。羅振玉把 ㄔ、㧑 釋爲羊,並認爲羊甲即《史記》中的陽甲,這兩點都是不對的。金璋指出 ㄔ、ㄔ、㧑、㧑、㧑 不是羊字,這是非常正確的意見。雖然他也錯誤地認爲 ㄔ 甲就是陽甲,但在甲骨學興起的初期,這種錯誤也並非金璋所獨有。王國維、董作賓等學者都認爲 ㄔ 甲就是陽甲,他們甚至没有指出 ㄔ 不是羊字。孫詒讓在《契文舉例》中已把 ㄔ 釋爲羌,可惜並未引起學者的關注。郭沫若在《卜辭通纂》中始指出 ㄔ 甲就是《史記》中的沃甲,但他把 ㄔ 釋爲芍,認爲苟乃狗之象形文。唐蘭先從羅説,後改從郭説,只是他把 ㄔ 釋爲羌,認爲羌與沃音近相通。于省吾《釋羌甲》又明確指出 ㄔ、㧑 應釋爲羌、羌,但羌、沃並非音近相通,沃乃羌的訛變字形。

在《河南遺物的新研究及其成績》中,金璋認爲甲(田)是甲胄的象形,這顯然是錯的。但他指出 田 與司、冈、匚 的字形結構相同,都是合文,並認爲 口 和 匚 都表示神龕,則是正確的意見。他還指出三報與二示之間缺少戊、己、庚、辛四個天干,因此王國維的"追名説"仍值得探討。金璋的懷疑是值得肯定的。根據學者的研究,示壬配妣庚、示癸配妣甲也在周祭範圍之内,這説明示壬、示癸並非追名,而是有典可考的。

在《殷虚甲骨上所載王室譜系及商代之記載》中,金璋根據文例指出卜辭中的"扞甲"也是商王名號。王國維認爲卜辭中的"后祖乙"是文獻中的"武乙",金璋則指出卜辭中的"武祖乙"才是文獻中的"武乙",糾正了王氏的錯誤。他還指出卜辭中的"文武丁"就是文獻中的"文丁",卜辭中的"康祖丁"就是文獻中的"康丁"。這些都是非常正確的意見。

金璋的研究也有一些錯誤之處。比如,《金》518(即《英》2510)這片卜辭中有羌甲(沃甲)、扞甲(河亶甲)和魯甲(陽甲),但没有小甲,金璋的釋讀有誤。卜辭中没有祖卯這個稱謂。卜辭中的祖己就是祖庚祖甲之兄孝己(董作賓補充),並非雍己。雍己在卜辭中寫作 己(吴其昌補充),

河亶甲在卜辭中寫作🐚甲（郭沫若補充），沃甲在卜辭中寫作羌甲（郭沫若補充），廩辛在康丁卜辭中稱爲兄辛（董作賓補充）。① 但這些錯誤主要是由客觀條件的局限造成的。隨着材料的逐漸增多和研究的日漸深入，這些錯誤才逐漸被學者發現並重新得到解決。

在有關商代先祖的研究上，金璋贊同王國維和郭沫若之説，認爲卜辭中的🔣可釋爲夒，對應文獻中的帝嚳。他否定唐蘭將🔣釋爲羔的説法，轉而采用孫詒讓的説法，將之釋爲"嶽"（岳）。他不贊同唐蘭將卜辭中的🔣釋爲頁，改釋爲禹，認爲即文獻中的禹，他還認爲🔣就是文獻中的后稷。這些都是他將卜辭和文獻對讀之後所得之結論，無論正確與否，都值得在甲骨學史上留下一筆。

第二節　金璋對商代天象的研究

金璋研究商代天象的論文有四篇。1931—1932 年間，金璋連續發表了《虹尾在哪裏——地龍和天龍·引言》《釋龍辰（上）——地龍·龍》和《釋龍辰（下）——天龍·辰》三篇文章，分别討論了卜辭中的虹、龍、辰三個字。金璋認爲這三個字都與天象有關，而且彼此之間有密不可分的聯繫。1942 年，金璋又發表《日光和月光》，對卜辭中的"🔣"進行了研究。郭沫若把"🔣"釋爲"月蝕"，認爲這是商代月食的記載。金璋則認爲"🔣"應釋爲"夕晦"，表示傍晚天氣陰晦。

從現在的研究成果來看，以上四篇文章所討論的内容並非都與天象有關。比如辰，現代學者一般認爲它的字形起源於某種農具，後同音假借爲干支字。至於🔣，現代多數學者都把它解釋成一個時間連詞。但在金璋看來，它們都與天象有關。因此筆者把它們分成一類，視爲金璋對商代天象的研究成果。下面，筆者就對這四篇文章的主要内容進行簡要闡述。

一、《虹尾在哪裏》對商代天象的研究

這篇文章發表於 1931 年 7 月，討論了甲骨文中的🔣字。金璋首次把🔣釋爲虹，對它的字形進行了分析，闡述了虹和龍之間的關係，並考釋了《菁》4（《合集》10405 反）骨扇上與虹相關的三行刻辭。

---

① 參看陳夢家：《殷虛卜辭綜述》，中華書局，2008 年，第 333—336 頁。

第六章　金璋對商代歷史的研究 ·289·

　　金璋指出《菁》4、《前》7.7.1(《合集》13444)和《前》7.43.2(《合集》13442 正＝《前》7.43.2 正＋《珠》1422 正)都有 ⌒ 這個字形,其中《菁》4 的字形最清楚。高田忠周《古籀篇》引用了《菁》4 這片甲骨,但他把 ⌒ 釋爲"錠"。錠,古器名,其形爲 ▯,《菁》4 中的"出 ⌒"即出地所產之錠。[①] 金璋駁斥了高田的觀點,認爲 ⌒ 是虹的象形,虹乃是後起的形聲字。羅振玉在"龍"字條下已經指出 ▯ 是龍形, ▯ 是龍首。那麼, ⌒ 兩端的動物頭像就是龍首。中國人常説"龍行雨來",也常説"不霽何虹",也即他們認爲龍能降雨,虹能止雨。然而,如果龍能決定降雨,又怎麽不能決定止雨?中國古人認爲萬物有靈,他們必定是在彩虹中看到了神龍的形象,所以才會造出兩端是龍首的" ⌒ "字。虹的盡頭是龍首,恰好暗示了"虹盡龍現"的道理。古詩常用"宛虹"表示"龍",也從側面説明虹和龍之間有密切的關係。

　　金璋不僅考釋出了卜辭中的 ⌒ 就是虹字,還對《菁》4 骨扇上三行有關天象的占卜記録進行了釋讀和分析。金璋的釋文如下:

　　王占曰:士求。八日庚戌士格雲自東,宦母昃夜士出虹自北,▯ 于妣乙。

　　王看了兆相説:已經細察並祈禱過了。在第八天庚申發現云從東方來,宦母在迫近傍晚時發現北方天空出現了彩虹。(?)王酒祭妣乙。

　　金璋對這段刻辭的分析是:(1) 羅振玉和高田忠周都把 ▯ 釋爲之,他認爲 ▯ 即 ▯(志)上部的 ▯,應釋爲"士"。根據高本漢的研究,士通仕。《康熙》:仕,察也。由此可知,士即察也。(2) 自庚戌上溯八日,可知占卜日期應爲癸卯。(3) ▯ ▯ 即"各云",現代寫作"格雲"。《前》7.26.3(即《合集》11501)也有"格雲自北",但"格"寫作格。羅振玉、王襄、高田忠周都没有認出 ▯ 即"云"。(4) ▯ 即宦,爲王襄所釋(見《類篡》第 1 卷第 6、36 頁)。"宦母"與《左傳》中的"宦女"相似。(5) ▯ 即亦,假借爲夜。昃夜,迫近傍晚時。(6) "出虹自"也出現在《前》4.43(即 H13442 正:▯ 出虹自北),都是有關天象的占卜。(7) ▯ 字不識,從字形看應與酒祭有關,可能是"酌"字。(8) 最後一字是妣乙的合文。

　　筆者按:金璋的這段釋文並不準確,正確的釋文應是:王占曰:▯ 希。八日庚戌 ▯ 各云自東,冒母(霧晦),昃亦 ▯ 出虹自北,歙(飲)于河。

―――――――
[①] 參看高田忠周:《古籀篇》第 11 卷第 21 頁,收入劉慶柱、段志宏等主編:《金文文獻集成》第 31 册,綫裝書局,2005 年。

金璋的考釋有幾點錯誤：（1）把"𡆥希"（有不祥之兆）誤爲"士求"，（2）把天氣現象"冒母"（霧晦）①誤爲人名"宦母"，（3）"昃"是時間詞，不是副詞。"亦"在卜辭中可假爲"夜"，但這裏用作副詞，（4） 應釋爲猷，即"飲"，不是"酌"，（5）最後一個字是"河"，不是"妣乙"的合文。

二、《釋龍辰（上）》對商代天象的研究

這篇文章發表於 1931 年 10 月。金璋指出，龍是中國古人虛構出來的神物，也是必須被創造出來的神物。中國的統治者、薩滿巫師以及普通百姓，都頻繁地向龍王祈求降雨。因此，即便是最普通的龍形紋飾或龍形擺件，都會成爲人們虔誠崇拜的對象。在這篇文章的上半部分，金璋就公布了 5 件有關龍的刻辭骨照片，並對刻辭內容進行了考釋。在這篇文章的下半部分，金璋分析了"龍"的甲骨和金文字形，並指出殷人崇拜的龍，其原型可能是短吻鱷。

金璋公布的五件刻辭骨，第一件是金璋所藏的長龍形刻辭骨，即金璋 779，上面有"龍"字。第二件是金璋所藏的夔龍形刻辭骨，即金璋 568，脊背刻辭中有"龍璧"二字。第三件是金璋所藏的龍形刻辭骨，即金璋 433，正反兩面都有刻辭，其中一面有"行龍"二字。第四件是金璋所藏的牛胛骨刻辭，即金璋 338，刻辭中有"行龍"二字。第五件是大英博物院所藏的龍形刻辭骨，即《庫》2003，刻辭中有"占其龍來"四字。後三件刻辭骨上都有"雨"字。金璋考釋了這五件刻辭骨上與龍有關的內容，並用文獻進行佐證，指出龍是古人虛構出來的神靈，負責興雲降雨。由於這五件刻辭骨都是僞刻，這裏就不再詳細闡述了。

關於龍的字形，金璋指出甲骨文龍字寫作 、 ，是龍頭、龍角、龍身的象形。有時簡化成 、 ，缺少了龍角 。金文龍字寫作 ，龍頭部分已有訛變。他又列出了 1—6 和 7—11 這兩組字形，其中 1—7 是羅振玉《殷虛書契考釋》"龍"字條下列出的字形，8—11 是金璋補充的字形。8 出自《明》127，9 出自《金》727，10 出自金璋 181，11 出自《庫》1545：

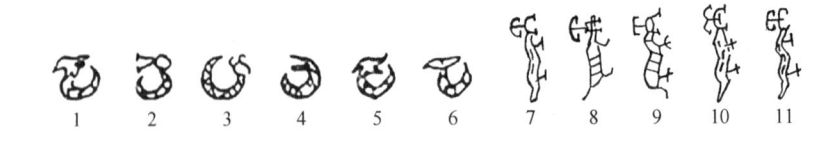

　1　2　3　4　5　6　7　8　9　10　11

---

① 母，孫常敘讀爲"霧晦"，見孫常敘：《釋 母——兼釋各雲、殷 》，《古文字研究》第 15 輯，中華書局，1986 年。

羅振玉、王襄、高田忠周把 1—6 這組字形釋爲龍，金璋認爲這不是龍字。羅振玉把 7—11 這組字形也釋爲龍，金璋認爲這可能是虎字。

除此之外，金璋還提到了西周晚期銅器遅父鐘的龍字。《薛氏鐘鼎款識》①卷七收録了四種版本的遅父鐘，分別采自《維揚石本》《博古録》《考古圖》和《古器物銘》。在這四種不同的版本中，同一個龍字分別寫作 、 、 、 。而在李鼎元刻本《六書故》中，這個龍字又寫作 。金璋認爲 中的 形，可能就是上述字形右下側的 形，它們都是盤旋着沖入雲間、半隱半現的龍身的符號化。正如《説文》所説，龍"能幽，能明，能細，能巨，能短，能長"，因此龍的字形寫法各異也並不稀奇。

最後，金璋又指出，雖然龍的字形可以千變萬化，但是商代貞人在占卜祈雨時，只能把龍的具體形象作爲祈求對象。這個龍的具體形象，金璋認爲就是自然界中的鱷魚。也即，龍這種虛構的神靈是古人根據鱷魚的形象創造出來的。

三、《釋龍辰（下）》對商代天象的研究

這篇文章發表於 1932 年 1 月，主要研究了辰的字形來源以及辰龍之間的關係。金璋列舉了甲骨文中的各種"辰"字，通過對辰的字形分析以及辰與心尾二宿圖的對比研究，認爲辰的字形本源就是心尾二宿相連的圖案。②

金璋指出十二生肖辰屬龍，可知辰和龍必然有某種聯繫。他列出了辰的幾個古文字字形：

1—5　　　6—10

其中，1—5 是金文字形，6—10 是甲文字形。可以看出，辰的甲文字形和金文字形非常接近，最上部的兩條橫畫幾乎完全相同。關於這兩條橫綫，《説文》認爲是"古文上字"，金璋則有不同意見。他列出了下列四個字形，認爲辰字上部的兩條橫綫可能就是 字頭部的變形：

---

① 即（宋）薛尚功《歷代鐘鼎彝器款識法帖》。劉慶柱、段志宏等主編《金文文獻集成》："薛氏收維揚石本、博古録、考古圖、古器物銘四件，乃因摹寫各異而並録之。"綫裝書局，2005 年，第 9 册。
② 金璋檔案中有 33 封德莎素的來信，寫於 1921—1925 之間，主要討論辰字的起源、蒼龍、星宿等内容。由此可見，金璋在 1920 年代就開始思考這個問題。

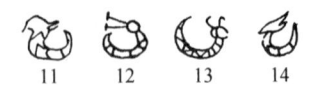

關於辰的字形來源，金璋認爲要從天文學的角度進行思考。中國古代天文學中有"大辰"。根據法國漢學家德莎素（M. L. de Saussure）的研究，大辰即二十八星宿中的房、心、尾三宿。房心尾是蝎子座的一部分，尾宿就是蝎子座的尾巴。而中國古人把蝎子座稱爲東宮蒼龍，尾宿就是龍尾。《釋天》中的心尾二宿圖如下：

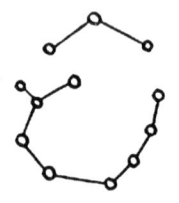

上面三顆星是心宿，下面九顆星是尾宿。可以看出，尾宿九星相連的圖案，正是甲骨文辰（☒）的字形來源。金璋進一步指出，卜辭中的☒字也可能來源於這個圖案，但不能肯定☒與辰是否同字。事實上，羅振玉和王襄都把它釋爲龍，他對此並不滿意。無論☒和辰是否同字，可以肯定的是，它們都起源於相同的星象圖案。

最後，金璋又提到了荷蘭漢學家施古德（Gustava Schlegel）《星辰考原》中的心、尾二宿圖：

這個圖形更能反映心、尾二宿在天空中的真實分布，也與辰的字形更加接近。

綜上所述，金璋認爲辰的字形來源是東宮蒼龍（即天蝎座）的心、尾二宿相連的形象。心尾二宿是東宮蒼龍的一部分，那麼辰和龍相配就容易理解了。

四、《日光和月光》對商代天象的研究

這篇文章發表於 1942 年 4 月，是針對郭沫若《釋蝕》[①]一文寫成的。

[①] 郭沫若：《釋蝕》，《甲骨文字研究》，上海大東書局影印本，1931 年，第 187—196 頁。《郭沫若全集》考古編第一卷（科學出版社，1982 年）所錄《甲骨文字研究》，此篇被刪除。

《釋蝕》是《甲骨文字研究》的第十五篇，出版於 1931 年。在這篇文章中，郭氏把"㚻"釋爲"蝕"，認爲卜辭中常見的"☽㚻"即"月蝕"，是商代月食的記載。金璋則認爲這兩個字應釋爲"夕晦"，表示傍晚天氣陰晦，與月食無關。

郭氏列舉了三條卜辭，第一條是《鐵》185.1（《合集》17299 =《鐵》185.1+《鐵》68.3），第二條是《後下》9.1（《合集》11503 反），第三條是《菁》5（《合集》137 正）。郭氏的釋文如下：

（1）日㞢希三日乙酉月㚻丙戌允㞢來入❏。
（2）……七日己巳月㚻……㞢妣辛大品䇂火……〔㞢〕希其㞢來䇂……不吉。
（3）甲辰大㞢風之☽㚻乙巳❏❏五人五月在❏。

在前兩條卜辭中，郭氏把"☽㚻"隸定爲"月㚻"，釋爲"月蝕"。在第三條卜辭中，郭氏把"㞢☽㚻"隸定爲"之☽㚻"，釋爲"之夕蝕"。郭氏曰："此以'之☽㚻'連文，☽當是夕。古月夕字每混用，然大抵以有點者爲月，無點者爲夕。'之☽㚻'者，此夕㚻。此夕㚻者，甲辰之夕㚻。故此亦介在甲辰與乙巳二日之間。……由上三例余以爲㚻字之意可確知。事爲災咎，屬於月而見於夕，則非蝕字而何耶？且釋爲蝕字於字形亦有説。"

金璋指出，細察原片，第三條卜辭中的"㞢☽㚻"實際寫作"㞢☾㚻"，郭氏對第二個字的摹寫有誤。另外，郭氏認爲"有點者爲月，無點者爲夕"，這也是不對的。根據董作賓的研究，武丁時期月寫作☽，夕寫作☾。帝乙時期月寫作☾，夕寫作☽。《菁》5 是武丁卜辭，那麽，☾應釋爲夕，不應釋爲月。從語法結構來分析，☾也應是夕字。卜辭中常見"今夕"一語，"之夕"與此結構相同。再者，《菁》5 上同時有"☾"和"☽"兩個字。"☽"與"五"相連，顯然應釋爲"月"。那麽，"☾"必然是"夕"字。

郭氏在《釋蝕》一文的開篇寫道："卜辭有㚻字，每與月夕字連文，而介在連接二干支之間，意含凶咎。"金璋指出，既然上文已經證明"☾"爲"夕"，那麽，上述三片卜辭中的"☽㚻"都應釋爲"夕㚻"，郭氏所説的"月㚻"是不存在的。關於《菁》5 這片卜辭，金璋做了如下釋讀。㞢，郭氏無釋，葉玉森釋雷，金璋認爲應釋爲暴，暴風即大風也。㚻，郭氏釋蝕，金璋認爲應釋爲晦。☾㚻即夕晦，指天氣陰晦、没有月亮的夜晚。"之夕晦乙巳"即甲辰到乙巳之間那個没有月亮的陰晦之夜。最後，金璋還提到了唐蘭對◎☼的考釋。① 唐蘭把◎☼釋爲夕良,金璋表示並不贊同。

五、金璋在商代天象研究上的新發現

在以上四篇文章中,金璋對甲骨文中的虹、龍、辰、☼及其相關卜辭等進行了研究,主要涉及商代的天氣和星象兩個方面。

在《虹尾在哪裏》這篇文章中,金璋考釋了甲骨文中的✍字,並對《菁》4骨扇上的三行刻辭進行了釋讀。雖然金璋對這三行刻辭的釋讀並不準確,但他把✍釋爲虹,把ゔ釋爲云,都是首創之舉。✍,1933年,郭沫若在《卜辭通纂》中把✍釋爲蜺,謂"象雌雄二虹而兩端有首"。② 同年,葉玉森在《殷虛書契前編集釋》中認爲✍象橋梁形,可能是橋的初文。③ 1940年,于省吾在《雙劍誃殷契駢枝》中才把✍釋爲虹,④這比金璋晚了九年。ゔ,羅振玉、商承祚都釋旬。瞿潤緡《殷契卜辭》⑤指出卜辭旬字作ゔ,此作ゟ,非旬字。郭沫若在《卜辭通纂》中始指出ゟ即云字,在卜辭中多用作雲雨字,而這又比金璋晚了兩年。可惜,由於國內學者對金璋的研究成果瞭解較少,大家並不知道金璋才是最早把✍釋爲虹、把ゟ釋爲云的學者。

在《釋龍辰(上)》這篇文章中,金璋列出的5件刻辭骨都是僞刻。但儘管如此,這篇文章中仍有可取之處。羅振玉把⊛、ᘾ等都釋爲龍。金璋指出⊛不是龍字,ᘾ應釋爲虎,這些都是正確的意見。⊛,現在一般釋爲"嬴"(luo2)。⑥ 在此文中,金璋認爲龍的原型是鱷魚,也能得到一些學者的贊同。古生物學家楊鐘健在《演化的實證與過程·龍》中就寫道:"譬如在黃河或長江流域,人們習慣於把鱷魚作爲龍的世俗形象,河南濮陽仰韶文化蚌龍便是一尊形象的巨鱷;而出土於山西呂梁的商代龍形銅觥的造型酷似鱷魚,並且銅觥一側的花紋也繪有鱷魚和龍的圖案,似乎都

---

① 唐蘭:《天壤閣甲骨文存并考釋》,北平輔仁大學影印本,1939年,考釋部分第12—13頁。
② 郭沫若:《卜辭通纂》,日本東京文求堂書店石印本四冊,1933年,86頁下—87頁上。
③ 葉玉森:《殷虛書契前編集釋》,八卷八冊,上海大東書局石印本,1933年,7.6釋文。
④ 于省吾:《釋虹》,《雙劍誃殷契駢枝》,大業印刷局,1940年,第15頁。
⑤ 容庚、瞿潤緡:《殷契卜辭》,附釋文及文編各一卷,北京哈佛燕京學社石印本三冊,1933年。
⑥ 參看龍宇純:《説與嬴》,《大陸雜誌》第19卷2期,1957年。

在提供給人們一個明確的暗示：鱷魚曾作爲龍的藝術形象的原始雛形。"①但也有學者對龍的形象進行了細分,認爲有足龍的原型是鱷魚,無足龍的原型是蛇。②

在《釋龍辰(下)》這篇文章中,金璋從天文學的角度考察了辰的字形本源以及辰和龍的關係,認爲甲骨文辰(辰)的字形來源於東宫蒼龍(即天蝎座)之心、尾二宿相連的圖案。雖然多數學者都認爲甲骨文辰字是某種農具的象形,③但把星象與甲骨文研究聯繫起來的並非金璋一人。馮時先生就認爲東宫蒼龍的圖案是龍的字形來源。④

在《日光和月光》這篇文章中,金璋指出郭沫若把《菁》5 的"比☾曶"誤摹爲"比☽曶"。他引用董作賓的説法,並結合語法結構和卜辭文例對☾進行綜合研究,最後斷定《鐵》185.1、《後下》9.1 和《菁》5 上的☽、☾應釋爲夕,進而否定了郭沫若的"月蝕"説。這些都是值得肯定的研究成果。但他把曶釋爲晦,認爲《菁》5 中的"之夕晦乙巳"表示甲辰到乙巳之間那個没有月亮的陰晦之夜,這一點則值得探討。關於甲骨文的曶字,裘錫圭把它釋爲"皿",讀爲"向",認爲它是兩個相鄰干支之間的連接詞。⑤ 現在多數學者都採納了這種意見。那麽,"之夕向乙巳"就表示甲辰日到乙巳日之間的一段時間,但與學者對日界的理解不同,"之夕向乙巳"這段時間屬於甲辰日還是乙巳日,目前還無法確定。⑥ 也有學者不認爲曶是兩個干支之間的連接詞。比如,陳煒湛在釋讀《合集》6834 時做了如下的釋文:"癸丑卜,〔爭〕,貞自今至于丁巳我𢦚𢦚。王固曰:丁巳我毋其𢦚,于來甲子𢦚。旬㞢一日癸亥車弗𢦚,之夕曶,甲子允𢦚。"⑦這種釋讀方式表明他不認爲曶是兩個干支之間的連接詞。

---

① 楊鍾健:《演化的實證與過程·龍》,轉引自馮時《中國天文考古學》第 311 頁。
② 王震中:《濮陽龍與龍之原型》,《濮陽職業技術學院學報》2012 年第 4 期。
③ 于省吾主編、姚孝遂按語:《甲骨文字詁林》,中華書局,1996 年,第 1124—1129 頁。下文簡稱《詁林》。
④ 馮時:《中國天文考古學》,社會科學文獻出版社,2001 年,第 306 頁。
⑤ 裘錫圭:《釋殷墟卜辭中的"曶""曶"等字》,《第二届國際中國古文字學學術研討會論文集》,香港中文大學,1993 年。收入《裘錫圭學術文集·甲骨文卷》,復旦大學出版社,2012 年。
⑥ 比如,彭裕商認爲"皿"字指前一干支末到後一干支始的一段時間,殷代日界不在天明之時,而是包括一段夜間,始於夙時。宋鎮豪則認爲殷商日界是把旦時,即日出前後作爲一天開始的標誌。參看彭裕商:《殷代日界小議》,《殷都學刊》2000 年第 2 期。宋鎮豪:《殷商紀時法補論——關於殷商日界》,《學術月刊》2001 年 12 期。
⑦ 陳煒湛:《甲骨文"允"字説》,《古文字研究》第 25 輯,中華書局,2004 年,第 1 頁。

第三節　金璋對商代動物的研究

金璋研究商代動物的文章主要有四篇,分別是:《評論葉慈教授所著〈中國古代歷史上的馬〉》(1935)、《淺談中國古代無鬃毛的"馬"字》(1935)、《中國兕之服用》(1939)和《商王獵鹿之記録》(1939)。前三篇討論的是甲骨文中的"🐎"(兕),第四篇討論的是甲骨文中的"🦌"(麋)。

一、金璋對商代兕的研究

1935年金璋發表《評論葉慈教授所著〈中國古代歷史上的馬〉》。葉慈教授在《中國古代歷史上的馬》中把🐎和🐎都釋爲馬。金璋在書評中指出,前一個字形是馬字,肩部的短畫突出了馬鬃的形象。後一個字形没有短畫,因此不是馬字。同年,他又發表《淺談中國古代無鬃毛的"馬"字》一文,專門討論了🐎這個字形。他指出,🐎是馬的象形字,勾勒出了馬的頭部、吻突、蹄子、尾巴、鬃毛等幾個典型特徵。🐎雖然也強調了尾巴,但其頭部的形象與🐎完全不同,最重要的是頸部没有鬃毛。因此,他認爲🐎不是馬字。他舉出《殷虛書契菁華》中的一個例子(《菁》3.1,即合集10405正):"甲午王往逐🐎"。羅振玉把🐎釋爲馬,但同版甲骨上又有"小臣𠂤車馬硪𠦪王車",馬的寫法與🐎截然不同,顯然它們不是一個字。他又通過王襄《簠室殷契類纂》、商承祚《殷虚文字類編》、容庚《殷契卜辭》和自己所藏的甲骨,找到了7片有🐎的甲骨卜辭:《前》2.28.3(《合集》37382)、《前》4.47.1(《合集》10932)、《前》7.34.1(《合集》10398,🐎出現兩次)、《後上》30.11(《合集》10403,🐎出現兩次)、《後上》30.10(《合集》24445)、《菁》3.1(《合集》10405正)和《金》862(獲🐎五)。金璋指出,頸部没有鬃毛的🐎字在甲骨文中出現較少,而且常出現在田獵卜辭中,是逐和獲的對象。而頸部有鬃毛的🐎字在甲骨文中出現較多,但從不出現在田獵卜辭中,也不與逐、獲連用。因此,金璋認爲🐎絶不可能是馬字,但他並未指出🐎是什麼動物。

1939年,金璋發表《中國兕之服用》,根據商承祚《殷契佚存》所載"獲商戠兕"獸骨刻辭(《佚》518,即《合補》11299。參看下圖6.1"宰丰骨匕刻辭照片"。金璋摹寫了其中四個字🐎🐎🐎🐎"獲商戠兕")和殷墟考古發掘所得"獲白兕"巨獸頭骨刻辭(即《合集》37398。參看下圖6.2"獲白兕獸頭刻辭拓本"。金璋摹寫了其中三個字 🐾 ○ 🐾 "獲白兕"），①對 🐾 這個字形進行了重新思考，明確指出 🐾 應釋爲兕。金璋的文章應該受到了董作賓《"獲白麟"解》②和唐蘭《獲白兕考》③的啓發。董作賓把 🐾 釋爲麟，認爲這是一種獨角神獸。金璋對此並不贊同。唐蘭把它改釋爲兕，認爲 🐾 就是《說文》中的 🐾，即豸，🐾 是從 🐾 變化而來的。④ 金璋認爲極確，並引述了唐氏的考證過程。金璋認爲，兕是中國境内已經滅絶的一種獨角犀牛，不是野水牛。兕常出現在田獵卜辭中，是商王田獵捕獲的對象。他

圖 6.1　宰丰骨匕刻辭照片
（商承祚《殷契佚存》首頁，拓本見《佚》518）

---

① 金璋檔案中保存着三張中研院歷史語言研究所拓印的獸頭刻辭拓本原件，分别是民國十八年十二月出土的兩個頭骨刻辭，即《合集》37398 和《合集》37743，以及民國二十年四月出土的鹿頭骨刻辭，即《合集》36534。這三張拓本原件是葉慈贈給金璋的，但具體爲何時所贈，檔案中並無記録。
② 董作賓：《"獲白麟"解》，《安陽發掘報告》第 2 期，1930 年。
③ 唐蘭：《獲白兕考》，《燕京大學史學年報》第 4 期，1932 年。
④ 詳見唐蘭：《獲白兕考》，《燕京大學史學年報》第 4 期，1932 年，第 123 頁。

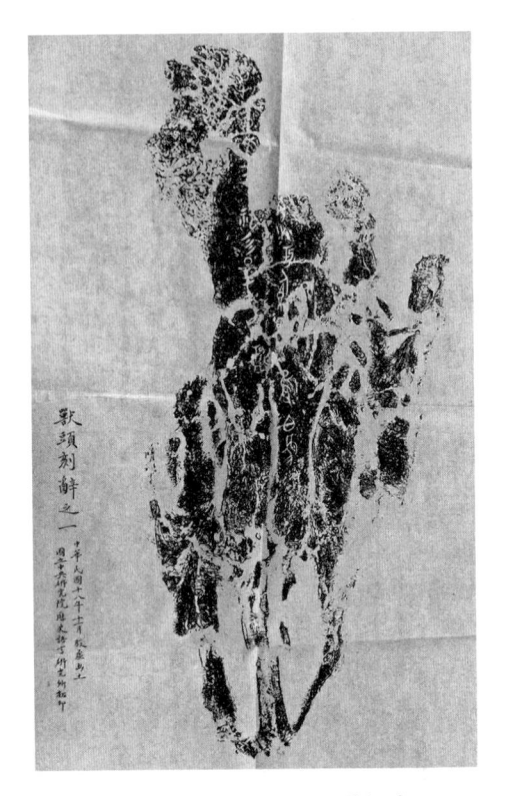

圖 6.2 獲白兕獸頭刻辭拓本
（金璋檔案中所藏拓本原件,2011 年 5 月拍攝）

在文末還引用了大英博物院蓋·多爾曼上尉（Captain John Guy Dollman）①的書信,信中提到根據目前的調查結果,中國古代的犀牛可能是爪哇犀牛或印度犀牛,也可能是一種滅絕的犀牛種。

金璋一共舉出了 7 個字形,並一一進行了分析。這 7 個字形包括：(1) ✦（金璋所藏巨獸頭骨刻辭拓本,即《合集》37398）,(2) ✦（《佚》25,即《合集》10399 正）,(3) ✦（《佚》518,即《合補》11299）,(4) ✦（《前》4.46.6,即《合集》2851）,(5) ✦（《前》1.19.6,即《合集》35932）,(6) ✦（《前》4.46.5,即《合補》2763）,(7) ✦（《前》4.47.2,即《合集》11010）。

第一個字形 ✦,出自上述"獲白兕"。突出了犀牛向後彎曲的獨角和短鈍的吻部這兩個典型特徵。金璋認爲,身體的曲綫和頭部的獨角是表現犀牛這種有角厚皮動物的最佳選擇。

---

① 蓋·多爾曼（1886—1942）,英國的動物學家和分類學家。供職於大英博物院動物學部。參看 http://en.wikipedia.org/wiki/Guy_Dollman。

第二個字形 ![], 商承祚釋爲"馬", 金璋認爲這是不對的。一則商代在河南或山西、山東境内不可能獵獲野馬, 二則它的頸部也沒有鬃毛。這兩點他在《淺談中國古代無鬃毛的"馬"字》中已經分析過了。

第三個字形 ![], 出自上述"獲商戠兕"。與巨獸頭骨刻辭一樣, 這一片也是捕獲犀牛的記載。不同的是, 巨獸頭骨刻辭記載的是捕獲"白"兕, 這一片記載的是捕獲"商戠"。商承祚認爲"商"(![]) 應假借爲賞賜之賞, 戠(![]) 表示黃色(yellow)。金璋對此表示反對, 他認爲"商"應該是一個地名, 戠也不是黃色, 而是棕色或褐色(brown)。他對這句話的解釋是：捕獲了商地的棕色犀牛。關於兕的顏色, 金璋在文末引述了蓋·多爾曼上尉的書信, 指出非洲有一種犀牛叫"白犀", "白兕"和"白犀"這兩個名字可能有相同的起源, 當犀牛全身被厚厚的泥漿覆蓋時, 看起來確實像白色。

第四個字形 ![], 金璋認爲這是甲骨文兕的異體字。他指出這個字形非常簡略, 是圖畫文字向綫條文字發展的結果, 它過分突出了兕的頭和角, 軀幹和四肢則簡化成了人形 ![], 這種簡化方式非常罕見, 也容易引起誤解。金璋沒有説明這個字形出自何處, 筆者經過查找, 發現這個字形見於《前》4.46.6(即《合集》2851)："（1）癸丑〔卜〕, 貞出…三。（2）…貞… ![] 帚…（3）□□卜, 貞…禹…。"除此之外, 還有一片甲骨上有相似的字形, 即《合集》32295(《寧》1.116)："（1）…烄凡于 ![], 雨。（2）…上甲至于父丁十…。"從字形上來看, ![] 和 ![] 應該是同一個字, 其基本構成都是人形。再結合《合集》32295 的内容, ![] 應是祭祀祈雨的對象。那麽, 人形上部的複雜筆畫可能是頭上的裝飾物。因此, 筆者傾向於認爲這個字不是兕。

第五個字形 ![], 金璋指出這個字形比前一個字形更加綫條化, 但不同的是, 這個字形上畫出了兕的兩肢和穗狀尾巴。他在注脚中還對這片甲骨進行了描述, 指出這片甲骨刻辭可分爲上下兩段, 兩段之間並無關聯。下段有 5 行 10 字, 都是一模一樣的兕字。刻寫這些兕字有何用意, 則難以判斷。金璋對這片甲骨的描述是較準確的, 可惜他尚不知道甲骨中有習刻現象, 這 10 個兕字就是習刻。

第六個字形 ![], 金璋指出這個字位於龜甲殘片的邊緣, 突出了犀牛的鈍吻、角、兩肢、尾巴和腹部。

第七個字形☒,金璋指出這片甲骨上有五個字,第三個字殘缺不全,釋文爲:"王逐〔?〕二兕。"查看原片,可知金璋的釋文有誤,正確的釋文是:"(1)…王逐…林兕(☒)。二(2) 貞…。"

通過上述三篇文章,金璋最終論證了甲骨文中的☒應釋爲兕,兕是中國境内已經滅絶的一種獨角犀牛,不是野水牛。現代多數學者都認爲,把☒釋爲兕是正確的,但甲骨文中的兕不是犀牛,而是野水牛。這一點法國學者雷焕章在《商代晚期黄河以北地區的犀牛和水牛——從甲骨文中的☒和兕字談起》一文中已經詳細論證過。① 筆者認爲雷氏的論證是非常可信的。因爲犀牛很少成群活動,即便結伴而行,一般也只有幾頭或十幾頭。野水牛則習慣成群活動,多者一群可達上百頭。甲骨文中有一次獵獲36兕的記載,見《屯南》2857:"□卯卜,庚辰王其〔獸〕…擒。允擒,獲兕三十又六。"又有一次用50兕進行祭祀的記載,見《合集》18910正:"用五十兕。"單從數量上來看,兕也不可能是犀牛,只能是野水牛。金璋認爲兕是犀牛,這雖然有誤,但他能把☒釋爲兕,並對相關字形和卜辭進行分析,也是很有意義的。

二、金璋對商代麋的研究

金璋研究麋鹿的文章只有一篇,即1939年發表的Records of David's Deer as Hunted by Shang-Yin Sovereigns。這篇文章前輩學者譯爲《商王獵鹿之記録》,筆者認爲應譯爲《商王獵麋之記録》。David's deer 就是麋鹿(學名 Elaphurus davidianus),因法國傳教士阿芒·大衛(Fr Jean Pierre Armand David)的首次發現而得名。② 在這篇文章的前半部分,金璋講述了麋鹿最初被誤認爲已經絶種,近代被法國傳教士阿芒·大衛發現,最後又因英國貝爾福德公爵(Duke Bedford)的保護而免於滅絶的傳奇故事。在這篇文章的後半部分,金璋分析了甲骨文麋字的字形構成,主要引述了唐蘭的考釋内容。

麋鹿原生活在清代南海子皇家獵苑(即現在的南苑地區),1865年法

---

① 〔法〕雷焕章、葛人譯:《商代晚期黄河以北地區的犀牛和水牛——從甲骨文中的☒和兕字談起》,《南方文物》2007年第4期。《中國文字》新8期上有雷焕章《兕試解》一文,應是不同的譯本。

② 阿芒·大衛(1826—1900,中文名譚衛道),法國天主教遣使會會士、動植物學家。1862年加入遣使會,不久被派到北京,爲一家博物館收集動物學、植物學、地質學和古生物學等資料。後來,應法國政府請求,他把收集到的重要標本送到巴黎,其中就包括他在南海子皇家苑圃發現的珍稀動物麋鹿,引起了巨大轟動。因此,外國學者都把麋鹿稱爲 David's Deer(大衛鹿)。參看郭耕:《麋鹿回歸與绿色北京》,《生命世界》2011年第3期。

國傳教士阿芒·大衛首先在南苑發現麋鹿的踪跡,使得麋鹿爲世人所知。大約十年後,德國公使館的一名見習翻譯對麋鹿進行了追踪觀察,發現它們喜歡濕地環境,經常上百頭聚在一起。它們允許人類在 50 米外進行觀察。一旦逾矩,它們就會疾馳而去。奔跑的時候,它們的尾巴象牛尾一樣甩來甩去。1875 年金璋曾在德國公使館私密區看到一對麋鹿活動,這對麋鹿後來可能被運到了德國。1894 年永定河氾濫,洪水沖毁了南苑圍牆,許多麋鹿四處逃散,被飢民所食。一小部分流落歐洲的麋鹿,也因生態環境的改變而逐漸死去,數量越來越少。1898 年英國貝爾福特公爵把歐洲各地的麋鹿悉數買下,保護起來,才使它們免於滅絕。金璋在文中還發表了一張麋鹿的照片,希望這種珍貴的鹿種能爲更多人所認識和熟悉。

金璋指出,羅振玉《殷虚書契考釋》92—96 頁列出了 123 條田獵卜辭,其中捕獲的鹿科動物就有多種。甲骨文中最常見的鹿科動物是鹿,通常寫作 🦌。另外一種不常見的、也被認爲已經絕跡的鹿科動物是麋,寫作 🦌(《粹》959)或 🦌。麋篆文作 🦌,與甲文字形截然不同,這也可能是羅振玉、王國維、王襄、容庚、商承祚等知名學者把它誤爲鹿的原因。金璋指出,《後上》第 15 頁中有這樣一片甲骨:🦌 🦌 🦌 🦌,釋文爲:"記獲麋六鹿九。"①顯然,麋和鹿是兩個物種。《前編》2.32 上有一片甲骨:🦌 🦌 🦌 🦌,釋文爲:"獲麋十有八。"②另外,金璋還提到《粹編》中的另一片甲骨:"癸巳卜逐麋🦌。"關於🦌這個字,金璋進行了專門的論述。他認爲🦌就是《説文》中的"畢",但在這裏不是"田網",而是"彈",射也。最後,金璋進一步指出,🦌從眉得聲,下象鹿身,是一個形聲字。甲骨文中還從眉得聲的 🦌、🦌(湄)等字。唐蘭最早把 🦌 釋爲麋,並得到了郭沫若的贊同。

三、金璋在商代動物研究上的新發現

以上就是金璋對甲骨文中的兕和麋這兩種動物的研究。金璋把甲骨文中的 🦌 和 🦌 區分爲兩個字,把 🦌 釋爲兕,並指出了兕和馬的字形區別,這是值得肯定的。金璋認爲兕是犀牛,現代學者則多采用雷焕章的研究成果,認爲兕是野水牛。金璋認爲"獲商戠兕"中的"商"是地名,"戠"表

---

① 即《後上》15.7(《合集》37461):"□□〔卜〕,〔貞〕王田于殷麓,往〔來亡災〕。兹禦。獲麋六、鹿。"金璋把"禦"誤釋爲"記"。"兹禦"在卜辭中是常用語。
② 即《前》2.32.4(《合集》37459):"□□〔卜〕,〔貞王〕田于泆,往來〔亡災〕。〔兹禦〕。獲麋十又八。"

示棕色或褐色,這兩點意見值得參考。金璋對麋鹿的研究也很有意義。雖然甲骨文中的麋字不是金璋考釋出來的,但是他把甲骨文中的麋鹿和清代皇家獵苑的麋鹿聯繫起來,證明了麋鹿這種珍稀鹿科動物並未真正滅絕,而是從商代一直存活到了清朝末期。金璋引述唐蘭對麋字的考釋,也在客觀上促進了中國甲骨學研究成果的西傳。

第四節　金璋對商代占卜的研究

金璋對占卜制度的關注是非常早的。早在 1907 年 9 月金璋尚未開始收藏甲骨時,方法斂就曾致信金璋,希望他幫忙尋找《龜經》和《卜法詳考》兩書。金璋很快就買到了《卜法詳考》,但《龜經》一直都未找到。① 《卜法詳考》對二人都產生了重要影響。在此後的書信中,二人就卜辭中常見的"冏"字進行了討論。方法斂認爲應釋爲"問",金璋並不贊同。後來他們還討論了鑽鑿、卜兆等問題。方法斂指出甲骨反面常常有長橢圓形鑽鑿,並有灼痕,如圖 6.3 左。甲骨正面相對的位置會出現與豎行鑽鑿對應的豎行裂紋和與灼痕對應的橫行裂紋,如圖 6.3 中。裂紋旁邊常刻有數字,如圖 6.3 右(《庫》1535)。他認爲"卜"的字形來源應與這些裂紋有關。② 二人在書信中討論的這些內容,在金璋後來發表的文章中都有所涉及。

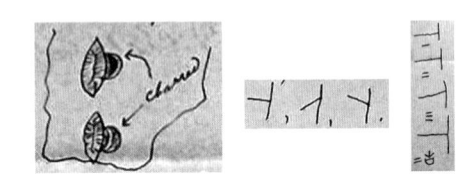

圖 6.3

金璋研究商代占卜的文章主要有四篇,分別是:《最近發現之周朝文字》(1911)、《占卜之方法》(1919)、《祖先的神示》(1938)和《一個神秘的兆辭之新解釋——"☒☒☒"》(1947)。其中,《最近發現之周朝文字》是一篇總論性的研究文章,有關占卜的內容較爲簡略。金璋指出占卜用骨主要包括龜甲、動物的肩胛骨、腿骨、盆骨等。除此之外,還有各種形狀的骨質護身符和大量的骨幣,上面都刻有文字。通過對刻辭甲骨的觀察可

---

① 參看方法斂至金璋的書信:1907 年 9 月 14 日,1907 年 10 月 14 日。
② 參看方法斂至金璋的書信:1909 年 6 月 15 日。

以發現,當時應該有一套完整的占卜系統。甲骨是經過整治的,背面有鑽鑿和灼燒痕迹,正面有裂紋。金璋還以自己收藏的甲骨爲例,介紹了甲骨上的鑽鑿和燒灼痕迹,裂紋的産生,裂紋的方向,"卜"字的造字原理等。另外三篇内容較爲豐富。《占卜之方法》概括介紹了羅振玉《殷虚書契考釋》的内容,並翻譯了《卜法第八》和《卜辭第六》兩節内容,其中《卜法》一節主要討論商代的占卜制度。《祖先的神示》主要討論了"□""□""□""□""□""□"等幾個重要占卜用語。《一個神秘的兆辭之新解釋——"□□□"》則對卜辭中常見的占卜習語"□□□"進行了研究。我們就對這三篇文章的内容進行簡要闡述。

一、《占卜之方法》有關商代占卜的研究

《占卜之方法》(Working the Oracle)上下兩篇,1919 年發表於庫壽齡主編的《新中國評論》(The New China Review)第一卷第 2 期和第 3 期上。這篇文章主要介紹羅振玉《殷虚書契考釋》對商代占卜的一些研究成果。上篇基本上是全文翻譯羅振玉書中《卜法第八》這一節的内容,主要講述甲骨所呈現出來的商代占卜制度,比如龜骨使用情況,甲骨的整治之法,鑽鑿、灼燒與契刻之法,傳世文獻的相關記載等。下篇對《卜辭第六》所列的八項事類(祭、告、𦎫、出入、田獵、征伐、年、風雨)進行了介紹,每個事類下都列出幾條卜辭進行舉例説明。

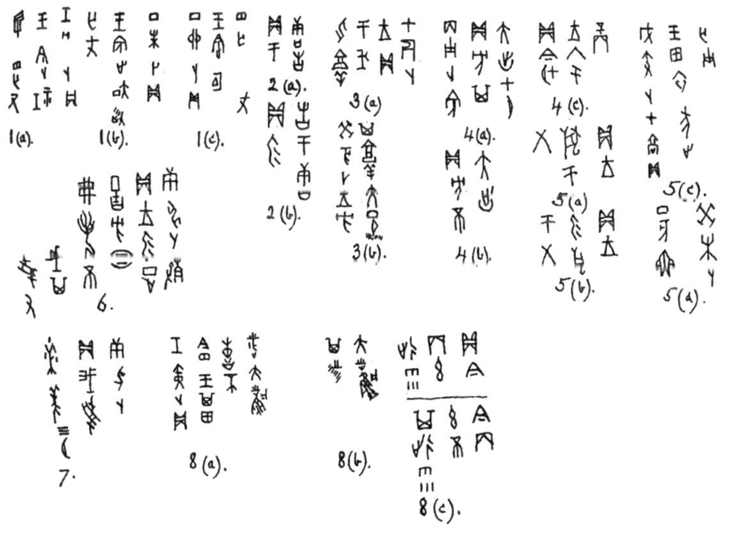

PLATE TO MR. HOPKINS' ARTICLES, *Working the Oracle*; see page 114.

圖 6.4　金璋文中所引卜辭摹本

在舉例說明時,金璋首先列出卜辭釋文,用威氏拼音法進行標音,再標注卜辭來源,再對卜辭進行英文翻譯,注解部分是他對關鍵詞的理解。金璋的翻譯體現了他對卜辭文義的理解。比如:1a,壬戌(on the day jen-hsu)是占卜時間,卜貞(inquiry was made through the tortoise-shell)是動詞,卜問的事情用 of 引領出來,翌日譯爲 the next day(第二天)。他把"王賓"譯爲"the Royal Guest",把它作爲名詞處理。現在看來,這一點是不可取的。比如,他所引 2a:貞于唐告,《殷虚書契》1.47(《書考》87 頁),2b:貞勿告于唐,《殷虚書契》1.47(《書考》87 頁)。金璋注解到:"(a)和(b)這兩句,出現在羅氏著作的同一頁上,但並不在同一版甲骨上。類似的'選擇性卜問'在他和我的藏品中經常出現,呈近距離並列關係,而這兩句是此類占卜的典型。這句討厭的習語'是…嗎?不是…嗎?',以及類似的正反貞問,極爲常見。奇怪的是,這兩部分經常被兩條橫綫隔開,中間是一句有關其他事情的句子。爲何這樣,我不清楚。"通過這段注解可以看出,金璋已經觀察到卜辭中經常出現的"正反對貞"現象,並且注意到正反對貞的兩條卜辭中間經常出現另一條不相關的卜辭,也即卜辭中的"相間刻辭"這種現象。只是金璋還無法解釋爲何會有這種現象。

二、《祖先的神示》有關商代占卜的研究

《祖先的神示》這篇文章發表於 1938 年,主要分析了卜辭中常見的"占""囚""囧""𠦪""𠱛""𠭇"等占卜用語。金璋首先列出了下列 13 個字形:

1　2　3　4　5　6　7　8　9　10　11　12　13

1—2 引自商承祚《殷虚文字類編》卷三"占"字條。商氏從羅振玉把它們釋爲占,指出卜辭中又屢見固字,於占外加口,不知與占爲一字否。[①] 3—6、7—13 引自容庚《殷契卜辭文編》卷三"固"字條,容庚把它們都釋爲固。[②]

金璋贊同把 1—2 釋爲占,但他認爲 3—6 與 7—13 並非同一個字。爲了便於區別,他把 3—6 作爲第一組字形,把 7—13 作爲第二組字形。

第一組字形(3—6)。金璋引用了唐蘭的解釋,把它讀爲占。金璋指出,

---

① 參看《甲骨文研究資料彙編》第 13 冊,第 112 頁,北京圖書館出版社,2000 年。
② 參看《甲骨文獻集成》第 1 冊第 361 頁,四川大學出版社,2001 年。

這組字形一般隸定爲"固",但 ⊟、⊟ 等形並非上下、左右都平行的口(wei),而應是"骨"的初文。"固"字常出現在"王占曰"這個習語中。他指出"固"也可能讀爲兆,但並不影響卜辭的解讀,占、兆在卜辭中都可以理解爲"回答"。他還認爲這裏的"王"不是時王,而是已經去世的先王,是問卜的對象。

第二組字形(7—13)。金璋引用了郭沫若的說法,把它隸定爲 囚,釋爲 凸,讀爲 禍,即"禍"。① 郭沫若先把 凸 釋爲 凸,謂即骨臬,並指出 凸 即 凸、⊟ 之草率者,簡略爲 ⊟、⊟。因而把"亡囚"釋爲"亡凸",讀爲"亡禍",但苦無確證。後根據《粹》1428 中"旬亡 凸"與"旬亡 ⊔"共版,悟出 凸 應讀爲 huo,即禍。火禍同紐,而音相近,故得通假,則 囚 應釋爲 凸,讀爲 禍。金璋對此表示贊同。但郭氏把帝乙時代的"獸"釋爲"猱",認爲"獸"所從之獸形乃猿猴的象形字,所從之 凸 爲聲符,"獸"即猱之初文,同音假借爲 禍。金璋則認爲"獸"所從之獸形就是犬,應釋爲從犬從 凸 的"猧"字。

除了"占""囚""固""獸"等字外,金璋還對另外兩個占卜用語"凸""㔾"進行了分析。凸,郭沫若把它隸定爲 囝,釋爲"咼"。金璋對此表示質疑,他指出 凸 出現在"王"字後面,不應釋爲"咼",但他也沒有說明這是什麼字。㔾,金璋指出這個字從 凸,右下方有一短畫。卜辭中有"王占曰吉",又有"王㔾曰吉"。郭沫若把"㔾"釋爲 卂,卜以問疑也。金璋認爲卜以問疑應屬於命辭,而"王㔾曰吉"是占辭,即視兆後的占卜結果。他經過一系列分析,認爲"㔾"即"龜","王㔾曰吉"即"王龜曰吉"。金璋列出了龜的幾個字體:彎、彎、彎、彎、彎,認爲把龜頭和爪子省略後就成了 凸。"㔾"所從的就是 凸,不是 凸,右下角的一短畫是龜的尾巴。

三、《一個神秘的兆辭之新解釋——"☒☒☒"》有關商代占卜的研究

《一個神秘的兆辭之新解釋——"☒☒☒"》,這篇文章發表於 1947 年,是金璋對"☒☒☒"這 占卜習語的研究成果。金璋首先指出這三個字是獨立的,與卜辭正文沒有句法上的聯繫,它們可能是甲骨保管員的備忘錄,也可能是甲骨整治者爲最後一名接觸甲骨之人留下的指示。接着他指出,對這三字的解釋貢獻較大的是中國學者唐蘭。金璋譯述了唐蘭的考釋過程。唐蘭把第二個字 ☒ 釋爲"才",讀爲"再"。把第三個字 ☒ 釋爲

---

① 參看《殷契粹編考釋》第 189 頁收入《甲骨文研究資料彙編》第 7 册,北京圖書館出版社,2000 年,第 701—702 頁。

黽,讀爲墨。"不才黽"即"不再墨",與《周禮》的"史占墨"相對應。① 金璋贊同唐蘭對◇的考釋,他指出《金》710A 上有"◇◇◇"三字,就應釋爲"王再貞"。但他認爲◇不是黽,而是蜘蛛的象形,即"蛛"。蜘蛛有八條腿,◇字中間的兩條橫綫可能就是另外四條腿的簡化。金璋引用了高田忠周《古籀篇》中"邾"的幾個字形◇、◇、◇,論證了蛛、朱之間的關係。這個字從黽朱聲,而黽實爲◇的訛變,因此◇也應讀爲朱。漢字中表示紅色的字讀爲 zhu,但紅色是一個抽象概念,很難用具體的形象來表達,只能用同音假借的方法來表達。漢字中有兩個讀爲 zhu 的字,一個是表示樹幹的株,字形爲◇、◇、◇。另一個是表示蜘蛛的 zhu,字形爲◇。"◇◇◇"中的◇就是蜘蛛之蛛,假借爲紅色之朱。甲骨上有塗朱、塗墨的現象,比如容庚《殷契卜辭》第 2 片塗朱,第 171 片一行字塗墨,另一行字塗朱。第 587 片"◇"字塗朱,"貞"字塗墨,兩字之間還有槽綫分開。因此,金璋認爲"不再蛛"就是"不再朱",即不再對甲骨進行塗朱。

四、金璋對商代占卜研究的新發現

金璋對商代占卜制度的研究成果雖然不多,但也有自己的新發現。《最近發現之周朝文字》一文雖然把甲骨的時代誤爲周代,把肩胛骨上斷裂下來的骨條誤爲腿骨,把骨臼誤爲盆骨,並雜有護身符、骨幣等僞刻,但他對甲骨形態的觀察,對裂紋的產生原因以及"卜"的字形來源的分析,則有可取之處。這篇文章發表於 1911 年,是較早用科學態度對甲骨形態進行分析的西方學者。《占卜之方法》一文則把羅振玉對占卜制度的系統研究成果介紹到了西方甲骨學界,促進了西方甲骨學的進一步發展。《祖先的神示》和《一個神秘的兆辭之新解釋——"◇◇◇"》兩文主要是對"占""◇""◇""◇""◇""◇""◇◇◇"等重要占卜用語的研究。金璋引述了中國學者商承祚、容庚、唐蘭、郭沫若等人的意見,在一系列批判性的闡釋之後形成了自己的觀點。他認爲:(1)◇、◇是肩胛骨的象形,正是骨的初文;(2) 把◇讀爲占;(3) 把◇釋爲凸,讀爲禍;(4) 把◇釋爲猾,讀爲禍;②(5) 指出◇出現

---

① 參看唐蘭《天壤閣甲骨文存并考釋》第 4 片之考釋,1939 年,第 2—4 頁。
② 周鳳五《說猾》也有類似的觀點:猾字從犬,骨聲,蓋即甲骨卜辭"◇◇◇"之"◇"字,亦即禍福之禍也。……凸於卜辭當即是骨字,借爲禍義,至第五期又加犬旁爲形聲字。其後寖假失其造字之初誼,遂改作從示凸聲之今字…其本義皆級訓禍,其初字由"骨之原始象形文,而增犬旁,更進而訛變爲從臼、從水、從手、從欠、從旡、從亼之各字……"不同的是,周鳳五把"◇"釋爲骨,故而把"◇"釋爲猾。參看周鳳五:《說猾》,《中國文字》第 47 期,(臺北)藝文印書館,1973 年,第 5205—5230 頁。

在"王"字後面,不應釋爲咼。這五條意見都是可取的。但他把㱿釋爲龜,把"王㱿曰吉"釋爲"王龜曰吉",並認爲"王占曰"的"王"是已經去世的先王,是問卜的對象,這些意見則是不可取的。現代學者普遍認爲,㞢、㱿都是卣的異體字,也應讀爲占。"王占曰"的"王"就是占卜主體商王,不是問卜對象。

對"不㯱朱"考釋,金璋也有獨到的見解。他采用唐蘭的意見,把㯱釋爲在,讀爲再。又把朱釋爲蛛,讀爲紅色之朱,並把"不㯱朱"這一習語與甲骨上的塗朱塗墨現象結合起來,把"不㯱朱"讀爲"不再朱",即不再對甲骨進行塗朱。關於這個意見,有兩點需要特別說明。(1)把朱釋爲蜘蛛之蛛。這一點並非金璋獨創,胡光煒在《甲骨文例》(1928)中也把朱釋爲黽。不同的是,胡氏把"不㯱朱"釋爲"不黽黽",讀爲"不跙蹟"。陳邦福采納了胡氏的意見,把朱釋爲黽,但他把㯱釋爲"悟",把"不㯱朱"釋爲"不悟黽",讀爲"不悟殊"。① 也有持否定意見的,比如吳世昌在《卜辭旁注説》中就批駁金氏的觀點,認爲朱不是蛛,唐蘭釋黽讀墨才是正確的。② 但現代學者普遍認爲朱就是蜘蛛的象形。卜辭中還有另一個字㪰,从朱(朱)从歺(死),學者釋爲殊,意爲誅殺死亡,這也從側面支持了朱即黽(蛛)。③ (2)把朱(蛛)讀爲紅色之朱。這個意見只得到了陳光宇的支持。陳光宇在《從"硃砂"到"不縡黽"》一文中認爲朱即黽字,在"不㯱朱"中表示硃砂之'朱'或朱色之'朱'。他又根據董蓮池的説法,認爲"辛"取象於一種用作刑具的青銅鑿,進而把㯱字釋爲从糸从辛的縡,即《説文》所載"繪"的籀文。㯱表示繫有絲帶或細繩的小刀或尖形物,另外兩個異體字㯱、㯱則表示絲繩穿過了尖形物的小圓孔。所以,縡就是刻槽或在兆璺内嵌填硃砂顔料所用的工具,"不㯱朱"就是"不縡朱"或"不縡黽",表示不填嵌硃砂或不塗抹硃砂。④ 很明顯,雖然陳氏和金璋對㯱的解釋不同,但二人的結論則是相同的,都認爲"不㯱朱"就是不再對甲骨進行塗朱或填朱。但我們發現刻有這三個字的甲骨上也有塗朱

---

① 參看郭沫若:《䞟黽解》,《殷契餘論》第25—29頁,古代銘刻匯考之一種,日本東京文求堂書店石印本,1933年12月。
② 原稿爲英文寫成,發表於《通報》第43卷第1、2册,1955年。尹慧珉譯,收入《羅音室學術論著》第一卷《文史雜著》,1984年,中國文藝聯合出版公司,第114—156頁。"不才黽",參看139—156頁。
③ 史景成:《加拿大安省皇家博物館所藏一片大胛骨的刻辭考釋》,《中國文字》第46期,(臺北)藝文印書館,1972年。
④ 陳光宇:《從"硃砂"到"不縡黽"》,《古文字研究》第29輯,中華書局,2012年。

的例子,比如《上博》17654.552(《掇》1.547)。因此,這種説法還值得商榷。

"⚹"在卜辭中出現的頻率很高。黄沛榮曾對這一習語進行過詳細統計和分析,總結出了如下規律:這是武丁時習用的兆語。常與"二告""小告"同版,但絶不與"弘吉""大吉"同版。常與"二告"連文,且次序是一定的,"⚹"在"二告"之前,有兩個例外(《存》1.305,《京》2863)。"⚹"的出現與兆序無關,從一卜到八卜都可能出現"⚹",先刻兆序,後刻"⚹"。並指出,"⚹"既然是兆語,可能是指兆坼的清晰程度而言。① 劉桓把"⚹"釋爲"予",並采用聞一多的説法把"⚹"釋爲"黽",讀爲"兆",認爲"不予兆"就是"不呈兆"。② 筆者傾向於贊同陳邦福的觀點,把"⚹"釋爲"不悟黽",讀爲"不悟殊",指兆坼不清晰或兆坼暗示的旨意不明。

第五節　金璋對商代數字的研究

金璋是較早對甲骨文中的數字進行系統研究的學者。他於1916年4月和10月發表《中國數字和計數體系》上下兩篇,對甲骨文中的數字進行了追根溯源式的考證。金璋列出的數字有一、二、三、四、五、六、七、八、九、十、廿、卅、卌、百、千、萬等,與羅振玉《殷虚書契考釋》所列數字相同,他在文中也引用了羅氏的觀點。顯然,這篇論文的寫作受到了羅振玉的影響。但與羅氏不同的是,金璋並不局限於數字本身的研究,而是延伸到了中國的計數體系這一較高層面。

一、《中國數字和計數體系·上篇》對商代數字的研究

金璋指出中國有兩種計數系統,一種是日常計數系統,使用的是圖畫文字(除了一、二、三)。另一種是商業計數系統,主要使用積畫計數,也混有少量圖畫文字。這篇文章研究的就是中國的商業計數系統,主要討論了清末的商業計數系統以及商業計數系統的發展歷史,並對古泉上的計

---

① 參看《詁林》1866"黽"字條。
② 劉桓:《釋不予黽》,氏著:《殷契存稿》,黑龍江教育出版社,1992年,第143—149頁。

數方式進行了分析。金璋較多地引述了張燕昌《金石契》①的内容。由於這些内容與甲骨文研究關係不大,這裏只就清末的商業計數系統略作介紹,由此一管而窺見金璋的研究概况。

金璋列出了下列三行數字(圖6.5),第一行是阿拉伯數字,第二行是清末日用數字,第三行是清末商業數字,通常又被稱爲"蘇州碼子"。②

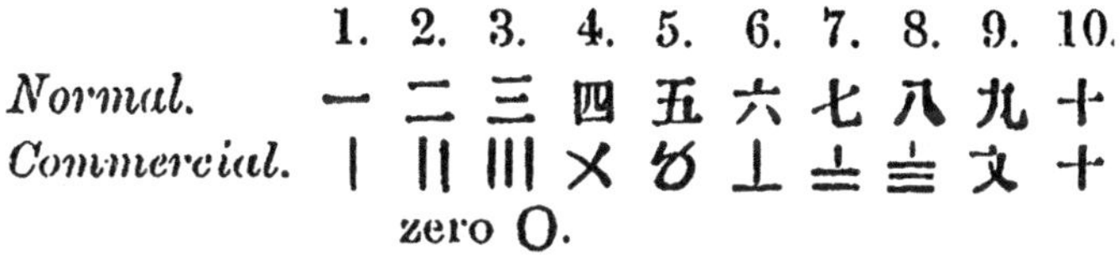

圖6.5

金璋指出,清末的商業計數系統出現了"O"(零),但十仍借用日常計數的"十"表示,不用阿拉伯數字10。他列舉了很多例子,用以解釋"碼子"的使用情況,比如10記作十,20和30記作廿、卅,951記作 ,1 001記作 ,1 019記作 。爲了避免混淆,竪畫書寫的 l、ll、lll 也可以用横畫書寫,比如933記作 ,952記作 ,1 002記作 ,1 021記作 。整數不用"O",而用 (百)、千(千)表示,比如600記作 ,1 000記作 。一、乙同音,因此也可以用乙表示一,比如511記作 ,451記作 。

二、《中國數字和計數體系·下篇》對商代數字的研究

這篇文章研究的是中國的日常計數系統,主要利用甲骨、金文、簡牘等出土文獻,結合傳統字書考證一、二、三、四、五、六、七、八、九、十、廿、卅、卌、百、千、萬等數字的字形來源及其字形演變過程。金璋所列字形主要采自《殷虚書契》、金璋自藏甲骨、《捃古録金文》《説文古籀補》《三體石經》《封泥考略》、斯坦因所獲漢代簡牘和《説文解字》等。需要指出的是,

---

① 張燕昌(1738—1814),浙江海鹽人,字芑堂,號文魚,又號金粟山人。嘉慶間舉孝廉方正,善書畫,精篆刻,長於金石考據之學。著有《金石契》,此書不分卷,收鼎、符、泉母、漢鑒、銅尺、官印、銅爵磚、瓦等物,每物繪圖,考證文字,手書上板,刻繪俱佳,以五音宫、商、角、徵、羽分册,是其金石學的代表作。張氏生平和《金石契》版本研究,可參看張躍嶺《張燕昌及其篆刻藝術研究》,曲阜師範大學2021年碩士學位論文(指導教師:楊亮)。
② 關於蘇州碼子的知識,可參看蔣紀序:《歷史檔案中的蘇州碼子》,《檔案與建設》2021年第8期。筆者曾參考網絡文章《被遺忘的中國傳統文化"蘇州碼子"》,此文公布了許多蘇州碼子票據資料的珍貴圖片。

金璋在文中誤用了一些僞刻字形，對此我們必須加以辨別。下面，筆者就對金璋的研究結果进行概述，並隨文附加必要的按語，指出金璋所用的僞刻字形。

金璋指出一（一）、二（二）、三（三）、四（亖）都是積畫而成的數字，它們的字形從甲文到金文到篆文都沒有太大變化，但在發展過程中都產生了異體字。四以上的數字都是同音假借字，其字形本源和本義都較難確定。

一，甲文作一。一有兩個異體字弌和壹，這兩個字應是同音假借字。《説文》："弌，古文一。"金璋認爲弌可能只是弋的異體字，並非從弋一聲的形聲字。弋字在甲文和金文中都出現過，是絲綫纏繞的箭矢之形。比如《金》769中的，以及《殷墟書契》中"雉"的偏旁。壹在《詩經》和《禮記》中都出現過。《説文》："𡔷，專壹也，從壺吉聲。"甲骨文中就有壺字，寫作，是有蓋壺的象形，見於《殷墟書契》卷5頁5。"專壹"即"專一"，可知，壹是一的同音假借字。筆者按：《金》769是僞刻。

二，甲文作二。二也有兩個異體字弍和貳。《説文》："弍，古文二。"戴侗在《六書故》中指出："《説文》曰：弍，古文，弍非能古於一，且從弋無義。"但後來的學者也指出，許慎所説的"古文"實爲"古文奇字"。金璋認爲這是對的，他在甲骨上找到了這個字形，見於《金》757。《説文》曰："貳，從貝弍聲。"貝是義符，表示價值。貳在《詩經》《史記》中都出現過。筆者按：《金》757是僞刻，甲文中沒有這種字形。

三，甲文作三。三也有兩個異體字弎和叁。《説文》："弎，古文三。"甲文和金文中都沒有這種寫法。叁是叄的簡寫，古文作，見於《六書故》和《六書正僞》。叄又通曑，隸變爲參。曑在金文中常作、、。篆文作，省體作。《説文》曰："曑，商星也。從晶㐱聲。或省作參。"段注曰："'㐱聲'疑後人竄改。當作'㐱，象形'。"金璋贊同段氏的説法，他指出㐱的字形與獵户星座（即參星）的輪廓極爲相似，如下圖：

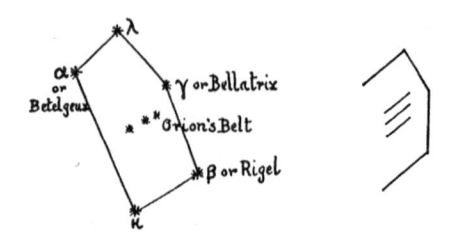

上述左圖爲獵户星座的各個星體及其名稱，右圖爲獵户星座的綫形示意

圖,內部的三條斜綫表示腰上的三顆星。金璋認爲㕘就是參星的象形字,驂乃後起的形聲字。㕘(參)用作數字三,乃是同音假借字。

四,甲文作☰。金文多作☰,少量作⊕、⊗等。石鼓文和篆文作⊕。古泉上的四作⊕、⊕、⊗、☒、☒、Ⅲ等形。⊕、⊕、⊗是晚周錢幣上的文字,與篆文⊕接近。☒、☒采自明刀幣,應視爲⊕的草體。Ⅲ采自臨淄錢幣,與四的現代字形最爲接近。這個字形一直到漢代仍在使用,斯坦因所獲漢代木牘上就有這個字形。在甲文和早期金文中,四都用積畫☰來表示。"四"這個字形可能起於周代,但不知它的字形本義是什麽。四,繁寫作"肆"。這種複雜字形主要是爲了防止人爲的篡改數據。

五,甲文作☒。其他早期字形,如X、☒、☒,都是☒的變體。甲中有彡日,羅振玉釋爲肜日,可知彡不是五。金璋根據吳大澂的《字説》,認爲☒是交午之午的本字,同音假借爲數字五。又根據《説文古籀補》所列"吾"的金文字形(毛公鼎)和石鼓文字形,認爲☒或爲五的最古字形。此外,金璋還提到卜辭中的另一個字。他指出,《説文》中有(鼉)字:"獸名。从黽吾聲,讀若寫。"《説文古籀補》有字,从黽从五从酉,吳大澂認爲即的古字。那麽,就是吾。卜辭中的字,就應釋爲吾。,羅振玉隸定爲鼉,顯然也應是字,在卜辭中常作地名。鼉或許就是文獻中的"昆吾"。原爲一字,後誤爲二字。

六,甲文作介、介、∧、介、介、介、介等形。篆文作介。王筠指出篆文字形最早見於王莽時期的量器。金璋引用法國漢學家拉克伯里(Terrien de Lacouperie)①的觀點,認爲六的初形是蘑菇的象形。在記賬時,爲了安全一般用同音字陸表示六。

七,甲文作十。《説文古籀補》列出了✗、Ƴ、↑、➔等字形。《三體石經》作ㄜ、ㄅ、七。篆文作卞。金璋引述了羅振玉的考釋,但有一些不同看法。(1)金璋認爲小足布上的十不是七。他仔細查看了《古泉匯》,發現十都表示十。(2)甲骨上也有以十爲10的例子,比如金璋714:,顯然應釋爲十五牢。(3)羅氏認爲✗、Ƴ、↑、➔等形是九,不是七。金璋指出他收藏的甲骨上就有✗、↑、↑、ㄨ等形,與"月"相連,但很難確定

---

① Terrien de Lacouperie(?—1895),著有《中國古錢幣圖錄》《早期中國文明史》《早期中國文獻中的巴比倫傳統》《最古老的中國典籍:〈易經〉和它的作者》等,也是近代最早對白語進行研究的學者。參看李帆:《人種與文明:拉克伯里(Terrien de Lacouperie)學説傳入中國後的若干問題》,《西南民族大學學報(人文社科版)》2008年第2期。

它們是七還是九。會計學上用从木七聲的柒表示七,是同音假借字。筆者按:金璋 714 是僞刻,金璋甲骨上的 ㄨ、㆔、个、ㄨ 等形都是僞刻。《説文古籀補》的 ㄨ、ㄚ、个、㇇ 等形,于省吾認爲是七,不是九。①

八,甲文和金文作 ㄨ、八、)(、X。《三體石經》作)(、)(。篆文作)(。象把物從中劈成兩半之形,可能就是捌(破,劈)的本字。繁寫作捌。

九,甲文作 ㇈、㇇、㇙、㇙、㇔、㇗、㇇、㇔、㇡、九。金文作 ㇘、㇙、㇗、㇗、㇘、㇇ 和 ㇕。篆文作 ㇈。金璋認爲九可能是糾和、糾察之糾的本字,同音假借爲數字 9。繁寫作玖,玖是一種玉石。

十,甲文作 丨,金文作 ᛭、●,篆文作 十。羅振玉指出,甲文大於 10 的數字多用合文表示,比如 11 作 ⊥,15 作 ㄚ,16 作 ⫯,10 月作 ᛭|、|▢、▢|,11 月作 ㄩ、|ㄩ,12 月作 ㄩ、ㄩ|、㇏|、ㄩ▤,13 月作 ㄩ、ㄩ|。金璋認爲丨是樹葉的象形,葉古讀爲 shê,與十古音相通,因而同音假借爲數字十。十,繁寫作拾。

廿(20),甲文作 ㄩ。金文和斯坦因漢簡都作 廿,與篆文同。甲文也有作 廿 者,比如《金》433:廿 = 27,廿 = 24。金文中也有作 ㄩ、ㄩ、ㄚ 者,這恰好説明十是樹葉的象形。廿的原始字形可能是 ㄚ,先簡化爲 ㄩ 或 ㄩ,又簡化爲 ㄩ。《三體石經》中仍用 廿 表示 20,用 卅 表示 30。筆者按:《金》433 是僞刻。

卅(30),甲文作 ㄩ。早期金文作 ㄩ、ㄩ、ㄚ、ㄚ、ㄨ。斯坦因漢簡作 ㄩ、ㄚ。篆文作 卅。這些字形可能都是從三片葉子的圖畫 ㄨ 演變來的。世(即世)與 卅 相似,也是從這個圖形演變來的。

卌(40),甲文作 ㄩ。金文作 ㄩ、ㄩ。《説文》無此字,但斯坦因漢簡中就有 卌。羅振玉指出,20、30、40 在甲文中經常出現,比如 ㄩ 20 人,ㄚ 25,ㄩ 41,卌 48(筆者按:此處可能是金璋的筆誤,卌 應爲 42)。

百,甲文作 ㄅ、ㄅ。羅振玉曰:記數一百作 ㄅ,二百作 ㄅ,三百作 ㄅ,五百作 ㄅ。金文作 ㄅ、ㄅ、ㄅ。斯坦因漢簡作 ㄅ、ㄅ、ㄅ、ㄅ、ㄅ、ㄅ。這些都與《説文》的解釋相合,从一从白。但盂鼎六百作 ㄅ,四百作 ㄅ,二百作 ㄅ。可知,用白或百表示 100 並無不同。金璋認爲 ㄅ 或 ㄅ 可能是松子的象形,最初可能作 ㄅ,后演變爲 ㄅ、ㄅ 和 ㄅ。百,繁體作佰。

千,甲文作 ㄅ,反書作 ㄅ。金文作 ㄅ、ㄅ、ㄅ。斯坦因簡牘作 ㄅ、千、ㄅ。篆文作 ㄅ。吴式芬《封泥考略》作 ㄅ。金璋引用了羅振玉的考釋,"凡數在千以上者,則加數於千字之中間",並指出甲金文都如此。比如,甲文三

---

① 于省吾:《釋一至十之紀數字》,《甲骨文字釋林》,(臺北)大通書局,1981 年,第 99 頁。

千作 ☒、☒，五千作 ☒，盂鼎三千八十一作 ☒。千，繁體作仟。

萬，甲文作 ☒（金璋貝殻）、☒（《金》223）、☒（《金》568）、☒（《金》310）、☒（《庫》1994）。金文作（1）☒、（2）☒、（3）☒、（4）☒、（5）☒、（6）☒、（7）☒、（8）☒、（9）☒（引自吴大澂《説文古籀補》）。篆文作 ☒。甲文中還有一個从水从萬的地名字，其所从之萬作 ☒、☒、☒、☒ 等形，與羅振玉所列甲文萬（☒）字形相同。羅振玉認爲萬是蝎子的象形，高田忠周也認爲 ☒、☒ 用做數字乃"形之假借"，金璋對此表示贊同。此外，金璋還引用了高田忠周《古籀篇》中對佛教中萬字符號"卍"的考證。

三、金璋在商代數字研究上的新發現

數字是甲骨文中比較容易辨識的文字。孫詒讓在《契文舉例》[①]"月日弟一"中就認出了甲骨文中的一、二、三、四、五、六、八、九、十、十一、十二、十三等數字。在研究卜辭的紀月方式時，孫氏舉出了一月（《鐵》54.2）、二月（《鐵》45.4）、三月（《鐵》14.1）、四月（《鐵》101.2）、五月（《鐵》1.3）、六月（《鐵》59.4，《鐵》135.3）、七月（《鐵》66.3）、八月（《鐵》23.3，應爲筆誤，實爲《鐵》22.3）、九月（《鐵》215.3）、十月（《鐵》12.2）、十一月（《鐵》105.1）、十二月（《鐵》26.1）、十三月（《鐵》5.4，《鐵》176.1）等，並根據金文字形論證了 ☒ 即"六"字。在上述各例中，孫氏對"七"的釋讀是有誤的，他把《鐵》66.3 的九（☒）誤爲七，又把《鐵》12.2 的七（☒）誤爲十，但同時又指出 ｜ 即十。孫氏在《名原》[②]"原始數名弟一"中又綜合甲骨文、金文、篆文等字形，考證了 一、二、三、三、☒、☒、☒、☒、☒、☒ 等 10 個數字，探討了原始記事方式與文字起源的關係。其中，"七"的字形仍然有誤。羅振玉在《殷虚書契考釋》"文字第五"中糾正了孫氏的錯誤，指出甲文中"七"作 十，無同篆文作 ☒ 者。除了一到十，他還舉出了甲文中的廿、卅、卌、百、千、萬等數字，並對部分數字的字形及其用法進行了分析。

甲骨文中的一、二、三、四、五、六、七、八、九、十、廿、卅、卌、百、千、萬等數字，經過孫詒讓和羅振玉的研究已經全部釋出。《中國數字和計數體

[①] 孫詒讓於 1904 年 11 月寫就此書。王國維於 1916 年在上海購得孫氏原稿，寄示旅居日本的羅振玉，羅氏於次年即 1917 年影印出版。參看朱瑞平：《孫詒讓小學讜論》，商務印書館，2005 年，第 39 頁。本文參考的是《甲骨文研究資料彙編》（北京圖書館出版社，2000 年）第 19 册的影印本。

[②] 此書 1905 年完成，1905 年 11 月有家刻本兩卷一册。又翻印本一册，上海千頃堂書局。本書參考的是 1905 年的刻本。

系》這篇文章的貢獻不在於認字,而在於它廣泛采用甲骨、金文、簡牘、貨幣、三體石經等古文字資料,結合《説文解字》《説文解字注》《六書故》等傳統字書,並在吸收了羅振玉、吳大澂、王筠、拉克伯里、高田忠周等中西方學者研究成果的基礎上,對甲骨文中出現的這些數字的字形來源及其字形演變過程進行了系統研究,並把甲骨文中的數字與後世的計數體系聯繫起來。金璋的研究已經超出了甲骨學的範疇,跨入了歷史學研究的範疇。

  關於數字的字形來源,丁山《數名古誼》①、郭沫若《釋五十》、②于省吾《釋一至十之紀數字》、③陸懋德《中國古文數名考原》④等都有研究,但都比金璋晚了許多年。現代學者,一些贊同郭氏的觀點,認爲古文數字取象於手形。一些贊同于氏的觀點,認爲數字乃積畫而成。還有學者認爲數字取象於結繩之形。⑤ 學者們見仁見智,至今並無定論。但可以肯定的是,十、廿、卅等的字源都與樹葉無關,金璋的相關論述是不可取的。

---

① 丁山:《數名古誼》,《中研院歷史語言研究所集刊》第 1 本第 1 分,1928 年。
② 郭沫若:《釋五十》,《甲骨文字研究》,上海大東書局石印本,1931 年 5 月。
③ 于省吾:《釋一至十之紀數字》,《雙劍誃殷栔駢枝三編》,大業印刷局,1943 年。
④ 陸懋德:《中國古文數名考原》,《燕京學報》第 40 期,1951 年 6 月。
⑤ 拱玉書、顔海英、葛英會:《蘇美爾、埃及及中國古文字比較研究》,科學出版社,2009 年。此書認爲數字一至四是一系,由累積筆畫而成;五至八是一系,由筆畫錯落而成。數字十、廿、卅則取象於結繩之形。參看第 35、37、179、180 頁。

第七章　金璋與甲骨文家譜刻辭研究

第一節　金璋和方法斂討論甲骨文家譜刻辭

甲骨文"家譜刻辭"這個概念，最早是由金璋在論文中正式提出來的。他在1912年4月發表《中國古代之皇室遺物》一文，公布了庫1989鹿角刻辭的內容，把它稱之爲"王室家譜"（Royal Genealogy），揭開了甲骨文家譜刻辭研究的序幕。① 1912年10月他又發表《骨上所刻之哀文與家譜》，對金566這片插骨針的牛肩胛骨家譜刻辭進行了介紹。② 金璋的研究引起了德國學者勃漢第女士的關注。1913年2月勃漢第發表《中國古代之卜骨——柏林民族學博物館的威爾次藏品》一文，公布了另外兩片家譜刻辭，大英博物院的庫1506家譜刻辭和柏林民族學博物館的威爾茨舊藏牛肩胛骨家譜刻辭（下文簡稱威爾茨家譜）。勃漢第認爲庫1506是仿庫1989的僞刻。③ 隨後，1913年10月金璋發表《圭璧上的家譜刻辭》一文，反對勃漢第的看法，指出庫1506也是真品，同時他又公布了自己收藏的一片圭璧形家譜刻辭金760。④ 1923年金璋發表《殷虛甲骨上所載王室譜系及商代之記載》一文，再次論證了甲骨文家

---

① L. C. Hopkins, R. L. Hobson: A Royal Relic of Ancient China. *Man*, Vol.12, (Apr., 1912), pp.49-52.
② L. C. Hopkins: A Funeral Elegy and a Family Tree Inscribed on Bone. *JRAS*, (Oct., 1912), pp.1021-1028.
③ Anna Bernhardi, Frühgeschichtliche Orakelknochen aus China (Sammlung Wirtz im Museum für Völkerkunde zu Berlin). *Baessler Archiv* Band IV, Heft I. Leipzig und Berlin: Druck und Verlag Von B. G. Teubner, Feb.1913, pp.14-28。這篇文章又收在1914年出版的 *Baessler Archiv* Band IV 合訂本中。*Baessler Archiv* 是柏林皇家民族學博物館 Baessler-Instituts 資助的民族學期刊，雙月刊，次年合成一卷出版。
④ L. C. Hopkins: A Chinese Pedigree on a Tablet—Disk. *JRAS*, (Oct., 1913), pp.905-910.

譜刻辭存在的可能性和現實意義,指出上述幾例家譜刻辭都是真品。① 汪濤教授在《甲骨學在歐美——1900—1950》一文中對兩人的争論有過介紹。②

金璋的上述幾篇論文,是他研究甲骨文家譜刻辭的直接體現。實際上,早在1909年,金璋和方法斂就已經在通信中開始討論家譜刻辭的相關問題。金璋和勃漢第討論的家譜刻辭中,有四片,即庫1506、庫1989、金566、金760,都是經方法斂之手購買的。庫1506和庫1989是1909年同批所購,金566和金760是1910年和1911年相繼所購。方法斂在購得包含庫1506和庫1989這兩片家譜刻辭的甲骨之後,簡直是如獲至寶,興奮地寫信告訴金璋,稱之為"家譜刻辭",並與之討論上面的刻辭。金璋和方法斂在書信中的討論是他後來撰寫論文的基礎。因此,我們有必要對他們在書信中的討論内容進行梳理。

方法斂在1909年6月15日的信中提到,他通過李茹賓買了500多片甲骨,其中就有庫1506和庫1989這兩片家譜刻辭:

> 庫先生和我又買了500多片甲骨! 這些甲骨是通過李(汝賓)先生,直接從河南挖掘處送來的。賣家原本打算帶到京津等地出售,但李先生直接介紹給了我。這是迄今最好的一批甲骨,有鑒於此,我忍受着巨大的財務負擔,毅然決然地把它們買了下來。其中很多標本都是大骨(估計是大海龜的龜殻),上面有完整的長篇刻辭。最驚人的是一片家譜刻辭(a genealogical table),内容非常完整! 這封信裏附有一張摹本……
>
> ……最讓人無法抗拒的是一個長10.5英寸的權杖,頂部是直徑4英吋的奇異龍頭,看着象荷蘭人的煙管! 是從一塊整骨上切下來的,但具體是動物的哪個部位,仍然是個謎! 好像是一條肋骨連着部分脊骨或盆骨(後者的可能性更大)。奇迹出現了! 權杖手柄的四個面上刻着上述家譜刻辭的完整内容,僅在開篇多了 wang

---

① L. C. Hopkins: The Royal Genealogies on the Honan Relics and the Record of the Shang Dynasty. *Asia Major · Introductory Volume (Hirth Anniversary Volume)*, 1923, pp. 194 - 206.

② 汪濤:《甲骨學在歐美——1900—1950》,臺灣師範大學國文系、中研院歷史語言研究所:《甲骨文發現一百周年學術研討會論文集》,(臺北)文史哲出版社,1998年,第152—153頁。

yüeh 二字。這證明它是一個王室徽記，所記家譜應是王室家譜（Royal genealogy）。您可別在 Garth 宣揚啊，這片骨刻花了我 70 美元！缺了一小塊，但不影響刻辭。權杖上刻着精美的傳統󰋀紋和夔紋。

方法斂還爲 C1506 這片家譜刻辭做了摹本，寄給金璋，並指出這版刻辭存在同一個字前後寫法不一致的問題：

> C1506。可能是王室家譜。大權杖的這個（開篇）位置刻着󰋀。摹本保持了原刻缺乏一致性的特點。󰋀這個字形出現了好多次！󰋀（叔）出現了兩次，作爲額外的人物關係。似乎可以讀作'某子曰某'等。權杖上有個字出現兩次都只从三個羊󰋀。

這一批 500 多片甲骨，就是 1911 年入藏大英博物院、後調撥大英圖書館（庫 1989 除外）的那批。方法斂提到的"最驚人的一片家譜刻辭"就是庫 1506 牛肩胛骨刻辭，"最讓人無法抗拒的"的一片權杖形刻辭就是庫 1989 鹿角刻辭。方法斂指出這兩片都是"家譜刻辭"，而且內容幾乎完全相同，只不過權杖上多了"王曰"二字，正是根據這兩個字，他斷定這是"王室家譜"。方法斂指出家譜中存在兩種人物關係，一種是父子關係，即某子曰某，另一種是兄弟關係，即某弟（叔）曰某。同時，他還注意到同一片家譜刻辭上同一文字前後刻寫的不一致性，以及兩片家譜刻辭之間同一人名刻寫的細微區別。

在 1909 年 9 月 7 日致金璋的信中，方法斂詳細比較了庫 1506 和庫 1989 在人名書寫上的細微差別：

> 現在來說說令人困惑的王室家譜。我寄給您的是 C1506，版大的牛肩胛骨。另一版 C1989，鹿角，刻有相同的內容，多了'王曰'二字。請注意下面所列的字形差別。
>
> 其他文字寫法基本相同。我還注意到，C1506 󰋀 和 C1989 󰋀（少一短横）。這些變形暗示了刻手有一定的自由。某些文字，有時加點，有時不加點，比如󰋀、󰋀。有點無點並不改變字義。某些文字，有時多一横，有時少一横，比如󰋀、󰋀……請注意 C1506 󰋀=󰋀……󰋀=壺，壺裏有魚。可能是失傳的文字，讀作 hu 或 yü，人名。

C1506	C1989	
〖字〗	〖字〗	extra line
〖字〗	〖字〗	extra lines
〖字〗	〖字〗	extra dots
〖字〗	〖字〗	extra dot
〖字〗	〖字〗	minus one branch
〖字〗	〖字〗	simpler form
〖字〗	〖字〗	
〖字〗	〖字〗	
〖字〗	〖字〗	one with three legs
Other symbols practically alike.		

方法斂在書信中討論的這些內容，在金璋正式發表的論文中都有所體現。

在 1910 年 3 月 2 日致金璋的信中，方法斂提到了他爲金璋買到的一片家譜刻辭金 443，這是一片鈴形護身符，方法斂做的摹本如下：

關於這片刻辭，方法斂寫到：

> 您將看到我們的一些死敵（〖字〗、〖字〗、〖字〗等），夾在 曰（日）'叫做' 的中間。我做了一個大膽的釋讀：貞祖甲曰〖字〗，茲曰〖字〗，曰靈鐘兆，其錫曰得……其他甲骨上出現過 +月，我認爲是祖甲（正如 〖字〗=父甲）。但'祖甲曰〖字〗'是什麼意思？〖字〗字不識。月，問也。

在 1910 年 8 月 6 日致金璋的書信中，方法斂又提到他爲金璋買到的另一片家譜刻辭金 566，把它稱爲"令人無法拒絶的一片"。方法斂寫到：

  令人無法拒絶的一片。一大版肩胛骨，有三段刻辭。最上面有一個圓形穿孔，插着一根奇怪的骨針，骨針上也有一段刻辭☒☒☒☒☒☒（祖甲子曰喪弟）。

  骨版右邊是一段常見刻辭☒☒☒☒☒☒☒，後面是一段和 C1506 相似的家譜，有 56 個字。

  中間偏上的位置刻着 12 個字，或許是我們破譯☒這個字的一把鑰匙。其辭曰：

    ☒ ☒ ☒ ☒　　（？）心 貞 弟
    ☒ ☒ ☒ ☒　　曰 曰 曰 曰
    ☒ ☒ ☒ ☒　　正 安 靜 青

（注：右釋文爲金璋所寫）

  我的老師正在試圖破解"安"後面那個字，他認爲應該是"息"或"習"或别的什麽字。我們已經確定☒是"貞"，此處意爲"貞潔"。

  這一片我好不容易才買到。賣家要 100 美元！我認爲它可以占到這批甲骨總金額的三分之一。這片甲骨長 $10\frac{1}{4}$ 英寸，寬 8 英寸，占了一整張紙。骨針長 $3\frac{1}{4}$ 英寸，針頭部分寬 $1\frac{1}{8}$ 英寸。恭喜您能得到這片甲骨。……您新購的這片家譜刻辭上有☒。即，X 的兒子叫作☒，他的兒子叫作 Y。

  方法斂提到的這片"令人無法拒絶的"、價格昂貴的金 566，就是金璋在《骨上所刻之哀文與家譜》（1912）中所公布的一版家譜刻辭，金璋將它稱爲"插骨針的刻辭骨"。金璋的釋文和解讀顯然是參考了方法斂在書信中的敘述，但他對骨針上面和骨版中間偏上部位的兩段刻辭的斷句，與方法斂不同。金璋認爲這兩句應該連讀，且應讀爲"祖甲子曰：桑（通喪）弟，弟曰清貞，曰靜心，曰安*，曰正"，並認爲這可能是中國最早的"誄"。

在 1912 年 1 月 17+18+24 日的信中,方法斂還提到他買到的一版類似家譜的刻辭 C2202。方法斂寫到:

> C2202 是一片大的龜負磬形家譜刻辭,偶然間證明了 ☒ 是"子"的異體字。其辭如下:

> 請注意同一個字在字形上的細微區別。☒ 可能是背上有長角的動物,比如野山羊,其中一個品種(亞洲種)就是這樣 ☒。"上" shang 現在仍是姓氏,"至"已經不是姓氏,但在這裏顯然是人名。"幸"和"羊"現在也仍是姓氏。注意 ☒ 前面少了 ☒ 字——刻手的失誤。最後一個字是 ☒,和 C1506 和 C1989(大英博物院鹿角刻辭)一樣。☒ 是什麼意思?☒ 應是父乙,雖然乙的位置比常見的 ☒ 偏高。這裏,☒ 下爲何有重疊符"="?反面刻辭:

> 總之,這是一片引人注目的刻辭,即便沒有產生什麼新字,但至少說明 ☒=子。

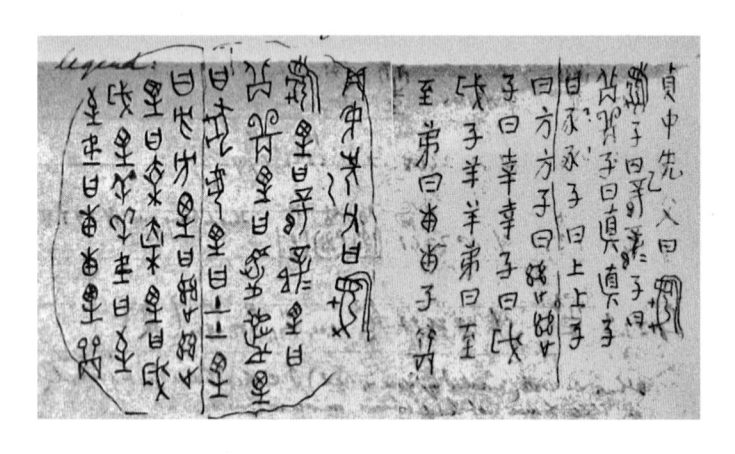

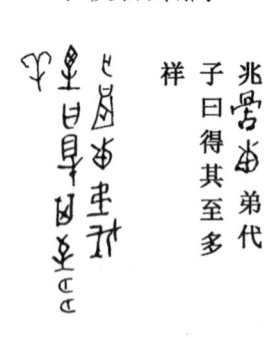

方法斂在上述書信中向金璋談論的這些所謂"家譜刻辭",諸如金

443 鈴形護身符家譜刻辭，金 566 插骨針的牛肩胛骨家譜刻辭，庫 2202 龜負磬形家譜刻辭，顯然都是僞刻。金 566 這版只有骨邊一條卜旬辭是真刻。方法斂基本沒有辨別真僞的能力，他把古董商以高價賣給他的僞刻品當作寶貝而渾然不知，還十分認真地和金璋討論上面的刻辭。此時的金璋沒有接觸過其他甲骨收藏家，也沒有接觸過古董商，他的甲骨知識和甲骨藏品幾乎都是通過方法斂獲得的。方法斂對這些"家譜刻辭"的錯誤認知，不可避免地會影響金璋的判斷。雖然我們沒有找到金璋回復方法斂的書信，無法看到金璋就方法斂提出的這些"家譜刻辭"都發表了哪些意見，但方法斂在書信中的這些初步思考，顯然成爲金璋進行家譜刻辭研究的基礎。金璋對家譜刻辭的真實性毫不懷疑，他分析各版家譜刻辭中的字形差異，發掘家譜刻辭的史料價值，毫無疑問都發端於他和方法斂的最初討論。

第二節　金璋率先發文研究甲骨文家譜刻辭

一、金璋首論家譜刻辭：《中國古代之皇室遺物》

1912 年 4 月金璋在《皇家亞洲文會會刊》上發表《中國古代之皇室遺物》，介紹了一片他和方法斂都視若珍寶的、時藏大英博物院的庫 1989 鹿角刻辭，並明確指出這是一片王室家譜刻辭。這是學界有關甲骨文家譜刻辭研究的第一篇論文。這篇文章由金璋和大英博物院瓷器與人類學部保管員霍布森先生合寫，公布了庫 1989 雕花鹿骨家譜刻辭的照片（圖 7.1）。霍布森對這片鹿骨刻辭的來歷、紋飾進行了細緻描述，金璋則對刻辭進行了隸定和解讀。

霍布森指出，這片鹿骨原爲庫方二氏所有，俊歸庫氏一人所有，最後讓於大英博物院，是商代的刻辭骨。它是鹿角的一部分，上部經過整修，切成了幾個平面，便於刻寫文字。下部雕成中國典型的饕餮形狀，雙目大而突出，兩目之間是一個菱形突瘤，與銅器上的饕餮紋相似。頭部其他部分都飾有雲雷紋，並有淺雕的夔龍紋。脖頸處兩側分別刻有卷蛇紋，蛇身上飾有雲紋。脖頸處中間是一串蟬紋。四面的文字下方刻有四片蕉葉紋。商代青銅鼎上就有饕餮紋、夔龍紋、雲雷紋。另有一件周代青銅鼎上飾有蟬紋。顯然，這件鹿骨的紋飾風格與時代是吻合的。霍布森認爲，這

FIG. 1.—SIDE VIEW OF THE UPPER PART OF THE "SCEPTRE" SHOWING ORNAMENT.

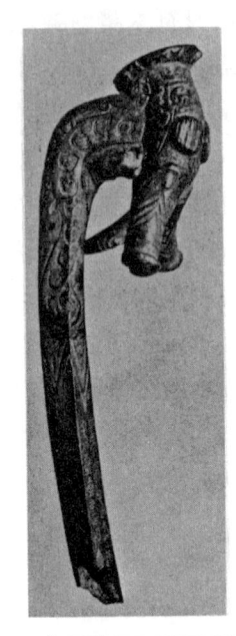

FIG. 2.—THE "SCEPTRE" VIEWED FROM THE OTHER SIDE SHOWING PART OF THE GENEALOGY INCISED ON THE SHAFT.

A ROYAL RELIC OF ANCIENT CHINA.

圖 7.1　金璋文中公布的庫 1989 雕花鹿骨家譜刻辭照片

件雕花鹿角可能是"如意"的前身,是家譜所屬的王室成員手中把持的有柄權杖。

　　金璋把鹿角刻辭釋爲:王曰貞,首(?)先祖曰 O,O 子曰 P,P 子曰 Q,Q 子曰 R,R 子曰 S,S 弟曰 T,S 子曰桑,桑子曰 U,U 子曰 V,V 子曰 W,W 弟曰 X,W 子曰 Y,Y 子曰 Z(圖 7.2)。金璋用字母表示無法隸定的字。他指出這些字都是人名,是王位繼承人。"曰"意爲"叫做",比如"王曰貞"就是"王叫做貞","首(?)先祖曰 O"就是"王的第一代祖先叫做 O",以此類推。金璋認爲這片刻辭具有很高的歷史學價值和文字學價值。從歷史學的角度來看,庫 1989 顯然是商周時代的王室譜系,這些人名都是王位繼承人。從文字學的角度來看,庫 1989 與金 566 家譜刻辭一樣,刻的都是非常古老的文字。金璋對其中幾個字進行了考釋。(1)"貞"。金璋指出,這是鼎的象形,同音假借爲貞,訓爲正。(2)桑。金璋指出,此字在甲骨上經常出現。這是有枝杈的樹的象形,枝杈之間有口形,口形可能是圓圈的訛變,代表桑果。這個字形後來發生了訛變,成了從又從木的桑。(3)字形 P,從夫從戉或戈,没有對應的現代字形。(4)字形 R,可能是雀字。(5)字形 S,從壺,壺里的字形似爲魚字。(6)字形U,從又從羴,羴即羶。(7)字形X和字形Y的右邊,都是用手執物之形。(8)字形Z,似爲祭祀用器的象形,可能是貞的異體字。金璋指出,這些未釋讀出的字,在其他甲骨文中也出現過。與其他很多刻辭一樣,這片刻辭的字體反映出刻手有很大的隨意性和自由性。同一個字前後出現幾次,字形就有很大差別。比如O出現兩次,左右反向,W出現三次,第一次左邊有三節,后兩次左右只有兩節。這都很好地說明了漢字字形在早期階段並不穩定,有很強的可塑性,但細節的改變並不影響字義的表達。金璋對這片家譜刻辭的論述,顯然是吸收了方法斂的意見,是二人共同探討的結果。

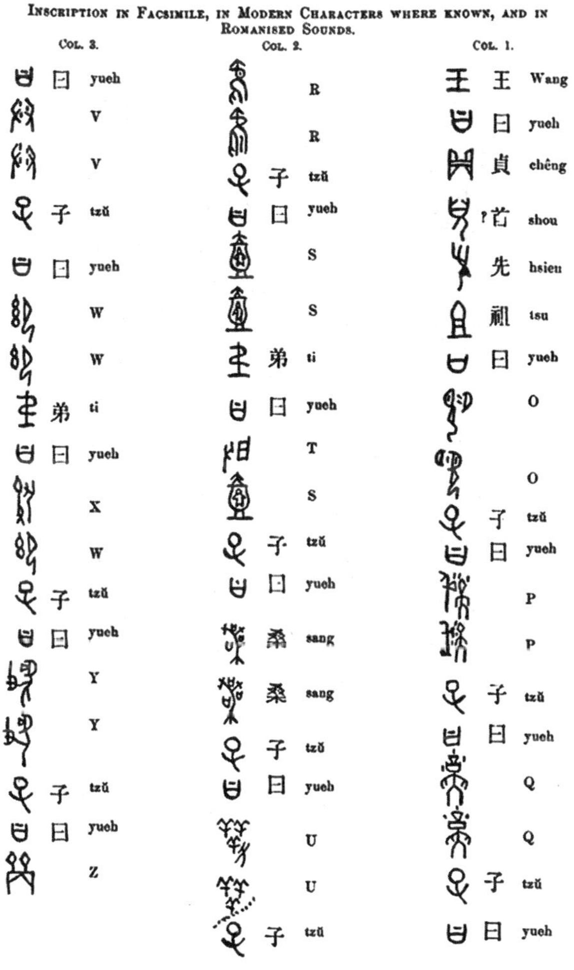

圖 7.2

二、金璋再論家譜刻辭:《骨上所刻之哀文與家譜》

1912年10月金璋在《皇家亞洲文會會刊》上又發表《骨上所刻之哀文與家譜》一文,公布了另一版家譜刻辭金566的全形照片和局部放大照片(圖7.3)。[1] 他對這片甲骨的形態做了描述,並對刻辭内容做了研究。這片胛骨的骨臼和右上部分殘缺較多,其餘部分幾乎完整。長10英寸,寬7.25英寸。最特別的是右上角有一圓形鑽孔,插着一根3英寸長的骨針。骨針的頂部精緻而平整,其上刻有花紋,針桿的一側刻有6個字。金璋認爲這根骨針的作用,可能是把這片肩胛骨和其他性質相似的肩胛骨串聯起來,形成一個檔案册。因此,金璋把它稱爲"插骨針的刻辭骨"。

Inscribed Bone with pin (detached) from Honan Province.

圖 7.3　金璋文中公布的金566插骨針的牛肩胛骨家譜刻辭照片

金璋對刻辭内容的釋讀如下。骨版中間有"甲寅"二字。其他刻辭

---

[1] 不知何故,學者把這片甲骨誤爲金1110。比如,胡厚宣《甲骨文家譜刻辭真僞問題再商榷》(《古文字研究》第4輯,中華書局,1980年,第137頁)附圖六把這片甲骨標爲金1110,陳光宇《兒氏家譜刻辭綜述及其確爲真品的證據》(《甲骨文與殷商史》新6輯,上海古籍出版社,2016年)也是如此。

可以分爲三部分。第一部分,貞人占卜記錄。在肩胛骨的最右邊,有兩段文字,八個字一段,重複兩次,只不過干支日不同。上面的段落有兩個字殘掉,下面的段落內容完整,在甲骨上很是常見,羅振玉《殷虛書契》中就有類似的刻辭。第二部分,喪葬哀文。包括骨針上的六個字和肩胛骨最上面四豎行十二個字,即"祖甲子曰桑弟弟曰清貞,曰靜心,曰安＊,曰正"。金璋指出,第一個"曰"字是釋讀的關鍵,它的字義含糊,可能是"說",也可能是"叫做"。如果把這個"曰"訓爲"叫做",那麼骨針上前五個字可以理解爲:祖甲的兒子叫做桑。桑作爲人名雖然奇特,但在鹿角家譜刻辭上也出現過。骨針上最後一個字"弟"與骨版上端第一個字"弟"重複,可以視作前後兩段接續的標記,下面四行文字讀爲:弟曰清貞,曰靜心,曰安＊,曰正。但金璋否定了這種解釋,他指出這樣斷句沒有意義,第一個"曰"應訓爲"說",這段話應讀作:"祖甲子曰:桑(通喪)弟,弟曰清貞,曰靜心,曰安＊,曰正。"也即:"祖甲的兒子說:我去世的弟弟,他清白堅貞,他心境平和,他安＊,他正直。"金璋認爲這段刻辭可能是中國最早的"誄",也即現代所說"墓志銘",漢代所稱"哀策"。第三部分,內容最多,在骨扇上,是與庫1989相似的家譜。金璋的釋文如下:"貞曰:＊首徙祖曰A,A子曰B,B子曰C,C子曰D,D子曰妹,妹弟曰E,F子曰G,G子曰H,H子曰I,I子曰J,J弟曰K,K子曰L,L子曰M。"他把第一個"曰"訓爲"說",其餘的"曰"訓爲"叫做"。金璋把第二行第三個字釋爲徙,並對字形進行了分析。他指出＊可能是興字;C可能是齒字;D可能是某種動物的象形;G可能是馬字,但又缺少代表馬鬃的三筆;K可能是鼠字。金璋指出,這片家譜刻辭可能並不完整,是一片奇特的、珍貴的文獻記錄。

雖然此時金璋已經參閱了《殷虛書契》,他仍然沒有形成一定的辨僞能力。這版甲骨上,除了第一部分的卜旬辭是真刻外,其餘兩部分文字都是古董商爲了多賣錢而後加的僞刻。

第三節　金璋和勃漢第爭論庫1506的真僞

一、勃漢第質疑庫1506的真實性:《中國古代之卜骨》

金璋就庫1989和金566這兩片家譜刻辭的討論,引起了德國學者勃漢第女士的關注。她顯然對多家博物館的甲骨藏品展開了調查,搜集有關家譜刻辭的資料。1913 年 2 月她發表《中國古代之卜骨——柏林民族學博物館的威爾次藏品》,除了對柏林民族學博物館的威爾茨甲骨藏品進行整體介紹之外,她在文中還公布了兩片新的家譜刻辭,即時藏大英博物院的庫 1506 牛肩胛骨家譜刻辭(圖 7.4)和威爾茨藏品中的一片牛肩胛骨家譜刻辭(圖 7.5 左)。勃漢第對威爾茨藏牛肩胛骨家譜刻辭的真實性毫不懷疑,但她認爲庫 1506 是仿庫 1989 的僞刻。她引述了克勞斯館長的意見,認爲只有在新鮮骨頭上刻字,刀口才會非常鋒利;在脆弱易碎的舊骨上刻字,即便使用非常鋒利的工具,刀口也會顯得綿軟,並且可能造成骨面崩裂。據此她指出庫 1506 是"大英博物院所藏漂亮鹿角刻辭的仿製品。這片胛骨上的文字,顯然是由既沒有掌握甲骨契刻技術、也不理解刻辭內容的刻手刻的。刻手不理解刻辭的內容,這一點尤其明顯,從毫無意義的、行列不清的排版就能看出來。這完全是一片無法釋讀的僞刻"。此外,勃漢第也回顧了金璋對庫 1989 和金 566 這兩片家譜刻辭的研究成果。關於庫 1989 的釋讀,勃漢第提出了不同的意見。她的釋文如下:"王曰貞首(?),先祖曰 O,O 子曰 P,P 子曰 Q,Q 子曰 R,R 子曰 S,S 弟曰 T,S 子曰桑,桑子曰 U,U 子曰 V,V 子曰 W,W 弟曰 X,W 子曰 Y,Y 子曰 Z。"她認爲"王曰貞首"應解釋爲"王是占卜的首領","王命令占卜的首領"或"王下達最高指示"。

圖 7.4 勃漢第文中公布的庫 1506 家譜刻辭的照片

圖 7.5　勃漢第公布的威爾次舊藏牛肩胛骨家譜刻辭的照片和人名對照表

　　關於威爾次家譜刻辭,勃漢第對它的形態和刻辭進行了描述:"這片肩胛骨邊緣較厚處,其反面按常規方法做過整治並有灼痕,可知它曾用於占卜,正面有小字刻寫的占卜結果,現在能看清的有六個字,分別是:其虎,占(囗)卜,不,二⋯⋯而家譜刻辭字體更大,也更漂亮。第一行只有'貞'字,可能訓爲'神諭説'。第二行前三字不甚明瞭,其餘各字都非常清楚,與金璋所舉家譜刻辭内容相似。釋文如下:祖曰 A,A 子曰 B,B 子曰 C,C 子曰 D,D 子曰 E,弟曰 F,∗曰 G,G 子曰 H,子曰 I,I 弟曰 K,K 子曰 L。"勃漢第指出,I 是"棽"字。E 可能是"鰥"。"子曰棽,棽弟曰 K,K 子曰 L",是説棽這個人死後無子,繼承權傳給了他的弟弟 K。E 也是同樣的情況。鰥是魚名,據説這種魚總是單獨活動,没有後代,今天人們還用它表示單身漢。鹿角家譜也有"弟"字。"W 弟曰 X,W 子曰 Y",Y 顯然是 X 的兒子,被過繼給叔父 W,否則這裏就没必要提到 W 弟 X 了,因爲其他世代並非没有弟弟,只不過他們與這裏的 X 一樣,都不是真正的繼承人罷了。

　　關於家譜刻辭的性質,勃漢第與金璋也有不同意見。金璋認爲庫 1989 鹿角家譜刻辭是王室譜系,勃漢第却認爲它可能是某位大臣的家譜:"鹿角刻辭記載的不可能是商王室的家譜,但它可能是商王贈給某位大臣的禮物,上面刻的是這位大臣的家譜。無論怎樣,家譜似乎都是按照一個固定模式記載的。在三個家譜刻辭中,先有五代,出現一弟,接着有四代,再出現一弟,接着又有兩代。"勃漢第製作了一個家譜刻辭人名表,即文中圖版14(圖7.5右),列舉了威爾次舊藏家譜刻辭、金566家譜刻辭和庫1989鹿角家譜刻辭上出現的一些人名。勃漢第强調了人名的重要性,她指出,家譜刻辭中的人名是研究中國古代姓氏制度和命名系統的重要材料。周朝末期才出現現在的姓。比較古老的姓都從女旁。中國人把這視爲母權制曾經存在過的證據,但到周朝母權制已經消亡。商代是否仍然處在母權制時代?家譜上的人名是男名還是女名?這些難以理解的人名,如棕、鰥,可以指男性也可以指女性。妹可以解釋爲女兒,弟可以指妹妹,子可以只表示孩子。只有對人名有準確的理解,才能確定它們是男名還是女名。勃漢第的研究比金璋更深一層,她把家譜刻辭的研究提到了歷史學的範疇。

二、金璋反駁斥勃漢第的質疑:《圭璧上的家譜刻辭》

針對勃漢第的觀點,1913年10月金璋發表《圭璧上的家譜刻辭》一文,對勃漢第就庫1506真實性的質疑表示反對。勃漢第在文中認爲庫1506是庫1989的仿製品,主要基於兩方面原因:從契刻技術來看,這是由没有掌握甲骨契刻技術、也不理解刻辭內容的刻手刻成的;從刻辭布局來看,行列不清,毫無意義。金璋則反駁說:"大英博物院剛得到這片甲骨時,我就去查看過。讀了勃漢第的文章,我又專門去看了這片甲骨。我只能說,做完這些工作後,我完全反對勃漢第對這片刻辭真實性的質疑。"他認爲庫1506刻寫有力、漂亮,骨面乾净整潔,行列布局與金566相同。勃漢第既然認爲庫1506是偽刻,爲何對金566没有任何質疑辭?顯然,勃漢第對庫1506的質疑是没有道理的。接着,金璋又公布了他收藏的另一片圭璧形家譜刻辭即金760的照片(圖7.6),並對刻辭内容進行了釋讀。其家譜的部分釋文如下:

Ch'an	曰	Ch'an	曰	Yin	貞
孫	A	子	辰	子	x
曰	曰	曰	辰	曰	先
C	笛	風	子	得	y
	子	"	曰	曰	曰
	曰	弟	Ch'an	得子	Yin
	B				

第七章　金璋與甲骨文家譜刻辭研究　·329·

圖 7.6　金 760 圭璧形家譜刻辭正反照片（前者是
金璋文中公布，後者是筆者所攝。）

並斷句爲："貞 x。先 y 曰 Yin，Yin 子曰得，得子曰辰，辰子曰 Ch'an，Ch'an 子曰鳳，鳳弟曰 A，笝子曰 B，Ch'an 孫曰 C。"此外，金璋還對其中一些字形進行了分析。但這篇文章再次暴露了金璋本人極差的辨僞能力，金 760 顯然是一片僞刻。

三、金璋四論家譜刻辭：《殷虛甲骨上所載王室譜系及商代之記載》

1923 年，金璋又發表了一篇討論甲骨文家譜刻辭的論文《殷虛甲骨上所載王室譜系及商代之記載》。在這篇文章中，金璋從文獻的角度對家譜刻辭進行了解讀。他寫到：

　　全部河南遺物中最引人注目的一件單品，或許就是大英博物院從庫壽齡先生手中購買的、《人類》雜誌 1912 年 4 月發表的那片鹿角刻辭了。它那具有象徵意味的紋飾，出人意料的刻辭屬性，以及象形文字的古老特質，都是最引人注目的。部分雕飾的表面上刻寫的文字，一定是商代王室的部分家譜。我記得在其他地方還提到大英博物院收藏的另外一片大胛骨,刻有和鹿角刻辭相同的家譜。

那麽,這些王室譜系是如何和占卜用語糾纏在一起的呢? 對此,金璋做出了解釋。他指出,《周禮》記載"小宗伯"職掌"辨廟祧之昭穆"。這必然是一個特别需要負責任的職位,因爲在祖先排位的次序上,任何一丁點失誤都不只是破壞了神聖的利益,而且會引發祖先神靈以可怕的災禍來懲罰他們這種大不敬的行爲。正是由於這項職掌的重要性和嚴重性,寫有祖先世次的譜牒得以産生。這種推測與家譜刻辭中家譜前面出現引導詞也是相合的。在五片家譜刻辭中,有兩片以獨立的"貞"字引導,有一片以"貞曰"引導。而鹿角刻辭則以更加完全的形式"王曰貞"引導。金璋認爲這裏的"王"不是指時王,而是一位去世的祖先,是被呼吁的對象。引導詞後面一句是家族的第一位祖先,"首先祖曰＊",就是"第一位祖先叫做＊＊"。這個句式在幾片家譜刻辭中都出現過。只不過在圭璧形家譜刻辭中,"首"被同音字"獸"代替,"祖"被另一個無法隸定的字形代替。在金 566 中,"先"被"徙"代替。通過對"辨廟祧之昭穆"這項重要工作的分析,金璋論證了家譜刻辭(寫有祖先世次的譜牒)存在的可能性和現實意義,並對家譜刻辭前面何以出現"貞""貞曰""王曰貞"等這種獨特用語進行了解釋。

第四節　金璋對甲骨文家譜刻辭研究的價值

一、金璋引發庫 1506 真僞的百年論争

甲骨文家譜刻辭的問題,自金璋 1912 年在論文中首次提出,至今已有 110 多年歷史。金璋先後發表了 4 篇論文,勃漢第發表了 1 篇論文,兩人先後公布了庫 1989、金 566、庫 1506、威爾次家譜和金 760 這 5 片家譜刻辭的照片,並分别對刻辭内容進行了隸定和釋讀,對家譜中出現的人名和世系進行了分析,對同一人名的不同寫法進行了對比,對庫 1506 的真僞進行了辯論,對家譜刻辭的史料價值進行了挖掘。可以説,兩人對甲骨文家譜刻辭的研究,已經涉及後來甲骨文家譜刻辭研究的幾個重要方面。

在庫 1506 這片家譜刻辭的真僞問題上,金璋和勃漢第表達了截然相反的觀點。金璋認爲它是真品,勃漢第認爲它是仿刻庫 1989。遺憾的是,

由於歐洲境內研究甲骨刻辭的學者不多，他們的爭論並未引起廣泛關注。同時，中國境內的學者，只有郭沫若、明義士等人，由於對英語文獻接觸較多而對家譜刻辭有所瞭解。1930年，郭沫若出版《中國古代社會研究》，在《卜辭出土之歷史》一節談到家譜刻辭，指出金566是僞刻。① 1933年，明義士在《甲骨研究》石印本中指出，庫1989器真，刻辭疑僞，而金566刻辭皆僞造。② 但他們都沒有提到庫1506的真僞問題。

甲骨學界對庫1506的真僞之辯，經歷了幾個不同的階段。第一個階段是1935年《庫方二氏藏甲骨卜辭》出版之後。此書公布了庫1506和庫1989兩片家譜刻辭的摹本，中國學者看到後紛紛著文認定其爲僞刻。比如：1935年，胡小石在《書〈庫方二氏藏甲骨卜辭〉印本》一文中認爲庫1506和庫1989是僞刻。③ 1935年底，白瑞華在日本東京印了一張《庫方二氏藏甲骨卜辭》一書的附錄和更正，附錄是郭沫若所列庫方甲骨卜辭的僞刻部分，認爲庫1506是僞刻，庫1989紋飾是真，刻辭是僞。④ 1936年，陳夢家在《燕京學報》第19期介紹《庫方》一書，認爲庫1506和庫1989是僞刻。⑤ 1940年，陳夢家先後發表《述方法斂所摹甲骨卜辭》和《述方法斂所摹甲骨卜辭補》，⑥ 董作賓發表《方法斂博士對於甲骨文字之貢獻》，⑦ 都認爲庫1506和庫1989是僞刻。1947年，容庚在《甲骨學概況》一文中，也認爲庫1506和庫1989都是僞刻。⑧ 而金璋566和金璋760兩片，已經被明義士定爲僞片，未收入1939年出版的《金

---

① 郭沫若：《中國古代社會研究》，上海聯合書店分別於1930年2月、3月、5月連續出版了三個版本，每個版本都有一些不同之處，但《卜辭中之古代社會》都列爲"第三篇"（參看蔡震：《中國古代社會研究及版本的幾個問題》，《郭沫若學刊》2010年第2期，第39—43頁）。1947年上海群益出版社再版時，把《卜辭中之古代社會》提到了"第一篇"，1954年新版又列爲第三篇。1954年新版169頁："歐美人的甲骨蒐藏家中還有荷普金斯（L. C. Hopkins 漢名自稱金璋）、明義士子宜（James Mellon Menzies 自稱之漢名）。荷普金斯的蒐集大約多有庫林替他幫忙，我看到他著的一篇文章骨上所彫之一首葬歌與一家系圖（"A Funeral Elegy and a Family Tree inscribed on Bones"——J. R. A. S. Oct. 1932），那所根據的材料完全是僞刻。"筆者按：1912，郭氏誤爲1932。
② 明義士：《甲骨研究》，齊魯大學講義石印本，1933年，第29—30頁。
③ 胡小石：《書〈庫方二氏藏甲骨卜辭〉印本》，《國學季刊》第9卷第43期，1935年。又收入《胡小石論文集三編》，上海古籍出版社，1995年，第89—94頁。
④ 轉引自陳夢家：《述方法斂所摹甲骨卜辭補》，《圖書季刊》新2卷第3期，1940年。
⑤ 陳夢家：《〈庫方二氏藏甲骨卜辭〉·書評》，見於《國內學術界消息》，《燕京學報》第19期，1936年，第236—237頁。
⑥ 陳夢家：《述方法斂所摹甲骨卜辭》，《圖書季刊》新2卷第1期，1940年；《述方法斂所摹甲骨卜辭補》，《圖書季刊》新2卷第3期，1940年。
⑦ 董作賓：《方法斂博士對於甲骨文字之貢獻》，《圖書季刊》新2卷第3期，1940年。
⑧ 容庚：《甲骨學概況》，《嶺南學報》7卷第2期，1947年。

璋所藏甲骨卜辭》一書中。至於威爾茨藏家譜刻辭,學者並未論及,很可能他們當時並未見過勃漢第的文章。但庫1506是僞刻,則是當時學者的共識。

第二個階段是從1956年開始,陳夢家在《殷虛卜辭綜述》中改變原有的觀點,認爲庫1506這片家譜刻辭是真品,並把它作爲研究商代宗法制度的重要材料:"庫1989雕獸角上亦仿刻庫1506的全辭,乃是僞作。庫1506向來以爲僞刻,1949年春與朱德熙、馬漢林再三討論,確認爲原刻(張政烺見告,他也早已肯定它是真確的)。最近我們得到拓本,更可證其不僞。"①同時,他又舉出《燕》209、《乙》4856兩片刻辭,認爲也是商代的家譜刻辭。唐蘭則於次年著文批判陳夢家的學説,以兒字臼内多一横畫爲由,判定庫1506家譜刻辭是僞刻。②

一些學者信從陳氏的説法。比如:1957年,李學勤發表《論殷代親族制度》一文,把庫1506、《燕》209作爲討論商代兄稱的材料,認爲"'兄'是指同世'弟兄'的先死者,而'弟'是其對立詞。……兒的家系中,启、飘是對䍿、御而言,他們都是死者,故有'弟'這一稱謂。"③1959年饒宗頤在《殷代貞卜人物通考》一書中,也認爲庫1506是真品。他把家譜刻辭中的 ▨ 與《後編下》43.5中的 ▨、《屯乙》6043中的 ▨ 視爲一人。又把家譜刻辭中的"启"④與卜辭中常見的"子启"聯繫起來,認爲他們或爲一人。⑤ 1974年,儀真發表《從考古發現談儒法鬥争的幾個問題》,談到家譜刻辭時也認爲是真品:"《庫方》1506胛骨刻有兒的世系,自先祖㕣共十一代。此骨過去有人懷疑,實際在清末要僞造這樣字體文句的刻辭是不可能的。《庫方》1989鹿角和1604等骨都仿刻了此骨的全部或一部分,可資比較。另外兩片同類的殘骨是《殷契卜辭》209和《甲骨文零拾》145,辭間均畫有直行界格。"⑥1978年,于省吾發表《略論甲骨文"自上甲六示"的廟號以及我國成文歷史的開始》,認爲庫1506獸骨刻辭是"一個從商代初年開始,以男子爲世系的專記私名的譜牒",並認爲"商王室和其他貴族

---

① 陳夢家:《殷虛卜辭綜述》,科學出版社,1956年,第499、652—653頁。
② 唐蘭:《右派分子陳夢家是"學者"嗎?》,《中國語文》總64期,1957年10月號,第186頁。
③ 李學勤:《論殷代親族制度》,《文史哲》1957年第11期。又收入《李學勤早期文集》,河北教育出版社,2008年,第71—85頁。
④ 按:此字寫作 ▨,應釋爲"肇"。參看方稚松:《殷墟甲骨文五種記事刻辭研究》,綫裝書局,2009年。
⑤ 饒宗頤:《殷代貞卜人物通考》,香港大學出版社,1959年,第740、1173頁。
⑥ 儀真:《從考古發現談儒法鬥争的幾個問題》,《文物》1974年第6期,第15頁,注16。

譜牒世系的上限,都應在夏末或商初之際"。① 1980年,趙錫元在《論商代的繼承制度》中認爲庫1506兒氏家譜,是武丁時期"和商王室關係至爲密切的'多子族'之物。更爲有利地説明了商代至晚從成湯時就已經實行了以父系爲中心的家庭制度"。② 以上這些學者都主張庫1506家譜刻辭是真品。

也有一些學者對庫1506的真實性持否定態度。比如:1962年,金祥恒發表《庫方二氏甲骨卜辭第一五〇六片辨僞——兼論陳氏兒家譜説》一文,從文例、字體、界劃及年代等角度,詳細論證了庫1506是僞刻。③ 1978年,嚴一萍在《甲骨學》第三章《辨僞與綴合》中指出:"顧到甲骨的全體,也是辨僞的一種方法。……(庫1506兒家譜)乍看之下,非常新奇而也合理。陳夢家信它爲真,以近年來所得到的'舊拓本'爲證明,這是非常脆弱的證明。其實這塊原骨曾經在盧芹齋處,留有照相,彦堂先生藏有原大照片,原骨已歸大英博物院收藏。現在把原物照相和舊拓本、摹本照相統統發表在這裏,看看是不是更可以證明它爲真品嗎? 實際當然不是。"接着,他從家譜是記事刻辭,不應冠以"貞"字,早期卜辭稱遠祖爲"高祖""祖",直到五期始有"先祖",而兒氏家譜的字體是一期的,稱謂與字體互相矛盾,從商代的私名、氏名制度對"兒"的分析,以及刻工幼稚等四個方面,論證家譜刻辭是僞刻。

第三個階段是以1979年底"中國古文字學術研究會第二屆年會"的召開和1980年12月《古文字研究》第4輯的出版爲標誌。在1979年的古文字學大會上,胡厚宣先生宣讀論文《甲骨文家譜刻辭真僞問題再商榷》,引發了與會學者的熱烈討論。會後,于省吾先生又作《甲骨文"家譜刻辭"真僞辯》作爲回應,二文都發表在《古文字研究》第4輯上。④ 胡厚

---

① 于省吾:《略論甲骨文"自卜甲六示"的廟號以及我國成文歷史的開始》,《社會科學戰綫》1978年第1期。
② 趙錫元:《論商代的繼承制度》,《中國史研究》1980年第4期,第27頁。又收入《中國古代社會論要——趙錫元史學論集》,黑龍江人民出版社,2009年。
③ 金祥恒:《庫方二氏甲骨卜辭第一五〇六片辨僞——兼論陳氏兒家譜説》,《大陸雜誌》特刊第2輯《慶祝朱家驊先生七十歲論文集》,1962年。又收入宋鎮豪、段志宏主編《甲骨文獻集成》第19冊,四川大學出版社,2001年,第512—525頁。
④ 已有多位學者對胡氏和於氏的論證做過概述,詳見吴浩坤,潘悠:《中國甲骨學史》,上海人民出版社,1985年,179—183頁。陳煒湛:《甲骨文簡論》,上海古籍出版社,1987年,第210—213頁。張秉權:《一支貴族的世系——兒氏家譜》,《甲骨文與甲骨學》,臺灣編譯館,1988年,第364—371頁。沈之瑜:《兒氏家譜的懸案》,《甲骨文講疏》,上海書店出版社,2002年,第187—194頁。陳光宇:《兒氏家譜刻辭之"子"與花東卜辭之"子"》,《紀念王懿榮發現甲骨文110周年國際學術研討會論文集》,社會科學文獻出版社,2009年,第164—173頁。

宣文梳理了家譜刻辭收藏、著錄、爭論的歷史,並舉出貞字不用於記事刻辭、頂上無字不需界劃、字體和人名時代矛盾、兒臼内多一橫筆、弟不作兄弟或兄終弟及之義、行款呆板字迹惡劣、卜辭皆以十干爲名、人名乃杜撰或抄襲他骨、金璋 1110(筆者按:實爲金璋 566)大骨家譜刻辭是僞刻、陳氏所舉其他家譜刻辭不足爲據、考古所藏舊拓本不可信等十多條證據,詳細論證了庫 1506 家譜刻辭乃是僞刻。① 于省吾文則從以下幾個角度進行分析,論證家譜刻辭是真品:兒臼内多一橫筆乃羨畫;先祖、⿰、雀、弟、⿰等字乃後出字形,不見於早期著錄書;貞字是後人所加,與家譜無關;文字遒硬調協、行款屈曲自然,皆非作僞者所能企及;家譜中的人名乃私名,商人以十干爲名和其本名有别;家譜刻辭不只一見,《殷契卜辭》209 也是殘缺的家譜刻辭;早期僞刻行款故意整齊、但詞句不通、支離舛謬,與家譜刻辭完全不類等。②

　　胡、于二先生都從文字、行款、人名、意義、相關刻辭等多個角度,對家譜刻辭進行了細緻入微的分析,但却得出了完全相反的結論。無論孰是孰非,他們都把庫 1506 家譜刻辭的真僞之辨推向了更加深廣的維度。在此之前,除了金祥恒、嚴一萍等對庫 1506 的真僞做過較多分析外,其他學者大都只表明態度,並未對其真僞的證據做過詳細考辨。可以説,胡氏和于氏是庫 1506 家譜刻辭辨僞的集大成者,爲僞刻説和真刻説提供了較多論證。從此以後,甲骨學界基本形成了僞刻説和真刻説兩個學派。支持僞刻説的有丁驌《論契瑣記》、③松丸道雄《甲骨文僞作問題新探》、④陳煒湛《甲骨文簡論》⑤等。支持真刻説的有楊升南《從殷虚卜辭中的示宗説到商代的宗法制度》、⑥張秉權《一支貴族的世系——兒氏家譜刻辭》、⑦王

---

① 胡厚宣:《甲骨文家譜刻辭真僞問題再商榷》,《古文字研究》第 4 輯,1980 年。
② 于省吾:《甲骨文家譜刻辭真僞辯》,《古文字研究》第 4 輯,1980 年。
③ 丁驌:《論契瑣記》,《中國文字》新 7 册,(臺北)藝文印書館,1983 年。
④ 松丸道雄著、温天河譯:《甲骨文僞作問題新探》,《中國文字》新 3 册,(臺北)藝文印書館,1984 年。
⑤ 陳煒湛:《甲骨文簡論》,上海古籍出版社,1987 年,第 210—213 頁。
⑥ 楊升南:《從殷虚卜辭中的示宗説到商代的宗法制度》,《中國史研究》1985 年第 3 期。
⑦ 張秉權:《一支貴族的世系——兒氏家譜》,《甲骨文與甲骨學》,臺灣編譯館,1988 年,第 364—371 頁。張氏認爲家譜刻辭是真品的主要證據是:家譜刻辭出現時間較早,作僞者不可能瞭解貞是卜問之辭,所以貞字未必就是僞刻,但也與家譜無關;家譜中的一些人名,只見於晚出的著錄書,作僞者不可能憑空僞造出與晚出甲骨完全相同的文字;家譜上的人名兒、雀、啓、養、商等,在卜辭中也能找到與之相同的人名或地名。這些人名與卜辭中的人名,雖然不可能是同一個人,但與甲骨文中所見的命名制度確實一致的。

宇信、徐義華《商周甲骨文》①等。也有學者持存疑態度，比如吳浩坤、潘悠《中國甲骨學史》、②沈之瑜《兒氏家譜的懸案》③等。遺憾的是，胡先生和于先生都未能親眼見到這片甲骨。

　　第四個階段是以英國所藏甲骨的整理和《英國所藏甲骨集》的出版爲標誌。1982—1983 年間，李學勤、齊文心、艾蘭三位學者在整理墨拓英國公私所藏甲骨時，都曾親眼見過庫 1506、庫 1989 等家譜刻辭，艾蘭還用當時的先進設備顯微鏡對其進行仔細觀察。鑒於學界對庫 1506 真僞的爭議較大，他們在編纂《英國所藏甲骨集》時收錄了這片甲骨，但並未按體例把它編入某期某事類中，而是把它列爲圖版最後一號 2674。書内有庫 1506 的正反彩色照片、正反面拓本和艾蘭拍攝的若干文字的顯微照片，爲進一步研究提供了很好的條件。三位先生也都撰文發表對庫 1506 真僞的意見，但意見並不相同。

　　齊文心認爲庫 1506 是僞刻。她於 1986 年發表《關於英藏甲骨整理中的幾個問題》，對庫 1506 的骨制和鑽鑿形態進行了介紹，認爲這是一塊廢棄的卜骨，並從文字、内容結構、字體行款等幾個角度論證其爲僞刻。④

　　李學勤則認爲庫 1506 是真品。早在 1957 年發表的《論殷代親族制度》一文中，他就對家譜刻辭持肯定態度。參與了英國所藏甲骨的調查、墨拓和編纂後，他於 1987 年發表《海外訪古記（三）——英國》一文，又對家譜刻辭的情況做了全面介紹。⑤ 在另一篇文章《關於英國所藏甲骨的幾件事》中，他也提到了庫 1506 家譜刻辭，通過幾次長時間的細緻觀察，用放大鏡觀察字口，並與不列顛圖書館藏品中的僞刻作現場對比，最終認爲這是一片自組的記事刻辭，是真品。⑥ 2004 年，李先生又發表《再論家譜刻辭》，根據饒宗頤《殷代貞卜人物通考》中的相關論述進一步闡發。他指出："看骨的修治情況和殘存鑽鑿的形態，應係賓組卜辭，但家譜刻辭的字體却有非卜辭的特點。揣想契刻者是利用了

---

① 王宇信、徐義華：《商周甲骨文》，文物出版社，2006 年，第 115 頁。
② 吳浩坤、潘悠：《中國甲骨學史》，上海人民出版社，1985 年，179—183 頁。
③ 沈之瑜：《兒氏家譜的懸案》，《甲骨文講疏》，上海書店出版社，2002 年，第 187—194 頁。
④ 齊文心：《關於英藏甲骨整理中的幾個問題》，《史學月刊》1986 年第 3 期。
⑤ 李學勤：《海外訪古記（三）——英國》，《文博》1987 年第 2 期。此文也提到了德國人威爾茨所購的一片家譜刻辭，並指出它是僞刻。
⑥ 李學勤：《關於英國所藏甲骨的幾件事》，《書品》1987 年第 2 期。

已卜用的胛骨扇部空白部分。"①似乎又推翻了前文認爲庫1506是師組記事刻辭的結論。

　　艾蘭首創用顯微鏡觀察這種技術手段進行鑒定,認爲庫1506是真品。她在1991年發表的《論甲骨文的契刻》一文中,利用顯微鏡對真品和贋品的刻道深度、刀口形狀、刻道邊緣的整齊度、筆順先後以及刻道中的裂紋等進行對比觀察,得出了一系列辨別真僞的指標,並通過對庫1506相關參數的對比,證明庫1506是真品。② 關於艾蘭的分析和論證,陳光宇《兒氏家譜刻辭之"子"與花東卜辭之"子"》一文有精煉敘述。③

　　經過這一番討論之後,許多學者接受了真刻説,開始利用庫1506家譜刻辭進行族譜史或檔案史的研究。比如：常建華《中華文化通志·制度文化典(4—031)宗族志》、④常建華《中國族譜學研究的最新進展》、⑤趙林《論商代的父與子》、⑥劉正《倪姓和甲骨文家譜刻辭研究》、⑦張全海《殷商刻辭甲骨與檔案之辨析——以〈庫方二氏藏甲骨卜辭〉第1506片甲骨爲例》、⑧王蘊智《殷商甲骨文研究》、⑨王鶴鳴《中國家譜通論》⑩等。也有學者仍然支持僞刻説,比如胡厚宣《甲骨文"家譜刻辭"僞刻的新證據》、⑪朱彥民《巫史重光》⑫等。宋鎮豪、劉源《甲骨學殷商史研究》一書也提到家譜刻辭,並列出了支持真刻説和支持僞刻説的學者名單。⑬

　　第五個階段是21世紀以來,以陳光宇先生重複艾蘭先生的顯微觀察爲觸發點。2009年陳光宇發表《兒氏家譜刻辭之"子"與花東卜辭之

----

① 李學勤:《再論家譜刻辭》,《華學》第7輯,中山大學出版社,2004年。
② 艾蘭:《論甲骨文的契刻》,《英國所藏甲骨集》下編下册,中華書局,1992年,第203—216頁。
③ 陳光宇:《兒氏家譜刻辭之"子"與花東卜辭之"子"》,《紀念王懿榮發現甲骨文110周年國際學術研討會論文集》,社會科學文獻出版社,2009年,第164—173頁。
④ 常建華:《中華文化通志·制度文化典(4—031)宗族志》,上海人民出版社,1998年,第227—228頁。
⑤ 常建華:《中國族譜學研究的最新進展》,《河北學刊》2009年第6期。
⑥ 趙林:《論商代的父與子》,《漢學研究》第21卷第1期,2003年6月。
⑦ 劉正:《倪姓和甲骨文家譜刻辭研究》,《尋根》2009年第3期。
⑧ 張全海:《殷商刻辭甲骨與檔案之辨析——以〈庫方二氏藏甲骨卜辭〉第1506片甲骨爲例》,《檔案學研究》2009年第5期。
⑨ 王蘊智:《殷商甲骨文研究》,科學出版社,2010年,第523—525頁。
⑩ 王鶴鳴:《中國家譜通論》,上海古籍出版社,2010年,第44—46頁。
⑪ 胡厚宣:《甲骨文"家譜刻辭"僞刻的新證據》,《考古與文物》1992年第1期。
⑫ 朱彥民:《作僞高手藍寶光》,《巫史重光——殷墟甲骨文發現記》,百花文藝出版社,2001年,第141—143頁。
⑬ 宋鎮豪、劉源:《甲骨學殷商史研究》,福建人民出版社,2006年,第16—17頁。

"子"》，綜合了于省吾、艾蘭、張秉權等人的意見，認爲家譜刻辭是真刻確鑿無疑。① 2010 年 8 月 17 日下午，陳先生在中國社會科學院歷史研究所作學術講演，專門介紹了他對家譜刻辭真僞問題的新見解，引發了在場學者的熱烈討論。與會的蔡哲茂、宋鎮豪等先生認爲是僞刻，蔡先生又提到張秉權、周鴻翔等先生認爲是真品。② 2010 年 12 月 14 日下午，艾蘭教授也來到中國社會科學院歷史研究所，做了一場有關"家譜刻辭"真僞問題的報告，展示了她在大英圖書館拍攝的家譜刻辭放大照片，再次强調該骨裂痕存在於字口中，或沿着字口方向延伸的現象，這是字刻在先，裂紋在後，可證其刻辭不僞。同時，她提出家譜刻辭亦可能是習刻的觀點。這又引發了在場學者的熱烈討論。與會的汪濤、楊升南、黄國輝等諸位先生認爲庫 1506 家譜刻辭是真品，而齊文心、肖良瓊、劉源等諸位先生認爲庫 1506 家譜刻辭是僞刻。③ 同年十月，曹定雲發表《英藏 2674 家譜刻辭辨僞》，利用艾蘭發表的顯微鏡照片進行分析，得出了與艾蘭完全相反的結論。④ 2011 年，陳光宇在學術會議上宣讀論文《兒氏家譜刻辭綜述及其確爲真品的證據》，他重複了艾蘭的顯微鏡觀察工作，對庫 1506 和庫 1619（真僞刻辭皆有）兩版甲骨進行了三維顯微鏡觀察和拍照，總結了四種型式的裂紋分布，總結了兩版甲骨真僞刻辭就刻槽深度、字口平整程度、刻畫與裂紋的物理關係分析以及兩版甲骨的風乾程度比照結果，用數據資料和顯微照片進一步論證庫 1506 家譜刻辭是真品。⑤ 兩次學術報告和三篇學術論文，重新點燃了學者們對庫 1506 真僞之辨的熱情。加之網絡媒體日趨發達，學者們在先秦史研究室網站上也展開了熱烈討論，提出不少值得注意的新思路或新材料。

　　隨後，2013 年黄國輝發表《"家譜刻辭"研究新證》一文，從"家譜刻辭"所記譜系"嬈子曰𦣻"中的"𦣻"字入手，對家譜刻辭的真僞問題進行了重新探討。他指出《合集》20087 上有𦣻字，寫法與"家譜刻辭"全同，當

---

① 陳光宇：《兒氏家譜刻辭之"子"與花東卜辭之"子"》，《紀念王懿榮發現甲骨文 110 周年國際學術研討會論文集》，社會科學文獻出版社，2009 年，第 164—173 頁。
② 參看：《陳光宇教授學術講座簡訊》，http：//www.xianqin.org/blog/archives/2031.html。
③ 參看：《艾蘭教授來歷史所做"家譜刻辭真僞問題"報告》，http：//www.xianqin.org/blog/archives/2235.html。
④ 曹定雲：《英藏 2674 家譜刻辭辨僞》，《古文字研究》第 28 輯，2010 年，第 169—179 頁。
⑤ 陳光宇：《兒氏家譜刻辭綜述及其確爲真品的證據》，最初在 2011 年 11 月美國新澤西州羅格斯大學孔子學院主辦的"商代與中國上古文明國際學術研討會"上宣讀，後發表在《甲骨文與殷商史》新 6 輯（上海古籍出版社，2016 年）。

是同一個人。《合集》20087 中的"𣪠"字亦是作偽者無法知曉的,其根本無法憑空創造出"𣪠"字來。因此他認爲家譜刻辭當爲真品。這個例證比較薄弱,實際也存在相反的例證。比如《金》408(《英藏》129)有"▨"字,與家譜刻辭中的字形基本相同。這片甲骨購於 1910 年,與家譜刻辭出現的時間非常接近,且它們都是從同一個古董商手中所購得。

  2018 年,張惟捷、宋雅萍發表《從一版新材料看甲骨文家譜刻辭的真偽問題》一文,對宋雅萍女士綴合的一版甲骨《合》13517(《乙》4817+5061+5520+5804)+《乙》6087+R60751 上殘留的一些疑似家譜的、不甚清晰的字迹進行了討論,爲討論庫 1506 的真偽提供了新的旁證材料。這些文字原先刻寫在龜甲上,後被刮削,但仍留有部分字迹。整理者將其摹寫下來,發現"這幾組字排似乎都是以'子曰某'的詞句所組成,偶省略了'子'字"。"這類連續書寫的'字曰某'内容在卜辭類内容中雖然不得一見,却無獨有偶地與家譜刻辭、《合》14925 頗爲近似;據此,我們認爲此類書寫内容與家譜刻辭應該具有可比性,它們彼此間的性質是較爲接近的"。"將其歸入'習刻'的範疇應該是較爲妥當的選擇"。這些被刮削過的刻辭,"其内容雖然殘損不清,却很可能與家系人名的記載有關,屬於特定内容形式的習刻。若此説得以成立,則歷來對'家譜刻辭'説進行的爭論可望獲得進一步的釐清,至少爲'子曰某'的這種文例提供了較爲堅實的文本基礎"。①

  2019 年,葛亮在"紀念甲骨文發現 120 周年國際學術研討會"上宣讀論文《從 YH127 家譜刻辭看〈英〉2674、〈合〉14925 等版的性質與字體》,以宋雅萍女士綴合的這版甲骨爲切入點,結合大英圖書館網站公布的英2674(庫 1506)高清照片、2010 年安陽大司空村出土的刻辭胛骨、《合》20338+《合》21844、《合》14925、《合》14926 等材料,通過對版面形式、刻辭内容、字體特徵等的綜合分析,認爲"YH127 家譜刻辭、《英》2674 家譜刻辭、《合》14925 家譜刻辭的性質相近,很可能都屬於習刻(習刻的方式或許不同)。三版家譜刻辭的字體均屬師賓間類,其刻寫年代同樣十分接近,均在武丁時期(約武丁中期)"。葛亮同時也指出:"'《合》13517+《乙》6087+R60751'上刮削未盡的文字究竟是不是家譜刻辭,似乎並不是毫無疑問。此版右上角有兩條卜辭,均作'癸子(巳)曰……',其中恰有

---

① 張惟捷、宋雅萍:《從一版新材料看甲骨文家譜刻辭的真偽問題》,《出土文獻與古文字研究》第 7 輯,上海古籍出版社,2018 年,第 20—30 頁。

相連的'子''曰'二字。如果本版被刮去的文字並不是'某子曰某……',而是'癸子(巳)曰……',是對應右上角卜辭的習刻,那麼與家譜刻辭相關的論述也就失去了基石。"①除此之外,黃國輝的《"家譜刻辭"續說——兼談作僞材料在史料辨僞中的價值》②和張惟捷的《新材料彰顯"家譜刻辭"的史學價值》③,均是把庫1506作爲真刻,闡發其研究價值。

可以看出,近20年的家譜刻辭研究,從年長一輩的艾蘭、陳光宇到年青一代的黃國輝、張惟捷、宋雅萍、葛亮等,他們都力圖用新技術或新材料來討論庫1506的真僞,並提出庫1506可能是習刻的新觀點。這種新思路在年輕學者群體中獲得了較大影響。

在甲骨學興起的第10個年頭,金璋就開始和方法斂通過書信討論甲骨文家譜刻辭。三年後,他率先發起了對甲骨文家譜刻辭的研究,公布出庫1989和金566兩片具有"子曰某"結構的家譜刻辭。庫1506這版家譜刻辭雖然是勃漢第女士公布的,但她認爲這是庫1989的仿刻品,金璋則力辨這是真品。金璋和勃漢第先後提出五版家譜刻辭,但庫1989、金566、金760、威爾茨舊藏牛肩胛骨家譜刻辭等均被證明是僞刻,唯有庫1506的真僞難下定論。隨着對庫1506真僞的深入探討,學者們不斷從浩繁的甲骨中找出一些具有"子曰某"結構的刻辭,比如《合》14925、《合》13517+《乙》6087+R60751等,用來說明甲骨文中家譜刻辭是存在的。

二、庫1506與其他僞刻品的聯繫

上文已經講過,金璋和勃漢第先後提出的五版家譜刻辭中,庫1989、金566、金760、威爾茨家譜這四版均被證明是僞刻,唯有庫1506的真僞難下定論。方法斂在書信中還提到金443和庫2202這兩版家譜刻辭,也是僞刻。實際上,方法斂經手購買的甲骨中,還有不少有"某曰某"結構的僞刻。比如,部分僞刻的金471(即《英》2519)、《庫》1619(即《英》2512):

---

① 葛亮:《從YH127家譜刻辭看〈英〉2674、〈合〉14925等版的性質與字體》,此文是2019年10月18—19日在安陽舉辦的"紀念甲骨文發現120周年國際學術研討會"的會議論文,沒有單獨發表,而是以"提要"的形式收錄在《傳承中華基因:甲骨文發現一百二十年來甲骨學論文精選及提要》中。參看葛亮:"張惟捷、宋雅萍《從一版新材料看甲骨文家譜刻辭的真僞問題》"提要,劉釗主編:《傳承中華基因:甲骨文發現一百二十年來甲骨學論文精選及提要》,商務印書館,2021年,第2919—2922頁。
② 黃國輝:《"家譜刻辭"續說——兼談作僞材料在史料辨僞中的價值》,《史學理論與史學史學刊》2021年第2期。
③ 張惟捷:《新材料彰顯"家譜刻辭"的史學價值》,《中國社會科學報》2021年12月10日"絶學回響"版。

· 340 · 金璋的甲骨收藏與研究

《英》2519(即《金》471)局部僞刻　　《英》2512(即《庫》1619)局部僞刻

圖 7.7

再比如,金璋的這三件護身符僞刻(因不知其原編號,暫且命名爲金 A1、金 A2、金 A3):

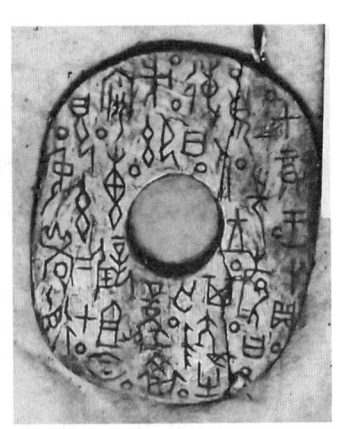

金 A1　　　　　　　　金 A2　　　　　　　　金 A3

金 A1:金璋舊藏,龜形護身符,僞刻,其辭曰:貞其先某。
金 A2:金璋舊藏,龜形護身符,僞刻,其辭曰:貞其先曰某。
金 A3:金璋舊藏,璧形護身符,僞刻,其辭曰:甲辰王卜貞兒先磬曰某等。

从甲骨来源上来看，金 443、金 471、金 566、金 760（图 7.8）、金 A1、金 A2、金 A3、库 1506、库 1619、库 1989、库 2202（图 7.8）这几片，均是方法敛 1909—1911 年间从同一个古董商手中所购得。威尔茨家谱刻辞是威尔次博士 1909 年在青岛购买的甲骨中的一片，这批甲骨也是从潍县流传过去的，与库 1506、库 1989（方法敛 1909 年 6 月所购）原本就是同一批东西。[①] 这些甲骨来源于同一个古董商，并且在相近的时间里被方法敛和威尔茨所购得。

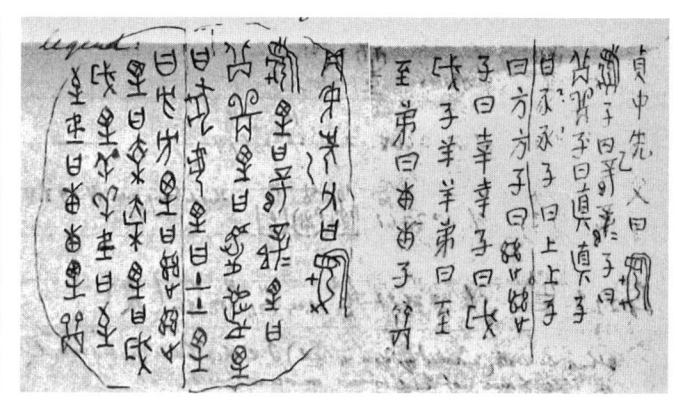

金 760（圭璧形伪刻）　　　　　库 2202（龟形伪刻）

图 7.8

笔者把上述几片甲骨放在一起进行了仔细比对，发现它们在篇章结构和人名用字上有相似之处，并且互相之间存在某种关联。其关联性大致如下：

金471
库1619　　　　金760　　　Wirtz　　　库1560
金A1　　　　　库2202　　　金566　　　库1989
金A2
金A3

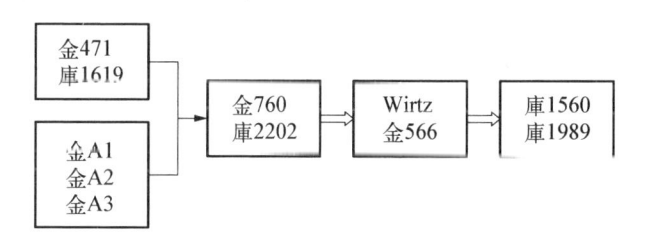

上列各版甲骨，金 471、库 1619 上有零星的"曰某"结构，如"曰戠""曰吹""子曰🦴"等。金 A1、金 A2、金 A3 上有"贞其先某""贞其先曰某""兒先磬曰某"等结构。金 760 和库 2202 具备比较明显的家族谱系的

---

① 参看郅晓娜：《德国柏林民族学博物馆藏甲骨的著录情况》，《甲骨文与殷商史》新 11 辑，上海古籍出版社，2021 年，第 23 页。

特徵，比如金760上有"某先某曰某""某子曰某"的連續結構，庫2202上有"中先父曰某""某里曰某""某弟曰某"的連續結構。

威爾次家譜刻辭上，具有"某祖曰某""某子曰某""某弟曰某"的完整結構，祖輩、子輩、弟輩均有，且同一人名在前後兩句中重複出現，呈現出明確的家族譜系特徵。同一個人名出現兩次，前後兩次寫法有細微差異，比如"󰀀"和"󰀀"、"󰀀"和"󰀀"、"󰀀"和"󰀀"等。但這片家譜刻辭的句式結構存在明顯缺陷，比如首句"兒󰀀󰀀祖曰吹"中的"󰀀""󰀀"兩字放在這裏不倫不類。"󰀀子曰󰀀，弟曰󰀀，󰀀令曰󰀀"三句，"弟曰󰀀"前少一"󰀀"字，"󰀀令曰"的"󰀀"與前一人名"󰀀"不統一，"令"也無法通讀。需要注意的是，此家譜中的人名在上述幾片僞刻中也有出現，比如兒、吹、󰀀、至、商等。

與威爾次家譜刻辭相比，金566家譜刻辭的行款排列更勝一籌。它不僅具備"某祖曰某""某子曰某""某弟曰某"的完整結構，而且從左到右以13豎行（不含"貞曰"這行）整齊排列，同一人名在前後兩句重複出現，具有明確的家族譜系特徵。在這13行中，第1行是祖輩，第6、11行是弟輩，其餘各行均是子輩。但金566作爲家族譜系仍不完善，比如首句"󰀀󰀀󰀀祖曰󰀀"令人難以理解，第三行第一個人名"󰀀"與第二行第二個人名"󰀀"不一致，第七行第一個人名"󰀀"與第六行第二個人名"󰀀"不一致。與威爾次家譜相同的是，該版同一個人名出現兩次，前後寫法也有細微差異，比如"󰀀"和"󰀀"、"󰀀"和"󰀀"、"󰀀"和"󰀀"等。

與威爾次家譜刻辭和金566家譜刻辭相比，庫1506家譜刻辭堪稱完美之作。從結構上看，它不僅具備"某先祖曰某""某子曰某""某弟曰某"的完整結構，而且注重行款布局，從左到右以13豎行（不含"貞"這行）整齊排列，第1行是祖輩，第6、11行是弟輩，其餘各行均是子輩，與金566家譜刻辭的排列順序完全相同。從內容上看，第一行"兒先祖曰吹"，不僅具備威爾次家譜中的"兒"和"吹"，而且去掉了令人難以理解的"󰀀""󰀀"兩字，代之以表示輩分的"先"字。除第7、12行（上一行均爲弟輩）以外，其餘各行下一行第一個人名均與上一行第二個人名保持一致。同一個人名前後出現兩次，也都刻意保持了前後兩個字形的細微差異，比如"󰀀"和"󰀀"、"󰀀"和"󰀀"、"󰀀"和"󰀀"、"󰀀"和"󰀀"等，這個特點與威爾次家譜和金566家譜刻辭相同。庫1506家譜刻辭還保留了威爾次家譜刻辭中的"󰀀"、"󰀀"、"󰀀"、"󰀀"、"󰀀"等人名。

通過上面的鏈條分析，筆者認爲庫1506並非不存在造假的可能性。

第七章　金璋與甲骨文家譜刻辭研究　·343·

我們把庫1506家譜刻辭、庫1989家譜刻辭、威爾次家譜刻辭和金566家譜刻辭放在一起，一行一行地對比，製作了下列表格，能够較爲清晰地反映它們之間的關係。

行數	《庫》1506	《庫》1989	威尔兹藏	金璋566
0				
1	先祖曰	先祖曰	祖曰	祖曰
2	子曰	子曰	子曰	子曰
3	子曰	子曰	子曰	子曰
4	子曰	子曰	子曰	子曰
5	子曰	子曰	子曰	子曰
6	弟曰	弟曰	弟曰	弟曰
7	子曰	子曰		子曰
8	子曰	子曰	令曰	子曰
9	子曰	子曰	子曰	子曰
10	子曰	子曰	子口	子曰
11	弟曰	弟曰	弟曰	弟曰
12	子曰	子曰		子曰
13	子曰	子曰	子曰	子曰

爲了方便查看，筆者也把威爾次家譜、金566、庫1506、庫1989的摹本附列于此（圖7.9—7.11）。

· 344 · 金璋的甲骨收藏與研究

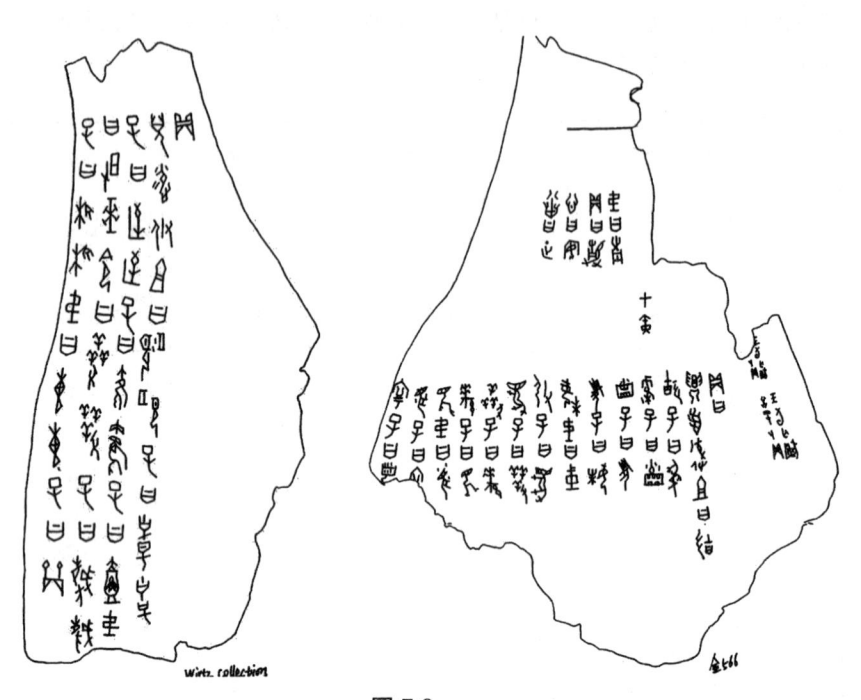

圖 7.9

圖 7.10

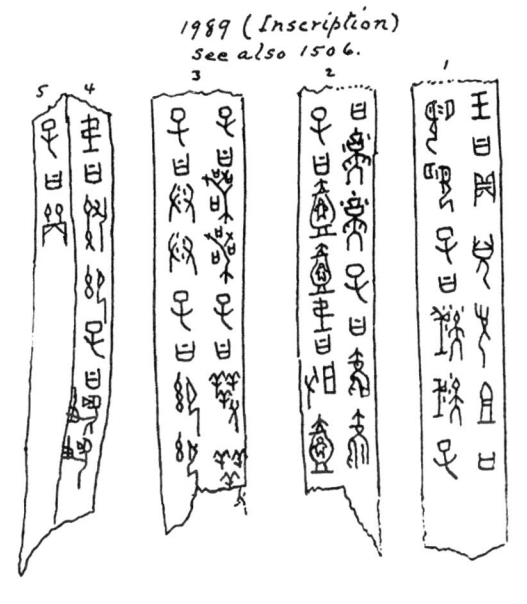

圖 7.11

　　《甲骨年表》記載:"1909年春,小屯村前,張學獻地,因挖山藥溝,發現甲骨文字。村人相約發掘,得'馬蹄兒'及'骨條'(村人呼牛胛骨,骨端曰'馬蹄兒',胛骨之邊破裂成條者曰'骨條',皆胛骨刻辭較多之處。)甚多。又此次挖掘,未得地主允許,學獻母大罵村人,因被毆打,頭破血出,經人調解,未致成訟。"① 方法斂甲骨、威爾茨甲骨和金璋第十二批甲骨,可能都是1909年春從張學獻地中所掘甲骨的一部分。商販爲了經濟利益,在真甲骨中摻雜僞刻,《庫》1506家譜刻辭和《庫》1989家譜刻辭、威爾茨藏家譜刻辭和金566家譜刻辭一樣,都有可能是同一個造假集團的産品。

　　金璋和勃漢第提出的庫1506的真僞問題,一直是甲骨學界的疑難問題,我們相信這個問題還會一直討論卜去。從技術辨僞角度來看,艾蘭和陳光宇的顯微鏡取樣標本數量較少。我們期待未來有更先進的技術參與到庫1506的真僞研究中,比如利用超景深3D顯微鏡,擴大取樣範圍,從方法斂經手購買的甲骨中選取較多的真刻、僞刻、真僞並存的甲骨進行取樣,從更多的取樣中總結出更加可靠的規律,作爲論證庫1506真僞的依據。從内容辨僞角度來看,現在具有"子曰某"結構的甲骨數量極少,我們

---

① 董作賓、胡厚宣:《甲骨年表》,商務印書館,1937年,第5頁。

期待未來能找到或者出土更多具有類似結構的甲骨,豐富甲骨文家譜刻辭研究的資料。

儘管庫 1506 的真偽還存在爭議,但由金璋發起的對甲骨文家譜刻辭的討論,尤其是有關甲骨辨偽方法的討論以及對甲骨文中家譜類材料的搜索,都構成了甲骨學研究的重要內容。從這個角度來看,金璋對推動甲骨學的深入發展也做出了重要貢獻。

附:家譜刻辭研究論著目

1. L. C. Hopkins, R. L. Hobson:A Royal Relic of Ancient China(《中國古代之皇室遺物》),*Man*, Vol.12, (Apr., 1912), pp.49-52.

2. L. C. Hopkins:A Funeral Elegy and a Family Tree Inscribed on Bone(《骨上所刻之哀文與家譜》),*JRAS*, (Oct., 1912), pp.1021-1028.

3. Samuel Couling:The Oralce Bone from Honan,1914 年 2 月 20 日亞洲文會會議上宣讀,發表在《皇家亞洲學會北中國支會雜誌》第 45 期(Journal of the north China Branch of the Royal Asiatic Society, XLV),1914 年,第 65—75 頁。

4. Anna Bernhardi:Über Frühgeschichtliche chinesische Orakelknochen, gesâmmelt von Prof. Dr. Wirtz, Tsingtau (On early historical Chinese Oracle Bones Collected by Dr. Wirtz, Tsingtao)(《中國古代之卜骨——柏林民族學博物館的威爾次藏品》),Baessler-Archiv IV, 1913 年.

5. L. C. Hopkins:A Chinese Pedigree on a Tablet-Disk(《圭璧上的家譜刻辭》), JRAS, (Oct., 1913), pp.905-910.

6. L. C. Hopkins:The Royal Genealogies on the Honan Relics and the Record of the Shang Dynasty(《河南遺物和商代記錄中的商代世系》), Asia Major·Introductory Volume (Hirth Anniversary Volume), 1923, pp.194-206.

7. L. C. Hopkins:Notes on the Artistic and other features of the Shang dynasty Miniatures(《鹿角家譜刻辭上的紋飾和其他特徵》)(金璋手稿).

8. 郭沫若:《中國古代社會研究》,1930 年 2 月、3 月、5 月,上海聯合書店。1947 年上海群益出版社再版,1954 年新版,第 169 頁。

9. 明義士:《甲骨研究》,齊魯大學講義石印本,1933 年,又齊魯書社 1996 年影印本,第 29—30 頁。

10. 白瑞華：《庫方二氏藏甲骨卜辭·序言》，1935年。
11. 胡小石：《書〈庫方二氏藏甲骨卜辭〉印本》，《國學季刊》第9卷第43期，1935年。又收入《胡小石論文集三編》，上海古籍出版社，1995年，第89—94頁。
12. 陳夢家：《〈庫方二氏藏甲骨卜辭〉·書評》，見於《國內學術界消息》，《燕京學報》第19期，1936年，第236—237頁。
13. 陳夢家：《述方法斂所摹甲骨卜辭》，《圖書季刊》新2卷第1期，1940年。
14. 陳夢家：《述方法斂所摹甲骨卜辭補》，《圖書季刊》新2卷第3期，1940年。
15. 董作賓：《方法斂博士對於甲骨文字之貢獻》，《圖書季刊》新2卷第3期，1940年。
16. 容庚：《甲骨學概況》，《嶺南學報》7卷2期，1947年。
17. 陳夢家：《殷虛卜辭綜述》，科學出版社，1956年，第499、652—653頁。
18. 唐蘭：《右派分子陳夢家是"學者"嗎？》，《中國語文》總64期，1957年10月號，186頁。
19. 李學勤：《論殷代親族制度》，《文史哲》1957年第11期。又收入《李學勤早期文集》，河北教育出版社，2008年，第71—85頁。
20. 饒宗頤：《殷代貞卜人物通考》，香港大學出版社，1959年，第740、1173頁。
21. 金祥恒：《庫方二氏甲骨卜辭第一五○六片辨偽——兼論陳氏兒家譜說》，《大陸雜誌》特刊第2輯《慶祝朱家驊先生七十歲論文集》，1962年。又收入宋鎮豪、段志宏主編《甲骨文獻集成》（第19冊），四川大學出版社，2001年，第512—525頁。
22. 儀真：《從考古發現談儒法鬥爭的幾個問題》，《文物》1974年第6期，第15頁。
23. 嚴一萍：《甲骨學》第三章"辨偽與綴合"，（臺北）藝文印書館，1978年2月，第401—423頁。
24. 于省吾：《略論甲骨文"自上甲六示"的廟號以及我國成文歷史的開始》，《社會科學戰綫》1978年第1期。
25. 胡厚宣：《甲骨文家譜刻辭真偽問題再商榷》，《古文字研究》第4輯，中華書局，1980年。
26. 于省吾：《甲骨文家譜刻辭真偽辯》，《古文字研究》第4輯，中華書局，

1980 年。
27. 趙錫元:《論商代的繼承制度》,《中國史研究》1980 年第 4 期,第 27 頁。又收入《中國古代社會論要——趙錫元史學論集》,黑龍江人民出版社,2009 年。
28. 丁驌:《論契瑣記》,《中國文字》新 7 册,(臺北)藝文印書館,1983 年。
29. 松丸道雄著,温天河譯:《甲骨文僞作問題新探》,《中國文字》新 3 册,(臺北)藝文印書館,1984 年。
30. 楊升南:《從殷虚卜辭中的示宗説到商代的宗法制度》,《中國史研究》1985 年第 3 期。
31. 吴浩坤,潘悠:《辨僞與綴合》,《中國甲骨學史》,上海人民出版社,1985 年 12 月。
32. 齊文心:《關於英藏甲骨整理中的幾個問題》,《史學月刊》1986 年第 3 期。
33. 陳煒湛:《甲骨文的辨僞》,氏著《甲骨文簡論》,上海古籍出版社,1987 年,第 210—213 頁。
34. 李學勤:《海外訪古記(三)——英國》,《文博》1987 年第 2 期。
35. 李學勤:《關於英國所藏甲骨的幾件事》,《書品》1987 年第 2 期。
36. 張秉權:《一支貴族的世系——兒氏家譜》,《甲骨文與甲骨學》,臺灣編譯館,1988 年,第 364—371 頁。
37. 艾蘭:《論甲骨文的契刻》,《英國所藏甲骨集》下編下册,中華書局,1992 年,第 203—216 頁。
38. 胡厚宣:《甲骨文"家譜刻辭"僞刻的新證據》,《考古與文物》1992 年第 1 期。
39. 常建華:《中華文化通志·制度文化典(4—031)宗族志》,上海人民出版社,1998 年,第 227—228 頁。
40. 朱彦民《作僞高手藍寶光》,《巫史重光——殷墟甲骨文發現記》,百花文藝出版社,2001 年,第 141—143 頁。
41. 沈之瑜:《兒氏家譜的懸案》,氏著:《甲骨文講疏》,上海書店出版社,2002 年,第 187—194 頁。
42. 趙林:《論商代的父與子》,《漢學研究》第 21 卷第 1 期,2003 年 6 月。
43. 李學勤:《再論家譜刻辭》,《華學》第 7 輯,中山大學出版社,2004 年。又收入《李學勤文集》,2005 年,第 143—147 頁。
44. 宋鎮豪、劉源:《甲骨學殷商史研究》,福建人民出版社,2006 年,第

16—17 頁。

45. 王宇信、徐義華：《商周甲骨文》，文物出版社，2006 年，第 115 頁。

46. 常建華：《中國族譜學研究的最新進展》，《河北學刊》2009 年第 6 期。

47. 陳光宇：《兒氏家譜刻辭之"子"與花東卜辭之"子"》，《紀念王懿榮發現甲骨文 110 周年國際學術研討會論文集》，社會科學文獻出版社，2009 年，第 164—173 頁。

48. 劉正：《倪姓和甲骨文家譜刻辭研究》，《尋根》2009 年第 3 期。

49. 張全海：《殷商刻辭甲骨與檔案之辨析——以〈庫方二氏藏甲骨卜辭〉第 1506 片甲骨爲例》，《檔案學研究》2009 年第 5 期。

50. 王蘊智：《殷商甲骨文研究》，科學出版社，2010 年，第 523—525 頁。

51. 曹定雲：《〈英藏〉2674 家譜刻辭辨偽》，《古文字研究》第 28 輯，中華書局，2010 年。

52. 王鶴鳴：《中國家譜通論》，上海古籍出版社，2010，第 44—46 頁。

53. 陳光宇：《兒氏家譜刻辭綜述及其確爲真品的證據》，《甲骨文與殷商史》新 6 輯，上海古籍出版社，2016 年。該文最早在 2011 年 11 月 11—12 日美國新澤西州羅格斯大學孔子學院主辦的"商代與中國上古文明國際學術研討會"上宣讀。

54. 黃國輝：《"家譜刻辭"研究新證》，《出土文獻》第 3 輯，中西書局，2013 年，第 78—87 頁。

55. 張惟捷、宋雅萍：《從一版新材料看甲骨文家譜刻辭的真偽問題》，《出土文獻與古文字研究》第 7 輯，上海古籍出版社，2018 年，第 20—29 頁。

56. 葛亮：《從 YH127 家譜刻辭看〈英〉2674、〈合〉14925 等版的性質與字體》，本文是 2019 年 10 月 18—19 日在安陽舉辦的"紀念甲骨文發現 120 周年國際學術研討會"的會議論文，未刊稿。

57. 郅曉娜：《甲骨文"家譜刻辭"的提出和早期研究》，《甲骨文與殷商史》新 10 輯，上海古籍出版社，2020 年，第 22—36 頁。

58. 黃國輝：《"家譜刻辭"續說——兼談作偽材料在史料辨偽中的價值》，《史學理論與史學史學刊》2021 年第 2 期。

59. 葛亮：" 張惟捷、宋雅萍《從一版新材料看甲骨文家譜刻辭的真偽問題》" 提要，劉釗主編：《傳承中華基因：甲骨文發現一百二十年來甲骨學論文精選及提要》，商務印書館，2021 年，第 2919—2922 頁。

60. 張惟捷：《新材料彰顯"家譜刻辭"的史學價值》，《中國社會科學報》2021 年 12 月 10 日"絕學回響"版。

第八章　金璋對羅振玉甲骨學研究的吸收與譯介

　　金璋的甲骨文研究深受中國學者的影響。他在論文中大量引述中國學者如劉鶚、羅振玉、王國維、王襄、郭沫若、唐蘭、董作賓、丁山、容庚、葉玉森、吳其昌、朱芳圃等人的研究成果。而對金璋影響最深的莫過於甲骨四堂之首羅振玉。

　　金璋在《最近發現之周朝文字》（1911）中認爲甲骨是周代遺物，即使《殷商貞卜文字考》也没有改變他的看法。直到讀了《殷虚書契》和《殷虚書契考釋》，他才徹底信服了羅振玉論證，認定甲骨是商代遺物。爲此，他發表了《商代之帝王》（1917），誠懇地糾正了此前的錯誤觀點，隆重介紹了《殷虚書契考釋》的主要内容，並對羅振玉有關甲骨形制和占卜形態的研究進行了評述。金璋撰寫《占卜檔案記録》（1915），從自己收藏的甲骨中摘録出105條短語、52條句子進行釋讀，明顯是受到《殷商貞卜文字考》之"卜法第三"羅列卜辭句子的啓發，但金璋對羅氏的做法又有所改進，他在文末附上了所摘録52條卜辭句子的摹本，方便讀者比照查看。金璋在《中國數字和計數體系》下篇（1916）對甲骨文數字一、二、三、四、五、六、七、八、九、十、廿、卅、四十、百、千、萬的討論，也是受了羅振玉《殷虚書契考釋·文字第五》的影響。在甲骨文字考釋方面，金璋更是深受羅振玉的影響。金璋在發表的論文中考釋過119個甲骨文字，其中88個詞條都引述並采納了羅振玉的説法。他在未刊的手稿資料中考釋過191個甲骨文字，其中175個詞條都引述並采納了羅振玉的説法。由此可見羅振玉對金璋的影響之深。羅振玉對金璋甲骨文研究所產生的影響主要體現在以下三個方面。

一、金璋對《殷商貞卜文字考》的吸收與譯介

　　金璋是通過沙畹的《中國上古時代之龜卜：以羅振玉的著作爲根

據》①一文,開始了解到羅振玉的甲骨學著述《殷商貞卜文字考》。通過方法斂1911年7月29日致金璋的書信可知,金璋在1911年7月11日給方法斂寫信,介紹了《中國上古時代之龜卜》的主要內容,説明此時他已經知道了羅振玉和《殷商貞卜文字考》(1910)。金璋很快就對沙畹的文章做出了反應,發表了《最近發現之周朝文字》(1911年10月)一文,針對沙畹引述的羅振玉之觀點進行了評價。這篇文章指出甲骨文是中國古文字的起源,介紹了甲骨的出土時間、地點,以及甲骨材料的流布發表情況,略述了自己通過方法斂購買並收藏甲骨的事情。關於甲骨的出土地點,沙畹援引羅振玉的説法,指出甲骨出土於河南彰德府西兩英里處。金璋對此却表示懷疑。他寫道:"有時我懷疑這些甲骨碎片是否出自同一個地點。"②言外之意,他認爲甲骨可能出自不同的地區,因此對羅振玉的看法持懷疑態度。關於甲骨的時代判定,沙畹完全贊同劉鶚和羅振玉的觀點,根據甲骨文中有祖乙、祖甲、祖丁、祖庚、大甲、小甲等先王名,判定甲骨是殷商遺物。對此金璋也持有不同意見。他寫道:"我們必須知道相似的稱謂在最古的銅器上也很常見,它們決不可能都是指商代的帝王。"③金璋還指出,甲骨上除了有祖某外,還有父某、母某、兄某、女某(或母某的異體)等稱謂。他參照荷蘭萊頓大學漢學教授高延(De Groot)的名著《中國的宗教制度》(*The Religious System of China*),認爲這應是周代的風格,據此判定甲骨文是周代文字。金璋通過對沙畹論文的評述,間接地對羅振玉的《殷商貞卜文字考》做出了評述。

金璋應該很快就獲得了《殷商貞卜文字考》這本書,並介紹給了方法斂。在1911年11月18日致金璋的書信中,方法斂提到"我還没有找到羅振玉的小書,現在北平的形勢不利於購買圖書。如果您能給我寄來一本,我將非常感謝並支付您書費和運費"。説明此時遠在倫敦的金璋已經

---

① 1911年1月,法國漢學家沙畹在《亞洲學報》上發表《中國上古時代之龜卜:以羅振玉的著作爲根據》,介紹了安陽甲骨文的發現、收藏和研究情況。沙畹提到了王懿榮、劉鶚、方法斂、林泰輔、羅振玉等學者對甲骨的研究,並着重介紹了羅振玉《殷商貞卜文字考》(1910)的重要成果:甲骨出土地乃爲安陽縣西5里之小屯,非湯陰;小屯乃殷商王朝帝乙之都;發現了甲骨卜辭中的商代世系,並與《史記》《竹書紀年》進行比照排次;梳理了甲骨占卜之方法;列舉了卜辭中的重要內容等。沙畹贊同羅氏把甲骨斷爲商代遺物的觀點,並摘譯了《殷商貞卜文字考》列舉的幾條與農業和捕獵有關的卜辭。
② L. C. Hopkins: Chinese Writing in the Chou Dynasty in the Light of Recent Discoveries, *JRAS*, (Oct., 1911), p.1026.
③ L. C. Hopkins: Chinese Writing in the Chou Dynasty in the Light of Recent Discoveries, *JRAS*, (Oct., 1911), p.1033.

獲得了《殷商貞卜文字考》，而身在中國的方法斂反而沒有買到這本書，還要拜託金璋代爲購買。根據方法斂 1911 年 12 月 7+8 日致金璋的書信，1911 年 11 月 11 日金璋給方法斂郵寄了羅振玉的書，郵件於 1911 年 12 月 4 日到達方法斂手中。方法斂拿到書後非常興奮，到 1911 年 12 月 7 日寫信的這天晚上，他已經讀完了第一遍，並做了一些筆記。在 1911 年 12 月 7+8 日這封信中，以及接下來的 1911 年 12 月 18 日、1912 年 1 月 17+24 日、1912 年 2 月 1 日、1912 年 2 月 8 日、1912 年 2 月 14 日這幾封信中，方法斂逐條評述了羅振玉《殷商貞卜文字考》中的觀點，並把羅振玉釋讀出的甲骨文字與自己編著的《甲骨字表》進行了對照。比如，羅頁 11a："用的古文是 ⿸，不是 ⿸（羅給出的），我們有很多 ⿸ 這個字形。我們也有 ⿸ 這個字形，羅沒見過。我認爲 ⿸ 是吉，不是自。我們沒有 ⿸。"頁 15b："⿸ 是新字形，但我們的 ⿸ ⿸ 可能和它是同一個字。"頁 20b："羅認爲 ⿸＝陟，⿸＝降，簡直太棒了！我沒有把這兩個字形區別出來。"諸如此類的評述有 70 多條。金璋通過與方法斂的書信交流，不斷加深了對《殷商貞卜文字考》的認識。

1915 年金璋發表《占卜檔案記錄》上、下兩篇，仿照《殷商貞卜文字考》從自己收藏的甲骨中摘錄了 157 條短語或句子，並參考羅振玉的《殷商貞卜文字考》對重要的文字或句子進行了考釋。其中，第 1—86 條是兩字短語，第 87—105 條是三字或四字短語，第 105—157 條是完整句子。金璋對每一條都列出了現代釋文和韋氏讀音，舉出它在卜辭中的具體用法，並進行考釋。其中，第 105—157 條在《占卜檔案記錄：注解》文末附有摹本，這也正是金璋對《殷商貞卜文字考》改進的地方。正如金璋在《占卜檔案記錄》上篇所指出的：

> 在下一期刊物中，我希望能發表本文的注解，並附上原文的摹本，對應的現代字體書於其下。羅振玉的名著《殷商貞卜文字考》最後幾頁也有類似的摘錄，但由於缺少對應的摹本，其價值就有所減損。①

由此可見，金璋對羅振玉的《殷商貞卜文字考》已經相當熟悉，並且能取其長、避其短。《占卜檔案記錄：注解》對羅振玉的觀點多有分析和評

---

① L. C. Hopkins: The Archives of an Oracle: Notes on the Text, *JRAS*, (Apr., 1915), p.49.

價，比如第 41 條：羅振玉認爲"蓋象酒自尊中傾出點滴之狀"。金璋則引用日本學者高田忠周的説法，認爲∴表示米，暗示酒是用米釀造的。第 119 條：羅振玉認爲甲骨是商代遺物，而金璋則再次重申甲骨是周代遺物，證據是卜辭中有"文武"二字，指的正是文王和武王。然而，從金璋文末所附第 119 條的摹本（圖 8.1）來看，他把"武乙"誤讀爲"文武"，從而造成了卜辭斷代上的錯誤。

圖 8.1

二、金璋對《殷虚書契考釋》的吸收與譯介

在金璋的書信集中，有三封庫壽齡的來信，都提到了庫壽齡幫金璋購買羅振玉書籍之事。第一封是 1915 年 3 月 21 日，提到："感謝您本月 18 日的來信以及所附的 42 美元。我希望這本書已經完好無損地到達您那裏，也希望您能喜歡。"第二封是 1915 年 6 月 10 日，提到："我得到了羅振玉的另一本書——顯然是您想要的書——不過正如我之前所説的，我之前並不知道還有這樣一本書。我沒有耽擱時間去信向您建議，而是立刻買下並寄給您。我知道您肯定想要這本書，除非您已經從日本買過了。如果您已買了，您就再把它寄回來。非常好的一本書，價值 10 美元，郵費 1.2 美元。我附上了郵寄發票。"第三封是 1915 年 9 月 20 日，是庫壽齡幫金璋購買了羅振玉的《鐵云藏龜之餘》："非常高興收到您 8 月 2 日的來信，以及羅振玉的書正是您想要的。我已經寫信跟您説過書商的狡詐——一本價值 4 美元的書却讓您花了 10 美元。打那以後，我相信您應該會收到另一本價值 1 美元的書，不過我忘了是什麽書。現在我再給您寄一本價值 1 美元的書，可我依然不記得是什麽書了。……不過我知道任何羅振玉關於甲骨的書，寄給您都不會錯。"在這封信里還附有購買《鐵云藏龜之餘》的收據。通過這三封書信可知，庫壽齡在 1915 年先後多次爲金璋購買羅振玉的書籍，最貴的一本化費了 42 美元，這麼昂貴的書籍應該就是《殷虚書契考釋》。另外兩本，一本可能是《殷虚書契菁華》，另一本就是《鐵云藏龜之餘》。也就是説，在 1915 年的時候，金璋已經讀到了羅振玉最新的幾部甲骨學著作。這從金璋隨後發表的論文中也能體現出來。其中，《殷虚書契考釋》對金璋的影響，一直深入到他研究的方方面面。

1.《中國數字和計數體系》

1916 年，金璋發表了《中國數字和計數體系》上、下兩篇，其中下篇對甲骨文中的數字進行了追根溯源式的考證。金璋列出的數字有一、二、三、四、五、六、七、八、九、十、廿、卅、丗、百、千、萬等，與羅振玉《殷虛書契考釋·文字第五》所列數字相同，他在文中也引用了羅氏的觀點。由此可見，金璋已經讀過《殷虛書契考釋》，他對甲骨文數字字形的關注和討論，顯然是受到了羅振玉的影響。但金璋並非完全采納羅振玉的説法，而是有很多自己的闡發。金璋除了列出這些數字的甲骨字形和篆文字形外，還列出了《捃古録金文》《説文古籀補》《三體石經》《封泥考略》、斯坦因所獲漢代簡牘等相關字形資料，來加強他對數字字形來源和演變的考察。比如，甲骨文"七"作十，金璋引述了羅振玉的考釋，但有一些不同看法。他認爲甲骨上也有以十爲10的例子，比如金璋714：十，讀爲十五牢。但實際上，金璋714是僞刻，這條例證不能成立。甲骨文"十"作｜。羅振玉指出，甲骨文大於10的數字多用合文表示，比如11作⊥，15作又，16作ᑎ，10月作ᑲ、ᑌ、ᑌ，11月作ᑎ、ᑎ，12月作ᑎ、ᑎ、ᑎ、ᑴ，13月作ᑎ、ᑎ。金璋進一步認爲｜是樹葉的象形，葉與十古音相通，因而同音假借爲數字十。甲骨文"萬"作ᑕ，金璋還列出了ᑕ（貝殻）、ᑕ（金223）、ᑕ（金568）、ᑕ（金310）等字形，可惜這些都是僞刻。羅振玉認爲萬是蝎子的象形，金璋對此表示贊同，此外他還引用了高田忠周《古籀篇》中對佛教中萬字符號"卍"的考證。除了對甲骨文數字的字形來源及其字形演變過程進行研究外，金璋還把甲骨文中的數字與後世的計數體系聯繫起來，這也是他不同于羅振玉的一個方面。

2.《商代之帝王》

在甲骨的時代判定上，羅振玉在《殷商貞卜文字考》（1910）中指出甲骨是商朝遺物，金璋對此却並不信服，他發表《最近發現之周朝文字》（1911），認爲甲骨是周代遺物。但經過多年的深入研究，金璋終於接受了羅振玉的觀點，並於1917年1月發表《商代之帝王》，糾正了此前認爲安陽甲骨是周代遺物的錯誤觀點，承認它是商代遺物。金璋承認錯誤的態度非常之誠懇，他寫道：

> 與中國兩位學術權威劉鐵雲和羅振玉，以及一位偉大的法國學者沙畹的觀點相反，我在此前的文章中認爲這些遺物是周代遺物。現在，我完全贊同上述幾位學者的觀點，認爲這些遺物是商代遺物。而且我是一個堅定的轉變者，借用法國政治家的話來表達我堅定的信念："我認爲情況就是這樣，任何不贊同我觀點的人都是笨蛋、强盜

和凶犯"。①

在修正了自己的觀點之後,金璋隆重介紹了羅振玉的四卷本《殷虛書契》和一卷本《殷虛書契考釋》,②對羅振玉及其甲骨研究給予了很高的評價。金璋還明確表示,研究商代世系,最便捷的方法是參看羅振玉的四卷本《殷虛書契》。他介紹了羅振玉《殷虛書契考釋》對商代世系的研究成果,並用甲骨資料和《殷本紀》《竹書紀年》等傳世文獻相比較,對商代世系進行了逐一研究,文中有很多內容都引自羅振玉的論述,顯然受羅振玉影響很大。但金璋對羅氏並不盲從,也有對羅氏的觀點表示質疑之處,比如他指出卜辭中的囘、囚、匚就是文獻中的報丁、報丙、報乙,羅氏把祭牲羊和祖先名羌混而不分,金璋指出了這個錯誤。

3.《占卜之方法》

1919年5月金璋又在《新中國評論》上發文章《占卜之方法》,在甲骨文發現二十周年之際,再次強調了甲骨文發現的重要價值,並對甲骨的形制和占卜形態進行了闡述。金璋指出,他的這篇文章主要是根據羅振玉的《殷虛書契考釋》寫成的:

……這篇論文,主要根據一位偉大的中國學者羅振玉的研究和分析寫成的。他認爲自己是在曠野中呼喚的唯一的聲音,在這一點上他錯了。③

金璋的這句話很有詩意,暗示了他對羅振玉有一種惺惺相惜的知音感。這篇文章主要介紹了羅振玉對占卜制度的研究成果。前半節翻譯了《殷虛書契考釋》之"卜法第八"的內容,主要涉及商代的占卜制度。後半節對"卜辭第六"所列的八項事類(祭、告、臺、出入、田獵、征伐、年、風雨)進行了介紹,每個事類下都列出幾條卜辭進行舉例說明,每條卜辭都有翻譯和注解,文末附有各條卜辭的摹本。④ 在早期研究甲骨的學者較少的情

---

① L. C. Hopkins: The Sovereigns of the Shang Dynasty, B. C. 1766-1154, *JRAS*, (Jan., 1917), p.69.
② 1911年10月,因避辛亥革命而舉家自北京赴日本,先住"宸翰樓",1912年住"永慕園"。1912年重編《殷虛書契前編》成8卷,收錄甲骨2229片,付工精印。1914年出版《殷虛書契考釋》1卷(1914年手稿本,1915年石印本)。
③ L. C. Hopkins: Working the Oracle, *China Review*, May 1919, No.2, p.112.
④ 詳細內容參看羅振玉《書考》之"卜法第八""卜辭第六"兩節,這裏不再引述。

況下,他和羅振玉都執着在這片曠野中,堅持不懈地鑽研這些艱深的文字,探索商代占卜的奧秘。

三、金璋對羅振玉文字考釋成果的吸收和譯介

1917—1949 年間,金璋陸續發表了《象形文字研究》(1917—1928)、《中國古今文字考》(1925)、《中國古文字專題研究》(1937)和《中國古文字研究零拾》(1949)等文字考釋的論文,一共考釋了 129 個文字,其中甲骨文字 117 個。除此之外,金璋手稿中還有 192 個文字考釋詞條,其中甲骨文字 190 個。合計起來,金璋撰寫過的甲骨文字考釋詞條一共 307 條。正如金璋在《象形文字研究·卷一》開篇就指出的那樣,他撰寫這些考釋論文主要是"向西方學者介紹並闡釋羅振玉在《殷虛書契考釋》一書中表達的重要學術觀點"。① 金璋忠实地實踐了他的想法。在這 307 個甲骨文字考釋詞條中,金璋大量采納了羅振玉《殷虛書契考釋·文字第五》的成果,對羅氏的考釋内容進行了大量摘引、翻譯和評述,並補充了自己的看法或不同意見。

金璋已发表的 117 個甲骨文字考釋词条中,采納並引述羅振玉説法的有 91 個。其中,引用羅振玉説且識字正確(有些混有其他字形)的有 79 個,分別是:天、日、月、明、弓(混有其他字形)、彈(混有其他字形)、爵、貍(埋)、沈(沉)、燎、火(混有其他字形)、光、叟(夌)、昱(翌、翊)、雖、角、死、若、聿、象、爲、虎(混有其他字形)、即、既、鄉(饗)、雨、霝、晨(晨)、伊、尹、昃、莫、京、夙、祭、多、俎(宜)、祝、抑(印)、邑、申(混有其他字形)、叙、歲、鄙、行、囿、氾、巳、州、災、益、上、下、尞(燎)、異、中、龏(龔)、公、文、洗、奚、孚(俘)、艮(服)、丞、篚、己、盡、燕(混有其他字形)、帝、不、克、黍(混有其他字形)、舊(混有其他字形)、出、方(混有其他字形)、武、彝、甗、至。

引用羅振玉説但識字有誤的有 12 個,分別是:矢(⚹,應釋爲界)、魔(⚹,應釋爲覬)、霖(⚹,應釋爲霰)、雪(⚹,應釋爲霎)、電(⚹,應釋爲雷)、畫(⚹,應釋爲煇)、它(⚹,應釋爲岜,即害)、猷(⚹,應釋爲猶)、如(⚹,應是爲訊)、因(⚹,應釋爲昷)、陵(⚹,應釋爲刟)、謝(⚹,應釋爲尋)。

金璋未发表的 190 個甲骨文字考释词條中,采納並引述羅振玉説法

---

① L. C. Hopkins: Pictographic Reconnaissances Part I. *JRAS* (Oct.1917), p.773.

第八章　金璋對羅振玉甲骨學研究的吸收與譯介 · 357 ·

的有 173 個。其中，引用羅振玉説且識字正確的有 157 個，分別是：人、妣、旨、从、比、幷、競、大、夫、立、竝、疾、芦（逆）、旡、御、沬、女、母、妾、敏、好、臣、臭、吉、唐、合、言、之、逐、虘、左、右、廾、西、乃、示、叙、祀、昔、霉、山、皇、潢、㴲、濩、木、利、穌、季、牛、牢、牡、牝、牧、羊、駢、羴、犬、尨、豕、豚、豪、馬、兔、甓、麂、隹、獲、蒦、雈、雉、集、雞、鳴、魚、漁、魯、龍、龜、乎、初、齊、今、余、臺、陮、高、宀、向、宮、宗、寢、室、家、圂、宅、賓、寮、泉、饎、門、雇、畯、鬼、卑、畢、司、延、伐、𢦏、戔、成、我、分、刺、召、辟、侯、效、射、皿、血、丹、窗、奠、登、喜、网、同、亞、仲、史、曹、尋、自、餗、官、旅、獸、冓、旁、朕、車、叙、教、王、祖（且）、谷、彤、小、才、亡、用、卜、占、于、弗。

引用羅振玉説但識字錯誤的有 16 個，分別是：卿（𦥑，應釋爲鄉）、澡（𠴲𠴲，前者爲叉，後者爲洍）、羔（𦍋，應釋爲岳）、噩（𠴲，應釋爲喪）、狀（𠴲的誤摹，應釋爲孽）、𣼡（𠴲𠴲，應釋爲漢）、濯（𠴲，應釋爲彗）、裘（把𠴲裘、𠴲祟混爲一字）、叙（敘）（𠴲，誤摹。正確的字形是𠴲，應釋爲涂）、嬪（𠴲𠴲，應釋爲賓）、衍（𠴲𠴲，郭沫若釋巡）、浴（𠴲，應釋爲溫）、盥（𠴲𠴲，應釋爲宎）、輿（𠴲，應隸爲陳）、智（把𠴲誤爲𠴲𠴲二字，𠴲可釋爲智）、熊（𠴲，應釋爲㯱）。

總結起來，在這 307 個甲骨文字考釋詞條中，金璋采納並引述羅振玉《殷虛書契考釋·文字第五》説法的有 264 個，占比高達 86%。根據《羅振玉的甲骨學研究》一文的統計，羅氏在《殷虛書契考釋·文字第五》中共釋出 485 個字，[1] 而金璋在甲骨文字考釋中采納並引述羅氏説法的就有 264 個字。也即，《殷虛書契考釋·文字第五》中有 54% 的內容都被金璋進行了引用、翻譯和評述。金璋對羅振玉甲骨文字考釋成果的推崇由此可見一斑。

金璋雖然大量采納和引述了羅振玉有關甲骨文字考釋的成果，但也並非照搬照鈔，而是有很多自己的闡發。比如"虎"（𠴲𠴲）和"豹"（𠴲），羅振玉把虎、豹混爲一字，金璋將這兩個字形進行了區分，指出虎身上的斑紋是綫條狀的，豹身上的斑紋是圓圈狀的，但遺憾的是金璋仍然沒有把𠴲和虎區分開來。比如羅振玉考釋出了"伊"（𠴲𠴲），但是由於他把"尹"誤釋爲"父"（《書考》p.6），所以沒有認出甲骨文中的"伊尹"。金璋采納了羅振玉對"伊"的考釋，進一步辨認出了甲骨文中的"伊尹"，並

---

[1] 蔡文静：《羅振玉的甲骨學研究》，西南大學 2009 年碩士學位論文（指導教師：喻遂生），第 37 頁。

與文獻中的成湯之相"伊尹"聯繫起來。比如"武"（ ），羅振玉只是釋出了這個字，金璋則進一步對字形和字義進行了分析，指出武所從的" "表示運動，" "（戈）代表武器。武字從止從戈，表示武器在運動，是戰鬥的意思，是個會意字。比如"耒"（ ），羅振玉把甲骨文中的 、 、 等釋爲"埽"（《書考》48 頁），金璋則采用日本學者高田忠周的説法，認爲 、 、 等是"耕"的初文，象人手持耒耕作之形。這些字形所從之 、 等形，正是耒的初字，上爲手柄，下爲起土的鋭首。諸如這些，都是值得重視的意見。

綜上所述，金璋的甲骨文研究深受羅振玉的影響。他對羅振玉在發現甲骨出土地、判斷甲骨的時代、研究商代世系、甲骨數字、甲骨形態、占卜制度等方面的成果，進行了大量引述和譯介。金璋對羅振玉的甲骨文字考釋成果尤爲推崇，他有 85% 的甲骨文字考釋詞條都引述了羅振玉《殷虚書契考釋·文字第五》的説法，實際上翻譯和評述了《殷虚書契考釋·文字》54% 的内容。對羅氏研究成果的吸收與譯介，不僅提高了金璋研究甲骨文字的水平，也客觀上促進了羅振玉的學術成果在西方漢學界的傳播。通過分析金璋對羅振玉甲骨學研究的引述和譯介，不僅能加深我們對金璋甲骨文研究成果的認識，還能突出羅振玉對西方甲骨學界的影響，更能體現出金璋在東西方甲骨學交流史中的重要橋梁作用。

第九章　中西方學者致金璋書信選譯

　　劍橋大學圖書館手稿室的金璋檔案中，保存了一批珍貴的書信資料，是其他學者寫給金璋的書信原件。筆者對這批書信進行了全面整理，數量最大的是美國傳教士方法斂在 1907—1912 年間致金璋的 140 封英文書信，我們按照時間順序將把這些書信編次成集，暫題爲《方法斂致金璋書信集》。① 另外還有方法斂夫人 Jane M. Chalfant 在 1914 年 2 月 3 日致金璋的 1 封書信，勞佛博士在 1914 年 6 月 14 日和 1914 年 8 月 11 日致金璋的 2 封書信，以及方法斂之子 E. N. Chalfant 在 1942 年 6 月 17 日致金璋的 1 封書信，均談到如何處理方法斂的手稿事宜，故作爲附錄編入《方法斂致金璋書信集》。該書信集是研究金璋和方法斂學術往來的重要檔案資料。筆者在《劍橋大學圖書館藏〈方法斂致金璋書信集〉的整理及其研究價值》一文中，已經對方法斂致金璋書信的寫作背景、主要內容和研究價值進行了初步介紹，這裏不再贅述。②

　　另一宗數量較多的書信是法國漢學家德莎素（Leopold de Saussure, 1866—1925）在 1921 年 12 月到 1925 年 6 月寫給金璋的 33 封法語書信，其中一封書信殘破，其他保存完好。根據書信裏的少許漢字和插圖來看，這些書信大概是討論與天文有關的甲骨文字的釋讀問題。可惜筆者不懂法語，無法利用這些書信展開研究。

　　除此之外，劍橋大學圖書館手稿室的金璋檔案中還有其他中西方學者致金璋的書信。與甲骨相關的有英國學者葉慈致金璋的 2 封書信，英國學者庫壽齡致金璋的 3 封書信，美國學者勞佛致金璋的 2 封書信，加拿

---

① 筆者曾把這批書信資料提供給北京第二外國語學院的師妹苗雙，她據此撰寫了碩士畢業論文《方法斂的甲骨收藏與研究》。參看苗雙：《方法斂的甲骨收藏與研究》，北京第二外國語學院 2015 年碩士論文（指導老師：常耀華）。

② 邰曉娜：《劍橋大學圖書館〈方法斂致金璋書信集〉的整理及其研究價值》，《炎黃文化研究》第 19 輯，大象出版社，2019 年，第 202—211 頁。又收入劉源主編：《殷周歷史與文字》第 1 輯，中西書局，2022 年，第 218—231 頁。

大學者明義士致金璋的 2 封書信，中國學者袁同禮致金璋的 3 封書信，美國學者白瑞華致金璋的 3 封書信等。還有一些知名人士如牛津大學著名亞述學教授 Archibald Henry Sayce（1845—1933）、劍橋大學考古系教授 William Ridgeway（1858—1926）、英國考古學家斯坦因（Marc Aurel Stein, 1862—1943）、牛津大學 Pitt Rivers 博物館館長 Henry Balfour（1863—1939）、英國古董商喬治·克勞福斯（George Crofts, 1871—1925）、英國漢學家慕阿德（Arthur Christopher Moule, 1873—1957）、倫敦大學亞述學教授斯蒂芬·赫伯特·蘭登（Stephen Herbert Langdon, 1876—1937）、瑞典語言學家高本漢（Bernhard Karlgren, 1889—1978）、牛津大學漢學教授德效騫（Homer H. Dubs, 1892—1969）等致金璋的書信，討論各種學術問題。

除了劍橋大學圖書館藏有金璋的書信資料，牛津大學圖書館也有一些金璋的書信資料。牛津大學圖書館藏有斯坦因的縮微膠片資料，題爲 The Papers of Sir Marc Aurel Stein。2011 年 7 月 5 日筆者前往查看，從第 19 卷（Reel 19, MSS. Stein 63—65）和第 25 卷（Reel 25, MSS. Stein 85—88）膠片中找到了 40 多封斯坦因和金璋 1917—1943 年的往來通信記錄，討論與中國研究和考古發掘有關的學術問題。筆者在縮微膠片閱讀機上對屏幕顯示內容進行了拍攝，但由於書信本身字迹就不清楚，加之閱讀機顯示屏昏暗不清，這些書信整理起來較爲困難。筆者尚未對其進行文字錄入和翻譯，僅大概了解其內容。

本章我們將從上述書信資料中選擇若干與甲骨研究有關的書信進行翻譯，包括方法斂、葉慈、勞佛、庫壽齡、明義士、袁同禮、白瑞華、克勞福斯、德效騫等人的書信，全面展示金璋與同時代其他學者的學術交流情況。

第一節　方法斂致金璋書信三則

方法斂（Frank H. Chalfant, 1862—1914）是美國長老會派駐到中國的傳教士，自 1888 年底到達山東濰縣以來，一直在濰縣傳教，1912 年離開中國。方法斂自 1903 年開始收購甲骨，1906 年 9 月出版 *Early Chinese Writing* 一書，對新出龜骨文字進行了初步介紹。1907 年當金璋讀到方法斂的 *Early Chinese Writing* 的出版消息後，他便主動給方法斂寫信，請教有關甲骨的問題。① 方法斂也隨即回信,向金璋介紹自己在甲骨方面所做的工作。從此,二人便因甲骨結下不解之緣,開始了長達六年的通信往來。這裏選譯的是方法斂致金璋最早的三封通信,是金璋涉足甲骨收藏與研究的開始。

一、1907 年 6 月 1 日方法斂致金璋函

山東濰縣
1907 年 6 月 1 日

尊敬的霍普金斯

天津

我親愛的先生:

剛剛收到您上月 26 日的來信。

(1)很高興聽到您對《中國古代文字考》的批評。這本書是在極爲不利的條件下完成的——在美國,那裏幾乎沒有漢語老師和漢文圖書館。我沒有老師可以請教,也無法查閱我的參考書。這導致我將《說文》搞得一團糟,這一點您可以從插入的勘誤表中看出。我想您看的應該是上海的版本,否則就沒有插入勘誤表。圖版三十一和圖版四十九有勘誤表,圖版三十九"69th Radical"(第 69 字部)的標注需要刪除,圖版四十八"186th Radical"(第 186 字部)的標注需要刪除。最後這兩處刪除,就要求更正第 18 頁"其中(《說文》中的)206 個字部被保留"這句話中間的那個數字,諸如此類。

注意圖版二十二上部的"𠕒"字頭,我錯誤地把𠕒這個古文字字形列在下面。實際上,這是"雨"字,不是"𠕒"(兩)。

(2)《說文》。"Wang Chun"應該是"Wang Yiin"(王筠)(由於記憶錯誤,我把筠讀成了均)。我的版本是 4 函 32 本,它的完整書名是《說文釋例》,同治四年(1865)出版。您的中文老師或許可以通過這些綫索找到這套書。如果不能,讓我在濰縣試試,我就是在這裏買到的。

(3)周亮工的書是 6 卷本,公元 1670 年(康熙九年)出版。書名是《廣金石韻府》。我有第一版(善本)。再版書也能買到,但印製不精良。這部書用黑紅兩色套印,學術性很強。我認爲這部書的作者周是《康熙字典》的編纂者之一。

---

① 金璋的來信日期,見於 1907 年 6 月 1 日方法斂給金璋的第一封回信。

（4）劉鐵雲關於龜甲刻辭的書全稱是《鐵雲藏龜》，6卷本，與4卷本的《鐵雲藏陶》是一套。1904—1905年在上海出版。我是從作者劉鐵雲的一個朋友那裏獲取的這部書，不過這位朋友也不知道這部書是否還有銷售。最好用"劉道臺"（現居北京，我相信）這個作者名字來找找看。

（5）龜甲和獸骨刻辭。我的所有業餘時間都用在了甲骨的編目、摹寫和分類上。經上海亞洲文會博物館（R. A. S museum）館長的同意，我借到了他們所藏的甲骨（180片）。我也借到了柏爾根先生的甲骨（80片），這些連同我和庫壽齡先生共同擁有的1 700片，總共約有2 000片甲骨。再加上劉鐵雲的1 026片甲骨拓本和山東臨淄孫氏（中國人）所藏大約20片甲骨的摹本，我們總共有大約3 000片甲骨可以進行比較研究。我希望今年夏天能夠對這些收集來的全部甲骨資料進行比較，以期拼合大部分碎片。這個工作，我和庫先生已經做了一些。

我已經對這幾批甲骨的所有碎片進行了貼籤、編號，以便檢索。接着我將以圖版的形式摹寫所有甲骨的輪廓。根據這些圖版，我正在準備一份包括不同字形的字表——這是一項單調却令人着迷的工作。《字表》的形式大概如下：

編號	甲骨字形	字形出處	現代字形	讀音	字　義
20	酉酉酉	M60, L676, C25	酉	Yu	第十地支

字形出處用字母+數字表示。字母代表不同宗的甲骨藏品，比如：M（Museum），B（Bergen），C（Couling-Chalfant），S（Sun），L（Liu）。數字表示龜骨的編號，同一宗藏品按照順次編號，骨在前，甲在後。不同宗藏品的編號是連續的。……我相信這3 000片甲骨至少能産生700個不同的字。我希望把這個字表和甲骨摹本圖版，連同編號一起出版。我必須把劉鐵雲的甲骨也摹寫了，否則許多學者將無法見到這批甲骨材料。抱歉這個冗長的介紹，但我想您應該對甲骨方面的進展很感興趣。

（6）能獲得一本您有關《六書故》專論，我將非常高興。我曾經有一篇您有關古幣文字的論文，但和我的錢幣藏品一起在盒子裏被燒毁了!! 您能再給我找一份嗎？基於考古研究的目的，我又恢復了對古泉收藏的狂熱興趣——據我所知，還没有第三人（外國人）在做中國古代文字研究的工作。我希望可以見到您並比較我們的筆記。您哪天要來往海邊的話，可以乘坐火車來這裏（從青島到這裏5小時）。特別歡迎您來我家。

您的

方法斂

二、1907年6月18日方法斂致金璋函

山東濰縣

1907年6月18日

尊敬的

霍普金斯

天津

親愛的先生：

我要感謝您對戴侗《六書故》導論部分和他對六書的精到論述的愉快翻譯。恐怕送我這本書花費了您不少錢吧。這本書是昨天送到的，今天我就敢說我已經讀過了——並且是帶着極大的興趣讀的。就個人而言，我傾向於用"sage"來翻譯"聖人"，儘管我知道"Saint"的字面意思更符合（"Holy Man"）。西方人很難對六書做出定義。恐怕您會認爲我所做的是一次魯莽的嘗試（《中國古代文字考》第18頁）。我承認我對這些術語的區別並沒有做專門的研究，因爲我發現它們頻繁地聯合，以至於把它們作爲分類的基礎是令人困惑的。

順便說一下，除了《中國古代文字考》書中裝訂的勘誤表之外，我應該還提到了《說文》列表中一個多餘的字，即圖版三十的第五個字。在即將完成列表的時候我才注意到它，當時删除它會留下空白，也會因重新摹寫和重新排版花費巨大勞力。㞢似乎應該是圖版三十八第65部"丈"，也是丈的正確古代字形。然而它是多餘的，因爲"丈"不是一個字部。

您表示對甲骨刻辭感興趣。

我的甲骨字表（試驗性地）現在快要完成了，從那3000片甲骨刻辭中找出了580個獨立的單字。這580個單字不含可識別的異體字形，比如 ᔑ ᔒ ᔓ ᔔ ᔕ ᔖ 都是寅，我把它們算作一個單字。所有干支字的異體字形將會在《中國古代文字考》"L"圓版上做註解。

除了第33頁列出的"明顯的象形文字"之外，下列字形也特別有趣：

[图]=史（第三個字形可能是"事"）

[图]=歸

[图]、[图]、[图]=帝（神）

[图]=鼎

[图]=降（比如我書中第 25 頁散氏盤，"降"作"[图]"）

[图]=好

[图]=眾

[图]=豆(?)［至少從字形上看是這樣的！］

[图]=安 an，確認了中國信仰房子裏有女人([图])才是"家"！

[图]=亘（非常可能是）

[图]=兆？

[图]=尊或遵

[图]=宫（指星座的"宫"）

[图]=里

[图]=西（至少可能是）（<u>不</u>=<u>鹵鹵</u> yu or t'iao，此爲鉛筆書寫，應是金璋所加批注）

[图]=靈，上部是[图]（雨）

[图]=魚 [图]=宜

[图]可能是"異"（鬼>不真實）［譯者按：此處原文爲 glost>unreal，或許是在幽默地表示這不是"鬼"字。］（<u>yes</u>，此爲鉛筆書寫，應是金璋所加批注）

[图]=室 [图]=郭(?)或其他表示有城牆的城的字

[图]=册 [图]=網（或其他類似的字） [图]=門

我把那些還没有對應現代字形的重要符號也記了下來：

No.　［方法斂釋讀］　　　　　　　　　　　［金璋筆記］

81　[图]可能是[图]

82　[图]=(?)　　　　　　　　　　　=出

77　[图]=自

89　[图]=(?)

119　[图]=(?)

135　[图]=(?)

172　[图]　　可能是筮的簡寫

194　☒☒ =（？）可能是 且＝祖　　　　　可能是宜
218　☒☒ =（？）
215　☒ 像羊在山上
286　☒（出現兩次）=（？）
341　☒☒☒ 可能是言
350　☒ ☒ ☒ =（？）可能是取，但☒不是耳
355　☒ =（？）
361　☒☒ =（？）
384　☒☒ =（？）
386　☒ 或爲爵的象形，古代的三足杯，您肯定知道。
399　☒☒☒ =（？）複合字形爲宰
395　☒☒ =（？）
422　☒ 這個可能是昴。其他地方，古文字字形有 ☒，無 ☒
502　☒☒ =（？）
563　☒ =（？）
567　☒ =（？）三足杯？

如果您對上面列舉的字形有任何想法，我將非常樂於洗耳恭聽。

毫無疑問，我們爲語言學者研讀刻辭做了充足的準備，然而對占卜專業術語的無知妨礙了我的進度。我正試著獲取下列書籍，但尚未找到。

關於龜卜刻辭的《龜經》（唐朝）

胡煦的《卜法詳考》（清朝）

您或者您的老師知道怎麼找到這兩本書嗎，或者其中一本？

再次表示感謝！希望能很快收到您的回信。

您的

方法斂

三、1907年9月14日方法斂致金璋函

山東濰縣

1907年9月14日

親愛的霍普金斯先生：

您8月18號的來信我很快就收到了。我很欣賞大英博物院在購買

他們没有機會親眼看到的文物時所采取的立場。很遺憾中國没有像它這樣的博物館或者其他大的機構，因爲我確信我們有一件獨特而珍貴的標本，就是西安府鐘（Hsi-an fu bell）。它的持有者已經把它提供給南京端方閣下，正在等待他的答復。對於普通收藏者來說，它實在太貴重了。

至於您對識讀甲骨文字的提示，我尚未對您的好建議進行全面驗證。將 ⩕ 釋爲"出"，您可能是對的。我發現它出現在這樣的語境中："問出凶（⩕）"和"問出入（⩕入）"。這應該是表示貞問出行或者其他有關"出"和"入"的事情。注意到人們求雨的頻繁是可悲的，"問角二月不雨"，貞問角（掌控雨水的星座）二月不下雨。上面這句話經常出現在不同的日期，其例如下：月、用、川、不、雨。我注意到，當提到月份的時候，數字就豎直的寫在 (或) 的旁邊。劉鐵雲指出有四種連續貞問：

(1) 哉問 [　]
(2) 猒 " [　]
(3) 復 " [　]
(4) 中 " [　]

劉鐵雲所列第二個僅是猜測，我們很難相信它就是 猒。它看起來更像是猜或 猒（什麼字？）或 猜（不見於《説文》）。不過我們暫且采用劉的釋讀 猒。劉没有列出"復"的例句，我想他可能是没有找到。

我提出一個大膽的猜測：㫃 可能是 㫃 或者 㫃 的縮略形式，它經常出現在需要"復"字出現的位置。但是，還有其他的貞問劉鐵雲没有提到，比如我推測可能是宣或亘的 宣，您提出可能是 宁 的 宁；可能是出的 ⩕；△（立？）；𦣞（？）；凸（？）；𠂤（派？）；𠂤（？），等等。

所有這些，可能還有其他的，都是來修飾"問"的，經常出現在日期格式後邊，如"辛子卜 宣 問"。這裏的干支字是表示日而不是年。

古人是如何利用這 22 個干支字來紀日的，您能幫我提供一些綫索嗎？

能否麻煩您幫我買一本《龜經》？該書最早見於唐代。還有清朝胡煦著《卜法詳考》。尤其是後一本，能否買到？我在濰縣買不到它們。北京的店鋪應該有。如果天津的店鋪没有這兩本書，您或許有辦法聯繫到北京的店鋪。《龜經》當然只能找到複刻版。這對於您這位大忙人來説是很吃力的事情。

感謝您過去以及將來對我的幫助。

您真誠的

方法斂

補記：很榮幸聽到我的小書《中國古代文字考》在匹兹堡已經售罄，上海還有一些存量。

第二節　葉慈致金璋書信二則

葉慈(W. Perceval Yetts, 1878—1957)，英國外科醫生、考古學家。畢業於倫敦大學和愛丁堡大學，1903 年進入英國皇家海軍醫療服務，期間他第一次來到中國，開始對中國的藝術和考古產生興趣。1911 年升爲外科醫生，1912 年退役回英。1913 年他再次來到中國，在英國駐華公使館任署理醫師，期間曾爲金璋購買過一些甲骨。一戰期間他在皇家陸軍醫療部隊服務；1920 年被任命爲衛生部醫療官員；1932 年被聘爲倫敦大學中國藝術與考古首任教授。[①] 葉慈致金璋的兩封書信，就談到他爲金璋購買甲骨和尋找古文字資料的具體事情。

一、1913 年 7 月 3 日葉慈致金璋函

英國公使館，北京

1913 年 7 月 3 日

親愛的霍普金斯：

我在信裏附了 2 張拓本———一張是周代的一件青銅器銘文，另一件是秦始皇時期的一件著名的殘片，保存在泰安府太廟裏。前者正在北京出售(大約 $1 600)，另一件我最近剛去參觀過。

大約 10 天前，我通過 Suez 給您寄去了最後幾盒甲骨。我擔心我已經超過了預算，因爲我已經把您首次給我匯款的單子弄丢了。但我想應該差不多吧。到目前爲止您給我匯了 170 美元，花費情況如下：

24 片骨　　　　　　　　　$73

---

① 參看 Basil Gray, Obituary: Professor W. P. Yetts. *The Burlington Magazine*, Vol.99, No.654 (Sep.,1957), pp.313 - 314.

一盒 15 片碎骨	$25.50
一盒 3 片大骨	$18
郵費	$5.75
合計	$122.25

因此，我手上還餘 $47.75。現在看似是沒有機會在北京花掉這筆錢了。我找不到更多的甲骨了。

真心希望這些甲骨裏都沒有偽刻。我已經拒絕了一些我看著像是偽刻的甲骨。非常希望能讀到您有關龍骨的那篇文章。

您真誠的，
葉慈

二、1913 年 8 月 16 日葉慈致金璋函

英國公使館，北京
1913 年 8 月 16 日

親愛的霍普金斯：

得知這些甲骨您很滿意，我非常高興。我沒有查過我的日記（在北京），不過憑著我的記憶，應該還有一盒甲骨正在郵寄中。

關於您感興趣的拓本。這件銅器高 3.5 英尺，具有時代古遠的各種特徵。如果它對您有用，我希望能爲您拍攝一張照片。

我寄去的另外一張附有道光時期銘文的拓片，是之前立在泰山頂上、玉皇殿外的石碑的一些殘片。我相信大家都認爲這是秦始皇帝所立石刻。我是最近和《一個中國人的通信》（Letter from John Chavannes, 1904）的作者狄更生（Lowes Dickinson, 1862—1932）一起去爬泰山的時候得到的這張拓片。[信中附有泰山石刻殘字拓片和徐宗幹跋秦李斯篆書拓片]

我想您一定讓我給您選一幅北京的畫，我畫的有關北京的畫，當我們回家的時候，或許是明年，除非您有什麼特別想要的主題。如果有的話，請您務必告訴我。我忘了是否給您講過 Backhouse 和我的合作項目。是寫一本有關北京的書。我的工作是畫幾幅有關北京的彩色和筆墨插畫，我已經畫了大約 50 幅北京及其周邊的畫。您可能沒有注意到今年放在 Academy 的畫，《築在天壇大殿外的護城河上》。

您真誠的，
葉慈

第三節　勞佛致金璋書信二則

勞佛(Berthold Laufer，1874—1934，又譯勞費、勞費爾、羅佛)，是20世紀初西方最著名的東方學家之一，也是美國早期的漢學權威。早年受教於德國柏林大學，1897年獲萊比錫大學博士學位。1904—1906年間，任美國自然史博物館人種學部研究助理；1905—1907年間，任哥倫比亞大學人類學與東亞語言系講師；1908年他離開紐約，前往芝加哥，任菲爾德自然史博物館人類學館館長。此後，勞佛一直在該館擔任館長並從事研究、管理工作，1934年去世。[①] 1914年方法斂去世後，他的手稿轉到了勞佛博士手中。勞佛致金璋的兩封書信，就是與金璋商議如何爲方法斂籌集出版經費之事。

一、1914年6月14日勞佛致金璋函

芝加哥，1914年6月14日
菲爾德博物館

親愛的霍普金斯先生：

非常感謝您5月29日的來信，以及信中提出的好建議。您提議直接向卡耐基先生提出聯合申述，要求他爲我們已故的朋友提供出版資助，這是極好的建議，我完全贊同。然而，我們需要先做一些預熱工作。我們的金融家習慣用冷冰冰、乾巴巴的數字來思考問題。當這樣的事情被提上議程時，他們的第一反應就是，做這個事情需要花多少錢？因此，我們需要先做好第一步，做出一個大概的出版預算。因此，我們不得不回到我之前的建議，即手稿需要先寄到您那裏。您可以把它們交給Tustin公司，請他們做出一份盡可能準確的預算。有了這樣一份預算，我再去找卡耐基先生或其他人的時候就更有把握。預算應該是相對富裕的，寧可多點也不能少點；退回資金通常是可能的，而且是愉快的，但要追加資金却是非常尷尬的。我在這方面有過一些經驗：我曾經爲出版Boas Anniversary Volume申請了1 500美元，但最終的出版賬單高達2 500元；爲了平衡這筆費用我費

[①] 參看龔咏梅：《勞佛漢學研究述評》，《探索與爭鳴》2008年第7期。

盡了周折。如果您認爲有必要聘請一位校對工（我認爲是有必要的），您當然應該把這筆開支考慮在內，還應把運費等雜費考慮進去。在長期的進行過程中，總會出現一些不可預見的開支。我給霍蘭德博士寫過信，請他把手稿寄給您進行估價；即便要在英國印刷，這部書也可能作爲卡內基基金會的出版物呈現，如果霍蘭德博士願意並能保證資助的話。現在還要等待他的答復，如果有任何重要的信息，我將會把他的答復轉呈於您。我完全理解亞洲文會的處境，謹隨函感謝秘書的來信。

您是否碰巧知道，斯坦因的著作，比如 *Chavannes' Documents*，是怎麼處理的？我非常喜歡這本書的製作。除了 Austin 這家公司，您也可以問問牛津大學出版社。在考慮出版方法斂的著作時，可以參照 *Chavannes' Documents* 這部書。我附上了一份我爲《通報》撰寫的《方法斂訃告》。

【信中附《通報》An Obituary Notice of Chalfant】

帶上我親切的問候

您真誠的

勞佛

二、1914年8月11日勞佛致金璋函

勞佛博士

菲爾德博物館

芝加哥，伊利諾伊州

1914 年 8 月 11 日

親愛的霍普金斯先生：

歐洲的意外情況完全打亂了我的行程計劃，我不得不被迫留在這裏。我與霍蘭德博士的見面計劃也取消了，不過只是推遲了。我希望九月的某個時間能見到他。與此同時，我從方法斂夫人那裏獲得一個好消息：她願意在 10 月回到匹茲堡之時，把方法斂的全部手稿託付與我。請您放心，我會竭盡全力促成它們出版。

請允許我問一下，目前的情況是否會影響您的出版工作，或者可能會打斷您編纂方法斂先生著作的計劃。

您真誠的，

勞佛

第四節　庫壽齡致金璋書信三則

庫壽齡(Samuel Couling，1859—1922)是英國浸禮會傳教士、漢學家。他於1884年來到中國山東青州傳教,1887年開始管理廣德書院。1904年廣德書院與登州文會館合併,在濰縣成立廣文學堂,庫壽齡也隨之搬到濰縣任教。1906年他被調到青州神學院任教,1908年辭去教會職務,搬到上海居住,1922年在上海病逝。庫壽齡從1903年開始關注甲骨,1903—1912年間和方法斂一起合購甲骨,先後轉讓給英美多家博物館。1914年他發表了一篇有關甲骨的論文《河南之卜骨》。庫壽齡最主要的學術活動,是他主編了《亞洲文會北中國支會會刊》(1913、1914、1915三期)、《中國百科全書》(1917)和《新中國評論》(1919—1922),以及和蘭寧合著《上海志(2卷)》(1921、1923),在漢學界產生了很大影響。《中國百科全書》更是榮獲了法國漢學家獎"儒蓮獎"。① 庫壽齡致金璋的三封書信都談到他幫助金璋購買羅振玉甲骨書籍的相關事宜。

一、1915年3月21日庫壽齡致金璋函

12A Medhurst Rd.(麦特赫司脱路)

上海

1915年3月21日

霍普金斯先生:

感謝您本月18日的來信以及所附的42美元。我希望這本書已經完好無損地到達您那裏,也希望您能喜歡。

這裏所附6片甲骨的摹本,是早就應該給您寄去的。這些甲骨是別人借給我的,我自己做了這些摹本,因爲總是有機會出現一個字的新字形。

我沒有見到Biblical Archaeology這本雜誌,如果您能給我寄一份您討論Ball的文章Chinese and Sumerian,我將非常感激。我有這本書,也有我們上一期雜誌上的簡短書評。

---

① 參看Mrs. Couling著、郟曉娜譯:《一位早期的英國甲骨學者——庫壽齡傳》,《甲骨文與殷商史》新8輯,上海古籍出版社,2018年。

現在的羅馬肯定很熱鬧：我們在上海很是安靜,我相信隨着 Colonel Bray 的離開(他指揮了這裏的志願者),德國和奧地利的志願者在上周也熱情地加入了我們的歡送之列。

最真摯的祝福。

您真誠的

庫壽齡

二、1915 年 6 月 10 日庫壽齡致金璋函

上海亞洲文會

1915 年 6 月 10 日

親愛的霍普金斯:

我得到了羅振玉的另一本書——顯然是您想要的書——不過正如我之前所説的,我之前並不知道還有這樣一本書。我没有耽擱時間去信向您建議,而是立刻買下並寄給您。我知道您肯定想要這本書,除非您已經從日本買過了。如果您已買了,您就再把它寄回來。非常好的一本書,價值 10 美元,郵費 1.2 美元。我附上了郵寄發票。

勞佛博士給我寫信説,"方法斂夫人把巨大的手稿託付給了我"等等,"因此我一直在努力爲我們已故的朋友這部重要的著作尋求出版資助,但却徒勞無獲。您能給我提一些建議嗎,這個最好怎麼辦?"我現在把這個可悲的問題轉給您。他没有提到需要多少資助。私人訂閲可能不可行,我想目前在英國也很難爲這樣的著作找到資助。但是這部書主要是關於甲骨的,並且得到了您的幫助,我想您可以試着和有錢的個人或機構談談。亞洲文會應該爲中國做這樣一件大事。感謝您對 Ball 論文的評論。我還没有讀完四部分,因爲我讀的那天,我把它寄到了河南,以便先在那裏讀。

真誠的祝福。

您真誠的,

庫壽齡

三、1915 年 9 月 20 日庫壽齡致金璋函

12A Medhurst Rd.(麥特赫司脱路)

1915 年 9 月 20 日

霍普金斯先生:

收到了您 8 月 2 日的來信,得知羅振玉的書正是您想要的,我非

常高興。我之前就在信裏跟您説過書商的狡詐——這本價值4美元的書,却讓您花了10美元。自那之後,我想您應該又收到一本價值1美元的書,但我忘了是什麽書!現在我很高興再給您寄去一本價值1美元的書,但我仍然不知道是什麽書!您看,我住在離城幾英里遠的地方,當我找到一本書的時候,我通常不會把您的信放在身邊。我情不自禁地讓圖書管理員助手毫不拖延地把書寄走,等到我回到家裏的時候,我就忘了那是什麽書了!您也可以這麽想,身負亞洲文會的工作和Stewart Lockhart錢幣學書,任何時候我到了城裏,都有許多工作要做。然而,無論怎樣,我知道只要是羅振玉的書,給您買下總不會錯。寫到這裏我發現,新買的這本1美元的書不是您信裏提到的那本。

我已經如期收到了您寄來的2美元支票,因爲我還欠您6美元,這就麻煩了。隨函附上新書的收據,請勿再匯款。感謝您的來信和支票。

附:當我讀到《竹書紀年》第一章"《龜書》出洛,赤文篆字"時,我只希望您已經仔細考慮過所有這些段落。①

最貼心的問候。

您真誠的

庫壽齡

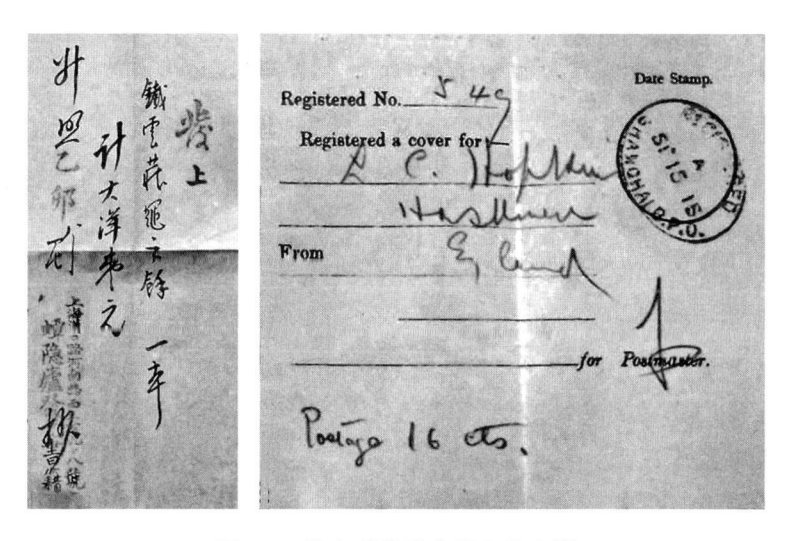

圖 9.1 信中附的購書單和郵寄單

---

① 語出《竹書紀年》卷一:"《龍圖》出河,《龜書》出洛,赤文篆字,以授軒轅,接萬神于明廷,今塞門谷口是也。"

第五節　明義士致金璋書信二則

明義士(James M. Menzies，1885—1957)，加拿大傳教士、甲骨學家。1910年來到中國傳教，起初被分配到豫北差會武安傳教總站，後調任安陽傳教總站，並在安陽榮升爲牧師。在安陽期間，他開始收集並研究甲骨，1917年出版《殷虛卜辭》，1928年編著《殷虛卜辭後編》。1932年秋，明義士前往齊魯大學任教，先後完成了《甲骨研究》《考古學通論》等講義的寫作，並發表了一系列研究甲骨的論文。1936年明義士回國休假，但因戰事再没有回到中國。1936年至1943年供職於皇家安大略博物館；1943年至1946年任職於美國國務院戰時新聞局；1946年因心臟病發作，賦閒休養，1957年去世。明義士致金璋的這兩封書信，就是他到齊魯大學的第二年所寫，談到他在安陽收藏和研究甲骨的一些事情。①

一、1933年2月13日明義士致金璋函

濟南

1933年2月13日

親愛的霍普金斯先生：

我猜這封信對您來説就如同死人這裏發來的聲音。我已經好久没有給您寫信了，以至於我覺得除非有值得相告的事情，否則給您寫信都是不合適的。

戰爭之後，我回到河南彰德府的傳教站，在人手不足的情況下繼續傳教。很少有時間研究"甲骨"，但我一直關注"殷墟"附近地區發現的全部、或者至少大部分古物。我做了大量紮實的工作，搜集那些豐富了我對商代認識的各種"物品"，但在甲骨文字釋讀上没有投入額外的工作。我搜集了很多各種陶器和器具(大多已破碎)的殘片，也獲得了一批小屯村挖出的字骨，這批字骨跟您的藏品相似。1927年4月，我們都被迫離開河南。我們的傳教士從

---

① 這兩封書信已經整理發表，參看郅曉娜：《介紹一封明義士寫給金璋的書信》，《甲骨文與殷商史》新7輯，上海古籍出版社，2017年。

1889年開始就在河南傳教，經歷了各種戰火硝煙。本地人已經把我們當成了自己人，土匪都不來騷擾我們。因此，我們把大部分東西都留在了河南，期待在天津和北戴河度過漫長的暑假之後再回到這裏。我有機會出版第一本甲骨著錄書是在1917年，題爲 Oracle Records From The Waste of Yin（《殷虚卜辭》），共著錄2 367片甲骨。① 這些甲骨都包好放在箱子裏，戰爭爆發前都未曾打開過。因此，我就把這些甲骨，以及上文提到的1924年最新獲得的一批甲骨——這批甲骨是包裝好的，也是我"所有其他的甲骨"——隨身帶走了。《殷虚卜辭·序言》中提到的幾千片沒有整理著錄的碎骨和次品，以及我回到彰德後所購買的其他古怪的藏品，以及所有陶器和其他東西，我都把它們留在了家裏，或者裝在箱子裏，或者放在地下室的書架上。

還是長話短説吧。士兵們，這些國家正規軍，占領了我們的醫院、學校和房舍。他們幾乎摧毀了一切可以觸到的東西，撕毀了書籍，沒有留下任何有價值的東西。他們把甲骨從箱子裏拽出，一包一包地拆散（我把它們都包好了，密封起來防止氧化），再把它們踩成粉末。1928年7月我和同事Griffith先生（現已去世）回到這裏，發現地上滿是殘碎的甲骨和粉末，箱子堆了有一英尺厚，幾乎十英尺寬。這時士兵還占領着這棟房子，我們只能在一支軍隊撤離、第二天另一支軍隊入駐的間隙，進到院子裏看看。我把碎成粉末的甲骨裝到幾個筐裏，再倒進篩子裏篩撿，最後連30片有用的甲骨都沒有篩出來。陶器全都摔得粉碎。後來我從廢墟中揀了一些形狀有趣的碎片，把它們拼起來，複原了一些不易被摧毀的石器。所有中文書籍，不是找不見了，就是被撕爛了。在書房的牆壁上，我發現了占領這棟房子的少年團軍官的日程表。看起來這些傢夥肯定知道自己在找什麽，在留下的書籍裏，所有的地圖和插圖都被撕掉了，書籍破損的地方正是撕書時殘留的那些書角。這必定耗費了他們好幾周的時間，從裝訂精良的書上拆下書脊並非一件容易的事情。

自不必説，您在亞洲文會雜志上發表的論文抽印本也都找不到了。我肯定是找到了其中一份。我如果哪天看到了，就給您寄去，讓

---

① 《殷虚卜辭》著錄了2 369片甲骨。

您看看其他書籍都是怎麼被毀的。

1928 年 12 月，我們開始休假。我在印度停留了三個月，走訪了這個佛教國家和印度中部，從這裏～～～（以下内容缺失）

二、1933 年 2 月 15 日明義士致金璋函

1933 年 2 月 15 日

最近我在研究甲骨上的☒和☒這兩個字，如果您能爲我抄寫您的第 621 片甲骨上的"☒☒"和其他内容，我將非常感激。如果有幸可以獲得您或大英博物院所藏甲骨的照片或複本，我將非常高興，也願意支付任何必要的費用。如果您收藏的甲骨不能全部以照片、拓片或摹本的形式得到出版，這對漢學界將是巨大的損失。大英博物院所藏甲骨也應該得到出版，蘇格蘭皇家博物院所藏甲骨也應如此。倘若我能離得近一些，無論這些工作將如何完成，我都非常樂意去做。其中一些材料是非常珍貴的，也有一些我懷疑是僞刻。但這並不影響什麽，只要所有藏品都能得以出版，學者自會挑選材料加以研究。

我真心希望這些甲骨最終能够出版。如果您的藏品想要轉給其他私人藏家，我非常樂意競争一下。如果它們要轉給公共收藏機構，我們也就有機會接觸它們了。

第六節　袁同禮致金璋書信三則

袁同禮(T. L. Yuan, 1895—1965)，我國著名的圖書館學家和目録學家，1929 年開始擔任國立北平圖書館副館長，並代理館務，1939—1943 年任代理館長，1943—1948 年任館長，爲北平圖書館事業的發展做出了重要貢獻。[1] 袁同礼致金璋的三封書信，涉及抗戰時期袁同禮收集國外文物資料、徵集外文圖書的重要史實，披露了《金璋所藏甲骨卜辭》這部書出版後在中國流通的一些細節，是我們瞭解抗戰時期中西方學者堅持學術研究和學術交流的重要資料。

---

[1] 吴光清：《原北平圖書館館長袁同禮學術傳略》，《文獻》1985 年第 4 期。張光潤：《袁同禮研究(1895—1949)》，華東師範大學 2018 年博士學位論文(指道教師：周武)。

一、1940 年 1 月 5 日袁同禮致金璋函

國立北平圖書館
昆明（雲南府），雲南，中國
1940 年 1 月 5 日

霍普金斯先生台鑒：

　　白瑞華先生近期寄給我們一部《金璋所藏甲骨卜辭》，書中有您撰寫的學術序言。鑒於此書製作精良的摹本以及您高水準的開拓性工作，我謹向您表達我的欽佩之情。您和已故方法斂先生，值得全世界學者的感謝。

　　我們正在搜集有關商代甲骨刻辭的抽印本和書籍，不知您能否幫我們一個忙，送給我們一套您的論文抽印本，它們必將受到中國學者的高度重視。爲了免去您郵寄的麻煩，能否允許我建議您將它們送到您的代理人史蒂文斯·布朗（Messrs B. F. Stevens & Brown）先生這裏，位於倫敦小羅素街 28－30－號（28－30 Little Russell Street, London, W. C. I.）。

　　非常感謝您的寶貴幫助！

您真誠的

袁同禮

北平圖書館館長

二、1940 年 7 月 24 日袁同禮致金璋函

北平國家圖書館
昆明（雲南府），雲南，中國
1940 年 7 月 24 日

霍普金斯先生台鑒：

　　非常感謝您 3 月 4 日和 5 月 1 日的來信，並感謝您惠允贈送我們一些您的論文抽印本。我們期待通過史蒂文斯·布朗先生獲得簽收的憑據。

　　您惠贈的題爲"Records of David's Deer as Hunted by Shang-Yin Sovereigns"抽印本，我們已經如期收到。非常感謝您的慷慨。

　　自從去年三月以來，我們已經恢復了《中國書目季刊》（Quarterly Bulletin of Chinese Bibliography）（中英文版）的出版工作，我將向您發

送兩期英文版，希望它們能安全到達您手中。如果您還希望獲得中文版（現已出版六期），請把這個想法告知我們，可以嗎？

再次向您表示感謝！

您真誠的

袁同禮

北平圖書館館長

三、1940年8月14日袁同禮致金璋函

北平國家圖書館
昆明（雲南府），雲南，中國
1940年8月14日

霍普金斯先生台鑒：

希望您已收到我7月24日的信，以及兩本《中國書目季刊》（Quarterly Bulletin of Chinese Bibliography）。

在另一個郵包中，我們很高興向您寄送了《長沙古物聞見記》（Antiquities of Changsha），您會注意到這是用木雕版精緻印刷而成。儘管政治混亂，中國仍然生產這種學術作品。

我還有一件事情想尋求您的幫助。我想您應該有您所藏甲骨的照片，我想請問您能否安排給我們發送一套這樣的照片。或許您在中國的時候就將這些甲骨做過拓本。如果您能將照片或拓本發送給我們，我們將不勝感激。

白瑞華先生編著的《金璋所藏甲骨卜辭》一書，在中國學者中間並未獲得應有的廣泛傳播。儘管白瑞華先生已經慷慨寄給我們幾部大作進行散發，但由於許多中國學者不懂英文，我們發現在他們中間傳播這部書頗有難度。

有鑒於此，我想知道您能否惠允出版一部中文本，以便擴大其流通範圍。唐蘭先生和陳夢家先生目前都在昆明，他們都表示願意提供幫助來編輯這本書。他們都很敬佩您開創性的工作，並且他們都是極有能力之學者，我將非常看重你們之間的學術合作。

熱烈歡迎您的建議，以促此事夢想成真。

您真誠的

袁同禮　館長

四、附國家圖書館藏袁同禮和白瑞華往來書信二則

（一）1939 年 8 月 16 日白瑞华致袁同礼函

白瑞華
美國紐約市克萊蒙特大街 99 號
1939 年 8 月 16 日

親愛的袁博士：

您 7 月 3 日的通函我已經收到，以及一份 1939 年 6 月的《圖書季刊》中文版，我真得很高興能擁有它。幾周前，我收到了北平大同書店精選書籍的第一部分。希望《圖書季刊》英文版能在適當的時候恢復。

幾個月前，我通過史密森學會國際圖書交換部轉交，已將一整套出版物寄給您，我相信這些出版物已經及時送達您手中。

剛才，我直接向您寄了兩部《金璋所藏甲骨卜辭》，一部是給您的，另一部麻煩您轉交給史語所的董作賓先生。我非常希望能與董作賓先生取得聯繫，尤其希望能儘快獲得我剛收到這本《圖書季刊》第 224、225 頁所提到的他的最新著作。

感謝您給與我這麼多的幫助。帶著最誠摯的問候和祝福，我一直是您最真誠的

白瑞華
袁同禮博士
中國昆明國家圖書館

（二）1939 年 11 月 6 日袁同禮致白瑞華函

1939 年 11 月 6 日
白瑞華
美國紐約市克萊蒙特大街 99 號

白瑞華博士：

我很高興收到您 8 月 16 日的來信，以及兩部《金璋所藏甲骨卜辭》，此前您已將一部書贈予本館。我非常感興趣地閱讀了這本書。我希望能向您表達我對您的誠摯敬意和由衷感謝。

我已經將您這部珍貴書籍的一個副本寄給了史語所董作賓先

生，並請求他在新作發表之後儘快給您寄去一部。我相信您會及時收到他的消息。

我們很高興得知您已經及時收到了我們寄去的出版物。您的名字已經列入我們《圖書季刊》未來的郵寄名單上。一旦我們收到《圖書季刊》英文版的出版物，我們一定會給您寄去一本。

非常感謝您的寶貴幫助。

您真誠的
袁同禮
代理館長

第七節　白瑞華致金璋書信三則

白瑞華(1897—1951)，美國漢學家。1923年畢業於哥倫比亞大學新聞學院，獲副博士學位。同年獲得普利策旅行獎學獎，來到中國。他幫助籌建了燕京大學新聞系，同時在華北聯合語言學校學習漢語，回到美國後又繼續在哥倫比亞大學學習(1929—1931)，獲博士學位。其後十多年，他開始研究商周甲骨文和銅器銘文，並因整理出版方法斂的三種甲骨著錄書《庫方二氏藏甲骨卜辭》《甲骨卜辭七集》《金璋所藏甲骨卜辭》而聞名。此外，白氏還著有《殷虛甲骨相片》《殷虛甲骨拓片》《甲骨五十片》三種著錄書，並發表過一些甲骨金文研究論文。[1] 白瑞華致金璋的三封書信，談到一片綴合的甲骨材料，以及二人互贈論文、交流研究心得之事。

一、1944年2月9日白瑞華致金璋函

白瑞華
紐約克萊蒙特大街99號
1944年2月8日

親愛的霍普金斯先生：

這是一份遲到的感謝，感謝您惠賜大作 The Bearskin。我懷著極大的興趣閱讀了這篇論文，受益匪淺，正如我閱讀您的其他論文一樣。

---

[1]　[美]傅路德(作)、郅曉娜(譯):《美國甲骨學者白瑞華小傳》，李健勝主編:《西北早期區域史學術研討會暨第十一屆中國先秦史學會年會論文集》，三秦出版社，2020年，第586—589頁。

随函附寄兩張照片,我拍攝的正反兩面,L7.37.1(也即Ln1.20.1),與其他碎片拼合後的,這些來自《甲骨叕存》,曾毅公編訂,濟南,1939年。

照片正面比合集正面多了最上面一小塊。

我附上兩張我拍攝的羅7.37.1(也即林1.20.1)與其他甲骨碎片綴合後的正反面照片,這些來自曾毅公1939年出版的《甲骨叕存》。

這些能够拼合到羅7.37.1上的碎片,或許會稍微改变您的釋讀。无論如何,我想您会樂意看到這組拼合。這片是那本小書中的第27片。您可以將這些照片用於出版或其他任何目的,如果您願意的話。

随信附上我几个月前向您提到的那篇文章,上周才剛剛發表出來。我將非常感谢您給與的批評和指正。

現在正是繁忙的時候。在大學里,我的教學任務几乎是平時的兩倍。而在平時,我已經觉得這些日程够煩人了。我現在教初級漢語,同時還要準備以前開設的數學課。我有60名軍校學生,還有普通學生。希望和平趕快到來——我幾乎要爲我的這種想法向您道歉了。您比我們承受了更多年战争的痛苦,我們遠離戰區,只不過在爲我們作爲戰爭中的一部分而被迫努力工作罷了。

希望您安然無恙。致以最良好的祝福,

我仍然是您

真誠的

白瑞華

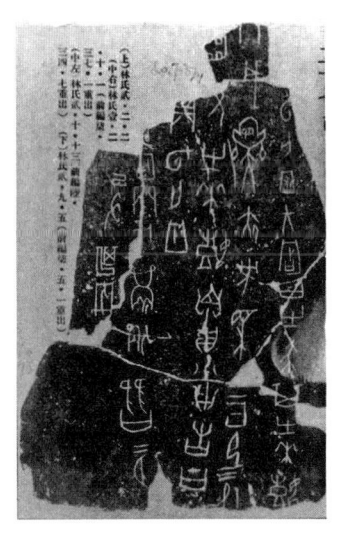

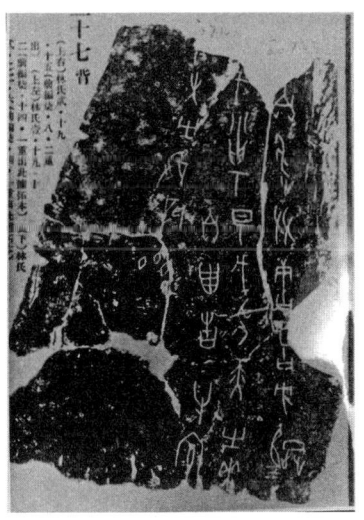

圖9.2 此爲信中所附甲骨綴合照片

二、1945年7月15日白瑞華致金璋函

霍普金斯先生：

您5月22日的來信說您身體很好，還像往常一樣埋頭於中國古文字難題。這給我的內心帶來了極大的快樂。特別感謝您對我們很難理解的Ya的評論。

我是否因疏忽而忘了將幾個月前就說要送您的一篇文章寄給您了？隨信附上一份，請您審閱。我將高度重視您給與的任何評論、糾正或批評。

目前，我正忙於教初學者學習漢語，類似的次漢學工作離安陽很遠。

繼續向您致以良好的祝願，並希望我能在不久的將來訪問英國，暢享有幸與您會面的歡樂。

我是您

真誠的

白瑞華

【按：信中所附文章是 A Question of Early Shang, Roswell S. Britton, New York University. Reprinted from *Journal of the American Oriental Society*, Volume 63, Number 4, 1943, page 272 – 278.】

三、1945年12月25日白瑞華致金璋函

霍普金斯先生：

叩頭死罪。

說真的，我應該把頭狠狠地磕在石板地面上，承認我不比一個該死的小偷強多少。

雖然太遲了，但我還是要感謝您《薩滿與巫》這篇文章。這篇文章真的非常有趣，充滿了有用的細節。我還要再拜讀一遍，摘錄對我偶爾想要研究的問題有所幫助的各種筆記。

祝您身體健康，聖誕快樂。請接受我最誠摯的新年問候：四季平安。希望將來我有機會到英國探望您，並欣賞您豐富的收藏。

致以最誠摯的感謝和問候。

我一直是您

真誠的

白瑞華

第八節　其他人致金璋書信三則

除了以上書信,劍橋大學圖書館所藏金璋書信中,還有幾封與甲骨有關的書信。第一封是1921年5月26日英國著名的文物商克勞福斯致金璋的書信,內容涉及王襄《簠室殷契類纂》和購買甲骨事宜。這封信的地址是天津 Crofts,並標注是私人信件(Private)。1920年代克勞福斯爲加拿大安大略博物館購買過大批文物。這封信裏夾了5張文物照片,包括一件青銅簋和若干甲骨。其中一片整龜是僞刻,其餘均爲甲骨碎片,雜有僞刻,部分甲骨能在安大略博物館的甲骨藏品中找到。第二封是方法斂的兒子 E. N. CHALFANT 致金璋的書信,談到方法斂手稿的處理問題。第三封是牛津大學教授德效騫致金璋的書信,談到他借用金璋的甲骨進行研究之事。

一、1921年5月26日克勞福斯致金璋函

天津,中國
1921年5月26日

親愛的霍普金斯:

　　感謝您3月30日的來信,非常歡迎您訂購王襄的四卷本《簠室殷契類纂》。我一直在嘗試與王襄見面,但由於我工作的壓力以及他暫離天津,這個願望一直未能實現。一旦我們相見,倘若我能獲得任何有關他的著作的有趣信息,我肯定會轉達給您。我從萊辛教授(Prof. Lessing)這裏瞭解到,要把這本書翻譯成英文應該不難。但目前的問題是,這類作品的訂閱量能否彌補它的成本。不過,這個問題我打算以後再議。

　　關於 Currelly[①] 先生的照片,很遺憾他没有拍攝那片特別大的物件"連接處"(joint of the extra large specimen)刻寫的文字,但他回信説以後可能會拍攝。我想説,幾年前我曾向倫敦送過很多這樣的骨頭樣本,那些您在大英博物院和其他博物館裏看到的標本,可能是通過弗蘭克公司(Messrs. Franck & Co., London)獲得的,我曾經給過他

[①] 查爾斯·特裏克·柯雷利(Charles Trick Currelly),即 ROM 首任館長柯雷利博士。

們一些。那個時候這些骨頭並不值錢,而現在這些骨頭值錢了,大塊骨頭價值20到40美元,根據刻字的數量。

我附上幾張我最近新得的幾片骨頭的照片。恐怕那片龜甲是現代的,刻辭也是現代的。實際上,就是通常說的"僞片"。其他骨頭上有一般的刻辭,也有好的刻辭,至少看起來像是真的。但我還沒有研究過它們,因此不發表意見,但過一陣子我會研究一下。

關於"贋品",您自然會考慮到刻手的書體風格(calligraphy),當然您對行文用語(wording)也有見解。另一方面,我們研究它的刻字(lettering),它的文字和/或它們與骨頭的年齡相比是否更新。

您可能會有興趣知道,到中國來買古玩的外國人對這些骨頭有相當大的需求。此外,由於著錄書的出版,中國人也在購買並且爲好的標本支付高額費用。

任何時候如果我能遇到不尋常的或有趣的龜甲,我都會給您發照片。

此致

敬禮

您真誠的,

Crofts

二、1942年6月17日 E. N. CHALFANT 致金璋函

紐約第八大道959號
1942年6月17日

親愛的霍普金斯:

雖然我們從未見過面,但我總覺得我們已經認識很長時間了,特別是當我回想起多年前我在濰縣讀您寫給我父親的信的時候。

就在不久前,白瑞華博士提醒我母親,我父親的三大本手稿仍在他手中。白瑞華博士認爲這些手稿應該放在某個固定的地方,並建議放在國會圖書館(the Library of Congress),方便保管和公衆使用。他還建議,如果國會圖書館決定持有這些手稿,他們應該象徵性地爲這些手稿支付一筆費用。無論費用多少,自然都應歸我母親所有。這段時間,她一直和我姐姐住在紐約東81號街151號(151 East 81st Street)。

然而,白瑞華博士提醒我們,在這本書的封底上有一張我父親親

筆寫的紙條，他希望在勞佛博士用完之後把它送給您。如您所知，勞佛博士去世後的一段時間裏，芝加哥的局勢相當混亂。如果沒有白瑞華博士，恐怕這項工作永遠也無法完成。

我母親已經離開這個城市兩周時間了，但是我這封信是在她的建議下寫給您的。我引用她在信中的話：

"如果你父親和霍普金斯先生之間確實有過某種默契的話，那肯定是通過通信達成的——因爲，你是知道的，你父親並沒有立遺囑。

我依稀記得這部手稿留給勞佛博士，是希望有人會完成它。我們知道它遺落在芝加哥，如果沒有白瑞華博士，勞佛博士去世後，這部手稿就會在芝加哥完全消失。

我建議，萬一這個交易能够最終達成，需要有人——你或者白瑞華——給霍普金斯先生寫信說明原因。"

白瑞華博士也在給您寫信說明這個事情，他比我更熟悉其中詳情。

關於手稿的永久保存處理，我母親將非常感激您的決定和建議。她認爲鑒於現在這項出版工作已經完成，您可能也沒有意願想持有這些手稿，尤其是考慮到在這個特殊時期長途轉運風險很大。

我從白瑞華博士這裏瞭解到，您仍在繼續您的研究工作。我知道這對您來說是一種極大的享受，也是對整個學科做出了極有價值的貢獻。

我希望您身體健康，希望那些討厭的德國轟炸機不再煩您。我相信，用不了多久，我們就會完全擺脫他們。

謹致問候，

E. N. Chalfant

三、1950 年 4 月 21 日德效騫致金璋函

親愛的霍普金斯：

希望您能原諒我沒有及時回復您的兩封寶貴來信。今年我一直有許多事情要做。所有的假期我都在工作，但還是沒有完成兩個月前就需要我完成的工作。這也許是因爲我一直在反抗給與一個教授的過多的行政職責，並故意迅速地抓住其他工作。

其中一項工作就是準備這封信裏所附的一篇您可能會感興趣的論文。四年前我抓住了天文學的方法，並告訴白瑞華寫這樣一篇文

章。最後我"威脅"他說如果他不寫,我就要自己寫了。因此,我不得不執行自己的"威脅",儘管我不假裝需要古代中國字形。在寫作這個過程中,我爲您的較晚時代找到了證據,比我之前預想的還要有力的證據。

鑒於我對古文字字形的無知,我將非常感謝您能給與我批評指導。感謝您寄贈的論文"elective preferences"(指金璋1949年9月發表的 Eclectic Preferences A Fragmentary Study in Chinese Paleography),我已經拜讀過了。

隨着這封信,我把您熱情借給我的甲骨還給您。您知道,這一片是判斷商朝年代的關鍵證據。我很高興能這麼長時間保有它。這一片幫了我很大忙,使我能够指正董(作賓)先生的失誤,並增加重要的細節。遺憾的是,在製作拓本的過程中,吳(Wu)先生把骨頭弄破了。我已經修補了,它和以前一樣堅固。非常感謝您的慷慨相借。我希望我的論文能够彌補您的甲骨長期不在身邊的缺憾。

大英博物院提供了至少150英鎊來爲其甲骨藏品進行拍照。吳先生正在整理這批藏品,他希望能够將之出版,並附上對刻辭的討論。敬祝身體健康,希望這個春天能給您帶來穩重的活力。

您真誠的

Homer H. Dubs

[信中附有 Homer H. Dubs 所著 The Date of the Shang Period 的打印草稿。這篇文章於1951年發表。1953年又發表一篇附言 The Date of the Shang Period(A Postscript)。]

第十章 金璋對西方早期甲骨學的貢獻

自1899年河南安陽殷墟發現甲骨文以來，甲骨學經歷了120餘年的發展歷史。無數中外學者嘔心瀝血，使甲骨研究逐漸發展成一門國際性"顯學"。在這個過程中，中國甲骨學和西方甲骨學都經歷了幾個不同的發展階段。就1949年以前的早期甲骨學史而言，中國甲骨學和西方甲骨學既有獨立發展的一面，也有互相交流融合的一面。有許多著名的西方早期甲骨學者，如方法斂、庫壽齡、金璋、明義士等，爲甲骨學的國際化做出了重要貢獻。但是，除明義士在中國發表成果較多外，其餘幾位，由於其著述或未及時發表，或在外國以英文發表，實際上對中國甲骨學的發展影響甚微。因此，研究早期甲骨學史，必須把中國甲骨學和西方甲骨學分開研究，同時還需結合起來分析，二者不可偏廢。

金璋是清末時期的英國駐華外交官，他於1874年來華，1908年退休回英，最高官職是英國駐天津總領事。他在天津的最後兩年（1907—1908）開始關注和研究甲骨，並在美國駐山東濰縣傳教士方法斂的幫助下購買甲骨，退休回英後仍繼續甲骨購藏和研究活動，專注於甲骨研究40餘年，成果豐碩。金璋的著述涉及甲骨學與殷商史研究的多個方面，包括甲骨刻辭的釋讀、甲骨文字的考釋、商代世系和高祖稱謂、商代的家譜刻辭、商代的大象、動物、占卜及占卜用語、干支和數字等，可以説金璋是這一時期英國最活躍、成果最多的甲骨學者，在西方早期甲骨學史上占有重要地位。本研究就是從西方早期甲骨學史的獨特視角，對金璋的甲骨收藏和甲骨學研究成就進行詳細考訂，並通過他與其他甲骨學者，尤其是與中國早期甲骨學者的對比研究，闡述他在中國甲骨學國際化上所做的重要貢獻。

本研究首次全面搜集了金璋已出版的全部著述（2種專著、59篇論文和27篇書評），全面整理了英國劍橋大學圖書館手稿室珍藏的金璋檔案資料(包括10餘萬字甲骨文字考釋手稿,方法斂、庫壽齡、葉慈、明義士、袁同禮、德效騫等中西方學者致金璋的近200封英文書信,以及金璋的零散筆記、文物照片等),首次利用了金璋長年服務的英國皇家亞洲文會所藏《會議紀要》等檔案資料和英國國家檔案館保存的與金璋有關的外交檔案,使用檔案整理法、翻譯歸納法、文本分析法、比較研究法、總結評述法等多學科交叉的研究方法,對金璋的生平事迹、甲骨收藏與學術研究進行全面考證,用詳實的資料論證金璋對西方早期甲骨學以及中西方甲骨學交流上的獨特貢獻。

《緒論》部分在西方早期甲骨學史的背景下梳理了金璋在甲骨學上的主要學術活動,揭示了本次研究的重要意義;梳理了國内外有關金璋的研究綜述,並簡要介紹了本次研究所使用的新材料和新方法。

正文共十章。前兩章是總論性的。第一章金璋的生平事迹略考,根據史料對金璋青少年時期、在華工作時期和退休回英時期的基本情况進行梳理。第二章金璋的學術研究概述,按照金璋學術研究的實際情况,把他的學術生命分爲三個階段,即"早年研究中國文化","天津期間初識甲骨","後半生獻給甲骨學",並對其主要成果進行介紹和評價,最後編訂"金璋學術行年簡表"。

第三章金璋所藏甲骨的收藏與著録,是對金璋在甲骨收藏上所做的具體工作和重要貢獻的專門研究。以往學者談起金璋收購甲骨一事,僅有幾句簡單介紹。本書根據劍橋大學圖書館從未刊出的方法斂致金璋書信原件和葉慈致金璋書信原件,梳理了方法斂和葉慈爲金璋代爲購買甲骨的全過程,並根據以往出版的相關著録書梳理了金璋所藏甲骨的著録情况,製作了"金璋所藏甲骨整理表"。金璋將其全部甲骨捐贈給劍橋大學圖書館,爲後世保存了歷久彌新的珍貴文獻資料,爲甲骨學的可持續發展做出了重要貢獻。

第四章金璋的甲骨文字考釋(上)和第五章金璋的甲骨文字考釋(下),是本書内容最多也是最重要的章節。前者對金璋在《象形文字研究》《中國古代文字考》《中國古文字專題研究》《中國古文字研究零拾》等論文中發表的129個文字考釋詞條進行逐條分析,後者對金璋在未刊手稿中撰寫的192個文字考釋詞條進行逐條分析,全面展示了金璋考釋甲骨文字的分析過程和最終結果,並對金璋考釋甲骨文字的理論與成果進行了總結和評價。金璋所考釋的甲骨文字,多數已有其他學者釋出,但金璋考釋文字目的不在認字,而是要備舉其甲骨、金文、簡牘、篆文等古文字字形,追根溯源,通過對字形結構和字形演變的分析,盡可能闡明其造字本義及其在漢字發展史上的演變歷程。此外,金璋還致力於把新的形義解釋與傳統字書的解釋進行比較,進而突顯出甲骨文字在漢字發展史上的重要價值。

第六章金璋對商代歷史的研究和第七章金璋與甲骨文家譜刻辭研究,是對金璋甲骨文字考釋之外其他學術成果的研究和評析。前者從商代世系、商代天象、商代動物、商代占卜、商代數字五個方面,對金璋的相關研究論文進行逐篇細讀,抽繹其有所發明之處,剖析其認識有所錯誤之處,總結其研究之得失。後者梳理了金璋對甲骨文家譜刻辭研究的過程。金璋最早和方法斂在書信中討論甲骨文家譜刻辭,其後率先發文研究甲骨文家譜刻辭,隨後開始與德國學者勃漢第討論庫1506的真偽,從而引發了甲骨學界對庫1506真偽的百年論爭。以往很多學者認爲庫1506是偽刻,他們對金璋的家譜刻辭研究多有貶斥,但最新研究表明,庫1506也可能是真刻。因而,我們有必要重新認識金璋對甲骨文家譜刻辭研究的價值。

第八章金璋對羅振玉甲骨學研究的吸收與譯介,主要通過分析金璋對中國著名甲骨學者羅振玉的《殷商貞卜文字考》、《殷虛書契考釋》等學術成果,尤其是對其甲骨文字考釋成果的吸收利用和大量譯介,展示了中西方甲骨學的交流和融合之具體表現,論述了金璋在中國甲骨學成果國際化過程中的橋梁作用。

第九章中西方學者致金璋書信選譯,選譯了20餘封劍橋大學圖書館金璋檔案中的英文書信。這批書信是其他學者寫給金璋的,書信的主題都與甲骨學關係密切,可以爲西方早期甲骨學史研究提供一批重要原始文獻。包括方法斂致金璋書信三則、葉慈致金璋書信二則、勞佛致金璋書信二則、庫壽齡致金璋書信三則、明義士致金璋書信二則、袁同禮致金璋書信三則、白瑞華致金璋書信三則、其他人士致金璋書信三則。

第十章金璋對西方早期甲骨學的貢獻是全書的總結,對金璋一生的甲骨學學術成就進行總結和評價。除此之外,本書還有三個附錄,附錄一是"金璋學術論著目錄",附錄二是"金璋引書目錄",附錄三是"金璋所藏甲骨整理表"。

通過研究,我們認爲金璋對中西方甲骨學的貢獻主要體現在四個方面:

一、對甲骨收藏和甲骨著録所做出貢獻

　　金璋一生購買甲骨 1 013 片（含僞刻），並全部贈予劍橋大學圖書館，爲後世保存了珍貴的甲骨文物資料。金璋購買的甲骨中混有不少僞刻，其中有 70 個貝形骨刻、1 個鳳凰形骨刻和 158 個形狀各異的護身符等僞刻，共計 229 件。這些僞刻全部是經方法歛之手所購，在《金璋所藏甲骨卜辭》出版時已經被剔除。除去這些明顯的僞刻，另外還有 783 片甲骨，其中還有僞刻。經白瑞華、李棪、李學勤、齊文心、艾蘭等學者的先後整理和著録，這批甲骨以摹本、拓本或照片形式著録出來的一共有 600 多片。這 600 多片甲骨是金璋所藏甲骨中研究價值較高的部分。金璋的甲骨大部分收藏在劍橋大學圖書館，也有少量收藏在倫敦大學亞非學院珀西沃·大衛德基金會、香港中文大學文物館和加拿大安大略博物館。倫敦大學的幾片甲骨原藏於劍橋大學，但香港中文大學和加拿大安大略博物館的金璋舊藏甲骨從何而來，則無法説清。

　　金璋非常重視甲骨材料的著録問題。他在研究論文中陸續公布過一些自藏甲骨的照片，比如《最近發現之中國周朝文字》（1911）公布的金 385、金 391、金 639、金 645、金 683 和金 722 等甲骨，《骨上所刻之哀文與家譜》（1912）公布的金 566，《圭璧上的家譜刻辭》（1913）公布的金 760，《殷虚甲骨上所載王室譜系及商代之記載》（1923）公布的金 744，《象形文字研究·第七卷》（1926）公布的金 616，《中國古文字中的"子"和"孫"》（1934）公布的金 364 等，都是非常重要的甲骨材料。

　　金璋的甲骨主要經方法歛購買，方氏在購買甲骨的時候就對甲骨進行了編號和摹寫，並一直努力將其出版。在方法歛致金璋的書信中，我們可以看到，金璋爲了方法歛手稿的出版事宜做過許多努力，但遺憾的是，直到 1914 年方氏因病去世，這些甲骨摹本也未能出版。方法歛去世後，他的手稿託付給了菲爾德博物館的勞佛博士。勞佛博士爲此事還特意在 1914 年 6 月 14 日和 1914 年 8 月 11 日兩次致信金璋，商量如何解決經費問題，他還提議是否要把手稿寄給金璋，讓金璋評估出版費用，看能否在英國出版（參看本書第九章第三節"勞佛致金璋書信二則"）。但由於此時歐洲爆發了大規模的戰爭，英國是主要參戰國之一，郵寄手稿的事情因此擱置。跨洋之隔，加之戰時通訊不暢，金璋雖爲此事多番努力，也沒有結果。直到 1935 年白瑞華博士接手方法歛的手稿，才先後整理出版了《庫方二氏藏甲骨卜辭》《甲骨卜辭七集》和《金璋所藏甲骨卜辭》三種甲

骨著錄書。《金璋所藏甲骨卜辭》1939 年出版,金璋爲此書作序,回憶了他和方法斂一起購買甲骨研究甲骨的難忘經歷。金璋爲甲骨材料的著錄所做的努力,也躍然紙上。

二、對甲骨文字考釋所做的貢獻

金璋從 1907 年接觸到甲骨就開始了甲骨文字的釋讀工作,他在和方法斂的通信中不斷討論甲骨文字的釋讀問題,已經達到了較高的釋讀水平。金璋的論文和手稿中有大量甲骨文字考釋的內容。他於 1917—1928 年間發表的《象形文字研究》系列,考釋了 111 個單字和若干相關詞條。他於 1925 年發表的《中國古今文字考》,通過對胡、伏、彝、草(早)、蠻、矣、夷、甌等 8 個單字的解讀,闡述了自己對漢字字形訛變的認識。他於 1937 年發表的《中國古文字專題研究》系列,考釋了四、東、良、去、至、夏、貫等 7 個單字。他於 1949 年發表的《中國古文字研究零拾》,考釋了河、主、后等 3 個單字。以上論文共考釋文字 129 個,其中有甲骨字形的是 117 個,分別是:天、日、月、明、弓、彈、爵、貍(埋)、沈(沉)、麑、矢、火、光、叟(妥)、昱(翌、翊)、離、角、死、若、聿、象、爲、虎、豹、即、既、鄉(饗)、麗、雨、霖、雹、雪、電、晨(晨)、伊、尹、晝、吳(戾、厎)、莫(暮)、睨、京、夙、祭、多、俎(宜)、祝、抑(印)、邑、申、它(它)、馭、歲、鄙、行、面、氾、巳、目(以)、厶、台)、州、交、災、益、執、上、下、燎(燎)、冎、異、中、龏(龔)、公、旬、文、獻、洗、訊、如、夒、孚(俘)、反(服)、丞、箙、己、因、盡、燕、主、陵、狼、元、帝、不、謝、克、冬、黍、舊、出、方、武、耒、玉、伏、彝、矣、夷、甌、四、東、良、去、至、夏、冊(貫)、河、主、后。

金璋的手稿中還有 192 個文字考釋詞條,其中有甲骨字形的是 190 個,分別是:人、姒、尸、旨、从、比、并、競、大、夫、立、竝、莫、疾、屰(逆)、旡、御、卿、沫、女、母、妾、敏、好、臣、省、直、臭、吉、唐、合、言、之、逐、憲、左、右、澡、廾、攴、西、甾、乃、不、祀、昔、弯、土、蓋、山、阜、潢、濼、濮、水、鼉、利、穌、季、牛、牢、牡、牝、牧、羊、駢、羴、犬、狀、龍、豕、豚、彘、馬、兔、鬯、鏖、隹、獲、萑、霍、雖、集、雞、鳥、鳴、魚、漁、魯、龍、龐、獺、龜、乎、濯、裘、崇、初、齊、今、余、敘、辜、郭、陳、高、宀、向、宮、宗、寢、室、家、囷、宅、賓、嬪、寮、泉、鬱、門、雇、畯、鬼、卑、畢、司、延、衍、伐、戍、戔、成、我、物、分、刺、召、辟、庚、效、射、皿、血、浴、粵、盈、盎、奠、戹、登、喜、网、同、亞、束、仲、史、曹、興、尋、自、鍊、官、旅、獸、夢、菁、旁、朕、車、絲、弔、敉、教、王、祖、谷、肜、小、才、亡、用、卜、占、于、弗、智、熊。

合計起來，金璋共考釋甲骨文字 307 個，成果是非常豐富的。在這 307 個甲骨文字中，金璋獨立識別出來的甲骨文字有 18 個。其中，釋字正確的有 15 個，分別是：豹(㊝)、㠯(㊝)、元(㊝)、冬(終,㊝)、夷(㊝)、矣(㊝)、河(㊝)、尸(㊝)、莫(㊝)、直(㊝)、攴(㊝)、龐(㊝)、卑(㊝)、束(㊝)、絲－茲(㊝)。識字錯誤的有 3 個，分別是：睍(㊝,應釋爲晛)、交(㊝,應釋爲黃)、主(㊝,應釋爲㞢)。其餘 292 個甲骨文字都是其他學者已經釋讀出來的文字。對於這些已經釋讀出來的甲骨文字，金璋不僅引述了其他學者的考釋內容，還重在對其字形來源和字形演變過程進行深入分析，旨在闡述文字的造字本意，揭示漢字的演變發展過程。比如他認爲"天"的甲骨字形是人的正面圖示，●或一或口表示人的頭部，㊝表示人的軀幹和四肢，糾正了《說文》的錯誤解釋。他認爲"日"中間的圓點、短橫或長橫是一種區別符號，涉及文字構形學的範疇。他考證了的尸和夷的字形發展過程，並對"征人方"卜辭有所論述。他認爲㊝(叜)是"搜"的古字，同音假借爲老人之"叟"，等等。雖然金璋單獨考釋出來的甲骨文字數量不多，但他對已考釋文字的字形及其造字本義的分析則多有可借鑒之處。金璋對甲骨文字考釋所做的貢獻是不容忽視的，值得進一步地深入研究。

三、對商代歷史研究所做的貢獻

金璋在商代歷史研究上有一些重要發現，是以往學者沒有注意到的。主要有以下幾點：

（1）最早指出卜辭中的㊝、㊝、㊝就是《史記》中的報丁、報丙、報乙。

（2）最早指出卜辭中的"㊝甲"也是商王名號。

（3）王國維認爲卜辭中的"後祖乙"是文獻中的"武乙"，金璋指出卜辭中的"武祖乙"才是文獻中的"武乙"，糾正了王氏的錯誤。

（4）最早指出卜辭中的"文武丁"就是文獻中的"文丁"，卜辭中的"康祖丁"就是文獻中的"康丁"。

（5）最早把卜辭中的㊝釋爲虹，對虹的字形進行了分析，闡述了虹和龍的關係。

（6）最早把㊝、㊝、㊝三個甲骨字形區別出來，指出㊝不是龍字，應釋爲虎，並認爲龍的原型是鱷魚。

（7）把《菁》5"㊝㊝㊝"釋爲"之夕晦"，否定了郭沫若提出的月蝕說。

（8）最早把㊝釋爲兒，並對相關卜辭進行研究。

(9) 結合卜辭文例對麋這種動物進行了研究，敘述了麋鹿的發現和保護歷史。

遺憾的是，同時代的中國學者對金璋在甲骨文字考釋和商代歷史研究上所做的這些研究並不瞭解。因此，金璋的研究對中國境内的甲骨學發展影響甚微，但他在西方漢學界則是引領了甲骨學研究的前沿，是當時英國乃至歐洲境内成果最多、成就最大的甲骨學者。

四、對中西方學術交流所做的貢獻

金璋的甲骨文研究深受中國學者的影響。他在論文中大量引述中國學者如劉鶚、羅振玉、王國維、王襄、郭沫若、唐蘭、董作賓、丁山、容庚、葉玉森、吳其昌、朱芳圃等人的研究成果。而金璋引述最多的當屬甲骨四堂之首羅振玉。

金璋對羅振玉甲骨學研究成果的引述，主要體現在以下幾個方面：（1）《商代之帝王》是在羅振玉《殷虛書契考釋》的基礎上寫成的，引述了羅氏對商代世系的研究成果，並進行了評價和補充。（2）《占卜之方法》主要介紹了羅振玉對占卜制度的研究成果。前半節翻譯了《殷虛書契考釋》之"卜法第八"的內容，後半節對"卜辭第六"所列的八項事類（祭、告、臺、出入、田獵、征伐、年、風雨）進行了介紹。（3）《中國數字和計數體系·下篇》是以羅振玉《殷虛書契考釋》對數字的考釋內容爲基礎，利用甲骨、金文、簡牘等出土文獻，並結合傳統字書考證一、二、三、四、五、六、七、八、九、十、廿、卅、冊、百、千、萬等數字的字形來源及其字形演變過程。（4）金璋大量引述了羅振玉的甲骨文字考釋內容。在金璋考釋過的 307 個甲骨文字中，采納並引述羅振玉《殷虛書契考釋·文字第五》說法的有 264 個，占比高達 86%。羅氏在《殷虛書契考釋·文字第五》中共釋出 485 個字，而金璋引述過的就有 264 個字，也即《殷虛書契考釋·文字第五》54% 的內容都被金璋引用、翻譯和評述過。

金璋對羅振玉研究成果的吸收與譯介，不僅提高了金璋研究甲骨文字的水平，也客觀上促進了羅振玉的學術成果在西方漢學界的傳播。可以說，金璋對西方甲骨學的發展和中西方甲骨學的交流都做出了重要貢獻。

概而言之，金璋從 1907 開始關注和研究甲骨，並在美國駐山東濰縣傳教士方法斂的幫助下開始購買和收藏甲骨，退休回到英國之後仍堅持進行甲骨的購藏和研究活動。1908—1913 年間金璋共購得甲骨真品 600

餘片，1952 年捐贈給劍橋大學圖書館，爲後世保存了珍貴的文物資料。金璋專注於甲骨研究 40 餘年，發表甲骨學研究論文 50 余篇，並留下了 10 餘萬字甲骨文字考釋手稿和其他若干篇未刊手稿。金璋的著述涉及甲骨文與殷商史研究的多個方面，包括甲骨刻辭的釋讀、甲骨文字的考釋、商王世系和高祖稱謂、商代的家譜、商代的天象、動物、占卜及占卜用語、干支和數字等。金璋最重要的成就是他考釋的 307 個甲骨文字。在這 307 個甲骨文字中，金璋獨立識別出來的有 18 個，其余 292 個是其他學者已經釋讀出來的文字。對於這些已經釋讀出來的甲骨文字，金璋重在對其字形來源和字形演變過程進行分析。金璋在研究過程中大量吸收了中國學者，尤其是羅振玉的研究成果。金璋對羅振玉的《殷虛書契考釋》進行了大量的翻譯和評述，客觀上促進了羅振玉的學術成果在西方漢學界的傳播。金璋是西方早期甲骨學史上除明義士之外，成果最多、影響最大的甲骨學者。他在甲骨收藏和著錄、甲骨文字考釋、商代歷史研究、家譜刻辭研究和中西方學術交流上都做出了重要貢獻，是 20 世紀上半葉英國乃至歐洲境內成果最多、影響最大的甲骨學家。

附錄一　金璋學術論著目錄

一、學術專著(2種,以時間爲序)

1. *The Six Scripts*, or, *The Principles of Chinese Writing. A translation by L. C. Hopkins*. First published in 1881, Reprinted: with a memoir of Hopkins by W. Perceval Yetts. Cambridge: The University Press, 1954.

2. *The guide to Kuan Hua: a translation of the "Kuan hua chih nan" with an Essay on Tone and Accent in Pekinese and a Glossary of Phrases by L. C. Hopkins*. First edition: The Bund & Nanking Road, 1889. Second edition: Shanghai: Kelly and Walsh, 1895.

二、學術論文(59篇,以時間爲序)

1. The Ju Sheng Considered in Its Relation to the Remaining Tones(《入聲與其他聲調之關係考》). *The China Review*, Vol.9, 1881, pp.226-228.

2. On the Origin and Earlier History of the Chinese Coinage(《論中國貨幣的起源及其早期歷史》), *JRAS*, Apr., 1895, pp.317-378. 又單行本。

3. Correspondence, L. C. Hopkins, Henri d'Orléans(《答亨利·奧爾良——對"落漈"和臺灣土著服飾材質的探討》), *T'oung Pao*, *Vol.6, No.5*, 1895, pp.529-532.

4. 1908年5月,金璋在天津新學書院校刊 *College Echoes* 上發表一篇文章,介紹天津新學書院所藏25片甲骨的情況。此篇沒有找到原文。

5. The development of Chinese Writing(《中國文字發展史》), read before the China Society, 1910. Later published as a pamphlet.

6. Chinese Writing in the Chou Dynasty in the Light of Recent Discoveries (《最近發現之中國周朝文字》), *JRAS*, Oct., 1911, pp.1011-1036, 1137-1138.

7. The Chinese Bronze Known as the "Bushell Bowl" and Its Inscription(《論卜氏盤及其銘文》). *JRAS*, Apr., 1912, pp.439-457.

8. A Royal Relic of Ancient China by L. C. Hopkins, R. L. Hobson(《中國古代之皇室遺物》). *Man*, Vol.12, Apr., 1912, pp.49-52.

9. The Bushell Bowl(《〈卜氏盤〉補證》). *JRAS*, Jul., 1912, pp.752-753.

10. The Bushell Bowl, H. Gipperich, L. C. Hopkins(《卜氏盤：吉勃里和金璋的對話》). *JRAS*, Oct., 1912, pp.1091-1093.

11. A Funeral Elegy and a Family Tree Inscribed on Bone(《骨上所刻之哀文與家譜》). *JRAS*, Oct., 1912, pp.1021-1028.

12. Dragon and Alligator: Being Notes on Some Ancient Inscribed Bone Carvings(《古代骨刻文中龍鼉之研究》). *JRAS*, Jul., 1913, pp.545-552.

13. A Chinese Pedigree on a Tablet-Disk(《圭璧上的家譜刻辭》). *JRAS*, Oct., 1913, pp.905-910.

14. The Archives of an Oracle(《占卜檔案記錄·釋文舉例》). *JRAS*, Jan., 1915, pp.49-61.

15. The Archives of an Oracle: Notes on the Text(《占卜檔案記錄·釋文注解》). *JRAS*, Apr., 1915, pp.289-303.

16. The Chinese Numerals and Their Notational Systems(Part I)(《中國數字和計數體系(上)》). *JRAS*, Apr., 1916, pp.315-333.

17. The Chinese Numerals and Their Notational Systems. Part II(《中國數字和計數體系(下)》). *JRAS*, Oct., 1916, pp.737-771.

18. The Sovereigns of the Shang Dynasty, B.C. 1766-1154(《商代之帝王》). *JRAS*, Jan., 1917, pp.69-89.

19. The Wind, the Phoenix, and a String of Shells(《風鳳朋考》). *JRAS*, Apr., 1917, pp.377-383.

20. Pictographic Reconnaissances: Part I: Being Discoveries, Recoveries, and Conjectural Raids in Archaic Chinese Writing(《象形文字研究·第一卷》). *JRAS*, Oct., 1917, pp.773-813.

21. Pictographic Reconnaissances: Part II: Being Discoveries, Recoveries, and Conjectural Raids in Archaic Chinese Writing(《象形文字研究·第二卷》). *JRAS*, Jul., 1918, pp.387-431.

22. Working the oracle(《占卜之方法》). *The New China Review*, May, 1919,

pp.110−119, 249−261.

23. Pictographic Reconnaissances：Part III(《象形文字研究·第三卷》). *JRAS*, Jul., 1919, pp.369−388.

24. L'écriture Dans L'ancienne Chine(《中國古代書寫》). *Scientia*, Vol. XXVII, Jan., 1920, pp.21−40.

25. The Shaman or Wu 巫：A study in Graphic Camouflage(《薩滿或巫：圖形僞裝的研究》). *The New China Review*, Vol. II, No.5, Oct., 1920, pp.423−439.

26. The Honan Relics：A New Investigator and Some Results(《河南遺物的新研究及其成績》). *JRAS*, No.1, Jan., 1921, pp.29−45.

27. Pictographic Reconnaissances：Part IV(《象形文字研究·第四卷》). *JRAS*, Jan., 1922, pp.49−75.

28. Pictographic Reconnaissances：Part V(《象形文字研究·第五卷》). *JRAS*, Jul., 1923, pp.383−391.

29. The Royal Genealogies on the Honan Relics and the Record of the Shang Dynasty(《殷虛甲骨上所載王室譜系及商代之記載》). *Asia Major*, *Introductory Volume (Hirth Anniversary Volume)*, 1923, pp.194−206.

30. Pictographic Reconnaissances. Part VI(《象形文字研究·第六卷》). *JRAS*, Jul., 1924, pp.407−434.

31. On a Newly Discovered Early Chou Inscribed Bronze(《論新發現的一件周初有銘銅器——獃氏盤》). *JRAS*, *Centenary Supplement*, Oct., 1924.

32. Metamorphic Stylization and the Sabotage of Significance. A Study in Ancient and Modern Chinese Writing(《訛變的因襲和意義的破壞——中國古今文字考》). *JRAS*, Jul., 1925, pp.451−478.

33. The Eumorfopoulos Bowl and the Historical Memoirs of Ssu-Ma Ch'ien. A Wrong Translation and Its Correction(《獃氏盤和司馬遷〈史記〉：錯誤的翻譯及其補正》). *JRAS*, Apr., 1926, pp.301−304.

34. Pictographic Reconnaissances. Part VII(《象形文字研究·第七卷》). *JRAS*, Jul., 1926, pp.461−486.

35. Pictographic Reconnaissances：Part VIII(《象形文字研究·第八卷》). *JRAS*, Oct., 1927, pp.769−789.

36. Pictographic Reconnaissances. Part IX and Index(《象形文字研究·第九卷附索引》). *JRAS*, Apr., 1928, pp.327−337.

37. The Human Figure in Archaic Chinese Writing a Study in Attitudes：Part I (《中國古文字裏所見的人形（上）》). *JRAS*, Jul., 1929, pp.557－579.王師韞中譯本,發表於《中山大學語言歷史學研究所周刊》第 11 集第 125—128 期合刊"文字學專號",1930 年 4 月。

38. The Human Figure in Archaic Chinese Writing：Part II(《中國古文字裏所見的人形（下）》). *JRAS*, Jan., 1930, pp.95－106.王師韞中譯本,發表於《中山大學語言歷史學研究所周刊》第 11 集第 125—128 期合刊"文字學專號",1930 年 4 月。

39. Where the Rainbow Ends (An Introduction to the Dragon Terrestrial and the Dragon Celestial)(《虹尾在哪裏——地龍和天龍簡介》). *JRAS*, Jul., 1931, pp.603－612.

40. The Dragon Terrestrial and the Dragon Celestial：A Study of the Lung, 龍, and the Ch'ên, 辰(Part I)(《釋龍辰（上）——地龍·龍》). *JRAS*, Oct., 1931, pp.791－806.

41. The Dragon Terrestrial and the Dragon Celestial. Part II. Ch'ên, the Dragon Celestial (《釋龍辰（下）——天龍·辰》). *JRAS*, Jan., 1932, pp.91－97.

42. A Chinese Bronze Ritual Vessel, W. Perceval Yetts, L. C. Hopkins(《一件中國青銅祭器——父丁爵》). *JRAS*, Jan., 1933, pp.107－113.

43. Archaic Sons and Grandsons：A Study of a Chinese Complication Complex (《中國古文字中的"子"和"孫"——對漢字複雜屬性的闡釋》). *JRAS*, Jan., 1934, pp.57－84.

44. A Note on the Maneless Horse in Ancient China(《中國古文字中的𩡧》). *JRAS*, Apr., 1935, pp.360－362.

45. The Cas-chrom v. the Lei-ssŭ：A Study of the Primitive Forms of Plough in Scotland and Ancient China：Part I(《蘇格蘭與中國古代之刕形耕作考（上）》). *JRAS*, Oct., 1935, pp.707－716.

46. The Cas-chrom v. the Lei-ssŭ：A Study of the Primitive Forms of Plough in Scotland and Ancient China：Part II(《蘇格蘭與中國古代之刕形耕作考（下）》). *JRAS*, Jan., 1936, pp.45－54.

47. Archaic Chinese Characters：Being Some Intensive Studies in Them：Part I (《中國古文字專題研究（上）》). *JRAS*, Jan., 1937, pp.27－32.

48. Archaic Chinese Characters：Being Some Intensive Studies in Them：Part

II(《中國古文字專題研究(中)》). *JRAS*, Apr., 1937, pp.209－218.
49. Archaic Chinese Characters: Being Some Intensive Studies in Them: Part III(《中國古文字專題研究(下)》). *JRAS*, Jul., 1937, pp.409－412.
50. The Ancestral Message(《祖先的神示》). *JRAS*, Jul., 1938, pp.413－422.
51. The Rescue of the Chinese Rhinoceros(《中國兕之服用》). *JRAS*, Apr., 1939, pp.253－260.
52. Records of David's Deer as Hunted by Shang-Yin Sovereigns(《商王獵鹿之記錄》). *JRAS*, Jul., 1939, pp.423－428.
53. Symbols of Parentage in Archaic Chinese: Part I(《中國古文字中的親緣象徵(上)》). *JRAS*, Jul., 1940, pp.351－362.
54. Symbols of Parentage in Archaic Chinese: Part II(《中國古文字中的親緣象徵(下)》). *JRAS*, Jul., 1941, pp.204－207.
55. Sunlight and Moonshine(《日光和月光》). *JRAS*, Apr., 1942, pp.102－110.
56. The Bearskin, Another Pictographic Reconnaissance from Primitive Prophylactic to Present-Day Panache: A Chinese Epigraphic Puzzle(《中國古文字中的羆和䰝》). *JRAS*, Apr., 1943, pp.110－117.
57. The Shaman or Chinese Wu: His Inspired Dancing and Versatile Character(《薩滿或中國巫——性之舞及其多變字元》). *JRAS*, Apr., 1945, pp.3－16.
58. A Cryptic Message and a New Solution(《一個神秘的兆辭之新解釋——"⿰⿱"》). *JRAS*, Dec., 1947, pp.191－198.
59. Eclectic Preferences: A Fragmentary Study in Chinese Paleography(《中國古文字研究零拾》). *JRAS*, Oct., 1949, pp.188－192.

三、書評及其他(27種,以時間爲序)

1. Reviewed work(s): Chau Ju-kua: His Work on the Chinese and Arab Trade in the Twelfth and Thirteenth Centuries, Entitled Chu Fan Chï, by Friedrich Hirth; W. W. Rockhill(評夏德、柔克義合譯《趙汝適所著關於十二至十三世紀中國和阿拉伯貿易往來的名作——〈諸蕃志〉》). *JRAS*, Oct., 1912, pp.1114－1117.
2. Reviewed work(s): Jade. A Study in Chinese Archeology and Religion by

Berthold Laufer(評勞佛著《玉——中國考古和宗教研究》). *JRAS*, Jan., 1913, pp.220 – 223.

3. Reviewed work(s): Lun-Hêng. Part II: Miscellaneous Essays of Wang Ch'ung by Alfred Forke; Wang Ch'ung(評[德]佛爾克譯王充《論衡》第二冊). *JRAS*, Apr., 1913, pp.454 – 456.

4. Reviewed work(s): Les Documents Chinois découverts par Aurel Stein dans les sables du Turkestan Oriental by Édouard Chavannes(評沙畹著《斯坦因在東突厥斯坦沙漠所獲漢文文書》). *JRAS*, Apr., 1914, pp.472 – 477.

5. Reviewed work(s): Chinese Clay Figures. Part I: Prolegomena on the History of Defensive Armor by Berthold Laufer(評勞佛著《中國陶俑第一部分：防身甲歷史序言》). *JRAS*, Jul., 1915, pp.569 – 575.

6. Reviewed work(s): Prehistoric China. Part I: Oracle Records from the Waste of Yin by James Mellon Menzies(評明義士著《殷虛卜辭》). *JRAS*, Jan., 1918, pp.146 – 148.

7. Funérailles de M. édouard Chavannes(《哀悼沙畹——1918年1月31日將舉行法國科學院研究員愛德華·沙畹的喪禮》). *JRAS*, Jul., 1918, pp.560 – 562.

8. Reviewed work(s): Edouard Chavannes by M. Henri Cordier(評高第著《沙畹傳記》). *JRAS*, Apr., 1919, pp.265 – 266.

9. Reviewed work(s): The New China Review. Vol. I, No. 1 by Samuel Cooling(評庫壽齡主編《新中國評論》第一卷第一號). *JRAS*, No. 1 Jan., 1920, pp.106 – 107.

10. Reviewed work(s): Sino-Iranica: Chinese Contributions to the History of Civilization in Ancient Iran by Berthold Laufer(評勞佛著《中國與伊朗——中國在古代伊朗文明史上的貢獻》). *JRAS*, Oct., 1920, pp.653 – 655.

11. Reviewed work(s): Mélanges d'histoire et de géographie orientales. Tome 2 by Henri Cordier(評高第編著《東方歷史地理學論文集·第二卷》). *JRAS*, Jul., 1921, pp.451 – 455.

12. Reviewed work(s): One Hundred Years of Singapore by Walter Makepeace; Gilbert E. Brooke; Roland St. J. Braddell(評麥比士等著《新加坡百年史》). *JRAS*, Jul., 1923, pp.473 – 474.

13. Reviewed work(s): Peking: A Social Survey by Sidney D. Gamble(評西德尼·甘博著《北京社會調查》). *JRAS*, Jul., 1923, pp.472-473.

14. Reviewed work(s): Sound and Symbol in Chinese by Bernhard Karlgren(評高本漢著《漢語的音和字》). *JRAS*, Jan., 1924, pp.140-141.

15. Reviewed work(s): Gems of Chinese Literature by Herbert A. Giles(評翟理斯著《中國文學菁華》). *JRAS*, Apr., 1924, pp.273-274.

16. Reviewed work(s): Mélanges d'histoire et de géographie orientales. Tome IV by Henri Cordier(評高第編著《東方歷史地理學論文集·第四卷》). *JRAS*, Jul., 1924, pp.462-463.

17. Reviewed work(s): Contes Chinois. Traduits du Chinois by J. Halphen(評哈爾彭譯著《中國故事集》). *JRAS*, Jan., 1925, pp.127-128.

18. Reviewed work(s): Social Organization of the Manchus by S. M. Shirokogoroff(評史祿國著《滿族的社會組織》). *JRAS*, Oct., 1925, pp.754-757.

19. Reviewed work(s): The Family in Classical China by H. P. Wilkinson(評威爾金森著《中國傳統家庭組織》). *JRAS*, Apr., 1927, pp.380-381.

20. Reviewed work(s): The George Eumorfopoulos Collection. Catalogue of the Chinese and Corean Bronzes, Sculpture, Jades, Jewellery, and Miscellaneous Objects. Vol. I: Bronzes, Ritual and Other Vessels, Weapons, Etc. by W. Perceval Yetts(評葉慈編著《尤摩弗帕勒斯藏品圖錄——中國、朝鮮的青銅器、雕塑、玉器、珠寶和雜項》). *JRAS*, Apr., 1929, pp.412-414.

21. Reviewed work(s): Index to the Tso Chuan by Everard D. H. Fraser; James Haldane Stewart Lockhart(評法磊斯著、駱任廷編《左傳索引》). *JRAS*, Jan., 1932, pp.142-144.

22. Reviewed work(s): Social Organization of the Northern Tungus. With Introductory Chapters concerning Geographical Distribution and History of These Groups by S. M. Shirokogoroff(評史祿國著《北方通古斯的社會組織》). *JRAS*, Apr., 1932, pp.407-412.

23. Reviewed work(s): Festivals and Songs of Ancient China by Marcel Granet(評葛蘭言著《古代中國的節慶與歌謠》). *JRAS*, Apr., 1933, pp.430-431.

24. Reviewed work(s): The Horse: A Factor in Early Chinese History by W.

Perceval Yetts(評葉慈著《馬——中國古代文明的因素》). JRAS, Apr., 1935, pp.365-366.

25. Reviewed work(s): The Couling-Chalfant Collection of Inscribed Oracle Bone by Frank H. Chalfant; Roswell S. Britton(評方法斂摹、白瑞華編《庫方二氏所藏甲骨卜辭》). JRAS, No.2 Apr., 1937, p. 325.

26. Reviewed work(s): Psychomental Complex of the Tungus by S. M. Shirokogoroff(評史禄國著《通古斯人的心理特質綜合體》). JRAS, Jan., 1938, pp.151-153.

27. Reviewed work(s): Seven Collections of Inscribed Oracle Bone by Frank H. Chalfant; Roswell S. Britton(評方法斂摹、白瑞華編《甲骨卜辭七集》). JRAS, Oct., 1939, pp.666-667.

四、金璋檔案中的未刊稿(8種)

1. Notes on the Artistic and other features of the Shang dynasty Miniatures(《鹿角家譜刻辭上的紋飾和其他特徵》)(手寫稿).

2. Ancient Chinese Pictography(《中國古代象形文字》)(列印稿,寫於 1917—1918 年間。稿件上題有以下字句:Article in the "New East" Published in Tokyo in English and Japanese. Don't know if it has actually appeared but believes so.).

3. The Ten Stems(《十干(缺已)》)(手寫稿和列印稿).

4. The Twelve Branches(《十二支(缺巳申)》)(手寫稿和列印稿).

5. 《卜辭所見之⟨字⟩、⟨字⟩、⟨字⟩、⟨字⟩》(題目爲筆者代擬)(手寫稿和列印稿)。

6. 《甲骨文字考釋192則》(題目爲筆者代擬)(手寫稿)。

7. 《金璋所藏甲骨釋文(H521—994)》(題目爲筆者代擬)(手寫稿)。

8. 《1909年12月24日購買的60個貝殼之釋文(H273—333)》(題目爲筆者代擬)(手寫稿)。

附錄二　金璋引書目錄*

1. （南宋）鄭樵（1103—1162年）：《金石略》，《六書略》，出自《通志·二十略》。
2. （南宋）張掄（生卒年不詳，約宋高宗紹興末前後在世）：《紹興內府古器評》二卷。
3. （南宋）薛尚功：《歷代鐘鼎彝器款識法帖》，二十卷（兩江總督采進本）。
4. （南宋）戴侗（1200—1285）：《六書故》，三十三卷（兩江總督采進本）。
5. （明）閔齊伋（生卒年未詳，萬曆年間人）：《六書通》，明末閔齊伋撰，後經畢既明撰定，於康熙五十九年（1720）付梓印行，故又名《訂正六書通》，十卷。
6. （清）胡煦（1655—1736年）：《卜法詳考》，四卷，浙江吳玉墀家藏本。四庫全書影印本（1782）。
7. （清）乾隆御製：《西清古鑒》，四十卷，附《錢錄》十六卷。乾隆二十年（1755）武英殿刻本。
8. （清）阮元（1764—1849）：《積古齋鐘鼎彝器款識》，十卷，嘉慶九年（1804）阮氏自刻本。
9. （清）王筠（1784—1854）：《說文釋例》，道光丁酉（1837）。
10. （清）吳榮光（1773—1843）：《筠清館金文》，道光壬寅（1842）吳榮光筠清館校刊本。
11. （清）吳省蘭輯、（清）錢熙輔（吳婿）增輯：《藝海珠塵》，清嘉慶吳氏聽彝堂刻道光三十年（1850）錢氏漱石軒增刻本。其中有《龜經》一卷。

---

* 這裏只列出金璋研究甲骨時經常引用的重要書籍。

12.（清）陸心源(1834—1893)《金石學錄補》，四卷一續，清光緒十二年(1886)家刻本。

13.（清）吳大澂(1835—1902)：《說文古籀補》，清光緒十二年(1886)出版，吳大澂手書寫刻上板，十四卷、附錄一卷，四冊。又民國二十五年三月初版(1936)，商務印書館。

14.（清）吳大澂：《毛公鼎釋文》，一卷，光緒十三年(1887)上海同文書局石印本。

15.（清）孫詒讓(1848—1908)：《古籀拾遺》，光緒十六年(1890)出版。

16.（清）吳式芬(1796—1856)：《捃古錄金文》，死後於1895年刊行，共3卷9冊。

17.（清）劉心源(1848—1915)：《奇觚室吉金文述》，二十卷，光緒二十八年(1902)石印本，民國十五年覆石印本。

18.（清）吳大澂：《愙齋集古錄》，二十六卷(1917)，《釋文賸稿》二卷(1919)，民國七年涵芬樓石印本。

19.（清）孫詒讓：《古籀餘論》，1926年容庚刊刻本。1929年戴家祥補闕。

20.［日］高田忠周(1863—1946)編：《朝陽閣字鑒》，三十卷，日本明治三十八年(1905)出版，東京：東京吉川弘文館，石印本16冊。

21.（清）端方(1861—1911)：《陶齋吉金錄》，光緒三十四年(1908)石印本。

22.羅振玉(1866—1940)：《殷商貞卜文字考》，玉簡齋石印本，1910年(宣統二年)6月出版。

23.羅振玉：《殷虛書契》，1911年(宣統三年)出版。

24.羅振玉：《殷虛書契考釋》，王國維手寫石印本，1914年(民國三年)12月出版。

25.羅振玉：《鐵雲藏龜之餘》，眉古叢編影印本一冊，1915年1月。

26.羅振玉：《殷虛書契待問編》，自寫影印本，1916年(民國五年)5月出版。

27.羅振玉：《殷文存》(1917)，《藝術叢編》本。

28.王襄(1876—1965)：《簠寶殷契類纂》，天津市博物館石印本，1920年(民國九年)12月出版。

29.［日］高田忠周(1863—1946)：《古籀篇》，一百卷，日本古籀刊行會印本，1925年日本大正十四年(1925)出版。

30. 容庚(1894—1983):《金文編》初版本,1925年7月,由羅振玉出資代爲印行,大本宣紙手書精印,有羅振玉、王國維、馬衡、鄧爾雅、沈兼士序及容庚自序。
31. 《安陽發掘報告》第1期,1929年(民國十八年)出版。
32. 董作賓(1895—1963):《大龜四版考釋》,《安陽發掘報告》第3期,1931年6月。
33. 郭沫若(1892—1978):《甲骨文字研究》,大東書局石印本,1931年(民國二十年)出版。
34. 鄒安(景叔)主編:《藝術叢編》(1916—1920),珂羅本,(7函24册)1916年5月創刊,上海廣倉學宭出版。
35. 王國維(1877—1927):《戩壽堂所藏殷虛文字》附《考釋》,《藝術叢編》第三集石印本,1917年(民國六年)5月出版。
36. 容庚、瞿潤緡(1911—1952):《殷契卜辭》,北平哈佛燕京學社,石印本,1933年(民國二十二年)5月出版。
37. 朱芳圃(1895—1973):《甲骨學·文字編》,1933年,商務印書館。
38. 吳其昌(1904—1944):《殷虛書契解詁》,分載武漢大學《文哲季刊》三卷第二、三、四號;四卷第二、四號;五卷第四號。1934—1936年。
39. 唐蘭(1901—1979):《殷虛文字記》,北京大學講義,石印本1934年(民國二十三年)12月出版。
40. 唐蘭:《古文字學導論》,北京大學講義本,1935年(民國二十四年)出版。
41. 郭沫若:《殷契粹編》,日本東京文求堂,石印本,1937年(日本昭和12年)5月出版。
42. 唐蘭:《天壤閣甲骨文存》,北京輔仁大學叢書之一,1939年(民國二十八年)4月出版。
43. 董作賓:《大龜四版考釋》,《安陽發掘報告》第3期,1931年6月。

附錄三　金璋所藏甲骨整理表

綴合出處及簡稱：

曾毅公編：《甲骨綴合編》，北京：修文堂，1950 年。簡稱《綴編》。收錄綴合 1—396，附錄 1—3，共計 399 組。

嚴一萍編：《甲骨綴合新編》，臺北：藝文印書館，1975 年。簡稱《綴新》，收錄綴合 684 組。

蔡哲茂著：《甲骨綴合集》，臺北：樂學書局，1999 年。簡稱《綴集》。收錄綴合第 1—361 組。

蔡哲茂著：《甲骨綴合續集》，臺北：文津出版社，2004 年。簡稱《綴續》。收錄綴合第 362—546 組。

蔣玉斌著：《殷墟子卜辭的整理與研究》，吉林大學 2006 年博士學位論文，附錄三"子卜辭新綴 80 組"，簡稱"蔣綴"。

黃天樹編：《甲骨拼合集》，北京：學苑出版社，2010 年。簡稱《拼集》。收錄綴合第 1—326 組。

蔡哲茂編：《甲骨綴合彙編（圖版篇）》，臺北：花木蘭文化出版社，2011 年。簡稱《彙編》。收錄綴合 1036 組。

林宏明著：《醉古集——甲骨的綴合與研究》，臺北：萬卷樓，2011 年。簡稱《醉古》。收錄綴合 382 組。

黃天樹編：《甲骨拼合續集》，北京：學苑出版社，2011 年。簡稱《拼續》。收錄綴合第 327—595 組。

黃天樹編：《甲骨拼合三集》，北京：學苑出版社，2013 年。簡稱《拼三》。收錄綴合第 596—814 組。

林宏明著：《契合集》，臺北：萬卷樓，2013 年。簡稱《契》。收錄綴合 382 組。

黃天樹編：《甲骨拼合四集》，北京：學苑出版社，2016 年。簡稱《拼四》。收錄綴合第 815—1015 組。

黃天樹編：《甲骨拼合五集》，北京：學苑出版社，2019年。簡稱《拼五》。收錄綴合第1016—1206組。

張宇衛著：《綴興集——甲骨綴合與校釋》，臺北：萬卷樓，2020年。簡稱《綴興》。收錄綴合202組。

蔡哲茂著：《甲骨綴合三集》，臺北："中研院"歷史語言研究所，2022年。簡稱《綴三》。收錄綴合第547—736組，有若干組此前綴合之補正。

先秦史研究室網站上的綴合文章，用"作者+文章題目+發表日期"表示。其餘零散篇章隨文附注。

金璋號	合集、合補號	英藏、典文、懷特號	現館藏號	綴 合	綴合出處/綴合者	説　　明
金 001	合 39525、合 00826	典文 1	AM1			
金 002	合補 13281	英 2022	CUL508	合補 8493+英 2022	契 176（林宏明）	
金 003	合 41322	英 2367	CUL267			
金 004		英 2123	CUL475			
金 005	合 41221	英 2222	CUL510			
金 006	合 40995	英 1937	CUL266			
金 007	合 40939	英 1933	CUL426			
金 008	合 41048	英 2011	CUL512			
金 009	合補 13324	英 2204	CUL439			
金 010	合 41198	英 2141	CUL441			
金 011	合 41053	英 2014	CUL342			拓本不清楚，摹本清楚
金 012		英 2237	CUL521			
金 013	合 41259	英 2207 上半	CUL453 上半	[金 013+金 045]+金 024（此片爲遙綴）	綴編 278（曾毅公）	英 2207＝金 013+金 045
金 014	合 41317	英 2264	CUL569	合 27437＋英 2264	拼續 410（莫伯峰）	

續　表

金璋號	合集、合補號	英藏、典文、懷特號	現館藏號	綴　合	綴合出處/綴合者	說　明
金015	合26399、合41254	典文20	AM20			
金016		英2126	CUL432			
金017	合41086	英2047	CUL307			
金018		英2243	CUL600	英2243＋合25378	拼集160（劉影）	
金019	合41173	英2124	CUL433			
金020	合39626	英1945	CUL285	合22928＋英1945	拼四839（劉影）	
金021	合41145	英1954	CUL461	合25696＋英1954	拼續389（莫伯峰）	
金022		英2191	CUL520			
金023	合補13313	英2205	CUL445			
金024		英2206	CUL305（重號）	［金013＋金045］＋金024（遙綴）	綴編278（曾毅公）	
金025	合41075	英2042	CUL456	合補7173＋英2042	蔣綴259（蔣玉斌）	
金026	合40931	英1928下半	CUL268下半	金042（遙綴）＋英1928［金034＋金026］＝合補6962	綴新305（殷曆譜下二．二．綴二三）	
金027		英2013	CUL509			
金028	合41473	英2260	CUL338			
金029	合41488	英2408	CUL579			
金030	合補13296	英2130	CUL465			
金031	合22828、合41118	典文18	AM18	合22828＋合22846	拼續370（莫伯峰）	
金032	合補13311	英2214	CUL305（重號）	合補7997＋英2214	綴興38（張宇衛）	

續　表

金璋號	合集、合補號	英藏、典文、懷特號	現館藏號	綴　合	綴合出處/綴合者	説　明
金033	合40861	英1841	CUL601			
金034	合40932	英1928上半	CUL268上半	金042（遥綴）+英1928［金034+金026］=合補6962	綴新305（殷曆譜下二.二.綴二三）	
金035		英2173	CUL565			
金036		英1999	CUL447	英1999+英25907	拼五1044（劉影）	
金037		英2140	CUL472			
金038		英2007	CUL511	合補8430+英2007	契174（林宏明）	
金039		英2134	CUL466			
金040		英2209	CUL446			
金041		英2152	CUL479			
金042		英2164	CUL502	金042（遥綴）+英1928［金034+金026］=合補6962	綴新305（殷曆譜下二.二.綴二三）	
金043		英1842	CUL586			
金044		英2149	CUL462	合25248+英2149	拼續388（莒伯峰）	
金045		英2207下半	CUL453下半	［金013+金045］+金024（此片爲遥綴）	綴編278（曾毅公）	英2207=金013+金045
金046	合41184	英2082	CUL440	英2082+合26186+合24136	拼五1040（劉影）	

續 表

金璋號	合集、合補號	英藏、典文、懷特號	現館藏號	綴 合	綴合出處/綴合者	説 明
金 047		英 1211	CUL482			
金 048		英 2137	CUL504			
金 049	合補 13303	英 2142	CUL464			
金 050	合 41289	英 2172	CUL156			
金 051		英 2051	CUL450			
金 052		英 2248	CUL480			
金 053		英 1926	CUL419			
金 054		英 2150	CUL481			
金 055	合 40374	英 2085	CUL177	合 23651＋英 2085	拼五 1038（劉影）	
金 056		英 2156	CUL473			
金 057		英 2010	CUL517			
金 058		英 2049	CUL518			
金 059	合 40999	英 1971	CUL455			
金 060	合 41000	英 1974	CUL458	合 23277＋英 1974	拼三 763（王紅）	
金 061 正反	合 41036	英 2043 正反	CUL457			反面摹本只有字，没有片形
金 062	合 19473	典文 16	AM16			
金 063		英 2242	CUL524			
金 064		英 2165	CUL484			
金 065		英 1564	CUL179			
金 066	合 41083	英 1966	CUL425			
金 067		英 2157	CUL471			

續　表

金璋號	合集、合補號	英藏、典文、懷特號	現館藏號	綴合	綴合出處/綴合者	説　明
金068		英2037	CUL448			
金069		英2215	CUL523			
金070	合39749	英2088	CUL211			
金071		英1932	CUL304			
金072		英2045	CUL487			
金073		英1581	CUL289			
金074	合27170、合41319	典文26	AM26			
金075	合40959	英1940	CUL421			
金075 1/2	合41196	英2184	CUL469			
金076	合40975	英1953	CUL427			
金077		英2006	CUL515			
金078	合41020	英1994	CUL438			
金079	合40948	英1965	CUL428			
金080	合41559	英2304	CUL546			
金081		英1482	CUL191+192			
金082	合40990	英1964	CUL424			
金083	合41032	英2025	CUL476			
金084	合40927	英1925	CUL423			
金085	合41070	英2038	CUL449			
金086		英2122	CUL430			
金087		英2346	CUL570			
金088	合41835	英2673	CUL261			
金089		英2048	CUL477			

續 表

金璋號	合集、合補號	英藏、典文、懷特號	現館藏號	綴 合	綴合出處/綴合者	說 明
金 090	合 41135	英 2110	CUL460			
金 091	合 41136	英 2109	CUL459			
金 092		英 2016	CUL516			
金 093		英 1970	CUL463			
金 094		英 2162	CUL468			
金 095		英 1993	CUL531			
金 096		英 2383	CUL221	綴續 524（合 26484 + 英 2383）+ 合 26491	綴三 665（蔡哲茂）	
金 097		英 2178	CUL478			
金 098		英 2106	CUL470			
金 099	合 22618	典文 19	AM19	英 2259 + 英 2261 + 合 26950	拼續 361（莫伯峰）	
金 100		英 2158	CUL431			
金 101		英 2344	CUL585			
金 118	合 41461	英 2411	CUL583			
金 119	合 22621	典文 23	AM23			
金 120	合 41458	英 2404	CUL086	［英 2404 + 合 34052］+ 上博 2426.647 + 合 34326 + 掇 3.132 + 謝 41	綴三 569（周忠兵、蔡哲茂、李愛輝）	
金 121	合 40986	英 1961	CUL422			
金 122	合 40926	英 1924	CUL420			
金 123	合 40957	英 2041	CUL434			
金 124	合 41027	英 1923	CUL418			

續 表

金璋號	合集、合補號	英藏、典文、懷特號	現館藏號	綴 合	綴合出處/綴合者	説 明
金125		英2034	CUL256			
金126		英2232爲其上半	CUL519			英2232＋合26535＝金126
	合26535爲其下半	典文21爲其下半	AM21			
金174		英2381	CUL339			
金176		英2379	CUL291			
金177	合41555	英2296	CUL295			
金182	合41351	英2289	CUL551			
金183	合41628	英2462	CUL292			
金184	合41560	英2432	CUL336			
金186		英2375	CUL297			
金187		英2436	CUL293			
金188	合41691	英2414	CUL332			
金189	合41411	英2366	CUL578			
金191	合41456	英2406	CUL288			
金192	合41366	英2312	CUL330			
金200	合41527	英2422	CUL333			
金201	合41655	英2444	CUL290	合32881＋英2444＝合補10637	綴集68（蔡哲茂）	
金202	合40982	英2267	CUL574			
金205	合41542	英2431	CUL334			
金208	合41605	英1013	CUL587			
金209		英2283	CUL337			
金211	合補13356	英2293	CUL279			

續　表

金璋號	合集、合補號	英藏、典文、懷特號	現館藏號	綴　合	綴合出處/綴合者	説　明
金212	合補13355	英2307	CUL315			
金213						
金334	合41695	英2513	CUL353	金334+英2512	綴集5（蔡哲茂）	
金335	合39616	英0078	CUL066			摹本缺上部僞刻和臼角
金337	合41233	英2235	CUL443	英2234+合26580+英2235	契185（蔡哲茂、林宏明）	
金341	合40783	英1014	CUL011			
金348	合41855	英2573	CUL410			
金349	合41503	英2413	CUL281			
金350	合補13220	英1002	CUL007	合39872+英1002=合補1763	綴集101（蔡哲茂）	
金351	合41429	英2373	CUL573			
金353	合41364	英2316	CUL284			
金354	合41468	英2398	CUL580	英2458+[合33615+英2398]（莫伯峰綴，拼集213）	綴三653（莫伯峰、蔡哲茂）	
金355	合40761					
金356	合40459	英1857	CUL558			
金357	合40853	英1765	CUL060			
金360		英0505	CUL210			
金361	合41331	英2274	CUL322			摹本缺上部僞刻部分
金362		英1228	CUL078			部分僞

續 表

金璋號	合集、合補號	英藏、典文、懷特號	現館藏號	綴 合	綴合出處/綴合者	說 明
金 363	合 41320	英 2261	CUL572	英 2259＋英 2261＋合 26950	拼續 361（莫伯峰）	
金 364	合 39874	英 0566	CUL097			
金 365	合 41474	英 2400	CUL299			
金 366	合 41368	英 2318	CUL283			
金 367	合 39776	英 0403	CUL235			
金 368	合 41499					
金 369	合 41511	英 2435	CUL577			
金 370	合 41349	英 2290	CUL278			
金 371	合 41563	英 2321	CUL329	合 28894＋英 2321	拼三 635（莫伯峰）	
金 372	合 40094	英 0803	CUL027			
金 373	合 40118	英 0819	CUL014			
金 374	合 41529	英 2326	CUL328			
金 375	合 39577	英 2402	CUL082			
金 376	合 41850	英 2574	CUL407			
金 377	合 41867	英 2593	CUL605	英 2588＋英 2593	彙編 682（門藝）	
金 378	合 41422	英 2327	CUL286			
金 379	合 41638	英 2465	CUL591			
金 380	合 39721	英 0462	CUL137			
金 381	合 41308	英 2336	CUL592			
金 382	合 41723	英 2503	CUL344	英 2503＋甲 297＝甲釋 16（合補 10958）	《殷曆譜》下編卷二第六頁下。	英 2503＝金 382(上)＋庫 1661(下)

續　表

金璋號	合集、合補號	英藏、典文、懷特號	現館藏號	綴　合	綴合出處/綴合者	說　明
金383	合40662	英0640	CUL126			
金384	合補13197	英0582	CUL121	合06435+英0582=合補1870	綴集182（蔡哲茂）	
金385	合40920	英2417	CUL335			
金386	合補13185	英0207	CUL205	英207反+英492（爲反）	林宏明：《甲骨新綴第390例》，先秦網2012-11-23	
金387	合40354	英1609	CUL152			
金388	合39524	英0533	CUL140			
金389	合40402	英0553正反	CUL094	旅548+英553	綴興155（張宇衛）	摹本缺反
金390		英1254正反	CUL220			摹本缺反
金391正反	合39560正反	英0086正反	CUL185			
金392	合41526	英2423	CUL576			
金393	合41303	英2466	CUL325			
金394		英2397	CUL240			部分僞
金395		英1494正反	CUL186			摹本缺反
金396		英2483	CUL331			
金397	合41041	英2001	CUL514			
金398	合41304	英2351	CUL575			
金399	合41660	英2443	CUL590	合33273+英2443	李學勤、彭裕商《殷墟甲骨分期研究》第415頁	

續　表

金璋號	合集、合補號	英藏、典文、懷特號	現館藏號	綴合	綴合出處/綴合者	説明
金400	合補13411	英2487	CUL588			
金401	合41348	英2294	CUL280			
金402	合39527	英0732	CUL131			
金403	合40890	英1914	CUL294	合補6933【綴集226＝合22403＋英1914】＋合34926	蔣玉斌《甲骨新綴第1~12組》第7組，先秦網2011-3-20	
金404		英0840	CUL158			《英藏》表一誤爲庫404
金404正反	合40161正反	英0840正反	RSM1581			
金405	合40441	英1172	CUL088			
金406	合40417	英1151	CUL038			
金407	合40205	英0729	CUL173			
金408	合40524	英0129	CUL008			
金409	合40817	英1867	CUL553			
金410	合39975	英0686	CUL129	合7593＋英0686(金410)	拼集180(齊航福)	
金411	合39782	英0374	CUL079			
金412	合39927	英0614	CUL246			
金413	合41011	英1978	CUL437			
金414	合40977	英1958	CUL429			
金415	合40830	英1767	CUL571			
金416		英2112	CUL467			
金417	合39688	英0133	CUL248			
金418		英2245	CUL474			

續　表

金璋號	合集、合補號	英藏、典文、懷特號	現館藏號	綴合	綴合出處/綴合者	説　明
金 448	合 41761	英 2538	CUL342			
金 449 正反	合 40437 正反	英 1177 正反	CUL242	英 1177 正反+合 9045	《拼五》1055（門藝）	摹本反面缺無字部分
金 450	合 41936	英 2656	CUL385			
金 451	合 39602	英 0066	CUL019			
金 452	合 41818	英 2555	CUL359	合 41818（英 2555）+安陽散見殷虛甲骨	林宏明《甲骨新綴第 396 例》，先秦網 2012－12－17	
金 453	合 41819	英 2546	CUL358			
金 454	合 41697	英 2628	CUL357			
金 455	合 41840	英 2605	CUL356	英 2605+蘇德美日 394	彙編 64（蔡哲茂）	
金 456	合 40450	英 1241	CUL182	英 1241＋合 14890	綴編 165（曾毅公）	
金 457						《金》標出全偽
金 458（a）	合 41770	英 2532	CUL346			
金 458（b）	合 41773	英 2533	CUL349			
金 459	合 39502	英 0001	CUL045			
金 460	合補 13198	英 0671	CUL115			
金 461		英 1149	CUL012	英 1149＋合 16037	拼續 421（王子揚）	
金 462	合 40998	英 1969	CUL072			
金 463	合 41804	英 2541	CUL366			

續 表

金璋號	合集、合補號	英藏、典文、懷特號	現館藏號	綴 合	綴合出處/綴合者	説 明
金464	合41803	英2540	CUL368			
金465	合41923	英2647	CUL399			
金466	合40363	英2119	CUL145	金466+金669	夏淥《學習古文字隨記二則》，《古文字研究》第6輯	英2119=金466+金669
金467		英1039	CUL183	英1039正反+北大2091	拼五1087(李愛輝)	
金468		英0134	CUL002			
金469	合41765	英2557上半	CUL269上半			英2557=金469+金599
金470	合41845	英2627	CUL401	合37970+合37974+英2627=合補12849	綴集65(蔡哲茂)	又見常玉芝《甲骨綴合續補》，《考古與文物》1999年第2期
金471		英2519	CUL564			右半邊偽，《金》已標出
金472	合40550	英1288	CUL080			
金473	合40059	英0414	CUL133	英414正+英60	綴集6(蔡哲茂)	《金》《合集》缺反、臼，摹漏一字
金474	合40302	英1011	CUL004			
金475		英1017	CUL597	合12357+合12456+合13446+英1017=合補13227	綴集166(蔡哲茂)	
金476		英2583	CUL411			
金477	合39968	英0593B	CUL599			《英藏》把477和535誤綴爲一片，《英補》又把二者分成兩片

續 表

金璋號	合集、合補號	英藏、典文、懷特號	現館藏號	綴 合	綴合出處/綴合者	説 明
金 478	合 40360	英 0724	CUL142	合 3707 + 英 724	契 10（林宏明）	
金 479	合補 13211	英 0856	CUL162	合 13332 + 英 856	綴集 122（蔡哲茂）	
金 480	合 40093	英 0060	CUL033	英 60 + 英 414 正	綴集 6（蔡哲茂）	
金 481	合 39538	英 0408	CUL055			
金 482	合 41928	英 2646	CUL395			
金 483	合 40297	英 0997	CUL016			
金 484	合 41952	英 2639	CUL390			
金 485	合 41925	英 2651	CUL403			
金 486	合 40879	英 1903	CUL556	合 21708 + 合 40879（英 1903，金 486）	拼集 25（黃天樹）	
金 487	合 39516	英 0521	CUL119			
金 488	合補 13189	英 0454	CUL059			
金 489		英 0201	CUL198			
金 490	合 40521	英 1276	CUL076	合 05468 反 + 英 1276 反 = 合補 531	綴集 74（蔡哲茂）	
金 491	合 39500	英 0038	CUL070	合 08996 正 + 英 38	拼續 426（王子揚）	
金 492	合 41830	英 2551	CUL373			
金 493	合 41756	英 2523	CUL365			
金 494	合補 13365	英 2386	CUL568			
金 495	合 39515	英 0609	CUL138	英 608 + 英 609 + 合 1571 + 北珍 2094	綴興 88（張宇衛）	

續　表

金璋號	合集、合補號	英藏、典文、懷特號	現館藏號	綴　合	綴合出處/綴合者	説　明
金496	合39912	英1133	CUL153	英304正反+英1133正反	綴興83（張宇衛）	
金497		英0284	CUL200			
金498	合39952	英0657	CUL110	英657+合6644	契013（林宏明）	
金499		英2643	CUL341			
金500	合41005	英1976	CUL451	英1976+合13560	拼四882（劉影）	
金501	合39716	英1187	CUL122	合39723（歐美亞146）+合39716（英1187）	綴三549（蔡哲茂）	
金502	合40525	英1282	CUL022			
金503	合39981	英0681	CUL263	英681+合8745	張宇衛《賓組綴合十八則》，東華漢學（第16期，2012年）	
金504	合41088	英2090	CUL144	英2090+合補7045	拼五1020（劉影）	
金505		英2572	CUL408			
金506		英0158	CUL147			
金507	合39858	英0547	CUL103	英547+蘇德美日226	綴集70（蔡哲茂）	
金508	合39856	英0555	CUL100			
金509正反	合39513正反	英0610正反	CUL139	英610正反+英173正反	拼五1073（李愛輝）	
金510正反	合41849	英2571正反	CUL405			摹本反面缺無字部分
金511	合41866	英2567	CUL603			

續表

金璋號	合集、合補號	英藏、典文、懷特號	現館藏號	綴合	綴合出處/綴合者	説明
金512	合41831	英2552	CUL372			
金513		英2664	CUL392			《金》誤爲512
金514 正反		英2578 正反	CUL413	史購295+愛1+合補11631+英2578正+蘇德·美日415	契328（林宏明）	
金515	合40447	英1239	CUL077			
金516	合41937	英2655	CUL404			
金517	合41953	英2641	CUL610			
金518	合41717	英2510	CUL354			
金519	合41747	英2527	CUL377	合36464+英2527+合36463+合36462	彙編890（李發）	
金520	合41947	英2637	CUL398			
金521	合39514	英0608	CUL052	英608+英609+合1571+北珍2094	綴興88（張宇衛）	英608白
金522	合39868	英0564	CUL093	英564正+英569+合5785	綴興11（張宇衛）	
金523	合39554	英1757	CUL013			
金524	合39864	英0559	CUL108			
金525	合39873	英1179	CUL095			
金526	合39925	英0613	CUL245			
金527		英0523	CUL193			
金528		英0814	CUL048			《金》標出疑僞,實際此片全僞
金529	合40265					

续　表

金璋號	合集、合補號	英藏、典文、懷特號	現館藏號	綴合	綴合出處/綴合者	説　明
金 530	合 40973	英 1957	CUL180			
金 531	合 39877	英 0571	CUL098			
金 532	合 41763	英 2556	CUL371	合補 11275＋英 2556	拼續 350（劉影）	
金 533	合 41656	英 2089	CUL074			
金 534		英 0410	CUL244			
金 535	合 39967	英 0593A 臼	CUL598			《英藏》拼合錯位並漏拓骨臼。糾正版見下編《圖版補正》
金 536		英 2582	CUL409			
金 537		英 0205	CUL204			
金 538	合 39881	英 0578	CUL260a			
金 539	合 39882	英 0579	CUL260b			
金 540		英 1951	CUL452			
金 541		英 2576	CUL406			
金 542		英 0081	CUL057			
金 543		英 2622	CUL382			
金 544	合 41768	英 2562	CUL363	合 36957＋合 37475＋合 41768＋合補 11141	彙編 266（門藝）	
金 545 正反		英 0304	CUL021	正：綴集 184（合補 1938）＋英 1133 正＋英 304 正；反：英 1133 反＋英 304 反	綴三 552（蔡哲茂）	
金 546		英 0202	CUL201			

續 表

金璋號	合集、合補號	英藏、典文、懷特號	現館藏號	綴合	綴合出處/綴合者	說明
金547	合補13433	英2587	CUL412			
金548	合40384	英0125	CUL146	英125＋東文庫111＋綴集123（合663＋合14074）	綴三655（蔡哲茂）	《金》《合集》缺反
金549	合41824	英2547	CUL376	合37653＋英2547	彙編712（門藝）	
金550	合40921	英2502	CUL355			
金551		英2509	CUL361			
金552		英1823	CUL561			
金553		英1864	CUL047			
金554		英1313	CUL274			《金》指出部分偽
金555	合39588	英0039	CUL010	合13225＋英39	契191（林宏明）	
金556		英1915	CUL545			
金557	合39900	英0023	CUL237			《金》《合集》缺反
金558		英0711	CUL163			《金》指出部分偽
金559	合41868	英2590	CUL604			
金560		英1204	CUL062			
金562		英0662	CUL118			摹本缺上部無字部分
金563		英0479	CUL020			
金565		英1887	CUL559			
金567	合39483	英0757	CUL030			
金569	合40075	英0834	CUL155			

續　表

金璋號	合集、合補號	英藏、典文、懷特號	現館藏號	綴　合	綴合出處/綴合者	説　明
金 570	合 40599	英 1595	CUL170			
金 571		英 1300	CUL254			
金 572	合 41951	英 2638	CUL397			
金 573	合 41929	英 2649	CUL396			
金 574	合 41762	英 2564	CUL350	彙編 271〔合 36968 ＋ 合 41762〕＋ 合 36946	殷德昭《黄組甲骨綴合三則》，先秦網 2015-12-13	
金 575	合 41946	英 2633	CUL388	合 41946（英 2633,金 575）＋ 英 2630 ＋ 英 2632	綴集 254（蔡哲茂）	又見常玉芝《甲骨綴合續補》，《考古與文物》1999 年第 2 期
金 576	合 41938	英 2659	CUL400			
金 577	合 41829	英 2545	CUL369			
金 578	合 41771	英 2530	CUL345	金 578 ＋ 合集 36871（歷拓 12359）＝ 合補 11257	綴集 30（蔡哲茂）	
金 579	合 41696	英 2504	CUL374			
金 580	合 41811	英 2544	CUL370			
金 581	合 41949	英 2636	CUL391			
金 582	合 41950	英 2640	CUL393			
金 583	合 41777	英 2565	CUL364			
金 584	合 41753	英 2524	CUL348	金 584 ＋ 喆厂藏拓 ＋ 林 1.9.12 ＋ 合 36485 ＋ 合 36504 ＋ 合 36932	殷德昭《征人方卜辭新綴四則》，先秦網 2013 年 1 月 16 日	

續 表

金璋號	合集、合補號	英藏、典文、懷特號	現館藏號	綴 合	綴合出處/綴合者	説 明
金 585	合 41944	英 2629	CUL394	合 39396（續存上 2573）+英 2629（金 585）	拼續 349（劉影）	
金 586	合 39963	英 0665	CUL117			
金 587	合 41927	英 2648	CUL386			
金 588	合 41810	英 2543	CUL367			
金 589	合 40098	英補 2	PDF（原 CUL）			
金 590	合 39835	英 0528	CUL239			
金 591	合 40483	英 1707	CUL212			
金 592	合 40032	英 0551	CUL102			
金 593	合 40329	英 1078	CUL026			
金 594 正反	合 40204 正反	英 0885	CUL001			
金 595	合 40416	英 1152	CUL132	英 1152＋合 12691＝合補 4103	綴集 79（蔡哲茂）	
金 596	合 39489	英補 1	PDF（原 CUL）			
金 597	合 39701	英 0188	CUL112	英 188＋合 7278	拼三 766（王紅）	
金 598		英 1167	CUL176			
金 599	合 41760	英 2557 下半	CUL269 下半	金 469＋金 599＝英 2557	綴編 220（曾毅公）	
金 600	合 39869	英 0560	CUL101	+山本竟山舊藏 6	綴集 58（蔡哲茂）	
金 601	合 39954	英 0659	CUL111			
金 602	合 41870	英 2589	CUL602			

續 表

金璋號	合集、合補號	英藏、典文、懷特號	現館藏號	綴合	綴合出處/綴合者	説　明
金603	合41342	英2526	CUL258			
金604	合39883	英0584	CUL264			
金605	合40162	英0842	CUL159			
金606	合39880	英0580	CUL128	合39880＋東文庫164	綴續540（蔡哲茂）	
金607	合41954	英2642	CUL389			
金608	合41839	英2624	CUL387	英2624＋合補12733＋北圖1606	契269（林宏明）	
金609	合41340	英0527	CUL161			
金610		英1134	CUL032			
金611 正反	合40353 正反	英1105 正反	CUL150			摹本反面缺無字部分
金612		英0792	CUL035	英792＋合補4524	契190（林宏明）	
金613	合39934	英0616	CUL157			
金614		英1125	CUL175			
金615	合41764	英2559	CUL352	合36394（北珍904）＋合41764	彙編334（松丸道雄）	
金616	合40106	英0824	CUL160	合10042＋英824＋合9941	拼集65（趙鵬）	
金617 正反		英1198	CUL187			摹本反面有鑽鑿形態
金618	合40571	英0339	CUL043			
金619		英1591	CUL172	合16666＋英1591	綴集148（蔡哲茂）	
金620	合40896	英1777	CUL544			

續　表

金璋號	合集、合補號	英藏、典文、懷特號	現館藏號	綴　合	綴合出處/綴合者	說　明
金 621	合 41758	英 2529	CUL362	合補 11248（合 41758+合 36541）+ 合 36544 + 合 36547	綴編 183（曾毅公）	
金 622	合 40888	英 1822	CUL557			
金 623	合 40430	英 1175	CUL051	英 1175 + 合 360	綴集 72（蔡哲茂）	
金 624 正反	合 40435 正反	英 1173	CUL037			摹本反面有鑽鑿形態
金 625	合 39618	英 0082	CUL058	英 0082 + 合 17354	拼三 765（王紅）	
金 626		英 0967	CUL087			
金 627	合 41772	英 2531	CUL351	合 36854 + 合 41772 = 合補 12820	綴編 207（曾毅公）	
金 628		英 2385	CUL567			
金 629		英 1314	CUL213			此片塗朱
金 630	合 39663	英 0163	CUL149	合 2770 + 合 8991 + 合 39963	綴集 7（蔡哲茂）	
金 631	合 40111	英 0793	CUL040	合 40112 + 合 40111 + 10634（林宏明加綴）	綴三 567（蔡哲茂）	
金 632	合 40451	英 1197	CUL061			
金 633		英 1590	CUL167	合 16943 + 英 1590 + 合 16945	拼五 1125（李愛輝）	
金 634		英 1495	CUL189			
金 635（部分偽）		英缺	缺			

續　表

金璋號	合集、合補號	英藏、典文、懷特號	現館藏號	綴合	綴合出處/綴合者	説明
金 636	合 40359	英 1116	CUL143			
金 637	合 39617	英 0079	CUL053			
金 638	合 40429	英 0996	CUL009			
金 639	合 39719	英補 4	PDF（原 CUL）			
金 640		英 1181	CUL050			
金 641	合 39533	英 1194	CUL067			
金 642	合 39698	英 0184	CUL075	合 39698+合 3290（此爲遥綴）	綴集 329（蔡哲茂）	
金 643			安大略博			= 懷 1898（x129.613）
金 644		英 1007	CUL017			
金 645 正反	合 40079 正反（合 40080 重，但失真）	英 0810	CUL028	南師 2.47(正)		摹本反面有鑽鑿形態
金 646	全僞	全僞	全僞			《金》標出全僞
金 647	合 39964	英 0672	CUL116			
金 648		英 0800	CUL029			
金 649		英補 3	PDF（原 CUL）			
金 650	合 39865	英 0556	CUL106			
金 651	合 39492	英 0594	CUL071			
金 652 正反	合 39773 正反	英 0362 正反	CUL015	合 16248+英 0362 正	綴續 541（蔡哲茂）	摹本反面有鑽鑿形態
金 653	合 39676	英 0181	CUL164			

續　表

金璋號	合集、合補號	英藏、典文、懷特號	現館藏號	綴　合	綴合出處/綴合者	説　明
金 654	合 40328	英 1080	CUL025			
金 655	合 41939	英 2663	CUL384	英 2663 + 虛 370	綴興 129（張宇衛）	
金 656	合 39811	英 0409	CUL243			
金 657	合 41329	英 1912	CUL550			
金 658		英 1589	CUL044			
金 659	合 40037	英 0641	CUL252			
金 660	合 39947	英 0635	CUL127			
金 661						全偽，《金》没標出是偽片
金 662	合 39503	英 1170	CUL042			
金 663	合 39941	英 0618	CUL596			
金 664	合 40438	英 1180	CUL041			
金 665	合 39878	英 0569	CUL107	英 564 正+英 569+合 5785	綴興 11（張宇衛）	
金 666	合 39908	英 0626	CUL259			
金 667	合 41865	英 2592	CUL606			
金 668		英 2635	CUL381			部分偽
金 669		英 2119 = 金 466+金 669	CUL442		夏渌《學習古文字隨記二則》，《古文字研究》第 6 輯	金 466 = CUL145；金 669 = CUL442
金 670	合 40507	英 1256	CUL046			
金 673	合 39854	英 0543	CUL099	英 543+京人 777 + 合補 933+合 7316	拼五 1024（劉影）	
金 674	合 40383	英 0164	CUL130			

續 表

金璋號	合集、合補號	英藏、典文、懷特號	現館藏號	綴 合	綴合出處/綴合者	說 明
金 675	合 39526	英 0392	CUL136			
金 676		英 2251	CUL209			
金 677	合 40345	英 0680	CUL262			
金 678						此片全偽
金 679	合 40891	英 1913	CUL255	合 21782＋合 21811 ＋ 英 1913	蔣玉斌《甲骨舊綴之新加綴》第 5 組,先秦網 2014－12－25	
金 681		英 0477	CUL109	英 477 ＋ 合 7325	拼集 154（劉影）	
金 682		英 0554	CUL096	［合 545＋英 0554］＋合 540（遙綴）	綴集 304（蔡哲茂）	
金 685	合 39930	英 0602	CUL113			
金 686	合 41833	英 1178	CUL049			摹本缺下半偽刻部分
金 687		英 0848	CUL253	合補 3403＋英 848	拼集 275（李愛輝）	
金 689	合 41833	英 2560	CUL360	右半偽刻		摹本缺右半偽刻部分
金 690	合 41507	英 0312	CUL241			
金 691		英 2507	CUL379	英 2507＋京人 2902	綴興 44（張宇衛）	
金 692		英 0062	CUL064			摹本缺右半偽刻部分
金 694	合 40912	英 1972	CUL054	英 1972＋合 24433	綴集 177（蔡哲茂）	
金 695		英 1015	CUL003			
金 696	合 40352	英 1106	CUL196	合 7854 正＋英 1106	蔡哲茂《甲骨文合集》綴合第四則,先秦 2009－9－29	拓本缺上部,摹本較全

續　表

金璋號	合集、合補號	英藏、典文、懷特號	現館藏號	綴　合	綴合出處/綴合者	説　明
金699	合39781	英0353	CUL134			
金701	合11701	典文9	AM9			
金702		英1800	CUL340			
金703	合39545	英0013	CUL024			左半僞刻。拓本缺右邊及右上角,字不全。摹本缺左邊僞刻部分
金708		英0731	CUL141	合19289+英731=合補2306	綴集118(蔡哲茂)	
金709	合39953	英0151				CUL未編號(誤作全僞)
金710		英1022	CUL005			
金711	合40308	英1846	CUL563			
金713		英0654	CUL123			摹本缺左邊僞刻部分
金715	合40076	英0835	CUL154	合4037+合40076=合補1245	拼集2(黃天樹)	
金716		英0200	CUL199			
金717正反	合40112	英1160	CUL039			摹本反面缺無字部分
金718		英2586	CUL417	[合37997+合補11517]+英2586+[合補11610+合38011]	彙編657(蔣玉斌、蔡哲茂、門藝)	
金721	合41759	英2561	CUL347			
金722	合39572	英0030	CUL069			
金723	合40050	英0358	CUL238			

續　表

金璋號	合集、合補號	英藏、典文、懷特號	現館藏號	綴　合	綴合出處/綴合者	說　明
金 724		英 1809	CUL549			
金 725		英 1920	CUL560	合 10724 + 英 1920	蔣綴 75（蔣玉斌）	
金 726	合 41901	英 2615	CUL378			
金 727	合 40820	英 1779	CUL548			
金 728	合 41754，合補 11236	英 2525	CUL265	合 36494 + 英 2525 + 合 36490（遙綴）+ 合補 12877（遙綴）	彙編 686（門藝）	
金 729	合 40924	英 1998	CUL436			
金 730	合 41119	英 1997	CUL435			
金 731	合 40541	英 1293	CUL454			
金 732	合 40742					
金 733		英 1594	CUL171			
金 734	合 40452	英 1209	CUL081			
金 735	合 41739	英 2514	CUL555	合 35984 + 英 2514	契 284（林宏明）	
金 736		英 0107	CUL056			摹本缺反
金 737						
金 738	合 40856	英 1770	CUL552			
金 739	合 40825	英 1813	CUL247	［英 1813 + 庫 1556 + 庫 1844（合 40082）］（以上見《英藏下編》之《圖版補正》）+ 合 7028（遙綴）	綴集 345（蔡哲茂）	
金 740	合 41741	英 2518	CUL554			
金 741	合 40638	英 1616	CUL083			摹本缺反

續 表

金璋號	合集、合補號	英藏、典文、懷特號	現館藏號	綴 合	綴合出處/綴合者	説 明
金 742	合 41802	英 2542	CUL375	英 2542 + 合 27273 + 合 37399	拼三 596（黄天樹）	
金 743	合 41709	英 2508	CUL343			
金 203 無摹		英 2272	CUL303			金璋在論文中公布了此片的照片
金 566 無摹		英 2634	CUL383			金璋在論文中公布了此片的照片；家譜刻辭偽刻，最右一行真刻
金 683 無摹	合補 2472	懷 967	x129.602（加）			金璋在論文中公布了此片的照片
金 698 無摹		英 0014	CUL073			金璋在論文中公布了此片的照片；中間一句刻辭真，其餘偽刻
金 744 無摹	合 17366		原海柷，現不知所踪			金璋在論文中公布了此片的照片
無摹		英 0027	CUL216			
無摹		英 0050	CUL498			
無摹		英 0063	CUL092			
無摹		英 0087	CUL174			
無摹		英 0183	CUL148			
無摹		英 0192	CUL184			
無摹		英 0198	CUL125	合 18481 + 英 0198 = 合補 516	綴集 110（蔡哲茂）	

續　表

金璋號	合集、合補號	英藏、典文、懷特號	現館藏號	綴　合	綴合出處/綴合者	説　明
無摹		英0211	CUL214			
無摹		英0216	CUL227			
無摹		英0254	CUL203			
無摹		英0256	CUL202			
無摹		英0259	CUL207			
無摹		英0276	CUL316			
無摹		英0285	CUL206			
無摹		英0327	CUL488			
無摹		英0334	CUL151			
無摹		英0351	CUL165			
無摹		英0389	CUL231			
無摹		英0428	CUL217			
無摹		英0429	CUL218			
無摹		英0430	CUL215			
無摹		英0469	CUL091			
無摹		英0470	CUL089			
無摹		英0472	CUL228			
無摹		英0474	CUL105			
無摹		英0475	CUL225			
無摹		英0508	CUL178			
無摹		英0552	CUL104			
無摹		英0601	CUL114			
無摹		英0636	CUL168			
無摹		英0653	CUL124			

續　表

金璋號	合集、合補號	英藏、典文、懷特號	現館藏號	綴合	綴合出處/綴合者	說明
無摹		英 0667	CUL120	合 6554＋英 667＋合 7549	契 302（林宏明）	
無摹		英 0749	CUL135			
無摹		英 0794	CUL031			
無摹		英 0799	CUL036			
無摹		英 0821	CUL034			
無摹		英 0906	CUL023			
無摹		英 0943	CUL224			
無摹		英 0945	CUL090			
無摹		英 0954	CUL233			
無摹		英 0956	CUL234			
無摹		英 1004	CUL018			
無摹		英 1042	CUL006			
無摹		英 1097	CUL236			
無摹		英 1164	CUL063			
無摹		英 1235	CUL084			
無摹		英 1249	CUL085			
無摹		英 1289	CUL195			
無摹		英 1305	CUL532			
無摹		英 1309	CUL310			
無摹		英 1323	CUL219			
無摹		英 1327	CUL226			
無摹		英 1357	CUL309			

續　表

金璋號	合集、合補號	英藏、典文、懷特號	現館藏號	綴　合	綴合出處/綴合者	説　明
無摹		英 1369	CUL229			
無摹		英 1380	CUL230			
無摹		英 1406	CUL222			
無摹		英 1408	CUL507			
無摹		英 1448	CUL188			
無摹		英 1460	CUL194			
無摹		英 1499	CUL190			
無摹		英 1553	CUL181			
無摹		英 1593	CUL169			
無摹		英 1596	CUL166			
無摹		英 1599	CUL250			
無摹		英 1651	CUL490			
無摹		英 1673	CUL317			
無摹		英 1715	CUL232			
無摹		英 1826	CUL251			
無摹		英 1844	CUL593			
無摹		英 1890	CUL415			
無摹		英 1896	CUL562	合補 6828［合 21734 ＋ 合 21735］＋ 英 1896	彙編 180（黃天樹、常耀華）	
無摹		英 1901	CUL327	英 1900（庫 1557）＋ 英 1901	綴集 71（蔡哲茂）	
無摹		英 1916	CUL547			
無摹		英 1931	CUL497			

續　表

金璋號	合集、合補號	英藏、典文、懷特號	現館藏號	綴　合	綴合出處/綴合者	説　　明
無摹		英1947	CUL503			
無摹		英1967	CUL493			
無摹		英1988	CUL528			
無摹		英2003	CUL533			
無摹		英2004	CUL541			
無摹		英2005	CUL539			
無摹		英2008	CUL543			
無摹		英2009	CUL513			
無摹		英2012	CUL536			
無摹		英2020	CUL534			
無摹		英2021	CUL526			
無摹		英2023	CUL491			
無摹		英2024	CUL500			
無摹		英2057	CUL538			
無摹		英2062	CUL584			
無摹		英2081	CUL444			
無摹		英2092	CUL485			
無摹		英2116	CUL492			
無摹		英2121	CUL494			
無摹		英2138	CUL486			
無摹		英2146	CUL535			
無摹		英2159	CUL501			
無摹		英2168	CUL495			

續　表

金璋號	合集、合補號	英藏、典文、懷特號	現館藏號	綴　合	綴合出處/綴合者	説　明
無摹		英2189	CUL223			
無摹		英2208	CUL540			
無摹		英2218	CUL537			
無摹		英2244	CUL483			
無摹		英2246	CUL489			
無摹		英2247	CUL496			
無摹		英2250	CUL525			
無摹		英2258	CUL527			
無摹		英2273	CUL301			
無摹		英2279	CUL529			
無摹		英2302	CUL282			
無摹		英2306	CUL271			
無摹		英2317	CUL270			
無摹		英2322	CUL272			
無摹		英2333	CUL312			
無摹		英2335	CUL306			
無摹		英2340	CUL595			
無摹		英2352	CUL277			
無摹		英2359	CUL302			
無摹		英2363	CUL273			
無摹		英2369	CUL287			
無摹		英2370	CUL308			
無摹		英2374	CUL589			

續 表

金璋號	合集、合補號	英藏、典文、懷特號	現館藏號	綴合	綴合出處/綴合者	説　明
無摹		英 2378	CUL296			
無摹		英 2387	CUL566			
無摹		英 2388	CUL530			
無摹		英 2410	CUL324			
無摹		英 2415	CUL065			
無摹		英 2439	CUL582	合 34687 + 英 2439	周忠兵《甲骨新綴十一例》,《殷都學刊》2007 年第 2 期	
無摹		英 2440	CUL581			
無摹		英 2441	CUL594			
無摹		英 2490	CUL319			
無摹		英 2492	CUL313			
無摹		英 2493	CUL320			
無摹		英 2498	CUL321			
無摹		英 2501	CUL311			
無摹		英 2506	CUL380			
無摹		英 2566	CUL257			
無摹		英 2577	CUL414			
無摹		英 2581	CUL298			
無摹		英 2610	CUL499			
無摹		英 2654	CUL402			
無摹		英 2666	CUL506			
無摹		英補 61	CUL276			部分僞刻

續　表

金璋號	合集、合補號	英藏、典文、懷特號	現館藏號	綴合	綴合出處/綴合者	説　明
無摹		英1751	CUL未編號			
無摹		英1752	CUL522			

後　　記

　　本來不打算寫後記的,但想了想,還是要寫一下,因爲心中有話要説。
　　這本小書是在我博士論文的基礎上修改完善而成的。自2013年博士畢業以來,至今正好十年時間。想當初剛畢業的時候,徐義華師兄就語重心長地跟我説,抓緊時間把博士論文修改了爭取早日出版。我嘴上是答應了,可心裏覺得急不得。金璋的論著都是英文,語言古拙晦澀,單是讀懂他的語言、理解透他的意思,就已經很費勁了。他的研究涉及甲骨文字的考釋詞條就有300多個,還有真假難分的庫1506家譜刻辭,這些都超出了我當時能夠駕馭材料的能力範圍。我的博士論文雖然完成了,關於金璋甲骨學研究圖景的基本框架搭起來了,内容貌似比較豐富,但我自己清楚短板在哪裏,哪些論述是模糊而不到位的,哪些是無法決斷而故意回避的,尤其是文字考釋問題,現代學者對甲骨單字的釋讀和形義解釋不斷推新,令我眼花繚亂,更加不敢下筆。我只能自己安慰自己,常言道"十年磨一劍",我這本小書怎麽也要磨上十年再出版!今年正好是第十年。説實在的,這十年裏,由於工作的耽擱和生育了兩個寶貝,真正用來磨這把劍的時間屈指可數。然而,這把劍無論磨得好不好,現在終究是要亮出來,供大家檢驗了。
　　此書的出版,首先要感謝我的導師宋鎮豪先生。我從2007年開始跟着老師研讀甲骨文與殷商史,讀完碩士再讀博士,2013年博士畢業後又留在古代史研究所工作,繼續在老師指導下開展學術研究。掐指一算,我在老師身邊,耳濡目染,已經16年了。我在學術上的每一點進步都歸功於老師的不斷提攜和教誨。我的學術視野的開闊,不迎合不媚骨的學術追求,面對壓力坦然淡定的生活態度,都離不開老師的精神影響。老師一貫都是很嚴厲的,對學生要求也高,師兄師姐們都怕他,但老師對我是寬容的,我成果不多,他並不催我,只是教我做事的態度。正是由於老師的寬容,我才能夠安然拖延,不急於出文章,才有足夠的時間慢慢搜集資料,補充完善小書的内容。小書寫成現在這樣，雖然仍不完善，但至少我内心覺得拿得出手了，不會給老師丢臉了。

　　我還要感謝汪濤老師。我在碩士期間翻譯了汪老師的一篇論文，通過電郵寄給他審閲。汪老師利用回國的機會叫我過去面談，把逐字逐句修改過的譯文稿件交給我，並邀請我翻譯他從未出版過的博士論文，這令我十分感動。我讀博期間，汪老師積極幫我申請到英國的經費，並邀請我去倫敦大學訪學，搜集金璋的檔案資料和論文資料，爲我的學術研究打下了很好的資料基礎。正是由於整理和研究了劍橋大學所藏的金璋檔案，我的學術視野被打開了，開始關注西方早期甲骨學史上的一系列人物，比如金璋、方法斂、庫壽齡、明義士、吉卜生、德效騫、葉慈、白瑞華等，這也開拓了我日後學術研究的範圍。

　　感謝古代史研究所給予的寬鬆科研平臺，讓我有足夠多的時間消磨在自己喜歡的事情上。感謝先秦史研究室諸位同仁在學習和工作上對我的指導和幫助！感謝家人的支持和陪伴，尤其是多年來父母幫我照看兩個幼童，我才有時間躲到咖啡館或自習室專心工作。感謝國家社科基金後期資助項目對本次研究的大力支持！感謝上海古籍出版社顧莉丹女士和姚明輝先生對本書的辛勤付出！

　　在小書即將付印之際，最要懷念的是我的師母何巧珍女士。翻看微信聊天記録，我們從2019年底開始微信聊天，師母時不時地會給我發一些老師的最新情況、書法作品，或者發一些哲理小文和短視頻，或者和我討論一些圈子裏的人和事。當然，師母說的最多的還是如何做人、做學問。師母的名言，"少管閑事多做事"，"從自己身上找原因，一想就通；從別人身上找問題，一想就瘋"，"搞甲骨不是一日之功夫，別看有人起勁，未必能出成果。自己冷静下來喜歡就去做，是人生樂意做事情，不是爲別人而做"，"做人良心不虧，做事執着認真"，"做好學問不追名利，冷静思考學術問題"。這些既是師母對老師學術品格的總結，也是對我的不斷鞭策。師母對小書的出版一直寄予希望，她突然病逝的前一天下午，我去醫院探望，她還說起這本書，希望能盡快出版。現在小書就要付印，師母却已不在，令人悲痛不已。願以此書告慰師母在天之靈。

郅曉娜

於静心共享自習室

2023年5月12日

圖書在版編目（CIP）數據

金璋的甲骨收藏與研究／郲曉娜著. —上海：上海古籍出版社，2023.5
ISBN 978-7-5732-0643-5

Ⅰ.①金… Ⅱ.①郲… Ⅲ.①甲骨文—研究 Ⅳ.①K877.14

中國國家版本館 CIP 數據核字（2023）第 065384 號

金璋的甲骨收藏與研究
郲曉娜　著
上海古籍出版社出版發行
（上海市閔行區號景路 159 弄 1-5 號 A 座 5F　郵政編碼 201101）
　（1）網址：www.guji.com.cn
　（2）E-mail：guji1@guji.com.cn
　（3）易文網網址：www.ewen.co
商務印書館上海印刷有限公司印刷
開本 700×1000　1/16　印張 28.75　插頁 6　字數 471,000
2023 年 5 月第 1 版　2023 年 5 月第 1 次印刷
ISBN 978-7-5732-0643-5
K·3343　定價 138.00 元
如有質量問題，請與承印公司聯繫